हिन्दी-व्याकरण के नवीन क्षितिज

हिन्दी-व्याकरण के नवीन क्षितिज

(हिन्दी-व्याकरण की सैद्धान्तिकी)

डॉ. रवीन्द्र कुमार पाठक

भारतीय ज्ञानपीठ

लोकोदय ग्रन्थमाला : ग्रन्थांक 1047

ग्रन्थमाला सम्पादक

रवीन्द्र कालिया

सह-सम्पादक

गुलाबचन्द्र जैन

हिन्दी व्याकरण के नवीन क्षितिज

(हिन्दी-व्याकरण की सैद्धान्तिकी)

डॉ. रवीन्द्र कुमार पाठक

दूसरा संस्करण : 2012

मूल्य : 450 रुपये

ISBN 978-81-263-4085-9

प्रकाशक : **भारतीय ज्ञानपीठ**

18, इन्स्टीट्यूशनल एरिया, लोदी रोड, नयी दिल्ली-110 003

मुद्रक : बालाजी ऑफसेट, शाहदरा, दिल्ली-110 032

आवरण : राधेश्याम अग्रवाल, आवरण-सज्जा : ज्ञानपीठ कला प्रभाग

HINDI VYAKARAN KE NAVEEN KSHITIJ

(Hindi Grammer)

by Ravindra Kumar Pathak

Published by : **Bharatiya Jnanpith**

18, Institutional Area, Lodi Road, New Delhi-110 003

e-mail : jnanpith@satyam.net.in, sales@jnanpith.net

website : www.jnanpith.net

Second Edition : 2012

Price : Rs. 450

समर्पण

स्मृति-शेष माँ (स्व. श्रीमती देवी)

मातृकल्पा चाची (स्व. शुभावती देवी)

व

दादी (स्व. श्यामपति देवी)

की

विनत-सजल सुधि को;

जो इस अन्नमय शरीर को ही नहीं, बल्कि इसमें निहित

भावमय तन को भी पोषण देती रहीं;

किन्तु 'देवी'-महिमा की आड़ में जिनके इन

द्विधा शरीरों को समाज ने सदा जर्जर किया है।

—रवीन्द्र

18 जनवरी, 2009

सुरभि

ॐ समादृता मया शब्दाः शब्दैश्चाहं समादृतः।

आदिमुखा कादिकरा टादिपदा पादिपार्श्वयुङ्मध्या।
यादिहृदया भगवती संवित् सरस्वती जयति॥

('रहस्य पंचदशिका'—अभिनव गुप्तपाद)

द्वे विद्ये वेदितव्ये तु शब्द ब्रह्म परं च यत्।
शब्द-ब्रह्मणि निष्णातः परब्रह्माधिगच्छति॥

('ब्रह्मविन्दूपनिषद्', 17)

इह शिष्टानुशिष्टानां शिष्टानामपि सर्वथा।
वाचामेव प्रसादेन लोकयात्रा प्रवर्तते॥
इदमन्धन्तमः कृत्स्नं जायेत भुवनत्रयम्।
यदि शब्दाह्वयं ज्योतिरासंसारं न दीप्यते॥

(काव्यादर्श)

न सोऽस्ति प्रत्ययो लोके यः शब्दानुगमादृते।

('वाक्यपदीयम्')

अवैयाकरणस्त्वन्धः बधिरः कोशविवर्जितः।

वाग्वै पराच्यव्याकृताऽवदत्
ते देवा इन्द्रमब्रुवन्निमां नो वाचं व्याकुर्विति...
तामिन्द्रो मध्यतोऽवक्रम्य व्याकरोत्॥

(तैत्तिरीय संहिता 6-4-7)

चत्वारि शृंगा त्रयो अस्य पादा द्वे शीर्षे सप्तहस्तासो अस्य।
त्रिधा बद्धो वृषभो रोरवीति महो देवो मर्त्यां आविवेश॥

(ऋग्वेद)

यद्यपि बहुनाधीषे तथापि पठ[1] पुत्र व्याकरणम्।
स्वजनः श्वजनो मा भूत्, सकलं शकलं, सकृत् शकृत्॥

"महामाया का सब से परिष्कृत रूप भाषा है, सत्त्वोन्मुखी होकर वह प्रकाश देती है, किन्तु तमोगुण की ओर उन्मुख होने पर वह केवल मोह की सृष्टि करती है, केवल आवरण उत्पन्न करती है, केवल कुहेलिका का जाल ताना करती है।"

—('चारुचन्द्र लेख'/आचार्य हजारी प्रसाद द्विवेदी)

[1] 'पुत्र' शब्द का प्रयोग पितृसत्तात्मक समाज संरचना के कारण हुआ था। वह स्त्री को विद्याधिकार न देने की मानसिकता के अनुरूप था।

—लेखक

प्रवेश–द्वार पर

'हिन्दी व्याकरण के नवीन क्षितिज' के रूप में 'हिन्दी व्याकरण की सैद्धान्तिकी' को सगुण–साकार करने की इस कोशिश को, पता नहीं किस रूप में लोक की प्रतिक्रिया मिलेगी, किन्तु अपना कार्य करते हुए मैंने बौद्धिक मुक्तिबोध अवश्य पाया है। यह विगत छह–सात वर्षों से मेरी सोच में निहित और उसी में द्वन्द्वात्मकता से विकस रहे विचारों का मूर्त्त रूप है। इस का मुख्याधार तो 'हिन्दी–व्याकरण' पर आधारित शोधकार्य के दौरान, गत चार–पाँच साल पूर्व काशी हिन्दू वि.वि. में ही निर्मित हो चुका था, परन्तु उसके बाद भी पर्याप्त विकास का सामना करते हुए मैं यहाँ तक आया हूँ। यह मेरी दूसरी पुस्तक है, जिसे प्रकाशन के द्वार तक पहुँचाने का उत्साह हुआ है। पहली पुस्तक 'जनसंख्या–समस्या के स्त्री–पाठ के रास्ते...' (प्रकाशनाधीन) है, जिसकी अमूर्त्त नहीं, बल्कि मूर्त्त छाया इस पुस्तक की काया में माया दिखा रही। किन्तु, मैं अपने अन्तः सत्य को 'माया' सा ओछा शब्द नहीं दूँगा। दुनिया भले शंकराचार्य के 'ब्रह्मसत्यं जगन्मिथ्या' की मुरीद हो, पर मैं जगत् को सत्य मानता हूँ, जगत् की समस्याओं को भी सत्य मानता और पीड़ित होता हूँ। इसके साथ जगत् की भाषा को भी मैं सत्य मानता हूँ और उसके गहन तमस में पैठने में स्फूर्ति पाता हूँ। 'पीड़ा' का परिणाम मेरी पहली पुस्तक रही, तो 'स्फूर्ति' का प्रतिफल है 'हिन्दी व्याकरण के नवीन क्षितिज', यानी 'हिन्दी व्याकरण की सैद्धान्तिकी'।

यह ठीक है कि भाषा की सतत परिवर्तमान रहस्य–गति के आगे हर विवेचन–परिधि कालान्तर में बौनी ठहर जाती है; फिर भी हर विवेचन–प्रयास का अपना महत्त्व तो है ही। यही जानकर मैं यहाँ प्रस्तुत हूँ। भाषा से ही समस्त संसार, सभ्यता–संस्कृति के सारे अनुष्ठान व्यक्त होते हैं। यहाँ तक कि व्यक्तिगत चिन्तन भी भाषा के पंखों पर सवार होकर ही विहरता है। ऐसी अनिवार्य वस्तु का विवेचक होने से व्याकरण की महत्ता असन्दिग्ध है, किन्तु शिक्षण व शोध के क्षेत्र में उसकी उपस्थिति कितनी संदिग्ध है, इसके ढेर सारे प्रमाण दिख सकते

हैं। स्नातकोत्तर कर चुके विद्यार्थी ही नहीं, उनके अध्यापकों में से बहुतेरे भी जब पंडित कामताप्रसाद गुरु, पंडित किशोरीदास वाजपेयी, डॉ. रामदेव त्रिपाठी, डॉ. दीमशित्स आदि के नामों तक से अनजान नजर आते हैं तो सिर पीट लेना पड़ता है। 'हिन्दी भाषा में सही में कितने वर्ण हैं' जैसे प्रारम्भिक प्रश्नों का भी माकूल जवाब देने में वे असमर्थता का अनुभव करते हैं, तब हमें सोचने को विवश होना पड़ता है कि 'व्याकरण' को उच्चस्तरीय कक्षाओं के पाठ्यक्रम में लगभग अनुपस्थित रखकर हमने क्या भला किया है? अँग्रेजी में लिखे एक मामूली आवेदन पत्र में भाषिक अशुद्धि की जाँच के लिए विद्वत्-परिषद् की तरह बाकायदा ऑफिसियल टीम बैठ जाती है, परन्तु हिन्दी की ऐसी गलतियाँ करते जाना जिससे अर्थ का अनर्थ तक हो सकता है, भी सबका सहज जन्मसिद्ध अधिकार समझा जाता है। उस पर टोकाटोकी करनेवाला विधर्मी (काफिर) माना जाता है। भाषा के क्षेत्र में अलोकतन्त्र का इस से बेहतर उदाहरण क्या होगा! हिन्दी भाषा के प्रति ऐसे अनुत्साह के माहौल में उसके विवेचन—व्याकरण—के प्रति उत्साहित होना आवश्यक होकर भी जोखिम भरा कदम है। पर, मैंने आवश्यकता या जोखिम का विचार न करके सिर्फ अपनी अभिरुचि की बात मानी है। किशोरावस्था से मेरी विविध रुचियों में से एक व्याकरण भी रहा है, जिसका आधारभूत ढाँचा उपर्युक्त शोधकार्य के दौरान बन चुका था। किन्तु, उस ढाँचे का नवीन संस्कार समय-समय पर होता गया, जिसकी मूलचेतना के रूप में अपने सामाजिक विचारों को पाता हूँ।

इधर कुछ सालों से मेरा ऐसा मानना हो रहा है कि कोई विद्या, दर्शन या शास्त्र सामाजिक अन्तर्विरोधों, संकटों या जन-जीवन की समस्याओं के प्रति तटस्थ रहकर खड़ा है, तो उसकी बहुकथित महत्ता सन्देह के घेरे में है। कोई विद्वान या दार्शनिक आकाश से नहीं टपक जाता, बल्कि समस्याग्रस्त समाज या धरतीमाता की प्रसव-पीड़ा से ही जनमता है; इसलिए उसका चिन्तन या दर्शन लोक-निरपेक्ष कैसे हो सकता है? यदि है, तो वह जन-विरोधी राजनीति का हिस्सा है अथवा आम जनता के कष्टों के प्रति असंवेदनशीलता का प्रमाण है, जिसका कारण उसका खाया-पिया अघाया वर्गगत या जेंडरगत या जातिगत चरित्र है। भाषा का अध्ययन किसी आकाश में टँगी वस्तु का अध्ययन नहीं है; बल्कि नाना स्तरीय, भेदभावग्रस्त, बहुधा पीड़ित और अल्पतः तुष्ट समाज की भाषा का अध्ययन है। भाषा के जरिये हम समाज के मन और मानसिकता को पढ़ते हैं। यदि दोनों आँखें व दोनों कान खोलकर पढ़ें तो क्षेत्र, नस्ल, जाति, पन्थ, वर्ग (धन) और सर्वाधिक लिंग (जेंडर) के आधार पर खड़े शोषणतन्त्र को भी पढ़ सकते हैं। इस व्याकरण-पुस्तक के साथ मेरी ऐसी समाजशास्त्रीय सावधानी लगी हुई है। यदि किसी को वह मेरा दुराग्रह लगती है, 'हँसुआ के ब्याह में खुरपा का गीत' लगती है तो उसकी शिकायत सर माथे पर।

'व्याकरण' लिंग, जाति, नस्ल, पन्थ (मजहब), राष्ट्रीयता आदि संकीर्णताओं से निरपेक्ष, भाषा का विश्लेषण, एक वैज्ञानिक अवधारणा है। लोकतन्त्र का संविधान जिस तरह किसी देश में निवास कर रहे लोगों के जड़-मूल या सींग-पूँछ को टटोले बिना सब को एक ही कसौटी पर देखता-परखता है, वही कार्य किसी भाषा में प्रयुक्त पदों, संरचनाओं आदि के साथ व्याकरण करता है; भले वे किसी स्रोत से आये हों। परन्तु, इस सन्दर्भ में व्याकरण की 'लिंग' नामक संकल्पना एक गहरी समस्या है। इस पुस्तक के अध्याय 'स्त्रीविमर्श की दृष्टि में हिन्दी व्याकरण की सृष्टि' में यह स्पष्ट होगा कि विश्वस्तर पर सदियों से विद्यमान पितृसत्तात्मक सामाजिकता की छाया भाषा पर भी पड़ी है, जिससे न सिर्फ लिंग (जेंडर)-भेद पैदा हो गया है; बल्कि स्त्रीलिंग पर पुंलिंग का वर्चस्व भी भाषा में अनेक तरह से कायम है। लिंगभेदी समाज में रह रहा वैयाकरण भी उन लैंगिक पूर्वग्रहों से अनायास ग्रस्त हो जाता है; फलतः नियम और उदाहरण प्रस्तुत करते समय उसकी भाषा अनायास स्त्री-विरोधी हो उठती है। मेरी यह पुस्तक इन पूर्वग्रहों से मुक्त है। इसने प्रतिपादन और उदाहरण में यह ख्याल रखा है कि समाज-व्याप्त 'जेंडर' (लिंग) की समस्या पर करारी चोट पहुँचे। आधी आबादी (स्त्री) की अनेकशः पीड़ाओं-वंचनाओं के ही साथ, नस्ल, जाति, मजहब आदि के भेदों एवं सभ्यता के अनेक आधुनिक-पुरातन संकटों को उदाहरण बनाया गया है। 'स्त्री-सशक्तीकरण' व 'लैंगिक न्याय' (जेंडर जस्टिस) के साथ 'सामाजिक न्याय' की युगीन संकल्पनाओं के उदाहरणों के साथ यह पुस्तक लोकतन्त्र की सतत संवादी भी है—ऐसा मेरा विश्वास है। किन्तु, वैसा होना 'व्याकरण' का बाईप्रोडक्ट (उपजात) नहीं, बल्कि 'सहजात' ही मैं मानता हूँ। 'एक पंथ' से 'एकाधिक कार्य' मेरी रुचिकर शैली रही है।

'व्याकरण' मेरी समझ से, अपने प्रकट स्वरूप में एककालिक (या स्थिरवत् प्रतीयमान) भाषा का विश्लेषण है, जो भाषाकृति-परक है। किन्तु, वह पूर्णता व संगति तभी पाता है, जब ऐतिहासिक-तुलनात्मक भाषावैज्ञानिक प्रक्रियाओं तथा अर्थ-विचार की धारणाओं के भीतर से निकल कर आये। यह बात कारक, काल, वाच्य, समास जैसी संकल्पनाओं के साथ विशेषतः और पूरे व्याकरण पर सामान्यतः लागू होती है। फिर भी, व्याकरण है तो प्रधानतः आकृतिपरक अवधारणा ही। व्याकरण का व्युत्पत्त्यर्थ—(वि+आ+कृ+ल्युट्)—भी तो यही है—भाषा को व्याकृत करना; आकृति-विश्लेषण करना। वह भाषागत शब्दों या प्रयुक्तियों का श्रेणी-विभाग या नामकरण कोरे अर्थ पर आधारित होकर नहीं करता, बल्कि प्रयोगगत विशेषताओं के आधार पर उनका कोटीकरण वह करता है। वह भाषा में प्राप्त शब्दों के प्रयोग-मात्र की व्याख्या तक ही स्वयं को प्रतिबद्ध रखता है; उनके कुल-गोत्रादि बाह्य सन्दर्भों के अन्वेषण में उसकी तब तक कोई रुचि नहीं जगती, जबतक उसे इन बातों की पद-रचना/वाक्य-रचना में यानी प्रायोगिक सन्दर्भ में कोई

उपयोगिता या भूमिका न नजर आये। 'व्याकरण' को 'व्याकरण' ही बनाये रखना चाहिए। उसे दर्शन, राजनीति या समाजशास्त्र नहीं बना देना चाहिए कि गुणवाचक, कालवाचक, मात्रावाचक आदि भाषा में अर्थगत भेदों का जमावड़ा लगा दिया जाये अथवा देशज-विदेशज आदि अव्याकरणिक भेदभावों का फालतू झंझट ले लिया जाये। 'व्याकरण' को, 'व्याकरणिक घटनाओं' और 'अव्याकरणिक घटनाओं' की पहचान करने की तमीज होनी चाहिए। भाषा में प्रयोग यानी 'वाक्य' के सन्दर्भ में कोई घटना घटती है, तो वही वास्तविक घटना है, वही व्याकरणिक घटना है। इससे बाहर घटी घटना अव्याकरणिक है—यही मूल कसौटी है। इस तरह भाषा में प्रयुक्त 'पद' की सत्ता ही वास्तविक है, 'शब्द' (प्रकृति) की काल्पनिक। 'रूपायन' व्याकरणिक घटना है, व्युत्पादन (व्युत्पत्ति) उससे इतर है, किन्तु वह व्याकरणिक घटना का सहायक है, अत: अर्द्धव्याकरणिक घटना है। परन्तु, किसी शब्द का लिंगगत अर्थ निर्मित होना या किसी धातु का फल व व्यापारगत अर्थ निर्मित होना—उनके वाक्य रूपी 'कक्ष' में प्रवेश के पूर्व 'लोक' में ही हो चुका होता है। इसी से उनकी स्थिति अव्याकरणिक घटना के तौर पर है। 'व्याकरण' के सिद्धान्त या परिभाषाएँ 'वाक्य' रूपी कक्ष में घटित घटनाओं के सापेक्ष खड़ी होती हैं। इसी से यहाँ 'पत्ता गिरता है' या 'पतंग उड़ती' में 'पत्ता' व 'पतंग' को कर्ता ही माना जाता है; लौकिक अर्थ देखकर इन्हें वह कर्म नहीं मान सकता। इसी तरह 'चावल पकता है' में चावल को भी वह 'कर्ता' मानता है, न कि उसके पूर्व वाक्य 'वह चावल पकाता/पकाती है' आदि का राग अलापते यहाँ भी चावल को 'कर्म' ही मानता फिरेगा। प्रस्तुत क्रिया (पकता है) की आधारशिला पर खड़े प्रस्तुत 'वाक्य' (चावल पकता है) रूपी कमरे में 'चावल' को कर्तृपद पर विराजमान देखता है वह और इसी से 'चावल' को शत-प्रतिशत कर्ता ही कहता है। 'सन्धि' वाक्य-रूपी कक्ष में ही घटित घटना होकर भी इस कारण अव्याकरणिक घटना मानी जाती है कि दो वर्णों के बीच हुआ वह रूपान्तर, कक्ष की व्यवस्था के परिणाम स्वरूप न होकर; कक्ष को बाहर से देख रहे वक्ता की सुविधा (मुख-सुख) के कारण स्वत: घटित परिवर्तन है।

हिन्दी व्याकरण-पुस्तकों के निर्माण की अबतक जो लोकप्रिय शैली रही है, वह अँग्रेजी ग्रैमर से अभिभूत रहे पंडित कामताप्रसाद गुरु के प्रभामंडल से बाहर निकलकर, कुछ नया सोचने में असमर्थ रही है। वैसे पंडित किशोरीदास वाजपेयी और उनके भी पूर्वज पंडित रामावतार शर्मा ने हिन्दी व्याकरण को अधिक स्वस्थ और तर्कसंगत पथ प्रदान करने के अथक प्रयत्न किये, किन्तु उस पथ पर चलना हमें रास न आया, जिससे आज तक हिन्दी-व्याकरण की सैद्धान्तिकी को लेकर हम असंगतियों के शिकार हैं। मेरा स्पष्ट विचार है कि हिन्दी भाषा को उसके मूल विकास-परिवेश (वेदभाषा-पालि-प्राकृत-अवहट्ट-हिन्दी) में समझना चाहिए; हिन्दी

भाषा के विश्लेषण को भी भारतीय भाषा-दर्शन का संवादी होना चाहिए। यास्क-पाणिनि-पतंजलि-कात्यायन-हेमचन्द्र-भर्तृहरि जैसे मनीषियों के द्वारा प्रस्तुत साँचे, जिनकी उपयोगिता समाप्त नहीं हुई, को छोड़कर हिन्दी विदेशी साँचों के पीछे दौड़ती फिरे, उनके अनुसार हम हिन्दी से उदाहरण चुन-चुन कर 'व्याकरण' बनाने की मशक्कत करते रहें—यह बात उचित नहीं है। अनौचित्य का कारण छुआछूतवादी सांस्कृतिक राष्ट्रवाद नहीं, बल्कि हिन्दी के भाषिक परिवेश को समझने का आग्रह है। 'व्याकरण' भारतीय भाषा-चिन्तन की निजी संकल्पना है; उसकी स्वकीयता की रक्षा होनी ही चाहिए। 'ग्रैमर' से प्रभावित, ग्रैमरीय परम्परा में दीक्षित होकर हम 'व्याकरण' को नहीं बचा सकते। यह कितनी असंगति हुई कि हमने 'कारक' शब्द 'व्याकरण' का लिया और उसपर 'ग्रैमर' से आये 'केस' की अवधारणा लाद दी; इसी तरह 'काल' पर 'टेन्स' को लाद दिया। 'उपसर्ग' आदि न जाने कितने शब्दों का काम-तमाम हमसे हो गया है। इस पुस्तक में मेरी कोशिश रही है कि भारतीय भाषा दर्शन से उपलब्ध व्याकरणिक संकल्पनाओं पद, प्रकृति, प्रातिपदिक, धातु, प्रत्यय, विभक्ति, कारक, काल, समास, सन्धि, उपसर्ग आदि को मूलार्थ में हिन्दी-व्याकरण में विनियुक्त या अन्वेषित करने को प्रतिबद्ध रहूँ। इसी में मुझे 'हिन्दी-व्याकरण' के उचित प्रारूप के उभरने का अवकाश लगता है, जो स्पष्ट, पारदर्शी, स्वस्थ और अपेक्षाकृत टिकाऊ हो। फिर भी, 'संस्कृत व्याकरण' के सन्दर्भ में 'हिन्दी व्याकरण' को चाकर बना देने से मुझे परहेज है, क्योंकि संस्कृत सी संश्लेषणात्मक भाषा से हिन्दी की संरचना पूर्णतः मेल नहीं खाती। हिन्दी की विश्लेषणात्मकता से 'परसर्ग' आदि कई तत्त्व तो विकस ही गये हैं, बल्कि वाच्यादिक सन्दर्भों में हिन्दी में पर्याप्त नवीनता आ चुकी है। हिन्दी का विकास जिस भाषिक परिवेश में हुआ है, उसमें परभाषाई या विदेशी शब्द संसाधन और विदेशी (मुख्यतः अँग्रेजी) व्याकरणिक प्रवृत्तियाँ भी विद्यमान रही हैं। सब मिलाकर हिन्दी भाषा की जो तस्वीर बनी है, वह भारतीय मूलाधार पर टिककर भी विदेशी प्रभावों को आत्मसात् करके बनी विलक्षण सामासिकता की तस्वीर है। इसी से हिन्दी-व्याकरण के 'रूपायन' या पद-साधना के विवेचन में भारतीय (संस्कृत) व्याकरण-दृष्टि की संगति रखकर भी हमें हिन्दी वाक्य-संरचना के विश्लेषण में आंग्ल पद्धति की उपादेयता माननी होगी। फिर, 'व्याकरण' बनाने के प्रयास में 'ग्रैमर' का भी किंचित् उपकार ग्रहण कर लिया जाए तो, 'व्याकरण' को घाटा क्या है? बल्कि उसे विस्तृति या युगीनता के ही संयोग मिलेंगे। हमने 'कारक' की सम्पूर्ण स्वीकृति के साथ 'ग्रैमर' की संकल्पना 'केस' का भी ('विकारक' नाम से) अंगीकार कर के इसी दिशा में पहल की है। 'पक्ष' (Aspect) को भी हिन्दी-व्याकरण में इसी के तहत जगह दी गयी है। 'प्रकार' (Mood)) का भी यही किस्सा है।

प्रस्तुत पुस्तक की तैयारी में उपकारी और पाथेय बने तमाम ग्रन्थों व उनके

रचयिताओं के प्रति विनम्र आभार मात्र कह देने से 'ऋषि-ऋण' का विमोचन नहीं हो जाता। फिर भी कहना पड़ता है कि 'आभारी' हूँ। 'को बड़ छोट कहत अपराधू' का खतरा तो बना ही रहता है; पर आन्तर अनुभूत सत्य को प्रकट न करना तो और भी अपराध है। 'व्याकरण' तत्त्व को समझने में सर्वाधिक मददगार बने डॉ. रामदेव त्रिपाठी, डॉ. काशीराम शर्मा, डॉ. देवेन्द्रनाथ शर्मा के साथ पंडित किशोरीदास वाजपेयी व आचार्य हजारी प्रसाद द्विवेदी का मैं चिर ऋणी हूँ। 'व्याकरण' की आकृतिपरकता की समझ विशेषत: डॉ. काशीराम शर्मा से मुझमें विकसित हुई और व्याकरणिक विवरणों की सर्वाधिक उपलब्धि डॉ. रामदेव त्रिपाठी ('हिन्दी भाषानुशासन') से मुझे हुई। 'भाषा' के साथ 'मनुष्य' बनने की भी तमीज देनेवाले आचार्य हजारी प्रसाद द्विवेदी की पुण्य स्मृति को नमन करते हुए मैं यह स्वीकार करता हूँ कि उस 'मनुष्य' को 'पुरुष-प्राय' से 'आधा स्त्री' भी बनाने की तमीज मेरी खुद की साधना है; पर इस तमीज के लिए आप मुझे 'बदतमीज' समझने की हिमाकत न करें तो बेहतर हो। पुस्तक में प्रस्तुत उदाहरणों के चयन से बढ़कर रचना में बहुधा उपादेय बनी पुस्तक 'हिन्दी संरचना का शैक्षिक स्वरूप' के लिए लेखक डॉ. रामकमल पाण्डेय का आभारी हूँ। शोधक के लिए 'आप्त-प्रमाण' कुछ नहीं होता, वह हर पूर्व-विद्यमान ज्ञान को एक प्रश्न-चिह्न के साथ ग्रहण करता है। इसी के तहत इन सबके साथ यदा-कदा जो प्रश्नाकुल अविनय-सा हो गया हो, तो क्षमस्व। इस पुस्तक में प्रस्तुत शिल्प के लिए मैं स्वयं को पंडित कामताप्रसाद गुरु की 'व्यवस्था' का कर्जदार मानता हूँ। पाणिनीय साँचे की उपयोगिता का बोध कराने में डॉ. विद्यानिवास मिश्र की लेखनी का मुझ पर उपकार है। इसके साथ, अपनी व्याकरण-चर्चा के लालित्य के कारण मेरे श्रद्धेय बने डॉ. रामनरेश मिश्र 'हंस' को भी इस अवसर पर श्रद्धासिक्त स्मरण करता हूँ। अपनी स्वर्गीया माँ (श्रीमती देवी), पिता (वासुदेव पाठक) तथा घर-कुटुम्ब के तमाम स्नेही-स्नेहास्पदों (विशेषकर दीदी सुनीता देवी, स्वर्गीया दादी श्यामपति देवी तथा स्वर्गीया चाची शुभावती देवी) के साथ; मेरी मति व कृति के विकास, परिष्कार व स्थापन में सहयोगी बने, गाँव की प्राथमिक पाठशाला से लेकर अब तक के अपने अन्तिम अध्ययनपीठ 'काशी हिन्दू विश्वविद्यालय' के समस्त उत्प्रेरक गुरुजनों व भाव-संवादी मित्रों और अपने छात्र-छात्राओं की सम्यक् स्मृति में यह पुस्तक आप सबके समक्ष निवेदित कर रहा हूँ!

अन्त में, 'भारतीय ज्ञानपीठ' संस्था के प्रति अपना हार्दिक साधुवाद प्रकट करता हूँ, जिसने इस पुस्तक के लेखन के मेरे प्रस्ताव को अपनी प्रकाशनार्थ सहमति देकर, मुझे गत दो मासों से व्यस्त रखा है—जिसका प्रतिफल यह पुस्तक है। इससे 'हिन्दी व्याकरण' की उचित रूपरेखा का कितना निर्धारण हुआ है, उसकी कितनी सैद्धान्तिकी सुनिश्चित हो सकी है—यह आपका विचारणीय होगा। इसका शुभाशुभ परीक्षण कर आप मुझे संसूचित करें, तो बड़ी कृपा होगी। कारण, यह पुस्तक

'हिन्दी-व्याकरण' को समझने का एक प्रयास है, समझ लेने का परिणाम नहीं। उत्तर आधुनिक विमर्श में हर चीज एक पाठ है, अतः व्याकरण भी एक पाठ है। पाठ निर्भर करता है पाठक/ग्रहीता पर; इसी से पाठ/व्याख्या की अनेकता स्वाभाविक है। हिन्दी-संरचना का यह पाठ (व्याख्या) मेरा अपना है, पर आप सबकी कसौटी पर खरा उतरने के प्रयास में है। अपने प्रयास में आप सभी वाक्-तत्त्व-रसिकों को अपना सहयोगी बना सकूँ—इसीलिए यह पुस्तक आपको अर्पित है और है आत्मार्पित!

विद्वत् चरणानुरागी,
—रवीन्द्र कुमार पाठक

18 जनवरी, 2009
डाल्टनगंज, झारखंड

अनुक्रम

अध्याय–1

उद्घाटन

देवीं वाचमजनयन्त देवाः तां विश्वरूपाः पशवो वदन्ति।
सा नो मन्द्रेषमूर्जं दुहाना धेनुर्वागस्मानुप सुष्टुतैतु॥

(ऋग्वेद 8/100/11)

अर्थात्, वाग्देवी (वैखरी वाणी) को (प्राणरूप) देवों ने आविर्भूत किया, जिसे नाना रूपों के प्राणी (पशु) बोलते हैं। वह कामधेनु-सी आनन्दप्रदा-बलदायिनी (वाक्) भगवती उत्तम स्तुति से सन्तुष्ट होकर हमारे समीप आए।

उपलब्ध विश्व-वाङ्मय के आदिग्रन्थ के रूप में चर्चित 'वेद' भाषाशास्त्र का भी आदिम स्रोत कहा जा सकता है। वेद-तत्त्व के सम्यक् ग्रहण एवं वेद-कलेवर की सुरक्षा की चिन्ता जब बलवती हुई, तब मानवीय मेधा ने छह वेदांग स्थापित किये—शिक्षा, कल्प, व्याकरण, निरुक्त, छन्द और ज्योतिष। इनमें कल्प एवं ज्योतिष को छोड़कर शेष प्रत्यक्षतः भाषापरक हैं। इनमें भी व्याकरण की सत्ता को कितनी महत्ता प्राप्त है, वह इस सूत्र से स्पष्ट है—'मुखं व्याकरणं स्मृतम्।'[1]—यानी, व्याकरण 'वेद' रूपी व्यक्ति का मुख है, जो वेद-वाङ्मय के अन्तःस्थ भावों को लोक में प्रकाशित करता है। चार भाषा-मूलक वेदांगों में से 'छन्द' को तो कभी 'काव्यशास्त्र' के आदिमस्वरूप की तरह व्याख्यायित करके भाषाविज्ञान से असम्बद्ध भी मान लिया जा सकता है, पर शिक्षा, निरुक्त और व्याकरण तो निर्विवाद 'भाषाविज्ञान' की जननी के गौरव से युक्त हैं। वैसे भाषाविज्ञान और काव्यशास्त्र भी परस्पर असम्बद्ध कहाँ है? एक का निरूप्य है भाषा का निर्माण पक्ष और दूसरे का निरूप्य है भाषा का अलंकरण पक्ष।[2]

भाषाविज्ञान के चार प्रमुख अंगों—ध्वनिविज्ञान, पदविज्ञान, वाक्यविज्ञान और अर्थविज्ञान के पूर्वज हैं शिक्षा, व्याकरण व निरुक्त।

शिक्षा—ध्वनिविज्ञान

व्याकरण—पद/वाक्य-विज्ञान

निरुक्त—2 पक्ष— (क) शब्द-विश्लेषण (निर्वचन/निरुक्ति)

(ख) अर्थ-अनुसन्धान > अर्थविज्ञान

'शब्द-विश्लेषण' का विकसित रूप ऐतिहासिक व तुलनात्मक 'शब्द-विकास' का शास्त्र है।

व्याकरण-निर्माण की प्रक्रिया का श्रीगणेश भी एक पूर्ववर्त्ती विधा 'पद-पाठ' से माना जाता है। 'शिक्षा' का उत्तरवर्त्ती विशद रूप 'प्रातिशाख्य' नामक विधा के रूप में फलित हुआ। 'निरुक्त' अपने उपलब्ध रूप में 'निघण्टु' को भी समाहित किये हुए है। 'निघण्टु' वैदिक शब्द-कोश (शब्द-संग्रह मात्र, अर्थ-रहित) है, जिसकी व्याख्या के लिए 'निरुक्त' का विकास हुआ है। इस प्रकार, पद-पाठ, प्रातिशाख्य एवं निघण्टु अलग से वेदांग नहीं माने गये और षड् वेदांगों में ही इनका समाहार कर लिया गया।

आज 'भाषाविज्ञान' नामक विद्या बृहत् रूप धर कर खड़ी है तथा उसके पूर्व स्त्रोतों में से एक 'व्याकरण' नामक प्राचीन विद्या भी उसके समानान्तर स्थित है, तो 'भाषा विज्ञान' बनाम 'व्याकरण' का एक द्वन्द्व दिखलाई पड़ता है।

भाषाविज्ञान और व्याकरण

भाषा की स्थिति पहले है। वह एक प्राकृतिक सुसंगति या नियम से प्रवाहशील रहती है। पर ऐसा कहना भी सिर्फ विवेचन-सुविधा/शिष्टाचार के तहत सरलीकरण मात्र है। सही बात है कि प्रवाहशीलता का मतलब ही है निश्चित नियम का अभाव। विरोधी या भिन्न तत्त्वों की उपस्थिति के बिना किसी वस्तु में गतिशीलता या विकास हो ही कैसे सकता है? इसी से मानना होगा कि किसी भाषा में किसी स्तर पर—ध्वनि, पद, शब्दभंडार या अर्थ या किसी स्तर पर—विरोधी प्रवृत्तियों के सहअस्तित्व की सम्भावना बराबर बनी हुई है। यह विरोध/द्वन्द्व किसी भाषा के आन्तरिक तल पर, उसी के स्वरूप में निहित एवं बाह्य आगमन से भी होता है। डॉ. रामविलास शर्मा ने इसी सन्दर्भ में कहा है कि कोई भाषा किसी एक आदिभाषा से विकसित नहीं होती, बल्कि वह अनेक भाषामूलों या अनेक स्त्रोत भाषाओं से विकसित होती है। ('भाषा और समाज' से)। समग्रतः भाषा के विकास का रहस्य अपार है। किसी नियम विशेष से सारे शब्द, संरचक घटक नहीं विकसे होते और विकसित होकर वे आगे सदा मौजूद ही रहेंगे यह भी निश्चित नहीं है। आगे के भाषा प्रयोग में कुछ एकदम अनियमित प्रयोग अक्सर दिख जा सकते हैं, जो पहले के प्रयोगों के आधार पर कल्पित नियम को अतिक्रान्त करते हैं। यह अनियमितता या अनिश्चितता ही भाषा-विकास का मूलभूत नियम कहा जा सकता है। भाषा इसी रूप में एक रहस्यमय वस्तु की तरह है। सहज जिज्ञासु इन्सान का ध्यान जब उसकी ओर जाता है, तब भाषा-विषयक चिन्तन का आरम्भ होता है, फिर भाषा-विश्लेषण का प्रारम्भ। यहीं से उस विधा की शुरुआत होती

है, जिसे आज 'भाषाशास्त्र' या 'भाषाविज्ञान' कहते हैं। भाषा के विश्लेषण से प्राप्त उसके अन्तर्निहित नियमों को जब व्यवस्थित किया जाता है, तो उसे 'व्याकरण' कहते हैं। वह 'व्याकरण' आगे के भाषा-प्रवाह को अपने अनुरूप व्यवस्थित किये रहता है।

इस प्रकार, 'व्याकरण' भाषा में से ही निकलता है—कहीं बाहर से आकर उस पर अरोपित नहीं हो जाता। पंडित कामताप्रसाद गुरु ने इसी सन्दर्भ में लिखा है—"प्रत्येक भाषा में व्याकरण अन्तर्हित रहता है, चाहे कोई उसकी खोज करे या न करे।"[3]

व्याकरण भाषाविज्ञान का 'उत्तर-विकास' कहा जा सकता है। भाषाविज्ञान मूलतः विश्लेषण है और व्याकरण उससे आगे बढ़कर 'व्यवस्था' का रूप लिये रहता है। भाषा गतिशील तत्त्व है, 'भाषाविज्ञान' उसी के अनुसरण पर खड़ा विश्लेषणात्मक अध्ययन। अतः स्पष्ट है कि भाषा-प्रवाह के नित नव-नव रूप धरने के साथ भाषाविज्ञान को भी अपने विश्लेषण को नव-नव रूप देना पड़ता है। विश्लेषण-संकेतों को आत्मसात् करके 'व्याकरण' को भी (परिवर्तित भाषा-स्थिति के अनुसार) देर-सबेर स्वयं को बदलना पड़ता है; पर तभी जब ये परिवर्तन थोक मात्रा में संचित हो जाएँ। 'भाषाविज्ञान' भाषा की गतिविधि के अधिक निकट रहनेवाला ज्यादा सजीव शास्त्र है। इसी से भाषा-प्रकृति में बदलाव आने पर वह तुरत पकड़ता है। परन्तु, 'व्याकरण' इस परिवर्तन को तुरत नहीं पचा पाता, क्योंकि वह व्यवस्था-प्रधान है। इसलिए वह बहुत कुछ स्थिर-सा प्रतीत होता है। एक व्यवस्था जो बन चुकी है, उसमें तुरत-तुरत परिवर्तन-संशोधन होते रहे, तो व्यवस्थाधीन रहनेवाली जनता की असुविधा बढ़ेगी। इसलिए भाषा में आये अल्प परिवर्तनों की उपेक्षा करते हुए 'व्याकरण' पूर्वरूप की ही संस्तुति करते रहता है ताकि व्यवस्था बनी रहे और भाषा-प्रयोक्ताओं का कार्य सुचारु रूप से चलता रहे। पर, यदि छोटे-छोटे परिवर्तन संचित होकर पुष्कल मात्रा में दृष्टिगत होने लगते हैं, तो उन्हें स्वीकार कर अपने स्वरूप में बदलाव लाने को बाध्य होता है 'व्याकरण'; क्योंकि ऐसा न करने पर उसे अप्रासंगिक हो जाने का भय रहता है। इसे ऐसे भी कह सकते हैं कि भाषा के अल्प परिवर्तन को व्याकरण स्वीकार नहीं कर पाता, बल्कि उस लघु विचलन को असाधु या अशुद्ध प्रयोग करार देता है; परन्तु वही विचलन जब बड़ी जनसंख्या के व्यापक समर्थन से आम प्रवृत्ति बन जाता है, तब 'व्याकरण' उसकी उपेक्षा नहीं कर पाता। तब 'व्याकरण' को उस परिवर्तन को नियम का दर्जा देना ही पड़ता है, पहले के अपने नियम में संशोधन करके। एक समय घोषित किया गया, 'अशुद्ध प्रयोग' व्यापक जन-स्वीकृति के दबाव में व्याकरण द्वारा 'शुद्ध प्रयोग' का दर्जा पा लेता है। यही प्रक्रिया है। भाषा में कोई प्रयोग न शुद्ध

होता है, न अशुद्ध। हर विचलन भाषा का एक नया विकास है। व्यापक लोक-स्वीकृति से हर नया प्रयोग 'शुद्ध' का दर्जा पा लेता है। व्याकरण इस प्रकार स्वभाव से ही लोकतान्त्रिक है।

'भाषाविज्ञान' और 'व्याकरण' के सम्बन्ध में एक रूपक काम का होगा। भाषा एक नदी है। 'भाषाविज्ञान' उस नदी के सम्पूर्ण प्रवाह के सन्दर्भ में उसके स्वभाव-गतिविधि का विश्लेषण। उसी प्रकार की अन्य नदियों की प्रकृति से तुलनात्मक विश्लेषण भी वह करता है तथा प्रवाह के विकास (ऐतिहासिकता) पर भी उसकी नजर रहती है। 'व्याकरण' भाषा रूपी नदी के प्रवाह (सतत गति/परिवर्तनशीलता) को स्थिरवत् (अपरिवर्तनशील) रूप में देखता है और तब उसका विश्लेषण कर उसमें कार्यरत नियमों का अनुसन्धान करता है, तभी नियमों का व्यवस्थित रूप (व्याकरण) बनता है। यदि भाषा-नदी की सतत गतिशीलता को ही माना जाए, तो उसमें कार्यरत किसी नियम विशेष का सन्धान असम्भव है। जबतक उसे स्थिरवत् भासित न करें, तब तक नियमान्वेषण होगा ही नहीं। यद्यपि 'प्रवाह' को स्थिरवत् मानकर चलना प्रकृति की अवमानना है, परन्तु दुनिया का हर शास्त्र तो ऐसे ही खड़ा होता है।[4] शास्त्र जरूरी हैं जीवन को व्यवस्था देने के लिए। 'व्याकरण' भी जरूरी है भाषा प्रयोग को व्यवस्था देने के लिए। 'व्याकरण' भाषा-नदी पर बनाया गया बाँध नहीं है; वह नदी के किसी भाग (वर्तमान कालीन/एककालिक हिस्सा) पर बनाया गया तटबन्ध है—घाट है। तटबन्ध के निर्माण में नदी के स्वभाव का अध्ययन आधार होता है। वह नदी पर थोपा हुआ नहीं रहता। उसके प्रवाह-मार्ग के अनुसार बनता है। तटबन्ध बनाने का प्रयोजन है—नदी उसके संगत संयम से बहे और लोकोपकारी बनी रहे। जब नदी का प्रवाह-मार्ग अतिशय बदल जाता है तो स्पष्ट है कि नया तटबध बनाना पड़ता है। इसलिए पंडित किशोरीदास वाजपेयी का यह कथन संशोधनीय है कि, "व्याकरण बदलना पड़े, तो समझिए कि वह ठीक बना ही न था।"[5]

'व्याकरण' का सम्बन्ध स्थित्यात्मक/एककालिक/विवरणात्मक भाषाविज्ञान से है। भाषा-प्रवाह को स्थिर मानकर, किसी कालविशेष की भाषा का विवरण देता है व्याकरण। वैयाकरण के सामने चुनौती होती है—अनियमित रूप से विकसित होकर वर्तमान हुई भाषा को एक नियमितता में समझने-समझाने की। इसीलिए वह उस भाषा को स्थिर रूप में देखकर उसमें प्रकृति-प्रत्यय, विभक्ति आदि की कल्पना करके, उसे एक नियमित व्यवस्था में व्याख्यायित करता है तथा उस सामान्य व्यवस्था से बाहर रह गये या उसमें न आ सकने वाले कुछ बेहद अनियत प्रयोगों को अपवाद का दर्जा देता है। भाषाविज्ञान की विशाल काया में स्थित्यात्मक (एककालिक), विकासात्मक (ऐतिहासिक) व तुलनात्मक भाषाविज्ञान हैं, फिर भी

'व्याकरण' स्वतन्त्र अस्तित्व रखता है।

भाषा का अनुसरण कर भाषाविज्ञान अस्तित्ववान् है, सार्थक भी। परन्तु, व्याकरण भाषा के पीछे चलकर ही सार्थक नहीं है। भाषा के पीछे चलने से अपना आरम्भ वह अवश्य करता है, पर परिणति पाता है उससे आगे बढ़कर एक 'व्यवस्था' के रूप में। इसी व्यवस्था में भाषा के (अब तक के स्वरूप या) वर्तमान स्वरूप की व्याख्या निहित होती है तथा आगे का भाषा-प्रवाह इसी व्यवस्था में ढलकर चलने को परामर्श पाता है।

पंडित किशोरीदास वाजपेयी भाषाविज्ञान का पूर्वज 'निरुक्त' मात्र को मानते हैं[6], परन्तु 'शिक्षा' (ध्वनिशास्त्र) और 'व्याकरण' भी भाषाविज्ञान के पूर्वज हैं। फिर भी, 'निरुक्त' का जोर हैं। 'निरुक्त' या निर्वचन का लक्ष्य है व्युत्पत्ति द्वारा शब्द के वास्तविक स्वरूप को दिखलाकर अर्थबोध कराना। इसके लिए उसे भाषा के पंचविध रूपान्तरणों का आश्रय लेना पड़ता है, क्योंकि उन्हीं के सापेक्ष निर्वचन किया जाता है। इनमें से चार रूपान्तरण शब्द के हैं—

1. वर्ण का आगम,
2. वर्ण का व्यत्यय (विपर्यय),
3. वर्ण का विकार एवं
4. वर्ण का नाश (लोप)।

पाँचवाँ रूपान्तरण अर्थ का है।[7] इसे 'अर्थातिशय' कहा गया है। 'व्युत्पत्ति' मूलतः 'निरुक्त' का ही विषय है, 'व्याकरण' का नहीं। 'व्याकरण' का विषय है भाषा में प्रयुक्त पदों की प्रकृति (मूल तत्त्व) की कल्पना करना, फिर उन प्रकृतियों के पद-रूप में ढलने (यानी रूपायित होने) की व्याख्या करना तथा पदों का वर्गीकरण करना। यानी, एकात्म-एकजल भाषासिन्धु में पृथक्-पृथक् घटकों, पदों की धाराओं को छाँटकर प्रकृति-प्रत्यय (विभक्ति) का विधान करते हुए, उनकी प्रयुक्ति या रूपायन का रहस्य समझाना। फिर, प्रयुक्ति/रूपपरक विशेषताओं के अनुसार उन पदों की कोटियाँ बनाना व्याकरण का कार्य है। इस प्रकार, 'व्याकरण' भाषा के उपलब्ध स्वरूप की व्याकृति करने के लिए है। किसी शब्द का रूप क्यों वैसा हुआ या किस ऐतिहासिक प्रक्रिया से विकसित होते हुए शब्द वर्तमान रूप को प्राप्त हुआ है—यह विवेचित करने का काम उसका नहीं। यह कार्य 'भाषाविज्ञान' करता है। परन्तु, 'व्युत्पत्ति को समझ लेने पर भाषा-प्रयोग में उनके रूप चलने का रहस्य कुछ अधिक समझ में आता है। फिर भी, 'व्याकरण' ने व्युत्पन्न या यौगिक शब्दों की व्युत्पत्ति को ही अपने में सम्मिलित किया है। अव्युत्पन्न या रूढ़ शब्दों का निर्माण-रहस्य बतलाना भाषाविज्ञान के जिम्मे रहा है।

व्याकरण भाषा के सिद्ध रूप का पता देता है। भाषा-प्रवाह को स्थिर मानकर वह भाषा की व्याख्या करता है—वही सिद्ध रूप का पता है। साथ ही, उसके अनुसार 'आगे कैसा होना चाहिए', इसका भी परामर्शक है व्याकरण। किन्तु, 'भाषाविज्ञान' जो 'है' या 'होने को है', उसका व्याख्याता भर है और 'व्याकरण' की तुलना में अधिक व्यापक व सजीव व्याख्याता है।[8] इसी प्रसंग में कहा जा सकता है कि 'भाषाविज्ञान' भाषा की स्वास्थ्य परीक्षा या रोग-विश्लेषण (डायग्नोसिस) मात्र कर सकता है, पर 'व्याकरण' अपने सूत्रों पर उसका उपचार (ट्रीटमेंट) करने का भी दावा करता है। ये ही कुछ बातें हैं जिनके कारण अति विस्तीर्ण हो चुके 'भाषाविज्ञान' के सामने भी 'व्याकरण' मजबूती से अपना महत्त्व स्थापित किये हुए है और नित्य इसका प्रणयन भी हो रहा है।

व्याकरण की परिभाषा

व्याकरण की परिभाषा बनाने के क्रम में काफी समय तक हिन्दी वैयाकरणों में भटकाव की स्थिति रही—वे प्रयोजन को लक्षण बनाने की मशक्कत करते रहे। पंडित किशोरीदास वाजपेयी पहले हिन्दी वैयाकरण हुए, जिन्होंने लक्षण पर ध्यान केन्द्रित कर कहा—"व्याकरण उस शास्त्र का नाम है जिसमें भाषा के अंग-प्रत्यंग का पूर्ण विवेचन होता है।"[9] उन्होंने पुराने हिन्दी-वैयाकरणों की इस परिभाषा का खंडन किया कि व्याकरण शुद्ध बोलना और लिखना सिखाने का शास्त्र है।[10] उन्होंने एकदम स्पष्ट मत दिया कि, "जिस शास्त्र से भाषा व्याकृत की जाए, उसके पदों को तोड़-तोड़कर प्रकृति-प्रत्यय आदि का ज्ञान-विधान किया जाए, वह व्याकरण है। ...यों, प्रकृति-प्रत्यय आदि की कल्पना करके पद-व्युत्पत्ति करने से यह शास्त्र 'व्याकरण' है और शब्दों का परस्पर सम्बन्ध-विधान आदि करने के कारण इसे 'शब्दानुशासन' कहते हैं। ...प्रयोग-बाहुल्य से व्याकरण और 'शब्दानुशासन' शब्द पर्याय रूप हो गये हैं—एक की विशेषता दूसरे में आ गयी है।"[11] वाजपेयी जी ने यह भी कहा कि, "व्याकरण लक्ष्य-प्रधान शास्त्र है।"[12] क्योंकि वह लक्ष्य (=भाषा) के अनुसार चलता है। किन्तु, सच इतना ही नहीं है। 'लक्ष्य' (भाषा) पर दृष्टि रखकर व्याकरण बनाया जाता है, पर वह अपने प्रकट स्वरूप में बन जाता है लक्षण-प्रधान (नियमों की व्यवस्था)। उसके विवेचित लक्षणों पर भविष्य का भाषा-प्रयोग या नव पद-निर्माण सम्भावित होता है। लाघव के लिए व्याकरण तो प्रकटतः लक्ष्य से अधिक लक्षण की ही चर्चा करता है।

किसी चीज की परिभाषा का निर्माण सिर्फ उसके लक्षण से नहीं होता, प्रयोजन को भी सम्मिलित करना पड़ता है। परिभाषा=लक्षण+प्रयोजन। वाजपेयी जी ने व्याकरण के प्रयोजन की यद्यपि अलग से चर्चा नहीं की, पर लगता है

कि भाषा के स्वरूप का विश्लेषण कर उसके तत्त्व-ज्ञान को ही व्याकरण का प्रयोजन मानते हैं। पंडित कामताप्रसाद गुरु ने व्याकरण के प्रयोजन पर विस्तार से प्रकाश डाला है। उनके अनुसार प्रयोजन है, किसी ज्ञातव्य भाषा के शब्दों की व्युत्पत्ति व रचना आदि पर विचार करके भाषा के नियम स्थिर करना और शब्दों की साधुता-असाधुता का निश्चय करना, जिससे भाषा-सम्बन्धी भ्रान्तियों से बचा जा सके। इससे स्वकीय भाषा का पूर्ण ज्ञान और परकीय भाषा के सीखने में मदद मिलती है। कभी-कभी तो कठिन भाषा-प्रयोगों का अर्थ केवल व्याकरण के सहारे जाना जा सकता है।[13] प्रयोजन-पक्ष में जो लोग व्याकरण को 'शुद्ध प्रयोग' का ज्ञान करानेवाला अथवा 'असाधु' पदों से बचाकर 'साधु' पदों का निश्चय करानेवाला कहते हैं, उनका अभिप्राय क्या होगा? हमने पीछे समझा है कि भाषा में शुद्ध-अशुद्ध कुछ नहीं होता, केवल 'व्यापकतर स्वीकृत' या 'अल्प स्वीकृत' होता है। 'शुद्ध प्रयोग' से यदि उनका तात्पर्य भाषा-विशेष के सहज प्रवाह के अनुकूल पड़नेवाले प्रयोग से है, तो यहाँ भी कहा जा सकता है कि जिसे 'अशुद्ध प्रयोग' करार दिया जाता है, वह भी भाषा की सहजगति की ही कोई क्षीणधारा होता है। वही कालान्तर में यदि मुख्यधारा बन जाए, यानी अल्पतर स्वीकृति से व्यापकतर स्वीकृति को प्राप्त हो जाए तो 'शुद्ध प्रयोग' कहलाने लगता है। व्याकरण भाषिक समाज के बहुमत का समादर करता है, क्योंकि वह स्वभाव से ही लोकधर्मी है। आचार्य रामदेव त्रिपाठी ने बहुत सही कहा है—"जैसे राष्ट्र की शिष्ट जनता की रुचि, परम्परा, आवश्यकता ही राष्ट्र के कानून का, संविधान का रूप ग्रहण कर लेती है; विधान-विशारद उसे केवल परस्पर अविरोधी, क्रमबद्ध कर देते हैं, वैसे ही किसी भाषा के बोलनेवाले शिष्ट लोगों की भाषिक प्रवृत्ति, परम्परा, आवश्यकता ही व्याकरण बन जाती है; वैयाकरण केवल उसको क्रमबद्ध कर जनता के सामने रख देते हैं, ताकि कोई व्यक्ति समष्टि की सुविधा में बाधा न पहुँचाए। इस प्रकार व्याकरण भाषा के लिए कोई प्रगतिरोधक दीवार नहीं, प्रगति में सुविधा प्रदान करनेवाला राजमार्ग है।"[14]

इस प्रकार शिष्टजनों की भाषा या भाषा का शिष्ट प्रयोग ही व्याकरण का लक्ष्य है। उस 'लक्ष्य' को आधार बनाकर वह 'लक्षण' तय करता है। फिर तो व्याकरण की लोकधर्मिता अपूर्ण प्रतीत होने लगी।[15] कारण यह है कि शिष्ट समाज लोक (जनता) का लघु अंश मात्र है, जिससे 'शिष्ट भाषा' वास्तविक अर्थ में विद्यमान भाषा का एक अंश भर है। फिर भी 'शिष्ट भाषा' का प्रभाव अद्भुत है। इसके ठोस भौतिकवादी कारण हैं। शिष्ट समाज भौतिक संसाधनों-सुविधाओं, अर्थव्यवस्था, धर्म, राजनीति, संस्कृति व वैचारिकी की शक्तियों का केन्द्र होता है; फलतः लोक में सर्व प्रभावी हुआ रहता है। उसे देखकर शेष लोक अपने

खान-पान, वेश-भूषा, रीति-रिवाज, सामाजिक व्यवहार आदि का जिस प्रकार संशोधन करता है; उसी प्रकार 'शिष्ट भाषा' को देखकर शेष लोक अपनी भाषा का भी मानकीकरण करता है। यह सदा से चला आ रहा है—चलता रहेगा। यद्यपि भाषिक संसाधनों के आदान-प्रदान की प्रक्रिया उभयमुखी होती है, परन्तु इतना तय है कि 'शिष्ट' 'लोक' से व्याकरण की अपेक्षा शाब्दिक अभिव्यंजनाएँ (शब्दशक्तियाँ) अधिक लेता है, जबकि 'लोक' 'शिष्ट' से व्याकरणिक प्रवृत्तियाँ भी उसी मात्रा में ग्रहण करता है, जिस मात्रा में शब्द-शक्तियाँ। समग्रत:, 'शिष्ट भाषा' ही मानकीकरण का आधार बन जाती है, क्योंकि वही राजनीति, प्रशासन, व्यापार और सबसे बढ़कर विचार, शिक्षा, साहित्य, संस्कृति आदि का माध्यम बनी होती है। 'व्याकरण' बनता है इसी तरह से मानकीकृत भाषा का। (मानकीकृत का तात्पर्य भाषाप्रवाह के स्थिरवत् प्रतीत होने से है।) इस प्रकार, कहा जा सकता है कि भले 'लोक' का अर्थ यहाँ उसी प्रकार अधूरा है जिस प्रकार नाना कारणों से 'लोकतन्त्र' के 'लोक' का अर्थ आजतक अधूरा बना हुआ है; परन्तु इस अधूरे अर्थ में ही सही, 'व्याकरण' है तो लोकधर्मी ही। फिर, यह 'लोकधर्मिता' तो बड़ी महत्त्वपूर्ण चीज है, जैसे कि अधूरा या विसंगत रहकर भी 'लोकतन्त्र' अबतक की तमाम व्यवस्थाओं में बेहतरीन है। अधूरापन को पूर्णता की ओर अग्रसर रखना हमारा सतत ध्यातव्य-कर्तव्य होना चाहिए।

'व्याकरण' अपने मूलस्वरूप में 'व्याकृति' यानी भाषा-शरीर का शरीर-विज्ञान है। पर, सम्यक् रीति से व्याकृति या विश्लेषण कर के यदि नियम-अन्वेषण हो गया, तो स्वत: एक 'व्यवस्था' बनने लगती है। व्यवस्था बनने से ही 'व्याकरण' की व्यावहारिक उपयोगिता है। संक्षेप में 'व्याकरण' को परिभाषित करना चाहें तो यही बेहतर होगा कि "**व्याकरण वह शास्त्र है जो भाषा की आकृति (प्रकृति) का विश्लेषण करते हुए, नियमों की एक व्यवस्था के रूप में दिखाई देता है तथा वह 'व्यवस्था' भाषा-प्रयोक्ताओं को 'मानक प्रयोग' के लिए प्रेरित करती हुई भाषा-विशेष का मानकीकरण करती रहती है।**"

'व्याकरण' के लिए सीमाएँ या मर्यादाएँ दो हैं—1. भाषा की प्रकृति और 2. लोक-व्यवहार या परम्परा। वह भाषा का लचीला संविधान है, जो (शिष्ट) भाषा में परिवर्तन की अतिशयता पर स्वयं को भी संशोधित करता है और अपने इस लोचदार स्वरूप के साथ भाषा को नियमित किये रहता है ताकि वह बोधगम्य बनी रहकर दीर्घजीवी बने अथवा दीर्घजीवी बनकर बोधगम्य बनी रहे। 'व्याकरण' और (शिष्ट) भाषा एक-दूसरे को प्रभावित करते, परस्पर अनुशासित होते रहते हैं। इसलिए वैयाकरण केवल लक्षण-प्रणेता ही नहीं, लक्ष्य-निश्चेता भी है।

व्याकरण-प्रक्रिया के पक्ष

व्याकरण की रचना-प्रक्रिया के दो पक्ष हैं—(i) साधुत्व पक्ष (ii) सिद्धान्त पक्ष।

साधुत्व पक्ष स्थूल और निम्नतम सोपान है। परन्तु, सर्वाधिक प्रयोजनीय यही दिखलाई पड़ता है। इसी से प्राय: सभी व्याकरणों का अधिकांश इसी पर अवलम्बित होता है। इस पक्ष के समर्थक 'व्याकरण' को 'पृथकीकरण' मानते हैं; यानी असाधु (अशुद्ध) प्रयोगों से साधु (शुद्ध) प्रयोगों को छाँटना। फिर, शब्द-साधुता की सिद्धि दिखलाना।

सिद्धान्त पक्ष उच्च सोपान है। यह स्वतन्त्र रूप से वाक्यों-पदों व उनके अंगों के संघटन का रहस्य अन्वेषित करके भाषा के निर्वचन में सहायक होता है। इसके दो उप पक्ष हैं-(क) परिभाषा-पक्ष (ख) दर्शन-पक्ष।

इस प्रकार की प्रक्रिया से निर्मित होनेवाले व्याकरण-ग्रन्थ के यदि पक्ष पर विचार करें तो तीन प्रकार के हो सकते हैं—

(i) वर्णनात्मक (डिस्क्रिप्टिव),
(ii) निर्देशात्मक (प्रेस्क्रिप्टिव) और
(iii) विश्लेषणात्मक (एनालिटिक)।

प्राय: हर व्याकरण-ग्रन्थ में न्यूनाधिक ये तीनों पक्ष होते हैं। एक आदर्श व्याकरण उसे माना जा सकता है जिसमें ऊपरी स्तर पर नियमों व सूत्रों से बनी व्यावहारिक 'व्यवस्था' हो, पर आन्तरिक धरा पर सिद्धान्तों की परतें बिछी हुई हों।

व्याकरण की विविध भूमिकाएँ (प्रयोजन)

(क) भाषा की व्याकृति करना (तत्त्व-दर्शन) : व्याकरण की सर्वोपरि भूमिका यही है। भाषा की व्याकृति करते हुए वह उसके तत्त्व-दर्शन तक पहुँच जाता है। संस्कृत-व्याकरण भर्तृहरि के 'वाक्यपदीयम्' तक आते-आते तत्त्व-दृष्टि की अचिन्त्य ऊँचाइयों को चूमने लगा। हिन्दी-व्याकरण को इस भूमि पर पहुँचानेवाले प्रथम व्यक्ति हैं पंडित किशोरीदास वाजपेयी। जब वाजपेयी जी यह कहते हैं तो तत्त्व-दर्शन की तरफ अपनी प्रतिबद्धता दिखलाते हैं—"हम अपनी भाषा स्वत: शुद्ध बोल लेते हैं, परन्तु उसकी बनावट की जानकारी हमें नहीं होती, जब तक व्याकरण का सहारा न लें।...सब लोग अपने हाथ-पाँवों से और आँख-कान आदि से ठीक-ठीक काम लेते हैं...परन्तु इन अंगों की बनावट हमें 'शारीर शास्त्र' से ही मालूम होगी।"[16] 'हिन्दी शब्दानुशासन' में वाजपेयी ने हिन्दी भाषा का तत्त्व-दर्शन बखूबी सँजोया है।

(ख) शब्दानुशासन : भाषा के स्वभाव के अनुसार चलकर उसके अप्रयुक्त/प्रयोज्य प्रयोगों के लिए मार्ग संकेतित करना 'शब्दानुशासन' है। यानी, व्यवस्था या नियमन करना।

(ग) शब्द-निर्माण : शब्द-विकास या शब्द-साधन की दिशाएँ (व्युत्पत्ति-प्रकरण में) बतलाकर व्याकरण भविष्य में जनमने/प्रयुक्त होनेवाले शब्दों के लिए भी यह इशारा कर देता है कि इन दिशाओं में ढलकर वे नये शब्द आकार ले सकते हैं। जैसे—'शिक्षिका' एक शब्द है। आगे आवश्यकता पड़ने पर 'व्याकरण' इसी तर्ज पर 'निरीक्षिका', 'परीक्षिका', 'वीक्षिका' जैसे शब्दों के गठन की अमूर्त प्रेरणा देता है।

(घ) शब्द-शासन : विश्रान्ति काल में भाषा की व्याकृति कर 'शब्दानुशासन' करनेवाला 'व्याकरण' भाषा में किन्हीं (ऐतिहासिक-सामाजिक-राजनैतिक या सांस्कृतिक) कारणों से तीव्र संक्रमण या विप्लव/उपद्रव खड़ा होने की स्थिति में विशेषाधिकार लेकर शब्द-शासन भी करने लगता है। भाषा को मानक प्रयोग में बनाये रखने का कड़ा प्रयत्न तब व्याकरण करता है।[17] व्याकरण की यह भूमिका संक्रान्तिकाल में भाषिक मानकीकरण के रास्ते भाषा की बोधगम्यता बरकरार रखने में उपयोगी होती है। साधुत्व-पक्ष का इसी से सम्बन्ध है।

(ङ) भाषा-शिक्षण : सामान्यत: समझा जाता है कि 'व्याकरण' पर-भाषियों की ही भाषा-शिक्षण में मदद कर सकता है, जैसे हिन्दीवालों को 'अँग्रेजी ग्रैमर' अँग्रेजी सिखाने में मददगार होता है और अँग्रेजीवालों को 'हिन्दी-व्याकरण' हिन्दी सिखाने में। परन्तु, सच्चाई इतनी सरल नहीं। अपने भाषिक समाज में रहकर अपनी भाषा का ज्ञान सहज उपलब्ध कर लेते हैं, ठीक है। पर, वह ज्ञान कामचलाऊ व अस्थिर भाषा का होता है। अपनी भाषा के भी दीर्घकालिक रहस्य का ज्ञान हमें 'व्याकरण' के बिना नहीं हो सकता।

व्याकरण-निर्माण के पीछे की प्रेरणाएँ

व्याकरण-निर्माण के पीछे जिन प्रेरणाओं का हाथ है, वे महत्त्व-क्रम से प्रस्तुत हैं—

(क) ज्ञान-प्राप्ति का सुख : किसी तरह के अध्ययन-मनन से ज्ञान के क्षितिज का विस्तार होता है। ज्ञान अपना प्रयोजन आप ही है। व्याकरण-प्रणयन के पीछे भी सबसे बड़ी प्रेरणा 'ज्ञान' और उसके द्वारा बौद्धिक जिज्ञासा की तृप्ति ही है। इसी प्रेरणा से चालित होकर भाषा का अध्ययन-चिन्तन व विश्लेषण कर उसमें स्वत: घटित हो रहे नियमों का अन्वेषण किया जाता है, जो व्यवस्थित होकर 'व्याकरण' के रूप में प्रत्यक्ष होते हैं। संस्कृत-व्याकरण इतनी गहराई और ऊँचाई को पा सका तो उसका कारण यही है कि उसके निर्माता किसी स्थूल प्रयोजन

की अपेक्षा बहुधा इसी जिज्ञासा-प्रेरणा के अनुसारी रहे।

(ख) भाषा को दीर्घजीवी बनाने की कामना : व्याकरण किसी भाषा के नित नवीन परिवर्तमान स्वरूप को स्थिर तथा क्षेत्रीय प्रयोगों की बहुलता से उस भाषा के डगमगा रहे स्वरूप को मानकीकृत करता है। इससे भाषा दीर्घ देश-काल के लिए सम्प्रेषण का साधन बन जाती है तथा उस भाषा में रचित साहित्य या विचार-परम्परा पीढ़ी-दर-पीढ़ी बोधगम्य बनी रहती है। अपनी भाषा और उसके जरिए साहित्य को कालजयी बनाने की कामना एक शक्तिशाली प्रेरणा है। इसकी भी मूलभूत प्रेरणा जब धार्मिक हो जाए तो 'व्याकरण' का विकास बड़ी तेजी से होता है, क्योंकि 'धर्म' नशे का कार्य करता है। कहा जाता है कि आरम्भिक युग में आर्यों के विस्तार के साथ मूल धर्मग्रन्थ 'वेद' के भाषीय कलेवर की सुरक्षा की चिन्ता जगी तो 'व्याकरण' सहित षड् वेदांगों की स्थापना हुई। सम्यक् उच्चारण बनाये रखने हेतु 'पद-पाठ' आदि पंचविध पाठों की पद्धति निकाली गयी। यहीं से चली भाषा-विश्लेषण की धारा ने सम्भवत: 'व्याकरण' जैसे वेदांग को लोक में स्थापित किया।

शक्तिशाली 'व्याकरण' एवं पाणिनि जैसे विलक्षण वैयाकरण का ही यह प्रताप है कि संस्कृत भाषा वेदकाल से लेकर आज तक निरन्तर जीवन्त होकर विद्यमान है—किसी न किसी मात्रा में लोक में सदा प्रयुक्त रही है। आज भी लाखों जन इसमें वाग्व्यवहार की क्षमता रखते हैं। ऐसे व्याकरण के अभाव में अरामी, लातिन आदि न जाने कितनी भाषाएँ काल-कवलित हो गयीं तथा उनका साहित्य भी आज दुर्बोध हो चला है। पाणिनि ने जैसा भरा-पूरा वैज्ञानिक विवरण संस्कृत भाषा का प्रस्तुत किया है, वह संसार में अद्वितीय है तथा संस्कृत के विशाल संसार की पहचान के लिए उनकी 'अष्टाध्यायी' महान् मार्गदर्शक है।

(ग) भाषा-अधिगम : यह प्रेरणा सामान्यत: परभाषियों को संचालित करती है, जिससे वे दूसरी भाषा का व्याकरण लिखते हैं। इसके भी दो अन्त: प्रकार हो सकते हैं। पहला तो शुद्ध ज्ञान-कामना है। कई लोग परभाषीय साहित्य में प्रवेश हेतु परभाषा सीखना-सिखाना चाहते हैं तथा उसके लिए उसका व्याकरण बनाते हैं। दूसरा प्रकार थोड़ी निम्नभावना का है। कई सत्तावादी व्यक्ति/समूह किसी क्षेत्र में अपना मजहब, राजनैतिक शासन या व्यापार विस्तारित करने हेतु उस क्षेत्र की भाषा को सीखना-सिखाना चाहते हैं; फलत: 'व्याकरण' बनाते हैं। उस क्षुद्र प्रेरणा से बना 'व्याकरण' कितना कामचलाऊ व बचकाना होगा—स्वत: स्पष्ट है। हिन्दी भाषा का संकट यह रहा है कि उसके व्याकरण का आरम्भिक युग इसी प्रेरणा से संचालित रहा। इसी कारण सदियों तक हिन्दी-व्याकरण अन्धकार में भटकता रहा।

व्याकरण-निर्माण के लिए अपेक्षित भाषीय स्थिति

हर भाषा/बोली का व्याकरण बनना सम्भव नहीं है। किसी भाषा/बोली का व्याकरण बनना तभी सम्भव होता है, जब वह कुछ आवश्यक योग्यताएँ पा ले।[18] ये योग्यताएँ महत्त्व-क्रम से निम्नलिखित हैं—

(i) भाषा पूर्ण विकसित होकर योगात्मक बन चुकी हो, परन्तु उसके वाक्यों में पदों की सत्ता पृथकत: भासमान भी हो। अर्थात्, भाषा न अयोगात्मक हो, न प्रश्लिष्ट योगात्मक; बल्कि वह अश्लिष्ट योगात्मक हो या श्लिष्ट योगात्मक। शताब्दी भर पूर्व महामहोपाध्याय पंडित रामावतार शर्मा ने किसी भाषा के विकास की जिन चार क्रमिक अवस्थाओं की चर्चा की थी (—1. धातु अवस्था, 2. समास अवस्था, 3. प्रत्यय अवस्था और 4. उपसर्ग अवस्था)[19], उनमें से तीसरी-चौथी अवस्था में आ चुकी भाषा का ही व्याकरण बनना सम्भव है। चीनी आदि अयोगात्मक भाषाएँ, जो पहली अवस्था में ही हैं, उनका व्याकरण सम्भव ही नहीं। उनमें हर शब्द स्वतन्त्र है; उन शब्दों में किसी सम्बन्ध तत्त्व का विकास ही नहीं हो पाया है। शब्दों के क्रम और प्रसंग से उनका (वाक्य में) व्याकरणिक अर्थ बोधित होता है, जिससे भाषा-व्यवहार चलता है। भला ऐसी भाषा की व्याकृति का प्रश्न ही कहाँ है? शब्दों की रूप-रचना, उनका आपसी सम्बन्ध आदि दिखे, तब तो उसे व्याकृत कर मूल रूप (प्रकृति), सहायक घटक (प्रत्यय-विभक्ति) आदि की कल्पना खड़ी हो—यानी, व्याकरण बने। योगात्मकता के चरम स्तर पर पहुँच चुकी भाषा को भी व्याकृत करना सम्भव नहीं, क्योंकि प्रकृति (अर्थ तत्त्व का आधार) और प्रत्यय-विभक्ति (रचना तत्त्व) का 'लवण-नीर संयोग' हुआ रहता है। उसमें अनेक प्रकृतियों व प्रत्ययों के घनत्वपूर्ण मेल से प्राय: एक पद बन जाता है, जो पूरे वाक्य का अर्थ देता है। बास्क भाषा का उदाहरण है—'दकर्किओत'। इसका अर्थ है—'मैं इसे उस तक ले जाता हूँ।'[20] इस घनीभूत पदरूपी वाक्य में अब प्रकृतियों एवं रचना-तत्त्वों (प्रत्यय-विभक्ति) का सन्धान करें तो कैसे? संस्कृत, हिन्दी, अँग्रेजी आदि भाषाएँ मुख्यत: तीसरी-चौथी अवस्थाओं में हैं। इसी से उन्हें व्याकरण प्राप्त है।

(ii) भाषा का साहित्य समृद्ध हो तथा वह श्रुति (मौखिक)-परम्परा या लिखित रूप से अविकल प्राप्त हो। उसके अभाव में, वैयाकरण उस भाषा के प्रयोगों का पूरा (ऐतिहासिक) विवरण प्राप्त नहीं कर सकेगा। फिर उसके बिना भाषा का शिष्ट/परिनिष्ठ रूप वह कैसे तय कर पाएगा, जिसका व्याकरण उसे बनाना है? सच तो यह है कि भाषा का लिखित

साहित्य उपलब्ध होने पर ही वैयाकरण का कार्य सुचारु रूप से चलता है।

(iii) व्याकार्य भाषा को तत्कालीन लोक-जीवन में साहित्यिक-धार्मिक या राजनैतिक महत्त्व, सम्मान एवं जनता का प्रेम प्राप्त हो, तभी जिज्ञासु उस भाषा में प्रवृत्त होता है—उसके विश्लेषण का प्रारम्भ करता है।

व्याकरण प्रधानतः आकृतिपरक अवधारणा है

'व्याकरण' का व्युत्पत्तिलभ्य अर्थ है—आकृति-विश्लेषण/व्याकृत करना [वि+आ+कृ+ल्युट्]। इसी से व्याकरण-तन्त्र की पूर्णसिद्धि तभी मानी जाएगी, जब उसका साँचा व ढाँचा पूर्णतः आकृतिमूलक हो।

अपने प्रकट स्वरूप में व्याकरण भाषा की प्रयुक्तियों को 'अर्थ' के आधार की अपेक्षा पदात्मक वैशिष्ट्य (भाषिक आकृति) के आधार पर विश्लेषित-वर्गीकृत करनेवाला दिखता है। वह पदशास्त्र है, पदार्थशास्त्र नहीं। द्रव्य-गुण-क्रिया आदि के अर्थ मात्र के आधार पर किया गया वर्गीकरण व विश्लेषण दार्शनिक हो सकता है, भौतिकशास्त्रीय हो सकता है—व्याकरणिक नहीं। इसलिए, 'अमुक-वाचक' या 'अमुक-बोधक' जैसी भाषा में व्याकरण अपना विवेचन उपस्थित नहीं करता।

अर्थमात्र को आधार न बनाने के पीछे एक तर्क यह भी है कि शब्द का अर्थ व्यक्ति/परिस्थिति-सापेक्ष बोध्य है, अतएव निश्चित न होकर अस्थिर तत्त्व है।[21] रूप अपेक्षाकृत निश्चित तत्त्व है, निरपेक्ष तत्त्व है। उसपर आधारित होने पर ही वर्गीकरण टिक पाता है। व्याकरण भाषा का वस्तुनिष्ठ विश्लेषण करता है। यह तभी सम्भव है जब वह 'रूप' या 'आकृति' का आधार ग्रहण कर ऐसा करे। अब यदि हिन्दी-व्याकरण किसी शब्द (जैसे-'दैनिक') को अर्थ के आधार पर विशेषण ठहरा देता है, तो समस्या हो जाती है। 'एक दैनिक प्रकाशित हुआ' जैसे प्रयोगों में 'दैनिक' संज्ञा बन बैठा है। यह अर्थाधारित वर्गीकरण की विफलता है। इसी से व्याकरण को प्रयोग-वैशिष्ट्य के आधार पर वर्गीकरण करना चाहिए।

सवाल उठता है कि क्या 'व्याकरण' पद के अर्थ के प्रति निरपेक्ष होता है? ऐसा भी नहीं है। जिस भाषा का वह विश्लेषण करता है, वह निरर्थक जल्पना मात्र न होकर सार्थक ध्वनि-संकेतों की प्रणाली है। इसलिए भले व्याकरण अपने मुख से आकृति की भाषा में ही बोले, पर उसके मन में अर्थ की सत्ता बनी रहती है। निरुक्तकार ने सत्त्वप्रधान को 'नाम' और भावप्रधान को 'आख्यात' कहा अथवा पाणिनि ने इसी को कुछ ज्यादा आकृतिपरक बनाकर क्रमशः 'सुबन्त' व 'तिङन्त' कहा, तो इस वर्गीकरण/व्याकृति की धुरी में 'अर्थ' की ही सत्ता है। अर्थ को ध्यान में रखकर ही वैयाकरण प्रकृति (प्रातिपदिक, धातु) व प्रत्यय (विभक्ति)

की कल्पना करता है, जिसके सहारे भाषा विवेचित होती है। यदि 'अर्थ' को स्मृति से परे करके रूप मात्र को टटोलकर वर्गीकरण कर दिया जाए तो कभी हास्यास्पद तक हो जाता है। जैसे—"गया गया गया।" इसमें प्रथम पद व्यक्ति-नाम (कर्ता) है, दूसरा पद स्थान-नाम (कर्म) और अन्तिम पद भूतकालिक समापिका क्रिया। रूपमात्र को देखनेवाला तीनों पदों को एक ही कोटि में डालकर घोर असंगति पैदा कर देगा।[22] इससे स्पष्ट है कि व्याकरण कोरा रूपपरक नहीं हो सकता। व्याकरण में 'कारक' 'काल' आदि अवधारणाएँ विशुद्ध रूप से अर्थपरक हैं। 'समास' भी मुख्यतः अर्थपरक दृष्टि पर ही खड़ा होता है। 'वाच्य' भी अर्थपरक अवधारणा ही है—क्रिया अर्थ के स्तर पर जिसके प्रति (कर्ता, कर्म या इनसे निरपेक्ष हुई) बँधी रहती है, उसी का वाच्य (कर्तृवाच्य, कर्मवाच्य या भाववाच्य) कहा जाता है। हाँ, इसी प्रसंग में 'प्रयोग' (कर्तरि, कर्मणि, भावे प्रयोग) अवश्य रूपपरक अवधारणा है। 'लिंग' और 'वचन' को अर्थपरक अवधारणा ही समझा जाता है, परन्तु ऐसा मानने से उलझाव बना रहेगा। इन्हें रूपपरक/व्याकरणिक बना लेने में ही भलाई है। (इसका स्पष्टीकरण आगे सम्बद्ध प्रकरण में होगा)। समग्रतः व्याकरण 'अर्थ' को नज़रअन्दाज करके नहीं चल सकता।

फिर, व्याकरण को 'प्रधानतः आकृतिपरक' कहने का तात्पर्य क्या है? गहनता से विचार करने पर हमें इसका तात्पर्य यह लगता है कि अर्थ का भेद जबतक वाचक पद (शब्द) या भाषा-प्रयोग में भेद न प्रकट करे, तबतक व्याकरण उसमें किसी वर्गीकरण की जरूरत महसूस नहीं करता। लौकिक अर्थ का अलगाव जब व्याकरणिक प्रकार्य के अलगाव तक उतर आए, तभी से अलग वर्गीकरण का आधार बनने लगता है। परन्तु पूरी तरह निश्चय तब होता है जब रूप-रचना के स्तर पर भी वह अलगाव उतर आए। लोक में भी कार्य और रूप देखकर ही अर्थ (पदार्थ) का अन्तर लक्षित किया जाता है। हिन्दी के उदाहरणों से बात समझी जाए। 'सलीम *जाता* है' और 'सलीम *अच्छा* है'—इनमें आये 'जाता' व 'अच्छा' की अर्थगत स्थिति भिन्न है परन्तु रूपगत स्थिति समान है। इन्हीं वाक्यों को स्त्रीलिंग में परिवर्तित करने से बात और स्पष्ट होती है—'सलमा *जाती* है' और 'सलमा *अच्छी* है'। 'जाता/जाती' व 'अच्छा/अच्छी/ दोनों एक ही वर्ग 'विशेषण' में परिगण्य हैं। 'जाता/जाती' कृदन्त विशेषण है, जो यहाँ क्रिया का अंग बनकर प्रयुक्त हुआ है। यदि रूप-रचना में कोई अलगाव न हो, तो सिर्फ लौकिक अर्थ के अन्तर पर वर्गीकरण कर देना अनुचित है। अपवादस्वरूप कभी व्याकरणिक प्रकार्य के स्पष्ट अन्तर के बावजूद रूप एक ही होता है, तो वहाँ बड़ी बारीक समझ से वर्गीकरण करना होगा। (पूर्वोक्त 'गया गया गया' में यही बात है।) प्रकार्य लगभग समान हो, पर रूप में अन्तर हो: तो रूप को महत्ता देते हुए वर्ग

में अन्तर करना होगा। जैसे—'लड़के ने कहा' और 'उसने कहा'—इन वाक्यों में क्रमशः 'लड़का' एवं 'वह' शब्द कर्ताकारक का काम कर रहे हैं। प्रकार्य के आधार पर तो इन्हें एक ही वर्ग का मानना पड़ता। पर, व्याकरण में 'रूप' सर्वोपरि है, अतः 'लड़का' और 'वह' क्रमशः संज्ञा व सर्वनाम कहे गये। 'वह' का रूपान्तर 'उस' होना ही अलगाव का कारण है। वस्तुतः शब्दों के भेद अर्थ-विचार से शब्द/रूप-विचार की ओर जानेवाली प्रक्रिया की ही देन हैं।[23] इसी अर्थ में व्याकरण पदार्थ विज्ञान, दर्शन या तर्कशास्त्र से अलग प्रकृति का है। कोरा अर्थवाद उसे नापसन्द है क्योंकि वह पदशास्त्र है, पदार्थशास्त्र नहीं।

व्याकरण की रूप-परकता की पुष्टि में यह भी कहा जा सकता है कि 'शब्द किस भाषिक स्रोत से आया' या 'किस तरह बना' आदि आधारों पर किसी भेद/वर्गीकरण की रचना करने में वह तब तक रुचि नहीं लेता, जब तक ये भेद उस शब्द के भाषागत प्रयोग को भी प्रभावित न करने लगें। जैसे—'राजा' और 'लड़का' शब्दों को स्रोत मात्र के आधार पर वर्गीकृत करना व्याकरण को रास नहीं आएगा। पर, चूँकि वह देखेगा कि 'राजा' का रूप 'राजे' (बहुवचन में) नहीं बनता, जबकि 'लड़का' का रूप 'लड़के' (बहुवचन में) हो जाता है; इसलिए वह 'राजा' को अलग वर्ग (तत्सम) का घोषित करेगा और 'लड़का' को अलग वर्ग (तद्भव) का। यह अलगाव स्रोत-जन्य नहीं, अपितु प्रयोग/रूप-रचना के अन्तर से जनित है।

'व्याकरण' और 'ग्रैमर' का व्यतिरेक

आमतौर पर 'ग्रैमर' को 'व्याकरण' का अँग्रेजी पर्याय माना जाता है, परन्तु तथ्य इतना सीधा नहीं है। जिस तरह 'रिलिजन' व 'धर्म', 'सोल' और 'आत्मा', 'सेक्स' व 'काम' अथवा 'नेशन' और 'राष्ट्र' तत्त्वतः पूर्णतया समान नहीं हैं, उसी प्रकार 'ग्रैमर' व 'व्याकरण' भी पूर्णतः समान अवधारणाएँ नहीं हैं। इनमें समानता के स्तर भी हैं, क्योंकि दोनों 'भाषा' के विश्लेषण/नियमान्वेषण से जुड़े हुए हैं; परन्तु यह बात ध्यातव्य है, इन दोनों अवधारणाओं की विकास-भूमियाँ (भूगोल, इतिहास व संस्कृति के तल पर) अलग-अलग होने से ये दो पर्याप्त अलग-अलग अवधारणाएँ हैं।

'व्याकरण' भारतीय (संस्कृत) भाषा के विश्लेषकों के द्वारा अन्वेषित जिस विशिष्ट अवधारणा का नाम है, वह यूरोपीय ग्रीक-लातिनी परम्परा के मूल स्रोत से विकसित 'ग्रैमर' नामक अवधारणा से प्रचुर व्यतिरेक दिखलाती है। यह दुर्घटना ही है कि आधुनिक युग में 'ग्रैमर' की अवधारणा ने भारत में आकर 'व्याकरण' की हजारों सालों से चल रही स्पष्ट सशक्त अवधारणा को ग्रसना शुरू किया।

'हिन्दी' सहित कई आधुनिक भारतीय भाषाओं के व्याकरणों का विकास इसी विकट परिस्थिति में हुआ है।

सर्वप्रमुख अन्तर यही है कि 'व्याकरण' जहाँ आकृतिमूलक/ पद विचार है, वहाँ 'ग्रैमर' 'पद' के साथ पर्याप्त मात्रा में 'पदार्थ' का भी विचार है। भारत में भाषाविज्ञान की समृद्ध परम्परा हजारों सालों से चलती आयी है। हमारे देश के भाषाविज्ञानी (वैयाकरण) मजहब, दर्शन आदि से निरपेक्ष/तटस्थ रहते हुए जहाँ भाषा-विश्लेषण (व्याकरण) को वस्तुनिष्ठता दे पाये, वहाँ यूरोप में बहुत काल तक ऐसा न हो पाया। वहाँ दार्शनिकों-पदार्थ विज्ञानियों को ही भाषा-विश्लेषण का भी भार लेना पड़ा था, जिसका असर उनके 'ग्रैमर' पर भी पड़ा। दर्शन, पदार्थविज्ञान आदि में जिस प्रकार पदार्थ-विचार होता है, उसी प्रकार ग्रैमरों में भी पदार्थ-विचार भरने लगा। इसी से वहाँ शब्द का वर्गीकरण मूलत: 'अर्थ' पर आधारित है; 'रूप' पर नहीं। उप-वर्गीकरण में भी यही बात है। जैसे—किसी वस्तु के नाम का बोधक शब्द 'नाउन' कहा गया, पर यह व्याख्यायित न हुआ कि इस 'वर्ग' का अलग अस्तित्व किन रूप-रचनागत विशेषताओं के आधार पर किया गया है। फिर 'नाउन' के भी पाँच उपवर्ग सिर्फ द्रव्यगुण के आधार पर बनाये गये—Common Noun (जातिवाचक), Proper Noun (व्यक्तिवाचक), Material Noun (द्रव्यवाचक), Collective Noun (समूह वाचक), Abstract Noun (भाववाचक)। 'अर्थ' चूँकि परिस्थिति सापेक्ष चीज है, इसलिए परिस्थिति-वश 'व्यक्तिवाचक' व 'जातिवाचक' में जब सांकर्य आने लगा, तो अव्यवस्था छाने लगी।

पीछे के प्रकरण में स्पष्ट हो चुका है कि अर्थ-भिन्नता को देखकर भी 'व्याकरण' तब तक उसके वर्गीकरण की जरूरत नहीं समझता, जब तक वह शब्द रूप-रचना के स्तर पर भी कुछ विलक्षणता न दिखलाने लगे। 'ग्रैमर' में यह बात नहीं। शब्द के प्रकार्य और अर्थ में उसकी जितनी रुचि है, उतनी शब्द के रूप में नहीं। जैसे—'लड़की गयी', 'लड़की ने ग्रन्थ पढ़ा', 'लड़कियों ने ग्रन्थ पढ़े'—आदि वाक्यों में दिख रहे रूप-भेद पर 'ग्रैमर' की उतनी नजर नहीं है, जितनी 'लड़की' के कर्तृत्व पर है।

'व्याकरण' की तुलना में 'ग्रैमर' भाषा-विश्लेषण की अपेक्षा कामचलाऊ नियम-संग्रह अधिक है। 'ग्रैमर' शब्द-वर्गों के आधार पर रूप-रचना के नियम प्रतिपादित करता है, जो विधि-निषेधमय होते हैं। 'व्याकरण' भाषिक संरचना का विवेचन कर के उसमें स्वत: घटित हो रहे संरचनात्मक नियमों का निरूपण करता है। इस प्रकार 'ग्रैमर' की तुलना में 'व्याकरण' अधिक वैज्ञानिक विश्लेषण है।

'कारक' व्याकरण का एक प्रमुख विवेच्य प्रकरण है। 'ग्रैमर' के पास

'कारक' की अवधारणा नहीं है। उसका 'Case' व्याकरण के 'कारक' से अलग चीज है, जिसमें अस्फुट रूप से कारकत्व भी है, पर मुख्यतः वह रूप-परक तत्त्व 'विभक्ति' के आसपास घूमता है। 'कारक' विशुद्ध रूप से अर्थपरक अवधारणा है। इसी प्रकार 'व्याकरण' का 'काल' वाक्यस्थ क्रिया के घटन की समय-सूचना से जुड़ी अर्थपरक अवधारणा है; पर 'ग्रैमर' का 'Tense' 'काल' व 'पक्ष' के घालमेल से बना है। क्रिया-रूप-रचना का पर्याय बनकर 'Tense' खड़ा है।

ग्रैमर में न समास-विवेचन होता है न सन्धि-विवेचन।

'व्याकरण' में 'वर्ण-विचार' ध्वनिशास्त्रीय विवेचन से सम्बद्ध होता है तथा यह उच्चारण-शिक्षण भी देता है। पर, 'ग्रैमर' का 'वर्ण-विचार' विशुद्ध रूप से लिपिमूलक होता है। ग्रैमरों ने बहुत काल तक छन्द-चर्चा को भी अपने में स्थान दिया; शायद यूरोप में छन्दशास्त्र की स्वतन्त्र परम्परा न रहने के कारण ऐसा था। 'व्याकरण' इस रोग से मुक्त रहा है। भारत में 'काव्यशास्त्र' की स्वतन्त्र परम्परा में छन्दशास्त्र ने स्थान काफी पहले पा लिया था।

इन्हीं कुछ विभेदों के साथ 'व्याकरण' व 'ग्रैमर' अस्तित्ववान् हैं। फिर भी वे एक ही राह (भाषा-विश्लेषण) के पथिक हैं, अतः परस्पर प्रभावित भी होते रहे हैं।

व्याकरण की विवेचन-सीमा में आनेवाले प्रकरण

'स्फोट सिद्धान्त' की स्थापना के बाद यह स्थिर हो गया कि भाषा मूलतः वाक्यात्मक ही होती है, चाहे वाक्य कितना भी बड़ा-छोटा है, एक पद का ही क्यों न हो। 'व्याकरण' इस दर्शन का समर्थक है; तथापि संस्कृत-व्याकरण ने 'वाक्य-संघटना' को अपना प्रत्यक्ष विषय नहीं बनाया; बल्कि वाक्य के घटक 'पद' को ही अपना प्रत्यक्ष लक्ष्य बनाया है। अपने प्रकट स्वरूप में 'व्याकरण' पद (रूप) का ही विश्लेषण है।

प्रश्न है कि क्या 'व्याकरण' वाक्य की उपेक्षा करता है? उत्तर नकारात्मक होगा। यह ठीक है कि 'व्याकरण' पद-विचार ही करता है; परन्तु 'पद' की सत्ता वाक्य सापेक्ष होती है। पद कहते ही उसे हैं, जो वाक्य में चले। इसलिए पद-विचार के रूप में घटित होकर भी व्याकरण परोक्षतः (परम्परित रूप से) वाक्य-विचार भी है।[24]

वाक्य-सम्बन्धों का रूपायन शब्दों में विभक्ति-योग से होता है, यानी विभक्त्यन्त (=पद) होकर शब्द (=प्रकृति) अपने-आप वाक्य-बोध में मुख्य रूप से प्रयोजक बन जाता है। पदों की सत्ता परम अर्थ में मान्य नहीं है, बल्कि वाक्यार्थ को हृदयंगम कराने के लिए ही पद-सत्ता मान्य है। साथ ही, ध्यातव्य है कि

'व्याकरण' के प्रमुख प्रकरण 'कारक' व 'वाच्य' सम्पूर्ण वाक्य की रूप रचना को ध्यान में रखकर ही प्रस्तुत हो सकते हैं। इनकी 'व्याकरण' में अवस्थिति इस बात का पुष्ट प्रमाण है कि वाक्य-विचार पर उसकी निगाह है। इसके अलावा भी देखें तो विशेषणात्मक प्रातिपदिकों को 'पद' बनाते समय विशेष्य के लिंग-वचन तथा क्रिया के साथ अन्विति यानी कारकत्व का भी विचार रखना पड़ता है। इसलिए निष्कर्ष रूप में कहा जा सकता है कि 'पद-विज्ञान' अपने आगे के 'वाक्य-विज्ञान' का सहारा लेकर ही खड़ा है।

'व्याकरण' के मूल विवेच्य विषय में 'वर्ण-विचार' भी नहीं रहा है। उसका विचार करने वाला प्राचीन काल में अलग वेदांग (सम्प्रदाय/स्कूल) रहा है— 'शिक्षा'। कदाचित् प्रातिशाख्य-काल से ही 'व्याकरण' ने सन्धि-प्रकरण के स्पष्टीकरण तथा 'आदेश' का निर्णय करने के लिए 'शिक्षा' के विवेच्यांगों (उच्चारण-स्थान, करण, प्रयत्न) का सहारा लेना शुरू कर दिया था। उससे (भविष्य में) 'शिक्षा' के 'व्याकरण' में ही सन्निविष्ट होने का मार्ग बनने लगा था। आज हिन्दी-व्याकरण तक आते-आते तो 'वर्ण-विचार' पूरी तरह व्याकरणांग बन चुका है। इसी तरह, निरुक्ति (व्युत्पत्ति) के लिए भी शुरु में अलग 'निरुक्त' सम्प्रदाय था; बाद में 'व्याकरण' ने उसे अपना अंग बना लिया।

हिन्दी-व्याकरण ने 'वाक्य-विचार' को भी परोक्षतः नहीं, प्रत्यक्षतः अपना विषय अपने आरम्भिक काल से ही बना रखा है। आज तो 'वाक्य-विचार' स्वतन्त्र रूप से भी काफी विस्तार व जटिलता को उपलब्ध हो चुका है; क्योंकि 'रूपान्तरण-प्रजनक व्याकरण' ने वाक्य को ही मुख्य विचार का विषय बनाया है। वहाँ पद (रूप)-विचार का ही कोई स्वतन्त्र अस्तित्व नहीं है।

आरम्भिक युग में हिन्दी-व्याकरण के निर्माता 'ग्रैमर' की परम्परा के विदेशी जन थे, सो शुरुआत में 'छन्द-विचार' भी व्याकरण में स्थान पा चुका था। परन्तु, अब यह बीमारी दूर हो चुकी है। 'भाषा' के साथ 'लिपि' का अथवा भाषा विशेष के साथ लिपि-विशेष का सम्बन्ध अनिवार्य न होने से संस्कृत-व्याकरण ने 'लिपि-विचार' न रखा था। संस्कृत-लेखन में विराम चिह्नों का भी (एक पूर्णविराम को छोड़कर) अस्तित्व न था। अतः, वहाँ विरामादि चिह्नों के विचार का सवाल ही न उठता था। परन्तु, हिन्दी-व्याकरण ने आरम्भ से ही 'लिपि-विचार' को स्थान दिया है; शायद देवनागरी से हिन्दी भाषा का दृढ़ ऐतिहासिक सम्बन्ध मानकर ऐसा किया। पर, यह 'ग्रैमर'- परम्परा का असर था। हिन्दी भाषा के लेखन में विरामादि चिह्न भली-भाँति चलने लगे हैं, इसी से 'विरामादि चिह्न-विचार' को भी हिन्दी व्याकरण ने अपना विवेच्य बना रखा है। परन्तु, 'लिपि विचार' व 'विरामादि चिह्नों का विचार' व्याकरण के 'परिशिष्ट' में ही होना तर्कसंगत है।

इसका कारण यह है कि 'व्याकरण' का विवेच्य भाषिक संरचना है, न कि लिपि/वर्तनी। मोटे तौर पर, 'हिन्दी-व्याकरण' तीन अंगों की विवेचना करता है—

(i) वर्ण-विचार, (ii) पद (शब्द)-विचार और (iii) वाक्य-विचार

[पद-विचार में पद-वर्गीकरण, व्युत्पत्ति एवं पद-रचना का विश्लेषण होता है।] ये ही व्याकरण की विवेच्य-सीमा के सम्पूर्ण विषय हैं।[25]

'हिन्दी-व्याकरण'—लेखक/लेखिका से अपेक्षाएँ

हिन्दी के अकादमिक (मानक) व्याकरण के निर्माण में ध्यातव्य है कि व्याकरण का जो विहित स्वरूप है, प्रयोजन है, विवेच्य-सीमा तथा व्याकरण-प्रक्रिया के जो पक्ष हैं, उनके सम्यक् अनुपालन/निर्वहन में हिन्दी-वैयाकरण सफल रहे—यही उससे अपेक्षा की जानी चाहिए। इन पूर्वचर्चित बातों के साथ कुछ और विहित बातें हैं, जिनका ध्यान हिन्दी वैयाकरण को रखना चाहिए। समग्रत: ये ध्यातव्य बातें निम्नलिखित हैं—

(i) व्याकरण हिन्दी भाषा यानी भारतीय राष्ट्रभाषा (खड़ी बोली) के शिष्ट-रूप के (लिखित-मौखिक रूपों के) सभी प्रयोगों का विवेचक हो। परतु, वैयाकरण को उस भाषा के बोली रूप के प्रति भी अभिवृत्ति रखनी चाहिए, ताकि व्याकरण की लोकधर्मिता अधिकाधिक पूरी हो। इसके साथ, हिन्दी भाषा के विकास में जिन भारतीय-विदेशी भाषाओं-बोलियों का जिस-जिस अनुपात में योगदान रहा है; उस-उस अनुपात में वैयाकरण उनकी विवेचना करे; परन्तु वह विवेचना मूलग्रन्थ में यथासम्भव न उतरे, वरन वैयाकरण के मस्तिष्क में पृष्ठभूमि के रूप में ही कार्यरत रहे। यानी, नियम-निर्धारण में उनका सहयोग भर लिया जाए।

(ii) व्याकरण किसी भाषा के स्थिरवत् प्रतीयमान एककालिक (सामने) उपस्थित स्वरूप का ही विश्लेषण कर के नियम स्थिर न कर दे, अपितु उस भाषा के ऐतिहासिक स्वरूप के विश्लेषण एवं अन्य भाषाओं से तुलनात्मक आकलन कर के, विवेच्य भाषा के वर्तमान रूप को समझे—तब नियम स्थिर करे।[26]

(iii) व्याकरण-प्रक्रिया के तीनों पक्षों—साधुत्व, परिभाषा/सिद्धान्त और दर्शन पक्षों का सन्तुलनमय समावेश व्याकरण ग्रन्थ में हो। यदि व्याकरण बाह्य-स्वरूप में व्यावहारिक 'व्यवस्था' मय हो, तो भी आन्तरिक धरा पर सिद्धान्त/विचार की परतें बिछी होनी चाहिए। यानी, ऊपर से लक्षणमय होने के बावजूद अन्दर से सिद्धान्त/दर्शनमय होना चाहिए। इस प्रकार से बने व्याकरण ग्रन्थ की शैली वर्णनात्मक, निर्देशात्मक व विश्लेषणात्मक—

तीनों पक्षों के सन्तुलन पर टिकी होनी चाहिए।

(iv) व्याकरण को भाषा-संरचना का यभासम्भव रूप/आकृतिपरक विश्लेषण-वर्गीकरण करना चाहिए, पर वह विश्लेषण-वर्गीकरण 'अर्थ' को दृष्टि-केन्द्र में रखते हुए ही होना चाहिए। कोरा अर्थपरक विश्लेषण-वर्गीकरण व्याकरण के लिए अनुचित है। 'काल', 'कारक' आदि अर्थपरक धारणाओं का विश्लेषण करते समय भी वैयाकरण को भौतिक/लौकिक अर्थ की अपेक्षा व्याकरणिक प्रकार्य को आधार बनाना चाहिए। जैसे—'पतंग उड़ रही है' वाक्य में कारकत्व का विचार लौकिक अर्थ के आधार पर करने से 'पतंग' कर्ता न ठहरेगी क्योंकि उसे कोई व्यक्ति उड़ाता है, जो कर्ता है। परन्तु, व्याकरणिक प्रकार्य को आधार बना कर 'उड़ रही है' क्रियापद के सापेक्ष ही कर्तृत्व तय होना चाहिए। यानी, व्याकरण को 'पतंग' को कर्ता मानना चाहिए। इसी प्रकार, व्याकरण प्रयोग, प्रकार्य के अनुसार पद की कोटि तय करने का जिम्मेवार है, परन्तु प्रयोग के लौकिक अर्थगत/साहित्यिक औचित्य-अनौचित्य का विवेक करना उसका काम नहीं है। जैसे—*'पाँच सिरोंवाला इन्सान'* या *'सफेद* दूध' जैसे प्रयोगों को असम्भव, व्यर्थ ठहराना उसका काम नहीं। उसका कार्य सिर्फ यह बतलाना है कि 'पाँच सिरोंवाला' व 'सफेद' यहाँ 'विशेषण' हैं। व्याकरण शरीर विज्ञानी/चिकित्सक की तरह भाषारूपी शरीर के अंगों का विश्लेषण करता है, उसके अपराधों का नहीं। व्याकरण द्वारा दी गयी परिभाषाएँ रूप/आकृति-परक होनी चाहिए, कोरा अर्थपरक नहीं। वैयाकरण को यह ध्यान रखना चाहिए कि जो भी अर्थपरक धारणाएँ (कारक, काल आदि) हैं, उनमें भाषानुसार संख्या/प्रकार-भेद नहीं हो सकता। हाँ, रूप-परक धारणाएँ (विभक्ति, प्रत्यय, शब्द-वर्ग आदि) भाषानुसार अलग-अलग हो सकती हैं। लिंग व वचन की व्याख्या को अर्थपरकता से मुक्त करते हुए उसे पूर्णतः व्याकरणिक रूप देना चाहिए।[27] व्याकरण भाषा में उपलब्ध शब्दों के प्रयोग मात्र की व्याख्या कर सकता है, उनके कुल-गोत्र, स्रोत आदि के अन्वेषण में उसे तब तक रुचि नहीं लेनी चाहिए, जब तक उसे इन बातों की प्रायोगिक (पद-रचनागत) सन्दर्भ में कोई भूमिका न दिखाई दे। इसी तरह, हिन्दी में प्राप्य शब्दों का (चाहे वे किसी अन्य स्रोत से भी क्यों न आये हों) हिन्दी में ही उपलब्ध घटकों (प्रकृति-प्रत्यय) के सन्दर्भ में निर्वचन करना व्याकरण के लिए उचित है। स्रोतभाषा में वे शब्द किस प्रत्यय-प्रक्रिया, समास-प्रक्रिया से बने थे, यह बतलाना व्याकरण का काम नहीं। वे सारे आगत शब्द हिन्दी में रूढ़ (अव्युत्पन्न)

होते हैं और हिन्दी में आकर फिर उनसे किसी यौगिक शब्द का निर्माण हिन्दी-पद्धति पर हो सकता है—यही समझाना वैयाकरण के लिए उचित है। 'वकील' का बहुवचन भले स्रोत भाषा में 'वकला' होता हो, पर हिन्दी में वह न चलेगा। हिन्दी अपने संविधान के अनुसार उसका बहुवचन 'वकील' ही मानेगी। परन्तु, संस्कृत से हिन्दी का सम्बन्ध कुछ इस प्रकार गहरा है कि वह संस्कृत से सिर्फ शब्द ही नहीं लेती बल्कि शब्द-व्युत्पादन की प्रक्रियाएँ भी लेकर उनके सहारे नये शब्द गढ़ती है। इसी से हिन्दी-व्याकरण को संस्कृत-विवेचित सन्धियों-समासों, यथासम्भव उपसर्ग-प्रत्ययों को भी विवेचित करना ही होगा। परन्तु, इसका यह अर्थ नहीं कि 'हिन्दी सन्धि' तथा 'हिन्दी समास' के साथ हिन्दी उपसर्ग, प्रत्यय आदि को व्याख्यायित करने का सबसे जरूरी कार्य हिन्दी-व्याकरण छोड़ देगा।

(v) 'व्याकरण' भारतीय भाषादर्शन की विशिष्ट अवधारणा है, अतः 'हिन्दी व्याकरण' को अपने विवेचन में उस दर्शन की सिद्ध-बहुपरीक्षित पद्धति का परीक्षण करना चाहिए। जैसे—धातु, प्रातिपदिक, प्रकृति, पद, विभक्ति-प्रत्यय, समास, काल, कारक आदि धारणाओं को उनके मूल अर्थ के साथ हिन्दी-व्याकरण में खोजना चाहिए। जो पारिभाषिक शब्द हजारों सालों से इस देश में चलते हुए गहरी छाप छोड़ चुके हैं—उनका 'हिन्दी-व्याकरण' में उन्हीं प्रतिष्ठित अर्थों में उपयोग हो। अर्थान्तर कर के उपयोग करने से लफड़ा पैदा होगा, जैसा कि कारक, काल, निपात, विभक्ति आदि के साथ हुआ है। (इसका विस्तृत स्पष्टीकरण आगे होगा, तत्सम्बद्ध प्रकरणों में।)[28] यदि कोई नयी व्याकरणिक कोटि/अवधारणा भाषा में विकसित हो जाए या आयातित हो जाए, तो उसके लिए नया पारिभाषिक शब्द गढ़ना चाहिए। जैसे—ने, को, पर आदि के लिए हिन्दी व्याकरण ने 'परसर्ग' (अनुसर्ग) शब्द चलाया है। इसी तरह अँग्रेजी ग्रैमर के 'केस' के लिए 'कारक' शब्द चलाना असंगत है, वह नयी अवधारणा है। उसके लिए 'विकारक/प्रकारक' शब्द आचार्य हजारी प्रसाद द्विवेदी ने सुझाया है।[29] इन बातों के साथ, यह भी ध्यातव्य है कि पारिभाषिक शब्द व्युत्पत्तिमूलक अर्थ से निरपेक्ष होता है, वह तो तत्त्व विशेष का संकेत मात्र होता है। यदि सार्थक शब्द भी पारिभाषिक शब्द के रूप में चल रहा हो, तो अर्थ-बन्धन से मुक्त हो जाता है। जैसे—'संज्ञा' 'सर्वनाम' आदि शब्द सार्थक हैं—'सम्यक् ज्ञात' से 'संज्ञा' 'सब का नाम' से 'सर्वनाम'—ऐसी सिद्धि तात्कालिक शान्ति तो दे सकती है,

पर कालान्तर में उस व्युत्पत्यर्थ की सीमा को वह पारिभाषिक शब्द तोड़कर, तत्त्व/कोटि विशेष का नाम भर रह जाता है। इसी से पारिभाषिक शब्द बनाते समय तकनीकी/काल्पनिक शब्द का सहारा लेना चाहिए। 'अच्', 'लट्', सुबन्त, तिङन्त आदि शब्द ऐसे ही हैं।[30] व्याकरण रूपपरक परिभाषा देते हुए, जिस पारिभाषिक शब्द का अन्वयार्थ निभ जा रहा है, उसका भी उल्लेख कर दे तो कोई हर्ज भी नहीं है। पर, पारिभाषिक शब्दों को तकनीकी शब्द मानना ही सर्वाधिक उचित है।

(vi) व्याकरण के नियम-निर्धारण के समय 'अपवाद-रहित नियम' के अन्वेषण का प्रयास करना चाहिए। ऐसा सम्भव न हो तो कम या परिगणनीय अपवाद वाले नियम बनाये जाएँ। अपवाद भी निश्चित हो तो उसे 'विशेष नियम' का दर्जा दिया जा सकता है। परन्तु, अनिश्चित अपवाद की स्थिति में 'नियम' बनाने की कवायद न की जाए।

(vii) वर्गीकरण/कोटीकरण, शास्त्र-विवेचन में संक्षिप्तता लाने हेतु किया जाता है, न कि विषय में उलझाव या अनावश्यक विस्तार देने के लिए। इसे ध्यान में रखते हुए हिन्दी व्याकरण को उन शब्द-वर्गों के उपवर्गीकरण से बचना चाहिए जिनके उदाहरण सीमित या अत्यल्प हैं। जैसे—हिन्दी का तथाकथित 'निपात'। ये गिने-चुने हैं, फिर उनके भी भेदोपभेद (वह भी अर्थमूलक) की क्या जरूरत? हिन्दी सर्वनाम भी गिने-चुने हैं; उनके बारे में भी ऐसा ही सोचा जा सकता है।

(viii) यद्यपि 'व्याकरण' हर प्रकार की (सामाजिक-सांस्कृतिक-राजनीतिक) संकीर्ण सीमाओं (जाति, नस्ल, सेक्स/प्राकृतिक लिंग, धर्म, राष्ट्रीयता आदि) से निरपेक्ष एक वस्तुनिष्ठ-वैज्ञानिक अवधारणा है; परन्तु वैयाकरण का पूर्वाग्रही मन कभी-कभी उसे वस्तुनिष्ठ नहीं रहने देता। यह संकट 'लिंग' नामक अवधारणा में सर्वाधिक है। विश्वस्तर पर दीर्घकाल से व्याप्त पितृसत्तात्मक संस्कृति की छाया भाषा पर पड़ी है, जिससे 'लिंग' (जेंडर)-भेद और उसका भी घटिया रूप स्त्रीलिंग पर पुंलिंग का आधिपत्य भाषा में कायम हो गया है। फिर भाषा का विवेचक होने से व्याकरण में वह चीज आ गयी है। नियमों में उसकी झलक मिलती है। इतना ही नहीं; लैंगिक पूर्वाग्रहों से ग्रस्त वैयाकरण का दिमाग व्याकरणिक प्रकरणों को समझाते हुए अनायास स्त्री-विरोधी भाषा या उदाहरण बोलने लगता है। जैसे—'*पतिव्रता* सीता', '*सती* नारी' आदि को विशेषण के उदाहरण रूप में देते हैं पंडित कामताप्रसाद गुरु। पंडित किशोरीदास वाजपेयी तो कहते हैं कि 'आत्मा' चूँकि अधीन है, इसलिए स्त्रीलिंग

और 'परमात्मा' चूँकि स्वाधीन है, इसलिए पुंलिंग है। यह प्रतिपादन कितनी पितृसत्तात्मक भ्रान्ति का शिकार है! इसी तरह नस्ल, जाति, धर्म, राष्ट्र सम्बन्धी पूर्वाग्रह भी वैयाकरणिक उदाहरणों में दृष्टिगोचर हो जाता है। यह विराट् दोष है। इससे वैयाकरण को बचना चाहिए। उसे विषय-प्रतिपादन एवं उदाहरण में ऐसी समाज-शास्त्रीय सावधानी बरतनी चाहिए कि समाज में व्याप्त उपर्युक्त संकीर्णताओं और विषमताओं पर करारी चोट पड़े तथा लोकतान्त्रिक समता की दिशा में कुछ सोच जगे। खासकर स्त्री-विरोधी पूर्वाग्रहों को तोड़ने हेतु, स्त्री-सशक्तीकरण हेतु, स्त्री-समस्याओं/यातनाओं के प्रति संवेदित करने हेतु उसे उदाहरण-चयन में सावधानी बरनती होगी।

(ix) वर्तनी या लिपि-विचार के साथ विरामादि चिह्नों का विचार करना चाहिए, यदि आवश्यकता प्रतीत हो। परन्तु, इन्हें व्याकरण के 'परिशिष्ट' रूप में रख सकते हैं।

(x) हिन्दी का व्याकरण 'अष्टाध्यायी' की सूत्र शैली में न लिखा जाकर 'महाभाष्य' की व्यास शैली में बने। 'अष्टाध्यायी' की सूत्र शैली पाणिनि की सामर्थ्य की निदर्शिका तो है ही, पर वह तद्युग की सीमा भी संकेतित करती है। मुद्रण-सुविधा का अभाव, जिससे स्मरण रखने की मजबूरी रही होगी। सूत्र उसके लिए उपयोगी हो सकते थे। परन्तु, आज वैसी कोई बात नहीं है। फिर, ऐसी सूत्रशैली किस काम की रहेगी, जिससे टीकाकारों के हम मुखापेक्षी हो जाएँ!

दूसरी बात, हिन्दी-व्याकरण के विवेचनीय विषयों को अष्टाध्यायी-क्रम में सजाने की जगह कौमुदी-क्रम में प्रकरणानुसार सजाना चाहिए। आरम्भ में ही संज्ञा, परिभाषा प्रकरण बनाकर वहीं क्रिया, अव्यय आदि सबकी परिभाषा देने से अच्छा है, जहाँ क्रिया, अव्यय आदि का प्रकरण आए, वहीं उनकी परिभाषा दी जाए। 'कौमुदी' का क्रम है—वर्णमाला, वर्णसन्धि, प्रातिपदिक (संज्ञा, सर्वनाम, विशेषण) रूप-रचना, अव्यय, लिंग-व्यवस्था, कारक तथा विभक्ति, समास, तद्धित, क्रिया-रूप, कृत्-प्रत्यय तथा अन्त में वैदिकी और स्वर-प्रक्रिया का वर्णन। हिन्दी-व्याकरण इसी से प्रेरणा लेकर अपना विवेच्य-क्रम बना सकता है—कुछ इस तरह—(क) वर्ण-विचार—इसी में संधिचर्चा भी, (ख) पद-विचार—पद-वर्गीकरण, व्युत्पत्ति (प्रत्यय, समास), कारकीय रूप-रचना और विभक्ति, क्रिया-रचना, (ग) वाक्य-विचार। वैसे 'वाक्य' से शुरु कर, 'पद' से होते 'वर्ण' तक पहुँचने का क्रम स्फोट-सिद्धान्त एवं आधुनिक

भाषाविज्ञान से समर्थित है तथा एक तरह से तर्कसंगत भी है। पर, वर्ण से वाक्य तक पहुँचना भी गलत नहीं है—एक अलग दृष्टि की देन है।[31]

(xi) व्याकरण एक शास्त्र है, अत: उसकी प्रस्तुति की भाषा सुगठित, निर्भ्रान्त व प्रवाहपूर्ण होनी चाहिए। विवेच्य प्रकरण क्रमबद्ध होने चाहिए। शास्त्रीय गम्भीरता एवं मर्यादा का निर्वाह होना चाहिए। द्वि-अर्थी शब्दों से बचना चाहिए तथा पारिभाषिक शब्दों को बराबर नियत किये गये अर्थ में ही प्रयुक्त करना चाहिए।

'हिन्दी भाषा' का अभिप्राय

ऐतिहासिक-विकासात्मक दृष्टि से देखने पर 'हिन्दी' उस भाषा का नाम है जो कुरु प्रदेश [मेरठ-बिजनौर-मुजफ्फरनगर, दिल्ली, हरियाणा] की घरेलू बोली (खड़ी बोली) के आधार पर विकसित जातीय भाषा बनी और व्यापकता और मानक रूप प्राप्त कर आज भारत की राजभाषा या राष्ट्रभाषा के पद पर आरूढ़ है। उसका वाग्रूप 1000 ई. के आस-पास विद्यमान हो चुका था तथा छिटपुट साहित्यिक सन्दर्भ भी मिलने लगे थे। पंडित चन्द्रधर शर्मा गुलेरी ने खड़ी बोली के उसी आरम्भिक रूप को पुरानी हिन्दी कहा था। रोडा के 'राउरवेल', 'प्राकृतपैंगलम्' में 'खड़ी बोली' के छिटपुट प्रयोग दिखते हैं, पर अमीर खुसरो की रचनाओं में प्रथम पुष्ट प्रयोग दिखता है। कबीर, प्राणनाथ आदि ने भी इसका बहुत बार उपयोग किया। फिर भी मध्यकाल की यह प्रमुख साहित्य भाषा न बन सकी। इसे यह दर्जा आधुनिक काल में ही मिला। इसी के उपरूप रहे हैं—उर्दू, दकनी (दक्खिनी), रेख्ता और आज की हिंग्लिश।

'हिन्दी' शब्द का व्यापक प्रयोग हिन्दी-प्रदेश में विद्यमान करीब दो दर्जन भाषाओं-बोलियों के लिए भी होता रहता है, जो व्याकरणिक स्तर पर बिलकुल अलग-अलग हैं। फिर भी शुरु से इन में कुछ ऐसी निकटता रही है कि इन सभी भाषाओं-बोलियों के एक प्राकृतिक समूह का आभास होता है। भोजपुरी, राजस्थानी, ब्रजभाषा, नेपाली, अवधी, मैथिली, छत्तीसगढ़ी, मगही आदि भाषावैज्ञानिक स्तर पर खड़ी बोली से स्वतन्त्र हैं, यह तो ठीक है; परन्तु बांग्ला, मराठी, गुजराती आदि की तरह गहरा अलगाव भी नहीं है। भाषा की मूल सम्पदा के रूप में पंडित किशोरीदास वाजपेयी ने जिन तत्त्वों का संकेत किया है—(सर्वनाम, संख्यावाचक शब्द, परसर्ग/विभक्ति, क्रिया, प्रत्यय), उनके वितरण की दृष्टि से इन 'हिन्दी' नामधारी भाषाओं-बोलियों में बड़ा अन्वय है तथा इनमें सांस्कृतिक सम्बन्ध भी गहरा रहा है। पंडित किशोरीदास वाजपेयी ने इस समूह को 'हिन्दी संघ' कहा है, जिसकी तीन पहचानें बतलायीं[32]—

(i) नागरी लिपि में लिखा जाना। (ii) सारे सदस्यों के नाम ईकारान्त हैं। जैसे—भोजपुरी, मैथिली, ब्रजी, राजस्थानी, खड़ी बोली आदि। कहना नहीं होगा कि ये दोनों पहचानें बहुत ऊपरी तथा हल्की हैं। मराठी भी नागरी लिपि में लिखी जाती है और ईकारान्त नाम भी है तो क्या वह 'हिन्दी संघ' में है? खैर! वाजपेयी जी एक आन्तरिक सम्बन्ध-सूत्र भी खोज चुके हैं—(iii) "हिन्दी-संघ की सभी भाषाओं में 'क' सम्बन्ध-प्रत्यय है, कहीं का, के, की और कहीं को, के, की; कहीं सामान्य रूप 'क' ही।"[33]

इन सभी को 'हिन्दी भाषा' की एक ही छतरी के नीचे रखे जाने के दो कारण 'हिन्दी भाषानुशासन' के रचयिता डॉ. रामदेव त्रिपाठी प्रस्तुत करते हैं—

(i) हिन्दी (खड़ी बोली) के उत्स शौरसेनी प्राकृत-अपभ्रंश के ही किसी न किसी पूर्ण या आंशिक आधार से ये विकसित हैं; शुद्ध मागधी से किसी का विकास नहीं हुआ है।

(ii) इन सबके क्षेत्र में साहित्य-रचना तथा उच्च शिक्षा का माध्यम खड़ी बोली (हिन्दी) ही है। इस सम्पूर्ण क्षेत्र को 'हिन्दी भाषी क्षेत्र' कहा भी जाता है।

कतिपय भाषा वैज्ञानिकों की राय मानें तो भारत से बाहर भी 'हिन्दी' की बोलियाँ मौजूद हैं। जैसे—

(i) ताजुज़्बेकी (दक्षिणी रूस में), (ii) सरनामी हिन्दी (सुरीनाम में), (iii) फीजी बात (फीजी में), (iv) पारया (उजबेकिस्तान में)[34]

'हिन्दी' शब्द द्वारा जब हम 'हिन्दी संघ' की समस्त भाषाओं-बोलियों को ग्रहण करते हैं, तब हमारे भीतर सामासिक मनोवृत्ति कार्य करती है।[35] फिर, हम 'हिन्दी-साहित्य' भारतीय चिन्तनधारा के उस मूर्त अवतार को कहते हैं, जो 'हिन्दी-संघ' के माध्यम से उतरा है; जिसके सर्जक चन्द, जायसी, कबीर, तुलसी, सूर, विद्यापति, मीरा, बिहारी, खुसरो, प्राणनाथ, भारतेन्दु, प्रसाद, निराला, महादेवी, प्रेमचन्द, रामचन्द्र शुक्ल, हजारी प्रसाद द्विवेदी, अज्ञेय, राहुल, मुक्तिबोध, रेणु, यशपाल, रामविलास शर्मा, कृष्णा सोबती, मोहन राकेश, मनोहर श्याम जोशी, मैत्रेयी पुष्पा, कमलेश्वर, ओमप्रकाश वाल्मीकि, कात्यायनी आदि तमाम ज्वलन्त हस्ताक्षर हैं। हिन्दी-साहित्य का नेतृत्व 'हिन्दी-संघ' की ही कोई भाषा करती है और ऐसी स्थिति में वह अपनी शेष सगी बहनों से आगे निकल कर एक प्रकार से अखिल भारतीय साहित्य भाषा बन जाती है। इस भूमिका में कभी राजस्थानी (मारवाड़ी), अवधी तो कभी ब्रजभाषा रह चुकी है। आज इस भूमिका में खड़ी बोली (हिन्दी) है। परन्तु, बाकी बहनों से खड़ी बोली की समृद्धि के और प्रमाण हैं। यह केवल साहित्य भाषा नहीं है, बल्कि ज्ञान-विज्ञान के हर क्षेत्र की सम्पदा

अपने माध्यम से उतारने वाली भाषा है। कोई भाषा सिर्फ साहित्य-सर्जना से ज़िन्दा नहीं रह सकती, उसे शास्त्रीय चिन्तन, ज्ञान-विज्ञान-रचना का स्वास्थ्यवर्द्धक आहार भी मिलना चाहिए; पर सबसे बढ़कर सामान्य वाग्व्यहार की प्राणवायु। हिन्दी को ये सब भली-भाँति सुलभ हैं। अपने जन्मकाल से ही वह भारत की अन्तरप्रान्तीय सम्पर्क भाषा रही है। यही वह भाषा है जिसमें सदैव देश बोला है, न कि कोई प्रदेश। यह आज दुनिया के सबसे बड़े लोकतान्त्रिक राष्ट्र की राष्ट्रभाषा, सम्पर्कभाषा, शिक्षा-संस्कृति, संचार, पत्रकारिता, तकनीक, राजनीति व बाजार की भाषा है। भारत के अलावा सवा सौ देशों में इसके प्रयोक्ता मौजूद हैं—विदेश के सैकड़ों विश्वविद्यालयों में शिक्षा व शोध का विषय बनी हुई आज खड़ी बोली (हिन्दी) विश्व की तीसरी भाषा है। फिर भी दु:ख का विषय है कि अपनी ही धरती पर एक बड़े सभ्य वर्ग से यह विचित्र किस्म की उपेक्षा/घृणा पाती रही है, जो अँग्रेजीमुखी हीन मानसिकता की देन है।

खड़ी बोली हिन्दी को अपनी दो दर्जन सगी बहनों के साथ विशाल भूगोल व इतिहास में विकसना पड़ा है। हर क्षेत्र की भाषिक प्रवृत्तियों और हर भाषा से प्राणपोषक खुराक वह लेती रही है। हिन्दी अपने सम्प्रेषण को अधिक संवेदनशील बनाये रखने के लिए जहाँ बोलियों से उनके जमीनी मुहावरे और लोकाभिव्यक्ति को स्वर देनेवाले शब्द-रूपों को ग्रहण करती है; वहीं 'हिन्दी संघ' की बोलियाँ/भाषाएँ अपना अस्तित्व कायम रखने या स्वयं को अद्यतन बनाये रखने के लिए 'हिन्दी' से उसके नये प्रयोग, मुहावरे ग्रहण करती हैं। स्वरूप की दृष्टि से मध्यकालीन आर्यभाषा होते हुए भी खड़ी बोली हिन्दी शब्द-सम्पदा की दृष्टि से मुख्यतः संस्कृत से अनुप्राणित है। उसकी भाषिक संस्कृति का आदर्श कुबेरनाथ राय के शब्दों में 'तद्भव के आवरण में भाषा की तत्सम संस्कृति से जुड़ाव'[36] है। आज भी युग की बढ़ती आवश्यकताओं की पूर्ति के लिए शब्द तलाशते हुए, वह 'संस्कृत कोश' या 'संस्कृत व्युत्पत्ति प्रक्रिया' को ही विश्वसनीय मानती है।

भाषावैज्ञानिक स्तर पर 'उर्दू' 'हिन्दी' से अलग कोई भाषा नहीं है, बल्कि एक शैली भर है (जैसे आज 'हिंग्लिश' हो रही है); परन्तु हिन्दी-संघ की भाषिक-साहित्यिक परम्परा से कटकर आत्मकेन्द्रित रहने के उसके प्रयत्न तथा अरबी-फारसी शब्दावली, मुहावरेदारी व साहित्यिक संस्कारों के प्रति झुकाव के कारण 'उर्दू' साहित्यभाषा के स्तर पर 'हिन्दी' से अलग अस्तित्व बना चुकी है।[37] जब हम 'हिन्दी-व्याकरण' की बात कर रहे हैं तो उसका आशय 'खड़ी बोली हिन्दी' के विवेचन से है। स्पष्ट है कि 'उर्दू' की कोई अलग व्याकरणिक स्थिति नहीं है। 'हिन्दी-व्याकरण' ही उसका 'व्याकरण' है।

सन्दर्भिका

1. पाणिनीय शिक्षा (श्लोकात्मिका), 42
2. भाषाविज्ञान की भूमिका (—देवेन्द्रनाथ शर्मा), पृष्ठ 9
3. कामताप्रसाद गुरु : जीवन रेखाएँ और प्रतिनिधि रचनाएँ, पृष्ठ 100
4. ''भाषा मनुष्य को जगन्नियन्ता की दी हुई इच्छाशक्ति का प्रसाद है। वह गतिशील तत्त्व है।...वह मनुष्य के बनाये नियमों में नहीं अटकती। और मनुष्य है कि नियम का राजमार्ग अवश्य बनाएगा। सो व्याकरण नाम का यह सारा टंटा विधाता की दी हुई इच्छा-शक्ति के साथ मनुष्य की अपनी इच्छा-शक्ति का द्वन्द्व है। जो कुछ सामने दिख रहा है, उसी का विश्लेषण करने और उसी पर से नियम बनाने से इतिहास-विधाता की इच्छा-शक्ति की अवमानना होती है। इसीलिए भाषा का अध्ययन यथासम्भव ऐतिहासिक प्रक्रिया के भीतर से होना चाहिए।''
   —आचार्य हजारी प्रसाद द्विवेदी/'विश्वभाषा हिन्दी' पृ. 97
5. हिन्दी शब्दानुशासन, पृष्ठ 65
6. ''निरुक्त या निर्वचनशास्त्र उस विद्या का मूल है, जो आजकल भाषाविज्ञान के नाम से प्रसिद्ध है।''—'हिन्दी निरुक्त', प्रथम संस्करण की भूमिका/पृ. 7
7. ''वर्णागमो वर्णविपर्ययश्च द्वौ चापरौ वर्णविकारनाशौ।
   धातोस्तदर्थातिशयेन योगस्तदुच्यते पंचविधं निरुक्तम्॥''
   (—दुर्गाचार्य कृत 'निरुक्तटीका' से)
8. ''व्याकरण भाषा के स्तर पर 'होना चाहिए' का पक्षधर है और भाषाविज्ञान 'होता है' का समर्थक।''—डॉ. अम्बाप्रसाद 'सुमन' ('आचार्य किशोरीदास वाजपेयी और हिन्दी भाषा व्याकरण'/ पृष्ठ 57)
9. 'ब्रजभाषा का व्याकरण', भूमिका।
10. ''भाषा का शुद्ध बोलना तो माँ से या घर के दूसरे लोगों से सीखा जाता है और शुद्ध लिखना गुरु से। परन्तु माँ-बाप या गुरुजन आदि व्याकरण नहीं हैं। हाँ, जो जिसकी मातृभाषा नहीं है, वह उसके सीखने में और उसका शुद्ध प्रयोग करने में अवश्य व्याकरण का सहारा लेगा। सारांश यह कि व्याकरण भाषा के विवेचन का नाम है।''—'ब्रजभाषा का व्याकरण', भूमिका
11. हिन्दी शब्दानुशासन/पृष्ठ 78-79
12. हिन्दी शब्दानुशासन/पृष्ठ 62
13. हिन्दी व्याकरण (पं. कामताप्रसाद गुरु), प्रस्तावना/पृष्ठ 5
14. हिन्दी भाषानुशासन/पृ. 59-60
15. ''व्याकरण जैसे विषय पर भी पुस्तक लिखने में विवेचक का सामाजिक दृष्टिकोण महत्त्वपूर्ण सिद्ध होता है। यदि वह जनता को मूर्ख, शुद्ध भाषा को बिगाड़नेवाली, विद्वानों को ही भाषा का मूलस्रोत और स्वरचित व्याकरण को भाषा का नियामक माने तो वह कभी वैज्ञानिक पद्धति से इस विषय पर पुस्तक नहीं लिख सकता।''—'परम्परा का मूल्यांकन' (डॉ. रामविलास शर्मा)
16. सरल शब्दानुशासन/पृष्ठ 2
17. ''वाक्य के भीतर शब्दों के कुमार्गगामी होते ही व्याकरण-पुलिसमैन सावधान हो जाता

है...वाक्य-संहिता का ठीक-ठीक पालन कराने के लिए।" "भाषा के उन बिगड़े आवारे शब्दों का बहिष्कार कर; व्याकरण उन शब्दों को मिटाकर या भाषा से भगाकर ही दम लेता है।"—'करण-कारक विवेक'

(—डॉ. रामनरेश मिश्र, 'हंस', पृष्ठ 55-56)

18. "जब कोई भाषा विकसित होकर पूर्ण हो जाती है, जब वह अपने काम-काज में किसी दूसरी भाषा की मुहताज नहीं रहती और उसमें साहित्य-रचना भी होने लगती है, तब उसका व्याकरण बनता है।"—'हिन्दी शब्दानुशासन'/पृष्ठ 62
19. 'श्रीरामावतार शर्मा निबन्धावली' में 'हिन्दी भाषाविज्ञान' निबन्ध/पृष्ठ 65-66
20. 'भाषाविज्ञान की भूमिका' /पृष्ठ 103
21. "यस्मिंस्तूच्चरिते शब्दे यदा योऽर्थः प्रतीयते।
    तमाहुरर्थं तस्यैव नान्यदर्थस्य लक्षणम्॥" (—वाक्यपदीयम् 2/337)

    (—यानी, जिस शब्द के उच्चारण से जब जिस अर्थ की प्रतीति होती है, वही उसका अर्थ है, अर्थ का दूसरा लक्षण नहीं है।)
22. "वस्तुतः शब्दों के भेदों का विभाजन अर्थ की ही दृष्टि से किया जाता है। ऐसा न होता तो एक ही समान दिखनेवाले शब्द एक ही प्रकार के मान लिये जाते। कबीरदास जब चलती को गाड़ी कहनेवालों की नादानी देखकर रोये थे तो वस्तुतः वे शब्दों के रूप-भेद से जाति-भेद निश्चय करनेवाली प्रक्रिया पर ही रो रहे थे। 'गाड़ी' का एक अर्थ यान-विशेष; इस अर्थ में वह संज्ञा शब्द है, दूसरा अर्थ है कृदन्त साधित विशेषण 'गाड़ी हुई'। यद्यपि ऊपर-ऊपर से 'गाड़ी' एक ही शब्द है, पर अर्थ-दृष्टि से दो हैं। सो, शब्दों के भेद...अर्थ-विचार से शब्द या रूप-विचार की ओर जानेवाली प्रक्रिया की ही देन है।"

    —आचार्य हजारी प्रसाद द्विवेदी ('हिन्दी व्याकरण की समस्या' लेख से)
23. 'हिन्दी व्याकरण की समस्या' (—आचार्य हजारी प्रसाद द्विवेदी)
24. 'अष्टाध्यायी' के बारे में डॉ. विद्यानिवास मिश्र का मत है—"पूरा व्याकरण वाक्यगत सम्बन्धों के प्रत्यायन (रिप्रेजेंटेशन) के रूप में बाँधा गया है।"—'भारतीय भाषा-शास्त्रीय चिन्तन' से।
25. "व्याकरण ने अपनी पृष्ठभूमि के लिए वर्ण-समाम्नाय और सन्धि-सूत्र देकर ध्वनिविज्ञान को; कृत्, तद्धित आदि प्रत्यय देकर निरुक्ति-विज्ञान को भी अपना अंग बनाया; किन्तु उसने अपना स्वतन्त्र विषय रखा—पदविज्ञान और वाक्यविज्ञान।"

    —डॉ. रामदेव त्रिपाठी ('भाषाविज्ञान की भारतीय परम्परा और पाणिनि'/पृष्ठ 489)
26. "पाणिनि और पतंजलि के सामने परिवर्तनशील वेगवती भाषा का प्रश्न नहीं था, हजारों वर्षों से पूर्णता-प्राप्त प्रौढ़ अमर भाषा के नियम निर्धारित करने का प्रश्न था। हिन्दी के व्याकरणकार को क्षण-क्षण परिवर्तमान गतिशील त्रुटि-विच्युति-मर्दिनी वेगवती भाषा के भीतर काम करनेवाले विषयों को ढूँढ़ निकालना है। आज जिसको हम शिष्ट-सम्मत प्रयोग समझते हैं, वह कल भी वैसा ही रहेगा, इसका कोई भरोसा नहीं।"

    —आचार्य हजारी प्रसाद द्विवेदी ('हिन्दी व्याकरण की समस्या' लेख 'भाषा, साहित्य और देश' पुस्तक/ पृष्ठ 35)
27. व्याकरण 'ऐसा क्यों है?' का आख्याता नहीं है, बल्कि 'ऐसा है' का अन्वाख्याता है। इसलिए कोई शब्द स्त्रीलिंग, पुंलिंग क्यों है—यह वह न बताएगा, वरन् 'अमुक

शब्द की लिंगगत स्थिति ऐसी है' ऐसा कहकर वाक्य में उसकी प्रयोग-सम्बन्धी विशेषता संकेतित कर देगा। वचन की धारणा भी तार्किक नहीं, व्याकरणिक ही होनी चाहिए। इसके संकेत भी हैं—'सप्ताह' सात दिनों का वाचक होकर भी एकवचन है, पर "गुरु जी जाते हैं" में एक व्यक्ति के वाचक होकर भी 'गुरु जी' बहुवचन में हैं।

—(लेखक)

28. "एक बड़ी भारी कठिनाई यह आ गयी है कि हम पारिभाषिक शब्द तो संस्कृत से लेते हैं, पर उनका प्रयोग पश्चिमी व्याकरण से बनाये गये अर्थ में करते हैं।"

—आचार्य हजारी प्रसाद द्विवेदी ('हिन्दी व्याकरण की समस्या' लेख से)

29. 'हिन्दी व्याकरण की समस्या' लेख में।
30. 'भाषा इतनी विचित्ररूप होती है कि किसी एक परिभाषा या नियम में बँधती नहीं। उसे काल्पनिक शब्दों से अधिक आसानी से समझा जा सकता है।" अगर आप कहें कि हुआ, मिला, मिली आदि रूप भूतकाल के हैं तो 'आपका आदेश हुआ तो मैं अवश्य यह काम करूँगा" —जैसे वाक्य के लिए कहना होगा कि समानार्थक भविष्यकाल में भूतकाल की प्रक्रिया होगी। अर्थदृष्टि से भविष्य में भूतकाल कहना अनुचित होगा। परन्तु, परिभाषीय पद्धति में कहें कि समानार्थक भविष्य में लिट्, तो बहुत गड़बड़ नहीं होगा। वस्तुत: व्याकरण में प्रयुक्त पारिभाषिक शब्द सदा अर्थ-निरपेक्ष होते हैं।...निरर्थक नाम देना कभी-कभी आवश्यक होता है। सार्थक नाम भी पारिभाषिक बनकर अर्थ-बन्धन से परे हो जाते हैं। ...पाणिनि ने सर्वप्रथम काल्पनिक शब्दों पर बल दिया।"

—आचार्य हजारी प्रसाद द्विवेदी ('हिन्दी व्याकरण की समस्या' लेख से)

31. महामहोपध्याय पंडित रामावतार शर्मा ने 'हिन्दी-व्याकरण-सार' में 'वाक्य' से 'वर्ण' तक की यात्रा की है।
32. हिन्दी शब्दानुशासन, दूसरे संस्करण पर लेखक का निवेदन/पृष्ठ. 11
33. हिन्दी शब्दानुशासन, दूसरे संस्करण पर लेखक का निदेवदन/पृष्ठ. 11
34. 'भाषाविज्ञान', इग्नू कोर्स कोड [MHD-7], पुस्तिका-1 ('भाषाविज्ञान और हिन्दी भाषा') पृष्ठ-98-99
35. 'हिन्दी-संघ' की भाषाओं को 'हिन्दी' कहे जाने पर आचार्य हजारी प्रसाद द्विवेदी का अभिमत है—"हिन्दी भाषाशास्त्रीय भाषा की अपेक्षा मनोवृत्ति प्रधान भाषा है; वे सब बोलियाँ जिनका मुख केन्द्राभिमुख है, अर्थात् जिनके बोलनेवालों की नाड़ियों में मूल केन्द्रीय भाषा से सम्बद्ध बने रहने के संस्कार दृढ़ निबद्ध हैं—हिन्दी हैं। जो बोलियाँ केन्द्राभिमुख न होकर अपने-आप में ही केन्द्रित हो जाती हैं और तुलसी और सूर को अपना कवि नहीं मानना चाहतीं, वे टूटकर अलग हो जाती हैं।...हिन्दी केन्द्राभिमुखी, सबको मिलानेवाली, साथ-साथ रहने का प्रोत्साहन देनेवाली मनोवृत्ति का वाचात्मक प्रतीक है।"

—'हिन्दी तथा अन्य भाषाएँ' लेख ('विचार और वितर्क')

36. 'मराल'/पृष्ठ (viii)-(ix)
37. "हिन्दी अपने कुक्षिस्थित दर्जनों उपभाषाओं के साथ जिस मनोवृत्ति का प्रतिनिधित्व करती है उससे कहीं संकीर्ण और कितनी ही बातों में विपरीत मनोवृत्ति को उर्दू उपस्थित करती रही है।"

—आचार्य हजारी प्रसाद द्विवेदी ('विचार और वितर्क')

अध्याय-2

हिन्दी-व्याकरणेतिहास पर विहंगम दृष्टि

'हिन्दी-व्याकरण' के इतिहास पर प्रकाश डालने के छिटपुट प्रयत्न तो वैसे प्रायः हर वैयाकरण के व्याकरण-ग्रन्थ या पत्रिकाओं में प्रकाशित लेखों या हिन्दी भाषा-विश्लेषण के ग्रन्थों की भूमिकाओं में समय-समय पर दृष्टिगोचर हुए हैं, परन्तु कुछ व्यवस्थित या विस्तार से प्रकाश डालने के निम्नलिखित प्रयास मेरे देखने में आये हैं—

(i) खड़ी बोली की व्याकरण-रचना के क्रमिक विकास का अध्ययन (शोध प्रबन्ध, 1968 ई., आगरा विश्वविद्यालय)—डॉ कान्तिचन्द्र मिश्र

(ii) हिन्दी-व्याकरण का इतिहास (1972 ई.)—डॉ. अनन्त चौधरी, प्रकाशक—बिहार हिन्दी ग्रन्थ अकादमी, पटना।

(iii) हिन्दी-व्याकरण का उद्‌भव और विकास (शोध प्रबन्ध, 1975 ई., गुरुकुल कांगड़ी विश्वविद्यालय, हरिद्वार)—डॉ. केहर सिंह चौहान

(iv) हिन्दी-व्याकरण का लघु इतिहास (1979 ई.)—डॉ. रामनरेश मिश्र 'हंस', प्रकाशक—परमानन्द साहित्य सदन, कंचनामा, मखदूमपुर (जहानाबाद, बिहार)

परन्तु, इन चारों में हिन्दी-व्याकरणेतिहास का परिपूर्ण विग्रह डॉ. अनन्त चौधरी के ग्रन्थ में ही सर्वप्रथम प्रकट हुआ है। इतिहास-दर्शन की सच्चाई, प्रणाली एवं युग-परिवर्तन की आहट सुनने की क्षमता को देखते हुए उन्हीं के ग्रन्थ को अब तक का वास्तविक इतिहास ग्रन्थ कहा जा सकता है। फिर भी उसमें एक-दो काल-दोष हैं, जिन्हें सुधरना चाहिए। जैसे—'उत्थान काल' को 1920 में समाप्त घोषित कर वे अगले काल ('उत्कर्ष काल') को एक वर्ष के अन्तराल पर 1921 में शुरु करते हैं। फिर, 1920 में छपे लाला शिवनारायण के ग्रन्थ को (1921 ई. से शुरु हुए) 'उत्कर्षकाल' में रखते हैं।

आगे प्रस्तुत संक्षिप्त व्याकरणेतिहास की आधारभूत विचार-सामग्री के रूप में डॉ. चौधरी के ग्रन्थ सहित चारों ग्रन्थों तथा छिटपुट चर्चावाले कई लेख हैं। फिर भी विगत तीन दशकों से अधिक काल में हुए परिवर्तनों को ध्यान में रखकर

नवीन दृष्टि से विचारना एवं पुरानी सामग्री को अद्यतन करना जरूरी था। अतः, एक विनम्र प्रयास किया गया।

पूर्वस्रोत

हिन्दी-व्याकरण की पूर्व स्रोतस्विनी परम्परा के रूप में संस्कृत-प्राकृत-अपभ्रंश व्याकरणों की धारा रही है, पर विडम्बना है कि 'हिन्दी-व्याकरण' के पहली साँस लेते ही, उसे अपनी मूलस्रोतस्विनी परम्परा से कटकर, विदेशियों के हाथों का खिलवाड़ होना पड़ा। शुरुआती काल में ही वह 'ग्रीक-लातिन-अँग्रेजी परम्परा' एवं 'अरबी-फारसी परम्परा' के बोझ से दब चुका था। बचपन के कोमल मन पर पड़े अस्वाभाविक (विदेशी) संस्कारों ने उसे इस कदर अस्वस्थ बनाया कि आगे के अनेक प्रतिपालकों (वैयाकरणों) की तपश्चर्या भी अब तक उसे अपनी जमीन से पूरी तरह जोड़कर पूर्ण स्वस्थ न बना सकी है। बल्कि, बहुधा उसे अस्वास्थ्य में ही स्वास्थ्य की अनुभूति हो जाती है—यही विसंगति है।

भारतीय व्याकरण-परम्परा की मूल भित्ति है—संस्कृत व्याकरण,[1] जिसकी शिखर-अभिव्यक्ति है—भगवान् पाणिनि की 'अष्टाध्यायी'। वे आदि आचार्य नहीं, बल्कि पूर्वागत व्याकरण-यात्रा के उत्कर्ष-शिखर हैं। संस्कृत के यथार्थ व्यावहारिक स्वरूप को अर्द्धगणितीय पद्धति के द्वारा, चरम संक्षिप्ति के साथ उन्होंने जैसी परिपूर्ण विवेचना दी, वैसी वस्तु दुनिया में दुर्लभ है। जहाँ ग्रीक-लातिन आदि के ग्रैमर स्थानीय मजहबी या दार्शनिक मतवाद की छाया में अक्सर खड़े होते रहे, वहाँ पाणिनि ने इन बातों से निरपेक्ष रहकर भाषा के वस्तुनिष्ठ-वैज्ञानिक विश्लेषण का जो मार्ग दिखाया, वह विश्व के लिए श्लाघ्य आदर्श है।[2] वर्तमान भाषाविज्ञान का 'स्वनिम सिद्धान्त' भी उनसे अछूता न था, तभी तो वे 'वर्ण समाम्नाय' की विलक्षण कल्पना कर सके।[3] उनके सत्प्रयास के समक्ष पश्चिम की आधुनिक मनीषा भी नतमस्तक है, जैसे ब्लूमफील्ड—"यह व्याकरण...मानव बुद्धिमत्ता की प्रमुखतम कृतियों में से एक है।...कोई भी भाषा अभी तक इतनी सम्पूर्णता से वर्णित नहीं हो पायी है।"[4] उनके इसी पुण्य प्रयत्न ने संस्कृत को अकाल बाधित सांस्कृतिक निरन्तरता प्रदान कर दी है। उनकी प्रभा में पूर्ववर्ती व्याकरण तो निष्प्रभ हो ही गये, बल्कि आगे भी मौलिक व्याकरण-प्रणयन प्रायः थम गया। चल पड़ी पाणिनि के ग्रन्थ की ही टीका-प्रटीका, भाष्य, वृत्ति की परम्परा, जिसमें कात्यायन, पतंजलि आदि सब गतार्थ हुए। फिर भी, पतंजलि का 'महाभाष्य' 'अष्टाध्यायी' की व्याख्या मात्र न होकर भाषाविज्ञान की कई महत्त्वपूर्ण समस्याओं पर मीमांसा करनेवाला मौलिक, सारगर्भ ग्रन्थ है। 'महाभाष्य' पर भी टीकाएँ बनीं। पाणिनि के ही सूत्रों को परिवर्तित क्रम में विन्यस्त कर

'कौमुदी' ग्रन्थ भी बने। 'व्याकरण' के दार्शनिक पक्ष का भी विकास हुआ—भर्तृहरि, नागेश भट्ट, कौण्ड भट्ट आदि द्वारा। भर्तृहरि ने तो व्याकरण-दर्शन को चोटी पर पहुँचा दिया 'वाक्यपदीयम्' लिखकर। 'संस्कृत-व्याकरण' के और भी सम्प्रदाय ('कातन्त्र', 'सारस्वत', 'मुग्धबोध' व्याकरण आदि) उभरे, परन्तु पाणिनीय सम्प्रदाय के आगे सभी धूमिल हो गये। पालि-प्राकृत व अपभ्रंश के व्याकरण भी उसी लकीर पर चलते रहे, चाहे चर्चित वैयाकरण हेमचंद्र ही क्यों न हों। आधुनिक भारतीय आर्य भाषाओं (जिनमें 'हिन्दी' एक है) के उदय-काल तक आते-आते व्याकरण-परम्परा भी विरल होने लगी थी।

हिन्दी-व्याकरण का उद्‌भव

यद्यपि हिन्दी भाषा (खड़ी बोली) की व्याप्ति 1000 ई. तक हो चुकी थी, परन्तु 'हिन्दी-व्याकरण' ग्रन्थ इसके 5-6 सौ वर्षों के बाद ही मिलने शुरू होते हैं। वैसे तो खड़ी बोली की पहली उपलब्ध व्याकरण पुस्तक हालैंडवासी जोशुआ केटेलेर की (डच भाषा में लिखित) 'ए ग्रैमर एंड ए वॉकावुलेरी ऑफ दॅ लिंगा हिन्दुस्तानिका' है, जो लातिन अनुवाद-रूप में 1743 ई. में प्रकाशित हुआ था। फिर भी, प्राचीन हिन्दी के रूपों को संस्कृत में प्रस्तुत करनेवाले ग्रन्थ 'उक्ति व्यक्ति प्रकरण' (—दामोदर भट्ट/11 वीं सदी ई.) तथा मिर्जा खाँ के 'तुहफ़तुल्-हिन्द' में सम्मिलित 'ब्रजभाषा व्याकरण' (1676 ई.) को देखते हुए इस बात की सम्भावना बनती है कि विदेशियों के आने के पूर्व ही आधुनिक आर्यभाषाओं के विश्लेषण का कार्य प्रारम्भ हो चुका था। हाँ, यह बात हो सकती है कि आरम्भिक युग में 'हिन्दी' के व्याकरण-निर्माण का कार्य विरल रहा और उसमें त्वरा तब आयी, जब पश्चिमी लोग आकर इसमें लगे। 'हिन्दी-व्याकरण'-रचना की प्रतीयमान प्रारम्भिक विरलता का सबसे बड़ा कारण यह लगता है कि सुरभारती (संस्कृत) की मोहनिद्रा ने जनभारती (हिन्दी) की दुनिया में पंडितों को आँखें न खोलने दीं। उसकी व्याकरण-रचना का क्षेत्र जड़ीभूत रहा और वह जड़ता टूटी पश्चिमी बौद्धिकों के हस्तक्षेप से।

पश्चिम के व्यापारी इस देश में जब आये, तो व्यापार के प्रसार के अलावा राजसत्ता में भी सेंध लगाने लगे। उनके सहयोग से/के लिए आ गये पादरी भी। पश्चिमी जाति को व्यापार, सत्ता व मजहब के प्रचार हेतु इस देश की सम्पर्क-भाषा 'हिन्दी' के ज्ञान की जरूरत पड़ी, तो इसी कामचलाऊ उद्देश्य से उनके बौद्धिक जन 'हिन्दी-व्याकरण' बनाने में लग गये। पश्चिमी 'ग्रैमर' धारणा के वशीभूत, अनाड़ी विदेशी हाथों ने जब शताब्दी भर 'हिन्दी-व्याकरण' के साथ खिलवाड़ कर लिया, तब जाकर हिन्दीवालों को चेत हुआ। किन्तु, पश्चिमी परम्परा की पहली छाप अमिट सिद्ध हुई है तथा आज तक भारतीयों के अवचेतन में घुमड़ती रही है।[5]

काल-विभाजन

लगभग चार-पाँच सौ वर्षों में व्याप्त हिन्दी-व्याकरणेतिहास को अध्ययन की वैज्ञानिकता के लिए हम निम्नलिखित प्रकार से विभिन्न युगों में विभाजित करना उचित समझते हैं। यहाँ एक तथ्य ध्यातव्य है कि हिन्दी-वैयाकरणों की पाँत में स्त्री वैयाकरण की उपस्थिति कितनी दयनीय रही है! पहली बार 'नवशोधन' युग में कतिपय स्त्री वैयाकरणों की छवि दिखलाई पड़ी है। यह विसंगति समाज में स्त्री-शिक्षा की स्थिति पर एक बदबूदार टिप्पणी है। पुरुष वैयाकरणों के एकच्छत्र राज्य का दुष्प्रभाव, व्याकरण के माध्यम से व्यक्त हो रही सामाजिकता पर ही नहीं, बल्कि लिंग, व्युत्पत्ति आदि कतिपय विवेचनों व प्रस्तुत उदाहरणों पर भी पड़ता है।[6] अन्य रोगों के साथ, 'हिन्दी-व्याकरण' को इस महारोग से भी मुक्त होना है। अस्तु! काल-विभाजन की तालिका प्रस्तुत है—

	युग एवं अवधि	प्रवर्तक वैयाकरण	अन्य प्रमुख वैयाकरण
1.	आरम्भिक युग (...—1855 ई. तक)	....	जोशुआ केटेलेर, पादरी आदम
2.	विकास युग (1855–1876 ई.)	पंडित श्रीलाल	बीम्स, एथरिंगटन, नवीनचन्द्र राय, हार्नली, सितारेहिन्द
3.	उत्थान युग (1876–1910 ई.)	सैमुअल हेनरी केलॉग	ग्रियर्सन, भारतेन्दु, रामचरण सिंह, पंडित अम्बिकादत्त व्यास, केशवराम भट्ट, अयोध्याप्रसाद खत्री
4.	स्वस्थता/स्वावस्था युग (1910–1920 ई.)	पंडित रामावतार शर्मा	पंडित गोविन्द नारायण मिश्र, पंडित जगन्नाथप्रसाद चतुर्वेदी, पंडित अम्बिका प्रसाद वाजपेयी
5.	व्यवस्था युग (1920–1943 ई.)	पंडित कामता प्रसाद गुरु	रामचन्द्र वर्मा
6.	परिष्कार युग (1943–....... ई.)	पंडित किशोरी दास वाजपेयी	आ. हजारीप्रसाद द्विवेदी, दीमशित्स, देवेन्द्रनाथ शर्मा, आर्येन्द्र शर्मा, निगमानन्द परमहंस, रामदेव त्रिपाठी, वात्स्यायन धर्मनाथ शास्त्री, विद्यानिवास मिश्र, बदरीनाथ कपूर, काशीराम शर्मा

7.	नवशोधन/नवस्पन्दन युग (20वीं सदी के 8वें दशक से शुरु)	....	न.वी. राजगोपालन, सुधा कालरा, लक्ष्मीबाई बालचन्द्रन, यमुना काचरू, सूरजभान सिंह, रामकमल पांडेय, लक्ष्मीनारायण शर्मा, चतुर्भुज सहाय

1. आरम्भिक युग (...1855 ई. तक)—हिन्दी व्याकरण के आरम्भिक युग में पश्चिम से आये जनों ने हिन्दी की अपनी कामचलाऊ जानकारी के आधार पर, अत्यन्त स्थूल व्यावहारिक प्रयोजनों से व्याकरण-निर्माण का जिम्मा उठाया। उद्देश्य विदेशियों को हिन्दी का सामान्य ज्ञान कराना, पद्धति ग्रीक-लातिन से चली ग्रैमर पद्धति, लक्ष्य हिन्दी का बाजारू रूप तथा लेखन-माध्यम विदेशी भाषा—यही उनके प्रयास की रामकहानी है। उनके व्याकरण भी अधिकतर 'अँग्रेजी हिन्दी कोश' जैसे ग्रन्थों की 'भूमिका' या 'परिशिष्ट' के रूप में थे। वे सभी निर्देश-प्रधान थे। हिन्दी भाषा के शुद्ध तत्त्वदर्शन की उम्मीद उनसे नहीं की जा सकती थी। इस काल के ज्ञात सभी वैयाकरण अहिन्दी भाषी विदेशी मूल के थे। पाश्चात्य साँचे में हिन्दी भाषा को जबरन बैठाने की कोशिश में वे उसका अंग-भंग करते रहे। उनके व्याकरण 'हिन्दुस्तानी व्याकरण' कहलाते थे, क्योंकि वे हिन्दी (व उसकी उर्दू शैली) को 'हिन्दुस्तानी' ही कहते थे। पादरी आदम प्रथम व्यक्ति रहे, जिन्होंने हिन्दी भाषा व देवनागरी लिपि में 'हिन्दी भाषा का व्याकरण' (1827 ई.) नाम से व्याकरण लिखा। इसी काल में स्थापित 'फोर्ट विलियम कॉलेज' (1800 ई.) ने 'हिन्दी' भाषा में अलगाव का बीज बोया—उसके कृत्रिम रूप (मुसलमानी चलन में जो था) को 'हिन्दुस्तानी' नाम से आगे बढ़ाया तथा वास्तविक रूप (हिन्दवी) को उपेक्षित करते रहे। इसी युग से 'हिन्दी-व्याकरण' में भी दो फाड़ हो गये—'हिन्दी' एवं 'उर्दू' व्याकरण। इस काल के उल्लेख्य वैयाकरणों में जोशुआ केटेलर, गिलक्राइस्ट, पादरी आदम, विलियम येट्स, डंकन फोर्ब्स, गार्सां-द-तासी, बैलेंटाइन आदि हैं।

2. विकास-युग (1855-1876)—भारतीय वैयाकरण पंडित श्रीलाल के 'हिन्दी-व्याकरण'-रचना-क्षेत्र में उतरकर उसे मूल परम्परा-प्रवाह (संस्कृत व्याकरण से चली भारतीय धारा) से संलग्न करने के प्रयास, जब 1855 ई. के 'भाषाचन्द्रोदय' में दिखलाई पड़े; तभी से एक नवीन युग का प्रवर्तन हुआ। इससे भारतीयों में संस्कृत-आदर्श पर हिन्दी व्याकरण लिखने की चाल चल पड़ी।

फ़ारसी लिपि में लिखी जा रही (हिन्दी की) उर्दू शैली को, शिक्षा व शासन में जब 'हिन्दी' की कीमत पर सरकार ने प्रश्रय देना शुरू किया तो भारतीय विद्वानों ने हिन्दी के शुद्धीकरण का प्रयास किया। इससे. दो प्रकार की हिन्दी बन गयी—(i) परिनिष्ठित (उच्च या हाई) हिन्दी और (ii) ठेठ हिन्दी। एक तीसरा रूप भी

आया (iii) हिन्दुस्तानी—जो हिन्दी-उर्दू-भेद को पाटने हेतु उभरा था। तो भी भेद पटा नहीं, बल्कि 'उर्दू' अलग से चलती ही रही।

इस काल में, हिन्दी-व्याकरण-क्षेत्र में उतरने के लिए भारतीय विद्वानों को कदाचित् निम्न परिस्थितियों ने प्रेरित किया होगा—(i) 1857 ई. की क्रान्ति से जगी स्वदेशी चेतना, (ii) हिन्दी भाषा के प्रति सरकारी दलन-नीति, (iii) विकसित हो रहे हिन्दी गद्य के मानकीकरण के लिए व्याकरण की जरूरत, (iv) शिक्षा माध्यमों में बढ़ रही हिन्दी की भूमिका एवं जनता में बढ़ रहे उसके प्रचार से जनमी व्याकरण की आवश्यकता, तथा (v) उर्दू व्याकरण की प्रतिस्पर्द्धा में हिन्दी-व्याकरण लिखने की प्रेरणा।

भारतीय वैयाकरणों में शिवप्रसाद सितारेहिन्द के सिवा सबने संस्कृत-प्रणाली अपनायी तथा विदेशी वैयाकरणों में एथरिंगटन को छोड़कर सबने अँग्रेजी-प्रणाली बनाये रखी। शुद्ध भाषावैज्ञानिक उद्देश्य से बीम्स और हॉर्नली ने व्याकरण व भाषा-विश्लेषण का कार्य किया। अधिकतर 'व्याकरण' भारतीय विद्यार्थियों को हिन्दी के व्याकरणिक स्वरूप से परिचित कराने हेतु, हिन्दी माध्यम से लिखे गये विवरण-प्रधान ग्रन्थ रहे।

पंडित श्रीलाल का 'भाषाचन्द्रोदय' संस्कृत पद्धति का सहारा लेकर भी ठेठ (तद्भव) हिन्दी का ही व्याकरण था। उसमें तद्भव शब्दों पर सन्धि-नियम घटित न होते देखकर लेखक ने सन्धि-प्रकरण छोड़ ही दिया था। नवीनचन्द्र राय का 'नवीन चन्द्रोदय' (1868 ई.) ठेठ हिन्दी के साथ उच्च हिन्दी (तत्सम शब्दों) का भी विश्लेषण करनेवाला पहला व्याकरण-ग्रन्थ था। यदि इन विद्वानों की पद्धति पर हिन्दी व्याकरण बढ़ा होता, तो एक दिन अवश्य सही रूप पा लेता। पंडित रामजसन की 'भाषा तत्त्व बोधिनी' (1858 ई.) पंडित श्रीलाल के ग्रन्थ का ही छात्रोपयोगी संस्करण कही जा सकती है। पहली बार 'सन्धि' व 'छन्द' को उसने व्याकरण में जगह दी थी। एथरिंगटन का 'भाषा-भास्कर' (1871 ई.) इस दौर का ही नहीं, आने वाले समय के लिए भी हिन्दी का सबसे लोकप्रिय व्याकरण-ग्रन्थ सिद्ध हुआ, जिसके बीसों संस्करण निकले। वह 'भाषाचन्द्रोदय' के तथ्यों की ही परिष्कृत व व्यवस्थित प्रस्तुति था।

3. उत्थान युग (1876-1910 ई.)—1876 ई. में प्रकाशित सैमुअल हेनरी केलॉग के 'हिन्दी ग्रैमर' से हिन्दी-व्याकरणेतिहास का 'उत्थान युग' मानना संगत ही है क्योंकि वह संरचना में शुद्ध रूप से भाषाशास्त्रीय अध्ययनवाला तथा सामग्री-संकलन की दृष्टि से समाहारी था, जिसका अनुकरण आगे के वैयाकरणों ने खूब किया। वह प्रथम विद्वानोपयोगी व्याकरण था।

उस युग में हिन्दी भाषा साहित्य की बहुविध उन्नति हो रही थी। 'नागरी

प्रचारिणी सभा' (1893 ई.) के प्रयासों से हिन्दी को अदालतों में जगह मिली। शिक्षा के उच्चस्तरों पर हिन्दी चढ़ती गयी। भारतेन्दु और महावीर प्रसाद द्विवेदी हिन्दी (खड़ी बोली) और उसके साहित्य की समृद्धि के नायक रहे। हिन्दी-उर्दू भेद ने पूरा रंग ले लिया था। यद्यपि सर्वस्वीकार्य 'व्याकरण' इस युग में भी न बन सका, परन्तु प्रौढ़ता अवश्य आयी। 19वीं सदी के अन्तिम दशकों में काव्यभाषा के रूप में खड़ी बोली को तथा हिन्दी के लिए देवनागरी लिपि को स्थापित करने का आन्दोलन जिस निष्ठा से क्रमशः अयोध्या प्रसाद खत्री तथा पंडित गौरीदत्त ने किया—वह स्मरणीय है।

केलॉग के 'हिन्दी ग्रैमर' का द्वितीय संस्करण 1893 ई. में निकला, जिसमें हिन्दी की विवेचना के लिए, उसके साथ हिन्दी-प्रदेश में प्रयुज्यमान हिन्दी की तमाम बहनों (=बोलियों) के रूपों का तुलनात्मक व ऐतिहासिक ब्यौरा प्रस्तुत किया गया। यद्यपि अँग्रेजी प्रणाली से चलने और हिन्दी की प्रकृति से गहन परिचित न होने के कारण उनका ग्रन्थ दोषरहित तो न बन सका; परन्तु प्रथम बार 'व्याकरण' को ऐतिहासिक व तुलनात्मक प्रणाली में रँगने तथा प्रभूत सामग्रियों के समावेश के कारण उसकी उपादेयता दीर्घकाल तक बनी रही।

इसी काल में भारतेन्दु ने जो 'प्रथम हिन्दी व्याकरण' (1884 ई.) नामक छोटी-सी पुस्तिका बनायी, उसे देखकर प्रतीत होता है कि यदि उसी पद्धति को कुछ व्यापक स्तर पर वे परीक्षित करते तो व्याकरण-क्षेत्र को कुछ मौलिक योगदान कर सकते थे। बाबू रामचरण सिंह के 'भाषा प्रभाकर' (1875 ई.) का पंडित अम्बिकादत्त व्यास द्वारा संशोधित संस्करण 1887 ई. में प्रकाशित हुआ, तो उसकी मौलिक विवेचना और चमक उठी। उस दौर में केलॉग के ग्रन्थ के बाद किसी की मान्यता रही तो वह है—1903 में छपा, केशवराम भट्ट का 'हिन्दी व्याकरण', जो संस्कृत-पद्धति पर बने तबतक के सभी व्याकरण ग्रन्थों में प्रौढ़तम था।[7] इस काल के वैयाकरणों में एडविन ग्रीव्ज तथा श्यामसुन्दर दास भी उल्लेखनीय रहे।

4. स्वस्थता/स्वावस्था युग (1910-1920 ई.)—संस्कृत-सहित विश्व की कई भाषाओं एवं प्राचीन-अर्वाचीन अनेक विषयों के मर्मज्ञ विद्वान् महामहोपाध्याय पंडित रामावतार शर्मा ने 1910 ई. में 'हिन्दी-व्याकरण-सार' प्रस्तुत कर सचमुच एक नवीन युग का सूत्रपात किया था। अँग्रेजी-प्रणाली से अस्वस्थ हो चुके 'हिन्दी-व्याकरण' की संस्कृतोद्‌भूत देशी पद्धति से चिकित्सा कर पहली बार हिन्दी का पूर्ण स्वस्थ व्याकरण प्रस्तुत किया, जो अपनी वामन काया में विराट् को समेटे हुए था। वस्तुतः, वह हिन्दी-व्याकरण का बीजमन्त्र था, जिसका यदि आगे के वैयाकरण विकास करते तो बिगड़ रहा काम बन जाता तथा 'हिन्दी-व्याकरण' अपनी जमीनी हकीकत से कटा, अस्वस्थ न होता। परन्तु, खेद है कि शर्मा जी

का लघु ग्रन्थ उचित सम्मान न पा सका और 'हिन्दी-व्याकरण' आजतक कई भ्रान्तियों का शिकार बना रहा है। जैसे-शर्मा जी की एक बड़ी देन 'हिन्दी में शुद्ध विभक्ति तत्त्व' की खोज को आज तक 'हिन्दी व्याकरण' न समझ सका है। संस्कृत की देखा-देखी हिन्दी में भी सात विभक्तियों की बात करनेवाले विचारशून्य वैयाकरणों की भर्त्सना करते हुए उन्होंने हिन्दी में दो ही विभक्तियों की सत्ता स्थापित की।[8] इनसे अलग तत्त्व के रूप में परसर्ग की सत्ता उन्होंने मानी, जिसे वे 'कारकार्थक अव्यय' कहते थे। उनकी वह मौलिक बात समझी न गयी, जिसके कारण ही विभक्ति-परसर्ग व कारक के प्रसंग में आगे उलझन बनी रही। यद्यपि शर्मा जी की वह बात तो पंडित अम्बिका प्रसाद वाजपेयी व पंडित किशोरीदास वाजपेयी ने तो नहीं मानी, परन्तु उनके 'हिन्दी-व्याकरण सार' के महत्त्व से परिचित वे थे[9] और जाने-अनजाने उसकी परम्परा का विकास करते रहे। सचमुच, शर्मा जी की पुस्तिका 'मील का पत्थर' थी, जिसे नज़रअन्दाज कर हिन्दी-व्याकरण-यात्रा मार्ग से भटकती रही।

इस युग में 'हिन्दी साहित्य सम्मेलन' (1910 ई.) स्थापित हुआ, जिसने हिन्दी के प्रसार में महती भूमिका निभायी। 'सरस्वती' पत्रिका के माध्यम से पंडित महावीर प्रसाद द्विवेदी तथा अपने-अपने स्तर पर चलाये जा रहे प्रयासों से पंडित गोविन्द नारायण मिश्र, पंडित जगन्नाथ प्रसाद चतुर्वेदी, पंडित अम्बिका प्रसाद वाजपेयी ने हिन्दी भाषा के मानकीकरण की पुरजोर कोशिश की। इस युग की अन्य उल्लेखनीय कृतियाँ रहीं—'विभक्ति-विचार' (—पं. गोविन्दनारायण मिश्र/1911 ई.), 'हिन्दी लिंग विचार' (—पं. जगन्नाथ प्रसाद चतुर्वेदी/1919 ई.), 'हिन्दी कौमुदी' (पं. अम्बिका प्रसाद वाजपेयी/1919 ई.)। 'हिन्दी कौमुदी' तो मौलिकता की दृष्टि से अपने आगे आने वाले 'हिन्दी व्याकरण' (—पं. कामताप्रसाद गुरु/1921 ई.) से बीस ही बैठती थी, पर एक 'नागरी प्रचारिणी सभा' द्वारा प्रकाशन और दूसरे हिन्दी भाषा के समग्र स्वरूप और विश्लेषणों को समाहित करने के कारण गुरुजी के ग्रन्थ ने बाजी मार ली। 'हिन्दी कौमुदी' में वाजपेयी ने कई बातों की पहली बार चर्चा की थी, जैसे—हिन्दी सन्धि का विचार, स्त्रीलिंग से पुंलिंग बनाने के कुछ प्रत्ययों की चर्चा आदि।

5. व्यवस्था युग (1920-1943 ई.)—पंडित कामताप्रसाद गुरु के, 1920 ई. में बने और परिष्कृत होकर 1921 ई. में प्रकाशित हुए, 'हिन्दी-व्याकरण' से इस युग का प्रारम्भ माना जाता है। वह प्रथम व्याकरण ग्रन्थ था, जिसने हिन्दी भाषा के सारे प्रयोगों तथा हिन्दी व्याकरण के सभी अंगों का समाहार करते हुए ऐसे व्यवस्थित ढाँचे में 'हिन्दी-व्याकरण' को ढाला, जो अब तक कायम रहा है। उसी के बल पर गुरु जी हिन्दी-व्याकरण के महान् व्यवस्थापक हैं। यद्यपि

अँग्रेजी-व्याकरण-पद्धति से मुख्यतया प्रेरित होने के कारण उसमें मौलिकता की कमी व कई त्रुटियाँ रह गयी हैं, तथापि जिस दशा में वह लिखा गया, उस दशा में उससे अधिक सर्वांगपूर्ण व बेहतर प्रयोजनीय ग्रन्थ का निर्माण दुष्कर था। वह 'नागरी प्रचारिणी सभा' के सौजन्य से आयोजित परियोजना के तहत पंडित गुरु के 5 वर्षों के कठोर अध्यवसाय का फल था, जिसे एक 'संशोधन समिति' द्वारा पुनरीक्षित कराके सर्वमान्य बना लिया गया था। वह हिन्दी का प्रथम सर्वमान्य व्याकरण ग्रन्थ बना था,[10] जिसने हिन्दी भाषा की डगमगाहट वाले उस युग को महसूस हो रहे एक बड़े अभाव की पूर्ति की।

हिन्दी भाषा के समस्त प्रयोगों के इतने व्यापक विषय को लेकर सर्वांगपूर्ण व्याकरण पेश करना किसी अकेले व्यक्ति के लिए कितना मुश्किल था, सो गुरुजी ने किया। अपने समय की बिखरीं तमाम सामग्रियों को सावधानी से एकत्रित करके, अभूतपूर्व तन्मयता (लगन) एवं अध्यवसाय के साथ उनका मन्थन किया। इस कार्य में हिन्दीतर व्याकरणों की प्रक्रियाओं का भी खूब अध्ययन कर, उनका यथासम्भव विनियोग किया। हिन्दी भाषा की संरचना को वैज्ञानिक शब्दावली में प्रस्तुत करने हेतु उन्होंने नियमों को समुचित ढंग से परिभाषा में बाँधा, अपवादों पर विचार किया और उसकी प्रक्रिया में मिलनेवाली जटिलताओं को यथासाध्य सरल एवं बोधगम्य बनाकर प्रस्तुत किया। अपने दीर्घकालीन अनुभव व सूझ-बूझ के बल पर कुशलता से विवेच्य विषय का विन्यास, वर्गीकरण व वैज्ञानिक विवेचन करते हुए गुरु जी एक ऐसा स्थिर ढाँचा 'हिन्दी व्याकरण' को दे गये, जिसने तद्युग की ही आवश्यकता पूरी न की, वरन आनेवाले युग के लिए भी वही ढाँचा आदर्श बन गया। जिस प्रकार आचार्य रामचन्द्र शुक्ल के साहित्येतिहास का ढाँचा आज भी आदर्श बना हुआ है, उसी प्रकार तमाम परिवर्तनों के पश्चात् 'हिन्दी-व्याकरण' में गुरु जी का ढाँचा। अब इस विशाल कार्य में जो कमी रह गयी, वह स्वाभाविक है। उसी को उछालकर प्रायः गुरु जी के प्रयास का अवमूल्यन करना जघन्य अपराध है।

गुरु जी के ग्रन्थ के प्रेरक, निर्देशक और संशोधक थे पंडित महावीर प्रसाद द्विवेदी। उसका 'काशी नागरी प्रचारिणी' जैसी महती संस्था ने सर्वमान्य बनाकर प्रकाशन किया था, इसलिए वह प्रामाणिक हो गया; परन्तु उसी के साथ उसकी कई भ्रान्त स्थापनाएँ (जो आंग्ल-अनुकरण की देन थीं; जो गुरुजी से ज्यादा उनकी रचनाकालिक परिस्थिति की सीमा थी) भी प्रामाणिक बनकर लोकचित्त में बद्धमूल हो गयीं। उत्तरकालीन वैयाकरणों के परिष्कार के पश्चात् भी 'ढाक के तीन पात' कहावत ही चरितार्थ हो रही है।

गुरु जी को अपनी सीमा की भी अच्छी समझ थी तथा 'अष्टाध्यायी' व 'महाभाष्य' के महत्त्व व गाम्भीर्य से भी परिचित थे; फिर भी वे अँग्रेजी परम्परा से बन गयीं 'हिन्दी व्याकरण' की रूढ़ियों को तोड़ न सके तथा संस्कृत-पद्धति पर 'काल' व 'कारक' के विवचेन की अपनी शुभ इच्छा पूरी न कर सके। जहाँ भी संस्कृत व आंग्ल पद्धति में उन्हें भेद दिखाई दिया, वहाँ उन्होंने सरलता का ख्याल कर आंग्ल पद्धति ही अपनायी। उनकी सोच यह भी रही कि अभी यदि संस्कृत-पद्धति के जरिये हिन्दी व्याकरण को व्यवस्थित करने लगें तो घोर कठिनाई होगी और यदि वह सम्भव भी हो गया, तो अँग्रेजी पद्धति के सहजाभ्यासियों को वह कहीं असहज न लगने लगे। तब तो बना व्याकरण वर्तमान समस्याओं के निराकरण का साधन बनने की जगह स्वयमेव अध्ययन-क्षेत्र का साध्य बन जाएगा।[11] अन्यथा उनकी तो पुनीत इच्छा थी—''हिन्दी भाषा के लिए वह दिन सचमुच बड़े गौरव का होगा, जब इस का व्याकरण 'अष्टाध्यायी' और 'महाभाष्य' के मिश्रित रूप में लिखा जाएगा।''[12]

अँग्रेजी ग्रैमर जिस प्रकार की व्यवहारोपयोगी भाषा-व्यवस्था और आवश्यकताओं की पूर्ति करनेवाला है—वही सीमा गुरु जी के व्याकरण की भी है। सबसे बड़ी कमी उसमें ऊहा (नवोद्‌भावना) का प्रायः अभाव है। व्याकरण की विस्तृत प्रक्रिया का समावेश या भाषा-विश्लेषण की गहराई उसमें नहीं है; जिसका कारण सरल आंग्ल पद्धति अपना लेना है। उसी के प्रभाव से 'कारक' अर्थपरक से रूपपरक बन गया—'केस' व 'विभक्ति' में घुलकर। 'काल' पक्ष व प्रकार के साथ मिश्रित होते-होते क्रिया-रूप-रचना का वाचक बन बैठा। 'परसर्ग' को 'विभक्ति' कहना, कर्तृकर्मवाच्य,पदबन्ध आदि का अनुल्लेख; 'उपसर्ग', 'कारक', 'विभक्ति', 'क्रिया विशेषण' आदि पारिभाषिक शब्दों का अर्थान्तर में प्रयोग करना आदि तमाम दोष उनके व्याकरण में हैं। तथापि उनका महत्त्व बिखरी बातों को व्यवस्थित करने, अनेकानेक व्याकरण-प्रयत्नों (जो तत्पूर्व हो चुके थे) का सार संकलित करने तथा तमाम हिन्दी-प्रयोगों को समेटकर, सर्वांगपूर्ण व्याकरण बनाकर हिन्दी को मानक रूप देने की तत्कालीन माँग की पूर्ति करने के हिसाब से सिद्ध होता है। निस्सन्देह पंडित गुरु 'हिन्दी-व्याकरण' के सर्वांग-समाहारी व्यवस्थापक हैं।

यह वह युग था, जब हिन्दी का केन्द्र कोलकाता से हटकर पटना, काशी, प्रयाग आदि आ चुका था। कई विश्वविद्यालयों में 'हिन्दी-विभाग' बन रहे थे तथा भाषा व साहित्य में शोध भी शुरु हो चुके थे। गाँधी जी व राजागोपालाचारी जैसे दिग्गजों के प्रयास से दक्षिण भारत में भी हिन्दी-प्रचार हो रहा था। हिन्दी भाषा के मानकीकरण की अनेकस्तरीय कोशिशें चल रही थीं। व्याकरण-क्षेत्र का सारा दारोमदार इस युग में पंडित गुरु पर ही रहा, जिनकी ऐसी धूम मची कि

मौलिक व्याकरण बनने का काम ही एक तरह से रुक गया। उनकी इस प्रचंड लोकप्रियता को तब थोड़ा अवरोध मिला, जब पं. किशोरीदास वाजपेयी ने (1943 ई. में) इस क्षेत्र में पदार्पण कर एक युग-प्रवर्तन कर दिया।

व्यवस्था युग के दूसरे उल्लेख्य वैयाकरण रामचन्द्र वर्मा हैं, जो हिन्दी भाषा के शोधन व मानकीकरण में आजीवन साधनारत रहे। 'अच्छी हिन्दी' (1944 ई.) 'हिन्दी प्रयोग' आदि के बाद 'मानक हिन्दी व्याकरण' (1961) नामक लघु, छात्रोपयोगी ग्रन्थ भी उन्होंने बनाया था। परन्तु, सामर्थ्य के हिसाब से वे व्याकरण-ग्रन्थ न दे पाये।

6. परिष्कार-युग (1943 ई. से...)—हिन्दी-व्याकरण-धारा में, व्यक्तित्व व कृतित्व दोनों से देशज व मौलिक पंडित किशोरीदास वाजपेयी एक ऐसे घाट के रूप में उभरे, जिसने प्रवाह को एक नयी सही दिशा दे दी। 1943 ई. में प्रकाशित उनके 'ब्रजभाषा का व्याकरण' की 'भूमिका' वस्तुतः 'हिन्दी-व्याकरणों का व्याकरण'[13] सिद्ध हुई। उसने गुरुजी के 'हिन्दी-व्याकरण' में पर्याप्त दोष दिखलाकर, हिन्दी-समाज पर से गुरुजी का सम्मोहन उतारना शुरु कर दिया तथा एक स्वस्थ प्रस्तावना रखते हुए हिन्दी-व्याकरण के क्षेत्र में युगान्तर उपस्थित कर दिया। हिन्दी-व्याकरण पर उनकी स्वतन्त्र पुस्तक 'राष्ट्रभाषा का प्रथम व्याकरण' (1949 ई.) के आते ही यह युगान्तर सिद्ध हो गया, जिसका पूर्ण प्रतिफलन 1958 ई. में प्रकाशित उनकी पुस्तक 'हिन्दी शब्दानुशासन' में हुआ। पंडित वाजपेयी से शुरू हुए इस युग की सर्वोपरि प्रवृत्ति है—संस्कृत-व्याकरण-दृष्टि /व्याकरण-प्रक्रिया के उपयोग द्वारा 'हिन्दी व्याकरण' को परिष्कार एवं विश्लेषण की गहराई प्रदान करना—जो आंग्ल पद्धति की सरलता, सतहीपन का शिकार होकर मूलच्छिन्न, अस्वस्थ और हल्का हो चुका था। यह युग 'स्वावस्था युग' (प्रवर्तक पं. रामावतार शर्मा) का ही एक प्रकार से पुनरुदय था। इसी धारा में आनेवाले इस युग के शेष हिन्दी-वैयाकरणों में प्रमुख हैं—आचार्य हजारी प्रसाद द्विवेदी, आचार्य देवेन्द्रनाथ शर्मा, डॉ. रामदेव त्रिपाठी, डॉ. बदरीनाथ कपूर, निगमानन्द परमहंस, वात्स्यायन धर्मनाथ शास्त्री, डॉ. विद्यानिवास मिश्र, डॉ. काशीराम शर्मा आदि। परन्तु, इसी युग में एक ऐसे महान् हिन्दी-वैयाकरण की विद्यमानता भी है, जिनकी पद्धति 'आंग्ल' और 'संस्कृत' दोनों से अछूती, यानी तटस्थ है। वे हैं भारतभूमि से सुदूर रूस में चल रही हिन्दी-व्याकरण परम्परा की पूर्णतम निष्पत्ति—डॉ. जाल्मन मोवसेविच दीमशित्स। इस युग के अन्य भी कुछ देशी नाम हैं—डॉ. आर्येन्द्र शर्मा, डॉ. भोलानाथ तिवारी, दुनीचन्द आदि।

इस युग में हिन्दी भारत की राजभाषा (14 सितम्बर 1949) तो बन गयी,

पर प्रशासनिक-राजनैतिक दुरभिसन्धि से उसके गले में अँग्रेजी का पत्थर भी बाँध दिया गया है; जो आज तक हटाया न जा सका है। हटाया क्या जाएगा, बल्कि आज तो भूमण्डलीकरण या विश्वबाज़ारवाद की आँधी में अँग्रेजी भाषा की चहुँओर गूँज सुनाई दे रही है। तथापि, अन्तर्निहित ऊर्जा के बल पर हिन्दी हर राजनैतिक-प्रशासनिक, सामाजिक, आर्थिक, शैक्षणिक आयाम में विस्तार पाती जा रही है। इस युग में भाषाविज्ञान की हिन्दी-व्याकरण में भूमिका बढ़ने लगी है। हिन्दी भाषा सम्बन्धी शोधों में भी बढ़ोतरी हुई है।

पंडित किशोरीदास वाजपेयी जब हिन्दी के वैयाकरणिक प्रसंगों पर गहरी टिप्पणियाँ कर रहे थे, तो महापंडित राहुल सांकृत्यायन की दृष्टि में आकर, उनके प्रयासों से 'नागरी प्रचारिणी सभा' की आँखों में जा चढ़े। 'सभा' ने उनसे 'हिन्दी शब्दानुशासन' के रूप में हिन्दी-व्याकरण लिखवाया, जो न केवल उसके रचना-काल के दो वर्षों का, वरन पं. वाजपेयी की सारी तपश्चर्या एवं हिन्दी-निष्ठा का मूर्त रूप है। वे स्वत्ववान् व्यक्ति थे और प्रत्येक स्वत्ववान् जिद्दी होता है। इसी से 'सभा' द्वारा जो 'व्याकरण परामर्श मंडल' बनाया गया था, उसके कई सुझावों को वे न मान सके और वाजपेयी के इच्छित रूप में ही 'हिन्दी शब्दानुशासन' 1958 ई. में छप गया।

वाजपेयी जी ऐसे पहले हिन्दी-वैयाकरण दिखलाई पड़ते हैं, जो 'व्याकरण' के मूल लक्षण (भाषा का स्वरूप दिखलानेवाला दर्पण) को ग्रहण करते हैं तथा साफ शब्दों में घोषणा करते हैं कि 'हिन्दी' भाषा किसी अन्य भाषा (संस्कृत, अँग्रेजी आदि) की अन्धानुगामिनी न होकर स्वायत्त या अपने क्षेत्र में सार्वभौम सत्ता रखती है। अतः, हिन्दी का व्याकरण हिन्दी-भाषानुसार होना चाहिए, न कि अँग्रेजी या संस्कृत के अनुसार। तभी तो सारे प्रकरण उन्होंने हिन्दी की अपनी कही जानेवाली कथित तद्भव शब्दावली के सन्दर्भ में विवेचित किये हैं। अपनी उक्त घोषणा के बाद भी हिन्दी के व्याकरणिक रूपों की (ऐतिहासिक-तुलनात्मक भाषावैज्ञानिक पद्धतियों के सहयोग से) विवेचना करने के लिए उन्हें ('हिन्दी संघ' की बोलियों से भी अधिक) 'संस्कृत' का सहारा इस कारण लेना पड़ा, क्योंकि (उनके मत से जिस अपभ्रंश से हिन्दी विकसित हुई है, उसका कोई चिह्न कहीं न मिलने की स्थिति में) शेष बचीं भाषाओं में से हिन्दी का सर्वाधिक साम्य 'संस्कृत' से ही है। भाषा का नियामक 'व्याकरण' की अपेक्षा (परिवर्तमान) जन प्रयोग-प्रवाह को मानने की उनकी प्रगतिशील दृष्टि रही है। वे लक्ष्यदर्शी वैयाकरण हैं—'जैसा लक्ष्य (भाषा) होगा, वैसा ही व्याकरण होगा'—यह माननेवाले। उनका 'निरुक्ति पक्ष' बड़ा मजबूत है। भाषा के प्रत्येक तत्त्व का विवेचन विकासात्मक सन्दर्भ में

करने की उनकी खूबी, 'वर्णनात्मक पद्धति' की दृष्टिमन्दता से जनमे गलत निष्कर्षों का परिष्कार करती चलती है। वे प्रथम वैयाकरण हैं, जिन्होंने 'प्रयोग-निर्देश' की जगह 'तत्त्व-दर्शन' के रूप में हिन्दी-व्याकरण को प्रस्तुत किया।[14] आज जिस ऐतिहासिक व तुलनात्मक पद्धति की चर्चा है, उसका हिन्दी-व्याकरण में सही विनिवेश पहले-पहल इसी ग्रन्थ के द्वारा हुआ है। इसलिए 'हिन्दी शब्दानुशासन' नाम के नीचे 'भाषाविज्ञान से संवलित हिन्दी का व्याकरण' लिखा जाता है, जो उचित ही है। ग्रन्थ की भाषा-शैली को देखकर लगता है कि शास्त्रीयता को लोकग्राह्य बनाने का गुर उन्हें मालूम है, जिसकी डॉ. रामविलास शर्मा ने बड़ी प्रशंसा की है।[15] जीवन्त, फड़कती हुई, उपमा-रूपकों की छटाओं से भरी भाषाओं के कारण विषय का सटीक ग्रहण तत्क्षण होता जाता है, साथ ही जो रस-सृष्टि होती है, उसमें व्याकरण-तत्त्व की नीरसता का पहाड़ घुल जाता है।[16] तथापि, वाजपेयी का ग्रन्थ प्रारूप, विवेच्य-सीमा व संघटन को देखते हुए 'हिन्दी व्याकरण' कम, 'हिन्दी व्याकरण के बारे में' अधिक प्रतीत होता है। वह व्याकरण व हिन्दी-व्याकरण के बहुत सारे तत्त्वों पर उनके द्वारा किये गये अत्यन्त मौलिक चिन्तनों, नवोद्भावनाओं, अनेकानेक परिष्कारों का संग्रह जान पड़ता है।[17] वाजपेयी ने कई जगहों पर परिभाषा तक नहीं दी है; न ही समस्त प्रयोगों को वे समेट पाये। तथ्यों की अस्तव्यस्तता, व्यक्तिगत व अवान्तर प्रसंगों की भरमार भी उनमें है। यह सब शास्त्र विवेचनोपयोगी अपेक्षित धैर्य की उनमें कमी का सूचक है। शैली में स्वच्छन्दतावादी मनमौजीपन है—जहाँ मन रम गया, वहाँ जम कर अनावश्यक चर्चा की, 'बाल की खाल' निकालने लगे, और जहाँ से मन उखड़ा, वहाँ की अत्यन्त आवश्यक चर्चा से भी कन्नी काट चले कि 'हम इस झंझट में क्यों पड़ें?' इन सबका परिणाम यह हुआ कि वे तमाम ऊहाओं (नवोद्भावनाओं) एवं व्याकरण-प्रक्रिया/दर्शन के प्रथम बार 'हिन्दी व्याकरण' में सन्निवेश के बावजूद, एकीकृत प्रणाली में समग्र हिन्दी व्याकरण प्रस्तुत नहीं कर पाये।[18] तथापि, वाजपेयी जी ने 'हिन्दी-व्याकरण' को रूढ़ अन्धकार से निकालकर नवीन प्रकाश की इतनी किरणों से नहलाया है कि वे हमेशा याद किये जाएँगे। उनकी मौलिक स्थापनाओं का जब हमारी पीढ़ी तटस्थ रूप में अनुशीलन करेगी, तभी हिन्दी-व्याकरण की कई भ्रान्तियाँ निवारित होंगी। वाजपेयी की अनेक नवीन स्थापनाएँ वाकई अभूतपूर्व हैं! जैसे—

(i) भाषा के मूलधन की चर्चा, जिस पर किसी भाषा की स्वकीयता केन्द्रित रहती है। ये हैं—सर्वनाम, संख्यावाचक शब्द, क्रियापद, प्रत्यय-विभक्ति, अव्यय।

(ii) हिन्दी व संस्कृत को बेटी व माँ की जगह एक ही कुल की छोटी

व बड़ी बहन-सा मानना।

(iii) प्रविशेषण, कर्मकर्तृप्रक्रिया, उपपद विभक्ति, एकशेष प्रक्रिया आदि प्रकरणों तथा अनेक प्रतिष्ठित पारिभाषिक शब्दों से हिन्दी-व्याकरण को भरना।

(iv) विशेषण के उद्देश्य व विधेय नामक भेद, समानाधिकरण-व्यधिकरण विशेषण नामक भेद; क्रिया की 'अकर्तृक' स्थिति की चर्चा; क्रिया के 'सिद्ध' व 'साध्य' नामक भेद, कथित तद्भव शब्दों में भी सन्धि दिखलाना।

(v) विशेषण के विशेषण को क्रियाविशेषण की कोटि से खारिज कर विशेषण में स्थान देना।

(vi) क्रिया पदों की प्रकृति को 'धातु' व 'उपधातु' (प्रेरणार्थक, कर्मकर्तृक क्रियापदों की प्रकृति) में बाँटना।

(vii) हिन्दी में 'क्रिया विभक्ति' व 'संज्ञा विभक्ति' नामक दो तरह की विभक्तियाँ मानना।

(viii) 'आ' पुंप्रत्यय की अवधारणा।

(ix) सम्बन्ध विभक्ति के, रे, ने की खोज।

(x) तिङन्त व कृदन्त क्रियाओं का पूर्ण विश्लेषण प्रथम बार करके कई भ्रान्तियों का निवारण।

डॉ. आर्येन्द्र शर्मा के निर्देशन में भारतीय सरकार की परियोजना के तहत 1958 ई. में एक व्याकरण ग्रन्थ 'A Basic Grammar of Modern Hindi' नाम से प्रकाशित हुआ। अँग्रेजी प्रणाली की छाप इस पर यहाँ तक है कि अँग्रेजी भाषा में ही लिखित है। उससे हानि यह हुई कि 'कारक' की जगह उन्हें Case और 'काल' की जगह 'Tense' जैसी भिन्न अवधारणा रखनी पड़ी। साथ ही वाच्य, काल सबकी रूपरचनापरक परिभाषाएँ दी गयी हैं। तथापि, आधुनिक भाषावैज्ञानिक सोच का प्रवेश इस व्याकरण में हुआ है! पहली बार, क्रिया के पक्ष (Aspect) की चर्चा इसमें की गयी है, जिसके दो भेद—(i) Terminate और (ii) Progressive—बतलाये गये। आमतौर पर इसे 'काल' या 'Tense' के साथ मिश्रित कर लोग इसके स्वरूप से अनजान बने रहे थे। इसके अलावा भी देखा जाए तो कई नवीनताएँ हैं। Case को कारक की जगह प्रयुक्त करने से जो हानियाँ हों, पर एक लाभ हुआ कि हिन्दी-व्याकरण Case (विकारक) से परिचित हुआ, जिसकी रचना में अहम भूमिका है। उसके दो रूप—direct एवं oblique मानना बिलकुल नयी चीज का समुचित प्रवेश है। अँग्रेजी के आठ पद विभाग से प्रेरित होकर भी Preposition की जगह उन्होंने Post Position (परसर्ग की जगह) रखा है।

कुल मिलाकर ग्रन्थ उपेक्षणीय नहीं है।

आचार्य हजारी प्रसाद द्विवेदी हिन्दी के महान् वैयाकरण हैं, जिनका वैयाकरणिक चिन्तन छपा बहुत कम, पर बहुत ज्यादा छुपा रह गया। व्याकरण पर उनके किसी स्वतन्त्र ग्रन्थ का प्रकाशन न हो पाया—परन्तु, जो दो लेख ही प्राप्त हैं, वे ही उनके चिन्तन की पारदर्शिता के निदर्शक हैं—

(i) 'हिन्दी व्याकरण की समस्या'[19]—'दिल्ली विश्वविद्यालय' में 'हिन्दी-व्याकरण' पर दिये गये उनके इस व्याख्यान में नवशोधों के सन्दर्भ में समस्त हिन्दी-व्याकरण का पुनरवलोकन है। सन्तुलित व्याकरण-प्रक्रिया की तरफ इशारे के साथ, हिन्दी-व्याकरण की सभी प्रमुख समस्याओं पर ध्यान आकृष्ट करते हुए वे कतिपय महत्त्वपूर्ण सुझाव देते हैं।

(ii) 'संस्कृत-व्याकरण में 'कारक' शब्द का प्रयोग'[20]

इन लेखों के अलावा, वे व्याकरण-रचना के कार्य में विधिवत् भी उतरे थे जब बीसवीं सदी (ई.) के 7 वें दशक के अन्तिम चरण में 'काशी हिन्दू विश्वविद्यालय' ने उन्हें 'ऐतिहासिक हिन्दी व्याकरण'—परियोजना का निदेशक बनाया था।[21] आचार्य द्विवेदी के अन्तेवासी रहे डॉ. रामनरेश मिश्र 'हंस' की सूचना के अनुसार—"डॉ. हजारी प्रसाद द्विवेदी के निर्देशन में काशी हिन्दू विश्वविद्यालय ने 'ऐतिहासिक हिन्दी व्याकरण' लिखवाया है। लगभग चार हजार पृष्ठों का यह भीमकाय व्याकरण अभी प्रकाशन की दिशा में है। इसमें हिन्दी के सम्पूर्ण व्याकरणांगों पर जमकर विचार किया गया है। उदाहरण हिन्दी के सुप्रसिद्ध ग्रन्थों से दिये गये हैं, जिससे ऐतिहासिक विकास की प्रक्रिया का अन्दाजा मिल सके। यह हिन्दी के ऐतिहासिक अभाव की पूर्ति करता है। हिन्दी का सम्पूर्ण व्याकरण प्रथम बार प्रस्तुत हुआ है।"[22] परन्तु, हिन्दी जगत् का ही नहीं, भारतीय विद्या-जगत् का यह दुर्भाग्य कि यह महत्काय ग्रन्थ आज तक छपकर न आ पाया तथा अब उसका कोई अता-पता भी नहीं लगता।

डॉ. जाल्मन मोवसेविच दीमशित्स की 1966 ई. में प्रकाशित 'हिन्दी व्याकरण की रूपरेखा' किसी रूसी द्वारा हिन्दी माध्यम से लिखित हिन्दी का पहला व्याकरण ग्रन्थ है, जो उन्होंने कुछ मासों के अपने भारत-प्रवास के दौरान डॉ. नामवर सिंह की सलाह पर लिखा था।[23] अन्यान्य विदेशी वैयाकरणों से भिन्न दृष्टिकोण, पद्धति, आधार व उद्देश्य के साथ प्रणीत यह ग्रन्थ है जिसने कई सूक्ष्म तथ्यों को बड़ी मेहनत से प्रकाश में लाया 'जिनकी ओर अतिपरिचयात् अवज्ञा के कारण सामान्यतः हमारा ध्यान नहीं जाता।'[24] उसकी सबसे बड़ी विशेषता है, लीक से हटकर, तटस्थ ढंग से व्याकरण के हर अंग पर विचार, व्याकरणिक कोटियों का निर्धारण, नवीन शब्द-वर्गीकरण एवं नये-नये पारिभाषिक शब्दों का प्रयोग। परन्तु, हिन्दी की स्वकीय परम्परा से सम्पृक्त न रह पाने के कारण दीमशित्स का प्रतिपादन

बहुत-सी जगहों पर सदोष रह गया है। उन्होंने 1983 ई. में उसी ग्रन्थ का नवीन भाषा वैज्ञानिक धारणाओं के सापेक्ष विस्तार करते हुए एक भारी भरकम ग्रन्थ 'हिन्दी व्याकरण' रूसी भाषा में प्रस्तुत किया, जिसका हिन्दी अनुवाद 'रादुगा प्रकाशन' (मास्को) से प्रकाशित हुआ। दीमशित्स के ग्रन्थ निर्देशात्मक की जगह विवरणात्मक (संरचनात्मक) व्याकरण के उदाहरण हैं, जिनका केन्द्र 'भाषा-संरचना' में निहित है, न कि 'प्रयोक्ता' में।

उन्होंने 'कारक' को रूपपरक बनाकर पेश किया, जो पं. गुरु या हिन्दी व्याकरण के यूरोपीय कल्पकों का कुप्रभाव हो सकता है, पर इसी प्रसंग में 'परसर्ग' तत्त्व से अलग शुद्ध 'विभक्ति' की खोज उनकी मौलिक सोच का सुपरिणाम है। शब्द-भेद करते वे संख्यावाचकों को विशेषण से अलग़ मानने के दोषी हो जाते हैं। धातु, प्रातिपदिक, कारक, विभक्ति, तुमर्थ, कृदन्त आदि चिरप्रतिष्ठ शब्दों का वे मनमाना अर्थान्तर भी कर डालते हैं। 'वाच्य' में 'भाववाच्य' की चर्चा नहीं कर सके, जबकि 'प्रयोग' त्रिधा मानते हैं—कर्तरि, कर्मणि, भावे। 'काल'-विवेचन में भी वे विफल रहे काल+प्रकार+पक्ष का मिश्रण करके। 'संदिग्ध वर्तमान काल' को 'द्वितीय भविष्यत्' (वह आता ही होगा) तथा 'संदिग्ध भूत' को 'तृतीय भविष्यत्' (चिट्ठियाँ लिखीं होंगी) कहना उनकी घोर भ्रान्ति का सूचक है। 'वाक्य-विचार' में 'परोक्ष कथन' की धारणा को वे हिन्दी के अनुकूल बनाते हैं—'कि' योजक के सहारे खड़े वाक्यों को 'परोक्ष' कहते हैं, जिनमें वक्ता के मूल कथन का समाहन है। जैसे—'उसने कहा कि मैं जाऊँगा।'

दीमशित्स के द्वितीय ग्रन्थ की शैली भी दुर्बोध है—पारिभाषिक शब्दों का जाल और वह भी बहुधा भ्रान्तिमय। फिर भी हिन्दी के प्रायः समस्त प्रयोग उनकी पुस्तक में संगृहीत हैं। सर्वाधिक उल्लेखनीय बात यह है कि उन्होंने 'हिन्दी-व्याकरण' की आंग्ल एवं भारतीय परम्परा के समकक्ष 'रूसी परम्परा' का पूरा पता बड़े विस्तार से उपलब्ध कराया है। यदि दीमशित्स भारतीय भाषा-विश्लेषण परम्परा से परिचित होते, तो उनकी इतनी बड़ी मेहनत जरूर अलग रंग दिखलाती।

आचार्य देवेन्द्रनाथ शर्मा ने अपने कृतविद्य मित्र डॉ. रामदेव त्रिपाठी के साथ मिलकर 1971 ई. में, 'हिन्दी व्याकरण' के 'वर्ण-विचार' एवं 'पद' (शब्द) विचार' की सुसंगत प्रस्तुति करते हुए, 'हिन्दी भाषा का विकास' नामक पुस्तक प्रकाशित करायी, जिसका नया रूप 'हिन्दी भाषाविज्ञान' (1990 ई.) नाम से डॉ. रामदेव त्रिपाठी के नाम से आया है। संस्कृत से प्राप्त स्वस्थ भाषावैज्ञानिक दृष्टि से विनिर्मित यह पुस्तक आंशिक भाषाविज्ञान या व्याकरण की पुस्तक है, जो अपनी मुख्य दृष्टि हिन्दीभाषा पर डाले खड़ी है। नये भाषावैज्ञानिकों के कई मतों (जैसे—'मानस्वर' की कल्पना) को पूरी दृढ़ता के साथ भ्रान्त सिद्ध करते हुए, वे हिन्दी-

भाषा विश्लेषण में परिशुद्ध प्रस्तावना का मार्ग खोलते हैं, जिससे नयी रौशनी के चाकचिक्य में पल्लवग्राही बने अनेक बौद्धिकों की आँखें खुल सकती हैं। 'भाषा विज्ञान की भूमिका' (1966 ई.) तथा 'राष्ट्रभाषा हिन्दी : समस्याएँ और समाधान' पुस्तकों में भी शर्मा जी का हिन्दी-व्याकरण पर अच्छा चिन्तन उभरा है।

डॉ. रामदेव त्रिपाठी, जो पाणिनीय पद्धति के पारदृश्वा अधीती हैं, ने 1986 ई. में 'हिन्दी भाषानुशासन' के रूप में 'हिन्दी-व्याकरण' क्षेत्र को अभूतपूर्व-अनमोल उपहार दिया है; जो आकार में ही नहीं, बल्कि प्रकार में भी अबतक प्रकाशित सारे 'हिन्दी व्याकरणों' से बाजी मार चुका है। यह हिन्दी व संस्कृत के उच्चस्तरीय छात्र-छात्राओं को मार्गदर्शन देने के लिए, ऐतिहासिक-तुलनात्मक पद्धतियों का विनियोग करते हुए, हिन्दी के विवरणात्मक व्याकरण के तौर पर लिखा गया लगभग हजार पृष्ठों का विशालकाय ग्रन्थ है; जिसमें विश्लेषणात्मकता का भी भारी जोर है। यह 'बिहार हिन्दी ग्रन्थ अकादमी' (पटना) से प्रकाशित हुआ है। हिन्दी के ऐतिहासिक विकास को 'वेदभाषा' काल से ही सावधानी से पकड़ते हुए, उन्होंने जो नवीन सूचनाएँ दी हैं—नये सिद्धान्त खड़े किये हैं, वे अनेक भाषाविज्ञानियों को भी नयी अन्तर्दृष्टि देने में समर्थ हैं। इसका नामकरण (हिन्दी भाषानुशासन) व विचार-मार्ग पंडित किशोरीदास वाजपेयी की परम्परा में है, तो संरचना या व्यवस्था पंडित कामताप्रसाद गुरु की परम्परा में। 'व्यवस्था' व 'परिष्कार' का सुन्दर मणिकांचन संयोग है यह। पहली बार इतना सर्वांगपूर्ण, स्वस्थ व तलस्पर्शी व्याकरण हिन्दी भाषा ने देखा है। हिन्दी भाषा व व्याकरण से सम्बद्ध शायद ही कोई बात इससे अछूती रही हो।

डॉ. रामदेव त्रिपाठी की पारम्परिक शास्त्रीयता का रिक्थ आधुनिक भाषावैज्ञानिक चिन्तन-मनन से प्रक्षालित व शाणित है। वे संस्कृत, हिन्दी, अँग्रेजी, भोजपुरी आदि कई भाषाओं के गम्भीर मनीषी रहे हैं, जिसका लाभ उनके व्याकरण को मिला है। कई ऐसी नवोद्भावनाएँ पूरे तर्क व सूचनाओं के साथ वे प्रस्तुत करते हैं, जिनसे आजतक का व्याकरण व भाषाविज्ञान वंचित था। जैसे—संस्कृत के कर्मप्रवचनीयों से अँगेजी प्रीपोजिशनों व हिन्दी परसर्गों का विकास हुआ है। अपने पीछे के सारे उल्लेख्य व्याकरणों का सार भी समेटकर अपने इस ग्रन्थ को उन्होंने 'व्याकरण-कोश' ही बना डाला है। सूत्र व भाष्य की समवेत शैली एवं 'कौमुदी पद्धति' में लिखित यह ग्रन्थ व्याकरण-प्रक्रिया के तीनों पक्षों—साधुत्व, परिभाषा व दर्शन पक्ष—को समाविष्ट करके बना है, जिससे पंडित गुरु की उस पावन इच्छा की कदाचित् पूर्ति होती है कि हिन्दी का व्याकरण 'अष्टाध्यायी' व 'महाभाष्य' के मिश्रित रूप में लिखा जाए। वैसे तो पूरे ग्रन्थ में मौलिकता की प्रचुरता है, पर विशेषतः कारक, वाच्य, समास, उपसर्ग, वर्ण-संख्या-निर्धारण, सन्धि, विरामादि-

विचार आदि प्रकरण नवीन आभा से मंडित हैं। तथापि, हिन्दी में विभक्ति का विवेचन वे न कर सके। फिर, गुरुजी की संरचना से खासे प्रभावित होने के कारण शब्द-विभाग में पर्याप्त नवीनता रखते हुए भी 'क्रियाविशेषण' का प्रयोग 'एडवर्ब' के अर्थ में ही करते रहे। 'काल' को भी वे शुद्ध अर्थपरकता पर प्रतिष्ठित न कर सके, बल्कि गुरु जी की 'क्रियारूपरचना' वाली रूढ़ि पर ही काल को विन्यस्त करते रहे। फिर भी, इन असंगतियों के कारण ग्रन्थ की महिमा में बट्टा नहीं लगना चाहिए। उसमें इतनी खूबियाँ हैं कि वह अनुशीलनीय है। पर, खेद है कि रामदेव जी का यह हीरा आज के बाजार के बहुत से नकली मणि-माणिक्यों की चकाचौंध में पर्याप्त समादर नहीं पा सका है।

परिष्कार-युग के अन्य उल्लेख्य ग्रन्थों में निगमानन्द परमहंस के 'हिन्दी का मौलिक व्याकरण' व 'आदर्श हिन्दी व्याकरण', डॉ. बदरीनाथ कपूर का 'परिष्कृत हिन्दी व्याकरण' (1978 ई.), वात्स्यायन धर्मनाथ शास्त्री का 'लोकभाषा का व्याकरण' तथा डॉ. काशीराम शर्मा की 'हिन्दी व्याकरण मीमांसा' (1996 ई.) आदि हैं। 'हिन्दी व्याकरण मीमांसा' हिन्दी व्याकरण की तीनों धाराओं-आंग्ल प्रभावित धारा, भारतीय धारा व तदितर रूसी धारा के पूर्ण प्रतिफलन—क्रमशः पण्डित गुरु, पण्डित किशोरी दास वाजपेयी व डॉ. दीमशित्स के व्याकरणों की बेधक मीमांसा के जरिये 'हिन्दी व्याकरण' को 'रूप (आकृति) परक संरचना' में ढालने का भव्य प्रस्ताव है। पाणिनीय विश्लेषण पद्धति के विख्यात अन्वाख्याता डॉ. विद्यानिवास मिश्र ने हिन्दी-व्याकरण के लिए संस्कृत-साँचे को उपयोगी मानते हुए कई लेख लिखे हैं, पर कोई स्वतन्त्र व्याकरण हिन्दी में प्रस्तुत न कर पाये। इसी युग में, बहुआयामी विद्वान् भाषाविज्ञानी डॉ. रामविलास शर्मा ने भाषाविज्ञान में 'द्वन्द्वात्मक भौतिकवाद' का महद् विनियोग करते हुए हिन्दी का भी भाषिक विश्लेषण कर कई अभूतपूर्व उपयोगी निष्कर्ष निकाले, जिनसे 'हिन्दी व्याकरण' उपकृत हुआ है।[25]

7. नवशोधन/नवस्पन्दन युग—(प्रायः बीसवीं शती ई. के आठवें दशक से शुरु....)—पिछले तीन-चार दशकों से हिन्दी भाषा-विश्लेषण या व्याकरण के क्षेत्र में एक नयी हलचल सुनाई दे रही है। आधुनिक भाषाविज्ञान का दखल तो व्याकरण में पहले से ही हो चुका था, परन्तु इधर पश्चिम में विकसित 'संरचनात्मक (विवरणात्मक) भाषाविज्ञान' और उसके नये विकास 'रूपान्तरक प्रजनक (परिणामी/निष्पादन) भाषाविज्ञान' द्वारा विकसित प्रतिदर्शों (मॉडलों) के आधार पर देश-विदेश में हिन्दी-व्याकरण के कुछ पक्षों पर विचार व शोध का बाज़ार गर्म है। भारत में भी इस प्रणाली में बहुतेरे बुद्धिजीवी दीक्षित हुए हैं, पर सर्वाधिक कार्य 'केन्द्रीय हिन्दी संस्थान' (आगरा) के इर्द-गिर्द या उसके तत्त्वावधान में हुआ

है। ऐतिहासिक भाषाविज्ञान भाषा/व्याकरण का केन्द्रकन 'भाषा-प्रयोक्ता' में मानता है; संरचनात्मक भाषाविज्ञान ने उसे 'भाषा की संरचना' में माना; जिससे संरचना के विविध स्तरों का वर्णन व्याकरण का लक्ष्य बना। परन्तु, 'रूपान्तरण-प्रजनक भाषा विज्ञान' (—प्रवर्तक चोम्स्की) ने व्याकरण का केन्द्रकन 'मानव-मन (चेतना)' में माना; जिससे व्याकरण का लक्ष्य इन्सान की 'भाषाई क्षमता' के नियमों को लिपिबद्ध कर लेना है। यह व्याकरण भी 'संरचनात्मक भाषा-विज्ञान' की तरह 'रूप' का ही विश्लेषक है, यह 'अर्थ' को विवेचन-सीमा से बाहर रखकर चलता है। भाषाविज्ञान के इस प्रकार ने नियमों की प्रस्तुति के लिए बीजगणितीय फार्मूलों की शैली का विकास किया, जो भारतीय सूत्र-पद्धति से प्रेरित हो सकती है। इस नवीन संस्पर्श से स्फुरित हिन्दी चेतना ने हिन्दी भाषा के सभी अंगों को लेकर अबतक कोई समग्र व्याकरण तो प्रस्तुत न किया है और जो कुछ किया वह तकनीकी शब्द-जाल एवं फार्मूला-बद्ध शैली से बोझिल होने के कारण मॉडल-विशेष में प्रशिक्षित भाषाविज्ञानियों तक ही सीमित है। शिक्षालयों तक में यह अभी उतर न पाया है। वस्तुतः, यह हिन्दी-व्याकरण में युगान्तर है। प्रायः पिछली सदी (ई.) के 8वें दशक से ऐसी प्रवृत्ति दिख रही है। यह वस्तुतः युग-सन्धि का दौर है। एक तरफ 'परिष्कार युग' अभी खत्म नहीं हुआ है; पर यह नया युग भी चल पड़ा है। इस नवीन युग की प्रवृत्तियों के साथ जो कृतियाँ प्रकाश में आयीं तथा जो इसी दौर में आधुनिक भाषावैज्ञानिक प्रभावों से प्रेरित होकर बनीं, उनके कुछ उल्लेख्य नाम हैं—

(i) 'हिन्दी का भाषावैज्ञानिक व्याकरण' (1971 ई.)—न.वी. राजगोपालन/ प्रकाशक : केन्द्रीय हिन्दी संस्थान (आगरा)।

(ii) 'हिन्दी का कारक व्याकरण' (1973 ई.)—लक्ष्मीबाई बालचन्द्रन/ प्रकाशक—वही।

(iii) 'हिन्दी वाक्य-विन्यास' (1971 ई.)—सुधा कालरा/प्रकाशक—लोकभारती प्रकाशन, इलाहाबाद।

(iv) 'हिन्दी का समसामयिक व्याकरण' (1980 ई.)—यमुना काचरू/ प्रकाशक—मैकमिलन।

(v) 'हिन्दी का वाक्यात्मक व्याकरण' (1985 ई.)—सूरजभान सिंह/ प्रकाशक : साहित्य सहकार (दिल्ली)।

(vi) 'हिन्दी संरचना का शैक्षिक स्वरूप' (1982 ई.)—रामकमल पांडेय/ प्रकाशक : विराट् प्रकाशन, गोपीगंज (वाराणसी)।

(vii) 'हिन्दी का नवीनतम बीज व्याकरण' (1986 ई.)—रमेशचन्द्र महरोत्रा

(viii) 'हिन्दी के वाक्य साँचे'—लक्ष्मीनारायण शर्मा/प्रकाशक : सत्साहित्य सदन (आगरा)।

परम्परागत व्याकरण एक प्रकार से पद-विचार (रूप-विचार) ही रहा है। परन्तु, इस युग ने उसे स्वतन्त्र महत्त्व न देकर 'वाक्य-विचार' को ही लक्ष्य बनाया। रूपकेन्द्रित भाषाविज्ञान (संरचनात्मक व रूपान्तरक-प्रजनक) से प्रेरित, इस युग के सूत्रधारों का दावा है कि पुराने निर्देशात्मक व्याकरणों का केन्द्रकन 'व्याकरण' में ही था, जबकि 'भाषा-संरचना' में केन्द्रकन होना चाहिए। इस युग ने हमें स्त्री वैयाकरणों के पहली बार दर्शन कराये—यह समाजशास्त्रीय उपलब्धि है। पर, उनके स्त्री होने का व्याकरण पर क्या असर पड़ा—यह विवेचनीय है।

कुछ समय पूर्व, 'महात्मा गाँधी अन्तरराष्ट्रीय हिन्दी विश्वविद्यालय' के तत्त्वावधान में, नवीन युग के लायक 'हिन्दी व्याकरण' बनाने की एक परियोजना शुरु हुई थी, जिसके निर्देशक डॉ. वृषभ प्रसाद जैन थे।[26] उसके अधिगमों के बारे में समाचार पत्रों में जो खबरें आयी थीं, उनसे बड़ी अपेक्षाएँ जगी थीं। परन्तु, उसके बाद की स्थिति हमें ज्ञात नहीं है।

संक्षेप में, 'हिन्दी-व्याकरण' की यही विकास-कथा है। आज भी न जाने कितने अज्ञातनामा विद्वानों-विदुषियों के हाथों व्याकरण बिगड़-बन रहा है! क्या पता! पर, एक बात सतत ध्यातव्य है कि हिन्दी भाषा के स्वरूप-विकास के सापेक्ष वैयाकरण अपने ग्रन्थों को बराबर अद्यतन करते रहें, तभी 'व्याकरण' के 'लक्षण' की सार्थकता और 'प्रयोजन' की सिद्धि है।

सन्दर्भिका

1. ''संस्कृत का व्याकरणशास्त्र केवल प्रकृति-प्रत्यय का विधान मात्र नहीं है। वह अपने-आप में परिपूर्ण दर्शन है। उसका रहस्य जाननेवाला भाषा मात्र का रहस्य समझता है। आधुनिक भाषाविज्ञान ने कई बातों में बड़ी उन्नति की है किन्तु प्रत्येक भाषाशास्त्री संस्कृत व्याकरण की अत्यन्त परिष्कृत विचारशैली का महत्त्व स्वीकार करता है।'' —आचार्य हजारी प्रसाद द्विवेदी ('हिन्दी शब्दानुशासन' प्रथम संस्करण की 'भूमिका' से)
2. ''पाणिनि के कुछ पारिभाषिक शब्द तो अब अन्तरराष्ट्रीय बन गये हैं। जेस्पर्शन और ब्लूमफील्ड जैसे विद्वानों ने बहुव्रीहि, सन्धि आदि शब्द अपना लिये हैं।''
—आचार्य हजारी प्रसाद द्विवेदी ('हिन्दी व्याकरण की समस्या')
3. 'भाषाविज्ञान का संक्षिप्त इतिहास' (—डॉ. उदयनारायण तिवारी), पृष्ठ 19
4. 'भाषा' (अनुवादक : विश्वनाथ प्रसाद), पृष्ठ-10
5. ''हिन्दी का बहुत बड़ा दुर्भाग्य था कि उद्देश्य, आदर्श, पद्धति आदि सभी दृष्टियों से उसके व्याकरण-निर्माण का कार्य अनधिकारी व्यक्तियों के द्वारा नितान्त अनुपयुक्त एवं अवैज्ञानिक रूप से प्रारम्भ किया गया। उसी का यह व्यापक दुष्परिणाम है कि लगभग

तीन सौ वर्षों की दीर्घ अवधि के व्यतीत हो जाने के पश्चात् भी आज तक हिन्दी-व्याकरण का कोई ऐसा पूर्णतः सर्वमान्य रूप स्थिर नहीं हो पाया है, जो हिन्दी के यथार्थ स्वरूप, प्रकृति एवं प्रवृत्ति आदि का सम्यक् दिग्दर्शन कराने में समर्थ हो। इसके साथ ही, हिन्दी भाषा के रूप एवं प्रयोगों में पायी जानेवाली विविधता, अस्थिरता तथा अनेकरूपता का भी मूल कारण यही है।''

—डॉ. अनन्त चौधरी ('हिन्दी व्याकरण का इतिहास', पृष्ठ 156-157)

6. विस्तृत स्पष्टीकरण के लिए देखें इस ग्रन्थ का अध्याय 'स्त्री-विमर्श की दृष्टि में हिन्दी व्याकरण की सृष्टि'।
7. 'हिन्दी कौमुदी' (पंडित अम्बिकाप्रसाद वाजपेयी), भूमिका।
8. 'हिन्दी व्याकरण सार' में पं. रामावतार शर्मा कहते हैं—''नाम से और धातु से कुछ प्रत्यय ऐसे आते हैं, जिन्हें 'विभक्ति' कहते हैं।...विभक्ति उन चिह्नों को कहते हैं, जिनसे वचनों का बोध हो और जो दो शब्दों का परस्पर सम्बन्ध बतलावें।'' वे नाम शब्दों में दो विभक्तियाँ मानते हैं—

   (i) प्रथमा—साधारण [एक वचन में शून्य। बहुवचन में 'आ', 'एँ', ए]। जैसे—लड़के, लताएँ आदि]
       —सम्बोधनार्थक [बहुवचन में 'ओ'। जैसे—नदियों (को)]

   (ii) द्वितीया [बहुवचन में 'ओं'। जैसे—नदियों (को)]

   एक शब्द से दूसरे का सम्बन्ध बोधित करानेवाले साधनों में वे विभक्तियों, कारकार्थक अव्ययों (नया नाम आज 'परसर्ग' है) एवं तद्धित प्रत्ययों को मानते हैं। क्रिया-साधक को 'कारक' कहते हुए, उसके छह प्रकार [कर्ता, अधिकरण, अपादान, सम्प्रदान, करण, कर्म—इसी क्रम में] वे मानते हैं।
9. ''इस लघु चीज को आप एक ऐसा छोटा-सा दर्पण समझिए, जिसमें हाथी जैसा महाप्राणी भी पूरे का पूरा और साफ-साफ ज्यों का त्यों दिखाई देता है।...व्याकरण के प्रायः सभी तत्त्व इसमें संक्षेप से बहुत स्पष्ट दिखाई देंगे। चीज नयी है, ढंग नया है।''—पंडित किशोरीदास वाजपेयी ('सरल शब्दानुशासन', लेखक का निवेदन)।
10. 'हिन्दी व्याकरण का इतिहास', पृष्ठ. 450
11. 'कामताप्रसाद गुरु जन्मशती ग्रन्थ' का 'हिन्दी व्याकरण' लेख (—राममूर्ति त्रिपाठी)
12. 'हिन्दी व्याकरण', भूमिका. पृ. 3
13. 'हिन्दी शब्दानुशासन' पृ. 68 के अनुसार पंडित अम्बिका प्रसाद वाजपेयी ने ऐसा कहा था।
14. 'हिन्दी शब्दानुशासन', प्रथम संस्करण की 'भूमिका', पृष्ठ 2
15. 'भारत के प्राचीन भाषा-परिवार और हिन्दी' (भाग-3), पृष्ठ 300
16. 'नागरी प्रचारिणी सभा' उनकी 'प्रसन्न शैली' की जगह 'गम्भीर शैली' चाहती थी, पर वे अपनी शैली पर दृढ़ रहे।
17. ''वे हिन्दी व्याकरण के क्षेत्र में उक्त का संवर्धन, दुरुक्त का संशोधन और अनुक्त का समाख्यान करने में सफल हुए और हिन्दी व्याकरण का तात्त्विक रूप प्रकट हुआ।''

   —जटाशंकर सिंह ('हिन्दुस्तानी' पत्रिका/भाग 53, अंक 4/1992 ई./ पृष्ठ. 67-75)
18. ''किशोरीदास वाजपेयी ने हिन्दी शब्दानुशासन में कामताप्रसाद गुरु के व्याकरण के

कुछ अंशों पर एक भिन्न अर्थपरक दृष्टि से विचार किया, लेकिन उनका यह कार्य हिन्दी का समग्र व्याकरण नहीं कहा जा सकता।''—डॉ. सूरजभान सिंह ('हिन्दी का वाक्यात्मक व्याकरण', भूमिका, पृष्ठ 5)

19. 'भाषा, साहित्य और देश' (—भारतीय ज्ञानपीठ) पुस्तक में यह लेख इसी शीर्षक से छपा है। 'आचार्य हजारी प्रसाद द्विवेदी ग्रन्थावली' (खंड. 7) में यह लेख 'हिन्दी-व्याकरण पर व्याख्यान' नाम से छपा है।
20. 'भाषा, साहित्य और देश' पुस्तक में।
21. 'सम्मेलन पत्रिका' (भाग 64/संख्या 1-4) में छपा कैलाशचन्द्र भाटिया का लेख/पृष्ठ 166
22. 'करण कारक विवेक' (1975 ई.) पृष्ठ 47 और 'हिन्दी व्याकरण का लघु इतिहास' (1979 ई.)/पृष्ठ 68-69
23. 'हिन्दी व्याकरण की रूपरेखा', प्राक्कथन।
24. ,, ,, ,, ,,
25. डॉ. रामविलास शर्मा की भाषावैज्ञानिक कृतियाँ हैं—'भाषा और समाज' (1960 ई.) 'भारत के प्राचीन भाषा-परिवार और हिन्दी' (तीन भागों में, 1919, 1980, 1981 ई.), 'भारत की भाषा समस्या' तथा 'ऐतिहासिक भाषाविज्ञान और हिन्दी भाषा' (2001 ई.)।
26. 'हिन्दी प्रयोग : एक शैक्षिक व्याकरण' का 'आमुख'।

अध्याय-3

वर्ण-विचार

इन्सान के पास अनन्त ध्वनियों के उत्पादन की क्षमता है, परन्तु भाषा (वाक्) में उन्हीं ध्वनियों का ग्रहण होता है जो सम्प्रेष्य अर्थ के संकेतक (शब्द) की रचना की दृष्टि से उपयोगी हों। भाषा-प्रयुक्त इन ध्वनियों को आज हम 'स्वन' कहते हैं। ये स्वन भी अगणित संख्या में हैं। प्राचीन काल से ही भाषाविज्ञानी उनके भाषागत वितरण का अध्ययन करते हुए, उच्चारणगत स्वरूप की समता-असमता के आधार पर [प्रयत्न व उच्चारण स्थान की ठोस भेदकता के आधार पर] उन 'स्वन' रूप असंख्य व्यक्तियों को कई जातियों में वर्गीकृत करते रहे हैं; ताकि भाषा का विवेचन सम्भव हो। स्वन जातियों को परम्परा में 'वर्ण' कहा गया, जिन्हें आज 'स्वनिम' (खंड्य स्वनिम) कहा जा रहा है।[1]

उदाहरण से बात स्पष्ट करें। कल, कान, कूल, काम, कोप, कीट—इन शब्दों में आयी प्रथम ध्वनि (क) वस्तुतः एक ही नहीं है—हर शब्द का 'क' अलग है भले उसे एक ही जाति नाम 'क' से अभिहित कर रहे हों,परन्तु हर 'क' की औच्चारणिक स्थिति भिन्न है। स्थूल दृष्टि से चलने के कारण भले हम इस भेद की परवाह न करें, पर ध्वनि-तरंगों के लेखन करनेवाले यन्त्र में इन सभी 'क'ओं का अन्तर लक्षित हो जाएगा। 'क' के इतने रूप यहाँ पास की ध्वनियों के सान्निध्य से हो रहे हैं—उक्त शब्दों में क्रमशः 'अ+ल', 'आ+न', 'ऊ+ल', 'आ+म', 'ओ+प' तथा 'ई+ट' के प्रभाव से। जब कभी उच्चारणकर्ताओं की प्रकृतियों (वागंगों) के भेद के कारण भी 'क' के उक्त रूपों के भी बहुरूपी हो जाने की सम्भावना है, यानी 'कल' का 'क' ही एक व्यक्ति अन्य स्वरूप में उच्चरित करेगा; दूसरा व्यक्ति अन्य स्वरूप में। फिर स्थान व काल के भेद से एक ही व्यक्ति का उच्चरित 'क' हर बार अलग-अलग हो सकता है। इस प्रकार विचार करने पर 'क' ही असंख्य हो जाएँगे। भाषा की सारी ध्वनियाँ अगणित-अनन्त होती हैं। तब, विवेचन के लाघव के लिए, यह माना गया कि इन असंख्य 'क'ओं में प्रयत्न व उच्चारण स्थान की ठोस समानता है (भले सूक्ष्म अन्तर भी है), इसलिए

इन्हें एक ही जाति ('क') का मानेंगे। जाति-नाम को ही *'वर्ण'* कहते हैं। प्रयत्न व उच्चारण-स्थान की ठोस भेदकता के आधार पर ही ये असंख्य 'क' भाषा में आये असंख्य 'ख'ओं, 'प'ओं या 'श'ओं से भिन्न स्वरूप के हैं। इसी से अलग वर्ग (जाति) में परिगणित हैं। जाति नाम (वर्ण) के उल्लेख से सभी स्वन-रूप व्यक्तियों (असंख्य 'क' ओं, 'ख' ओं आदि) का उल्लेख हो जाता है।

हिन्दी में वर्ण-संख्या

यह विडम्बना ही है कि राष्ट्रीय स्तर पर आज तक ऐकमत्य न बन सका कि हिन्दी में कितने वर्ण माने जाएँ। कई बार लिपि-संकेत की विशिष्टता के कारण क्ष, त्र, ज्ञ, श्र आदि संयुक्त वर्णों को भी गिनकर वर्ण-संख्या बढ़ा ली जाती है। कभी दीर्घता-उदात्तता-अनुनासिकता आदि गुणों के साथ विस्तार देते हुए वर्ण-संख्या को ढाई सौ से भी ऊपर पहुँचा दिया जा सकता है, तो कभी इन गुणों के साथ प्राणत्व, घोषत्व आदि का विचार करते हुए, लाघव करते-करते एकमात्र 'अ' को ही मूल वर्ण सिद्ध कर 'अक्षराणामकारोस्मि' (अक्षरों में मैं 'अ' कार हूँ)[2] की निर्विकार भूमि पर चढ़ा जा सकता है।[3] विदेशी वर्णों की आमदनी से वर्ण-संख्या के निर्धारण का सवाल और जटिल हुआ है।

हमारा निश्चित मत है कि 'जाति' या 'वर्ण' निर्धारित करने के लिए सही कसौटी हो सकती है तो वह है उच्चारण-स्थान और प्रयत्न की। 'अ' और 'आ' माहेश्वर सूत्र (वर्ण-समाम्नाय) में दो अलग वर्ण शायद इसलिए न माने गये कि 'आ' स्थान व प्रयत्न में 'अ' के ही बराबर है, सिर्फ उसके दीर्घ उच्चारण से 'आ' बना है। यदि मानने लगें तो मात्रा के फैलाव से 'अ' के ही असंख्य विकार और इस तरह असंख्य वर्ण हो जाएँगे। जो लोग डेनियल जोन्स द्वारा कल्पित 'मानस्वर' [स्वरों की बाट प्रणाली] से तौलकर 'अ' को अर्द्धविवृत और 'आ' को विवृत ठहराते हैं, उनसे माहेश्वर सूत्रकार सहमत न था। भारतीय ध्वनि विज्ञानियों ने माना है कि सारे 'स्वर' 'विवृत' नामक आन्तरिक प्रयत्न से ही उच्चरित होते हैं।[4] 'मुख-द्वार कितना खुलता है' या 'जीभ का कौन-सा हिस्सा उठता है' जैसे आधारों पर बनी 'मानस्वर-प्रणाली' सन्देह के घेरे से बाहर नहीं है।[5] जब सारे स्वरों के उच्चारण में कोई स्पर्श-जन्य अविवृतता घटती नहीं तथा जिह्वा निःश्वास को निर्बाध गुजर जाने देती है, तब वहाँ भी विवृत, अर्द्धविवृत, संवृत या अग्र, मध्य, पश्च जैसी धारणाएँ कितनी प्रामाणिक हैं और कितनी 'बाल की खाल' निकालने का परिणाम? कहना मुश्किल है। हमारे प्राचीन आचार्य क्या विचारशून्य थे जो इन झमेलों में न पड़कर उच्चारण-स्थान मात्र के आधार पर स्वरों का वर्गीकरण करने की प्रणाली बना गये हैं? उनका ध्वनिशास्त्रीय विश्लेषण क्या

बारीक नहीं था? भोंथरा था? नयी रौशनी से चमत्कृत लोगों का अक्सर तर्क रहता है कि जब स्वरों के उच्चारण में 'करण' (जिह्वा, होंठ आदि) किसी 'स्थान' का स्पर्श ही नहीं करता, तब उच्चारण-स्थान मानना कैसा? परन्तु, भारतीय भाषाविज्ञानी बहुत पहले से मानते रहे हैं कि (स्पर्श न होने पर भी) जिस वर्ण के उच्चारण में, उसका 'करण' जिस 'स्थान' के निकटतर जा पहुँचे; वही 'स्थान' है उस वर्ण का। 'स्थान' विशेष के प्रति 'करण' के निकटता हेतु प्रयास से ही स्वर 'वर्ण' का औच्चारणिक स्वरूप तय होता है—'स्थान' के अन्तर से स्वरूप भी बदल जाता है। स्थान का ठीक-ठीक स्पर्श तो केवल पंचवर्गीय व्यंजनवर्णों के उच्चारण में होता है। इसीलिए तो केवल उन्हें 'स्पर्श' का नाम मिला है। शेष (अन्त:स्थ, ऊष्म, अयोगवाह, स्वर) के उच्चारण में स्थान निर्धारण निकटता के आधार पर होता है।

'अ' और 'आ' स्थान के कारण ही अलग वर्ण नहीं माने गये, परन्तु 'इ' व 'अ' दो अलग वर्ण माने गये, तो एकमात्र कारण 'स्थान' का भेद है। 'अ' से 'अँ' को अलग वर्ण इस कारण नहीं माना जाएगा, क्योंकि न प्रयत्न का भेद है, न स्थान का भेद, बल्कि अनुनासिकता नामक, आगन्तुक गुण से 'अ' को रंग कर सिर्फ 'रक्त' कर लिया गया है। 'अ' के उच्चारण के समय थोड़ा प्रयास कर नि:श्वास की कुछ मात्रा मुँह के साथ नासिका से भी निकाली गयी, इसी से 'अँ' बन गया और कोई खास बात नहीं। उच्चारण-स्थान के रूप में नासिका तो मान्य है नहीं (क्योंकि उस तक कौन सा 'करण' पहुँच सकता है?) कि 'वर्ण' का भेद पैदा हो। 'क' और 'ख' का उच्चारण स्थान समान होने पर भी इनका भेद मान्य है, तो 'प्रयत्न' के आधार पर—पहला 'अल्पप्राण' है, दूसरा 'महाप्राण'। इस तरह स्पष्ट है कि 'वर्ण' के निर्धारण के लिए 'स्थान' व 'प्रयत्न' के ठोस विभेदन को ही कसौटी बनाया जा सकता है।

यहाँ एक ज्वलन्त प्रश्न खड़ा हो जाता है कि विदेशी/परभाषाई शब्दों के जरिये हिन्दी में आनेवाली कुछ नयी ध्वनियों की जो बहुचर्चा है, उस परिस्थिति में हम क्या करें? विचार करने पर हमें यह स्पष्ट होगा कि यदि संसार भर के गृहीत शब्दों का सम्यक् उच्चारण करने का प्रयत्न किया जाएगा, तो बड़ी कठिनाई उत्पन्न हो जाएगी। पहले तो यह जानना होगा कि वह शब्द किस भाषा का है? फिर, यह जानना होगा कि उस भाषा में वह किस प्रकार उच्चरित होता है? क्या यह सब सम्भव है? कोई भाषा क्या इतना प्रयत्न कर सकती है या कभी किया है? फिर हिन्दी को ही क्यों विवश किया जाए कि दुनिया भर के शब्दों के मूलभूत उच्चारण सीखने को वह विवश हो? इसलिए व्याकरणों, कोशों आदि में विदेशी/परभाषाई ध्वनियों को स्थान देने का आग्रह व्यर्थ लगता है।[6] कुछ थोड़े-से सुशिक्षित-शहरी व्यक्ति, 'द्रविड़-प्राणायाम' में सिद्ध लोग यदि मूलवत् उच्चारण कर ले रहे हैं तो उससे वे उच्चारण 'हिन्दी' के अपने उच्चारण तो बन नहीं जाते। औसत (शिष्ट) समाज में जो उच्चारण स्वीकृत हैं, उन्हें ही हिन्दी-

व्याकरण विचार-पथ में लाएगा। व्याकरण एक व्यवस्था है और कोई व्यवस्था औसत लोगों को लक्ष्य कर ही बनती है, अलोकसामान्य विलक्षण व्यक्तियों को देखकर नहीं। कुछ हिन्दीविद् यदि संसार की सारी ध्वनियों को उच्चारित करने की क्षमता पा लें, तो क्या वे सारी ध्वनियाँ हिन्दी की मान ली जाएँगी? वे भी सारी ध्वनियाँ क्या अपनाते हैं? ज़े, ज़ाल, ज़्वाद, ज़ोए जैसी अरबी ध्वनियों को उच्चारण व लेखन में प्रायः एक ही ध्वनि (ज़) के रूप में ग्रहण करते हैं। इसी तरह [ʒ] या ज़ अपना लेने मात्र से वे अँग्रेजी की सारी ध्वनियों को कहाँ अपना पाते हैं? स्थिति तो यह भी है कि विदेशी (विशेषकर अरबी, फारसी, अँग्रेजी) ध्वनियों को हिन्दी में मूलवत् बनाये रखने का जोर-शोर से जो आग्रह करते हैं, उन्हें हिन्दी की अपनी परम्परा प्राप्त ध्वनियों के मूल रूप से कोई लेना-देना नहीं होता। 'शुद्ध उच्चारण' का तर्क देकर विदेशी ध्वनियों को तो मशक्कत से उच्चरित कर लेंगे, पर स-श-ष या ह्रस्व-दीर्घ आदि के अन्तर के प्रति ये लापरवाह होंगे। इस चर्चा का सार यही है कि विदेशी शब्दों के जरिये आ रही नयी ध्वनियों को अलग से स्थान नहीं देना चाहिए—न वर्णमाला में, न लिपि में। हिन्दी में उन्हें, अपने अनुसार ध्वनि-परिवर्तन के साथ हिन्दी रंग में रंगकर ग्रहण करना अच्छा होगा।[7]

कुछ लोग अर्थ-भेदक युग्मों की बात चलाकर उन ध्वनियों (वर्णों) और उनके अलग लिपि-संकेतों को रखने का समर्थन करते हैं [जैसे—ज़रा (तुर्की)=थोड़ा। जरा (हिन्दी)=बुढ़ापा], उनसे यह कहा जा सकता है कि जब उदात्तता, दीर्घता, अनुनासिकता आदि के आधार पर बने, एक ही वर्ण के दो रूपों की (यदा-कदा बनी) अर्थ-भेदक स्थिति को अनदेखा किया जा रहा है, ताकि वर्ण-संख्या का अनर्गल विस्तार न हो जाये; तब इन विदेशी ध्वनियों (वर्णों) पर तो ऐसा विचार भी करना फालतू है। वस्तुतः, अर्थ-भेदकता की कसौटी से बेहतर है ध्वनि के औच्चारणिक स्वरूप की कसौटी। 'ऋ' को हिन्दी में स्वीकार करने का कारण यह नहीं है कि 'यातृ-संवाद' (गोतिनों का संवाद) व 'यात्रि-संवाद' (यात्रियों का संवाद) जैसे युग्मों का अर्थान्तर बिना 'ऋ' को स्वीकारे नहीं हो सकता। कारण गहरा है, 'ऋ' की स्वीकृति का। 'ऋ' को लेकर हिन्दी में सन्धि-सम्बन्धी कई प्रक्रियाएँ चलती हैं, जिनका स्पष्टीकरण नहीं हो पाएगा, यदि हम 'ऋ' को हटा दें तो। 'ॠ' हिन्दी के कथित तद्भव शब्दों में कहीं अस्तित्व नहीं रखता, केवल संस्कृतागत शब्दों (कथित तत्सम) में वह मौजूद है; फिर भी सन्धि-स्पष्टीकरण हेतु 'हिन्दी' में भी व्यवस्था के स्तर पर 'ऋ' (एवं उसका दीर्घ रूप 'ॠ') मान्य है—भले औच्चारणिक स्तर पर 'ऋ' का स्वरत्व विवादित हो। वह तो संस्कृत में भी विवादित था।

अर्थ-भेदकता वाले तर्क का समाधान यह हो सकता है कि क्यों न 'ज़रा' (तुर्की) व 'जरा' (हिन्दी), 'ख़ाना' (फारसी) व 'खाना' (हिन्दी) जैसे युग्मों की अर्थ-भेदकता को एक ही शब्द की अनेकार्थता के रूप में समझ लिया जाये? 'कोश'

में जो अनेक अर्थ एक ही शब्द के दिये रहते हैं, क्या पता वे एक ही शब्द के न होकर अनेक स्रोतों से आये श्रुतिसम शब्दों के अर्थ हों। रही बात अर्थ-वैलक्षण्य की, तो वह तो प्रसंगवश ध्वनित होनेवाली चीज है। कहाँ कौन सा अर्थ होगा?—यह व्याकरण से नहीं, लक्षणा-व्यंजना से तय होता है। 'शर्म' (संस्कृत, अर्थ सुख) और 'शर्म' (विदेशज, अर्थ लज्जा) में तो कोई वर्ण-भेद व लेखन-भेद नहीं है, पर अर्थान्तर है; तो इसकी व्याख्या क्या होगी? समग्रत: अर्थ-भेदकता के आधार पर वर्ण-भेदकता मानने की बात खोखली है। इससे विदेशी/परभाषीय वर्णों के अलग अस्तित्व रखने का औचित्य सिद्ध नहीं होता।

परन्तु, हाँ। यदि हिन्दीभाषी समाज का बहुमत इन वर्णों को मूलवत् स्वीकार लेता है, तो व्याकरण भी वर्णमाला में उन्हें मान लेगा। पर, अभी वह स्थिति कहाँ है? अभी तो एक ही स्थिति में इनके मूलरूप का आग्रह किया जा सकता है। यदि कहीं विदेशी/पर-भाषा की कृति से कोई उद्धरण देना हो अथवा 'कम्ब रामायण', 'बाइबिल' 'क़ुरानशरीफ़' जैसी कृतियों का पाठ करना हो, तब तो मूल उच्चारण रखना ही पड़ेगा। यदि सुशिक्षित माहौल हो, तो इसकी जरूरत और भी महसूस होगी। फिर, यदि मूल के रक्षार्थ उन्हें देवनागरी लिपि में लिप्यन्तरित करने का विशेष शौक जगे[8] तब बात ही अलग है। ('केन्द्रीय हिन्दी निदेशालय' की 'परिवर्द्धित देवनागरी' अथवा 'विश्वनागरी' की अवधारणा तो इसी से सम्बद्ध है।) किन्तु, इस विशिष्ट अवसर को लक्ष्य करके इन सारे वर्णों को हिन्दी-व्याकरण के लिए विवेचनीय बना देना उसी प्रकार की बात होगी कि कुछ विशेष लोगों की यदा-कदा हवाई-यात्रा की जरूरत को ध्यान में रखकर सबके घर में हवाई अड्डा बना दिया जाए। दुनिया के हर हिस्से से आ रहे वर्णों के बादलों को अपनी बाँहों में भर लेने की ललक कहीं हमारे पैरों को अपनी ध्वनियों की धरती से ही न उखाड़ डाले। यह अतिशय उदारवाद तो फिलहाल आत्मघाती ही लगता है।

जब आ, ई, ऊ आदि को अ, इ, उ आदि से अलग वर्ण मानने पर आपत्ति है, तो ए, ओ के ह्रस्व रूपों को अलग मानने का सवाल ही नहीं उठता। वैसे परिनिष्ठित हिन्दी में 'ए' व 'ओ' के ह्रस्व रूप हैं भी नहीं। न्ह, म्ह, ल्ह, ऱ्ह, क्ह आदि को स्वतन्त्र वर्ण मानने की हिमायत करनेवाले भी हैं। पर, ये स्पष्टत: क्ष, त्र, ज्ञ, श्र, ट्र आदि की भाँति ही संयुक्त वर्ण हैं, क्योंकि इनके उच्चारण में दोनों अवयव पूर्वापर क्रम से स्पष्ट श्रुतिमान हैं। इन संयुक्त वर्णों को स्वतन्त्र वर्ण का दर्जा देने पर असंख्य वर्णसंयोग भी इसकी माँग करेंगे। कुछ लोग 'ष' को वर्णमाला से खारिज कर देने पर तुले हुए हैं, क्योंकि उसे 'श' में ही गतार्थ मान बैठे हैं। यदि ऐसा कर देंगे तो 'विष-विश' जैसे युग्मों में अर्थभेदकता कैसे घटेगी?—का सवाल नहीं है, बल्कि सबसे बड़ा सवाल है कि इनसे बने शब्दों

में 'ण' व 'न' की वर्तनी का नियमन कैसे करेंगे? अब तक की व्यवस्था रही है कि 'श' के साथ 'न' तथा 'ष' के साथ 'ण' रहा है। 'प्रश्न' व 'कृष्ण' जैसे उदाहरणों से बात स्पष्ट है। विसर्ग (:), ऋ (ॠ)और ष को हिन्दी वर्णमाला से च्युत करने के प्रस्तावों के पीछे यही सोच काम करती है कि ये हिन्दी के अपने (कथित तदभव) शब्दों में नहीं होते। पर, 'केवल कथित तद्भव शब्द ही हिन्दी के अपने शब्द हैं'—यह भावना हिन्दी के लिए कितनी आत्मघाती है! अब तक बनी भाषिक संस्कृति को तार-तार करनेवाली तथा शब्द-दारिद्र्य का महाद्वार खोलनेवाली है। हिन्दी में जब तक ये कथित तत्सम शब्द हैं, तब तक या उसी तर्ज पर नये शब्द बनते रहेंगे। उनकी सन्धि-प्रक्रिया को समझाने एवं संस्कृत-पद्धति पर नवीन शब्दों के व्युत्पादन की सहज चलती रही प्रक्रिया को चलाने, समझाने हेतु विसर्ग, ऋ (ॠ) और ष आदि वर्णों को वर्णमाला में रखना पड़ेगा। विचार करने पर हम पाते हैं कि 'हिन्दी' में संस्कृतागत शब्द ही नहीं, उनकी व्युत्पत्ति-प्रणाली पर नवीन शब्दों के उभरते रहने की सहज सी घटना भी चलती रहेगी।

सच कहा जाये तो माहेश्वर सूत्र के 'वर्ण समाम्नाय' के रूप में वर्ण-निर्धारण का जो पैमाना हमारे मनीषी दे गये हैं, उससे बेहतर पैमाना अब तक नहीं बन सका है। हिन्दी उसी को आदर्श बनाकर अपने वर्ण तय कर ले सकती है। हाँ, 'लृ' को हिन्दी वर्ण के रूप में इसलिए स्वीकार न करेगी, क्योंकि 'लृ' का किसी शब्द में हिन्दी में प्रयोग नहीं है, न कोई सन्धि-सम्बन्धी ऐसी प्रक्रिया ही घटती है। संस्कृत में भी केवल एक धातु 'क्लृप्' में उसका प्रयोग था। हिन्दी में ऐसा कोई धातु रूप नहीं हो सकता। संस्कृत में 'क्लृप्' से 'कल्पना', विकल्पना, कल्प, विकल्प, संकल्प आदि ढेरों शब्द बने हैं, जिनकी व्युत्पत्ति समझाने हेतु 'क्लृप्' धातु की सत्ता माननी होगी, जिसके चलते 'लृ' वर्ण की स्वतन्त्रता भी माननी होगी। परन्तु, हिन्दी में 'कल्प', 'संकल्प' आदि शब्दों की व्युत्पत्ति-प्रक्रिया 'क्लृप' धातु से तो मानी नहीं जाएगी—'कल्प' को रूढ़वत् मानकर कल्पन, कल्पना, संकल्प, विकल्प आदि की उपसर्ग-प्रत्ययमूलक व्युत्पत्ति आसानी से हो ही जाती है। 'लृ' को मानने की बाध्यता नहीं है यहाँ। अब रही ड़, ढ़ की बात। संस्कृत में इनकी मान्यता नहीं है, परन्तु 'वेदभाषा' (जो लोकभाषा के निकट थी) में इनकी बीज रूप में उपस्थिति रही है, जहाँ से लोकभाषाओं से होते हिन्दी में इनके आने की लम्बी विकास-कथा है। कतिपय भाषाविज्ञानियों की राय में 'ड़, ढ़ क्रमशः ड, ढ के उपस्वन मात्र हैं।' डॉ. काशीराम शर्मा का मत है कि "ड़, ढ़ क्रमशः ड, ढ के वैकल्पिक रूप हैं, जिनके प्रयोग स्थल निर्धारित हैं। ड, ढ, का प्रयोग शब्द के आदि में, द्वित्व रूप में तथा अनुस्वार के पश्चात् होता है। शेष स्थलों

पर ड़, ढ़ ही उच्चरित होता है।"[9] परन्तु, यह नियम गलत ठहरता है। खड्ग व षड्ज में तो ये तीनों स्थितियाँ नहीं हैं, फिर भी 'ड' ही उच्चरित हुआ, ड़ क्यों नहीं? वैसे 'स्थान' व 'प्रयत्न' की दृष्टि से 'ड' व 'ड़' अथवा 'ढ' व 'ढ़' समान हैं; पर 'ड' व 'ढ' में किंचित् दन्त्यता के मिश्रण से 'ड़' व 'ढ़' का अस्तित्व बना है। पश्चिमी मत से ये 'उत्क्षिप्त' कहे गये हैं, पर भारतीय कसौटी से 'स्थान' व 'प्रयत्न' का भेद नहीं माना गया है। तब इन्हें अलग वर्ण की मान्यता कैसे दें? हिन्दी भाषा में वितरण के हिसाब से हम विचार करें अथवा ध्वनि-वैज्ञानिक भिन्नता का आकलन करें तो ड़, ढ़ को मान्यता देने का जोर बढ़ता है। यदि देखा जाये तो सही में हिन्दी की अपनी विकसित ध्वनियाँ तो ये ही हैं। शेष तो संस्कृतागत या परम्पराप्राप्त हैं। तो, 'ड़' व 'ढ़' को, भाषागत वितरण का ख्याल करते या हिन्दी की स्वकीयता की रक्षा करते हुए अलग वर्ण की मान्यता दी जाती है। फिर 'अ' व 'आ', 'इ' व 'ई', 'उ' व 'ऊ' तथा 'ऋ' व 'ॠ' को भी अलग-अलग वर्ण क्यों न मानें? दीर्घता के गुण का तर्क चले न चले, प्रचलन का तर्क तो चलेगा! ड़, ढ़ को मान लिया, तो इन्हें भी मान लें। व्यवस्था सही हो जाएगी।

इस प्रकार हिन्दी वर्णमाला में 49 वर्ण[10] हो जाते हैं—

स्वर—	अ, आ, इ, ई, उ, ऊ, ऋ, ॠ, ए, ऐ, ओ, औ—	12
अयोगवाह—	अनुस्वार (ं), विसर्ग (:)—	2
व्यंजन—	क, ख, ग, घ, ङ	
	च, छ, ज, झ, ञ	
	ट, ठ, ड, ढ, ण, ड़, ढ़	
	त, थ, द, ध, न	
	प, फ, ब, भ, म	
	य, र, ल, व	
	श, ष, स, ह —	35
	कुल वर्ण=	49

वर्णों की उत्पत्ति

वर्णों का उत्पादन वस्तुतः प्रयत्न, स्थान एवं करण के सामूहिक खेल का प्रतिफल है। किसी न किसी 'प्रयत्न' के तहत 'करण' किसी 'स्थान' को लक्ष्य कर क्रिया (स्पर्श या स्पर्श हेतु प्रयास) करता है, जिसका परिणाम हमें वर्ण के आविर्भाव के रूप में श्रुतिगोचर होता है। परन्तु, इस समस्त प्रपंच का घटित होना निर्भर

है, प्राणवायु के उस रूप पर, जिसे निःश्वास कहा जाता है, यानी श्वसन-क्रिया में बाहर निकलने वाली कथित दूषित या निरर्थक वायु।[17] फुफ्फुस (फेफड़े) से प्रक्षिप्त यह निःश्वास ही भाषा में प्रयुक्त वर्णों का रूप धारण कर लेता है। परन्तु, यह बिना अवरोध के बाहर निकल जाये तो कोई 'वर्ण' आविर्भूत नहीं होगा। अवरोध का प्रयास 'करण' करता है और जिस स्थान को लक्ष्य बनाकर यह प्रयास करता है, वह 'स्थान' (उच्चारण-स्थान) कहलाता है। इसे इस तरह समझा जा सकता है—

वर्ण-उच्चारण के लिए उपकारक तत्त्व

इन सबका अनुप्रयोग किसी 'प्रयत्न' के ही अन्तर्गत होता है।

निःश्वास वायु — वागिन्द्रिय (वागंग)

स्थान (अचल रहनेवाले)	करण (चलायमान होनेवाले)
ये सात हैं—	ये पाँच हैं—
(*i*) काकल या कौआ (अलि जिह्वा)	(*i*) जीभ (जिह्वा)—इसके तीन भाग विवेचनार्थ माने जा सकते हैं—अग्र, मध्य, पश्च।
(*ii*) कंठ (कोमल तालु)	(*ii*) अधरोष्ठ
(*iii*) तालु (कठोर तालु)	(*iii*) कोमल तालु
(*iv*) मूर्द्धा	(*iv*) स्वर-तन्त्री
(*v*) वर्त्स (ऊपरी मसूड़ा)	(*v*) काकल
(*vi*) दन्त	
(*vii*) ओष्ठ [ऊपरी होंठ] प्राचीन काल से ही निचले ओष्ठ को 'अधर' तथा ऊपरी ओष्ठ को 'ओष्ठ' कहा जा रहा है।	दन्तोष्ठ्य एवं ओष्ठ्य वर्णों को छोड़कर बाकी सबका कारण जिह्वा ही है। कोमल तालु व काकल स्थान और करण दोनों भूमिकाओं में रहते हैं। जीभ के करण-कार्य के समय कुछ वर्णों के वे स्थान होते हैं, पर स्वयं नीचे-ऊपर जाकर स्वरों में अनुनासिकता (रंजकता) गुण तथा नासिक्य व्यंजन वर्णों की रचना में सहायक बनते हैं। इससे करण भी माने जा सकते हैं।

'प्रयत्न' दो प्रकार के होते हैं—

(i) बाह्य प्रयत्न—मुख-विवर की अपेक्षा बाहर होनेवाले प्रयत्न को बाह्य प्रयत्न कहा जाता है। यानी, मुख्यतः स्वर-तन्त्री में होनेवाले प्रयत्न और गौणतः फेफड़े में होनेवाले प्रयत्न को बाह्य प्रयत्न कहते हैं।

(ii) आभ्यन्तर प्रयत्न—मुख-विवर की अपेक्षा भीतर (यानी, कंठ से ओष्ठ तक व्याप्त) होनेवाले प्रयत्न को आभ्यन्तर या आन्तरिक प्रयत्न कहते हैं।

आभ्यन्तर प्रयत्न में मुख-विवर की संवृति या विवृति देखी जाती है। इसका मतलब करण द्वारा स्थान को लक्ष्य बनाकर किये गये स्पर्श-प्रयास से घटित संवृति या विवृति से है। 'संवृति' का यहाँ लक्ष्यार्थ लिया गया है। अन्यथा मुख-विवर पूर्णतया संवृत (बन्द) हो जाये तो वर्ण का उच्चारण ही क्योंकर होगा? इसी तरह 'विवृति' का भी लक्ष्यार्थ ही ग्राह्य है, क्योंकि पूर्णतः विवृति तो तभी सम्भव है, जब निःश्वास मार्ग में कोई अवरोध न हो। परन्तु, अवरोध न होगा तो वर्ण पैदा ही कैसे होगा? इसी से आपेक्षिक विवृति या संवृति ही ग्राह्य अर्थ है। 'संवृत', 'विवृत' का एक अन्य अर्थ में प्रयोग पश्चिमी भाषाविज्ञान के अनुकरण पर आज कल हो रहा है—स्वरों के उच्चारण-समय मुख-विवर की स्थिति के सन्दर्भ में। यद्यपि स्वरों के उच्चारण में मुख-विवर प्रायः विवृत ही रहता है, पर पश्चिमी भाषाविज्ञान में उस 'विवृति' के भी चार भेद कर डाले गये हैं—विवृत, अर्द्धविवृत, अर्द्धसंवृत, संवृत। यह अर्थ इस पुस्तक के लिए अग्राह्य है। बाह्य प्रयत्न में स्वर-यन्त्र की संवृति और विवृति देखी जाती है, जिनके लिए रूढ़ शब्द 'संवार' और 'विवार' हैं। यह रूढ़ि आन्तरिक प्रयत्नों (संवृति, विवृति) से भेद करने के लिए हुई है।

वर्ण के आविर्भाव की प्रक्रिया का आरम्भ फुफ्फुस (फेफड़े) से ही हो जाता है। और सही कहें कि आत्मा में बोलने की इच्छा उत्पन्न होती है तभी यह प्रक्रिया शुरू हो जाती है। आत्मा बुद्धि के द्वारा (प्रतिपाद्य) अर्थों को संकलित कर उन्हें कहने की इच्छा से मन को नियुक्त करता है। तब मन (इच्छा से युक्त होकर) जठराग्नि को उद्बुद्ध करता है और वह जठराग्नि फेफड़े की वायु को प्रेरित करती है।[12] फेफड़े का प्रयत्न कम या कम वेग से वायु प्रक्षेपित करना हो सकता है अथवा अधिक या अधिक वेग से वायु प्रक्षेपित करना। प्रेरित वायु (निःश्वास) वहाँ से चलकर स्वर-तन्त्री (स्वर-यन्त्र) की ओर आती है। तब स्वर-यन्त्री में प्रयत्न होते हैं जिसके तहत या तो दोनों स्वर-तन्त्रियाँ शिथिल पड़ी रहती हैं और वायु को निर्बाध कंठ-मार्ग में बढ़ जाने देती हैं अथवा आपस में सटकर वायु का मार्ग रोक देती हैं, जिससे धक्का देकर वायु को आगे बढ़ना पड़ता है। स्वर-यन्त्र तक आते-आते वायु में ध्वनि-तत्त्व का विकास आरम्भ हो जाता है। परन्तु, उसे पूर्णता तब मिलती है जब वायु मुख-विवर में पहुँचकर वहाँ चलनेवाले आन्तरिक प्रयत्न से गुजर चुकी होती है। स्वर-तन्त्री से आगे बढ़ी वायु पूरी

की पूरी मुख-विवर से गुजरेगी या थोड़ी-सी नासिका-विवर से भी गुजरेगी अथवा-मुख्यतः नासिका-विवर से ही गुजरेगी-इसका भी निश्चय उच्चारण-प्रक्रिया का महत्त्वपूर्ण हिस्सा है। इसका निर्धारण काकल-सहित कोमल तालु करता है। उच्चारण समय आमतौर पर दोनों ऊपर जाकर नासा-द्वार को बन्द किए रहते हैं, जिससे निःश्वास वायु मुख-विवर में से ही निकलती है। परन्तु कुछ स्थितियों में दोनों नीचे झुककर नासा-द्वार को खोल देते हैं, जिससे मुख-विवर के साथ नासिका-विवर से भी कुछ वायु निकल जाती है। ऐसा स्वरों के अनुनासिक उच्चारण के क्रम में होता है (अँ, ऊँ आदि बोलते समय)। यदि कोमल तालु व काकल ज्यादा नीचे झुक आते हैं तो निःश्वास को मुख-विवर से निकलने की अपेक्षा मुख्यतः नासिका-विवर से ही निकलना पड़ता है। इसी स्थिति में नासिक्य व्यंजन (ङ, ञ, ण, न, म) उच्चरित होते हैं। मुख-विवर के आन्तरिक प्रयत्न तक आते-आते वर्ण का स्पष्ट उच्चार हो चुका होता है और फिर वर्णोच्चार को लिए हुए वायु मुख (व नासिका) से बाहर निकल कर श्रोताओं के लिए उपलब्ध हो जाती है अथवा 'वायु' व 'वर्ण' महावायु व महाकाश में विलीन हो जाते हैं।

'**बाह्य प्रयत्न**' के मुख्यतः दो भेद हैं—

(i) फुफ्फुस (फेफड़े) के प्रयत्न (प्राणत्व या बल)—

कम/कम वेग से निःश्वास का प्रक्षेप। (अल्पप्राण)

अधिक/अधिक वेग से निःश्वास का प्रक्षेप (महाप्राण)

(ii) स्वर-तन्त्री में प्रयत्न—

स्वर-तन्त्रियों का शिथिल व अलग-अलग रहना(श्वास/विवार)

स्वर-तन्त्रियों का तने रहना व परस्पर सट जाना (नाद/संवार)

फेफड़े द्वारा प्रक्षिप्त निःश्वास की मात्रा या वेग अल्प हो तो आगे चलकर जिस वर्ण का उच्चारण सम्भव हो, वह 'अल्पप्राण' कहलाता है। यदि प्रक्षिप्त निःश्वास की मात्रा या वेग अधिक हो तो उच्चरित वर्ण 'महाप्राण' कहलाता है। निःश्वास वायु के आते समय यदि स्वर-तन्त्रियाँ शिथिल बनी रहें तो वायु निर्बाध गुजर जाती है। इस प्रकार वायु में नाद पैदा होने से रह जाता है। परन्तु, यदि वायु के आते समय स्वर-तन्त्रियाँ तनकर परस्पर सट जाएँ, तब वायु को धक्का देकर आगे बढ़ना होता है, जिससे नाद (घोष) पैदा होता है। प्रथम स्थिति के घटने से, आगे चलकर जो वर्ण उच्चरित होता है, वह 'अघोष' कहलाता है तथा द्वितीय स्थिति के घटने से उच्चरित वर्ण 'सघोष' कहलाता है।

'**आभ्यन्तर प्रयत्न**' के मुख्यतः चार भेद हैं—

(i) स्पृष्ट—जब करण स्थान को क्षणभर के लिए पूर्णतः छू ले, जिससे निःश्वास क्षण भर के लिए रुक कर झटके से निकले, तब ऐसे प्रयत्न को स्पृष्ट कहते हैं।

(ii) ईषत् स्पृष्ट—वह प्रयत्न ईषत् स्पृष्ट कहलाता है, जिसमें करण (जिह्वा) स्थान को अंशतः (कई बार) छुए, यानी लगे कि करण स्थान को न पूरी तरह छू पाया है, न पूरी तरह अलग ही रहा है।

(iii) नेम स्पृष्ट (ईषद् विवृत)—वह प्रयत्न 'नेम स्पृष्ट' कहलाता है, जिसमें करण स्थान के निकट पहुँचकर निःश्वास का मार्ग सँकरा बना दे, जिससे उसे संघर्ष कर निकलना पड़े।

(iv) विवृत—वह प्रयत्न 'विवृत' कहलाता है, जिसमें करण स्थान की ओर उठकर, निःश्वास मार्ग को (ध्वनि उत्पन्न होने योग्य) सँकरा बनाकर भी स्थान से इतनी दूर रहे कि मुख-विवर प्रायः खुला रहे। यानी, जिसमें एक तरह से निःश्वास मुख-विवर से निर्बाध ही निकल जाये, वह प्रयत्न 'विवृत' है।

जैसा कि पूर्वकथित है, भारतीय भाषा-वैज्ञानिकों ने उच्चारण-स्थान या स्थान उसे कहा है, जिसे लक्ष्य कर, स्पर्श करने को, करण उठता हो (भले स्पर्श करे अथवा न करे)। स्थान का स्पर्श, सर्वाधिक स्पर्श-व्यंजनों में, तब अन्तःस्थों में, तब ऊष्मों में होता है। स्वरों में तो बिल्कुल ही नहीं स्पर्श होता। एक प्रकार से 'स्पर्श-व्यंजन' ही असली व्यंजन हैं।

प्रत्येक वर्ण का उच्चारण, फुप्फुस (फेफड़े) से शुरू होकर मुख-विवर तक व्याप्त बाह्य एवं आन्तरिक प्रयत्नों (जिनमें स्थान व करण की भूमिकाएँ भी सम्मिलित हैं) की समवेत भूमिका से सम्भव होता है। कौन-सा वर्ण उच्चरित होगा, इसका निर्धारण करनेवाले तत्त्व हैं—फेफड़े से चली वायु (निःश्वास) की मात्रा या वेग, स्वर-तन्त्रियों की विवृति/संवृति, नासिका-द्वार का बन्द या खुला रहना तथा उसके खुलापन की मात्रा, उच्चारण-स्थान, करण एवं आन्तरिक प्रयत्न के प्रकार। परन्तु, ज्यादा सही यही कहना होगा कि आत्मा की इच्छा ही 'वर्ण' निर्धारित कर देती है, जिसके उच्चारणार्थ ये सब तत्त्व तदनुसार घटित होते हैं। इनमें से एक में भी अन्तर आ जाने से उच्चरित 'वर्ण' में अन्तर आ जाता है।

जिन उच्चारण-स्थानों एवं प्रयत्नों की ठोस भेदकता वर्णों के निर्धारण का पैमाना बनती है; उन्हीं की अपेक्षाकृत सूक्ष्म भेदकता से इन वर्णों का अन्तर्वर्ती विभाजन सम्भव हुआ है।

वर्णों के महावर्ग—मुख-विवर में से गुजर रही निःश्वास वायु के अवरोध की स्थिति को ध्यान में रखकर, वर्णों का 'स्वर' व 'व्यंजन' के रूप में वर्गीकरण प्राचीन काल से ही होता चला आ रहा है। यदि करण द्वारा (स्थान को लक्ष्य कर उठने से) अवरोध इतना कम पैदा किया जाए कि मुख-विवर प्रायः विवृत रहे और निःश्वास वायु लगभग अबाध गुजर जाए, तो इस स्थिति में उच्चरित वर्ण 'स्वर' कहलाते हैं। यदि करण द्वारा यह अवरोध होने लगे कि वायु के मार्ग में

साफ बाधा होने लगे (और तब वायु उस बाधा को पार करके ही गुजर पाए), तब इस स्थिति में उच्चरित वर्ण 'व्यंजन' कहलाते हैं। यानी, अबाधता स्वरों का मुख्य लक्षण है, सबाधता (बाधत्व) व्यंजनों का। परन्तु, सभी व्यंजनों में इस बाधा की मात्रा समान नहीं होती। ईषद् विवृत, ईषत् स्पृष्ट एवं स्पृष्ट—मुख-विवर में तीन स्थितियाँ बाधा के तीन प्रकार बनाती हैं। प्रथम स्थिति में उच्चरित वर्ण 'ऊष्म', द्वितीय स्थिति में उच्चरित वर्ण 'अन्त:स्थ' तथा अन्तिम स्थिति में उच्चरित वर्ण 'स्पर्श' कहलाते हैं। 'बाधा'/'अबाधता' ही वह भेदक लक्षण है, जिस पर 'व्यंजन' व 'स्वर' की परिभाषा बननी चाहिए। स्वर स्वतः बोले जाते हैं (इसलिए उनका उच्चारण गूँगा व्यक्ति भी कर लेता है) और व्यंजनों को उच्चरित होने के लिए (आगे या पीछे से) स्वरों का सहारा चाहिए—यह बात ठीक होने पर भी 'लक्षण' नहीं है, बल्कि यह तो सामर्थ्य की बात है। आचार्य देवेन्द्रनाथ शर्मा ने ऐसी सामर्थ्य-परक परिभाषा को कठघरे में खड़ा करने हेतु 'कात्स्न्र्य' शब्द को उद्धृत कर कहा—''इस में र्, त्, स्, न्-ये चार व्यंजन बिना स्वर के हैं, फिर भी इनका उच्चारण स्पष्टता से किया जाता है। इससे सिद्ध है कि व्यंजन के उच्चारण के लिए स्वर की सहायता अनिवार्य नहीं है।''[13] पता नहीं, शर्मा जी जैसे विरल मनीषी का ध्यान इस तथ्य की तरफ क्यों न जा सका कि वस्तुतः 'र्-त्-स्-न्' का उच्चारण तभी सम्भव हुआ है जब पूर्ववर्त्ती 'आ' तथा परवर्त्ती 'अ' का साहाय्य मिला। इसलिए परम्परा में जो प्रसिद्ध है कि बिना स्वर के सहारे किसी व्यंजन का उच्चारण सम्भव नहीं, तो पूर्णतः सत्य है।

'स्वर' व 'व्यंजन'—इन दो महावर्गों की व्यवस्था के बाद भी दो वर्ण ऐसे हैं, जिनका इन दोनों में से किसी से जोड़ नहीं बैठता। ये हैं—अनुस्वार (ं) और विसर्ग (:)—इन्हें 'अयोगवाह' नाम देकर 'स्वर' व 'व्यंजन' से अलग वर्ग दिया गया है। यद्यपि स्वतन्त्र वर्ण के रूप में इनकी मान्यता प्राचीन काल से ही विवादास्पद रही है, पर भाषीय व्यवस्था में इस तरह स्थान जमाकर बैठे हैं कि अलग 'वर्ण' के रूप में इन्हें मान्यता प्रदान कर इनका विश्लेषण किया जाता रहा है। ये भी उच्चारण में स्वरों की सहायता लेते हैं, पर जहाँ व्यंजन कभी आगे, कभी पीछे से स्वर का सहारा लेते हैं, वहाँ अयोगवाह के सिर्फ पहले आकर स्वर उन्हें सहारा देते हैं।

स्वरों का वर्गीकरण—बाह्य प्रयत्न की दृष्टि से सारे स्वर सघोष, अल्पप्राण तथा आन्तरिक प्रयत्न की दृष्टि से 'विवृत' हैं। तब, वर्गीकरण कैसे हो? 'पाणिनीय शिक्षा' (9-10) ने ध्वनियों के भेद करने के जो पाँच आधार बतलाये हैं—(i) स्वर (उदात्तादि), (ii) काल (मात्रा), (iii) स्थान, (iv) प्रयत्न, (आन्तरिक प्रयत्न), (v) अनुप्रदान (बाहय प्रयत्न)[14]— उनमें प्रथम दो तो वर्ण के भेदक लक्षण बन नहीं सकते, भले वर्ण में गुणों का नयापन डाल दें। चौथे व पाँचवें की 'स्वर' के सन्दर्भ

में तो चर्चा हो ही चुकी। बच गया एक ही—'स्थान'। उसी के आधार पर स्वर-वर्गीकरण हो सकता है। 'करण' को वर्गीकरण का आधार बनाने की बात प्राचीनों को मान्य न थी, जिसे आज पश्चिमी भाषाविज्ञान जिह्वा के अग्र, मध्य, पश्च भाग के रूप में मान रहा है। वह उपेक्षणीय है। हाँ, ओष्ठों की वर्तुलता आदि (जो स्वर-उच्चारण क्रम में बनती है) थोड़ी साफ चीज है; उस पर विचार किया जा सकता है।[15]

उच्चारण-स्थान के अनुसार स्वरों के दो मुख्य भेद हो सकते हैं—

(क) एकल (समान) स्वर/मूल स्वर—एक उच्चारण स्थान से उच्चरित स्वर 'मूल'/एकल/समान स्वर कहलाते हैं। हिन्दी के अ-आ, इ-ई, उ-ऊ, ऋ-ॠ मूल स्वर हैं। इनमें प्रत्येक ह्रस्व-दीर्घ-युग्म को आपस में 'सवर्ण' कहते हैं। जैसे—'अ-आ' सवर्ण हैं। इन स्वरों का स्थानानुसार वर्गीकरण इस प्रकार है—

(i) कण्ठ्य — अ-आ

(ii) तालव्य — इ-ई

(iii) ओष्ठ्य — उ-ऊ

(iv) मूर्द्धन्य — ऋ-ॠ

(ख) मिश्र स्वर/यौगिक स्वर—एकाधिक उच्चारण स्थानों के मिलित प्रयास से उच्चरित स्वर मिश्र/यौगिक स्वर कहलाते हैं। इनमें हैं—

(i) कंठ-तालव्य —ए, ऐ

(ii) कंठ-ओष्ठ्य —ओ, औ

ये स्वर सदा दीर्घ माने गये हैं। इनके ह्रस्व रूप परिनिष्ठत हिन्दी में मान्य नहीं हैं। यदि इनका ह्रस्व रूप करना चाहें तो शिष्ट हिन्दी में ए-ऐ का 'इ' और 'ओ-औ' का 'उ' हो जाता है। शिष्ट हिन्दी या तो ए-ऐ, ओ-औ लिखती है या इ, उ। बीच का रास्ता वह नहीं अपनाती।

मिश्र स्वर उन्हें कहते हैं जिनका उद्‌भव दो विभिन्न स्वरों के वर्णांशों के मिलने से होता है, पर मिलने के बाद वे वर्णांश (पूर्वापर क्रम से) अलग प्रतीत नहीं होते। ए, ओ, ऐ, औ—ये मिश्र स्वर हैं। कुछ लोगों को भ्रम है कि ये क्रमशः अ+इ, अ+उ, आ+ए, आ+ओ[16] अथवा क्रमशः अ+इ, अ+उ, आ+इ+, आ+उ[17]—इन स्वतन्त्र वर्णों के मेल से उत्पन्न हुए हैं। वास्तविकता यह है कि ये 'अ' और 'इ'/ 'उ' के वर्णांशों के मेल से आविर्भूत हुए हैं।

'ए' की रचना 'अ' के अंश+'इ' के अंश के सममात्रिक मिलन से हुई है।

'ओ' की रचना 'अ' के अंश+'उ' के अंश के सममात्रिक मिलन से हुई है।

'ए', 'ओ'—इन दोनों में घटक अंशों का लवण-नीर-संयोग (अप्रत्यभिज्ञेय संयोग) हो गया है। ये 'गुण स्वर' कहलाते हैं।

'ऐ' की रचना भी 'अ' के अंश+'इ' के अंश के मेल से हुई है, पर 'इ'

का अंश 'अ' के अंश से पुष्टतर है।

'औ' की रचना भी 'अ' के अंश+ 'उ' के अंश के मेल से हुई है, पर 'उ' का अंश 'अ' के अंश से पुष्टतर है।

इससे 'ऐ', 'औ' में सन्धि (जोड़) साफ दिखाई पड़ जाती है। ये 'वृद्धि स्वर' कहलाते हैं। 'ए', 'ओ', 'ऐ', 'औ' की स्वतन्त्र वर्ण के रूप में सत्ता असंदिग्ध है। ये उसी प्रकार स्वतन्त्र वर्ण हैं, जिस प्रकार 'महाप्राण' (ख, घ आदि) और नासिक्य व्यंजन (ङ, ञ आदि) स्वतन्त्र वर्ण हैं। इसी से वर्णमाला में इन्हें स्थान दिया गया है, अन्यथा निरन्तरागत स्वरों (स्वर-संयोग) जैसे—'अ-इ', 'अ-उ' की श्रेणी में डाल दिया जाता। 'ए', 'ओ' तो आज भी हिन्दी में संस्कृत की ही तरह मिश्र स्वरवत् उच्चारित होते हैं, यानी मूलस्वर की तरह प्रायः एक झटके में। परन्तु, 'ऐ', 'औ' (जो संस्कृत में मिश्र स्वर ही प्रतिपादित थे) आज हिन्दी में प्रायः संयुक्त स्वरों की तरह ढल गये हैं—क्रमशः 'अय्/अइ', 'अव्/अउ' से बन गये हैं 'ऐ', 'औ'! संस्कृत वाले भी ऐसा ही उच्चारण करने लगे हैं। 'ऋ' का ध्वनिशास्त्रीय विश्लेषण करने पर 'व्यंजनांश+स्वरांश' पाते हैं, यानी 'मिश्र स्वर' भी यह नहीं है; फिर मूलस्वर की इसकी मान्यता है तो केवल व्यवस्था की रक्षा हेतु।

व्यंजनों का वर्गीकरण

उच्चारण-स्थान की दृष्टि से व्यंजन पाँच प्रकार के होते हैं—

(i) कण्ठ्य — क, ख, ग, घ, ङ । ह

(ii) तालव्य — च, छ, ज, झ, ञ। य, श

(iii) मूर्द्धन्य — ट, ठ, ड, ड़, ढ, ढ़, ण। र, ष

(iv) दन्त्य — त, थ, द, ध, न। ल, स

(v) ओष्ठ्य — प, फ, ब, भ, म।

इसी क्रम में, द्विस्थानीय व्यंजन की भी प्राचीन काल में चर्चा चलती आयी है। वह है 'व'। कहा जाता रहा कि 'वकारस्य दन्तोष्ठम्' या 'वकारो दन्तोष्ठ्यः' (पाणिनीय शिक्षा,13) यानी 'व' का उच्चारण-स्थान 'दन्त-ओष्ठ' है। इसकी क्या व्याख्या होगी? कहीं 'दन्त' (स्थान) और निचले ओष्ठ (करण) की मिलित भूमिका से उच्चरित होने के कारण 'व' को 'दन्तोष्ठ्य' तो नहीं कहा गया? परन्तु, हर व्यंजन के उच्चारण में करण की जब वैसी ही भूमिका होती है, तब एक 'व' के लिए ही क्यों करण (निचले ओष्ठ) की चर्चा हुई? 'व' का 'दन्तोष्ठ्य' क्यों कहा? बाकी के लिए भी कहते, जैसे 'ट' का 'मूर्द्धा-जिह्वा' आदि। विचारणीय प्रश्न है। 'दन्तोष्ठ्य' में आया 'ओष्ठ' शब्द करण (अधरोष्ठ) का वाचक है तो 'स्थान' कैसे हुआ? एक विचार यह बनता है कि प्राचीन काल से ही 'ओष्ठ'

ऊपरी होठ का वाचक रहा है, जो स्थान है। निचले होठ का नाम तो 'अधर' (अधरोष्ठ) है। जब बाकी किसी वर्ण के उच्चारण-विवेचन में करण की चर्चा न हुई तो सिर्फ 'व' के लिए क्यों होगी। स्पष्टतः, 'दन्तोष्ठ्य' का 'ओष्ठ' स्थान है। यानी, 'व' के दो स्थान 'ऊपरी ओष्ठ' व 'ऊपरी दन्त' हैं; करण तो अधरोष्ठ है, जिसकी चर्चा उक्त सूत्र में नहीं हो रही है। यह समाधान मानने पर ही 'वकारस्य दन्तोष्ठ्यम्' सूत्र सुलझता है, अन्यथा उलझन बनी रहती है।

दोनों 'बाह्य प्रयत्नों' की दृष्टि से व्यंजनों का वर्गीकरण इस प्रकार से होगा—

(क) प्राणत्व के अनुसार—

(i) अल्पप्राण [य, र, ल, व तथा स्पर्श वर्ग के हर वर्ग के प्रथम-तृतीय व पंचम वर्ण; साथ में 'ड़']

(ii) महाप्राण [श, ष, स, ह तथा हर स्पर्श-वर्ग के दूसरे-चौथे वर्ण; साथ में 'ढ़']

(ख) घोषत्व के अनुसार—

(i) अघोष [श, ष, स तथा प्रत्येक स्पर्श-वर्ग के पहले, दूसरे वर्ण]

(ii) सघोष [य, र, ल, व, ह तथा प्रत्येक स्पर्श वर्ग के तीसरे-चौथे-पाँचवें वर्ण; साथ में ड़, ढ़]

'आन्तरिक प्रयत्न' की दृष्टि से व्यंजनों के तीन वर्ग हैं—

(क) स्पर्श—स्पृष्ट प्रयत्न से उच्चरित व्यंजन। ये 27 वर्ण उच्चारण स्थानानुसार पाँच वर्गों में विन्यस्त हैं—क वर्ग (क, ख, ग, घ, ङ), चवर्ग (च, छ, ज, झ, ञ), टवर्ग (ट, ठ, ड, ड़, ढ, ढ़, ण), तवर्ग (त, थ, द, ध, न) तथा पवर्ग (प, फ, ब, भ, म)। इनमें से च, छ, ज, झ को विदेशी प्रभाव से कुछ लोग 'स्पर्श-संघर्षी' कहने लगे हैं। पर, यह ठीक नहीं है। ये स्पष्टत : 'स्पर्श' ही हैं।[18] ड़, ढ़ को पश्चिमी मत से 'उत्क्षिप्त' कहा गया क्योंकि उच्चारण में जिह्वा तालु के किसी भाग को झटके से मारकर हट जाती है। स्पष्टतः ड, ढ से इनका भेद है।

(ख) ऊष्म—ईषद् विवृत प्रयत्न से उच्चरित व्यंजन। हिन्दी में श, ष, स, ह ऊष्म वर्ण कहे गये हैं। इनके उच्चारण में निःश्वास का जो घर्षण होता है, उससे वह ऊष्म हो जाता है। इसी से इन वर्णों का नाम 'ऊष्म' है। इन्हें भी स्वरों व व्यंजनों के मध्यवर्ती माना जा सकता है। आन्तरिक प्रयत्न की दृष्टि से तो ये 'अन्तःस्थों' की भी अपेक्षा स्वरों के निकट हैं, परन्तु बाह्य प्रयत्न 'अघोष' इन्हें स्वरों से दूर कर देता है।

(ग) **अन्तःस्थ (अर्द्धस्वर)**—ईषत् स्पृष्ट प्रयत्न से उच्चरित व्यंजन। हिन्दी में य, र, ल, व अन्तःस्थ हैं। इनकी अर्द्धस्वरता का सबसे बड़ा प्रमाण यही है कि सन्धि-प्रक्रिया में इन्हें क्रमशः इ, ऋ, लृ, उ में परिणत होते देखा गया है। अन्तःस्थ नाम का कारण यह समझा जाता है कि ये वर्ण 'स्वर' व 'व्यंजन' के बीच में पड़ते हैं। सामान्य प्रयोग में भी इनका इ, ऋ, लृ, उ में 'सम्प्रसारण' होते देख सकते हैं। जैसे—सोसायटी > सोसाइटी।

पश्चिमी भाषाविज्ञान के तर्ज पर आज इनमें से 'र' व 'ल' को क्रमशः 'लुठित' (लोड़ित) व 'पार्श्विक' नाम देकर 'ईषत् स्पृष्ट' वर्ग से अलग किया जा रहा है। पर, ध्यान देने की बात है कि 'लुठितता' व 'पार्श्विकता' से 'ईषत् स्पृष्टता' का विरोध है कहाँ?[19] जिह्वा की नोंक मूर्द्धा को छुए और निःश्वास वायु दोनों पार्श्वों से निकल जाए, तो इस प्रयत्न से उच्चरित वर्ण को 'पार्श्विक' कहा गया है। जिह्वा की नोंक 'वर्त्स' पर एक या एकाधिक बार ठोकर मारती हो, तो इस प्रयत्न से उच्चरित वर्ण को 'लोड़ित' कहते हैं। स्पष्टतः दोनों में 'स्थान' के 'ईषत् स्पर्श' की घटना तो घटती ही है। अतः य, र, ल, व सभी 'ईषत् स्पृष्ट' ही हैं। हाँ, आज का विवेक इनमें से सिर्फ य, व को अर्द्धस्वर का दर्जा देने को तैयार है क्योंकि ये ही स्वर (इ, उ) में सम्प्रसारित होने की क्षमता (हिन्दी में) रखते हैं। 'लृ' तो हिन्दी में व्यवस्था के स्तर पर भी मान्य स्वर नहीं है, तो 'ल' का 'लृ' में सम्प्रसारण वाली बात वैसे ही खारिज हो जाती है। यानी, 'ल' की अर्द्धस्वरता हिन्दी को मान्य नहीं। रही 'ऋ' की बात तो व्यवस्था स्तर पर हिन्दी ने इसे स्वर का दर्जा दिया है, क्योंकि संस्कृतागत कई शब्दों में सन्धि समझाने हेतु 'ऋ' स्वर मानना जरूरी होता है; तभी तो 'ऋ' का 'र' होता है। पर, चूँकि 'र' वर्ण का हिन्दी में 'ऋ' स्वर में सम्प्रसारित होने का उदाहरण नहीं है (जैसे कि 'सोसायटी' से 'सोसाइटी' में 'य' > 'इ' का उदाहरण है), इसलिए हिन्दी 'र' को क्यों अर्द्धस्वर माने? ['ऋ' भी तो स्पष्टतः 'व्यंजनांश+स्वरांश' से बनकर भी सिर्फ व्यवस्था की व्याख्या करने की विवशता में स्वर का दर्जा पाये हुए है।] अतः, हिन्दी में दो ही अर्द्धस्वर 'य', 'व' मान्य हैं, ये ही असली अन्तःस्थ हैं।

'ह' हिन्दी वर्णमाला में वैसे तो 'ऊष्म' वर्ण में शामिल है, परन्तु इस बारे में जो सत्य है, वह इतना सीधा नहीं है। प्राणध्वनि मूलतः 'ह' को ही कहते हैं—ऐसा लगता है। भारतीय परम्परा में 'ह' दो रूपों में मिला है, जिन्हें प्रयत्न-भेद से अलग-अलग 'वर्ण' के रूप में मान्यता मिली है। 'माहेश्वर सूत्र' के 'वर्ण-समाम्नाय' में दोनों का ग्रहण है—

(i) सघोष 'ह'—अन्तःस्थ वर्ग में ('हयवरट्' सूत्र में प्राप्त)

(ii) अघोष 'ह'—ऊष्म वर्ग में ('हल्' सूत्र में प्राप्त)

श, ष, स अघोष 'ह' के ही रूप हैं, जो उच्चारण-स्थान की भिन्नता से अलग वर्ण के रूप में मान्य हैं।[20] प्राणध्वनि 'ह' ही अपने अंश प्रदान कर 'महाप्राण' वर्णों का अस्तित्व बनता है। उपर्युक्त में से प्रथम 'सघोष अन्तस्थ ह' ने अपने अंश प्रदान कर सघोष महाप्राणों [घ, झ, ढ/ढ़, ध, भ] का अस्तित्व बनाया। द्वितीय 'अघोष ऊष्म ह' ने अपने अंश प्रदान कर अघोष महप्राणों [ख, छ, ठ, थ, फ] का अस्तित्व बनाया। हिन्दी भाषा तक आते-आते इन दोनों 'ह'कारों में घाल-मेल हो गया और रह गया एक ही 'ह'—सघोष, पर ऊष्म 'ह'। यानी हिन्दी वालों ने लिया तो अन्तःस्थ वर्ग का (सघोष) 'ह', परन्तु डाल दिया गलती से (अघोष) ऊष्मों के साथ। यह गलती हिन्दी ध्वनि-उच्चारक परम्परा की तो हो नहीं सकती, क्योंकि यदि 'ऊष्म' (ईषद्विवृत) उच्चारण है तो उसमें घोषत्व कैसे होगा, जिससे ऊष्म 'ह' सघोष हो रहा है। यदि ऊष्म है उक्त 'ह' तो उसे अघोष होना चाहिए, अन्यथा 'सघोष' है तो उसे ऊष्म नहीं (अन्तःस्थ) होना चाहिए। इस तरह यह विश्लेषण की भूल है, इसे सुधार लेना चाहिए। अघोष 'ह' का उच्चारण विसर्ग के रूप में जीवित है; पर विसर्ग तो (ऊष्म—अन्तस्थ सब से अलग) 'अयोगवाह' वर्ग का अलग वर्ण मान्य हैं।

अयोगवाह—हमारी भाषा-व्यवस्था में अनुस्वार और विसर्ग दो अलग वर्ण के रूप में मान्य हैं। इनके लिपि-संकेत क्रमशः (ं) व (:) हैं, जिन्हें भ्रमवश कभी इनकी मात्रा कह दिया जाता है। इन्हें 'अयोगवाह' कहे जाने की व्युत्पत्ति इस प्रकार दी जाती रही है कि इनका 'स्वर' व 'व्यंजन' दोनों से मेल नहीं (अयोग) बैठता, फिर भी भाषा-व्यवस्था में इनका वहन किया जा रहा है। ये 'स्वर' नहीं हैं क्योंकि स्वरों की तरह स्वयं उच्चरित होने की क्षमता नहीं रखते, बल्कि स्वरों की बैसाखी पर ही ये उच्चरित होते हैं। ये 'व्यंजन' नहीं हैं, क्योंकि व्यंजनों की तरह सहारा देने के लिए स्वर इनके आगे या पीछे में से कहीं भी नहीं आ सकता, बल्कि स्वर सिर्फ इनके पहले आकर सहारा देता है। जैसे—अं, अः। इनमें (ं) व (:) को सहारा देने के लिए 'अ' पहले आया है। शेष वर्णों की तरह, न तो ये आपसी संयोग कर पाते हैं, न किसी अन्य वर्ण से प्रकृत संयोग। 'अं', 'कः' आदि संयोग नहीं हैं, बल्कि इनके खड़े होने का एकमात्र तरीका है। वैसे तो इनका सही उच्चारण (विशेषकर अनुस्वार का) विवाद का विषय है, परन्तु बहुत पहले से इनका ध्वनिशास्त्रीय विश्लेषण इस रूप में प्राप्त है—

(i) विसर्ग (:)—उच्चारणस्थान कण्ठ। बाह्य प्रयत्न—प्राणता की दृष्टि से महाप्राण; घोषत्व की दृष्टि से अघोष (विवार/श्वास)।

(ii) अनुस्वार (ं)—बाह्य प्रयत्न प्राणत्व की दृष्टि से अल्पप्राण; घोषत्व की दृष्टि से सघोष (संवाद/नाद)। उच्चारण-स्थान पर विवाद है। इसे शुद्ध नासिक्य ध्वनि कहा गया है। परन्तु, नासिका उच्चारण-स्थान तो मानी

नहीं गयी। उच्चारण स्थान है, तो 'करण' भी होना चाहिए।

अनुस्वार व विसर्ग की स्वतन्त्र वर्ण के रूप में मान्यता भी असंदिग्ध नहीं है। विसर्ग का उच्चारण अघोष 'ह' की तरह तथा अनुस्वार का उच्चारण वर्गीय पंचम वर्णों (ङ्, ञ्, ण्, न्, म्) की तरह होते रहा है; इसलिए आश्चर्य नहीं कि कुछ लोग इन्हें व्यंजनों में गिन देते हैं।[21] चाहे जो हो, भाषीय व्यवस्था से इनको हटाना या स्वतन्त्र वर्ण की पदवी से इन्हें बर्खास्त करना भी सम्भव नहीं, क्योंकि इससे भाषा-क्षेत्र में अराजकता ही फैलेगी। अनुस्वार उच्चारण के स्तर पर भले पंचम वर्णों से भिन्न नहीं है, परन्तु ऐसी व्यवस्था की गयी है कि केवल अन्तःस्थ व ऊष्म [य, र, ल, व, श, ष, ह] के संसर्ग में ही उनसे पूर्व, इसकी सत्ता मानी जाए; शेष जगह पंचमवर्ण का प्रयोग मान्य है। जैसे—'संयम' में अनुस्वार रहेगा, क्योंकि आगे 'य' है। पर, 'सङ्ग्राम' में पंचमवर्ण 'ङ्' रहेगा। यह व्यवस्था लेखन में मूर्त थी, पर आज सरलीकरण के खयाल से हिन्दी में सर्वत्र अनुस्वार का राज्य हो चला है।

वर्ण-संयोग/संयुक्त वर्ण [बहुकथित 'संयुक्ताक्षर']—'वर्ण-संयोग' का तात्पर्य 'व्यंजन+स्वर' से नहीं है। वह तो सहज स्थिति है क्योंकि बिना स्वर का सहारा पाये व्यंजन खड़ा ही नहीं हो सकता। यहाँ 'वर्ण-संयोग' का तात्पर्य स्वर-संयोग व 'व्यंजन-संयोग'—इन दो प्रकारों से है।

संस्कृत में 'संयोग' शब्द निरन्तरागत व्यंजनों की स्थिति में चलता है। जैसे—क्+ष (=क्ष), त्+र्+य (=त्र्य) आदि। यानी, जब एकाधिक व्यंजन [बीच में बिना किसी स्वर को लाये] एक-पर-एक आ जाएँ तो वह स्थिति 'संयोग' है। इस प्रकार 'संयुक्त व्यंजन' पैदा होते हैं। हिन्दी में 'संयोग' शब्द को दो या अधिक निरन्तरागत स्वरों की स्थिति में भी प्रयुक्त कर देते हैं। जैसे—'आइए'।

लेकिन, एक बात है। 'व्यंजन-संयोग' का अव्यवहित उच्चारण जहाँ सम्भव है, वहाँ इस कथित 'स्वर-संयोग' का निरन्तर उच्चारण असहज क्या, असम्भव है। दोनों के बीच कुछ ठहराव होने पर ही उच्चारण सम्भव होगा, अन्यथा निरन्तर उच्चारण की कोशिश करने लगें तो अर्द्धस्वर 'य', 'व' स्वतः बीच में कूद आएँगे। जैसे—'आ इ ए' के तीनों स्वरों का निरन्तर उच्चारण करें तो रूप बन जाएगा 'आयिये'। भले लेखन में 'आइए' ही रखें, पर वास्तविक सत्ता 'आयिये' की हुई रहती है। [इस स्थिति में हिन्दी के 'यथाश्रुत लेखन' का सिद्धान्त खंडित हो रहा है। वह तभी बचेगा जब या तो 'आयिये' लिखें भी अथवा 'आइए' को ठहर कर उच्चरित करें।] इसका अर्थ है कि 'स्वर-संयोग' की स्थिति किसी भाषा में सम्भव नहीं, भले लिखित रूप में 'स्वर-संयोग' [संयुक्त स्वर] सत्ता रखता हो। संस्कृत में लिखित रूप में दो ही जगह यह स्थिति है—'तितउः' (अर्थ-चलनी) तथा 'प्रउगम्' (अर्थ-त्रिकोण)। हिन्दी-लेखन में अगणित 'स्वर संयोग' हैं।

'व्यंजन-संयोग' होना तो सदा सम्भव है। एकाधिक व्यंजनों की निरन्तरागत स्थिति से यह पैदा होता है। इस तरह से बने 'संयुक्त' व्यंजन प्रायः आगे विद्यमान एक ही स्वर पर अवलम्बित होकर उच्चरित होते हैं। ऐसी संयुक्तियाँ अगणित प्रकार की हो सकती हैं। पर, कुछ संयुक्तियों के लिए विशेष लिपि-संकेत रहने से यह भ्रम फैलने लगा कि ये स्वतन्त्र वर्ण हैं।[22] जैसे-क्ष (क्+ष), त्र (त्+र),सात ज्ञ (ज्+ञ), द्य (द्+य), श्र (श्+र) आदि। इनके घटक स्वतन्त्र वर्ण हैं, जो पूर्वापर क्रम से स्पष्ट उच्चरित होते हैं। मिश्र स्वरों या मिश्र व्यंजनों ऐ, औ, ख, घ, ङ आदि से इनकी भिन्नता यही है। मिश्र स्वरों या मिश्र व्यंजनों के घटक पूर्ण वर्ण नहीं, वर्णांश हैं तथा ये पूर्वापर नहीं, बल्कि युगपत् उच्चरित होते हैं। 'व्यंजन-संयोग' व्यंजन-द्वित्व रूप में भी आ सकता है। जैसे—'सच्चा' में 'च्चा'।

हिन्दी वर्णमाला

किसी भाषा में विद्यमान समस्त वर्णों की सुसंगत व्यवस्था को वर्णमाला कहते हैं। यह व्यवस्था उस भाषा के प्रयोक्ता समाज के सामूहिक मन में कायम रह सकती है, जो भाषा के लिखित होने पर लिपिबद्ध भी हो सकती है। यह व्यवस्था उस भाषा में वर्णों के उच्चारण-स्वरूप के अनुसार प्राप्त वितरण को देख-परखकर, बड़े गहन विमर्श के पश्चात् अस्तित्व में लायी जाती है।

चौदह माहेश्वर सूत्र ('वर्णसमाम्नाय') संस्कृत भाषा की वर्णमाला ही है, जिसके अपूर्व वैज्ञानिक संयोजन के आगे हम नतमस्तक हैं। अँग्रेजी, अरबी, फारसी, आदि के वर्ण-समूह को यदि हम 'वर्णमाला' कह देते हैं, तो शिष्टाचार-वश ही। इनके वर्णों का क्रम वैज्ञानिक व्यवस्था में बँधा नहीं है, बल्कि वर्णों का बेतरतीब जोड़-जाड़ मात्र है। हिन्दी की वर्णमाला भी वैज्ञानिक क्रम में व्यवस्थित है। उच्चारण-विज्ञान की सूक्ष्म परख का यह कमाल है। इसका स्थूल बाह्य क्रम आभ्यन्तर प्रयत्नानुसार है तथा सूक्ष्म आभ्यन्तर क्रम बाह्य प्रयत्नानुसार।[23] इसके वैज्ञानिक क्रम का विवेचन किया जाता है।

'हिन्दी वर्णमाला' यह है—अ-आ, इ-ई, उ-ऊ, ऋ-ॠ। ए, ऐ, ओ, औ।

अनुस्वार (ं), विसर्ग (:)

क, ख, ग, घ, ङ । च, छ, ज, झ, ञ।

ट, ठ, ड/ड़, ढ/ढ़, ण। त, थ, द, ध, न।

प, फ, ब, भ, म।

य, र, ल, व। श, ष, स, ह।

इसकी व्यवस्थागत विशेषताएँ निम्नलिखित हैं—

(i) आभ्यन्तर प्रयत्न के अन्तर्गत, मुख-विवर में निःश्वास के निर्बाध या सबाध गुजरने को लेकर स्वर व व्यंजन का स्पष्टतः विभेद कर

वर्णमाला में अलग-अलग स्थापना।

(ii) अयोगवाह (अनुस्वार व विसर्ग) सदा स्वरों के पीछे आते हैं, यह देखकर वर्णमाला में इन्हें स्वरों के पीछे रखा गया है।

(iii) व्यंजनों को भी निःश्वास की बाधा की मात्रा के सापेक्ष अन्तर से, तीन वर्गों में बाँटकर 'वर्णमाला' में क्रमशः रखा गया है— (क) स्पर्श (स्पृष्ट प्रयत्न से उच्चरित), (ख) अन्तःस्थ (ईषत् स्पृष्ट प्रयत्न से उच्चरित) और (ग) ऊष्म (ईषद् विवृत प्रयत्न से उच्चरित)।

(iv) स्पर्श वर्ण भी पाँच प्रमुख उच्चारण स्थलों के अनुसार पाँच वर्गों में बँटे हैं। वहाँ भी भीतर से बाहर की ओर, इस क्रम में उच्चारण-स्थलों को देखकर व्यवस्था हुई है।

(क) कवर्ग (कण्ठ), (ख) चवर्ग (तालु), (ग) ट वर्ग (मूर्द्धा), (घ) तवर्ग (दन्त), (ङ) पवर्ग (ओष्ठ)—इस क्रम में संयोजन हुआ है।

(v) पाँचों स्पर्श वर्गों में से हर एक में वे वर्ण पहले रखे गये, जिनके उच्चारण में निःश्वास केवल मुख से निकलता है और वह वर्ण (अनुनासिक) बाद में रखा गया है, जिसके उच्चारण में निःश्वास कुछ मात्रा में मुख से निकलने के बावजूद मुख्यतः नासिका से ही निकले।

(vi) हर स्पर्श-वर्ग में अघोष वर्ग (प्रथम दो वर्ण) पहले रखे गये हैं, सघोष वर्ण (अन्तिम तीन वर्ण; ट वर्ग में ड़, ढ़ सहित अन्तिम पाँच वर्ण) बाद में रखे गये हैं।

(vii) वहाँ भी 'अघोष' वर्णों का प्रथम वर्ण अल्पप्राण, द्वितीय वर्ण महाप्राण है। 'सघोष' में भी क्रम से अल्पप्राण, महाप्राण, अल्पप्राण का विन्यास है। (ट वर्ग में 'ड' के बाद 'ड़' भी अल्पप्राण है, फिर 'ढ' के बाद 'ढ़' भी महाप्राण हैं—यह विशेष स्थिति ड़, ढ़ को शामिल करने का परिणाम है।)

(viii) अन्तःस्थ के सारे वर्ण सघोष, अल्पप्राण हैं। पर, इनका अन्तःक्रम बना है 'भीतर से बाहर की ओर' के क्रम में उच्चारण-स्थानों को देखकर। देखें—

य (तालु)—र (मूर्द्धा)—ल (दन्त)—व (ओष्ठ)। 'व' को दन्तोष्ठ्य माना गया है, तो भी क्रम निभ ही रहा है।

(ix) लगता है, ऊष्म वर्णों में 'अघोष-सघोष' इस क्रम के निर्वाह के लिए कंठ्य 'ह' को पीछे रख दिया गया है, किन्तु शेष तीनों (श, ष, स) का क्रम उच्चारण-स्थानानुसार रख गया। [अथवा, जैसा कि पहले कहा गया है, हिन्दीवालों ने अन्तस्थः वर्ग का सघोष 'ह' लेकर उसे 'ऊष्म' के

खाते में डाल दिया। इससे भी यह क्रम-भंग हुआ होगा—कंठ्य 'ह' को पीछे करना पड़ा। इसका सुधार प्रस्तावित वर्णमाला में किया जाएगा।]

(x) स्वरों में एकल (एकस्थानीय/मूल) स्वर पहले हैं—अ, आ, इ, ई, उ, ऊ, ऋ, ॠ। मिश्र स्वर बाद में हैं—ए, ऐ, ओ, औ।

(xi) एकल स्वरों में वास्तविक स्वर पहले हैं—'अ' से 'ऊ' तक; अवास्तविक स्वर (व्यंजनांश मिले स्वर) बाद में—ऋ-ॠ।

(xii) एकल स्वरों की व्यवस्था उच्चारण-स्थान क्रम से हुई है—कंठ्य (अ, आ), तालव्य (इ-ई), ओष्ठ्य (उ-ऊ), मूर्द्धन्य (ऋ-ॠ)। (मूर्द्धा के बाद ओष्ठ होता है। प्रस्तावित वर्ण-माला में सुधार कर रखा जाएगा।)

(xiii) वास्तविक या अवास्तविक स्वरों के हर जोड़े में ह्रस्व स्वर पहले है; दीर्घ बाद में।

(xiv) मिश्र स्वरों को भी दो जोड़ों में रखा गया है, समान उच्चारण-स्थान को देखकर। ए-ऐ, ओ-औ। इस जोड़े का क्रम भी इस तरह आगे-पीछे है कि कंठ्य-तालव्य पहले है; कंठ-ओष्ठ्य बाद में। कारण. तालु पहले होता है ओष्ठ से।

(xv) अयोगवाह में भी अल्पप्राण (अनुस्वार) पहले है, महाप्राण (विसर्ग) बाद में। यानी, सघोष (अनुस्वार) पहले, अघोष (विसर्ग) बाद में है।

हिन्दी वर्णमाला का प्रस्तावित प्रारूप

हिन्दी वर्णमाला का लोक-प्रचलित नाम 'ककहरा' है, यानी 'ककाराः'। 'क' कार से शुरु करने पर, उसी जैसे सभी वर्णों का बोध 'ककार' के बहुवचन 'ककाराः' शब्द से कराया जा सकता है।

हम आगे जो 'वर्ण-क्रम' प्रस्तावित कर रहे हैं, वह 'क' से शुरु किया गया है। यानी पहले व्यंजन, फिर स्वर आये हैं। 'व्यंजन' को खड़ा करते हैं, पीछे से आकर स्वर ही। यह तर्क यहाँ निकाल सकते हैं। फिर, स्वर के पश्चात् आकर ही 'अयोगवाह' अस्तित्ववान् होता है। इसी से 'अयोगवाह' स्वरों के बाद आये हैं। अन्तःस्थ का अर्थ 'स्वर' व 'व्यंजन' के बीच में स्थित है, अतः वर्णमाला में इन्हें वैसे ही रखा गया है।

इस वर्णमाला में 'ह' को ऊष्म अन्तःस्थ के बीच में इसलिए रखा गया, ताकि अपने इच्छानुसार उसे अघोष ऊष्मों के साथ या सघोष अन्तस्थों के साथ डाला जा सके। अथवा यह माना जा सके कि दो 'ह' हैं—अघोष ऊष्म एवं सघोष अन्तःस्थ, जिनका संकेत एक ही लिपि-चिह्न से है। इस प्रकार वर्णमाला का प्रस्तावित विन्यास बहुसम्भावी-बहुविकल्पी है

इस वर्णमाला में इ, ऋ, उ—यह क्रम य, र, (ल), व के साथ उन का सम्बन्ध दिखलाने हेतु रखा गया है। इससे उच्चारण-स्थान क्रम का भी पालन हो जाता है। नीचे 'हिन्दी वर्णमाला' का प्रस्तावित प्रारूप प्रस्तुत है—

व्यंजन

	मुख-द्वार से निःश्वास निकलना				मुख-नासिका से निःश्वास निकलना
	अल्पप्राण	महाप्राण	अल्पप्राण	महाप्राण	अल्पप्राण
कंठ्य	क	ख	ग	घ	ङ
तालव्य	च	छ	ज	झ	ञ
मूर्द्धन्य	ट	ठ	ड/ड़	ढ/ढ़	ण
दन्त्य	त	थ	द	ध	न
ओष्ठ्य	प	फ	ब	भ	म
विवार/श्वास-जन्य (अघोष)			संवार/नाद-जन्य (सघोष)		

ऊष्म			×	अन्तःस्थ			
तालव्य	मूर्द्धन्य	दन्त्य	कंठ्य	तालव्य	मूर्द्धन्य	दन्त्य	ओष्ठ्य (दंतोष्ठ्य)
श	ष	स	ह	य	र	ल	व
महाप्राण	महाप्राण	महाप्राण	महाप्राण	अल्पप्राण	अल्पप्राण	अल्पप्राण	अल्पप्राण
←— अघोष —→			×	←— सघोष —→			

स्वर

	कंठ्य	तालव्य	मूर्द्धन्य	दन्त्य	ओष्ठ्य	
सभी सघोष, अल्पप्राण	अ/आ	इ/ई	ऋ/ॠ	'लृ' संस्कृत में। हिन्दी में नहीं।	उ/ऊ	एकल स्वर

	कंठ-तालव्य	कंठ-ओष्ठ्य		
सभी सघोष अल्पप्राण	ए	ओ	गुण स्वर	मिश्र स्वर
	ऐ	औ	वृद्धि स्वर	

अयोगवाह	अनुस्वार ं	विसर्ग :
	सघोष, महाप्राण	कंठ्य, अघोष, महाप्राण

सन्दर्भिका

1. ''उच्चारण में कर्ता, श्रोता, स्थान, काल, पूर्वापर ध्वनियों के सान्निध्य आदि के भेद से एक 'अ' या 'क' ध्वनि के अनन्त भेद हो जाते हैं; 'अ' व्यक्ति या 'क' व्यक्ति सैकड़ों-सहस्रों हैं, परन्तु उन सब ध्वनि-व्यक्तियों में 'अ' या 'क' वर्ण अर्थात् जाति, अर्थात् अत्व या कत्व एक ही रहता है; जैसे करोड़ों मानवों में एक मानवत्व भारतीयों में एक भारतीयत्व, छात्रों में एक छात्रत्व, गौओं में एक गोत्व, वस्त्रों में एक वस्त्रत्व आदि।...भारत के वैयाकरणों ने इन ध्वनियों को वर्ण (जाति) नाम देकर आरम्भ से ही यह तथ्य स्पष्ट कर दिया है।''—'हिन्दी भाषानुशासन'/पृष्ठ 76
2. 'गीता' 10/33
3. ''अकारो वै सर्वा वाक्, सैषा स्पर्शोष्मभिर्व्यंज्यमाना बहवी नाना रूपा भवति।'' (ऐतरेय आरण्यक 2/3/6) यानी, समस्त वाणी 'अकार' स्वरूप है—यह 'अ' ही विविध स्पर्श तथा ऊष्म से व्यंज्यमान होकर नाना वर्णों में परिणत होता है।
4. हिन्दी शब्दानुशासन, पृष्ठ 72
5. 'हिन्दी भाषा का विकास', पृष्ठ 13 पर आचार्य देवेन्द्रनाथ शर्मा + डॉ. रामदेव त्रिपाठी ने जोन्स की मानस्वर प्रणाली को खोखला सिद्ध किया है।
6. 'हिन्दी व्याकरण-मीमांसा', पृष्ठ 60
7. ''विदेशी शब्दों को हमारी उच्चारण-परम्परा और ध्वनि-परिवर्तन के सिद्धान्त के अनुकूल होकर ही आना चाहिए। किसी शब्द का परिनिष्ठित रूप वह है, जो हमारे ध्वनि-संस्कार के सिद्धान्तों के अनुकूल है। प्रत्येक भाषा के तत्सम उच्चारण को हम लेने लगेंगे तो हमारे बूते का वह कार्य भी नहीं हो सकेगा और अराजकता तो आएगी ही।''—आचार्य हजारी प्रसाद द्विवेदी ('हिन्दी तथा अन्य भाषाएँ' लेख/ 'विचार और वितर्क' से)
8. 'भुवनवाणी ट्रस्ट' (मौसम बाग, सीतापुर रोड, लखनऊ) का 'विश्वनागरी' की दिशा में सुन्दर प्रयास है। वह तमाम भाषाओं की कृतियों (बाइबिल, क़ुरान, कम्बरामायण, गुरुग्रन्थसाहिब आदि) को मूल लिपि के साथ 'परिवर्द्धित देवनागरी' (जो उसकी अपनी खोज है) में उतार रहा है।
9. हिन्दी-व्याकरण-मीमांसा, पृष्ठ 58
10. पाणिनि, पतंजलि सबने 'वर्ण' व 'अक्षर' को समान अर्थ में प्रयुक्त किया है। 'गीता' (10/33) में भी 'वर्ण' के अर्थ में 'अक्षर' का प्रयोग किया गया है। पर, आधुनिक भाषाविज्ञान ने 'सिलेबल' के अर्थ में 'अक्षर' का प्रयोग निश्चित कर दिया है और 'स्वन-जाति' (क, ख, ग आदि) को 'वर्ण' कहना जारी रखा है। सिलेबल (अक्षर) एक साँस (झटके) में उच्चरित हो सकनेवाले ध्वनि-समूह का नाम है। जैसे—आम्, कल् आदि। 'अब तक' में दो सिलेबल हैं—अब्, तक्। हर सिलेबल में कम से कम

एक स्वर अवश्य रहता है, हाँ व्यंजन एकाधिक हो सकते हैं।

11. ''ध्वनि या भाषा श्वसन-क्रिया की उपजात (बाइ-प्रोडक्ट) है...सारी बौद्धिक उपलब्धि इसी उपजात का परिणाम है।''—आचार्य देवेन्द्रनाथ शर्मा ('भाषाविज्ञान की भूमिका' पृष्ठ 198)
12. ''आत्मा बुद्ध्या समेत्यार्थान् मनो युङ्क्ते विवक्षया।
    मनः कायाग्निमाहन्ति स प्रेरयति मारुतम्॥'' ('पाणिनीय शिक्षा',6)
13. 'भाषाविज्ञान की भूमिका', पृष्ठ-206
14. ''...विभागः पंचधा स्मृतः
    स्वरतः कालतः स्थानात् प्रयत्नानुप्रदानतः।'' —'पाणिनीय शिक्षा', 9-10
15. उच्चारण-समय ओष्ठों की स्थितियों के आधार पर स्वरों के तीन वर्ग आधुनिक भाषाविज्ञान ने बनाये—
    (i) प्रसृत—ओष्ठों की स्वाभाविक खुलेपन की स्थिति में उच्चरित। इ-ई, ए-ऐ।
    (ii) वर्तुल—ओष्ठों की गोलाकार स्थिति में उच्चरित। उ, ऊ, ओ, औ।
    (iii) अर्धवर्तुल—ओष्ठों के आधे गोलाकार होने की स्थिति में उच्चरित। ऐसा स्वर 'आ' है।
16. 'हिन्दी-व्याकरण' (—गुरु), पृ. 31
17. 'हिन्दी भाषा का उद्‌गम और विकास' (—उदय नारायण तिवारी)
18. ''स्पर्श-संघर्षी के उदाहरण होंगे—याच्ञा और ज्येष्ठ में 'च्ञा' औ 'ज्ये', जिनके उच्चारण में स्पर्श के साथ घर्षण भी होता है।''—'भाषाविज्ञान की भूमिका', पृष्ठ-208
19. ''यदि दोनों पार्श्वों में स्पर्श होने पर भी मध्य में मार्ग छूटा रह जाने के कारण 'व' अन्तःस्थ कहा जा सकता है तो मध्य में स्पर्श होने पर भी दोनों पार्श्वों में मार्ग छूटा रहने से 'ल' अन्तःस्थ क्यों नहीं कहा जाएगा?''—'हिन्दी भाषा का विकास', पृष्ठ 39-40
20. ''ह तो सभी महाप्राणों का प्राण है।...चाहे जिस 'अल्पप्राण' को भी यह 'महाप्राण' बना देता है। ऊष्म वर्णों का यह सिरताज है। हिन्दी में 'श्' तथा 'ष्' प्रायः 'स्' के रूप में बदल जाते हैं और इसका स्थान प्रायः 'ह' लिया करता है।''
    —पंडित किशोरीदास वाजपेयी ['हिन्दी निरुक्त', पृष्ठ 15-16 तथा 'भारतीय भाषाविज्ञान', पृष्ठ 40]
21. ''वास्तव में अनुस्वार और विसर्ग दोनों व्यंजन के ही रूपान्तर हैं...(ये व्यंजनों से ही विकसित होते हैं और व्यंजनों में ही परिणत)।''—डॉ. रामदेव त्रिपाठी ['हिन्दी भाषानुशासन', पृ. 81]
22. जैसा भ्रम डॉ. अनन्त चौधरी को हुआ, जिससे वे 'क्ष्', 'ज्ञ्' को मिश्र वर्ण घोषित कर बैठे। ['नागरी लिपि और हिन्दी वर्तनी'/पृष्ठ 201-203] मिश्र वर्ण तो ए, औ ख, ङ आदि को माना जाता है। यानी महाप्राण व नासिक्य व्यंजन भी मिश्र वर्ण हैं।
23. 'हमारी वर्णमाला—वैदिक काल के भारतीय गरड़िए और उनका ज्ञान-विज्ञान'—जगदीशाचार्य, पृष्ठ 18-19

अध्याय–4

सन्धि–चर्चा

'सन्धि' को 'संहिता' भी कहते हैं। यह उस वर्ण-परिवर्तन विशेष का नाम है, जो किसी भाषा में लगातार आये दो ऐसे वर्णों की स्थिति में घटता है, जिनका लगातार (अव्यवहित) उच्चारण करना सम्भव न हो।[1] लगातार उच्चारण करना इसलिए असम्भव हो जाता है, क्योंकि उन वर्णों की स्थान, प्रयत्न सम्बन्धी स्थितियाँ इतनी भिन्न या विलक्षण होती हैं कि एक वर्ण का उच्चारण सम्पन्न करने के तुरत बाद दूसरे वर्ण के उच्चारण-प्रयत्न में लगते हुए, हमारी वागिन्द्रियाँ पस्त हो जाती हैं। वे थोड़ा ठहराव माँगती हैं, जिससे उच्चारण-प्रवाह टूटने लगता है। तब, उस प्रवाह को बरकरार रखने के लिए हम उन दो वर्णों की उस स्थिति में अनायास कुछ विकार या परिवर्तन ला देते हैं। वही विकार/परिवर्तन 'सन्धि' है। उदाहरण—'अति आचार' ऐसा प्रयोग भाषा में यदि आ रहा है तो लगातार उच्चारण करने की कोशिश में हमारा उच्चारण-प्रवाह 'अति' के 'इ' के बाद टूट जाता है, क्योंकि आगे विद्यमान 'आचार' के 'आ' को सद्यः उच्चारित नहीं कर पाता। कारण, हमने पीछे समझा है कि दो लगातार स्वर उच्चरित नहीं हो सकते। यहाँ आये इस संकट को दूर करने के लिए हम अनायास तौर पर 'इ' की जगह अर्द्धस्वर 'य्' को ला देते हैं, जिससे उच्चारण सुगम हो जाता है—'अति (अत्+इ)' की जगह 'अत्+य्=अत्य्' कर देते हैं; उसके आगे 'आचार' है। पूरा उच्चारण 'अत्याचार' होता है, लगातार (अव्यवहित) उच्चारण। वर्ण-परिवर्तन की यही स्थिति सन्धि है। यह स्थिति दो व्यंजनों में या एक स्वर व एक व्यंजन के बीच भी आ सकती है। 'खरीददार', बोलने की कोशिश में हमारा उच्चारण-प्रवाह लगातार दो 'द' पर टूटता है, तो हम अनायास एक 'द' का लोप कर 'खरीदार' बना उच्चारण-प्रवाह जारी रख लेते हैं। यह भी सन्धि है। इसी प्रकार 'तत् अवसर' प्रयोग में 'त्-अ' के बीच शिथिल हो रहे प्रवाह के रक्षार्थ हम अनायास 'त्' को 'द्' में बदल देते हैं। तब बना प्रयोग 'तदवसर' सुखोच्चार्य होता है। यहाँ एक बात ध्यातव्य है कि प्रवाह के रक्षार्थ हो रहा यह परिवर्तन (सन्धि) कुछ हद तक व्यक्ति-सापेक्ष है। अर्थात् एक ही प्रसंग में किसी व्यक्ति की सुविधा (प्रवाह-रक्षार्थ किये

गये) किसी विशेष परिवर्तन में हो सकती है, तो किसी अन्य व्यक्ति की सुविधा किसी अन्य प्रकार से परिवर्तन में हो सकती है। यानी सन्धि के नियमों में विकल्प की गुंजाइश है। तथापि, जो वर्ण-परिवर्तन (औसत रूप से) प्राकृतिक होते हैं, वे हर व्यक्ति या भाषा में समान रूप से घटते हैं। सन्धि मूलतः अनायास घटना है, परन्तु यदा-कदा उच्चारण-सौकर्य बनाये रखने हेतु किंचित् विचार या प्रयास से भी वर्ण-परिवर्तन किये जाते रहे हैं। सन्धिगत वर्ण-परिवर्तन कुछ इस रूप में होता है कि नवागत वर्ण पूर्वोक्त वर्णों के स्थान-प्रयत्न से यथासम्भव निकट रहें, ताकि शब्दों की मौलिकता यथासम्भव बची रहे।

भाषा में प्रयुक्त हुए दो वर्णों की निरन्तरता यदि उच्चारण में खंडित होने लगे, तब सन्धि घटती है—इस तथ्य से स्पष्ट है कि वे निरन्तरागत दो वर्ण, दो निरन्तरागत पदों (शब्दों) के क्रमशः अन्त्य व आदि वर्ण के रूप में ही होंगे। कारण यह कि भाषा में 'पद' ही चलते हैं, प्रत्यय आदि शब्दांश नहीं चलते। 'लड़' और 'आई' भाषा में नहीं चलते, बल्कि व्युत्पन्न शब्द 'लड़ाई' पद रूप में ढलकर चलता है। इसी से 'लड़ाई' को हम 'सन्धि' के उदाहरण में न गिनेंगे। सन्धि भाषागत दो निरन्तर पदों के दो वर्णों (अन्त्य+प्रथम वर्ण) की स्थिति में अनायास घटती है। उन पदों की व्युत्पत्ति-प्रक्रिया की व्याख्या में प्रयुक्त की गयी सन्धि-प्रक्रिया को हम सन्धि का उदाहरण नहीं मानेंगे। सन्धि भाषा प्रयोग में होती है, अनायास होती है; जबकि व्युत्पत्ति (व्युत्पादन) भाषा-प्रयुक्त पदों का 'प्रकृति-प्रत्यय' कल्पना द्वारा विश्लेषण है अथवा प्रकृति-प्रत्यय (या समास-प्रक्रिया) द्वारा नयी प्रकृति (शब्द) के निर्माण की घटना, जो भाषा-प्रयोग प्रवाह के सापेक्ष बाह्य घटना है। 'सन्धि' वर्ण-सामीप्यवश अनायास घटा वर्ण-परिवर्तन है, न कि प्रकृति-प्रत्यय योग से साभिप्राय व्युत्पादन के प्रयास में घटित कराया गया वर्ण-परिर्वतन। 'नयन' को हम सन्धि का उदाहरण नहीं कहेंगे। 'नी' धातु (ने)+'अन' प्रत्यय के रूप में, भाषा-प्रयुक्त इस पद की व्युत्पत्ति स्पष्ट करने में, भले हम अयादि सन्धि-प्रक्रिया का उपयोग कर लेते हैं; पर चूँकि 'ने (नी)' और 'अन' भाषा-प्रयोग में नहीं आते (आता है तो पद 'नयन' ही) इसलिए यहाँ सन्धि नहीं मानी जा सकती। इसी तरह, 'बनना' से 'बनाना' में किया गया वर्ण (ध्वनि)-परिवर्तन, 'व्युत्पत्ति' हेतु किया गया साभिप्राय सायास परिवर्तन है, जो भाषा-प्रयोग से बाह्य घटना है। यह भी 'सन्धि' नहीं है। इसी तरह 'लड़का' के पद रूप 'लड़के (ने)' में हुआ वर्ण परिवर्तन [लड़का+ए] भी सन्धि का उदाहरण नहीं। यह तो साभिप्राय व्याकरणिक परिवर्तन है (रूपायन), जो प्रयासजन्य है। यदि **वर्ण**-सामीप्य वश परिवर्तन होता तो 'लड़का+ए' से 'लड़काये' होता। रही बात, **'भक्त'** आदि के उच्चारण सौकर्य हेतु 'भगत' बनने की—'क्-त्' के बीच 'अ' के आने की तो, स्पष्ट है कि यह भी सन्धि नहीं है। कारण, एक ही पद के भीतर हुआ है यह

और उच्चारण असम्भव न था, बल्कि कुछ लोगों के लिए असुविधाजनक है 'क्त' कहना। हाँ, 'उपाहार (उप+आहार)' में सन्धि है, क्योंकि 'उप' उपसर्ग है और उपसर्ग पद-विभाग विशेष है। हिन्दी में भी इसका स्वतन्त्र शब्द वत् प्रयोग 'उप सभापति' आदि में है ही। 'सन्धि' का शेष (सायास, अनायास) घटित वर्ण-परिवर्तनों से भेदक लक्षण है—

(i) वर्ण-परिवर्तन वर्ण-सामीप्य वश, अनायास हो, न कि प्रत्यय आदि या किसी अन्य व्याकरणिक कारण (रूपायन) से।

(ii) वर्ण-परिवर्तन भाषा-प्रयुक्त दो निरन्तरागत पदों (शब्दों) के क्रमशः अन्त्य-आदि वर्णों के सामीप्य के प्रसंग में घटित हो।

'संयोग' से भी 'सन्धि' की एकदम भिन्नता है। 'संयोग' में वर्णों की केवल निरन्तरता होती है (जैसे—क्ष/क्ष, ज्ञ/ज्ञ, ट्र, श्र आदि), जबकि सन्धि में इस निरन्तरता का प्रतिफल वर्ण-परिवर्तन के रूप में घटता है। जैसे—'अब ही' का 'अब् ही' होते 'अभी' हो जाना। दूसरी बात, 'संयोग' केवल व्यंजनों का हो सकता है (स्वरों का संयोग असम्भव है, क्योंकि निरन्तर उच्चारण ही उनका असम्भव है। भले 'आ इ ए' लिखने में चल जाये, पर उच्चारण में सन्धि-प्रक्रिया इसमें भी घट जाती है, 'आयिये' हो जाता है); परन्तु 'सन्धि' स्वर-व्यंजन सबकी होती है।

संस्कृत-भाषी समाज के संश्लेषणात्मक स्वभाव के कारण, संस्कृत भाषा में सन्धि का प्राचुर्य है। उच्चारण प्रवाह में ठहराव की स्थिति उसे स्वीकार्य नहीं है, वह तत्काल 'सन्धि' करके प्रवाह जारी कर देता है। इसी से, भाषा में आये पदों में तो जुड़ाव होता ही है, दो वाक्यों में भी जुड़ाव हो जाता है; यदि 'सन्धि' की परिस्थिति घटे तो। इसी से आश्चर्य नहीं होना चाहिए कि 'संस्कृत-व्याकरण' में सन्धि की विवेचना सबसे विस्तृत व गहन हुई है। भाषा में सन्धि की स्थिति बहुधा एक स्वतः घटित नैसर्गिक घटना है और संस्कृत-व्याकरण ने उसी का ध्यान रखकर प्रायः नियम निर्धारित किये हैं। इसी से पंडित किशोरीदास वाजपेयी का यह कथन उचित ही है कि 'संस्कृत की सन्धियाँ सार्वभौम स्थिति रखती हैं।'[2] सन्धियाँ होतीं तो कमोबेश सभी भाषाओं में है,' परन्तु अन्य भाषाओं में इतने विस्तार से सन्धि-विचार की प्रथा नहीं है।

संस्कृत की अपेक्षा हिन्दी वियोगात्मक वर्ग की भाषा है। इसी से वह उसकी तरह 'सन्धि' की प्रचंड प्रेमी नहीं; हालाँकि उसे 'सन्धि' से एकदम परहेज भी नहीं है। दो पदों के बीच वर्ण-सामीप्य की ऐसी स्थिति बनने पर, कई बार देखा गया है कि हिन्दी अवग्रह (ठहराव) का सहारा लेकर उच्चारण भले कर ले, परन्तु 'सन्धि' करने से स्वयं को बचाती है। उदाहरण-स्वरूप, समास रहने पर यदि 'सन्धि' की स्थिति बन रही हो तो जहाँ संस्कृत में सन्धि लगभग अनिवार्य होती

है, वहीं हिन्दी ने ऐसी अनिवार्यता नहीं रखी है। हिन्दी पद-पद को स्पष्ट प्रतीयमान देखने की ज्यादा पक्षधर है, इसलिए 'सन्धि' की अनिवार्यता उसने नहीं रखी है। वहाँ, सन्धि करना ऐच्छिक है। वैसे तो 'प्रकृतिभाव' के रूप में 'कुछ' ऐच्छिकता संस्कृत में भी मानी गयी थी,[4] पर हिन्दी ने इसी 'कुछ' को 'बहुत' में बदल लिया है। वैसे उचित यही है कि सन्धि करने से मूलशब्द (पद) ज्यादा विकृत होते दिखें तो थोड़ा ठहरकर उच्चारण कर लेना उचित है; न कि सन्धि करना। हिन्दी ने पद की स्पष्टता का ख्याल ज़्यादा किया है, तथा इसी के तहत कई बार 'सन्धि' मानकर भी संस्कृत-नियमों का ख्याल छोड़कर अपनी सुविधा से सन्धि की। जैसे—नारी+उचित=नारियोचित भी चलने लगा है। संस्कृत नियम से 'नार्योचित' होना संगत था। इसी तरह, 'स्त्रियोचित' (स्त्री+उचित) रखा है, न कि 'स्त्र्युचित'। पद को अस्पष्टता से बचाना मुख्य चिन्ता लगती है। तो भी संस्कृत से गृहीत शब्दों को हिन्दी संहित रूप में ही प्रयुक्त करती है। इतना ही नहीं, बल्कि उसी की पद्धति पर नवीन शब्द (पद) व्युत्पादित भी करती है। हाँ, यदि समास-प्रक्रिया द्वारा नये शब्द गढ़ती है तो सन्धि वहाँ ऐच्छिक होती है।

वर्ण (ध्वनि)-परिवर्तन और सन्धि

'सन्धि' का स्वरूप 'वर्ण-परिवर्तन' है, जो शब्द के वर्णमय रूपाकार में भी परिवर्तन लाता है। शब्द के रूपाकार में बदलाव के कई कारण एवं प्रकार हैं; पर इन प्रकारों की प्रमुखता है—

(क) व्याकरणिक परिवर्तन [प्रयोगवश/साभिप्राय/सायास परिवर्तन]

(ख) उच्चारण-सौकर्य/उच्चारण-प्रवाह के रक्षार्थ अनायास घटित परिवर्तन।

'व्याकरणिक परिवर्तन' को 'रूप-स्वनिमिक परिवर्तन' भी कहते हैं। शब्द (प्रकृति) के रूपायन (पद-रूप चलने) अथवा समास या प्रत्यय-योग द्वारा नये शब्द (प्रकृति) के व्युत्पादन प्रसंग में हुआ वर्ण-परिवर्तन 'व्याकरणिक' कहलाता है। वह वर्ण-परिवर्तन प्रत्यय/विभक्ति के वैशिष्ट्य से होता है, (न कि वर्ण-सामीप्य मात्र से) जो रूपगत इकाइयों द्वारा नियन्त्रित होता है। जैसे—आ+आ=आया। (य् का आगम)। 'रघु' से 'राघव' हो जाना। 'महान् देव' का समास में 'महादेव' बन जाना (न् का लोप)। 'पढ़ना' से 'पढ़ाना', 'पढ़वाना' हो जाना। 'लड़का' से 'लड़के', 'लड़की' से 'लड़कियाँ' हो जाना। 'नी+अन' का 'नयन' हो जाना। 'लता' से 'लताओं (को)' हो जाना। आदि।

कुछ लोग अविद्या, निर्धन आदि को भी प्रयोगवश रूपान्तर कह सकते हैं, परन्तु स्पष्ट हो जाना चाहिए कि 'अविद्या' में वर्ण-परिवर्तन कहाँ हुआ है? इसी तरह,, 'निर्+धन=निर्धन' में भी वर्ण-परिवर्तन नहीं हुआ है। यदि 'निस्+धन' से मानें तो कहेंगे कि 'निस्' का 'निर्' वर्ण सामीप्य-वश घटित (सन्धि का

उदाहरण) है; व्याकरणिक परिवर्तन कहाँ है!

'उच्चारण-सौकर्य' (प्रयत्न-लाघव) अथवा उच्चारण-प्रवाह के रक्षार्थ घटित वर्ण-परिवर्तन दो प्रकार से होता है—(i) सन्धि और (ii) सन्धीतर—दोनों में वर्णागम, वर्णलोप, वर्ण-विकार की घटनाएँ होती हैं। 'वर्ण-विपर्यय' 'सन्धि' में तो नहीं होता, पर 'सन्धीतर' में होता है। साथ ही, स्वरभक्ति, समीकरण व विषमीकरण भी 'सन्धीतर' में होते हैं। 'सन्धि' तो भाषाप्रयोग में विद्यमान पदों के अन्त्य+आदि वर्णों के प्रसंग में अनायास घटा वर्ण-परिवर्तन है। 'सन्धीतर' प्रयत्नलाघव वश किसी भी स्थिति में स्वतः घटा वर्ण-परिवर्तन है। जैसे—'स्तम्भ' के उच्चारण में कठिनाई हुई कि 'अस्तम्भ' बोलने लगे। (वर्णागम)॥ 'ज्येष्ठ' को 'जेठ' कहने लगे। (वर्ण लोप)॥ 'स्तन' को 'थन' कहने लगे। (वर्ण-विकार)॥ 'डूबना' को 'बूड़ना' कहने लगे। (वर्ण-विपर्यय)॥ 'भक्त' को 'भगत' कहने लगे। (स्वरभक्ति)॥ 'निद्रा' को 'नींद' कहने लगे। (समीकरण)॥ 'कंकण' को 'कंगन' कहने लगे। (विषमीकरण)॥ ये 'सन्धीतर' के उदाहण हैं। ऐतिहासिक धरातल पर ध्वनि-परिवर्तन (शब्द-विकास) 'सन्धीतर' की प्रक्रिया से होता है।

सन्धि की परिभाषा और दिशाएँ

'सन्धि' पर इतने विचार-विमर्श के बाद यदि हम उसकी एक सुनिश्चित परिभाषा देना चाहें तो कह सकते हैं कि "**भाषा-प्रयोग में लगातार आये दो पदों के क्रमशः अन्त्य व आदि वर्णों की स्थिति जब ऐसी हो कि उनका लगातार उच्चारण कर पाने में हमारे उच्चारणांग असमर्थ हो जाएँ और उच्चारण-प्रवाह टूट जाए, तब प्रवाह को बनाए रखने के लिए हमसे जो अनायास वर्ण (ध्वनि) परिवर्तन घटित हो जाता है, उसे सन्धि कहते हैं। परिवर्तन से आनेवाले वर्ण स्थान व प्रयत्न की दृष्टि से पहले मौजूद वर्णों के यथासम्भव निकट होते हैं।**" इस परिभाषा में आये 'दो पदों' से यह भ्रम नहीं होना चाहिए कि दो से अधिक लगातार आये पदों में सन्धिगत जुड़ाव नहीं हो सकता। 'सत्-चित्-आनन्द' में तीन शब्द हैं, सन्धि बाद 'सच्चिदानन्द' हो गया। वस्तुतः 'दो पद' इसलिए कहा गया, क्योंकि जिन निरन्तरागत दो वर्णों में सन्धि होती है, वे दो ही निरन्तरागत पदों के क्रमशः अन्त्य-आदि वर्ण होते हैं। 'सत्-चित्' के 'त्+च' में सन्धि हुई, तो ये दो ही शब्द (पद) हैं। फिर, 'चित्-आनन्द' के 'त्+आ' में सन्धि हुई तो ये दो ही शब्द (पद) हैं। इस तरह समझना चाहिए।

दो निरन्तरागत वर्णों के बीच उच्चारण-प्रवाह इन स्थितियों में से कभी टूट सकता है—

(i) जब कभी दो लगातार स्वर आ जाएँ, तो प्रवाह टूटना ही टूटना है। जैसे—'हरि-इच्छा' में 'इ+इ' की स्थिति में प्रवाह खंडित हो जा

रहा है।

(ii) कभी दो व्यंजन भी ऐसे हो सकते हैं, जिनके बीच प्रवाह टूटता है। जैसे—'उत् (उद्)-स्थान' में 'त्-स्' के बीच।

(iii) वैसे तो व्यंजन तभी उच्चरित होते हैं, जब स्वर आगे/पीछे आएँ; पर कभी ऐसा भी होता है कि व्यंजन के बाद स्वर आने से प्रवाह टूट जाता है। जैसे—'चित्-आनन्द' में 'त्-आ' के बीच।

(iii) अनुस्वार व विसर्ग के बाद भी स्वर या व्यंजन के आने से निश्चित रूप से प्रवाह टूटता है। जैसे—'अतः एव' में '(:)-ए' के बीच।

इन चारों स्थितियों के समाधान की स्वतः घटित प्रक्रिया '<u>सन्धि</u>' है जैसा कि पूर्व-विवेचित है, सन्धि अव्याकरणिक घटना है; कारण कि उसमें कोई व्याकरणिक कारण (रूपायन, व्युत्पादन सम्बन्धी) नहीं होता; सिर्फ विशेष वर्ण-सामीप्य से वह घट जाती है। भाषा-प्रवाह में आये पदों के बीच के 'अन्त्य-आदि' वर्णों के परिवर्तन को देखकर 'सन्धि' की अवधारणा स्थिर हुई है—'गुण', 'वृद्धि' आदि नाम देकर। अब, शब्द-निर्वचन (व्युत्पत्ति) करते/बतलाते या पद-विश्लेषण करते देखा गया कि इस सन्धि-प्रक्रिया के सहारे 'निर्वचन' करना/बतलाना सुकर होगा। इसी से व्युत्पत्ति (व्युत्पादन) एवं रूपायन (पद-रूप का चलना) के (विवेचन के) लिए 'सन्धि-प्रक्रिया' का उनमें अक्सर उपयोग होता रहा है। पर, यह बात गाँठ बाँध लेनी चाहिए कि उनमें किया गया वर्ण-परिवर्तन 'सन्धि' नहीं कहलाएगा; वहाँ बस सन्धि-प्रक्रिया का विनियोग है। वह व्याकरणिक परिवर्तन है।

'सन्धि' में वर्ण-परिवर्तन की तीन दिशाएँ होती हैं—

(क) वर्ण-विकार, (ख) वर्णागम और (ग) वर्ण-लोप (वर्ण-नाश)

(क) **वर्ण-विकार**—इसके अन्तर्गत 'वर्ण-आदेश' (यानी किसी वर्ण को विस्थापित कर सीधे-सीधे किसी अन्य वर्ण का स्थापन) भी आता है। 'वर्ण-विकार' की तीन अन्तर्वर्ती स्थितियाँ हैं—

(i) दोनों वर्ण अपना रूप बदलकर किसी तीसरे वर्ण के रूप में प्रकट हो जाएँ अथवा उनकी जगह किसी तीसरे वर्ण का 'आदेश' हो जाये। इसे 'एकादेश' कहते हैं। इस तरह की स्थिति दीर्घ, गुण, वृद्धि स्वर-सन्धियों के साथ कुछ व्यंजन व विसर्ग सन्धियों में होती है। जैसे एक+एक=एकैक, महिला+उत्थान=महिलोत्थान, अब+ही (अब्+ही)=अभी।

(ii) दोनों में से कोई एक ही वर्ण अपना रूप बदले अथवा उसकी जगह किसी अन्य वर्ण का आदेश हो; परन्तु दूसरा वर्ण यथावत् रहे। यानी, कभी 'पूर्वादेश' तो कभी 'उत्तरादेश' होता है। 'यण्' व 'अयादि'

स्वर सन्धियों के साथ कुछ विसर्ग व व्यंजन सन्धियों में यह स्थिति होती है। जैसे इति+आदि=इत्यादि, गो+एषणा=गवेषणा, उत्+छेद=उच्छेद, अध:+गति=अधोगति आदि।

(iii) दोनों वर्ण एक-दूसरे पर अपनी छाया डालकर परस्पर रूपान्तरित हो जाएँ। सिर्फ व्यंजन सन्धि में इसके उदाहरण मिल सकते हैं। जैसे—वाक्+हीन=वाग्धीन, उत्+श्वास=उच्छ्वास आदि।

(ख) **वर्णागम**—दो वर्णों के बीच में बने उच्चारण के गतिरोध को दूर करने हेतु कोई तीसरा वर्ण आ जाए और शेष वर्ण यथावत् ही रहें, तो वह स्थिति वर्णागम कहलाती है। जैसे—पुम्+कोकिल=पुंस्कोकिल, पर+पर=परस्पर आदि।

(ग) **वर्ण-लोप** (वर्ण-नाश)—दोनों वर्णों में से एक का लोप हो जाए, तो वर्ण-लोप है। इसकी दो अन्तवर्ती स्थितियाँ हो सकती हैं—

(i) लोप या अनुपस्थिति मात्र होना। जैसे—अत:+एव=अतएव, उत् (उद्)+स्थान=उत्थान, खरीद+दार=खरीदार, यह+ही=यही, उस+ही=उसी आदि।

(ii) कभी पूर्ववर्ती ध्वनि परवर्ती में अथवा परवर्ती ध्वनि पूर्ववर्ती ध्वनि में विलीन हो जाए। जैसे—उप+ओषण=उपोषण, गो+अग्र=गोऽग्र। पूर्ववर्ती ध्वनि का परवर्ती में विलीन होना 'पररूप' सन्धि है और परवर्ती ध्वनि का पूर्ववर्ती में विलीन होना 'पूर्वरूप' सन्धि है।

'हिन्दी-सन्धि'

वैसे तो हिन्दी में संस्कृत-विवेचित सन्धि-नियमों का ही बोलबाला है (—संस्कृतप्राप्त शब्दों में भी और उसी पद्धति पर नये गढ़े गये शब्दों में भी, साथ ही हिन्दी के कथित तद्भव शब्दों की सन्धि के प्रसंग में भी); इसके बावजूद हिन्दी ने ठेठ (कथित तद्भव) शब्दों के सन्दर्भ में कुछ ऐसी सन्धि-प्रक्रियाएँ विकसित कर ली हैं, जिनका विवेचन संस्कृत-सन्धि नियमों से कर पाना मुश्किल है। उन्हें चाहें तो 'हिन्दी सन्धि' कह कर अलग से विवेचना कर सकते हैं, नियमान्वेषण कर सकते है। ऐसा विकास हिन्दी ने कुछ संस्कृतप्राप्त शब्दों के सन्धि-प्रसंग या उसी पद्धति पर नये शब्द-व्युत्पादन में भी किया है (ताकि शब्द-स्पष्टता बनी रहे), जैसे—नारी+उचित=नारियोचित, स्त्री+उचित=स्त्रियोचित आदि। कुछ लोग इन उदाहरणों में 'उच्चारण-सुकरता' को कारण रूप मानेंगे, तो भी इस प्रकार के वर्ण-परिवर्तन को 'सन्धि' ही कहना होगा। 'सन्धि' भी तो उच्चारण की सुकरता के प्रयास में ही घटित स्थिति है। मन+कामना=मनोकामना भी 'हिन्दी सन्धि' का उदाहरण है।[5] ऐसे उदाहरण इतने कम हैं कि उनमें कार्यरत किसी/किन्हीं नियम/नियमों की खोज की अपेक्षा इन शब्दों व इनकी सन्धिगत स्थिति

की सूची बना लेना ही कभी पर्याप्त लगता है। इनके आधार पर हिन्दी भाषा में नये शब्द व्युत्पन्न भी तो होते प्राय: नहीं दिखते। कई बार ऐसा भी होता है कि प्रथम दृष्टि में जो उदाहरण, 'हिन्दी-सन्धि' की विलक्षणता के रूप में दिखता है, वही गहराई से देखने पर संस्कृत-सन्धि नियमों के ही सरल या जटिल विनियोग का उदाहरण सिद्ध होता है। जैसे—'अब+ही=अभी'। इसमें एक नियम विशेष सीधे न लग कर अन्य नियम के साथ लगा है। 'अब+ही' का पहले 'अब्+ही' हुआ, तब 'ब्+ह' से 'भ्' हो गया। पहले 'अब' का स्वरलोप हुआ फिर व्यंजन सन्धि का नियम लगा। परन्तु, दो वर्णों के स्थान पर एक वर्ण का आदेश होना संस्कृत में सिर्फ स्वर सन्धि में था। हिन्दी ने व्यंजन सन्धि में भी इसका विकास किया, तभी तो ब्+ह्=भ् हो गया। ऐसे नव विकासों को तो 'हिन्दी सन्धि' कहना ही होगा। समग्रत:, किंचित् विचलन (विकास) के बावजूद हिन्दी भाषा ने प्राय: 'संस्कृत सन्धि नियमों' का ही पालन किया है, अथवा यों कहें कि हिन्दी भाषा में भी संस्कृत विवेचित सन्धि-नियम ही प्राय: लगते दिखते हैं, इसलिए कि वे नियम लगभग प्राकृतिक ध्वनि-परिवर्तन के संवादी हैं। इन कारणों से 'हिन्दी-व्याकरण' का यह अनिवार्य कर्तव्य बना रहेगा कि वह 'संस्कृत सन्धि नियमों' का विवेचन अपनी मुख्य काया में करे, न कि परिशिष्ट में (जैसा कि 'हिन्दी कौमुदी' में पंडित अम्बिका प्रसाद वाजपेयी ने करके गलती की)। उसे संस्कृत-प्राप्त और उसी पद्धति पर नवगठित शब्दों का सन्धिगत विश्लेषण तो करना ही है, पर ठेठ (कथित तद्भव) शब्दों में भी घटित हो रही संस्कृत-सन्धियों के विश्लेषण का जरूरी काम भी उसे करना चाहिए। इसके साथ, उपर्युक्त 'हिन्दी सन्धि' की अवधारणा पर भी उसे प्रकाश डालना चाहिए। विदेशज शेष परभाषीय शब्दों के सन्धिगत विश्लेषण की उसे कोई जरूरत नहीं है, क्योंकि विदेशी/शेष परभाषीय उन शब्दों की (मूलभाषागत) सन्धि-स्थिति पर हिन्दी में कोई नवीन शब्द व्युत्पन्न नहीं होता। परन्तु, कोई ऐसा शब्द किसी अन्य (संस्कृतागत या कथित तद्भव) शब्द के साथ 'सन्धि' की स्थिति बना ले (जैसे—जिला+अधीश=जिलाधीश) तो उसकी विवेचना तो होगी ही।

फिर, सन्धि-प्रक्रिया का व्युत्पत्ति या रूप प्रक्रिया में उपयोग भी होता है। उसका चाहें तो सन्धि-नियमों के 'परिशिष्ट' रूप में उल्लेख कर दें—यही ठीक रहेगा।

सन्धि के प्रकार

सन्धि-विवेचन में सबसे धनी 'संस्कृत-व्याकरण' ने परिवर्तित होनेवाले वर्ण की दृष्टि से सन्धि के तीन प्रकार निश्चित किये—

(i) स्वर-सन्धि—जहाँ स्वर वर्ण में परिवर्तन हो। (यदि+अपि=यद्यपि)।

(ii) **व्यंजन-सन्धि**—जहाँ व्यंजन वर्ण में परिवर्तन हो। (सत्+जन=सज्जन)।

(iii) **विसर्ग-सन्धि**[6]—जहाँ विसर्ग परिवर्तित हो। (दुः+तर=दुस्तर)।

हिन्दी के ठेठ (कथित तद्भव) शब्दों में चूँकि विसर्ग की सत्ता नहीं है, इसलिए उनके प्रसंग में दो ही प्रकार की सन्धियाँ होती हैं—स्वर सन्धि, व्यंजन सन्धि। स्वर सन्धि में 'अयादि' जैसी प्रक्रिया हिन्दी के ठेठ शब्दों में नहीं मिलती [रूप-प्रक्रिया या व्युत्पत्ति में भी नहीं मिलती]। दो वर्णों की जगह 'एकादेश' तो संस्कृत में 'स्वर सन्धि' (दीर्घ, गुण, वृद्धि) में ही होता है, पर हिन्दी ने 'व्यंजन सन्धि' में भी ऐसा विकास किया है (जैसे कब्+ही=कभी), यह पहले कहा जा चुका है।

स्वर-सन्धि के निम्नलिखित भेद हैं—

(क) **सवर्ण दीर्घ सन्धि** (दीर्घ सन्धि)—दो सजातीय (सवर्ण) एकल स्वरों की सन्धि होने पर परिणामतः उनका सजातीय दीर्घ रूप उपस्थित हो जाता है। यही 'सवर्ण दीर्घ सन्धि' है। जैसे—हिम+आलय=हिमालय, जिला+अधीश=जिलाधीश, झंडा+अभिवादन=झंडाभिवादन, मही+इन्द्र=महीन्द्र, सु+उक्ति=सूक्ति, मातृ+ऋण=मातृण, पुत्री+इच्छा= पुत्रीच्छा आदि।

(ख) **गुण सन्धि** 'अ/आ' वर्ण के पश्चात् 'इ', 'उ', 'ऋ' वर्ण के आने पर दोनों की जगह क्रमशः 'ए', 'ओ', 'अर्' का आदेश हो जाने को गुण सन्धि कहते हैं। जैसे—देव+इन्द्र=देवेन्द्र, विद्या+उत्तमा=विद्योत्तमा, झंडा+उत्तोलन=झंडोत्तोलन, वर्षा+ऋतु=वर्षर्तु आदि।

(ग) **वृद्धि सन्धि**—'अ/आ' वर्ण के बाद जब 'ए/ऐ' आता है, तो 'पूर्व' व 'पर' दोनों वर्णों की जगह 'ऐ' तथा जब 'ओ/औ' आता है, तो 'पूर्व' व 'पर' वर्णों के स्थान पर 'औ' हो जाता है—यही वृद्धि सन्धि है। जैसे—मत+ऐक्य=मतैक्य, परम+ओषधि=परमौषधि आदि।

(घ) **यण् सन्धि**—पर-वर्ण यदि कोई विजातीय (असवर्ण) स्वर हो, तो पूर्ववर्ती 'इ' वर्ण का 'य्', 'उ' वर्ण का 'व्' तथा 'ऋ' वर्ण का 'र्' हो जाना, परन्तु उत्तरवर्ती (पर) वर्ण का यथावत् रहना—यह 'यण् सन्धि' है। जैसे—अति+आचार=अत्याचार, सु+अल्प=स्वल्प, मातृ+अर्चना= मात्रर्चना आदि।

(ङ) **अयादि सन्धि**—पर-वर्ण के रूप में किसी भी स्वर के रहने पर, पूर्ववर्ती वर्ण 'ए' का 'अय्', 'ओ' का 'अव्', 'ऐ' का 'आय्' तथा 'औ' का 'आव्' हो जाने को 'अयादि सन्धि' कहते हैं। इसमें भी उत्तरवर्ती वर्ण यथावत् रहता है। उदाहरण—गो+एषणा=गवेषणा,

नौ+आकार=नावाकार आदि।

(च) **पूर्वरूप सन्धि**—यदि किसी पूर्वपद के अन्त में 'ए' अथवा 'ओ' आता है और उसके अगले पद के आरम्भ में ह्रस्व 'अ' हो तो वह पिछले 'ए/ओ' में विलीन हो जाता है। यह पूर्वरूप सन्धि है। जैसे—गो+अग्र=गोऽग्र आदि। यह अयादि सन्धि का एक तरह से अपवाद है।

(छ) **पररूप सन्धि**—किसी पद के अन्त में आये ह्रस्व 'अ' का अगले पद के आद्यवर्ण 'ए/ओ' में विलयन हो जाना 'पररूप सन्धि' कहलाता है। जैसे—प्र+एषण=प्रेषण, उप+ओषण=उपोषण आदि। यह वृद्धि सन्धि का अपवाद है। दीर्घ सन्धि के क्षेत्र में भी कभी-कभी 'पररूप सन्धि' हो जाती है। जैसे—सार+अंग=सारंग। हिन्दी के ठेठ शब्दों में, हर+एक=हरेक, कुछ+एक=कुछेक, बीस+एक=बीसेक आदि उदाहरण हैं। कहीं-कहीं, 'ए' का ह्रस्व रूप 'अ' हो जाने से 'पाँचक', 'सातक' आदि रूप भी बन जाते हैं। हिन्दी ने 'ले+आ=ला' जैसे पररूप[7] भी बनाये हैं। ये ही तो हिन्दी के अपने विकास हैं।

'स्वर सन्धि'-प्रक्रिया का व्युत्पादन व रूपायन (रूप-प्रक्रिया) में हिन्दी ने प्रचुर उपयोग किया है। जैसे—'पररूप सन्धि' का उपयोग कर थक+ए=थके, पढ़+ओ=पढ़ो, चल+ओ=चलो, रात+एँ=रातें, बहन+एँ=बहनें, बहन+ओई=बहनोई, लड़का+ए=लड़के, चौबे+आइन=चौबाइन आदि बनाये। 'दीर्घ सन्धि' का उपयोग करके 'लड़+आई=लड़ाई, बूढ़ा+आपा=बुढ़ापा, भूल+आवा=भुलावा आदि बनाये। वृद्धि सन्धि का उपयोग करके डाका+ऐत=डकैत, परख+ऐया=परखैया आदि बनाये। आ+आ=आया, जा+आ=गया, खा+आ=खाया, किया+ई (=किय्+ई>कियी>) की, छू+आ=छुआ, रात्रि+आँ=रात्रियाँ, गौ+ओं=गौवों आदि 'स्वर सन्धि' प्रक्रिया को कुछ दाएँ-बाएँ घुमाकर व्याख्येय हैं।

व्यंजन सन्धि की स्थिति हिन्दी के ठेठ (कथित तद्भव) शब्दों में विचारते, यह ध्यान आता है कि चूँकि हिन्दी के उक्त शब्द प्राय: स्वरान्त हैं, तब ठीक ठीक व्यंजन सन्धि की स्थिति भी कैसे बनेगी? जैसे—नाक+कटा=नकटा। यहाँ 'नाक' के अन्त में 'अ' है, 'अ+क्' ऐसे तो व्यंजन सन्धि नहीं कहला सकती। हाँ यदि (नाक) के अन्त्य 'अ' का पहले लोप कर दें, तब 'नाक्+कटा' हुआ। वैसे हिन्दी में अकारान्त शब्दों के अन्त्य 'अ' के प्राय: अनुच्चरित रह जाने से वे शब्द स्वत: व्यंजनान्त माने जा सकते हैं। पाणिनीय विधान अब यहाँ लगेगा कि एक ही व्यंजन के दुबारा आने पर (यदि उसके बाद भी कोई व्यंजन रहे), कभी-कभी पहला व्यंजन लुप्त हो जाता है। तब, एक 'क्' लुप्त होकर 'नकटा' बना। इसी तरह; खरीद+दार

> खरीद्+दार=खरीदार होता है। 'अब+ही', 'उस+ही', 'उन+ही' आदि सब में हम व्यंजन सन्धि मानते हैं तो उसी तरह से; यानी प्रथम पदान्त 'अ' के लोप के बाद। इस तरह, हम देखते हैं कि हिन्दी के ठेठ शब्दों में स्वरान्तता के कारण 'वर्ण-विकार' वाला नियम (व्यंजन सन्धि में) नहीं लगता। 'अ' लोप के बाद हलन्त होने पर भी 'वर्ण-विकार' वाला नियम नहीं लगता। हाँ, लगता है तो 'वर्ण-लोप' वाला नियम। शेष, संस्कृतागत शब्दों में हिन्दी व्यंजन सन्धि के संस्कृत-नियमों की व्याख्या (यदि वैसी स्थिति बनी हो तो) करती है।

सन्दर्भिका

1. ''जब ऐसी अनेक ध्वनियाँ निरन्तर आ जाती हैं, जिनके उच्चारण में उच्चारण-यन्त्र की गति और प्रवाह टूटकर शिथिल पड़ने लगते हैं, उस समय उस असुविधा को दूर कर प्रवाह जारी रखने के लिए जो ध्वनि-परिवर्तन किया जाता है, उसे सन्धि कहते हैं।'' ('हिन्दी भाषानुशासन', पृष्ठ 135)
2. 'हिन्दी शब्दानुशासन', पृष्ठ--112
3. 'हिन्दी-व्याकरण-सीमांसा' में डॉ. काशीराम शर्मा ने 'सन्धि' का उदाहरण 'अरबी' भाषा में देते हुए कहा कि मध्यम पद 'उल्' सन्धि-प्रक्रिया में पड़ कर कितना बदल गया है—'सआद-उल्-ला', 'सिराज-उद्-दौला', 'मेहर-उन्-निसा', 'बदी-उज्-जमाँ'। उन्होंने लातिन के 'एड' (ad) उपसर्ग को भी सन्धि प्रक्रिया में बदलते दिखाया है—ab-breviation, ac-cord, af-ford, ag-grieved, ac-knowledge, al-lot, an-nual, ap-preciate, ar-rest, as-set, at-tend आदि में। ('हिन्दी-व्याकरण-मीमांसा', पृष्ठ 61)

   इसी तरह can not की जगह can't हो जाना भी सन्धि के अन्तर्गत ही विचारणीय है।
4. संस्कृत में 'मधुऋतु/मध्वृतु', 'पितृऋण/पितृण', 'ब्रह्मऋषि/ब्रह्मर्षि' आदि का विकल्प मान्य है। पर, हिन्दी ने 'सुअवसर', 'हरि-अवध' आदि को भी स्वीकार लिया है, जो संस्कृत-समास में निषिद्ध हैं। शब्द की स्पष्टता यथासम्भव बनाये रखने के लिए ही संस्कृत ने, ''जब स्वर प्लुत हो जाता है तो दूसरे किसी स्वर के साथ उसकी सन्धि का निषेध कर दिया जाता है, इसलिए कि स्पष्ट प्लुत मालूम पड़े।'' ('हिन्दी शब्दानुशासन' पृष्ठ 115) आचार्य शाकल्य ने इ, उ, ऋ के बाद किसी असवर्ण स्वर के आने पर 'प्रकृतिभाव' का 'वैकल्पिक' विधान किया है। जैसे—मति+अनुसार=मति-अनुसार मत्यनुसार। संस्कृत की अपेक्षा हिन्दी ने 'शब्द-स्पष्टता' को लक्ष्यीभूत ज्यादा किया और 'प्रकृति भाव' का इस हेतु खूब प्रयोग किया। संस्कृत ने जहाँ एक ही शब्द 'सुहृद्' को 'सुहृत्संग', 'सुहृन्मंडल', 'सुहृच्चिन्ता', 'सुहृज्जन', 'सुहृद्वर', 'सुहृद्धेतु' आदि में विविधरूप कर दिया है, वहीं हिन्दी ने हर जगह मूलशब्द 'सुहृद्' ही रखा है।
5. ''मन शब्द से अ का ओ हो जाता है, कामना परे हो तो—मनोकामना।'' (—'हिन्दी शब्दानुशासन', पृ. 110)। पं. किशोरीदास वाजपेयी ने तो इस एक शब्द के लिए अलग से नियम तक बना डाला। 'मनोकामना' सिर्फ हिन्दी में है और हिन्दी शब्दों में विसर्ग नहीं होता, अतः 'मनः+कामना' के रूप में सन्धि करना गलत होगा।

सत्यानाश, उत्तराखंड, दीनानाथ, मूसलाधार आदि शब्दों में घटी सन्धि को 'हिन्दी सन्धि' मानने की जरूरत नहीं है, यह तो संस्कृत के 'विश्वामित्र' (विश्व+मित्र) की तरह ही अपवाद है। ऐसे सभी अपवादों को गिना भर देना व्याकरण के लिए ठीक रहेगा, क्योंकि इनमें कोई सामान्य नियम खोजा ही नहीं जा सकता। परन्तु, कब+ही=कभी, इस+ही=इसी आदि को 'हिन्दी सन्धि' मानना होगा, क्योंकि संस्कृत के किसी नियम या अपवाद का सीधे अनुसरण ये नहीं करते। यद्यपि 'ब+ही'=भी सर्वत्र नहीं होता ['जवाब+ही' में कहाँ हुआ?], इसी तरह 'स+ही' का 'सी' भी सर्वत्र नहीं होता ['व्यास+ही' में कहाँ हुआ?]—तथापि, ये उदाहरण उक्त कारण से 'हिन्दी सन्धि' की अवधारणा को बल देते हैं।

6. 'हिन्दी भाषानुशासन' (पृष्ठ 138) में डॉ. रामदेव त्रिपाठी ने 'विसर्ग सन्धि' नाम एवं उसकी अवधारणा से असहमति जतलायी है। उन्होंने 'अनुस्वार' को भी उसमें शामिल कर, सन्धि का नाम 'अयोगवाह सन्धि' रखने अथवा अनुस्वार-विसर्ग दोनों की सन्धि को 'व्यंजन सन्धि' में ही विवेचित करने का सुझाव दिया है, कारण कि अनुस्वार-विसर्ग दोनों कई मतों से व्यंजन के ही विकार या विकास हैं। त्रिपाठी जी का सुझाव गम्भीरता से विचारणीय है।
7. 'ले+आ=ला' भी दुर्लभ उदाहरण है! यह 'पररूप सन्धि' का हिन्दी में अपने ढंग से विकास है। 'ले+आ=ला' होता है. पर 'दे+आ' की सन्धि नहीं होती।

अध्याय-5

पद-विचार

व्याकरणिक संरचना की सबसे बड़ी इकाई होकर भी 'वाक्य', सम्प्रेषण-व्यवस्था की लघुतम इकाई है। भाषा मूलतः वाक्यात्मक ही होती है, भले कभी-कभी वाक्य एक ही 'पद' का क्यों न हो। वाक्यों के स्वरूप का इतना विस्तार है कि उनके सारे रूपों का संग्रह न कोशों में सम्भव है, न ही व्याकरण में उनका विवेचन सम्भव है। विवेचन की सुकरता के लिए हम वाक्य को उसके घटकों [पदबन्ध या पद/रूप] में बाँटते हैं। भाषा-प्रयुक्त न्यूनतम सार्थक इकाई है 'पद' (रूप)। 'व्याकरण' ने अपना मूल लक्ष्य उसी पद व उसकी (भाषागत) घटित प्रक्रिया को विश्लेषित करना बनाया है। इसी से पद-विचार 'व्याकरण' का विशालतम अंग है। या यों कहें 'पद-विचार' ही असली व्याकरण है।

अक्सर 'पद' व 'शब्द' का एक-दूसरे की जगह प्रयोग कर दिया जाता है, परन्तु दोनों एक ही तत्त्व नहीं हैं। कई बार इनकी स्पष्ट भिन्नता से अवगत होकर भी इनके प्रयोग में शिथिलता बरकरार रहती है (यह दोष इस पुस्तक में भी दिख सकता है), पर पारिभाषिक शब्दों में स्पष्ट विभेदकता ही काम्य है।

भाषा में चल रहे पदों को देखकर वैयाकरण उनकी चलन-रीति को समझने-समझाने के लिए अपेक्षाकृत एक जैसी ध्वनि-संरचना वाले पदों में एक सामान्य शब्द-तत्त्व कल्पित कर लेता है, जिसे 'प्रकृति' या 'शब्द' कहते हैं। यानी, शब्द (प्रकृति) की सत्ता वास्तविक नहीं है, 'पद' ही वास्तविक सत्ता में होता है। शब्द (प्रकृति) तो व्याकरण-रचनार्थ कल्पित तकनीकी इकाई है। परन्तु, यह कल्पना बिल्कुल निराधार नहीं होती, क्योंकि तत्सम्बद्ध उपलब्ध पदों में शब्द/ध्वनि-स्तर पर उसकी प्राप्ति किसी न किसी रूप में होती ही है। जैसे—बालिकाः, बालिके, बालिकायाः, बालिकाभ्याम्, बालिकयोः, बालिकेषु आदि संस्कृत पदों में एक समान प्राप्य शब्द तत्त्व 'बालिका' की कल्पना कर उसे 'प्रकृति' (शब्द) नाम दिया गया। फिर, प्रत्येक पद की व्याख्या 'प्रकृति/शब्द'+'विभक्ति' के रूप में की गयी। ('विभक्ति' भी कल्पित तत्त्व ही है।) प्रकृति के दो भेद किये गये—प्रातिपदिक

व धातु। क्रिया पदों का मूल धातु कहा गया, क्रियेतर पदों का मूल प्रातिपदिक। जैसे—'लड़के ने खाया'—वाक्य में आया क्रियापद 'खाया' का मूल 'खा' धातु है तथा 'लड़के ने' क्रियेतर (नाम) पद का मूल 'लड़का' प्रातिपदिक है।

इस प्रकार, 'पद' व 'शब्द' स्पष्टत: भिन्न तत्त्व हैं। शब्द की स्थिति भाषा में नहीं होती, बल्कि 'कोश' में होती है। भाषा में तो 'पद' चलते हैं। व्याकरण की प्रकट भाषा में बोलना चाहें तो कहेंगे—प्रकृति (शब्द) स्थिर तत्त्व है। जब वह 'कोश' से निकलकर भाषा में चलने को तैयार होती है तो 'विभक्ति' के जरिये स्वयं को 'पद' रूप में प्रकट कर के चलती है। यानी, 'पद'=विभक्त्यन्त प्रकृति [शब्द]।

हिन्दी में कई बार देखा गया कि जो 'पद' का रूप होता है, वही उसकी प्रकृति (शब्द) का रूप होता है (जैसे—'*लड़की* पढ़ती है' में 'पद' 'लड़की' की प्रकृति भी 'लड़की' ही है), इन स्थितियों को देखकर अक्सर हिन्दी में 'पद' की धरणा को सन्देह की दृष्टि से देखा जाता है। इसी से 'शब्द' व 'पद' को एक ही मानने का भ्रम पैदा हो जाता है।

'शब्द' और 'पद' का अन्तर संश्लेषणात्मक भाषाओं में अधिक स्पष्ट होता है। उनमें वाक्यगत शब्दों (प्रकृतियों) का परस्पर एवं उनका क्रियाओं से अन्वय पदत्व-साधक चरम प्रत्ययों (विभक्तियों) से ही स्पष्ट कर दिया जाता है। उनमें विभक्त्यन्त शब्दों (पदों) का क्रम कुछ भी रखें, वाक्यार्थ में विशेष अन्तर नहीं पड़ता। विश्लेषणात्मक भाषाओं में यह अन्वय शब्दों के क्रम-विशेष से ही स्पष्ट किया जाता है, क्योंकि उनमें 'विभक्ति' (पदत्व-साधक प्रत्यय) नहीं होती। पर, हिन्दी को पूरी तरह विश्लेषणात्मक भाषा नहीं कहा जा सकता, भले वह संश्लेषणात्मक वर्ग में नहीं है।[1] यहाँ वाक्यस्थ शब्दों का परम्परा एवं क्रिया से सम्बन्ध बनानेवाले 'विभक्ति-प्रत्यय' कम ही सही, पर हैं तो। ये यदि न होते तो 'शब्द' व 'पद' का पार्थक्य हिन्दी में न भी मानने से काम चल जाता। पर, जब ये हैं तो यही कहना सही रहेगा कि हिन्दी में भी शब्द विभक्त्यन्त होकर (यानी 'पद' बनकर) ही वाक्य में चलते हैं। इसके बाद, जहाँ शब्द में ऐसा प्रत्यय (विभक्ति) लगा हुआ नहीं दिख रहा हो, वहाँ क्या करेंगे? पंडित किशोरीदास वाजपेयी की तरह यह कहने लगेंगे कि हिन्दी में निर्विभक्तिक शब्द भी पद हो सकता है?[2] ऐसा कहने पर यह प्रश्न उठेगा कि उस स्थिति में वाक्यगत शब्दों का आपसी व क्रिया से अन्वय कैसे हुआ? इसका एकमात्र समाधान यही हो सकता है कि अन्वय हमेशा 'विभक्ति' से ही होता है, जो हिन्दी-भाषा-प्रयोग में कहीं प्रकट है तो कहीं लुप्त। इसलिए, जहाँ विभक्ति-प्रत्यय न दिख रहे हों, वहाँ 'विभक्ति-प्रत्यय के लोप' की अवधारणा स्वीकृत कर विवेचन को तर्कसंगत बना लेना होगा। तब

इस परिभाषा की रक्षा हो जाएगी कि विभक्त्यन्त शब्द ही पद है और वही वाक्य में चलता है।

'पद' को 'रूप' भी कहते हैं। शब्द वस्तुतः प्रकृति होता है, वह जब तक कोई रूप नहीं धरता या 'पद' नहीं बनता, तब तक भाषा में चलता नहीं। 'प्रकृति' को आधुनिक भाषाविज्ञान 'रूपिम' कहता है[3], पर केवल मूलप्रकृति (न कि व्युत्पन्न या यौगिक प्रकृति) को कहता है। (साथ ही, उपसर्ग व प्रत्यय को भी 'रूपिम' कहता है।) पद भाषा के पद (=पैर या कदम) होते हैं। 'प्रकृति' (शब्द) को 'पद' बनाने हेतु उनमें जो व्याकरणिक अंश जुड़ते हैं, वे *'विभक्ति'* कहलाते हैं। 'विभक्ति' को 'चरम प्रत्यय' भी कहा जाता है, क्योंकि उसके लगने के बाद शब्द में कोई दूसरा प्रत्यय नहीं लग सकता। विभक्ति दो प्रकार की होती है—

(i) प्रातिपदिक विभक्ति (सुप् विभक्ति) या कारक-विभक्ति व उपपद-विभक्ति

(ii) धातु-विभक्ति (तिङ् विभक्ति) या क्रिया-विभक्ति

हिन्दी की अपेक्षाकृत विश्लेषणात्मक है। इसका मतलब है कि इस भाषा में सिद्ध पद प्रायः एकीकृत नहीं होते। कुछ ही नामपद (उसे, तुझे आदि) एवं क्रियापद (जाए, जाओ आदि) वस्तुतः एकीकृत पद हैं, अन्यथा सारे पद विश्लिष्ट रूप में सिद्ध होते हैं। विश्लिष्ट रूप में सिद्ध हुए पदों की सिद्धि में शुद्ध 'विभक्ति' के अलावा कुछ और तत्त्व सक्रिय होते हैं। जैसे—'लड़के ने उसे बुलाया'—वाक्य में दो नाम पद हैं—

(i) लड़के ने (='लड़का' प्रकृति+'ए' विभक्ति+'ने' परसर्ग)

(ii) 'उसे' (='वह' प्रकृति+'ए' विभक्ति+'ए' परसर्ग)[4] तथा एक क्रियापद है—'बुलाया'। यानी, हिन्दी में पद=प्रकृति+विभक्ति+परसर्ग।

'परसर्ग' एक प्रकार के सम्बन्धसूचक अव्यय हैं[5] पर शेष अव्यय जहाँ आत्म पूर्ण होते हैं, वहीं ये अन्वयी/पदत्वसाधक होते हैं। भाषा की विश्लेषणात्मकता के बढ़ने के साथ इनका विकास हुआ है। प्रातिपदिकों के वैभक्तिक रूपों की संख्या जब कमती गयी, तब एक ही 'रूप' कई कारकों में आने लगा। उससे अर्थ की अस्पष्टता बढ़ने लगी, जिससे कारकीय अर्थ देने के लिए स्वतन्त्र अव्यय पद दिये जाने लगे (जैसे—'कूपे' की जगह 'कूपस्य उपरि/मध्ये' आदि)। वे ही घिसते-घिसते आज परसर्ग के रूप में मौजूद हैं।

हिन्दी में परसर्ग सम्बद्ध शब्द (प्रकृति) से प्रायः विश्लिष्ट तो होता ही है; बल्कि कभी-कभी दूर भी हो जाता है। जैसे—सलमा ही ने पढाने का जिम्मा लिया। इसमें 'ने' का अन्वय 'सलमा' से है, भले बीच में 'ही' आ गया हो। कभी-कभी तो ऐसा होता है कि एकाधिक शब्दों (प्रकृतियों) से सम्बद्ध होकर

परसर्ग अन्त में एक ही बार आता है। जैसे—महादेवी वर्मा, अज्ञेय, दिनकर, पन्त, नरेश मेहता और कुँवरनारायण को ज्ञानपीठ पुरस्कार मिल चुके हैं। ऐसी स्थिति में क्या व्याख्या हो? 'महादेवी...कुँवरनारायण को' तक एक पद माना जाए अथवा 'महादेवी वर्मा को', 'अज्ञेय को' आदि अन्वय करते इन सबको अलग-अलग पद मानें? कुछ भी हो। प्रतीत तो यही हो रहा है कि हिन्दी में 'पद' की धारणा संस्कृत की अपेक्षा कुछ विशिष्ट प्रकार की है।

'परसर्ग' का पदत्व साधन में तभी प्रयोग होता है जब शुद्ध 'विभक्ति' की पद-साधकता के अधूरेपन के कारण अर्थ-बोध सम्यक् न हो पाये। जैसे—'लड़के...कहा' में अर्थ का अधूरापन है, क्योंकि, 'लड़के' में बिना 'ने' जुड़े पदत्व साधन नहीं होगा। पर, 'बछेन्द्री हिमालय पर चढ़ गयी' में 'बछेन्द्री' बिना परसर्ग के ही पद है, अर्थ का अधूरापन नहीं है यहाँ। 'बछेन्द्री+'0'विभक्ति=बछेन्द्री—इस प्रकार पदत्व पूर्ण है।

'विभक्ति' चरम प्रत्यय है। 'लड़का'+'ए' विभक्ति से 'लड़के' होता है। अब, 'लड़के' में कोई प्रत्यय नहीं लग सकता। यदि 'परसर्ग' को थोड़ी देर के लिए हम एक तरह की 'विभक्ति' (प्रत्यय) ही मान लें, तो भी चरम प्रत्यय वाली बात टिकी हुई है। तब कहा जाएगा कि ये 'चरम प्रत्यय' इस अर्थ में हैं कि इनके बाद कोई दूसरा प्रत्यय नहीं आ सकता। यदि आना ही है, तो कोई दूसरी विभक्ति (यानी परसर्ग) ही आ सकती है। जैसे—'इन लड़कियों में से एक को भाषण करने के लिए चुनना है।' यहाँ, लड़की+'ओं' विभक्ति के बाद परसर्ग 'में' और उसके ऊपर भी परसर्ग 'से' ही आया है, कोई अन्य प्रत्यय नहीं।

शुद्ध विभक्ति (तिङ्) से सिद्ध होनेवाले क्रियापद हिन्दी में अत्यल्प रह गये हैं, जो प्रायः भविष्यत्काल (विशेषतः विधि) में आते हैं। जैसे—पढ़, पढ़िए, पढ़ो, पढ़े, पढ़ें, पढ़ूँ आदि। संस्कृत तिङन्तों से ही सीधे विकसे भी कुछ हिन्दी क्रियापद प्राप्त हैं, जो 'सहायक क्रिया' बन गये हैं—है, हैं, हूँ, हो, होए, होएँ, होओ, होऊँ आदि। शेष, यानी हिन्दी के लगभग क्रियापद शुद्ध विभक्ति (तिङ्) से सिद्ध न होकर 'धातु' के व्युत्पन्न कृदन्त के रूप में होते हैं (जैसे—था, गया) और कभी 'व्युत्पन्न कृदन्त+सहायक क्रिया' के युगपत् विश्लिष्ट रूप में होते हैं (जैसे—गया है, जा रही है आदि)।

प्रकृतियों (शब्दों) में कुछ 'रूढ़' होते हैं, कुछ 'यौगिक' (व्युत्पन्न)[6]। यौगिक शब्द 'व्युत्पन्न' भी कहलाता है, क्योंकि वह अपेक्षाकृत मूल (रूढ़) शब्दों में कुछ प्रत्ययों के लगने से अथवा एकाधिक मूल (रूढ़) शब्दों के समास होने से सिद्ध होता है। 'प्रत्यय' किसी शब्द (प्रकृति) में लगकर उसी से कोई अन्य शब्द (प्रकृति) का व्युत्पादन कर सकता है यानी प्रत्यय किसी शब्द में लगकर उससे

सम्बद्ध किसी अर्थ की प्रतीति कराता है, कोई नया शब्द बनाकर। अर्थात् 'प्रत्यय' किसी शब्द (प्रकृति) रूपी मिट्टी के लिए अलग-अलग साँचों की तरह होते हैं। हर साँचा एक ही मिट्टी को अलग आकार (नवीन अर्थ) में ढाल देता है। परन्तु, 'विभक्ति' प्रकृति (शब्द) के साथ जुड़कर उसे कोई नया अर्थ नहीं देती, बल्कि उसी अर्थ (प्रातिपदिकार्थ, धात्वर्थ) का विषय-विभाग, प्रयोग की अनेक दिशाओं का निर्धारण करता है। यानी, 'विभक्ति' अलग-अलग पोशाकों की तरह हैं, जिन्हें पहनकर ही व्यक्ति (प्रकृति) अलग-अलग स्वरूपों/भूमिकाओं में दिखलाई पड़ता है। 'व्यक्ति'-तत्त्व (अर्थ) वही रहता है, परन्तु भूमिकाएँ बदल जाती हैं।—जैसे एक ही महिला है; जो घर में साड़ी/सलवार-समीज में साधारण गृहिणी की भूमिका में रहती है; वही कोर्ट में गाउन पहन कर वकील/जज का कार्य करती है, वही सुबह कसरत-दौड़ के लिए हाफ पैंट, निकर-बनियान, टी शर्ट पहन सकती है; वही अन्तरिक्षयात्रा हेतु स्पेस-सूट धारण कर सकती है। अलग-अलग अर्थों की यह बात नहीं है, बल्कि अलग-अलग भूमिकाओं के लिए एक ही व्यक्ति के अलग-अलग रूपों (पदों) में ढलने की बात है। 'विभक्ति' इसी प्रकार एक ही प्रकृति (शब्द) को अलग-अलग रूपों (पदों) में ढालने यानी 'रूपायन' का कार्य करती है; प्रत्यय किसी प्रकृति (शब्द) से नयी प्रकृति (शब्द) के 'व्युत्पादन' का कार्य करता है। यानी, प्रत्यय से शब्दकोशीय अर्थ के क्षेत्र में नवीन सृष्टि होती है, विभक्ति से व्याकरणिक अर्थ की सृष्टि होती है। 'ज्ञान+ई=ज्ञानी' हो या 'खाना+वाला=खानेवाला'—दोनों में लगे प्रत्यय बिलकुल नये अर्थ की सर्जना कर देते हैं, पर वह अर्थ पूर्ववर्ती अर्थ से ही सम्बद्ध है। 'ज्ञान' से 'ज्ञानी' अलग अर्थ में है, पर 'ज्ञान' से ही 'ज्ञानी' का अर्थ सम्बद्ध है। परन्तु, 'ज्ञान से/खाने से हमें पोषण मिलता है'—इस वाक्य में 'ज्ञान से' व 'खाने से' में कोई नया अर्थ प्रकट नहीं हुआ जो क्रमशः 'ज्ञान' व 'खाना' में न था। इसी तरह 'खा+ए=खाए' में भी 'ए' विभक्ति कोई ऐसा अर्थ नहीं देती जो 'खा' धातु में न था। 'विभक्ति' का प्रयोग प्रकृति (शब्द) को बस विविध कारकादि सम्बन्धार्थों अथवा पुरुष-कालादि अर्थों में विनियुक्त करने के लिए, उसे 'पद/रूप' की भूमिका प्रदान करने के लिए होता है। वाक्य में प्रयुक्त होने के लिए हर 'शब्द' (प्रकृति) को 'विभक्ति' की सहायता लेनी ही पड़ती है, चाहे वह शब्द (प्रकृति) रूढ़ (मूल) हो या यौगिक (व्युत्पन्न)।

इतने विवेचन के पश्चात् यह तो तय हो ही चुका है कि शब्द (प्रकृति) का विचार पद-विचार से न अलग है, न उसका पर्याय है; बल्कि वह 'पद-विचार' का अंगीभूत है।[7] उसी के अनुरूप, प्रस्तुत पुस्तक 'शब्द' का अलग से नहीं, बल्कि 'पद' में ही विचार करेगी। 'पद-विचार' का विशाल विषय सुविधा

व वैज्ञानिकता के लिहाज से यहाँ तीन खंडों में विवेचित हो रहा है—

(क) वर्गीकरण अथवा क्लासिफिकेशन (Classifcation)

(ख) व्युत्पादन[8] [निरुक्ति/निर्वचन]—डेरिवेशन (Derivation)

(ग) रूपायन[9] या इन्फ्लेक्शन (Inflection)

'वर्गीकरण' में भाषा-प्रयुक्त पदों को प्रयोगगत अभिलक्षणों के आधार पर विभिन्न कोटियों (वर्गों) में बाँटा जाएगा। तदनन्तर उनकी परिभाषा, वितरण आदि का विवेचन करते हुए, उनका भी अन्त:कोटियों (उपवर्गों) में विभाजन किया जाएगा। 'व्युत्पादन' खंड में यौगिक प्रकृतियों की व्युत्पत्ति और उसके कारकों (सहायक तत्त्वों) की विवेचना होगी। 'रूपायन' खंड में शब्द (प्रकृति) के भाषा में पद/रूप में ढलने की प्रक्रिया, उसके सहायक/कारक तत्त्वों तथा पदों के भाषा में वितरण पर प्रकाश डाला जाएगा।

सन्दर्भिका

1. "हिन्दी का गठन विशुद्ध विश्लेषणात्मक गठन नहीं है...हिन्दी में क्रियाविशेषण को छोड़कर सब प्रधान शब्द-भेदों में संश्लेषण पाया जाता है।" ('हिन्दी व्याकरण की रूपरेखा', पृष्ठ 26)
2. 'हिन्दी शब्दानुशासन', पृष्ठ-476
3. रूपिम की परिभाषा देते हुए डॉ. रामकमल पांडेय ने कहा है—"रूपिम की संकल्पना अविकृत एवं अव्यवहृत लघुतम अर्थवान भाषिक इकाई के रूप में की जाती है।" वे रूपिम दो प्रकार के बतलाते हैं—(i) मुक्त रूपिम—जो भाषाई व्यवहार में प्रयुक्त न किये जाने पर भी मुक्त रूप से अर्थ का बोध करा सकने में समर्थ होते हैं। (ii) बद्ध रूपिम—जो भाषाई व्यवहार में बिना आये कोई अर्थ नहीं देते। उदाहरण देकर उन्होंने 'लड़का' को 'मुक्त रूपिम' तथा 'पन' को 'बद्ध रूपिम' कहा। बद्ध रूपिम के दो भेद—(क) उपसर्ग एवं (ख) प्रत्यय—उन्होंने किये। मुक्त रूपिम के 'अविकारी' व 'विकारी' दो भेद करते हुए उन्होंने स्पष्ट किया कि रूपिम की अव्यवहृत एवं स्थिर सत्ता से 'पद/पदबन्ध' की व्यावहारिक एवं गतिशील सत्ता में रूपान्तरित होने के लिए जो रूपिम विकारग्रस्त हो उठते हैं, उन्हें विकारी कहते हैं और जो अविकृत या अपनी मूलावस्था में ही बने रहते हैं वे अविकारी कहे जाते हैं।

['हिन्दी संरचना का शैक्षिक स्वरूप', पृष्ठ 85-87 एवं 104]

इस विवेचन से स्पष्ट है कि केवल मूल प्रकृति [न कि व्युत्पन्न या यौगिक प्रकृति] एवं उसे व्युत्पादित कर सकने वाले सहायक तत्त्वों (उपसर्ग, प्रत्यय) को 'रूपिम' कहा गया है।

'विभक्ति' नामक प्रत्यय-विशेष को रूपिम नहीं कहा गया है, बल्कि वह तो विकारी रूपिम के विकार का कारण है।

भाषाई व्यवहार में प्रयुक्त न किये जाने पर भी मुक्त रूप से अर्थ-बोध कराने की शक्ति 'मुक्त रूपिम' (वस्तुतः प्रकृति) में होती है—यह कहना, व्याकरणिक व्यवस्था को

ग्राह्य नहीं है। 'व्याकरण' की स्पष्ट निष्पत्ति है कि शब्द (प्रकृति) में अर्थ-बोध कराने की शक्ति नहीं होती; जब तक वह 'पद' नहीं बन जाता तब तक अर्थ-बोध सम्भव नहीं। यद्यपि ''प्रकृति मूल तत्त्व है जो अर्थ का आधार है, प्रत्यय उसके व्यापार को स्पष्ट करनेवाला अंश है।'' (—'भाषाविज्ञान की भूमिका', पृष्ठ-97)

4. 'ए' विभक्ति लगने से 'वह' प्रकृति का रूप 'उस' हो जाता है; यह विचित्र परिवर्तन सर्वनाम होने के कारण होता है। फिर 'उस'+'ए' परसर्ग से 'उसे' पद बनता है। 'ए' परसर्ग 'को' के विकल्प के रूप में सर्वनामों के साथ स्वीकृत है। 'ए' ही एकमात्र संश्लिष्ट परसर्ग है। विस्तार से ये बातें 'रूपायन' प्रकरण में स्पष्ट की जाएँगी।
5. पंडित रामावतार शर्मा ने 'हिन्दी व्याकरण सार' में इन्हें 'कारकार्थक अव्यय' कहा है।
6. 'योगरूढ़' नामक एक तीसरा प्रकार भी चर्चित है, पर चूँकि वह यौगिक (व्युत्पन्न) होने के बाद भी 'रूढ़' ही हो जाता है, इसलिए उसे 'रूढ़' के अन्तर्गत ही मान सकते हैं। वैसे हर योगरूढ़ यौगिक का भी अर्थ दे सकता है, रूढ़ का तो देता ही है। इस प्रसंग में डॉ. हरदेव बाहरी का मत सटीक है—''योगरूढ़ का वास्तविक आधार अर्थ है. इसलिए इसे रचना की कोटि में नहीं लेना चाहिए।'' ('व्यावहारिक हिन्दी व्याकरण और रचना', पृष्ठ 40)
7. पंडित कामताप्रसाद गुरु ने 'हिन्दी व्याकरण' में 'शब्द-साधन' शीर्षक देकर उसी के अन्तर्गत पद-विचार भी कर दिया है, जो ठीक नहीं है। 'शब्द' व 'पद' का भेद तो वे स्वयं मानते थे, फिर ऐसी गलती उनसे कैसे हो गयी? 'शब्द-साधन' पारिभाषिक शब्द एथरिंगटन का था।
8. गुरु जी ने इसके लिए 'व्युत्पत्ति' शब्द का प्रयोग किया है।
9 गुरु जी ने इसके लिए 'रूपान्तर' शब्द का प्रयोग किया है।

अध्याय-6

व्याकरणिक कोटियाँ

'शब्द' की स्थिति 'कोश' (चाहे वह मानसिक कोश हो या लिखित) में ही मानी गयी है, भाषा-प्रयोग में नहीं। कोशस्थ शब्द अनेक अर्थ-सम्भावनाओं को अपने में समाहित किये हुए स्थित होते हैं। इसी को लक्ष्य कर कहा जाता है—'सर्वे सर्वार्थ-वाचका:' (यानी, सभी शब्द सभी अर्थों के वाचक होते हैं)। ये अर्थ दो प्रकार के होते हैं—(क) कोशीय/लौकिक अर्थ, (ख) व्याकरणिक अर्थ।

कोशीय अर्थ वस्तु-जगत् से सम्बद्ध, अतएव तार्किक होता है; बोधक-बोध्य/ज्ञापक-ज्ञाप्य की धारणा पर टिका होता है। वस्तु-जगत् के सन्दर्भ-विशेषों को ही संज्ञा, सर्वनाम, विशेषण, क्रिया आदि कहते हैं। जैसे—स्वस्तिका (संज्ञा), मैं (सर्वनाम), काला (विशेषण), खाती है (क्रिया), ठीक (अव्यय)। 'स्वस्तिका' संज्ञा है, 'काला' विशेषण है—ऐसा विभाजन यद्यपि शब्द के भाषा-प्रयोग में आ जाने (पद बन जाने) पर ही सम्भव है; तथापि कहा जा सकता है कि विभाजन के लक्ष्यीभूत अर्थ का अस्तित्व मुख्यत: लोक या हमारे सामूहिक मन में ही है, जो भाषा-संरचना से बाहर है। इसी से यह वस्तु-जगत् से सम्बद्ध अर्थ कहलाता है। व्याकरणिक अर्थ की स्थिति भाषा-संरचना के भीतर ही होती है। यह अन्वय-विशेष से सम्बद्ध है, जो वाक्य की अर्थ-संरचना का आधार है। उदाहरण से समझें—

'किताब पढ़ ली गयी।' (लिंग)

'आप जा रही हैं।' (वचन)

किसी जा रहे व्यक्ति के मुँह से अक्सर सुनने को मिलता है—'मैं अभी आया/आयी।' (प्रकार)

इन प्रयोगों में क्रमश: 'स्त्रीलिंग है', 'बहुवचन है', 'भविष्यसूचक प्रकार/भविष्यत्काल' है—आदि संकल्पनाएँ शुद्ध रूप से व्याकरणिक हैं। तर्क यहाँ नहीं हो सकता कि 'किताब' स्त्रीलिंग क्यों है? 'आप' एक व्यक्ति का वाचक होकर भी बहुवचन में क्यों है? 'आया/आयी' भूतकालिक अर्थ के साथ निष्पन्न हो कर भी भविष्यत्काल में क्यों प्रयुक्त है? इन व्याकरणिक अर्थों का निकलना तभी

सम्भव होता है, जब किसी शब्द (प्रकृति) में सम्भाव्य अनेक व्याकरणिक अर्थों में से किसी खास वांछित दिशा का निश्चय हो जाता है। इसके निश्चायक या व्याकरणिक अर्थों के साधक तत्त्व को ही 'व्याकरणिक कोटि' कहते हैं। अथवा, व्याकरणिक अर्थ को ही व्याकरणिक कोटि कहते हैं। ये अर्थ ही प्रकृति (शब्द) के 'रूपायन' का कार्य करते हैं—उसे वाक्य-प्रयोगार्ह रूप [पद] में ढालने का कार्य करते हैं तथा इस प्रक्रिया में स्वयं भी रूपायित शब्द (=पद) के सहारे भाषा-संरचना में प्रकट होते हैं। इस प्रक्रिया में ये शब्द में जो संकेत छोड़ते या व्याकरणिक अंश जोड़ते हैं, उन्हें 'विभक्ति' कहा जाता है। यह अलग बात है कि कहीं-कहीं विभक्ति की लुप्ति के कारण उसका कार्य कुछ प्रत्ययों या स्वतन्त्र प्रकृतियों (शब्दों) को करना पड़ता है।

भाषा की रचनात्मक व्यवस्था का निर्धारण—भाषाई संरचना का नियन्त्रण व्याकरणिक कोटियों के माध्यम से होता है। कुछ लोग[1] संज्ञा, सर्वनाम, क्रिया, विशेषण, अव्यय आदि को व्याकरणिक कोटि कहते हैं, परन्तु ये तो भाषाई संरचना के नियामक न होकर, उसी के अंगीभूत रहकर, व्याकरणिक कोटियों (वचन, कारक, लिंग आदि) के माध्यम से नियन्त्रित होने वाले हैं। व्याकरणिक कोटियाँ रूप-साधक होती हैं—प्रकृति को पद बनानेवाली होती हैं। किसी प्रकृति (शब्द) के पद बनने के साथ ही—

(i) उसके लिए वाक्यगत अन्विति का मार्ग खुलता है।

(ii) उसके अनेक सम्भव अर्थों में से किसी या कुछ अर्थ-विशेषों में उसके प्रयोग का विनिश्चय होता है।[2]

वाक्य में मुख्यतः दो प्रकार के पद प्रयुक्त होते हैं—नामपद, आख्यात (क्रिया पद)। 'नाम पद' का मूल शब्द 'प्रातिपदिक' तथा 'आख्यात पद' का मूल शब्द (प्रकृति) 'धातु' कहलाता है। 'प्रातिपदिक' के सम्भव व्याकरणिक अर्थ के क्षेत्र लिंग, वचन, कारक, पुरुष हैं तथा 'धातु' के सम्भव व्याकरणिक अर्थ के क्षेत्र काल, पक्ष, प्रकार, वाच्य आदि हैं। (वैसे लिंग शुद्ध व्याकरणिक अर्थ नहीं है, लौकिक अर्थ ही है। पर, व्याकरणिक संरचना में कुछ भूमिका निभाने से यहाँ इस रूप में उल्लेख हो रहा है।) व्याकरणिक अर्थ के इन क्षेत्रों में 'प्रातिपदिक' व 'धातु' के नाना अर्थ सम्भव हैं। जैसे कोई 'प्रातिपदिक' एकवचन या बहुवचन, कर्ता या कर्म या करणादि में से कुछ भी अर्थ पा सकता है। इसी तरह कोई 'धातु' भूतकाल या वर्तमान काल या भविष्यत्काल; कर्तृवाच्य, कर्मवाच्य या भाववाच्य किसी अर्थ में जा सकता है। इन अर्थ-सम्भावनाओं में से किसी विशेष अर्थ का निर्धारण करते हुए 'प्रातिपदिक' व 'धातु' को क्रमशः 'नामपद' व 'क्रियापद' की भूमिका देती है 'व्याकरणिक कोटि'। वस्तुतः प्रातिपदिकार्थ व धात्वर्थ की विनिश्चायक कोटि है 'व्याकरणिक कोटि'। [पाँच मान्य प्रातिपदिकार्थों (जाति, व्यक्ति, लिंग,

वचन, कारक) में से अन्तिम तीन का ही रूप-रचना के सन्दर्भ में व्याकरण में प्रवेश हुआ है। (कई भाषाओं में तो 'लिंग' का कोई दखल रूप-रचना में नहीं है, जैसे—अँग्रेजी।) शेष दो तो पूर्णतः लोक या अर्थविज्ञान में ही रह गये हैं। 'धातु' के अर्थ 'फल' व 'व्यापार' भी लोकाश्रित ही हैं।]

व्याकरणिक कोटि ही प्रकृति को 'पद' बनाती है, तभी उसमें अन्वय-तत्त्व का विकास होता है, जिससे वाक्य सम्भव होता है। इसी अर्थ में लिंग, वचन, कारक, पुरुष, काल, पक्ष, प्रकार, वाच्य 'व्याकरणिक कोटियाँ' हैं। इनका द्योतन 'विभक्तियों' (प्रातिपदिक विभक्ति, धातुविभक्ति) से होता है। एक ही विभक्ति-प्रयोग से अनेक कोटियाँ व्यक्त होती हैं। जैसे—'घर-घर में महिलाओं को हिंसा के अनन्त रूपों से गुजारा जाता है।'—इस वाक्य में 'महिलाओं को' पद की विभक्ति 'ओं' (+परसर्ग 'को') से 'महिला' प्रातिपदिक के दो अर्थ—बहुवचन, कर्मकारकत्व—व्यक्त होते हैं। इसी प्रकार 'रूपों से' में भी बहुवचन व करणकारकत्व एक ही विभक्ति 'ओं' (+परसर्ग 'से') से व्यक्त होते हैं। 'गुजारा जाता है' धातुपद है। इसमें सहायक क्रिया 'है' के धातु 'ह' में लगी 'ए' विभक्ति और क्रिया पद के अंगीभूत कृदन्त 'गुजारा', 'जाता' से भाव वाच्य, वर्तमान काल आदि एक साथ व्यक्त होते हैं।

प्रकृति (शब्द) को 'पद' बनाकर उसका नियमन करने के कारण 'व्याकरणिक कोटि' 'पद-नियामक कोटि' भी कहलाती है! वाक्य के लिए कम-से-कम दो पद या पदबन्ध[3] आवश्यक हैं—

(i) नामपद या संज्ञा-पदबन्ध—इसकी साधक व्याकरणिक कोटियाँ लिंग, वचन, कारक, पुरुष।

(ii) क्रियापद (आख्यात पद) या क्रियापदबन्ध—इसकी साधक व्याकरणिक कोटियाँ काल, प्रकार, पक्ष, वाच्य।

'अन्विति' या 'नियमन' तब होता है जब ['संज्ञा पदबन्ध/नामपद' x 'क्रियापदबन्ध/क्रियापद']—यह प्रक्रिया सम्पन्न होती है, तभी वाक्य का अस्तित्व बनता है। इस प्रक्रिया में नामपद की व्याकरणिक कोटियों की छाया क्रिया-पद पर तथा क्रिया-पद की व्याकरणिक कोटियों की छाया नामपद पर पड़ती है। क्रिया पद (या धातु) का एकमात्र अर्थ निरपेक्ष 'भाव/व्यापार' है। नामपद की छाया उस पर पड़ती है, तो उसमें भी लिंग, वचन, कारक व पुरुष की धारणा संलग्न हो जाती है। इसी से क्रियापद में संलग्न व्याकरणिक अंश (विभक्ति) वाच्य, पक्ष, प्रकार व काल के साथ लिंग, वचन, पुरुष व कारक को भी व्यक्त करता है। [पर, कारक में सिर्फ कर्ता, कर्म या कर्तृस्थानीय को प्रकट करता है। शेष से उसका कोई लेना-देना नहीं।] उपर्युक्त उदाहरण 'गुजारा जाता है' में एकवचन, अन्यपुरुष,

पुंलिंग का भी अभी निकलता है। यहाँ भाववाच्य होने से क्रियापद इस अर्थ में ढला हुआ है। उसकी नामपद से कोई 'व्याकरणिक कोटि' सम्बन्धी संगति नहीं दिख रही। एक अन्य उदाहरण से बात समझें। 'आज की लड़कियों द्वारा कामयाबी के सभी शिखर सहज ही छू *लिए गये हैं।'* इसमें आये क्रियापद 'छू *लिए गये हैं'* से न सिर्फ कर्मवाच्य, वर्तमान काल, पूर्ण पक्ष, निश्चयार्थ प्रकार ही व्यक्त होते हैं, बल्कि नामपद ('सभी शिखर', जो कर्म है) की व्याकरणिक कोटियाँ—पुंलिंग, बहुवचन, अन्य पुरुष, कर्म कारकत्व—भी व्यक्त होते हैं। 'नामपद' में संलग्न व्याकरणिक अंश ('विभक्ति') से लिंग, वचन, कारक व पुरुष कोटियाँ व्यक्त होती हैं, पर काल, प्रकार, वाच्य आदि कोटियाँ शायद ही व्यक्त होती हैं। इससे पता चलता है कि क्रियापद की व्याकरणिक कोटियों की छाया नाम-पद पर उतनी नहीं पड़ती, जितनी नामपद की कोटियों की छाया क्रियापद पर पड़ती है।

व्याकरणिक कोटियों का सम्बन्ध शब्द (प्रकृति) के 'रूपायन' से है, पर 'लिंग' तो व्युत्पादन का भी गुण रखता है (लड़का+ई=लड़की, लड़की+आ=लड़का आदि में)। जहाँ-जहाँ ऐसी स्थिति है, वहाँ-वहाँ 'लिंग' को 'व्याकरणिक कोटि' से बाहर मानना चाहिए। परन्तु, जब भी लिंग वाक्यगत रूप-प्रक्रिया पर अपना असर डालने लगे, तभी वह 'व्याकरणिक कोटि' का दर्जा पा लेता है। जैसे—'बालक बड़ा फुर्तीला था। लड़की बड़ी मेधावी थी।' इन वाक्यों में 'लिंग' ने क्रियापद व विशेषण-प्रविशेषण के गठन को प्रभावित किया है। प्रातिपदिक के रूपायन में उसके 'लिंग' नामक अर्थ की भी महती भूमिका होती है। जैसे—'आम' व 'बात' अकारान्त ही हैं, पर इनके 'लिंग' भिन्न होते हैं। पहली वि. बहुवचन रूप—आम (पुंलिंग)>आम; बात (स्त्रीलिंग)>बातें। इसी स्तर पर लिंग 'व्याकरणिक कोटि' है। अन्यथा, 'लिंग' लौकिक अर्थ के ही क्षेत्र में है, जैसा कि पूर्वकथित है। प्रातिपदिकार्थों में से जाति, व्यक्ति नामक अर्थ ही नहीं, 'लिंग' नामक अर्थ भी हर प्रातिपदिक के स्वरूप में ही झलकता रहता है। इसका तात्पर्य यह नहीं कि 'जाति' व 'व्यक्ति' की तरह शुद्ध लौकिक अर्थ ही 'लिंग' का झलकता है—लोक में स्त्रीत्व या पुंस्त्व वाला अर्थ ही झलकता है। नहीं। प्रातिपदिक/शब्द की जो स्त्री-पुरुष जातिमूलक कोटि भाषा में बनी होती है, उसी अर्थ की झलक उस शब्द के स्वरूप में ही पहले से विद्यमान होती है। यानी हर प्रातिपदिक का कोई न कोई लिंग पहले से ही निश्चित रहता है। ऐसा तो नहीं है कि भाषा-प्रयोग में ढलने पर या कुछ 'रूप' आदि बनने पर उसका लिंग निर्धारित होता है। हाँ, विवेचन की सुविधा या व्याकरण की व्यवस्था के तहत भले माना गया कि जबतक किसी 'प्रातिपदिक' के वैभक्तिक रूप न चलेंगे, तब तक 'लिंग' (और जाति. व्यक्ति) वाला अर्थ अभिव्यक्त नहीं होता। व्याकरण

का यह सिद्धान्त है कि 'शब्द' में नहीं 'पद' में ही अर्थ की सत्ता है। अस्तु!

प्रातिपदिकार्थों में से शेष दो अर्थ—'वचन' और 'कारक' तो रूप चलने से ही प्रकट होते हैं, प्रातिपदिक (शब्द) स्तर पर तो वे बिल्कुल बोधित नहीं हो सकते। [सही में प्रातिपदिक के प्रसंग में व्याकरणिक अर्थ ये ही दोनों हैं।] इस बात पर कोई विवाद नहीं होना चाहिए। पाणिनीय व्याकरण का विख्यात सूत्र है—'प्रातिपदिकार्थ-लिंग-परिमाण-वचनमात्रे प्रथमा[4]। इसके 'प्रातिपदिकार्थ-मात्रे' वाले अंश को लेकर चलते हैं। सूत्र कह रहा है कि 'प्रातिपदिकार्थ मात्र' में 'प्रथमा विभक्ति' होती है। अर्थात् शब्द का प्रातिपदिकार्थ भर बतलाना हो, तब उसके लिए 'प्रथमा विभक्ति' लगती है—प्रातिपदिकार्थ के अमुक-अमुक अर्थ में विभाग करने के लिए 'प्रथमा विभक्ति' नहीं है, वह है 'प्रातिपदिकार्थ मात्र' यानी शुद्ध-स्थिरीभूत अर्थ के प्रकाशन के लिए। [शब्दकोशों में प्रातिपदिक शब्द के 'प्रथमा विभक्ति रूप' को ही आमतौर पर रखा जाता है, क्योंकि शब्दकोशों का उद्देश्य इन शब्दों के प्रातिपदिकार्थ मात्र की सूचना देना होता है।] हम जानते हैं कि प्रातिपदिक के व्यक्ति, जाति व लिंग नामक अर्थ तो उसमें पूर्व से ही भासमान हैं और 'कारकत्व' वाले अर्थ के लिए 'द्वितीया' से 'सप्तमी' तक की विभक्तियाँ आती हैं। तब 'प्रथमा विभक्ति' का प्रयोग किस प्रातिपदिकार्थ के प्रकाशन के लिए होता है? स्पष्टत: 'वचन' के अर्थ को प्रकट करने के लिए 'प्रथमा विभक्ति हुई। ['कोशों' में प्रातिपदिक 'प्रथमा वि. एकवचनान्त' रूप में रख दिये जाते हैं। यहाँ सिर्फ जाति, व्यक्ति, लिंग वाला अर्थ प्रकट है। 'वचन' अर्थ तो भाषा-प्रयोग में आने पर निकलेगा।] उदाहरण से बात समझें—'बालक:, बालकौ, बालका:'—ये हैं 'बालक' प्रातिपदिक के 'प्रथमा विभक्ति' रूप। यहाँ कह सकते हैं कि 'बालक' शब्द के जाति, व्यक्ति व लिंग का अर्थ ये रूप चलने के पूर्व से ही शब्द से छलक रहे थे। ये रूप चले, तो इन पूर्वभासित अर्थों के साथ 'वचन' का अर्थ भी (पहली बार) प्रकट हुआ। 'कारक' का अर्थ तो 'द्वितीया विभक्ति' रूप से पहली बार प्रकट होगा। विवेचन-मर्यादा के रक्षार्थ, यही कहेंगे कि 'कारकत्व-विशेष' के अर्थ के सिवा शेष सभी प्रातिपदिकार्थ (जाति, व्यक्ति, लिंग, वचन) मात्र के लिए 'प्रथमा विभक्ति' आयी है; भले वास्तविकता हो कि 'वचन मात्र' का बोध कराने के लिए 'प्रथमा विभक्ति' आयी है। प्रथमा विभक्ति कारकत्व (कर्ता या कर्म) का अर्थ देने के लिए नहीं आती। 'कर्ता' या 'कर्म' यदि प्रथमा विभक्ति में दिखते हैं, तो उनकी व्याख्या अलग है। जैसे—'वेरोनिका विज्ञानं पठति' [वेरोनिका विज्ञान पढ़ती है] में कर्ता 'वेरोनिका' प्रथमा विभक्ति में है। यहाँ 'प्रथमा वि.' वेरोनिका के कर्तृत्व को उक्त करने हेतु नहीं आयी है, क्योंकि

वह तो क्रिया 'पठति' में लगी 'तिङ् विभक्ति ('ति') ही उक्त कर देती है। तब वेरोनिका के वचनादि प्रातिपदिकार्थों को प्रकट करने के लिए ही 'प्रथमा वि.' उसमें लगी है। 'वेरोनिकया ग्रन्थः पठ्यते' (वेरोनिका के द्वारा ग्रन्थ पढ़ा जाता है)— इस वाक्य में कर्म 'ग्रन्थ' का कर्मत्व उसमें लगी 'प्रथमा विभक्ति' से नहीं, वरन् 'पठ्यते' क्रिया में लगी 'तिङ् विभक्ति' से उक्त हो रहा है। वहीं, 'वेरोनिकया' पद में 'तृतीया विभक्ति' आयी है, तो बस 'वेरोनिका' के कर्तृत्व के प्रकाशनार्थ। समग्रतः, विभिन्न कारकों का अर्थ उक्त करने हेतु 'प्रथमा' नहीं, 'द्वितीया' से 'सप्तमी' तक की प्रातिपदिक विभक्तियाँ आती हैं। यद्यपि 'द्वितीया' से 'सप्तमी' तक, विभक्तियाँ मुख्यतः 'कारकत्व'-विशेष के अर्थ को प्रकट करती हैं, पर गौणतः 'वचन' और शेष प्रातिपदिकार्थ भी उनमें सदा संश्लिष्ट रहते हैं। हिन्दी में इसका उदाहरण लेकर समझें।—'छात्रा' प्रातिपदिक है, इसके वैभक्तिक रूप इस तरह चलते हैं—

		एकवचन	बहुवचन
पहली विभक्ति (सामान्य)	—	छात्रा	छात्राएँ
पहली विभक्ति (सम्बोधनार्थक)	—	छात्रा!	छात्राओ!
दूसरी विभक्ति	—	छात्रा	छात्राओं

(पदत्व-साधक अव्यय यानी परसर्ग ने, को, से आदि दूसरी विभक्ति से बने रूपों में ही लगते हैं।)

'छात्राएँ विश्वविद्यालय में अव्वल आयीं'—इस वाक्य में 'छात्राएँ' में लगी पहली विभक्ति कर्तृत्व की अभिव्यक्ति हेतु नहीं है, बल्कि यह कार्य तो 'आयीं' क्रिया कर दे रही है। 'छात्राओं से छात्र पराजित किये गये।' वाक्य में 'छात्राओं से' दूसरी विभक्ति+'से' परसर्ग से बना पद है। इसमें वाक्यस्थ क्रिया ('किये गये') कर्म ('छात्र') को उक्त कर रही है, तब स्पष्ट है कि 'छात्राओं' का कर्तृत्व 'ओं' विभक्ति+ 'से' परसर्ग के द्वारा उक्त हो रहा है। 'ओं' विभक्ति मुख्यतः कर्तृत्व को प्रकट करने के लिए तो आयी है, पर गौणतः उससे वचनादि भी प्रकट हो रहे हैं।

प्रातिपदिकार्थों में से 'कारक' शब्दान्तर-सापेक्ष अर्थ है, क्योंकि किसी शब्द में 'कारकत्व' तभी आता है, जब वह शब्दान्तर (यानी धातु) की सन्निधि में आता है। शेष प्रातिपदिकार्थ शब्दान्तर-निरपेक्ष हैं। 'कारक' पद की प्रधान व्याकरणिक-प्रकार्य-बोधक कोटि है, जो नामपद को क्रियापद से अन्वित करती है। इसके बिना वाक्य बनना सम्भव नहीं। इसलिए सबसे महत्त्वपूर्ण व्याकरणिक कोटि यही है।

'**पुरुष**' का प्रातिपदिकार्थ में स्थान नहीं है पर व्याकरणिक कोटि में यह परिगणित है। सारे प्रातिपदिकों के साथ 'पुरुष' की धारणा संलग्न नहीं है। इसका

कारण है कि 'पुरुष' की कल्पना 'वाचक' (वक्ता), वाचन का लक्ष्यीभूत (श्रोता) तथा वाचनीय (विषय, जिसके बारे में कहा जा रहा है) के सापेक्ष टिकी है। 'वाचक' को 'उत्तम पुरुष', 'श्रोता' को 'मध्यम पुरुष' तथा 'वाचनीय विषय' को 'अन्य पुरुष' कहा गया है। स्पष्ट है कि इन तीन भूमिकाओं में 'संज्ञा' व 'सर्वनाम' ही आ सकते हैं और वहाँ भी हिन्दी व्याकरण की रूढ़ धारा की बात मानें तो केवल पुरुषवाचक सर्वनाम ही आते हैं। पर, यह बात सही नहीं है। हर सर्वनाम तीनों में से किसी न किसी पुरुष का अर्थ समेटे रहता है, सिर्फ कथित पुरुषवाचक सर्वनाम नहीं। 'पुरुष' को अक्सर 'सर्वनाम' का अंगीभूत बनाकर विवेचित किया जाता है। यह अँग्रेजी प्रभाववश हिन्दी में 'पुरुष-वाचक सर्वनाम' नामक भेद खड़ा करने का परिणाम है। 'पुरुष' सर्वनाम की बपौती नहीं है; समस्त संज्ञाएँ 'अन्यपुरुष' में होती हैं। 'पुरुष' इन सबसे अलग विवेच्य एक व्याकरणिक कोटि है। परन्तु, यहाँ भी कुछ लोगों को यह भ्रान्ति हो सकती है कि पुरुष की कोटि सर्वनाम से सम्बद्ध है, शायद इस कारण से कि केवल सर्वनाम में तीनों पुरुषों के अर्थ होते हैं।[5] लिंग की तुलना में 'पुरुष' कोटि ज्यादा व्याकरणिक है। यह ठीक है कि भाषा-प्रयोग में आने के पूर्व ही, 'संज्ञा' व 'सर्वनाम' प्रातिपदिक पुरुष सम्बन्धी-अर्थ की कुछ झलक रखते हैं, परन्तु वे 'लिंग' वाले अर्थ की अपेक्षा 'पुरुष' वाले अर्थ की धुँधली-सी ही आभा रखते हैं। संज्ञा 'अन्यपुरुष' में है और सर्वनाम तीनों पुरुषों में से किसी एक में है—यह अर्थ स्पष्ट तभी होता है, जब भाषा में उनका प्रयोग होता है। 'पुरुष' अर्थ की सूचना क्रिया की रूप-रचना से ही मिलती है।[6] यानी, कहा जा सकता है कि 'पुरुष' अर्थ का प्रभाव 'संज्ञा' या सर्वनाम की पद-रचना पर नहीं पड़ता, केवल क्रिया-रूप पर पड़ता है। इस तरह, 'पुरुष' 'लिंग' से अधिक व्याकरणिक कोटि होकर भी 'कारक' व 'वचन' से कमतर व्याकरणिक कोटि है। 'कारक', 'वचन' का प्रभाव धातु (क्रिया) व प्रातिपदिक की रूप-रचना पर ही नहीं, उससे जुड़े विशेषण या सम्बन्धकारी प्रत्यय/तत्त्व (का, के आदि) पर भी पड़ता है। पुरुष का असर केवल क्रिया-रूप रचना पर पड़ता है।[7]

सही बात तो यह है कि 'पुरुष' की संकल्पना 'तिङ् विभक्तियों' के सन्दर्भ में खड़ी हुई है। नौ 'तिङ् विभक्तियों' को तीन वर्गों में बाँटा गया है और हर वर्ग को 'पुरुष' नाम दिया गया है—प्रथम/अन्य पुरुष, मध्यम पुरुष, उत्तम पुरुष। यानी, धातु-रूपावली का पुरुषों में विभाजन है, न कि सर्वनाम या संज्ञा का। लक्षणा के कारण ही 'उत्तम पुरुष विभक्ति' के क्रियापद से अन्वित अहम्, आवाम्, वयम्, मैं, हम को 'उत्तम पुरुष'; 'मध्यम पुरुष विभक्ति' की क्रियाओं से अन्वित त्वम्, युवाम्, यूयम्, तू, तुम को 'मध्यम पुरुष' तथा प्रथम/अन्य पुरुष विभक्ति की

क्रियाओं से अन्वित शेष सभी व्यक्तियों, मूर्तामूर्त, जड़-चेतन सत्ताओं को 'प्रथम पुरुष/अन्य पुरुष' कहा गया। यहाँ एक सावधानी जरूरी है। लक्ष्यार्थ लेकर ही चलेंगे, तो केवल वक्ता (मैं, हम) को उत्तम पुरुष नहीं कह देंगे। कारण, उत्तम पुरुष की क्रिया का यह स्वभाव है कि एक ही साथ अन्य, मध्यम व उत्तम पुरुष तीनों को समेट सकती है। जैसे—'शीला, तू या मैं जाऊँगा।' तब परिभाषानुसार 'जाऊँगा' क्रिया से अन्वित शीला, तू, मैं—तीनों उत्तम पुरुष यहाँ कहलाएँगे। शास्त्रीय दृष्टि से उत्तम, मध्यम एवं अन्य पुरुष की क्रिया के जितने कर्ता या कर्तृस्थानीय होंगे, सब क्रमश: उत्तम, मध्यम व अन्य पुरुष कहलाएँगे। फिर भी, तर्कपूर्ण बात यही लगती है कि 'पुरुष' संज्ञा व सर्वनाम प्रातिपदिक [यानी वाक्य में कारक बन सकने की क्षमता रखनेवाले प्रातिपदिक] से ही सम्बद्ध अर्थ (कोटि) है, जो धातु-रूप पर ही ऐसा गहरा आरोपित हो गया कि व्याकरण की व्यवस्था में धातु-रूपावली के तीन वर्गों को ही 'पुरुष' कहने लगे।

'पुरुष' के प्रसंग में जरूरी बात अब यह कहनी रह गयी कि 'कारक' बन सकने वाले प्रातिपदिक से सम्बद्ध इस अर्थ-विशेष को 'पुरुष' कहा जाना, व्याकरण-रचना के समाजशास्त्र की विसंगति दरसाता है। यह ठीक है कि 'पुरुष' अब पारिभाषिक शब्द बन गया है और 'पारिभाषिक शब्द' व्युत्पत्यर्थ-बन्धन से निरपेक्ष होकर प्रतीक/संकेतक मात्र बन जाते हैं; परन्तु जिस समय इस कोटि (अर्थ) को 'पुरुष' कहना तय किया गया, उस समय अवश्य कहनेवालों की पाँत या उनके दिमाग में किसी स्त्री का अस्तित्व नहीं रहा होगा। 'पुरुष' शब्द को इतने हल्के में नहीं लेना चाहिए, क्योंकि 'पुरुष' बनाम 'स्त्री' का द्वन्द्व आज हर बहस का केन्द्र बन रहा है। अँग्रेजी के ग्रैमर में चूँकि 'Person' शब्द है, इसलिए समस्या नहीं। हिन्दी-व्याकरण को अपनी इस समस्या पर विचार करना चाहिए।[8]

व्याकरणिक कोटियों के वर्ग

कई प्रकार से 'व्याकरणिक कोटियों' का वर्गीकरण कर सकते हैं। एक आधार पर कहते हैं कि कुछ कोटियाँ 'दृश्य' होती हैं, कुछ 'अदृश्य'। 'गायिका अच्छे गीत पेश करती है।' 'गायिकाएँ अच्छे गीत पेश करती हैं।'—इन वाक्यों में आये 'गायिका' व 'गायिकाएँ' का वचन-भेद रूप के स्तर पर दिखलाई पड़ता है। परन्तु 'नर्तक नृत्य करता है', 'नर्तक नृत्य करते हैं'—इन वाक्यों में आया भेद 'नर्तक' व 'नर्तक' पदों में दृश्यमान नहीं है। विभक्ति अलग होकर भी, रूप एक है। एक अन्य तरीके से व्याकरणिक कोटियों को बाँटते हैं तो कुछ को 'रूपपरक', कुछ को 'प्रकार्य परक' कहते हैं। ''रूपकुँवर को धर्मान्ध-जालिम समाज ने मृत पति की चिता पर ज़िन्दा जला डाला।''—इस वाक्य में आये पदों 'रूपकुँवर को',

'समाज ने', 'चिता पर' के क्रमशः कर्मत्व, कर्तृत्व, अधिकरणत्व रूपमात्र देखकर पहचान में आ जाते हैं। यह 'रूपपरक कोटि' का उदाहरण है। पर, ''गया गया गया'' वाक्य में क्रमशः तीन पद कर्ताकारक, कर्मकारक व भूतकालिक क्रिया हैं। इसका पता रूप देखने से नहीं, व्याकरणिक प्रकार्य (function) को समझने पर चलेगा। एक तीसरे आधार पर भी व्याकरणिक कोटियों को वर्गीकृत कर सकते हैं। कुछ कोटियाँ *'पद-सापेक्ष'* होती हैं, जैसे—वचन, लिंग आदि। कुछ कोटियाँ *वाक्य-सापेक्ष* होती हैं, जैसे—कारक। वाक्य से विच्छिन्न पदों में कर्तृत्व या कर्मत्व का कोई मतलब ही नहीं है। इसी प्रकार 'वाच्य' भी *वाक्य-सापेक्ष* कोटि है। सम्पूर्ण वाक्य की संरचना के सापेक्ष ही 'वाच्य' विशेष खड़ा हो सकता है।

व्याकरणिक कोटियाँ सभी व्याकार्य (जिसका व्याकरण बन सकता है) भाषाओं की संरचना में असरदार होती हैं; पर व्याकरणिक कोटि विशेष का एक ढाँचा ही हू-ब-हू सभी भाषाओं में विद्यमान नहीं हो सकता और न सभी व्याकरणिक कोटियाँ सभी भाषाओं में समान रूप से उपलब्ध ही होंगी। कारण, हर भाषा की प्रकृति या गठन अलग है। एक भाषा में 'लिंग' की अवधारणा है, तो दूसरी में भी हो—यह जरूरी नहीं। इसी प्रकार हर भाषा में लिंग संख्या समान होना भी जरूरी नहीं। एक भाषा से दूसरी भाषा का विभेदन भाषा के मूलधनों [सर्वनाम, विभक्ति/परसर्ग, संख्यावाचक शब्द, क्रिया-रूप, अव्यय, प्रत्यय][9] के आधार पर तो होता ही है, पर उसमें व्याकरणिक कोटियों के स्वरूप व प्रकार की भी भूमिका होती है। व्याकरणिक कोटियों में से 'कारक' व 'पुरुष' तो लगभग हर भाषा में समान ही होते हैं—छह कारक, तीन पुरुष। अन्तर आता है, सिर्फ इनके द्योतन की रीतियों (विभक्तियों) में।

व्याकरणिक कोटियाँ काल-सापेक्ष परिवर्तनशील होती हैं, क्योंकि भाषा ही परिवर्तनशील है। विकास की प्रक्रिया में भाषा में जहाँ अनेक व्याकरणिक तत्त्व अप्रयोगवश लुप्त हो जाते हैं, वहीं प्रयोग-सुकरता के लिए कुछ नये तत्त्व भी उदित होते हैं। इन बातों से भी एक भाषा का विकास अन्य भाषा में होता है। भाषीय समाज की संस्कृति, उसकी चिन्तन-पद्धति तथा अन्य संस्कृतियों से उसका सम्पर्क/संक्रमण भी भाषाई परिवर्तन का कारक है और उसके फलस्वरूप 'व्याकरणिक कोटियों' के स्वरूप व उनकी अभिव्यक्ति के प्रकारों में परिवर्तन का भी विधायक है। 'संस्कृत' भाषा से 'हिन्दी भाषा' तक आते-आते बहुत-सी कोटियाँ उनके अभिव्यक्ति-प्रकार बदल चुके हैं। जैसे—

(i) संस्कृत में तीन लिंग एवं तीन वचन थे। हिन्दी में दोनों दो-दो रह गये।

(ii) हिन्दी में 'संयुक्त क्रिया' का विकास हुआ, जो संस्कृत-पालि आदि में न था।

(iii) संस्कृत में क्रिया तिडन्त प्रधान थी, हिदी में कृदन्त प्रधान हो गयी।

(iv) संस्कृत में सात प्रातिपदिक विभक्तियाँ थीं, हिन्दी में तीन ही रह गयीं। प्रातिपदिक विभक्ति के अर्थ को पूरा करने के लिए हिन्दी में 'परसर्ग' का विकास हुआ, जो संस्कृत में न था।

व्याकरणिक कोटियों का निर्धारण भाषा की संघटना का गहन विश्लेषण—उसके समस्त रूपों/पदों का पर्यालोचन कर के ही होता है। फिर, इन्हीं कोटियों के आधार पर भाषा की संरचना का विश्लेषण सम्भव होता है। अतः, कह सकते हैं कि ये ही वे आधार-स्तम्भ हैं, जिन पर 'व्याकरण' का महल खड़ा किया जाता है।

हिन्दी-लिंग-विमर्श

व्याकरण में किसी नाम शब्द के सन्दर्भ में उसकी पुंस्त्व या स्त्रीत्व वाली जाति सूचित करनेवाला अर्थ लिंग कहलाता है। पीछे यह स्पष्ट किया जा चुका है कि 'लिंग' 'व्युत्पादक' कोटि भी है और 'रूपायन' से सम्बद्ध कोटि यानी 'व्याकरणिक कोटि' भी है। वाक्य में देखें तो नाम शब्दों [संज्ञा, सर्वनाम] में ही 'लिंग' की सत्ता वास्तविक होती है; शेष में (यानी क्रिया, विशेषण आदि में) आरोपित। 'सर्वनाम' हिन्दी में एक ही रूप में उभयलिंगी/सर्वलिंगी (कॉमन जेंडर) होता है। 'क्रिया' व 'विशेषण' भी रूप बदलकर दोनों लिंग धारण करते हैं, क्योंकि इनमें [संज्ञा/सर्वनाम का लिंग आरोपित होता है अतः] जैसा लिंग संज्ञा/सर्वनाम का, वैसा ही इनका भी। 'अव्यय' [और अव्ययीभाव समस्त पद] वस्तुतः *'अलिंग'* होता है। हिन्दी में पदवी के वाचक बहुत सारे शब्द [जो गठन के समय भले पुंलिंग में सिद्ध किये गये हों] आज बन चुकी व्यवस्था में 'लिंग-निरपेक्ष' कहे जाते हैं। यहाँ एक बात कहनी चाहिए। चूँकि पदवी-वाचक वे शब्द संज्ञा हैं और संज्ञा में 'लिंग' का अर्थ होता ही है; इसलिए 'लिंग-निरपेक्ष' न कहकर उन्हें 'उभयलिंगी' कहना बेहतर है। मन्त्री, सांसद, पार्षद, राष्ट्रपति[10], निदेशक/निर्देशक[11], जिलाधिकारी, जिलाधीश, उपायुक्त, कुलपति, अधीक्षक, आदि ढेरों पदों के साथ 'मित्र' भी एक ही रूप में दोनों लिंगों में चलता है। यदि इन पदों पर पुरुष बैठा हो, तो पुंलिंग में और यदि महिला बैठी हो तो स्त्रीलिंग में इन शब्दों का प्रयोग होता है। जैसे—भारत *के* पहले राष्ट्रपति डॉ. राजेन्द्र प्रसाद थे। भारत *की* वर्तमान राष्ट्रपति श्रीमती प्रतिभा पाटिल हैं। *मेरा* मित्र सलमान आया। *मेरी* मित्र रजिया आयी। इन बातों का यह अर्थ नहीं कि हिन्दी में तीन लिंग हो गये—स्त्रीलिंग, पुंलिंग, उभयलिंग। दो ही लिंग हैं—स्त्रीलिंग, पुंलिंग। कारण इन की ही रूपात्मक

विशेषताएँ 'व्युत्पादन' व 'रूपायन' में दिखती हैं। 'उभयलिंग' जैसे किसी लिंग की कोई व्युत्पादक या रूपान्तरकारी भूमिका है ही नहीं—वाक्यगत कोई विशिष्ट अन्विति नहीं। यहाँ 'मित्र' आदि संज्ञाओं; सर्वनामों को यह नाम इसलिए दिया गया कि वे एक ही रूप में स्त्रीलिंग और पुंलिंग दोनों के लिए प्रयुज्य हैं। बस। यह शुद्ध रूप से लौकिक अर्थ का क्षेत्र है। 'वह' या 'मित्र' पुरुष व्यक्ति के लिए भी आता है, महिला व्यक्ति के लिए भी। जिस अर्थ का वाहक बनकर 'वह' आता है, उस लिंग के अनुसार रूप-रचना वाक्य में होती है। दो अलग-अलग लिंग-अर्थों में दो अलग-अलग रूप-रचनाएँ वाक्य में उससे होती हैं—'वह *जाता* है। वह *जाती* है।'—परन्तु, ये रचनाएँ पुंलिंग व स्त्रीलिंग रूप-रचना की ही तो हैं। अतः हिन्दी में दो ही लिंग हैं। संस्कृत में तो *'नपुंसक लिंग'* मान्य है, क्योंकि उसकी रूप-रचना अलग होती है—'मधुरम् फलम् पतितम्।' वाक्य में क्रिया 'पतितम्' व विशेषण 'मधुरम्' नपुंसक लिंगी कर्ता 'फलम्' के अनुसार रूप-रचना ले रहे हैं। भाषा में कुछ '**अनियतलिंग**' (लिंगाधिक्य) तथा कुछ '**नियत लिंग**' वाले शब्द भी होते हैं। संस्कृत में 'तटः, तटी, तटम्' आदि उदाहरण अनियत लिंग के हैं। यानी, एक ही शब्द जब लोकरुचि की भिन्नता से एकाधिक लिंगों में चल रहा हो, तो वह *'अनियत लिंगी'* कहलाता है। *'नियत लिंग'* (एकलिंग) का मतलब उस स्थिति से है जब किसी शब्द का लिंग एकदम तय है और उससे किसी अन्य लिंग में शब्द-व्युत्पत्ति सम्भव नहीं है। जैसे—संस्कृत में 'श्रीः' (स्त्रीलिंग), ज्ञानम् (नपुंसक लिंग)। क्रियार्थक संज्ञाओं के लिंग नियत होते हैं। जैसे—'करना', 'ख़ाना' आदि हिन्दी में पुंलिंग में सिद्ध हैं।

कहा जाता है कि हिन्दी भाषा में लिंग-व्यवस्था जटिल है, समस्याग्रस्त है। फिर इसके कारण भी बतलाये जाते हैं। जैसे—(i) संस्कृतादि से चली आ रही तीन लिंगों की व्यवस्था को हिन्दी ने दो लिंगों में गठित किया। नपुंसक लिंग को हटा कर उसके शब्दों को 'पुंलिंग' व 'स्त्रीलिंग' में समाहित किया। सवाल उठता है कि इसके कारण हिन्दी में जटिलता क्यों कर होगी? संस्कृत में, लौकिक अर्थ के हिसाब से भी केवल प्राणहीन (निर्जीव) चीजें ही नपुंसक लिंग में कहाँ थीं? लौकिक अर्थ का भी तर्क पूरी तरह नहीं लगता था, इसलिए संस्कृत में नपुंसक लिंग का रहना भार था। हिन्दी ने तो उसे हटाकर सरलीकरण का ही कार्य किया। (ii) विदेशी शब्दों की आमदनी से भी हिन्दी भाषा में लिंग-सम्बन्धी समस्या आती है, क्योंकि वे शब्द अपने मूल भाषा के संस्कार लेकर हिन्दी में आते हैं। (iii) हिन्दी का प्रादेशिक व भाषाई विस्तार इतना है कि अनेक मिजाज हैं, जिससे किसी शब्द के लिंग-सम्बन्धी वैमत्य पाया जाता है। कहने का अर्थ है कि हिन्दी में शब्दों को लेकर 'अनियत लिंग' की समस्या बनी हुई है। सही में देखें तो यह समस्या भाषा के समाज की है, व्याकरण की नहीं है। वह मानक कोश-निर्माण

और उसके प्रचार द्वारा भाषा के मानकीकरण से हल होगी। इस दिशा में काफी कुछ स्थिरता आ भी चुकी है। यहाँ हम यह आवश्यक बात बतला दें कि असली समस्या लिंग-व्यवस्था के अनियत होने की नहीं है, बल्कि भाषा में 'लिंग' का अस्तित्व ही मूल समस्या है। इसकी विस्तृत चर्चा 'स्त्री विमर्श की दृष्टि में हिन्दी-व्याकरण की सृष्टि' नामक अध्याय में की जाएगी।

'लिंग' की अवधारणा भाषा में, फिर उसके व्याकरण में कैसे आ जुड़ी—इसका प्रारम्भिक इतिहास तो काल की अँधेरी गुफा में ओझल होने से सिर्फ अनुमान का विषय है। 'लिंग' (ज़ेंडर) माने शब्द की पुंस्त्व-स्त्रीत्व मूलक जाति का सूचक अर्थ। अनुमान किया जा सकता है कि लोक में अधिकतर प्राणियों को दो जातियों—पुरुष व स्त्री—में बँटे देखकर ही, भाषा-प्रयोग व व्याकरण में भी, इस धारणा को उनके वाचक शब्दों पर घटा लिया गया। परन्तु, यह ध्यातव्य है कि यह अनायास-सा और एक दीर्घ प्रक्रिया से हुआ। 'लिंग' की तरह ही, प्राणियों की सबलता-निर्बलता, श्रेष्ठता-हीनता या समस्त भूतों की सजीवता-निर्जीवता के लौकिक अर्थ के अनुसार, कई भाषाओं में उनके वाचक शब्दों का कोटीकरण हुआ है। उस अर्थ को भी आमतौर पर 'लिंग' या 'ज़ेंडर' ही कह देते हैं, पर यह ठीक नहीं।[12] पुंस्त्व-स्त्रीत्व मूलक अर्थ (लिंग) की धारणा को आगे विस्तार मिला और चराचरव्याप्त सम्पूर्ण लोक के सभी पदार्थों को उसी अर्थ में बाँटा गया; जिससे उनके वाचक शब्दों की 'पुरुष' या 'स्त्री' नाम से कोई जाति व्याकरण में तय [रूढ़] हो चुकी। तब, समस्या आयी अचेतन पदार्थों की। उनमें स्त्रीत्व या पुंस्त्व के चिह्न असम्भव थे, सो शायद उसी कारण उन्हें 'नपुंसक लिंग' के रूप में व्याख्यायित किया गया। यानी, भाषा की पूरी शब्द-सम्पदा (चाहे वह मूर्त की वाचक हो या अमूर्त की) 'पुंलिंग' व 'स्त्रीलिंग' जाति में बँट गयी। किसी भाषा में इनसे निरपेक्ष, 'नपुंसक लिंग' भी अस्तित्व में आया। भाषा के शब्द इन दो-तीन लिंगों में बँटकर तदनुरूप कुछ लक्षण भी अपने वाक्यगत प्रयोग के सन्दर्भ में दिखलाने लगे। यानी, लिंग-प्रयोग व्याकरणिक अन्विति के नियमों से अनुशासित होने लगा।

परन्तु, व्याकरणिक लिंग की व्याख्या कुछ ही दूर तक लौकिक लिंग के संगत चल सकती थी, क्योंकि बृहत् चेतनों में ही लिंग की स्पष्टता थी, क्षुद्र चेतनों में तो लिंग स्पष्ट ही नहीं था और अचेतनों में तो लिंग का अस्तित्व ही नहीं था। फिर, अमूर्त (भावों) में तो लिंग की बात करना बिल्कुल लाक्षणिक ही था। अर्थात्, अधिकतर शब्दों के वाच्यार्थ वस्तुतः लिंगहीन थे; उनका मानवीकरण करके ही 'लिंग' संकल्पित किया गया।[13] इसके साथ स्पष्ट लिंग वाले बृहत् चेतनों (बड़े प्राणियों) के भी लिंग का स्वेच्छाचारी समाज की भाषा में यथावत् निर्वाह न हो

सका। सबका परिणाम यही होना था कि 'व्याकरणिक लिंग' तत्त्वत: ही अलग हो गया 'लौकिक लिंग' से। दोनों की इसी भिन्नता को अँग्रेजी में दो अलग शब्द क्रमश: *'जेंडर'* व *'सेक्स'* से प्रकट किया गया है। 'व्याकरण' में विशेष रूप धारण कर चुके 'लिंग' की संकल्पना को ठीक से न समझ पाने के कारण ही अक्सर लोग ऐसे कुतर्क करते पाये जाते हैं कि "मूँछ मर्द के होती है तो वह स्त्रीलिंग क्यों है? पुलिस में केवल मर्द हों तो भी वह शब्द स्त्रीलिंग ही क्यों रहता है?" या "हिजड़ा शब्द किस लिंग में रखोगे, क्योंकि वह तो न मर्द है न औरत?" ऐसा कहने वाले यह नहीं समझ पाते कि 'लिंग' किसी शब्द के वाच्यार्थ की लौकिक जाति नहीं, एक व्याकरणिक कोटि है।[14] यदि व्याकरण की लिंग-व्यवस्था 'लौकिक व्यवस्था' से एकदम अलग, विलक्षण नहीं हुई रहती तो—

(i) सभी भाषाओं में लिंग-संख्या असमान नहीं होती।

(ii) नपुंसक लिंग न होता। ('निर्जीव' नपुंसक होता है—यह तर्क भी कट जाता है। 'मित्र' (दोस्त के अर्थ में) संस्कृत में नपुंसक क्यों माना गया?)

(iii) एक ही अर्थ के वाचक अलग-अलग शब्दों के लिंग अलग-अलग न होते। (हिन्दी में 'ग्रन्थ' पुंलिंग, 'किताब' स्त्रीलिंग है।) संस्कृत में एक ही अर्थ में आये विधि, नियति, दैव क्रमश: पुंलिंग, स्त्रीलिंग व नपुंसक लिंग में हैं।

(iv) पुंलिंग से स्त्रीलिंग [या स्त्रीलिंग से पुंलिंग] बनाने के नियम न होते; जब लिंग सुनिश्चित हुआ होता।

इससे सिद्ध होता है कि 'लिंग' व्याकरण शासित हुआ है। वस्तुगत या लौकिक लिंग भले पदार्थों का धर्म हो, परन्तु व्याकरणिक लिंग पदों का धर्म है। 'लिंग' की संकल्पना के भाषा में उदित होने और प्रतिष्ठित होने का जो भी इतिहास रहा हो—परन्तु, आज इतना स्पष्ट है भाषा में यह पूर्णत: रूप-परक संविधानों से अनुशासित हो चुका है और लौकिक अर्थ [यौनिक विभेद, सबलता-निर्बलता] से पूरी तरह निरपेक्ष हो चुका है। प्रत्येक शब्द के साथ 'लिंग' की धारणा इस कदर बँधी हुई है कि भाषा में कोई नया शब्द भी उभरता है या कहीं से आता है , तो किसी न किसी लिंग के अर्थ में ढलकर ही। वैसे भाषा-विकास तो अनिश्चितता के नियम पर होता है, परन्तु कुछ समरूपता भी पदों में बनी होती है, जिसके आधार पर वैयाकरणिक व्यवथा खड़ी की जाती है। लिंग के क्षेत्र में भी कुछ खास प्रकार से अन्त होनेवाले शब्द एक ही लिंग में दिखाई देते हैं [यद्यपि यह स्थिति भी निरपवाद नहीं है]। नये शब्द जो विकसते हैं तो जिस लिंग के साथ संश्लिष्ट होते हैं, उसमें पूर्वविद्यमान शब्दों के आकार (अन्त, प्रत्यय) को

ग्रहण करने की कोशिश करते हैं। इन्हीं आधारों पर वैयाकरण शब्दों के लिंग-निर्धारण की कोशिश करते हैं।

शब्द की बनावट (प्रत्यय-विशेषता) से लिंग-विशेष का सम्बन्ध एक हद तक रूढ़ हो जाने के बावजूद किसी भाषा में यह व्यवस्था सदा स्थिर नहीं रह पाती। एक प्रकार की प्रत्यय (अन्त्यांश) पद्धति पर बने होने से किन्हीं शब्दों के खास लिंग के होने की सम्भावना तो बनती है, परन्तु इस पद्धति-विशेष से बाहर बने शब्दों, लम्बी विकास-प्रक्रिया से निर्मित शब्दों या आयातित शब्दों पर यह 'बनावट' वाला नियम भी नहीं लग पाता। इससे शास्त्र द्वारा लिंग-निर्धारण के नियम निर्धारित करना कठिन हो जाता है। पाणिनि जैसे वैयाकरण ने व्यावहारिक सुविधा के लिए लिंग-निर्धारित करने के नियम (कुछ प्रत्यय से, कुछ अर्थ से) प्रतिपादित करके भी, यह माना कि भाषागत लिंग का ज्ञान लोक के शिष्ट प्रयोग को देखकर ही हो सकता है, जिस प्रकार 'भाषा' का ज्ञान लोक के व्यवहार को देखकर होता है। चेतनता (लौकिक अर्थ) के नियम अथवा व्याकरण की प्रत्यय (शब्दान्त ध्वनि)-व्यवस्था—किसी से भाषा की लिंग-व्यवस्था नियन्त्रित नहीं है। तभी पतंजलि ने कहा—'लिंगमशिष्यं लोकाश्रयत्वात् लिंगस्य'[15]—लिंग अशिष्य है, यानी 'लिंग' को अनुशासित नहीं किया जा सकता, अथवा 'लिंग' का प्रकरण पढ़ाने योग्य नहीं है; क्योंकि 'लिंग' लोक का आश्रय लेकर स्थित है।

भाषा-प्रयोग में लोक ने चाहे जिस-जिस आधार पर किन्हीं परम्परागत, विकसित, आगत/आयातित शब्दों को खास-खास लिंग प्रदान किया हो अथवा चाहे किसी शब्द को लिंग-विशेष प्रदान करने के पहले उसे कितने ही विकल्पों/जन-रुचियों से रू-ब-रू होना पड़ा हो; परन्तु व्याकरण का यह काम नहीं कि उस दीर्घव्यापी, जटिल-प्रक्रिया [जो भाषा-विकास का अंग है] को छानने लगे। वह कार्य भाषाविज्ञान का भले हो सकता है। 'व्याकरण' का कार्य सिर्फ प्राप्त शब्दों के लोकरूढ़ 'लिंग' के अनुसार, भाषा-व्यवस्था में पड़े उसके प्रभाव का विश्लेषण करना—वाक्यगत अन्विति के नियमों का आख्यान करना है।

हिन्दी-व्याकरण ने भी अपना लम्बा समय लिंग-निर्धारण के सूत्र खोजने में लगाकर असफलता पायी है। यह अव्याकरणिक कार्य करते हुए वह बहुधा लौकिक अर्थ की गलियों में भी व्याकरण की कोटि 'लिंग' की थाह पाने की मूढ़ता करता रहा है। अब तो इस व्याधि का अन्त हो जाना चाहिए। 'लिंग' की व्याकरणिक संकल्पना को पूर्णतः ग्रहण करते हुए हमें यह समझ लेना चाहिए कि **'लिंग' शब्द के साथ संलिप्त धारणा है। शब्द लोक के खेत में उपजता या सामाजिक कारखाने में निर्मित होता है, तो उसी के साथ हर शब्द का लिंग लोक द्वारा तय हो जाता है। अतएव, लोक का भाषा-प्रयोग ही लिंग-निर्धारक हो**

सकता है, न कि व्याकरण। व्याकरण तो बस उसका अनुसरण करते हुए, उस शब्द की भाषा में प्रयुक्ति, अन्विति के अभिलक्षण प्रस्तुत करते, नियमों का अन्वाख्यान भर कर सकता है। जो लोग कहते हैं कि व्युत्पादन-नियमों से किसी शब्द के नवगठन की स्थिति में रूपाश्रित लिंग-निर्धारण सम्भव है (जैसे—लड़का+ई=लड़की। लड़की+आ=लड़का)—स्त्रीप्रत्यय, पुंप्रत्यय या लिंगबोधक कुछ कृत्-तद्धित प्रत्ययों के सहारे; उन्हें यह अच्छी तरह समझ लेना चाहिए कि शब्दाश्रित लिंग-व्यवस्था की सीमा है। ऐसा यदि पूर्णतः होता तो प्रातिपदिक (शब्द) मात्र सुनकर 'लिंग' का निश्चय हो जाता। क्या ऐसा है? नहीं। हाँ, शब्द-रूप चलता है तो उसे देखकर लिंग का निश्चय होता है; क्योंकि शब्द-रूप बनने में लिंग की भूमिका भी है। अर्थात्, लिंग-निर्धारण का एकमात्र आधार है (शिष्ट) *'प्रयोग'*। भाषा लोकसिद्ध होती है तो भाषा के शब्दों में निहित लिंग भी लोकसिद्ध होता है। व्याकरण उसी लोकसिद्ध भाषा की विवेचना है, अतः 'लिंग' का पता व्याकरण को लोक-प्रयोग से ही चलता है। चूँकि लोक ने किसी निश्चित नियम पर शब्दों का लिंगीकरण नहीं किया है, इसलिए लिंग-निर्धारण के नियम खोजना दुष्कर ही नहीं, असम्भव है। सबसे बड़ी बात कि यह कार्य/विषय व्याकरणिक ही नहीं है।

भाषा में 'लिंग' का उपयोग है—संरचना के स्तर पर 'व्याकरणिक अन्विति' के लिए और अभिव्यंजना के स्तर पर कथित सुन्दरता, सूक्ष्मता-स्थूलतादि भेदों के प्रकाशनार्थ।[16] भाषा में कोई (नाम) शब्द जब प्रयुक्त होता है, तो (लोक-निर्धारित) अपने लिंग के अनुसार ही रूपाकार (पद) ग्रहण करता है तथा वाक्यगत शेष शब्दों (पदों) से उसकी 'व्याकरणिक अन्विति' उसके लिंगानुसार ही होती है। कृदन्त क्रिया, सम्बन्ध प्रत्यय, विशेषण, सादृश्य-विधायक शब्दों (जैसा-जैसी आदि) आदि सब पर उसके लिंग की छाया पड़कर इन्हें भी वैसा ही बना देती है। इन्हीं प्रयुक्तिपरक आयामों से किसी अपरिचित को उस शब्द के लिंग की सूचना मिलती है। हिन्दी-व्याकरण ने लिंग-निर्धारण के नियम खोजने की मशक्कत करके भले सफलता न पायी हो, पर "लिंगानुसार हिन्दी भाषा की व्यवस्था न्यूनतम सूत्रों पर बन चुकी है"—ऐसी खोज आज वह कर चुका है। ये न्यूनतम सूत्र हैं—

(i) पुंलिंग शब्दों का पहली विभक्ति-बहुवचन रूप अनुनासिकता-रहित बनता है; स्त्री लिंग शब्दों का अनुनासिकता-युक्त। जैसे—

पहिया (पुं.) > पहिये
राजा (पुं.) > राजा
लता (स्त्री.) > लताएँ
नर्तकी (स्त्री.) > नर्तकियाँ

(ii) कृदन्त क्रियापद का रूप पुंलिंग शब्दों के संगत 'अ/ए' कारान्त होता है और स्त्रीलिंग शब्दों के संगत 'ई/ईं' कारान्त होता है। जैसे—अभिनेता हमारा मनोरंजन करता है। रंजना दौड़-प्रतियोगिता में जाएगी।

(iii) सम्बन्ध-प्रत्यय का रूप पुंलिंग शब्दों के संगत 'अ/ए' कारान्त होता है और स्त्रीलिंग शब्दों के संगत 'ई' कारान्त। जैसे—तेरा संगी, तेरी संगिनी, तेरे लड़के, तेरी लड़कियाँ आदि।

(iv) स्त्रीलिंग शब्दों के विशेषण 'ई' कारान्त होते हैं और संस्कृतागत विशेषण रहने पर कभी-कभी इच्छानुसार 'आ' कारान्त भी होते हैं। जैसे—कामवाली स्त्री, प्यारी सी बच्ची। पर, संस्कृतागत विशेषण 'प्रवीण' का प्रयोग करते 'प्रवीण लड़की' भी हो सकती है, इच्छानुसार कभी 'प्रवीणा लड़की' भी लिख सकते हैं। कथित तद्भव विशेषण 'आ/ए' कारान्त सिर्फ पुंलिंग शब्दों के लिए आते हैं। जैसे—छोटा बच्चा, छोटे बच्चे।

इनमें सर्वाधिक उपयोगी सूत्र (*i*) ही है। इन्हीं सूत्रों पर हिन्दी की लिंग-व्यवस्था कार्य करती है। उसके कार्य करने के ढंग—यानी, इन सूत्रों को लागू होते देखकर ही हमें पता चल सकता है कि शब्द का लिंग क्या है। यदि कहा जाए कि यह तो उल्टी गंगा हुई—पहले 'प्रयोग' करो, तब 'लिंग' का पता चलेगा। अरे भाई/बहन! पहले लिंग का पता न चलेगा, तो 'प्रयोग' कैसे करेंगे? तब तो समाधान वही है—'लोक' की शरण ली जाए। देखा जाए कि वह किस शब्द को किस लिंग में मानता है। इस बात का पता लोक के शिष्ट प्रयोग से चल सकता है या फिर '*शब्द कोश*' से चल सकता है। यदि भाषा प्रचलन में न हो या सीमित हो, तो एकमात्र 'कोश' ही साधन है। लिंग वस्तुतः (शिष्ट) प्रयोग से ही निर्धारित-नियन्त्रित है—यही अन्तिम सत्य है। अतः, हिन्दी की लिंग-समस्या यह नहीं है कि किसी शब्द का लिंग-निर्धारण दुष्कर है (क्योंकि वह तो लोक-प्रमाण से ज्ञाप्य है), बल्कि जो बची-खुची समस्या है, वह यह है कि कई शब्द अब भी हैं जो '*अनियत लिंग*' हैं, यानी उनके 'लिंग' के बारे में लोक-मत/व्यवहार में एकता नहीं है। परन्तु, आज की तरीख में कोशादि से तेजी से मानकीकरण होता जा रहा है, अतः समस्या नहीं है। असली समस्या यदि है तो (जैसा कि पहले कहा है,) वह है खुद 'लिंग' की अवधारणा ही। भाषा में स्त्री-पुरुष मूलक भेद के आने की जरूरत ही क्या थी? खैर! इस समस्या पर विचार के लिए हमने पुस्तक का एक अध्याय ही समर्पित कर रखा है—'स्त्री विमर्श की दृष्टि में हिन्दी-व्याकरण की सृष्टि'।

सन्दर्भिका

1. 'हिन्दी की व्याकरणिक कोटियों का विश्लेषणात्मक अध्ययन' (शोध-प्रबन्ध, आगरा वि. वि.) में जयचन्द्र विद्यालंकार संज्ञा-सर्वनाम आदि को भी 'व्याकरणिक कोटि' ही कहते हैं। 'व्याकरणिक कोटियों का विश्लेषणात्मक अध्ययन' में डॉ. दीप्ति शर्मा ने भी नाम, क्रिया आदि को भी 'व्याकरणिक कोटि' में शमिल कर रखा है।
2. ''व्याकरणिक कोटियों का उद्देश्य भाषा में अभिव्यंजना-सम्बन्धी सूक्ष्मता और निश्चयात्मकता लाना है।'' [—'भाषाविज्ञान की भूमिका'/पृष्ठ--240]
3. 'पदबन्ध' आधुनिक संकल्पना है। आधुनिक वैयाकरणिक संकल्पना के अनुसार वाक्य का विश्लेषण करने पर उसमें कई प्रकार्यात्मक कोश नजर आते हैं, जिनके संगुम्फन से ही वाक्य सत्तावान् रहता है। हर प्रकार्यात्मक कोश 'पदबन्ध' कहलाता है। हर पदबन्ध में कम से कम एक 'पद' अवश्य होता है। वैसे होता है वह पद-गुच्छ के रूप में। डॉ. रामकमल पांडेय के मत से—''पद वाक्य में एक प्रकार्यात्मक कोश के पूर्णक के रूप में आता है, अत: अपने कोश में अकेले हो अथवा अपने विशेषकों, घनत्वकों, परिसीमकों एवं विस्तारकों के साथ हो, वह पदबन्ध कहलाता है।'' ['हिन्दी संरचना का शैक्षिक स्वरूप', पृष्ठ 21] उन्होंने एक उदाहरण दिया—'दशरथनन्दन श्री राम ने/लंकेश्वर रावण को/नाराच बाणों से/विदीर्ण कर मार डाला।' इसमें '/' चिह्न से विभाजित हर अंश एक प्रकार्यात्मक कोश, यानी पदबन्ध है। ''पदबन्ध में एक मुख्य पद होता है जो स्वतन्त्र रूप से भी उस पदबन्ध का प्रतिनिधित्व कर सकता है।'' ''हिन्दी के पदबन्ध या तो वाक्य के मुख्य संरचक के रूप में आते हैं अथवा किसी अन्य पदबन्ध के संरचक के रूप में।''
   ''प्रत्येक पदबन्ध में एक शीर्ष पद होता है, जिसकी जाति पर उस पूरे पद बन्ध का नामकरण किया जाता है।'' जैसे—उपर्युक्त वाक्य में प्रथम तीनों पदबन्ध 'संज्ञा पदबन्ध' हैं, अन्तिम 'क्रिया पदबन्ध' है। ['हिन्दी संरचना का शैक्षिक स्वरूप'/पृष्ठ. 21-23]
4. अष्टाध्यायी, 2/3/46
5. ''पुरुष विशुद्ध रूप से सर्वनाम से सम्बन्धित कोटि है। समस्त संज्ञाएँ अन्य पुरुष की होती हैं।''—डॉ. रामकमल पांडेय ('हिन्दी संरचना का शैक्षिक स्वरूप'/पृष्ठ-32)
6. ''पुरुष का प्रमुख क्षेत्र क्रिया है. गौण रूप से उसका प्रयोग सर्वनामों के लिए भी होता है।'' ('भाषाविज्ञान की भूमिका', पृष्ठ 245)
7. इस विषय का अधिक स्पष्टीकरण 'सर्वनाम-प्रकरण' में देखें।
8. पुरुष (Person) की जगह 'व्यक्ति' शब्द हिन्दी-व्याकरण में सुझाया जा सकता है; पर ध्यातव्य है कि कतिपय आचार्यों ने 'लिंग' के अर्थ में 'व्यक्ति' शब्द चलाया था। समाजशास्त्रीय दृष्टि से 'लिंग' शब्द भी कठघरे में खड़ा किया जा सकता है, यदि 'पुरुष' को खड़ा कर रहे हैं तो!
9. इसकी तरफ संकेत पंडित किशोरीदास वाजपेयी ने 'हिन्दी शब्दानुशासन' में किया है।
10. 'राष्ट्रपति' शब्द संस्कृत में भी प्रयुक्त है—''महावनं राष्ट्रपतिर्ददर्श'' (महाभारत, वन पर्व 14/17) संस्कृत में 'पति' शब्द यदि स्वामित्व-सम्बन्ध हेतु आता है तो वह दोनों लिंगों में या लिंगनिरपेक्ष होता है। जैसे—''पतिरियं ब्राह्मणी ग्रामस्य''—यह ब्राह्मणी ग्राम की स्वामिनी है। 'पति' शब्द 'वैवाहिक सम्बन्ध' में आता है तो पुंलिंग में होता

है। उसका स्त्रीलिंग 'पत्नी' है। ('महिला राष्ट्रपति भी राष्ट्रपति'—नारायण दत्त/ 'कथन', अक्टूबर-दिसम्बर 2007, पृ. 40)

11. निदेशक/निर्देशक का स्त्रीलिंग भी उलब्ध है—निदेशिका-निर्देशिका। इसी तरह 'सम्पादिका', 'प्राचार्या' आदि। परन्तु, इधर जो नयी प्रवृत्ति उभरी है, उसमें पद-नामों को पुंलिंग में ही सिद्ध रखते हुए उसे उसी रूप में उभयलिंगी मानने का आग्रह है। वैसे तर्कसंगत बात यही है कि पद-नाम एक ही होगा—दो पद- नाम नहीं होने चाहिए, 'निदेशक' एवं 'निदेशिका' में से एक ही होना चाहिए। [लिंग-सम्बन्धी और चर्चा के लिए देखिए 'व्युत्पादन' की 'लिंग-प्रत्यय-प्रक्रिया' का अंश।]
12. 'लिंग' (ज़ेंडर) नाम से चर्चित, स्त्रीत्व-पुंस्त्व, चेतन-जड़, सबल-निर्बल आदि अर्थों के आधार पर विभिन्न भाषाओं में शब्दों की अलग-अलग संख्या में कोटियाँ हैं—संस्कृत, मराठी, गुजराती में तीन लिंग (पुंलिंग, स्त्रीलिंग, नपुंसक लिंग) हैं। हिन्दी में दो लिंग—पुंलिंग व स्त्रीलिंग हैं। अँग्रेजी में चार ज़ेंडर हैं। उसी तरह मिजो भाषा में भी चार हैं। बांग्ला व फारसी में 'लिंग' कोटि नहीं है। 'चीनी' में क्या लिंग रहेगा, जब उसका व्याकरण ही नहीं है? ग्रीक, जर्मन व रूसी में भी ऐसी तीन ही कोटियाँ हैं। काकेशी परिवार की 'चेचीन' भाषा में छह, अफ्रीका की मासाई भाषा में दो [सबल, निर्बल] तथा वहीं की बौटू भाषा में ऐसी सत्रह कोटियाँ हैं। 'अलगवांगिन' भाषा में दो कोटियाँ हैं—सचेतन व अचेतन।
13. 'Foundation of Language' में लूयी एच्. ग्रे का कहना है—"The chief source of grammatical gender seems to lie in animism." ['हिन्दी की लिंग-प्रक्रिया' डॉ. वी. डी. हेगडे, पृष्ठ 11] अर्थात्, व्याकरणिक लिंग का मूल उत्स 'सर्वचेतनवाद' है।
14. "सरकार स्त्रीलिंग शब्द है तो यह अर्थ नहीं कि सरकार किसी औरत का नाम है। स्त्रीलिंग भी पारिभाषिक शब्द है; वह केवल व्याकरणिक रूपों और प्रयोगों का बोध कराता है, अर्थ द्वारा अभिव्यक्त लौकिक लिंग-विरोध का नहीं।" ['हिन्दी व्याकरण की समस्या'—आचार्य हजारी प्रसाद द्विवेदी]
"लिंग की कोटि शुद्ध भाषिक विशेषता है जिसका न तो प्राकृतिक लिंग से सुनिश्चित सम्बन्ध है और न जिसके आरम्भ का असंदिग्ध आधार ज्ञात है।" ('भाषाविज्ञान की भूमिका'/पृ. 243)
15. महाभाष्य—4/1/3
16. इस मत की विस्तृत आलोचना पुस्तक के अध्याय 'स्त्री विमर्श की दृष्टि में हिन्दी व्याकरण की सृष्टि' में पढ़ें।

अध्याय-7

पद-वर्गीकरण

गत अध्याय में हमने जाना कि व्याकरणिक कोटि या विभक्ति की संलग्नता ही किसी शब्द (प्रकृति) को 'पद' बनाकर उसे भाषा-प्रयोग के योग्य बनाती है। प्रयोग के पश्चात् ही यह पता चलता है कि शब्द के कोशीय (वस्तु जगत् से सम्बद्ध) अर्थ में से किस अर्थ का प्रकटीकरण हो रहा है? किस-किस व्याकरणिक अर्थ में शब्द ढल रहा है? प्रयोग करने पर ही पता चल सकता है कि 'शब्द' का रूपाकार बदल रहा है अथवा नहीं या वाक्य के किसी अन्य शब्द के साथ उसके सम्बन्ध का क्या रूप है? इन बातों का मतलब है कि प्रयोग-पूर्व किसी शब्द का अपने आप में कोई निश्चित 'अर्थ' या 'वर्ग' नहीं होता। इन दोनों का निश्चय 'प्रयोग' से ही होता है। खासकर हिन्दी जैसी भाषा, जिसमें 'शब्द' व 'पद' का अन्तर अधिक स्पष्ट नहीं है(क्योंकि वाक्य-प्रयोगार्थ 'शब्द' का प्रकट विभक्त्यन्त होना सदा आवश्यक नहीं) और वाक्य में शब्द-क्रम का बहुत महत्त्व है; उसके लिए यह बात और सच है।[1] तब, कहा जा सकता है कि 'शब्द' के साथ जो 'अर्थ (अर्थों)' एवं 'वर्ग' का उल्लेख रहता है, वह उसके सर्वाधिक प्रचलित 'अर्थ (अर्थों)' एवं सम्भावित पद-रूप व प्रयोग के आधार पर होता है। जैसे—किसी 'शब्द' को कोश यदि 'विशेषण' बतला रहा है, तो इसका कारण है कि भाषा के समस्त वितरण में वह शब्द विशेषण-पद के रूप में ही सर्वाधिक प्रयुक्त हुआ है, यद्यपि प्रयोगानुसार वह कभी 'संज्ञा' या 'अव्यय' वर्ग में भी गया होगा।

इस प्रकार, स्पष्ट हो रहा है कि 'शब्द' के स्तर पर वर्गीकरण सम्भव नहीं, जब भी है तो 'पद' के स्तर पर ही है। अर्थात् शब्द-वर्गीकरण की जगह, 'पद-वर्गीकरण' अधिक तर्कपूर्ण है क्योंकि पद-वर्गीकरण ही अस्तित्व रख सकता है। ('पद' की ही सत्ता वास्तविक जो है।) हाँ, पद-वर्गीकरण हो जाने के बाद, उसका अनुसरण कर 'पद' के प्रमुख घटक (शब्द/प्रकृति) का भी वर्गीकरण कर लिया जा सकता है तथा उस शब्द के वर्ग का नाम वही दिया जा सकता है जो उसके पद के वर्ग का नाम है। जैसे—"औरतों को 'देवी' के मिथक ने बुरी तरह छला है।"—इस वाक्य में नामपद 'औरतों ने' है और क्रियापद 'छला है'—यह पद-वर्गीकरण से तय हुआ। अब, यदि इन पदों के

घटक शब्दों क्रमशः 'औरत' और 'छल' का भी वर्गीकरण करना चाहें तो इनका नाम क्रमशः वही देंगे, जो पद-वर्ग के नाम हैं। परन्तु, इन शब्दों को 'पद' नहीं कहा जा सकता, अतः 'नामपद' व 'क्रियापद' न कहकर 'नामशब्द' व 'क्रिया शब्द' कहेंगे। ध्यातव्य है कि शब्द-वर्गीकरण की स्थिति 'पद-वर्गीकरण' के बाद ही सम्भव है। फिर भी वह भी जरूरी है, क्योंकि आगे जो विवेचन होगा, उसमें 'शब्द' को लेकर समझाने में सहूलियत होगी। इस प्रसंग में एक जरूरी बात यह है कि वर्गीकरण के उपरान्त वर्ग-नाम देते समय प्रतिष्ठित पारिभाषिक शब्दों को ही (मान्य अर्थों में ही) यथासम्भव प्रयुक्त करना चाहिए। परन्तु, नये वर्ग (कोटि) का अस्तित्व बन जाए तो, जो नये पारिभाषिक शब्द गढ़े जाएँ वे व्युत्पत्यर्थ से युक्त होने की जगह प्रतीक मात्र हों तो ज्यादा अच्छा है (जैसे—पाणिनि ने 'लट्', 'लिट्', 'लकार' आदि चलाये)। यदि हम सार्थक शब्द (जैसे—'गणनीय संज्ञा') को किसी कारण से पारिभाषिक शब्द के रूप में इस्तेमाल करते हैं, तो हमें मानना होगा कि फिलहाल भले वे अपने व्युत्पत्यर्थ का निर्वाह कर रहे हों, पर कालान्तर में वे शब्द अर्थ-निरपेक्ष हो जाते हैं।

जैसा कि पीछे चर्चित हो चुका है, पद-वर्गीकरण अर्थ-विचार से रूप-विचार की ओर जानेवाली प्रक्रिया है। यानी, अर्थ-भेद जब तक रूप-भेद तक न उतरे, तब तक वर्गीकरण शक्य नहीं है।[2] वैसे कभी अर्थ-भेद व्याकरणिक प्रकार्य के भेद तक तो उतरता है, पर 'रूप' में अन्तर नहीं भी होता; उस स्थिति में वर्गीकरण उचित होगा। (जैसे—पूर्वोक्त उदाहरण 'गया गया गया' में।) अर्थात् 'व्याकरणिक प्रकार्य' और रूप गत विलक्षणता ही वर्गीकरण की कसौटी है। भाषा-प्रयोग में जो चीज हमारे सामने सबसे पहले आती है, वह 'पद'/रूप ही है। अतः रूप-भेद की पुष्टि (थोड़ी गहराई में उतरकर) 'व्याकरणिक प्रकार्य' को देखने से हो जाती है। फिर भी ध्यातव्य है कि 'रूप' की महिमा सर्वोपरि है। नहीं तो लगभग समान प्रकार्य (कारकत्व) करते हुए भी 'संज्ञा' व 'सर्वनाम' को अलग-अलग वर्ग के रूप में न रखा जाता। फिर अर्थ की क्या बात करें? बहुत विरल स्थिति ऐसी हो सकती है, जब हमें 'लौकिक अर्थ' तक जाना पड़े। तब स्पष्ट है कि जिस प्रक्रिया को 'अर्थ-विचार' से रूप-विचार की ओर कहा जा रहा है, वह वस्तुतः उल्टी ही है। पर, व्याकरण की व्याख्या के तहत यह उल्टी बात भी उसी तरह सीधी है, जैसे कि 'पद' का विश्लेषण कर 'शब्द' कल्पित किये जाने के बावजूद यही कहते रहना कि 'शब्द ही भाषा प्रयुक्त होकर पद बनता है।' समग्रतः, वर्गीकरण प्रसंग में विचारणीय तत्त्वों का आरोही महत्ता-क्रम इस प्रकार है—अर्थ $<$ प्रकार्य $<$ रूप।

हिन्दी-व्याकरण में पद-वर्गीकरण की स्थिति

पद-वर्गीकरण के प्रसंग में हिन्दी-वैयाकरणों ने अँग्रेजी के अष्टधा पद-विभाग या वाक्यावयव (Parts of Speech) को अपना आधार बनाकर स्वयं को बड़ी कमजोर

जमीन पर खड़ा कर लिया है। हिन्दी में उसी का सीधा अनुकरण करते हुए—संज्ञा, विशेषण, सर्वनाम, क्रिया, क्रियाविशेषण, सम्बन्धसूचक, संयोजक (समुच्चयबोधक) और विस्मयादिबोधक—ये आठ भेद किये जाते रहे हैं, फिर उन्हें दो व्यापक वर्गों में समेटा भी जाता है—(i) विकारी—संज्ञा, सर्वनाम, विशेषण, क्रिया और (ii) अविकारी (अव्यय)—क्रिया-विशेषण, सम्बन्धसूचक, संयोजक, विस्मयादिबोधक।[4] अविकारी वर्ग के चार भेद 'प्रकार्य' के आधार पर बने हैं, पर विकारी वर्ग के उक्त चार भेदों का आधार प्राय: 'अर्थ' है—जैसी कि विवेचना होती रही है। स्पष्टत: दो अलग-अलग दृष्टियों को मिलाकर उक्त आठ भेद इकट्ठा करना सही नहीं है। और भी कई तर्क इस प्रकार के वर्गीकरण के विरुद्ध सम्भव हैं।[5]

हिन्दी-व्याकरण ने अँग्रेजी के जिस वर्गीकरण को आदर्श बनाया, वह अँग्रेजी ने भी लातिन से उधार लिया था।[6] स्वयं लातिनी व्याकरणों ने भी यूनानी (ग्रीक) व्याकरणों का अनुकरण किया था। यूनान में दार्शनिक प्रभाव से वैसा अर्थपरक विभाजन 'व्याकरण' में बन गया था। वही 'लातिन' पर घटित किया गया, फिर अँग्रेजी आदि पर से होते वही वर्गीकरण भारतीय भाषाओं को झेलना पड़ा।[7]

प्राचीन भारत में, यास्क ने 'निरुक्त' में 'नाम', 'आख्यात', 'उपसर्ग', 'निपात' नामक चार पद-विभाग किये थे, जो थोड़ा इधर-उधर घुमाकर हिन्दी के लिए भी उपादेय बन सकता है। उक्त आठ भेद इनमें अन्तर्भूत हो सकते हैं।[8] पाणिनि ने यास्क के चतुर्धा पद-विभाग का लाघव दो में ही कर दिया है—सुबन्त, तिङन्त। यदि शब्द या 'प्रकृति' के स्तर पर उतरकर बात करें तो इन्हें क्रमश: प्रातिपदिक एवं धातु कहा जाएगा। 'अष्टाध्यायी' में पाणिनि ने 'संज्ञा'[9], 'सर्वनाम'[10] व 'विशेषण'[11] तीनों शब्दों का प्रयोग तो किया, परन्तु तीनों के लिए एक सामान्य नाम रखा 'प्रातिपदिक'[12]। 'आख्यात' या क्रियावाचक शब्दों को उन्होंने 'धातु'[13] कहा। ('धातु' का व्युत्पत्त्यर्थ है—जो शब्दों को धारण करे। अधिकतर शब्द तो धातुज ही हैं।) 'उपसर्ग' और 'निपात' का अन्तर्भाव एक ही शब्द 'अव्यय' में कर दिया; जिसमें ऐसे शब्द भी आ गये, जो न 'उपसर्ग' थे, न 'निपात; परन्तु जो अव्यय के निर्धारित लक्षणों के संगत थे। चूँकि संस्कृत-व्याकरण का अनुशासन है कि 'अपदं न प्रयुञ्जीत', इसी से 'अव्यय' को भी 'पद' बनना पड़ा—'प्रथमा एकवचन विभक्त्यन्त' होना पड़ा। लेकिन, विभक्ति लगने पर भी इन में विकार न हुआ—यानी, 'अव्यय-पद' एवं उसके मूल घटक 'अव्यय शब्द' समान ही रहे। पाणिनि-मत से इस प्रकार 'अव्यय पद' भी 'सुबन्त' में तथा 'अव्यय शब्द' भी 'प्रातिपदिक' में गतार्थ है। अतएव, उनकी दृष्टि में 'पद' के दो ही भेद हुए—'सुबन्त' व 'तिङन्त'। 'सुबन्त' प्रातिपदिकज पद हैं, 'तिङन्त' धातुज पद; जो क्रमश: 'प्रातिपदिक+सुप् विभक्ति (कारक-

वचनार्थक विभक्ति)' और 'धातु+तिङ् विभक्ति' से बनते हैं। अतः, पाणिनीय दृष्टि में शब्द-स्तर पर दो ही भेद हुए—'प्रातिपदिक' और 'धातु'।

'क्रिया-विशेषण' शब्द अपने व्युत्पत्त्यर्थ में ही प्राचीन ग्रन्थों में प्रयुक्त तो हुआ है, पर उसे स्वतन्त्र शब्द-भेद न माना गया। वहाँ क्रिया की विशेषता बतलानेवाले किसी शब्द को 'क्रिया विशेषण' कहा गया तथा उसे द्वितीया वि. एक वचन नपुंसक लिंग में सिद्ध मान लिया गया। हिन्दी-व्याकरण ने 'क्रिया-विशेषण' को *अँग्रेजी* Adverb के स्थान पर हिन्दी भाषा में एक शब्द-भेद के रूप में कल्पित कर लिया। क्रिया की विशेषता बतलाने के पूर्वचर्चित कार्य के अलावा उस पर 'एडवर्ब' के सारे कार्य थोप दिये। *अँग्रेजी* में here, there आदि को Adverb में देखकर हिन्दी में भी यहाँ, वहाँ आदि को क्रिया-विशेषण माना गया। हर्ष की बात है कि पंडित किशोरीदास वाजपेयी ने क्रिया-विशेषण का नाम देकर यह लफड़ा पैदा करने का विरोध किया तथा साफ कहा कि जो क्रिया की विशेषता बतलाए, वही 'क्रिया-विशेषण' है। पुराने वैयाकरणों (और आज के वैयाकरण भी) के द्वारा 'क्रिया विशेषण' को 'अव्यय' में शामिल किया गया, उसका भी विरोध कर वाजपेयी जी ने सही निर्णय दिया कि 'क्रिया-विशेषण' विशेषण का भेद है, न कि अव्यय का।[14] हिन्दीवालों ने 'क्रिया-विशेषण' को 'अव्यय' में शामिल किया था, कुछ 'एडवर्बों' को और इस प्रकार से बने इस समूचे कुनबे को 'अव्यय' ठहराया। क्रिया की विशेषता बतलाने वाले शब्द (पद) स्थानीय प्रभाव से अव्ययवत् आचरण करने लगते हैं, यह बात ठीक है। इसका कारण है कि 'क्रिया' के पास अपना कोई लिंग-वचन नहीं होता, अतः उसका विशेषण बने किसी शब्द (पद) में भी विशेष्य (क्रिया) के प्रभाववश लिंग-वचन हीनता आ जाती है । जैसे—'सानिया मिर्जा ने *अच्छा* खेला। विश्वनाथन आनन्द ने *अच्छा* खेला।'—इन दोनों वाक्यों में क्रि. वि. 'अच्छा' एक ही रूप में है। लिंगगत प्रभाव से क्रिया विशेषण अछूता है। इसी तरह, 'महिला ने डाकू से *अच्छा* संघर्ष किया। महिलाओं ने डाकुओं से *अच्छा* संघर्ष किया।'—इन दोनों वाक्यों में 'क्रि. वि.' 'अच्छा' वचन के प्रभाव से अछूता है। क्रिया-विशेषणों की अव्ययवत् ऐसी स्थितियाँ ही इस भ्रम का कारण बनीं कि 'क्रिया-विशेषण' अव्यय का भेद है। अँग्रेजी के पुराने व्याकरणों में 'विशेषण' की विशेषता बतानेवाला भी 'एडवर्ब' ही होता था, सो हिन्दी में वह भी हो गया 'क्रिया-विशेषण' ही। आचार्य हजारी प्रसाद द्विवेदी ने उसके लिए 'प्रविशेषण' शब्द सुझाया है।[15] समग्रत: 'क्रिया विशेषण' में सिर्फ क्रिया के विशेषक बननेवाले पद मानने चाहिए तथा 'प्रविशेषण' के साथ उसे भी विशेषण के अन्तर्गत ही मानना चाहिए।[16] फिर 'एडवर्ब' के शेष शब्द जो वास्तविक अव्यय हैं, उनके लिए हिन्दी-व्याकरण को कोई अलग कोटि बनानी चाहिए। उन्हें 'अव्यय/अरूपान्तरशील' नामक वर्ग में उस नवीन कोटि के अन्तर्गत रखना चाहिए।

प्रस्तावित पद–वर्गीकरण

हिन्दी 'पदों' के वर्गीकरण की एक शुरुआत तो पाणिनीय 'सुबंत' व 'तिङन्त' द्विधा विभाजन के रूप में हो सकती है और एक दूसरे तरह से शुरुआत 'विभक्ति' लगने या 'पद' बनने पर हुए आकृति-परिवर्तन के सापेक्ष हो सकती है। तब दो भेद— रूपान्तरशील व अरूपान्तरशील (अव्यय)—होंगे। इन दो अलग-अलग आधारों पर वर्गीकरण का आरम्भ कर के, फिर उनका आन्तरिक उप, उपोप वर्गीकरण करते हम मुख्यत: दो प्रारूप पद-वर्गीकरण के बना सकते हैं, जो आगे प्रस्तुत हैं।—हम 'पद' का विश्लेषण 'प्रकृति+विभक्ति' के रूप में करते हैं और 'प्रकृति' दो प्रकार की— रूढ़ व यौगिक—होती है। 'यौगिक प्रकृति' की व्युत्पत्ति 'मूल/रूढ़ प्रकृति'+'प्रत्यय' से होती है। हमने आगे 'प्रत्यय' के भी वर्गीकरण किये हैं। चूँकि 'विभक्ति' भी एक प्रकार का प्रत्यय ही है, अत: उसे भी वहाँ समाहित रखा है। आइए, इस प्रयास को देखें—

प्रारूप-1

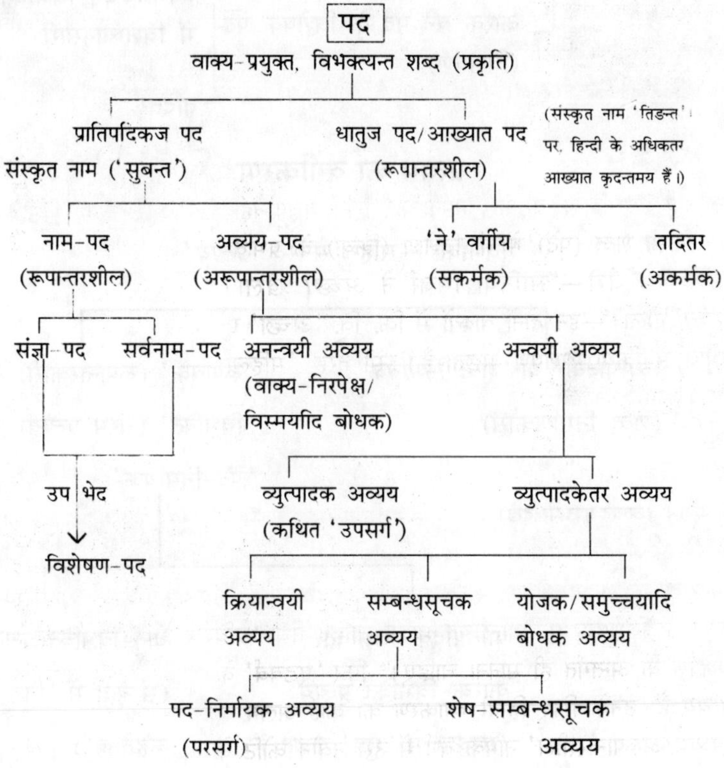

प्रारूप 2 (क)

- पद
  - अरूपान्तरशील (अव्यय)
  - रूपान्तरशील
    - नाम-पद
    - आख्यात-पद

(इस प्रकार से प्रारम्भ कर के फिर उपर्युक्त प्रकार से ही इसे आगे बढ़ाया जा सकता है।)

(ख) 'नाम-पद' का एक और तरह से वर्गीकरण—

- नाम-पद
  - कारक बन सकने वाले पद
    - संज्ञा-पद
    - सर्वनाम-पद
  - कारक बने पद के विशेषक पद (विशेषण)
    - लिंग-वचन-विभक्ति में विशेष्यानुसारी
    - तदितर

प्रत्यय का वर्गीकरण

- 'विभक्ति'—सहित समस्त '*प्रत्यय*'
  - 'व्युत्पादक' या 'शब्द-*निर्मायक*' (शब्द-निर्माणकारी)
    - (अगले पृष्ठ पर देखें)
  - 'रूपायक' (रूपान्तरकारी) या 'विभक्ति' (चरम प्रत्यय) या 'पद-निर्मायक'
    - प्रातिपदिक-विभक्ति/ कारक-विभक्ति प्रत्यय (संस्कृत में 'सुप्' कहते हैं)
    - धातु-विभक्ति प्रत्यय (संस्कृत में 'तिङ् कहते हैं')

कृत्-प्रत्यय	तद्धित-प्रत्यय	लिंग प्रत्यय	नामधातु-प्रत्यय	सनादि-प्रत्यय
धातु में लगकर उसे प्रातिपदिक बनानेवाला प्रत्यय/ जैसे— √खेल+ना= खेलना √खेल+ने= खेलने √खेल+आड़ी+ खेलाड़ी आदि। ध्यातव्य—केवल व्युत्पादक प्रत्ययों को ही 'प्रत्यय' कहने की पुरानी चाल है, शेष को 'विभक्ति' कहते रहे हैं।	प्रातिपदिक में लगकर उसे अन्य प्रातिपदिक बनानेवाला प्रत्यय। जैसे— बच्चा+पन= बचपन, चतुर+आई=चतुराई, महत्+तम=महत्तम आदि।		प्रातिपदिक या नाम में लगकर उसे 'धातु' बना देनेवाला प्रत्यय। जैसे—'धुआँ+0=धुआँ पानी+आ=पनिया आदि।	हिन्दी में इस वर्ग के सिर्फ '<u>प्रेरणार्थक</u>' प्रत्यय ही अवशिष्ट हैं। जैसे—पढ़ › पढ़ा (प्रथम प्रेरणा) पढ़ › पढ़वा (द्वितीय प्रेरणा) हिन्दी के अन्तर्गत, दोनों प्रेरणाओं के लिए अलग-अलग प्रत्यय हैं। सनादि प्रत्यय 'धातु' से नया धातु बनाता है।

लिंग प्रत्यय

स्त्रीलिंग प्रत्यय	पुंलिंग प्रत्यय
पुंलिंग नाम को स्त्रीलिंग नाम के रूप में व्युत्पादित करने वाले प्रत्यय। जैसे—पुत्र+ई=पुत्री, लड़का+ई=लड़की	स्त्रीलिंग नाम को पुंलिंग नाम के रूप में व्युत्पादित करने वाले प्रत्यय। जैसे—बहन+ओई=बहनोई। (अँग्रेजी में भी 1-2 प्रत्यय 1-2 शब्दों में दिखे हैं—bride+groom=bridegroom widow+er=widower)। संस्कृत में यह प्रत्यय नहीं है। हिन्दी में इसकी खोज पं. अम्बिका प्रसाद वाजपेयी ने की थी। जीजी+आ=जीजा फूफी+आ=फूफा आदि भी उदाहरण हैं।

पद या शब्द के प्रस्तुत किये गये वर्गीकरण को ग्रहण करने के साथ यह मूल तथ्य भी धारण करना चाहिए कि कोई शब्द (प्रकृति) निरपेक्ष भाव से किसी वर्ग का नहीं होता, अपितु उसके प्रयोग या लक्षण-विशेष को देखकर ही इन वर्गों में से किसी में शामिल करना उचित होगा। परिस्थिति वश यदि किसी वर्ग-विशेष का शब्द, दूसरे किसी वर्ग का आचरण (प्रकार्य) करने लगे, तो (भले उसका रूप कुछ भी हो) उसे उस समय दूसरे वर्ग का ही मानेंगे।[17] जैसे—'जनसत्ता *दैनिक* पत्र' है। (विशेषण)। एक *दैनिक* प्रकाशित हो रहा है। (संज्ञा)। भाषा के समस्त प्रयोगों में विशेषण-रूप में आने के कारण 'दैनिक' शब्द 'विशेषण' है, पर वहीं उक्त दूसरे वाक्य में संज्ञा बन गया है। इसी तरह 'मैं' सर्वनाम भिन्न उदाहरण में वर्गान्तर कर रहा है—

मैं तैरना जानती हूँ। (सर्वनाम)

मैं सीता, तैरना जानती हूँ। (विशेषण)

'संज्ञा' एवं 'विशेषण' के बीच सांकर्य तो अक्सर होता है। फिर, सभी

विशेषण 'क्रियान्वयी अव्यय' बनने की क्षमता रखते हैं। अव्यय या निपात कोटि के कुछ शब्द परिस्थिति वश 'नाम' कोटि में आ जाते हैं। जैसे—'हाय!' व 'वाह!' विस्मयादिबोधक हैं। पर, "भूख से मरनेवालों की हाय सम्पत्तिवानों को जला डालेगी।" (संज्ञा)

"कल्पना चौधरी ने एशियन बॉक्सिंग चैम्पियनशिप में स्वर्णपदक जीता, तो उसकी *वाह-वाह* हुई।" (संज्ञा)

क्रियांश बननेवाला कृदन्त संज्ञा और विशेषण बनता रहता है अथवा क्रियार्थक संज्ञा समापिका क्रिया का अंश बनती रहती है। जैसे—

मेधा पाटकर को पर्यावरण-विरोधियों से *लड़ना* है। (क्रिया)

रमेश को जात-पाँत और लिंग-भेद की समस्याओं से *लड़ना* अच्छा लगता है। (क्रियार्थक संज्ञा)

'अव्यय' शब्द में परसर्ग जुड़ जाने से वे 'नामपद' बन जाते हैं। जैसे—'अब', 'इधर' आदि अव्यय हैं, पर "अब से मत आना" या 'इधर से निकलो' में ये नामपद बन चुके हैं। इस प्रकार, शब्दों में वर्गीय सांकर्य की सम्भावना बनी रहती है। इसी से बचने के लिए प्रयोग एवं लक्षण-विशेष को वर्गीकरण का आधार बनाना चाहिए।

पीछे जो 'वर्ग' बनाये गये हैं, उनके भेदक लक्षण [जो आगे बतलाया जा रहा है] यदि वर्ग में आनेवाले कतिपय शब्दों पर नहीं लग पा रहे हों तो यह मान लेना चाहिए कि 'वर्ग' का नाम व लक्षण 'प्रधानता' के आधार पर तय हुआ है। उसी आधार पर तो दुनिया में हर शास्त्र की व्यवस्था खड़ी हुई है।

वर्गों का स्पष्टीकरण

पीछे वर्गीकरण का जो पहला प्रारूप पेश किया गया है, वह पाणिनीय दृष्टि से प्रेरित है। उसकी शुरुआत 'पद' को 'सुबन्त' व 'तिङन्त' में वर्गीकृत करने से हुई है। वर्गीकरण की यह भाषा रूपपरक है—'सुप्' अन्त वाला पद, 'तिङ्' अन्तवाला पद। इन वर्गों का भेद इनके व्याकरणिक प्रकार्य और लौकिक अर्थ के भेद तक भी जाता है।

दूसरा प्रारूप इस दृष्टि से शुरु होता है कि शब्द के भाषा में प्रयुक्त होने—यानी, उसमें व्याकरणिक कोटि या विभक्ति लगकर पद बनने की प्रक्रिया में शब्द (प्रकृति) का रूपाकार बदलता है कि नहीं? यदि बदलता है तो 'रूपान्तरशील (विकारी)' और नहीं बदलता तो 'अरूपान्तरशील' (अविकारी) शब्द कहलाता है। यहाँ स्पष्ट होना चाहिए कि विकार की संकल्पना व्याकरणिक कोटि के सापेक्ष की गयी है, यानी 'सुप्' व 'तिङ्' विभक्ति की संलग्नता के सन्दर्भ में। किसी शब्द या प्रकृति में आकृति-परिवर्तन दो स्थितियों में होता है—

(i) 'शब्द+प्रत्यय' की प्रक्रिया से दूसरा शब्द बनाने (यानी, व्युत्पादन) में। जैसे—मौसी+आ=मौसा। काम-काज+ई=कामकाजी।'

(ii) 'शब्द+विभक्ति' की प्रक्रिया से पद बनने या भाषा में प्रयुक्त होने (यानी रूपायन) की स्थिति में।

पहला परिवर्तन भाषा-प्रयोग में शब्द के आने के पहले या बाहर की घटना है। अत:, पद-वर्गीकरण हेतु 'विकार' की कसौटी जो हम बनाएँगे, उससे वह पूर्णत: असम्बद्ध है। हिन्दी में या संस्कृत में भी अक्सर 'लिंग' की व्युत्पादक भूमिका को विकारी-अविकारी शब्दों की कोटियाँ निर्धारित करने में इस्तेमाल किया गया है।[18] यहाँ हमारा स्पष्ट मत है कि लिंग कृत ऐसे परिवर्तनों (जैसे—बालक > बालिका, बहन > बहनोई) अथवा प्रत्यय-कृत किसी व्युत्पादन-जन्य परिवर्तन को 'विकारी' होने का आधार बनाना व्यर्थ है। अब सवाल है कि कारक बने नामपद के 'लिंग' की रूपायन में जो भूमिका है—सम्बन्धकारी तत्त्व, विशेषण, क्रिया आदि का आकृति-परिवर्तन जो वह कर देता है; उसका विचार विकारी-अविकारी कोटि तय करते समय किया जाएगा कि नहीं? जैसे—

''घर-घर की महिला सदियों से मर्दसत्ता के आतंकवाद की शिकार रही है।''

'घर-घर का बच्चा बड़ों की महत्त्वाकांक्षा के तले घुटन का शिकार *रहा* है।'

इन वाक्यों के रेखांकित अंशों से स्पष्ट है कि वाक्य-रचना में लिंग का तत्त्व कितना प्रभावी है। पिछले अध्याय में हमने उसे 'व्याकरणिक कोटि' मानने का प्रबल आधार इसे माना है। अत:, 'क्रिया' को विकारी वर्ग में रखने का एक तर्क हम (कारक पद के) लिंग के अनुसार उसकी परिवर्तनीयता को भी मान सकते हैं। परन्तु, यदि सैद्धान्तिक स्तर पर एकरूपता का ख्याल रखें तो कह सकते हैं कि 'लिंग' को 'विकारी तत्त्व' के रूप में मानने के सवाल पर व्युत्पत्ति-गत उसकी भूमिका को जब हमने नज़रअन्दाज किया तो यहाँ भी उसकी किन्हीं कारणों से बन रही भूमिका की उपेक्षा कर दें या उसकी कोई अन्य व्याख्या कर के अड़चन को दूर कर लें।[19] अस्तु!

नाम पद—सत्त्व (द्रव्य) एवं भाव (क्रिया) के नाम को 'नाम' कहते हैं। इन से 'सत्त्व' की ही प्रधानता सूचित होती है। भाव (क्रिया) जब सिद्ध अवस्था में कृदन्त शब्दों से कहा जाता है, तो 'द्रव्य/सत्त्व' की तरह ही आचरण करने लगता है। वह तब क्रिया नहीं, क्रिया का नाम होता है। 'नाम' शब्दों के उदाहरण हैं—सरोजिनी, विक्टर, ममत्व, मेला, चाँदी, मैं, वह, खाना, काला, अच्छा। शेष पदों से नाम का भेदक लक्षण यह है कि ये वे पद हैं जो कारक बनने की योग्यता

रखते हैं या जिनमें 'परसर्ग' या योगदान हो सकता है।

'नाम' वर्ग में कुछ शब्द (प्रकृति) रूप-रचना की दृष्टि से अन्य नाम शब्दों से भिन्न रास्ता पकड़ते हैं। संस्कृत व्याकरण में ऐसे पैंतीस शब्द चुनकर, उनके नायक के तौर पर 'सर्व' शब्द को रखकर, सर्वादि गण बनाया गया; उन्हें 'सर्वनाम' कहा भी।[20] संस्कृत में 'सर्वनाम' की एकमात्र कसौटी वैभक्तिक रूप-भिन्नता थी। अँग्रेजी में 'Pronoun' सब के नाम के लिए व्यवहृत होने वाले शब्द को कहते हैं। हिन्दी ने संस्कृत से 'सर्वनाम' शब्द उठाया, पर परिभाषा Pronoun वाली दे दी। वह भी गलत नहीं है, पर मुख्य बात 'रूप-रचना की भिन्नता' की जो होनी चाहिए थी, वह नहीं की गयी। हिन्दी में भी 'सर्वनाम' का बाकी नाम शब्दों से भेदक लक्षण वैभक्तिक रूप की भिन्नता ही है (जैसे—'रहीम' का पद रूप यदि 'रहीम ने' है, तो 'वह' का 'उस ने' होता है।), पर साथ में 'सर्वनामता' (यानी, सबके नाम बनने की क्षमता) भी लगी हुई है। (संस्कृत में सर्वनामता वाली कसौटी न थी।) हिन्दी-व्याकरण ने 'सर्वनाम' की अलग कोटि बनाकर अच्छा ही किया। शेष नाम शब्द 'संज्ञा' हैं। प्रकार्य तो दोनों का लगभग समान है—कारकत्व का निर्वाह; पर अर्थ की दृष्टि से भेद है। जो 'सत्त्व' (वस्तु) एवं 'भाव' (क्रिया) को नामोद्दिष्ट करके उनका सम्यक् ज्ञान कराए, वह संज्ञा है और जो उन्हें नामोद्दिष्ट न करके सामान्यतया सबको इंगित करे, वह 'सर्वनाम' है। सर्वनाम से बाकी शब्द-भेद के शब्द तो व्युत्पन्न हो सकते हैं, पर 'सर्वनाम' किसी से व्युत्पन्न नहीं होता। यह भी एक वैशिष्ट्य है।

'नाम' (संज्ञा, सर्वनाम) शब्द जब स्वतन्त्र प्रयोग में न आकर किसी अन्य 'नाम' शब्द की विशेषता बतलाने के लिए प्रयोग में आते हैं; तो उनका रूप अपने स्वतन्त्र प्रयोग की अपेक्षा कुछ अलग होता है। इसीलिए, विशेषणावस्था में आये उन नाम शब्दों की एक अलग उपकोटि बनानी पड़ी—'विशेषण'। संस्कृत-व्याकरण में विशेषणावस्था में आये ऐसे प्रातिपदिकों का कोई पृथक् रूपगत वैशिष्ट्य न होने से, अलग वर्ग नहीं बना था। (वहाँ सिर्फ आख्यात के विशेषण (क्रिया विशेषण) की भिन्न रूप-रचना थी। अव्ययवत् (आचरण करता था वह।) जैसे—'*मेधाविनी नलिनी* विश्वविद्यालये पाठयति।', '*मेधाविन्या:* नलिन्या: अध्यापन-*कला उत्कृष्टा* अस्ति।', '*एष: वीर:* शत्रून् पराजयति।' '*अनेन वीरेन* युद्ध-कौशलं प्रदर्शितम्।'—इन उदाहरणों में हम देखते हैं कि विशेषण व विशेष्य के रूप में कोई अन्तर नहीं, दोनों में समान विभक्तियाँ लगी हुई हैं। पर, हिन्दी में विशेषण (यदि पूर्व प्रयुक्त है, तो) रूप-रचना के स्तर पर शेष नाम पदों या अपने स्वतन्त्र प्रयोग की अपेक्षा भिन्नता प्रदर्शित करेगा ही। जैसे कि स्वतन्त्र प्रयोग में जहाँ उसमें परसर्ग लगता है, वहीं विशेषणावस्था में उसके आने पर उसमें अलग से परसर्ग नहीं लगता।

(और भी बातें हैं, जो आगे 'विशेषण' के प्रकरण में आएँगी।) जैसे—

वह जाता है। (स्वतन्त्र प्रयोग, सर्वनाम)

उस आदमी को देखो। (विशेषणावस्था में प्रयोग, विशेषण)

उस *दुखियारी* ने आपबीती सुनायी। (संज्ञा)

दुखियारी लड़की ने आपबीती सुनाकर सबकी आँखें नम कर दीं। (विशेषण)

सब्जीवालियाँ अब नहीं आतीं। (संज्ञा)

सब्जीवाली महिलाएँ अब नहीं आतीं। (विशेषण)

अन्तिम उदाहरण में हम 'सब्जीवाली' के स्वतन्त्र प्रयोग का रूप 'पहली वि. बहुवचन' में जो देखते हैं ('सब्जीवालियाँ'), उससे कितना भिन्न रूप होता है उसके विशेषणावस्था में आ जाने पर ('*सब्जीवाली* महिलाएँ')! इन्हीं कारणों से नाम शब्दों के भीतर 'विशेषण' की उपश्रेणी बनानी पड़ी। अन्तिम बात जो ध्यातव्य है, वह यह कि 'नाम' शब्द किसी अन्य शब्द का विशेषक बनकर प्रयुक्त है, तब 'विशेषण' है; यदि वह स्वतन्त्र प्रयोग में है तो संज्ञा या सर्वनाम है।

पीछे हमने क्रियाविशेषण को विशेषण का ही भेद माना है। रूप-रचनापरक परिभाषा बनाने की कोशिश हम करते रहे हैं। यदि इस सन्दर्भ में पूछा जाए कि क्रिया की विशेषता बताने हेतु प्रयुक्त नाम शब्द की रूपरचना उसके स्वतन्त्र प्रयोग से कैसे भिन्न है? यदि गहराई से देखें, तो वाकई भिन्न है। जैसे—

बहुत से इन वाहनों में सिर्फ *काले* रवाना हो रहे हैं। (संज्ञा)

यहाँ बहुत सी गायें हैं, जिनमें से *काली* जा रही है। (संज्ञा)

सुधाकर दाढ़ी *काला* कर रहा है। मीरा कपड़ा *काला* कर रही है। (क्रि.वि.)

इन उदाहरणों से स्पष्ट हो रहा है कि जो स्वतन्त्र प्रयोग में आने पर रूप 'काले' व 'काली' हो रहा है, पर क्रि.वि. बनने पर एक ही रूप ['काला'] में अव्ययवत् आचरण करने लगता है वह। क्या यह रूपगत विलक्षणता नहीं है? इस स्तर पर क्रि.वि. की श्रेणी शेष विशेषणों से अलग बन जाती है। अव्ययवत् आचरण उसका कारण है। फिर भी वह अव्यय वर्ग में नहीं जाएगा, क्योंकि भले ही स्थानीय क्रिया के प्रभाव से 'काला' आदि शब्द अव्यय से लग रहे हैं, भाषा के समस्त वितरण में वे रूपान्तरशील हैं—काला>काले आदि। इसी तरह अव्यय की विशेषता बताते हुए भी विशेषण का रूप अव्ययवत् ही हो जाता है, जो उसके स्वतन्त्र प्रयोग की अपेक्षा विलक्षण है। जैसे—"जो लड़कियाँ थीं, उनमें से *अच्छी* गयी।" (संज्ञा)। "चिड़िया मुझसे *अच्छा* ऊपर थी। रमा से भी *अच्छा* ऊपर थी।" (सम्बन्धसूचक विशेषण)। सब मिलाकर, विशेषण की परिभाष में 'अन्य नाम पदों की विशेषता बतलाने' की बात हटाकर 'नाम/नामेतर किसी की विशेषता बतलाने' की बात जोड़नी चाहिए। नाम के विशेषण विशेष्य के आगे-पीछे कहीं आ सकता है, पर बाकी शब्दों

का विशेषण विशेष्य के सिर्फ पहले आ सकता है। हाँ, सर्वनाम को विशेषित करने वाला विशेषण सिर्फ उसके पीछे आ सकता है (जैसे-मैं *खुश* हूँ।) इस प्रकार परिभाषा होनी चाहिए कि *'नाम शब्द जब किसी नाम या नामेतर शब्द के अर्थ को विशेषित करते हैं तो रूप रचना के स्तर पर, अपने स्वतन्त्र प्रयोग की अपेक्षा कुछ विलक्षणता दिखलाते हैं, जिससे विशेषण नाम से उन्हें अलग उपवर्ग दिया जाता है।'*

आख्यात पद (क्रिया पद)—क्रियेतर शब्दों (पदों) का कार्य जहाँ किसी सत्त्व (द्रव्य) एवं भाव (क्रिया) को नामोद्दिष्ट करना है, वहाँ क्रिया का कार्य उनके आधार पर कुछ विधान-साध्यता को प्रकट करना है। क्रियापद के लिए विधेयता या साध्यता की शर्त्त है।[21] सिद्ध (प्रायः कृदन्त या नामवाची) भी साध्यावस्था में आने से क्रियापद बन जाते हैं। जैसे—'करना' (भाववाचक संज्ञा का 'क्रियार्थक' नामक भेद) सिद्ध पद है, उसके विधान-रूप हैं—'करेगा, कर रही है, करे, करो, किया था' आदि। ये क्रियापद हैं। अन्य नामवाची शब्द भी (नामधातु बनकर) क्रिया पद बन सकते हैं। जैसे—'पानी' (संज्ञा) > पनिया (नामधातु) > पनिया गया (क्रिया पद)। इसी तरह, शरमाता है, पगलाता है आदि क्रियापद है। किसी पदार्थ की ध्वनि के सूचक कल्पित अर्थहीन प्रातिपदिकों से जो अनुकरणवाचक नामधातु 'हिन हिन', 'फट फट' आदि भी बनाये गये हैं; वे भी क्रिया रूप में ढलते हैं—हिनहिनाता है, फटफटा रहा है आदि।

क्रियापद ही वह केन्द्रीय पद है, जिस से वाक्यस्थ सारे प्रातिपदिकज पद साक्षात् या परम्परया अन्वित होते हैं। 'प्रकार्य' और 'रूप' के धरातल पर क्रिया का स्पष्ट अलगाव बाकी विकारी पदों/शब्दों से है। संस्कृत में तो 'तिङ्' विभक्त्यन्त की शर्त्त क्रियापद के साथ लगी हुई है; पर हिन्दी में ये विभक्तियाँ चूँकि विरल हो चुकी हैं; अतः क्रिया की रूप रचना 'कृदन्तों' से या उनके सहयोग से होने लगा। रूपात्मक अभिलक्षणों से क्रिया के दो स्पष्ट वर्ग नजर आते हैं—एक वह जो कर्ता में 'ने' परसर्ग को विहित कर सकता है (यानी, सकर्मक), दूसरा वह (अर्कमक), जो ऐसा करने की क्षमता नहीं रखता। जैसे—'प्रेम करने के जुर्म में भाई ने बहन का गला काटकर मार डाला। उसने क्या खूब राखी की लाज रखी।' इन वाक्यों में आये क्रियापद 'मार डाला' व 'रखी' नेवर्गीय (सकर्मक) हैं। 'नामिरा सलीम पहली पाकिस्तानी महिला हैं, जो दक्षिणी ध्रुव पहुँची हैं।'—इसमें 'पहुँची हैं' क्रियापद अकर्मक है, 'ने' की क्षमता से हीन।

अव्यय पद : नामेतर असत्त्वार्थक प्रातिपदिकज पद हैं अव्यय, जिनका भेदक लक्षण है कारक बनने की क्षमता (परसर्ग-योजना की क्षमता) से हीन होना और पदत्व सिद्धि (विभक्ति-योग) के बावजूद अविकृत रह जाना। चूँकि 'अपद' का प्रयोग नहीं होता, इसी से माना गया कि अव्यय भी पद बनते हैं, पर उस

दौरान उनका रूपान्तर नहीं होता। संस्कृत में अव्यय को 'प्रथमा विभक्ति एकवचन' में सिद्ध मान लिया गया; हिन्दी व्याकरण में उन्हें 'पहली विभक्ति एकवचन' में मानना चाहिए। यदि 'अव्यय' में परसर्ग जुड़ जाता है तो वर्ण-वृद्धि रूपी परिवर्तन के कारण वे विकारी नाम पद कहलाने लगेंगे। जैसे—'अब' अव्यय है, पर "अब से रामानुज गृहकाज में पत्नी का हाथ बँटाएगा।"—में 'अब से' नाम पद है। एक व्याख्या यह हो सकती है कि भले यहाँ स्थानीय रूप से 'अब' अव्यय न रहा, परन्तु परसर्ग-योजन के उपरान्त भी 'अब' में तो कोई विकृति नहीं आयी (जैसी—लड़का > 'लड़के ने' में आयी है)। इस तर्क पर भी 'अब' अव्यय है, भले यहाँ न माना जाए। पर, भाषा के सम्पूर्ण प्रयोग के सापेक्ष ऐसा ही मान्य है कि 'अब' अव्यय है। 'अव्यय' के अविकारी होने की स्थापना 'रूपायन' सापेक्ष है, न कि 'व्युत्पादन' सापेक्ष। 'व्युत्पादन' प्रसंग में अव्यय शब्दों से अन्य शब्द बन सकते हैं, वह बात यहाँ उपेक्षणीय है।

'अव्यय' बनने की मूल शर्त अरूपान्तरशीलता व परसर्ग-हीनता है; सत्त्वार्थहीनता नहीं। संस्कृत में 'नक्तम्', 'दिवा' आदि सत्त्वार्थक शब्द भी केवल अरूपान्तरशीलता के कारण अव्यय कहे गये। हिन्दी में भी यहाँ, वहाँ आदि। कई सत्त्वार्थक शब्द भी स्थानीय रूप से अव्यय बन जाते हैं। जैसे—'मेरे *कारण* ही महिला को गुंडों से बचाया जा सका। अरुणा राय के *कारण* ही सूचना का अधिकार मौलिक अधिकार बना।'—इन वाक्यों में 'कारण' नामशब्द है, पर स्थानीय प्रभाव से 'से' परसर्ग की लुप्ति से अव्यय बन गया है—सम्बन्धसूचक अव्यय। ('विस्मयादिबोधक अव्यय' को छोड़कर) 'अव्यय' वाक्य-संरचना के सहायक पद हैं [विस्मयादिबोधक अव्यय तो वाक्य संरचना से बाहर ही होता है, स्वतन्त्र वाक्यवत्।]; न कि मुख्य (कारकत्व, क्रिया के साधक) पद, इसी से एक मत से ये पूर्णपद नहीं उपपद हैं। इनका उपयोग शेष (नाम व क्रिया) पदों की सहायता मात्र करना है। जब 'अव्यय' ही सहायक हैं, तो कथित उपसर्ग व 'परसर्ग' की क्या स्थिति होगी? उनमें तो सत्त्वार्थ और भी कमजोर होगा। इस लिहाज से ये तो और भी 'उपपद' हुए। तर्क सही है; क्योंकि हम हिन्दी में सुबन्त पद की सिद्धि में एक तरफ उपसर्ग को घटक रूप में पेश कर रहे हैं, तो दूसरी तरफ उसे 'पद' का भी दर्जा दे रहे हैं। यह तो व्याकरणिक-व्यवस्था का उपहास हुआ! बाकी अव्यय तो किसी 'नाम पद' के घटक नहीं, बल्कि अलग से सहायक बने होते हैं, इसलिए व्याख्या की खींचातानी करके ('अपदं न प्रयुंजीत'='अपद प्रयुज्य नहीं है' की व्यवस्था के तहत) हमने उन्हें 'पद' का दर्जा दे रखा है। परन्तु, परसर्ग के साथ तो समस्या है। फिर, 'कथित उपसर्ग' तो और अधिक समस्या है, उन्हें भाषा-प्रयोग में और भी कम स्वतन्त्र दर्जा प्राप्त है। वे 'पद'

के घटक नहीं, उसकी प्रकृति के ही घटक होते हैं। यानी, भाषा-प्रयोग में आने के पूर्व ('व्युत्पादन' में) ही उनका इस्तेमाल हो चुका है। ऐसी स्थिति 'व्युत्पादक अव्यय' (कथित उपसर्ग) को रूपायक या पद-निर्मायक अव्यय (परसर्ग) की तुलना में, पदत्व का अधिकारी और भी कम समझा जा सकता है। परन्तु, संस्कृत में यदि 'धातु' में लगकर 'व्युत्पन्न धातु' बनाने की अपनी एकमात्र भूमिका के बावजूद उपसर्ग यदि 'अव्यय' के एक प्रकार में मान्य हो सकते[22] हैं तो हिन्दी में उसकी तुलना में कुछ स्वतन्त्रता रखकर भी ये 'कथित उपसर्ग' (जो उपसर्ग नहीं, क्योंकि धातु में सीधे नहीं जुड़ रहे) या 'व्युत्पादक अव्यय' अव्यय के एक भेद का दर्जा क्यों नहीं पा सकते? उदाहरण से समझें—

प्र+'कृ' धातु > 'प्रकृ' यौगिक धातु [इससे पद बनेंगे 'प्रकरोति', 'प्रकार:' आदि] संस्कृत के इस उदाहरण की तुलना में यह उदाहरण देखें, तो खुद अहसास होगा कि संस्कृत उपसर्ग से हिन्दी के 'व्युत्पादक अव्यय' अपेक्षाकृत स्वतन्त्र हैं।

'उप+प्रधानमन्त्री > उप-प्रधानमन्त्री, इसमें 'उप' का अस्तित्व उपर्युक्त 'प्र' से बुलन्द है। उपाध्यक्ष, उप राष्ट्रपति, उपाधीक्षक—सबमें 'उप' अपना खास अर्थ बचाये हुए है; पर प्रकरोति, प्रहार:, प्रवेश: इन सबमें 'प्र' का अलग-अलग अर्थ धातु की विशेषता से बन गया है। 'उप प्रधानमन्त्री' आदि शब्दों का हम चाहें तो भाषा-प्रयोग में 'पूर्व-व्युत्पन्न' शब्द की तरह प्रयोग होने वाला शब्द न मानकर; भाषा-प्रयोग में ही बने विशिष्ट संयोग की तरह ग्रहण कर सकते हैं। यह उसी तरह की बात है, जिस तरह हम 'रोहिणी की माँ' या 'परवेज का भाई' जैसे प्रयोगों को 'पूर्व-व्युत्पन्न' न मानकर भाषा-प्रयोग के अन्तर्गत बने संयोग-विशेष के रूप में मानते हैं। अर्थात्, हिन्दी में भले 'उपन्यास' 'अन्वय' पराजय, परिवार आदि शब्दों के लिए नहीं, पर उपर्युक्त 'उप राष्ट्रपति' आदि या 'परा स्नातक', 'परिसदन' आदि के लिए, 'उप', 'परा' आदि को भाषा-प्रयोग में सहायक बने तत्त्व के रूप मान लेने में भलाई है। तब 'व्युत्पादक अव्यय' की परिभाषा कुछ इस रूप में बनानी होगी कि "भाषा-प्रयोग के अन्तर्गत जो व्युत्पादन [नवीन शब्द-निर्माण] की स्थिति पैदा करें, वे व्युत्पादक अव्यय हैं।" इसी रूप में ये उपपद 'अव्यय' के एक प्रकार हैं। 'परसर्ग' को हम हिन्दी की विशेष परिस्थिति ['सुप्' विभक्तियों की अपर्याप्तता] के कारण भले 'पद' का घटक मानने की व्यवस्था देने को बाध्य हैं, पर सही में तो वह है 'कारकार्थक अव्यय' ही। यदि परसर्ग को ऐसा मानने की व्यवस्था न देंगे, तो सवाल है कि उसे क्या मानेंगे—विभक्ति या प्रत्यय? स्पष्टत: वह दोनों नहीं है। यदि वह सहायक मात्र है यानी अर्थहीन (पूर्ण रिक्त) तो क्या हुआ? इस आधार पर उसे पद (उपपद) से खारिज नहीं किया जा सकता है। कारण, अव्यय में तो बहुतेरे पूर्णरिक्त हैं—तो, लिए, व आदि

क्या हैं? फिर, ये क्यों अव्यय पद हैं? अरे भाई! बहन! अव्यय तो सहायक पद ही है, यानी उपपद। फिर, उसके बाकी भेदोपभेद क्या होंगे? इन्हीं ऊहापोहों के बाद हमने पीछे प्रस्तुत पद-वर्गीकरण में अव्यय-वर्गीकरण खड़ा किया है।

इस स्पष्टीकरण के पश्चात् वर्गीकरण में प्रस्तुत 'अव्यय' के भेदोपभेदों पर एक संक्षिप्त दृष्टि डाल लेना समीचीन होगा।

अनन्वयी अव्यय का वाक्य की व्याकरणिक संरचना में कोई योगदान नहीं होता, क्योंकि वाक्य-संरचना (से बाहर होने के कारण उस) में उसका स्थान ही नहीं होता। विस्मयादिबोधक अव्यय इस कोटि के अव्यय हैं। वे वाक्य के अंग न होकर, वाक्य-निरपेक्ष सत्ता रखते हुए आत्मपूर्ण से होते हैं। एक स्वतन्त्र वाक्य से होते हैं। वे मनोभाव--व्यंजक होते हैं। यानी, मनोभावों को नामोद्दिष्ट नहीं करते, वरन् उन्हें द्योतित भर करते हैं। जैसे—'हाय!' शब्द किसी मनोभाव का नाम नहीं है, बल्कि 'शोक' नामक मनोभाव को यह शब्द व्यंजित कर रहा है। 'शोक' मनोभाव का नाम होने से संज्ञा है, 'हाय!' विस्मयादिबोधक अव्यय।

'अन्वयी अव्यय' तो वाक्य की व्याकरणिक संरचना में महत्त्वपूर्ण भूमिका निभाते हैं—उसके पदों के अन्वय में मददगार पद (उप पद) वे होते हैं। लेकिन, सवाल है कि जब अनन्वयी अव्यय वाक्य-संरचना में कोई सहायता नहीं करते, बल्कि उससे बाहर होते हैं; तो इन्हें 'अव्यय पद' के नाम से पद का दर्जा क्यों दिया जाए? इसका सरल समाधान तो यह है कि ये स्वतन्त्र वाक्यवत् हैं। एक पद का वाक्य। अतः, मुख्य वाक्य-संरचना से अलग रहने के बावजूद इनका पदत्व अक्षुण्ण है। व्याकरणिक संरचना के स्तर पर ये मुख्यवाक्य-संरचना का उपकार तो नहीं करते, पर वाक्य के सम्प्रेष्य अर्थ के स्तर पर, अपनी मनोभाव-व्यंजकता के कारण मुख्य वाक्य का उपकार करते हैं। जैसे—'हाय! दहेज की भट्ठी में नवविवाहिताएँ कब तक जलाई जाती रहेंगी? आह! कब तक उनकी हत्या को स्टोव फटने से हुई दुर्घटना बतलाया जाता रहेगा?—इसमें 'हाय!' व 'आह!' दोनों विस्मयादिबोधक अव्यय अपने आगे के वाक्यों के शोकमय व विडम्बनामय अर्थ को उपकृत कर रहे हैं। यदि हम आधुनिक युग में नामीकृत 'प्रोक्ति' नामक वाक्य से बड़ी भाषिक इकाई के सन्दर्भ में देखें, तो विस्मयादिबोधक अव्यय 'प्रोक्ति' की संरचना में मददगार होते हैं।

'अन्वयी अव्यय' को इस आधार पर विभक्त किया गया है कि 'भाषा-प्रयोग' के अन्तर्गत कौन व्युत्पादन-सी भूमिका निभाता है, कौन नहीं? 'हाँ' तो 'व्युत्पादक अव्यय', 'नहीं' तो 'व्युत्पादकेतर अव्यय। व्युत्पादकेतर अव्यय के तीन भेद हैं—सम्बन्धसूचक, क्रियान्वयी, योजक।

'व्युत्पादक अव्यय' भाषा-प्रयोग/वाक्य के भीतर किसी अन्य प्रातिपदिकज

पद के साथ समास-प्रक्रिया [अव्ययीभाव, तत्पुरुष, बहुव्रीहि की प्रक्रिया] में प्राय: आगे सम्बद्ध होकर नवीन शब्द बनाने की सी स्थिति घटाता है। जैसे—*परा* मनोविज्ञान, *ला*इलाज, अक्ष*प्रति*, *सु*विचार आदि। व्युत्पादन का कार्य ये भाषाप्रयोग से बाहर, यानी 'व्युत्पादन' में तो करते ही हैं। खूब करते हैं। समास-प्रक्रिया के तहत. 'अ+मर', 'बे+मेल', 'तत्+अनु=तदनु' आदि ये बनाते ही हैं।

इन्हें हिन्दी में 'उपसर्ग' कहने की चाल हो गयी है. जो अनुचित है। कारण, संस्कृत में 'प्रादि' (प्र परा आदि 20) को उसी स्थिति में 'उपसर्ग' कहते थे जब वे किसी धातु (क्रिया) से (आगे/पीछे) अन्वित होकर उसके अर्थ को प्रभावित या द्योतित करें। हिन्दी में चूँकि ये धातु से नहीं जुड़ते इसलिए इन्हें 'उपसर्ग' कहना एक मान्य पारिभाषिक शब्द को खंडित करना है। दूसरी बात, हिन्दी के 'व्युत्पादक अव्यय' इन बीस प्रादियों के अलावा भी कुछ हैं। जैसे—'ला' आदि। अत: उपसर्ग शब्द व्यर्थ है। संस्कृत-प्राप्त 'प्रादि' हिन्दी में खूब चलते हैं। वे शब्दों में छिपे अर्थ को अभिव्यक्त करते हैं या नया अर्थ देते नया शब्द व्युत्पन्न करते हैं?—यह विवाद हो सकता है। संस्कृत उपसर्गों के बारे में व्यवस्था थी कि ये द्योतक हैं—शब्द में छिपे विस्तृतार्थ की छाया को सुस्पष्ट भर करते हैं; नया अर्थ नहीं देते। हम प्रत्यय को नवीन अर्थ का सर्जक मानते हैं, तो उक्त 'ला', 'सु' आदि को क्यों नहीं मानेंगे? जब 'खेल+ना=खेलना' में हम नया अर्थ मानते हैं, तो 'ला+इलाज=लाइलाज' में क्यों नहीं मानेंगे? 'व्युत्पादक अव्ययों' में से कुछ स्थानीय प्रभाव से 'सम्बन्धसूचक' भी बन जाते हैं, जैसे—"माँ के *प्रति* विनीत रहो।"

'सम्बन्धसूचक अव्यय' वाक्यस्थ किसी प्रातिपदिकज पद का अन्य प्रातिपदिकज पद या धातुज (क्रिया) पद से सम्बन्ध प्रकाशित करने वाले अव्यय को कहते हैं।[23] जैसे—

"*नौकरी* के बिना *नारी* की स्थिति और पराधीन हो जाती है।"

"*रूढ़ियों* से *मुक्ति होनी चाहिए*।"

"*पुरुष* को भी रसोई *बनानी होगी*।"

"आठ मार्च *नारियों* के लिए *अन्तरराष्ट्रीय स्वतन्त्रता दिवस* है।"

इन चार वाक्यों में से प्रत्येक में इटैलिक दो पदों का सम्बन्ध क्रमश: 'बिना', 'से', 'को' एवं 'लिए' बनाते हैं। इनमें 'से' व 'को' 'परसर्ग' कहलाते हैं; 'बिना', 'लिए' को हमने 'शेष सम्बन्धसूचक अव्यय' के अन्तर्गत माना है।

वाक्यस्थ 'प्रातिपदिक' को धातु (क्रिया) से अन्वित करने वाले सम्बन्धसूचक को '*परसर्ग*' और प्रातिपदिक को अन्य प्रातिपदिक से अन्वित करनेवाले अव्यय को '*शेष सम्बन्धसूचक अव्यय*' कहते हैं। इस प्रकार के अन्वय से ही परसर्ग जहाँ 'कारकत्व' अर्थ का साधक होता है, वहाँ 'शेष सम्बन्धसूचक' मुख्यत:

कारकेतर और यदा-कदा कारकार्थ को भी साधता है। 'परसर्ग' पद-निर्मायक भूमिका रखते हैं। 'ने', 'को', 'से', 'के', 'में', 'पर', '-ए' तथा '-रे' ये ही परसर्ग हैं। अन्तिम दो संश्लिष्ट परसर्ग हैं, जो प्रातिपदिक के वैभक्तिक रूप से जुड़कर वर्तनी में आते हैं। '-ए' द्वितीयार्थक चतुर्थ्यर्थक एवं षष्ठ्यर्थक 'को' के विकल्प के रूप में सर्वनामों के लिए आता है तथा '-रे' षष्ठ्यर्थक 'के' परसर्ग की जगह 'मध्यम' व 'उत्तम' पुरुषान्वयी एकवचन सर्वनामों के प्रसंग में आता है। 'के लिए' कोई परसर्ग नहीं है। 'शेष सम्बन्धसूचक' 'लिए' का प्रयोग होने से उसका रूप है यह, क्योंकि 'शेष सम्बन्धसूचक बिना 'के/रे' व 'से' को पहले लाए नहीं लगते। 'के लिए' उसी प्रकार का प्रयोग है, जिस प्रकार 'के हेतु', 'के निमित्त' आदि। संस्कृत में भी सम्बन्ध-सूचकता का कार्य अनेक अव्यय करते थे—प्रातिपदिक से सम्बन्ध के लिए। उन अव्ययों के योग में द्वितीयादि छहों विभक्तियाँ आती थीं। जैसे—"*आम्बेडकरेण विना* मानव-मुक्त्याः प्रयासः अदा अवरुद्धः।" "*तसलीमायाः कृते* भारतीया नागरिकता न सुलभीकृता।"—'विना' के योग में तृतीया तथा 'कृते' के योग में 'षष्ठी' विभक्ति प्रयुक्त हुई है। हिन्दी ने अपने 'शेष सम्बन्धसूचक अव्ययों' के लिए षष्ठ्यर्थक 'के' को ही (कहीं-कहीं 'से' को भी) चुनकर सरल मार्ग अपनाया है। जैसे—'भूखे के लिए भोजन जुटाना सबसे बड़ा धर्म है।' 'अन्नदान से ऊपर ज्ञानदान की स्थिति है।' 'शेष सम्बन्धसूचकों' की तुलना अँग्रेजी 'Preposition' तथा संस्कृत 'कर्मप्रवचनीयों/उपपदों' से हो सकता है।

'क्रियान्वयी अव्यय' अँग्रेजी 'Adverb' के तुल्य हैं। पूर्वोक्त 'क्रिया विशेषण' नामक भेद का परिहार कर उसे 'विशेषण' का अंगीभूत ठहराया गया है और उसी में परिगणित किये गये 'अब', 'झट', 'कब', आदि के अव्ययत्व और क्रियान्वयिता के गुण के कारण हमने 'क्रियान्वयी अव्यय' नामक वर्ग खड़ा किया है। ये अव्यय उपर्युक्त न किसी प्रकार के सम्बन्ध बतलाते हैं, न किसी पद/वाक्य को किसी पद/वाक्य से जोड़ते हैं; बल्कि एक स्वतन्त्र अर्थ को प्रकट करते हैं। इस स्थिति में, ये सीधे क्रिया से अन्वित होते हैं, जैसे कि (षष्ठ्यन्त को छोड़कर) सारे प्रातिपदिकज पद सीधे क्रियान्वित होते हैं। (हाँ, इनमें से कुछ क्रिया की विशेषता भी बतलाते हैं, यानी 'क्रिया विशेषण' की भूमिका निभाते हैं।) ये अलग-अलग शब्द क्रिया या पूरे वाक्य को विभिन्न अर्थ-छटाएँ प्रदान करते हैं। ये कालवाचक ('अब', 'कब', 'झट', 'अचानक' आदि), स्थानवाचक (जैसे—वहाँ जहाँ आदि), दिशावाचक (जैसे—इधर, किधर आदि), रीतिवाचक (जैसे—क्यों, त्यों, ठीक, हाँ, सच, शायद, भी, तो, तक) आदि होते हैं। हिन्दी-व्याकरणों में अक्सर 'निपात' नाम से चर्चित हाँ, भी, ही, मत, क्यों, न आदि 'क्रियान्वयी अव्यय' के अन्तर्गत

ही विवेचनीय हैं। इन्हीं को 'निपात' कहना संस्कृत व्याकरण के पारिभाषिक शब्द 'निपात' का भंजन करना है। कई जगह स्थानीय तौर पर भी क्रियान्वयी अव्यय हो जाते हैं। जैसे—"सुनील मुझसे *क्या* आगे बढ़ेगा?" में 'क्या'। परन्तु, मौलिक रूप से वचनहीनता ही 'क्रियान्वयी अव्यय' की मौलिकता की पहचान है।[24] जैसे—न, ही, तो, भी, सर्वदा, सर्वत्र आदि मौलिक 'क्रियान्वयी अव्यय' हैं। 'क्रियान्वयी अव्यय' का प्रयोग कभी 'क्रियाविशेषण' के रूप में भी होता है। फिर भी अव्ययत्व के कारण वे अव्यय वर्गीय हैं और 'क्रिया विशेषण' वे उस स्थिति में भी न कहलाएँगे। कारण, क्रियाविशेषण तो नामवर्गीय श्रेणी है।

'योजक' या 'संयोजक' या 'समुच्चयादिबोधक' अव्यय वे हैं जो एकाधिक वाक्यों, वाक्यांशों या पदों को जोड़ने का कार्य करते हैं। ('जोड़ना' और 'सम्बन्ध बताना' दो भिन्न बाते हैं। 'जोड़ना' अपेक्षाकृत बाह्य संरचना सापेक्ष है, 'सम्बन्ध बताना/बनाना' अपेक्षाकृत आन्तर संरचना-सापेक्ष।) जैसे—और, अर्थात्, या मानो, मगर, कि, किन्तु, केवल आदि।

उद्गम /स्रोत के आधार पर शब्द-वर्गीकरण का औचित्य

इस आधार पर 'पद' का नहीं 'शब्द' का ही वर्गीकरण होता है, क्योंकि शब्द कहाँ से कैसे उत्पन्न या विकसित होकर प्रस्तुत भाषा में आये हैं, यह विचार भाषा-प्रयुक्ति के अन्दर नहीं, बाहर ही हो सकता है। जिस प्रकार शब्द का लिंगगत अर्थ भाषा में उसके प्रयोग के पूर्व ही स्थिर हुआ रहता है, उसी प्रकार उद्गममूलक विभेद भी। यानी प्रथमदृष्ट्या यह अव्याकरणिक विभाजन है।

परम्परागत रूप से हिन्दी-व्याकरण ने स्रोत/उद्गम के आधार पर शब्दों (प्रकृतियों) को चार वर्गों में बाँटा है—

(i) तत्सम —संस्कृत से सीधे उसी रूप में हिन्दी में आगत शब्द।
(ii) तद्भव —संस्कृत शब्दों के विकसित रूप।
(iii) देशज/देशी —नित नयी जरूरतों के वश स्वत:स्फुरित क्षेत्रज शब्द।
(iv) विदेशी/विदेशज

'तत्सम', 'तद्भव' इन नामों पर डॉ. रामदेव त्रिपाठी को इस आधार पर आपत्ति है कि 'तत्' सर्वनाम 'संस्कृत' भाषा को ही इंगित करे, यह स्पष्ट नहीं है। यदि है भी तो तत्सम (=उसके समान) कहना ठीक नहीं। जैसे—हिन्दी 'अग्नि' शब्द संस्कृत शब्द ('अग्नि') के समान है—यह कहना उचित नहीं। कहना चाहिए कि हिन्दी में प्रयुक्त 'अग्नि' शब्द शुद्ध 'संस्कृत शब्द' है। इसी प्रकार 'तद्भव' शब्द की जगह वे 'संस्कृत- भव' शब्द का प्रयोग करते हैं। फिर, संस्कृत शब्द की तरह दिखनेवाले पर हिन्दी में नवगठित शब्दों (जैसे—महानता, लालिमा, दारा,

आपादमस्तक, प्रण, झंडोत्तोलन, तोड़क, ज्योतिष, दिनानुदिन, अपनत्व, औषधि, आदि) को वे 'संस्कृताभास' या 'अर्द्धसंस्कृत' शब्द कहते हैं।[25] रामदेव जी की बातें तर्कपूर्ण हैं। हम यदि इनका ग्रहण कर हिन्दी शब्दों का उद्गम मूलक वर्गीकरण करें तो कुछ इस प्रकार होगा— (i) संस्कृतागत शब्द, (ii) संस्कृतभव शब्द, (iii) संस्कृताभासित शब्द, (iv) देशज शब्द और (v) भाषान्तरीय शब्द। (इसमें हिन्दीतर सभी देशी-विदेशी भाषाओं के शब्द आ गये।)

बात तो ठीक है, पर अहम सवाल है कि इस प्रकार के वर्गीकरण की जरूरत ही क्या है? व्याकरण यदि भाषा का संविधान है तो वह भाषा-रूपी देश में निवास कर रहे सभी नागरिकों को एक ही नियम के तराजू पर तौलेगा। नागरिकों में इस आधार पर भेदभाव न करेगा कि कौन इसी धरती के पूर्वजों की सन्तान है, कौन विदेश से आया है या कौन विदेश से आये जनों की सन्तान है अथवा कौन इसी धरती का प्राचीनकालीन इन्सान है? देशी-विदेशी जैसी बात तो राजनैतिक-सामाजिक सन्दर्भों में भी अस्थिर है, तो भाषाई सन्दर्भ में कितनी कारगर होगी? नस्लवाद से व्याकरण को परहेज होना चाहिए और व्याकरण में सिर्फ उन्हीं बातों की चर्चा होनी चाहिए, जिसकी कोई व्याकरणिक अहमियत हो। हमें तो यही लगता है कि व्याकरण का विधान सभी स्रोतों के शब्दों को एक ही छड़ी से हाँकता है। क्या ऐसा ही है? है तो, फिर भी थोड़ा सा यह दिखता है कि कुछ शब्द अपने स्रोत (मूल देश) के संस्कार को अपने नये प्रयोग में भी नहीं भूल रहे। जैसे—हिन्दी के कथित तद्भव शब्द 'लड़का' 'घोड़ा' भी पुंलिग आकारान्त हैं और कथित तत्सम शब्द 'राजा', 'पिता', आदि भी पुंलिंग आकारान्त हैं। तब तो तर्क के अनुसार रूप-रचना समान होनी चाहिए। परन्तु, ऐसा है नहीं। जिस प्रकार 'बालिका' व 'लड़का' आकारान्त होकर भी लिंगगत अर्थभेद के कारण अलग रूपान्तर दिखला रहे हैं, उसी प्रकार 'राजा' व 'लड़का' आकारान्त पुंलिंग होकर भी उद्गम/स्रोत के संस्कारवश भाषा-प्रयोग में अलग रूपान्तर दिखला रहे हैं। जैसे—'राजा' के पहली वि., सम्बोधन वि., दूसरी वि. के एकवचन रूप क्रमशः 'राजा', 'राजा', 'राजा' हैं, पर 'लड़का' के रूप क्रमशः 'लड़का', 'लड़के', 'लड़के' हैं। इन्हीं विभक्तियों के बहुवचन रूप 'राजा' के लिए क्रमशः राजा, राजाओ, राजाओं हैं, तो 'लड़का' के लिए क्रमशः लड़के, लड़को, लड़कों, हैं। अतः, एक विचार यही है कि जिस प्रकार 'लिंग' की कुछ रूपायक भूमिका के कारण उसे व्याकरणिक कोटि में फिलहाल स्थान दिये हुए हैं, उसी प्रकार उद्गम मूलक वर्गीकरण की रूपायन में भूमिका के अनुपात में उसे व्याकरण में विवेच्य माना जाए। 'संस्कृतागत शब्द' की तरह 'संस्कृताभासित' शब्दों का भी रूपायन में स्वभाव है। जैसे राजा, पिता का रूप चलता है उसी प्रकार 'राष्ट्रपिता' आदि नवगठित शब्दों का भी। फिर भी जैसे

'संस्कृतभव' शब्द 'घोड़ा' आदि का रूप चलता है, उसी प्रकार देशज 'गुंडा', भाषान्तरीय शब्द 'रिक्शा', 'लामा', 'किला' आदि का भी। इस प्रकार फालतू की झंझट हटाकर हिन्दी पुंलिंग शब्दों के हमें दो ही वर्ग करना चाहिए।

(क) संस्कृतागत [कथित तत्सम] व संस्कृताभासित—राजा, पिता, भ्राता, जमाता आदि।

(ख) संस्कृतभव (कथित तद्भव) एवं इतर शब्द [या, एक ही शब्द में कहें तो 'तदितर शब्द']। जैसे—लड़का, घोड़ा, बच्चा, बुड्ढा, भतीजा, पोता, माथा, कौवा [सभी कथित तद्भव]; गुंडा, कुर्ता, ढाँचा [सभी देशज]; गंडा, चश्मा, रास्ता, मोजा, किला, मुकद्दमा, तमगा, कोटा, डाटा, रिक्शा, लामा [सभी भाषान्तरीय]।

इन दो वर्गों के लिए ज्यादा तकनीकी नाम क्रमशः *'राजा वर्ग'* व *'लड़का वर्ग'* होगा। कुछ लोग 'तत्सम' की परिभाषा में "किसी भी भाषा के मूल शब्द" और 'तद्भव' की परिभाषा में "मूल शब्दों से उद्भूत शब्द" जैसी बातें रखते हैं। उदाहरण स्वरूप वे 'लैंटर्न' को (अँग्रेजी) तत्सम तथा 'लालटेन' को तद्भव मानते हैं। यह स्थापना व्यर्थ है। 'लैंटर्न' व 'लालटेन' के रूपायन समान ही होते हैं, अतः इन्हें एक ही वर्ग 'भाषान्तरीय' या 'तदितर' में रखना चाहिए। हिन्दी के पुंलिंग शब्दों में बनी रूपायक विलक्षणताओं के आधार पर उक्त दो भेद खड़े किये गये हैं। एक विचार यह भी हो सकता है कि उसी आधार पर समस्त [पुंलिंग, स्त्रीलिंग] शब्दों को भी बाँट दिया जाए। उसमें मेरी आपत्ति नहीं है। सिर्फ एक काम करना होगा कि 'राजा' व 'लड़का' वर्ग शब्द हटाना होगा। फिर (क) की परिभाषा बनानी होगी कि जिस वर्ग के आकारान्त पुंलिंग शब्दों का रूपान्तर 'राजा' की तरह हो और (ख) की परिभाषा बनानी होगी कि जिस वर्ग के आकारान्त पुंलिंग शब्दों का रूपान्तर 'लड़का' की तरह हो बस, तब ठीक रहेगा।[36]

सन्दर्भिका

1. "किसी भी शब्द का वर्गीकरण करने...के लिए आवश्यक है कि वह किसी वाक्य में प्रयुक्त हो, किसी प्रसंग में आया हो, क्योंकि ऐसी स्थिति में ही शब्द के रूप-प्रक्रियात्मक और वाक्यगत गुण प्रकट होते हैं, उसका ठोस अर्थ पता चलता है।" ('हिन्दी-व्याकरण' पृष्ठ 67 में दीमशित्स का कथन)
2. "व्याकरण में शब्दों के लक्षण और वर्गीकरण के लिए उनके रूप और प्रयोग के साथ कभी-कभी अर्थ का भी विचार किया जाता है, परन्तु केवल अर्थ के अनुसार लक्षण करने मे विवेचन में गड़बड़ी होती है।"—पं. कामताप्रसाद गुरु ('हिन्दी व्याकरण', पृ. 107)
3. "Words are divided into different kinds or classes, called Parts of

Speech. according to their use: that is. according to the work they do in a sentence. The parts of speech are eight in numbr.

(i) Noun

(ii) Adjective

(iii) Pronoun

(iv) Verb

(v) Adverb

(vi) Preposition

(vii) Conjunction

(viii) Interjection"

—H.S. English Grammar & Composition by Wren & Martin, Page-3

4. 'हिन्दी-व्याकरण'—(पं. कामता प्रसाद गुरु)] पृष्ठ 50-52

5. ''आठ प्रकार के वाक्यावयव और उनके भेद-उपभेद सहित परिभाषा करने के असफल प्रयास बहुत कुछ तर्कसम्मत बात नहीं है। मझे लगता है कि संस्कृत-व्याकरणों ने चार प्रकार के शब्द—नाम, आख्यात, उपसर्ग, निपात—बताये हैं, वही बहुत कुछ ग्राह्य है। थोड़ा घूम-फिर कर उसी नतीजे पर पहुँच रहे हैं।'' (—आचार्य हजारी प्रसाद द्विवेदी ग्रन्थावली, खंड-7, पृष्ठ 530, 'व्याकरण पर व्याख्यान' लेख से)

6. 'भाषाविज्ञान की भूमिका', पृष्ठ 237-238

7. 'हिन्दी-व्याकरण-मीमांसा' (डॉ. काशीराम शर्मा)

8. ''सूक्ष्मता से विचार करने पर इन आठों का अन्तर्भाव वस्तुत: तीन में ही हो जाता है। संज्ञा, सर्वनाम और विशेषण—ये तीन संज्ञा के ही रूप-भेद हैं। यास्क ने संज्ञा के लिए नाम का प्रयोग किया है; इसी 'नाम' में 'सर्व' लगाकर 'सर्वनाम' शब्द बना है, अर्थात् वह नाम जो सबके लिए प्रयुक्त हो सकता हो।...विशेषण की भी अलग सत्ता नहीं, क्योंकि उसका उद्देश्य संज्ञा का ही वैशिष्ट्य बताना है। इसलिए उसकी स्थिति संज्ञा से पृथक् अकल्पनीय है। संज्ञा के रहने पर ही विशेषण का प्रयोग हो सकता है; संज्ञा नहीं, तो विशेषण नहीं। दूसरी बात यह कि संज्ञा और विशेषण परस्पर परिवर्तनीय हैं।...इसलिए पाणिनि ने इन तीनों को एक साथ रखकर 'सुबन्त' में डाल दिया। व्यापार-प्रधान होने के कारण 'क्रिया' की सत्ता को पृथक् स्वीकार करना तार्किक दृष्टि से भी संगत है और व्यावहारिक दृष्टि से भी। शेष चार विभाग—क्रियाविशेषण, सम्बन्धसूचक, समुच्चयबोधक, विस्मयादिबोधक अव्यय ही हैं। इसलिए इन्हें चार अलग विभाग मानने की अपेक्षा एक 'अव्यय' में ही रखना लाघव की दृष्टि से वांछनीय है।...इस प्रकार यास्क द्वारा प्रस्तुत विभाग हिन्दी के लिए भी अव्यावहारिक नहीं है। अँग्रेजी का विभाग जब अँग्रेजी के लिए ही संगत नहीं है तो हिन्दी के लिए वह कहाँ तक स्वीकार्य हो सकता है?''—'भाषाविज्ञान की भूमिका' पृष्ठ 238-239

9. 'स्वं रूपं शब्दस्याशब्दसंज्ञा।' (1-1-67)

10. 'सर्वादीनि सर्वनामानि।' (1-1-26)

11. 'विशेषणानां चाजातेः।' (1-2-52)

12. 'अर्थवदधातुरप्रत्ययः प्रातिपदिकम्।' (1-2-45)

13. 'भूवादयो धातवः।' (1-3-1)

14. 'सरल शब्दानुशासन', पृष्ठ 118-119
15. 'हिन्दी व्याकरण की समस्या' लेख से
16. ''यह भी ठीक नहीं प्रतीत होता कि संज्ञा तथा सर्वनाम के विशेषण को तो विशेषण कहें, एक अलग वर्ग मानें और विशेषण तथा क्रिया के विशेषण को क्रिया विशेषण कहकर एक पृथक् कोटि में रखें।''—डॉ. रामदेव त्रिपाठी ('हिन्दी भाषा-विज्ञान' पृष्ठ 118-119)

    डॉ. त्रिपाठी ने 'हिन्दी-भाषानुशासन' (पृष्ठ 265-266) में 'प्रविशेषण' को अलग कोटि बनाये जाने का भी विरोधकर उसे 'विशेषण' में ही समाहित किया और कहा कि विशेषण वाक्यस्थ हर शब्द-जाति के अर्थ को विशेषित कर सकता है—(सिर्फ 'विस्मयादिबोधक' को छोड़, क्योंकि वह तो वाक्य-संरचना से ही बाहर होता है।)
17. ''कार्य-भेद से नाम-भेद।...एक ही व्यक्ति जब कपड़ा बेचता है, तब 'बजाज' और मिठाई बेचने लगता है, तब 'हलवाई'। यही स्थिति भाषा में शब्दों की है।''—'हिन्दी शब्दानुशासन', पृ. 329
18. संस्कृत में 'अव्यय' की परिभाषा है—''सदृशं त्रिषु लिंगेषु सर्वासु च विभक्तिषु। वचनेषु च सर्वेषु यन्नव्येति तदव्ययम्॥'' ('कातन्त्र रूपमाला' से) यहाँ, विभक्ति (कारक) व वचन के सन्दर्भ में अपरिवर्तनशीलता की शर्त तो ठीक है, पर 'लिंग' के सन्दर्भ में अपरिवर्तनशीलता की बात करना ठीक नहीं। 'लिंग' की व्युत्पादन में भूमिका होती है, जिससे शब्दाकार बदलता है तथा नये शब्द बनते हैं। पर, वह भाषा-प्रयोग की अपेक्षा बाह्य घटना है।
19. यह बात इस पुस्तक के अध्याय 'स्त्रीविमर्श की दृष्टि में हिन्दी-व्याकरण की सृष्टि' में प्रस्तुत विचार व भावना के अनुकूल है। विस्तारार्थ वहीं देखें।
20. 'हिन्दी-व्याकरण-मीमांसा' —डॉ. काशीराम शर्मा
21. ''यावत् सिद्धमसिद्धं वा साध्यत्वे नाभिधीयते। आश्रित क्रमरूपत्वात् तत् क्रियेत्यभिधीयते॥''

    —'वाक्यपदीयम्', तृतीय कांड, क्रिया समुद्देश, श्लोक-1

    [अर्थात्, पहले से ही सिद्ध हो या असिद्ध, यदि वह आन्तरिक क्रमात्मकता के साथ साध्यरूप से प्रकट किया जाता है, तो वह क्रिया कहलाता है।]
22. निरुक्त में तो 'उपसर्ग' को नाम, आख्यात, निपात की टक्कर में चौथा पद-भेद माना गया है। इसका क्या आधार था, ज्ञात नहीं है। हाँ, निरुक्त-प्रातिशाख्य काल में 'उपसर्ग' क्रिया से व्यवहित प्रयुक्त होते थे। परन्तु, बाद की संस्कृत भाषा में (लौकिक संस्कृत में) उनका क्रिया-संश्लिष्ट प्रयोग हो गया।

    ''ओषधयः सं वदन्ते सोमेन सह राज्ञा''—इस वैदिक मन्त्र में उपसर्ग का क्रिया से अलग (व्यवहित) प्रयोग है।
23. दीमशित्स ने इसके लिए 'परसर्ग' शब्द का प्रयोग किया है, पर हिन्दी-व्याकरण ने इसे 'कारकत्व-सम्बन्धसूचक अव्यय' मात्र के लिए रूढ़ कर लिया है, वही ठीक है। दीमशित्स असली 'परसर्ग' को 'अव्युत्पन्न' परसर्ग नाम देते हैं, पर उसके उदाहरणों में 'ने, को, से...'' आदि के साथ 'तक', 'का', आदि को भी रखने की गलती करते हैं। ('हिन्दी-व्याकरण', पृष्ठ-61-62)

    पं. रामावतार शर्मा ने 'हिन्दी व्याकरण सार' में 'सम्बन्धसूचक अव्यय' के लिए

'कारकार्थक अव्यय' शब्द का प्रयोग किया है।

24. डॉ. रामदेव त्रिपाठी ने तो अव्यय मात्र की पहचान वचन-सापेक्ष उसकी अरूपान्तरशीलता को बतलाया है। ('हिन्दी भाषानुशासन', पृ. 625) उनका मत 'अव्यय विमर्श' की सन्दर्भिका संख्या-2 में प्रस्तुत है।
25. 'हिन्दी भाषानुशासन'
26. 'हिन्दी प्रयोग : एक शैक्षिक-व्याकरण' के पृष्ठ 20 पर बतलाया गया है कि 'तत्सम' व 'तद्भव' शब्दों के व्यवहार में अधिक एकरूपता है, जबकि देशज-विदेशज शब्दों के व्यवहार में तमाम विविधताएँ हैं। सामान्य निमयों के सर्वाधिक अपवाद इन्हीं दो श्रेणियों में दिखते हैं। यदि यह बात सही है तो उद्गममूलक वर्गीकरण को पुनः व्यवस्थित करना होगा।

अध्याय-8

नाम-विमर्श

सत्त्वप्रधान (द्रव्यार्थक) शब्द नाम कहलाते हैं। उनका व्याकरणिक लक्षण है—'कारक' बनने की अथवा परसर्ग-ग्रहण की क्षमता। 'नाम' शब्द को 'प्रातिपदिक' भी कहते हैं तथा उसके पद-रूप का तकनीकी नाम सुबन्त है। 'नाम' एवं 'प्रातिपदिक' दोनों सार्थक शब्द हैं। 'नाम' यानी जो हर वस्तु (द्रव्य, सिद्धभाव) को नामित करे। 'प्रातिपदिक' का मतलब है, जो हर पद में विद्यमान रहे। जैसे-बहनें, बहनों को, बहनों से, (हे) बहन!, बहनों में—इन सभी पदों में एक समान विद्यमान है 'बहन'। यही प्रातिपदिक है, इन नाम पदों का मूल। यह सब पूर्वविवेचित है।

'नाम' शब्द के दो भेद—'संज्ञा' व 'सर्वनाम' हैं तथा इन दोनों की उपश्रेणी है 'विभीषण'। हम सर्वप्रथम 'संज्ञा' पर विचार करें।

संज्ञा

"कारक बनने की क्षमता से युक्त, किसी वस्तु (चराचर-मूर्तामूर्त) विशेष को नामोद्दिष्ट करनेवाले विकारी प्रातिपदिक को संज्ञा कहते हैं।"

वैयाकरणिक अभिलक्षणों के आधार पर हम 'संज्ञा' को तीन वर्गों में विभक्त करना उचित मानते हैं, जिनके नाम सुविधार्थ हम सार्थक रख रहे हैं—

(क) एकल या गणना-निरपेक्ष संज्ञा, (ख) गणनीय संज्ञा तथा (ग) अगणनीय संज्ञा। इन्हें क्रमशः (i) व्यक्तिवाचक, (ii) जातिवाचक तथा (iii) भाववाचक+द्रव्यवाचक कहते हैं।

(क) में दोनों प्रकार के व्यक्ति आते हैं—(1) एकात्मक और (2) समूहात्मक। 'एकात्मक' के उदाहरण ज्योतिबा फुले, कल्पना चावला, भारत, उत्तर, हिमालय, 'कामायनी', 'जनसत्ता', दिल्ली, विश्व महिला दिवस, सन् सैंतालीस, दीपावली, अरब सागर, चन्द्रमा, पलासी-युद्ध आदि हैं। 'समूहात्मक' के उदाहरण 'राष्ट्रीय महिला आयोग', 'भारतीय ज्ञानपीठ', 'संयुक्त राष्ट्र संघ', 'हिन्दी साहित्य सम्मेलन', 'आर्यसमाज', 'सत्यशोधक समाज' 'काशी हिन्दू विश्वविद्यालय' आदि हैं।

(ख) में वे सभी संज्ञाएँ आती हैं, जिन्हें हिन्दी-वैयाकरण 'जातिवाचक' व 'समूहवाचक' कहते रहे। हम इन्हें सुविधा के लिए क्रमशः (1) व्यष्टि-रूप जातिवाचक व (2) समष्टिरूप जातिवाचक कह सकते हैं। प्रथम के उदाहरण हैं 'सामान्य जातिवाचक' सभी शब्द, जैसे— इन्सान, औरत, गाय, माँ, बेटी, चोर, भारतीय, हिन्दू, यहूदी, आदिवासी, किताब, युद्ध, पर्व,पहाड़ तिथि, वर्ष आदि। द्वितीय के उदाहरण हैं— मेला, जुलूस, परिवार, जमात, जनता, श्रेणी, विद्यार्थी-वृन्द आदि।

(ग) में 'द्रव्यवाचक' व 'भाववाचक' आते हैं। 'भाववाचक संज्ञा' के दो प्रकार हैं—

(1) सामान्य भाववाचक : जैसे—प्रेम, जवानी, जीवन, रोग, मरण, सौन्दर्य, मिठास, बचपन आदि।

(2) क्रियार्थक (क्रियावाचक) : जैसे—पढ़ना, खाना, बाँटना, दुलारना, परोसना आदि।

'एकल' (व्यक्तिवाचक) संज्ञा अनेक व्याकरणिक विशेषताओं से युक्त होने के कारण संज्ञाओं के बीच एक वर्ग/श्रेणी-विशेष की अधिकारी होती है। जैसे—

(i) यह नित्य एकवचनान्त होती है। यानी, संख्यात्मक विशेषणों (पाँच, अनेक, कितने, बहुत आदि) से इसके अन्वित होने का प्रश्न ही नहीं है।

(ii) एकाधिक वस्तुओं के एक ही नाम होने पर ही इनका बहुवचन रूप भी विकल्प से सम्भव है, वैसे एकवचन रूप ही चलता है। जैसे—मेरे नगर में दो हीरा (हीरे) हैं। परन्तु, दूसरी विभक्ति में (यानी, जब परसर्ग लगने की स्थिति हो, तब) रूप-परिवर्तन जरूरी होता है। तब बहुवचन 'ओं' विभक्ति लगती है। जैसे— दोनों विमलाओं को इनाम मिलेगा।

(iii) प्रसिद्ध आकारान्त नगरवाची शब्दों का 'दूसरी विभक्ति' में सपरसर्गीय रूप एकारान्त हो जाता है, पर इसके अपवाद प्रायः होते हैं। जैसे—'*गया* में बुद्ध बुद्ध बने।' 'वहीदा रहमान *गोआ* से आ रही हैं।', 'मंजीत *मथुरा* के लिए रवाना हुआ।'—इन दो-तीन नगरवाची शब्दों का रूप *तो बिलकुल* अविकृत रहता है हर विभक्ति में। पर, जिनका रूप विकृत होता रहा है (जैसे— 'कलकत्ते/पटने/आगरे से' आदि) उनका भी अविकृत प्रयोग सम्भव है। जैसे—'महाश्वेता देवी *कलकत्ता* में अपनी रचनात्मक ऊर्जा फैला रही हैं।', '*पटना* को राजधानी बनाना ठीक रहा।'

इन नगरवाची संज्ञाओं का अपरसर्गीय प्रयोग भी पहले 'ए' कारान्त होता था। जैसे—'वह *कलकत्ते* पहुँच गयी।' पर, अब प्राय: अविकृत प्रयोग ही होता है। यानी, एक नियम की शक्ल में बोलें तो 'नगरवाची शब्दों का एकारान्त प्रयोग अब जरूरी नहीं रह गया, बल्कि सामान्य व्यक्तिवाचकों की तरह ही वे अविकृत प्रयोग में आते हैं। चूँकि एकवचन में ही ये चलते हैं, इसलिए विकार नहीं हो पाता।

'व्यक्तिवाचक संज्ञा' का भेदक लक्षण है बहुवचन-हीनता। यदि वह बहुवचन में प्रयुक्त है या संख्या शब्दों से अन्वित होती है तो 'जातिवाचक' संज्ञा बन जाती है। भाववाचक व द्रव्यवाचक संज्ञाएँ भी बहुवचन-हीन होती हैं, पर व्यक्तिवाचक की व्याकरणिक विशेषताएँ न होने से उन्हें अलग वर्ग में रखा गया है। वे भी यदि बहुवचन में प्रयुक्त या संख्या शब्दों से अन्वित हो जाएँ तो 'जातिवाचक' संज्ञा बन जाती हैं। जैसे—"वृन्दावन की विधवाओं को एक राजा राममोहन राय की प्रतीक्षा है।"—यहाँ व्यक्तिवाचक संज्ञा 'राजा राममोहन राय' 'एक' की संलग्नता से 'जातिवाचक' बन गयी।

'जातिवाचक संज्ञा' ही वह संज्ञा है, जो स्वच्छन्दता से 'एकवचन' तथा 'बहुवचन' दोनों में प्रयुक्त होती है, यानी जो संख्या शब्दों से अन्वित हो सकती है। जैसे—

बच्ची दौड़ती है। एक बच्ची दौड़ती है। कितनी बच्चियाँ दौड़ती हैं? दस बच्चियाँ दौड़ती हैं।

यह मेला बड़ा है। एक मेला देख लिया। मेले लगने चाहिए। कितने मेले लगे? सप्ताह में दो मेले लगते हैं।

'जातिवाचक संज्ञा' ही गणनीय होती है, शेष नहीं।

'अगणनीय संज्ञा' में 'द्रव्यवाचक' एवं 'भाववाचक' नाम से पहचानी गयीं संज्ञाएँ आती हैं। 'द्रव्यवाचक' मात्रावाली वस्तु [जो संख्या से नहीं, परिमाण से बतायी जा सके] का बोधक है। 'भाववाचक' किसी स्थूल वस्तु का नहीं, बल्कि मानस-प्रत्यक्ष विषय [भाव, क्रिया, धर्म] को नामीकृत करता है। ('व्यक्तिवाचक संज्ञा' की गणना की अपेक्षा मन में नहीं जग सकती। वहीं) इनकी गणना की अपेक्षा तो मन में जग सकती है, परन्तु चाहकर भी गणना सम्भव नहीं। अत:, सदा ये एकवचन में प्रयुक्त हैं। यदि इनके 'प्रकार' की विवक्षा हो, तो बहुवचन व संख्या शब्द से इनके अन्वय की सम्भावना बनती है। परन्तु, व्यक्तिवाचक संज्ञा जहाँ बिना रूप त्रदले भी (पहली विभक्ति बहुवचन में) आ सकती है, वहीं इन्हें

रूप-विकार करना पड़ता है। जैसे—

गाँव में चार *राधा* हैं। (व्यक्तिवाचक संज्ञा का बहुवचन-प्रयोग)

इस दूकान में चार प्रकार की *चीनियाँ* मिलती हैं। (द्रव्यावाचक का बहुवचन-प्रयोग)

पुरुष-मस्तिष्क में स्त्री के प्रति कई प्रकार की *हिंसाएँ* खलबली मचाती रही हैं। (भाववाचक का बहुवचन-प्रयोग)

'भाववाचक' में 'क्रियार्थक संज्ञा' का बहुवचन प्रयोग होने पर भी रूपान्तर नहीं होता। जैसे—'तबस्सुम को कई तरह का *लिखना* आता है। हरि को पाँच प्रकार का *पकाना* आता है।'

'लक्षणा' में 'भाववाचक' व 'व्यक्तिवाचक' संज्ञा जब ढलती हैं तो भी उनके बहुवचन का प्रयोग सम्भव है। जैसे—"घर-घर में क्या पता, कितनी कल्पना चावलाएँ छिपी हुई हैं!", "देश के *जयचन्दों* ने कितनी *जवानियों* की हत्या कर दी!", "विवाह की शिकार हो जाने पर, युवतियों के कितने *सपने* धूलिसात् हो जाते हैं, किसी ने सोचा?"

एक बात स्पष्ट है कि जहाँ भी किसी *संज्ञा* का (चाहे किसी कारण से)संख्या शब्दों से अन्वय या बहुवचन में प्रयोग दिख रहा हो; वहाँ पर *'जातिवाचक संज्ञा'* बन चुकी होती है।

क्रियार्थक संज्ञा[1] का मतलब है क्रिया का अर्थ रखनेवाला, पर संज्ञा का कार्य करने वाला शब्द। चूँकि ये क्रियाओं के नाम होते हैं (धातु+ना से बने), इसी से ये क्रियार्थक संज्ञा कहलाते हैं। सामान्य भाववाचकों से इनका रूप भिन्न होता है। एक बात ध्यातव्य है—चूँकि ये 'संज्ञा' हैं, इसलिए कारक बनने की क्षमता इनके पास होगी। यानी, उद्देश्य रूप में आने पर ही 'करना', 'पढ़ना' आदि क्रियार्थक संज्ञाएँ हैं, अन्यथा विधेय बन जाने पर तो वे क्रिया की घटक बन जाती हैं। जैसे—

"लड़की पर शादी का दबाव *डालना* उसके प्रकृतिप्रदत्त अधिकार का हनन करना है।"

"पुस्तक *पढ़ना* जीवन को सँवारने में अहम भूमिका निभाता है।"

इनमें उद्देश्य रूप में 'डालना', 'पढ़ना' आये हैं; अत: क्रियार्थक संज्ञा हैं। परन्तु, "अनुष्का को सितार *सीखना* है" या "अंजुम चोपड़ा को कई शतक *लगाने* हैं" आदि में रेखांकित अंश क्रियार्थक संज्ञा न होकर क्रिया-घटक हैं।

निम्नलिखित वैयाकरणिक वैशिष्ट्यों के कारण ये 'भाववाचक' में भी एक अलग श्रेणी की माँग करती हैं—

(i) इन्हें जातिवाचक बनाएँ यानी बहुवचन में प्रयोग करें, तो भी पहली वि. में रूप नहीं बदलता। जैसे—भैया को कई तरह का *बजाना* आता है।

(ii) परसर्गीय विभक्ति (दूसरी विभक्ति) के बहुवचन में इनका प्रयोग नहीं होता अथवा रूप एकवचन का ही होता है। जैसे—"मेरे चलने को/से..." आदि रूप ही होगा; न कि "मेरे चलनों को/से..." आदि।

(iii) 'ने' परसर्ग इनके साथ नहीं लगता। (शेष सभी परसर्ग लगते हैं।) जैसे—"रेखा के चलने ने..." ऐसा प्रयोग नहीं होगा।

(iv) इनका सम्बोधन-रूप नहीं होगा, जबकि सामान्य भाववाचकों का होता है। जैसे—हे खाना/खाने!' या 'हे पढ़ना/पढ़ने!' जैसे प्रयोग नहीं होंगे। पर सामान्य भाववाचक के सम्बोधनात्मक प्रयोग (एवं अलग रूप भी विकल्प से) होते हैं। जैसे—"ममता! (ममते!) तू न गयी मेरे मन से।"

(v) ये सिर्फ पुंलिंग एकवचन में प्राप्त हैं, जबकि शेष भाववाचक स्त्रीलिंग में भी प्राप्त हैं।

सर्वनाम

सर्वनाम की आमतौर पर दी जानेवाली परिभाषा कुछ यों होती है—"जो पूर्वापर सम्बन्ध से संज्ञा के बदले आता है[2], वह विकारी शब्द सर्वनाम है।" परन्तु, सत्य बात यह है कि यह सर्वनाम का न पूर्ण लक्षण है, न ही संगतिपूर्ण है। सर्वनाम बराबर संज्ञा के बदले ही नहीं आता, बल्कि उसके प्रयोग का अपना स्वतन्त्र स्थान भी है। किसी वस्तु का नाम—विशेष (संज्ञा) यदि मालूम न हो अथवा मालूम होने पर भी कहने की इच्छा न हो तो उसकी तरफ इंगित करते अक्सर कहते या कह सकते हैं—"*यह/वह* बहुत तेज/सुन्दर/बहादुर है...।" आदि। 'यह', 'वह' तो पूर्वापर सम्बन्ध से किसी 'संज्ञा' के बदले नहीं आये हैं। क्या ये सर्वनाम नहीं हैं? "*कोई* कुछ नहीं करता, जबकि राह चलते लड़कियाँ बदतमीजी की शिकार हो रही हैं।" जैसे वाक्यों में तो '*कोई*' का एकदम स्वतन्त्र प्रयोग ही होगा, कारण कि इस जगह संज्ञा-विशेष आ ही नहीं सकता। उक्त प्रकार की परिभाषा में त्रुटियाँ और भी हैं। 'पूर्वापर सम्बन्ध' से संज्ञा के बदले कभी विशेषण भी आ सकता है। जैसे—"जातिवादी नेता आग लगा रहे हैं, *जालिमों* से हमें निबटना पड़ेगा।" वाक्य में '*जालिम*' '*नेता*' संज्ञा के बदले आया है, तो क्या सर्वनाम है? नहीं। यह ठीक है कि 'सर्वनाम' संज्ञा की पुनरुक्ति से उत्पन्न भद्देपन के दोष का परिष्कार कर देता है तथा संज्ञा के अप्रयोग से हुई कमी को पूरा करता है; पर केवल इतने के लिए सर्वनाम नहीं है। ऊपर की बातों से स्पष्ट है। 'संज्ञा'

का ही नहीं, सर्वनाम तो 'विशेषणमुक्त संज्ञा' तथा '*संज्ञा उपवाक्य*' तक का प्रतिनिधि बनकर आता है[3]। जैसे—''*दलित वर्ग* रोजी-रोटी के लिए कथित ऊँची जातियों का मोहताज है, इसलिए *वह* उनके द्वारा किये जा रहे पाशविक अत्याचार को भी सह जाता है।''—इस वाक्य में 'वह' विशेषण युक्त संज्ञा (दलित वर्ग) के लिए आया है। इसी तरह. ''जिस देश ने आधी आबादी को बेड़ियों में जकड़कर और पैरों से कुचलकर रखा है, वह निश्चित रूप से विनष्ट हो जाएगा।''—इस वाक्य में 'वह' एक उपवाक्य (''जिस...रखा है'') के लिए आया है। इस स्थिति में, 'सर्वनाम' की पूर्वोक्त कोटि की परिभाषाएँ असंगत हैं। फिर, सर्वनाम की रूपगत विलक्षणता का तो कोई संकेत ही नहीं हुआ। 'प्रकार्य' की बात सिर्फ हुई, वह भी आधी-अधूरी। इस परिस्थिति में 'सर्वनाम' की सम्यक् परिभाषा बनाने चलें, तो कुछ इस प्रकार होगी—

''हिन्दी का सर्वनाम वह विकारी प्रातिपदिक है, जो रूप-रचना में संज्ञा से भिन्न मार्ग पकड़ता है तथा अर्थ में वस्तु-सामान्य का संकेतक होने से 'संज्ञा-प्रयोग के अभाव' की पूर्ति भी करता है।''

अर्थात् हिन्दी में 'सर्वनाम' उसे कहा गया जो—(i) संस्कृत-व्याकरण के 'सर्वनाम' की तरह 'रूपान्तर' में 'संज्ञा' से भिन्न हो। साथ ही, (ii) 'अँग्रेजी ग्रैमर के Pronoun की तरह, अर्थ की दृष्टि[4] से Noun से भिन्न हो। यानी. संज्ञा, विशिष्टीकृत संकेत है, सर्वनाम सामान्यीकृत संकेत।

सर्वनाम की रूपगत विलक्षणता

1. सर्वनाम का रूपान्तर शेष नामों से बहुत भिन्न प्रकार का होता है। शेष नामों में प्रातिपदिक हर पद से स्पष्टत: दृश्यमान होता है, पर सर्वनाम प्रातिपदिक की आकृति में प्रति पद इतना हेर-फेर होता है कि पहचानना मुश्किल हो जाता है कि 'प्रातिपदिक' क्या है? जैसे—'मैं' के रूप हम, मुझे आदि हुए। प्रातिपदिक की स्पष्टता 'हम' व 'मुझे' देखकर नहीं हो सकती। सर्वनाम-रूपान्तर की खास बातें कुछ इस प्रकार हैं—

(i) परसर्ग ग्रहण करते ही 'हम', 'तुम' के अतिरिक्त सभी सर्वनामों के प्रातिपदिक सभी विभक्तियों-वचनों में आकृति-परिवर्तन काफी हद तक कर लेते हैं। मैं › मुझ, तू › तुझ; वह › उस. उन; यह › इस, इन; जो› जिस, जिन; कौन › किस, किन; सो › तिस, तिन; कोई › किसी, किन्हीं आदि। 'हम' को 'मैं' का तथा 'तुम' को 'तू' का सीधे बहुवचन-रूप मानते हैं, न कि अलग प्रातिपदिक; तो इनका

रूपान्तर कितना जबर्दस्त हुआ।

(ii) 'मैं', 'तू' के साथ 'ने' सीधे जुड़ता है, शेष परसर्ग इनके प्रातिपदिक-विकार 'मुझ', 'तुझ' से जुड़ते हैं।

(iii) सभी सर्वनामों में 'को' परसर्ग के अर्थ में '-ए' संश्लिष्ट परसर्ग का भी प्रयोग विकल्प से होता है, जबकि शेष नाम पदों में '-ए' नहीं लगता। 'उस+ए > उसे', 'मुझ+ए > मुझे' एकवचन रूप हैं। बहुवचन में '-ए' के प्रयोग में 'ह' का आगम तथा 'न' व 'म' के कारण अनुनासिकता आ जाती है। उन+ए=उन-ह-एँ=उन्हें। 'हम' में पहले से ही एक 'ह' है अतः 'ह' का आगम नहीं हुआ। हम+ए=हम+एँ=हमें।

(iv) हिन्दी सर्वनामों में उभयवचनी हैं 'कोई' व 'कौन'। परन्तु, इनके प्रातिपदिक विकार (जैसे—किसी-किन्हीं, किस-किन) दोनों वचनों में उसी प्रकार भिन्न हैं, जिस प्रकार 'यह', 'वह', 'जो', 'सो' (जो कि उभयवचनी नहीं हैं) के प्रातिपदिक विकार भिन्न हैं। इसे यों कह सकते हैं कि कोई, कौन दोनों पहली वि.के वचनों में एक ही रूप में रहते हैं।

(v) मैं-हम, तू-तुम में षष्ठ्यर्थ 'के' परसर्ग की जगह '-रे' संश्लिष्ट परसर्ग और 'का/के/की' तद्धितीय प्रत्यय की जगह 'रा/रे/री' तद्धितीय प्रत्यय जुड़ते हैं। जैसे—मेरे बेटी हुई। तुम्हारे एक गाय है। ('के' की जगह 'रे' परसर्ग)। मेरी बेटी डॉक्टर बन गयी। तुम्हारी गाय भाग चली। ('-री' तद्धितीय प्रत्यय)

(vi) सर्वनाम का रूप सम्बोधन विभक्ति में नहीं चलता (क्योंकि सम्बोधन हेतु सम्यक् ज्ञात/नाम-विशेष होना चाहिए।)

(vii) हिन्दी के सारे सर्वनाम उभयलिंगी (यानी दोनों लिंगों में एक रूप) होते हैं। उनके लिंग की सूचना आख्यात (क्रिया) आदि से मिलती है। जैसे—'मैं खाना पकाती हूँ।' ('मैं' स्त्रीलिंग है।) 'मैं खाना पकाता हूँ।' ('मैं' पुंलिंग है।) संस्कृत में अन्य/प्रथम पुरुष के सारे सर्वनाम तीनों लिंगों में अलग-अलग रूप में होते हैं। इसे स्पष्ट करते हुए कहा जाता है वहाँ दो प्रकार के सर्वनाम हैं—(क) व्यक्तिनिष्ठ ('अस्मद्', 'युष्मद्')—ये लिंगानुसार नहीं बदलते। (ख) विशेषणीभूत संकेतक—(प्रथम पुरुष के सर्वनाम तत्, यत्, एतत्, इदम् आदि) ये लिंगानुसार अलग अलग रूप रखते हैं। जैसे—

सः विद्यालये कुशलः अध्यापकः अस्ति। (पुंलिंग)	*अहम्* रमा कष्टेन परिवारं पालयामि।
सा अतीव कुशला अभियन्त्री अस्ति। (स्त्रीलिंग)	*त्वम्* डिसूजा कथं न पठति?

तत् मन्दिरम् सुन्दरम् अस्ति। (नपुंसकलिंग)

प्रश्न है— 'सः' 'सा' इन वाक्यों में विशेषणीभूत नहीं हैं, पर 'अहम्' व 'त्वम्' तो स्पष्टतः विशेषणीभूत हैं। तब उक्त प्रतिपादन सन्दिग्ध हुआ कि नहीं?

2. हिन्दी में केवल सर्वनाम ही वह प्रातिपदिक है, जिसके कुछ सिद्ध पद हैं, जो संश्लिष्ट रूप में प्राप्त हैं। जैसे—मुझे, जिसे, तुम्हें, हमें आदि।
3. सर्वनाम के रहने का ही परिणाम है कि संस्कृत क्रिया-रूपावली तिगुने विस्तार को प्राप्त हो गयी है, क्योंकि मध्यम पुरुष व उत्तम पुरुष क्रियापद (जो दो-तिहाई हैं) सिर्फ सर्वनाम के लिए चले हैं। हिन्दी में भी जो थोड़े से तिङन्त क्रियापद हैं, उनमें भी जो तिगुना विस्तार हुआ है, वह सर्वनाम के कारण है। जैसे—हूँ, हो, जाऊँ, जाओ जैसे रूप सिर्फ उत्तम, मध्यम पुरुषवाची सर्वनामों की देन है। अँग्रेजी में भी 'am' सहायक क्रिया नहीं होती, यदि Pronoun न होता।
4. सर्वनाम हिन्दी में जब भी विशेषण रखता है, पीछे रखता है, जबकि संज्ञा आगे पीछे दोनों तरह से रख सकती है। जैसे—"वह बुद्धिमती है।" इसकी जगह 'बुद्धिमती वह (है)' नहीं होगा। तब अर्थच्छाया बदल जाएगी। परन्तु—'गौतम सुन्दर है' और 'सुन्दर गौतम' दोनों प्रकार से प्रयोग हो सकता है।

सर्वनाम से बाकी वर्गों के शब्द व्युत्पन्न हो सकते हैं, परन्तु सर्वनाम किसी अन्य शब्द से व्युत्पन्न नहीं होता। भाषा में सर्वनाम मौलिक और सीमित संख्या में होते हैं, जो न गढ़े जाते हैं, न उधार लिए जाते हैं; बल्कि लम्बी प्रक्रिया से उसी भाषा में बनते हैं। 'सर्वनाम' किसी भाषा की नितान्त निजी सम्पदा होते हैं, संख्यावाचक, प्रत्यय, विभक्ति-परसर्ग की तरह ही। (क्रिया (धातु), अव्यय तो निजी होकर भी अत्यल्प आयातित भी होते हैं।)

हिन्दी सर्वनाम-वर्गीकरण का आधार

हिन्दी-सर्वनामों का वर्गीकरण प्रायः अँग्रेजी ग्रैमरों से प्रभावित रहा है। पुरुषवाचक,

निजवाचक, निश्चयवाचक, सम्बन्धवाचक, प्रश्नवाचक आदि नाम अँग्रेजी शब्दों के रूपान्तर मात्र हैं! सवाल उठता है कि कुल दस-बारह सर्वनाम ही हिन्दी में हैं, तो उनके वर्गीकरण के बिना क्या रहा नहीं जा सकता? फिर, वह वर्गीकरण भी अर्थ-विलास मात्र हो? उस पर भी अर्थ-सम्बन्धी अधूरापन! जी हाँ, अर्थ की दृष्टि से भी विचारें तो अँग्रेजी में I, Thou, He, She, It को ही 'पर्सनल' मानकर शेष (This, That, Who, As, What, Which आदि) को उससे बाहर रखना अवैज्ञानिक है, अव्याकरणिक है। कारण, Third Person की क्रियाएँ जैसे He, She, It से जुड़ती हैं, वैसे ही 'निश्चयवाचक' आदि शेष तमाम सर्वनामों से भी। जैसे—(That is, This is, Who is, Which is, What is आदि। 'पुरुषवाचक' सर्वनामों को 'निश्चयवाचक' न मानना भी घोर असंगत है। भला पुरुषवाचकता से निश्चयात्मकता का कोई विरोध है? इस प्रकार अँग्रेजी प्रोनाउनों के वर्गीकरण में घोर अनियमितता है। यदि वह वर्गीकरण निर्दोष भी होता तो क्या इसी आधार पर हिन्दी में मानक बनता? तब, जबकि अँग्रेजी Pronoun से हिन्दी 'सर्वनाम' की संकल्पना कुछ अन्तर रखती है। वितरण सम्बन्धी भेद भी है। अँग्रेजी में Third Person में लिंग-सापेक्ष तीन सर्वनाम हैं—He (पुंलिंग), She (स्त्रीलिंग), It (नपुंसकलिंग) और निश्चयवाचक सर्वनाम दो हैं—This, That जो सभी लिंगों के लिए एकरूप हैं। हिन्दी ने Third Person (अन्य पुरुष) एवं निश्चयवाचक को अलग-अलग नहीं; एक ही मानकर, दोनों लिंगों के लिए एकरूप दो शब्द रखे—'यह', 'वह'। साथ ही, हिन्दी सर्वनाम सबके सब दोनों लिंगों में एकरूप हैं; अँग्रेजी में ऐसा नहीं है।

सर्वनामों के वर्गीकरण का एक रास्ता पंडित किशोरीदास वाजपेयी सुझाते हैं[5]—सर्वनाम मात्र को तीन पुरुषों में विभक्त करने का; जो उक्त अँग्रेजी ढंग की तुलना में श्रेयस्कर है। परन्तु, पुरुष चूँकि धातु-रूपावली का विभाजन है; संज्ञा-सर्वनामादि का नहीं; अत: सर्वनाम-वर्गीकरण के आधार के रूप में उसकी ग्राह्यता असंदिग्ध नहीं है। दूसरा तर्क यह भी दिया जा सकता है कि हिन्दी में आख्यात (क्रिया) की रूपमाला भी पुरुषानुसार बँटी हुई नहीं है, तब फिर 'अमुक पुरुष की क्रिया लेने वाला सर्वनाम'—इस आधार पर भी सर्वनाम का पुरुषमूलक विभाजन कठिन हो जाएगा। तीसरा तर्क यह दिया जा सकता है कि सर्वनाम की रूप-रचना में 'पुरुष' की कोई भूमिका नहीं है। तीसरे तर्क के साथ कुछ वितर्क भी उठता है। वह यह कि सूक्ष्मता से देखने पर 'पुरुष' की भूमिका सर्वनामों की रूप-रचना में दिख जाती है। जैसे—मैं>मुझ; तू >तुझ; वह > उस, यह > इस, कौन > किस। इस प्रकार, 'अन्य पुरुष' सर्वनामों की रूपरचना 'उत्तम' व 'मध्यम' पुरुष के सर्वनामों की अपेक्षा भिन्न होती है। 'अन्य पुरुष' के सारे सर्वनाम दूसरी

विभक्ति में एकवचन में 'स' युक्त होते हैं, पर 'उत्तम' व 'मध्यम' पुरुष सर्वनाम 'झ' युक्त होते हैं। क्या यह सचमुच पुरुष का प्रभाव है? अन्य पुरुष के 'दूसरी विभक्ति बहुवचन' में रूप (उन, इन, किन आदि) 'न' अन्तवाले होते हैं। यदि 'उत्तम' व 'मध्यम' पुरुष की रूपरचना देखें तो (हम, तुम) यहाँ भी एकरूपता है—'म' अन्तवाले रूप। सवाल है, क्या यह प्रभाव पुरुष-जन्य है? यदि हाँ तो इन दो पुरुषों में एकरूपता-सी क्यों आयी? (संस्कृत में तो पुरुष का प्रभाव सर्वनाम की रूप रचना पर नहीं पड़ा है।) यदि सर्वनाम की रूप-रचना पर पुरुष प्रभावी है तो संज्ञा पर क्यों नहीं—यह तर्क तो नहीं उठेगा, क्योंकि संज्ञा में तीन पुरुषों की स्थिति ही कहाँ है? संज्ञाएँ सिर्फ अन्य पुरुषवाची हैं।) यदि यहाँ एकरूपता है तो उनके लिए निश्चित तिङन्त आख्यातों में भिन्नता क्यों है?—

मैं हूँ/जाऊँ॥ हम हैं/जाएँ॥ [दोनों उत्तम पुरुष]

तू है/जाए॥ तुम हो/जाओ॥ [दोनों मध्यम पुरुष]

वह है/जाए॥ वे हैं/जाएँ॥ [दोनों अन्य पुरुष]

इस भिन्नता में भी कुछ साम्य है—अन्य पुरुष के एकवचन का रूप, मध्यम पुरुष के एक वचन के समान है; तो अन्य पुरुष का बहुवचन रूप, उत्तम पुरुष के बहुवचन से मिलता है। इन तथ्यों की क्या व्याख्या करें? इतना तो लगता है कि हिन्दी सर्वनमों में कुछ आन्तरिक वर्गीकरण है, जिसकी पहचान 'पुरुष' नाम से करने की कुछ सम्भावना बनती है। रही बात, 'पुरुष' धारणा के मूलत: धातु-रूपावली परक होने की, तो जैसा कि पूर्व-प्रतिपादित है—लक्ष्यार्थ लेकर क्रमश: प्रथम या अन्य, मध्यम, उत्तम पुरुष की क्रियाओं से अभिहित होनेवाले कर्तृस्थानीय नाम को 'प्रथम या अन्य, मध्यम, उत्तम पुरुष' कहा जाने लगा है। इसमें बुराई क्या है? यह तो आम हो गया है। नामों में एक 'सर्वनाम' ही है, जिसके साथ तीनों पुरुषों की क्रियाएँ लगती हैं। अत: लक्ष्यार्थ लेकर चलें तो 'पुरुष' का पूरा अर्थ सर्वनाम पर ही घटता है। [व्युत्पत्त्यर्थ तो असंगत है 'पुरुष' का, पितृसत्तात्मक सोच के अधूरेपन का शिकार है यह शब्द, जैसा कि पूर्व-कथित है।] इसी से यदि सर्वनाम के वर्गीकरण की इच्छा जग ही जाए तो पुरुषानुसार वर्गीकरण ही सबसे पुष्ट होगा; क्योंकि अर्थ ही नहीं, रूप के स्तर पर भी वही संगत है। वर्गीकरण में रूपात्मक वैशिष्ट्य देखा जाता है, सो यहाँ है। प्रथम/अन्य पुरुष की क्रिया से अन्वित सर्वनाम 'अन्य पुरुषान्वयी' सर्वनाम कहला सकता है। इसी प्रकार, मध्यम पुरुष व उत्तम पुरुष की क्रियाओं से अन्वित सर्वनाम क्रमश: 'मध्यम पुरुषान्वयी' व 'उत्तम पुरुषान्वयी' सर्वनाम कहला सकते हैं। यहाँ एक सावधानी जरूरी है। यहाँ ध्यातव्य है कि 'उत्तम पुरुष' का लक्ष्यार्थ लेकर ही चलेंगे तो उसमें केवल वक्ता (मैं, हम) नहीं आएँगे, बल्कि 'उत्तम पुरुष की क्रिया' से

जो भी कर्ता या कर्तृस्थानीय संज्ञा, सर्वनाम अन्वित हैं, सब उत्तम पुरुष कहलाएँगे। जैसे—''रजनी, तुम या मैं भाषण करूँगी'' में 'करूँगी' क्रिया से अन्वित 'रजनी' (कथित अन्य पुरुष), 'तुम' (कथित मध्यम पुरुष) एवं 'मैं' (कथित उत्तम पुरुष)—तीनों यहाँ 'उत्तम पुरुष' कहलाएँगे। इसी तरह, 'मध्यम पुरुष' में केवल श्रोता (तू, तुम) नहीं, अपितु 'मध्यम पुरुष की क्रिया' से अन्वित सभी कर्ता/कर्तृस्थानीय 'मध्यम पुरुष' कहलाएँगे। जैसे—''सरोजा और तुम जाओगे'' में 'तुम' (कथित मध्यम पुरुष) व 'सरोजा' (कथित अन्यपुरुष) दोनों 'मध्यम पुरुष' कहलाएँगे। 'अन्य पुरुष की क्रिया' से 'वाचनीय विषय' (कथित अन्यपुरुष) ही अन्वित होता है, अत: वहाँ समस्या नहीं। जैसे—''सुलेखा और वह फुटबॉल खेलने जाएगी।''—इसमें 'सुलेखा' और 'वह' अन्यपुरुष हैं। यानी, 'उत्तमपुरुष' में वक्ता-श्रोता-विषय तीनों; 'मध्यम पुरुष' में 'श्रोता-विषय' दोनों तथा अन्य पुरुष में सिर्फ विषय समाहित हो सकता है। ''हम जाते हैं'' में वक्ता-श्रोता-विषय तीनों, ''तुम जाते हो'' में श्रोता-विषय दोनों समाहित हैं; पर ''वह जाता/जाती है'' में केवल विषय समाहित है। यहाँ 'उत्तम' व 'मध्यम' पुरुष क्रियाओं का प्रयोग 'एक शेष प्रक्रिया' की देन है, जैसा कि पं. किशोरीदास वाजपेयी कहते हैं। ''लड़के और लड़कियाँ पतंग उड़ा रहे हैं'' में दो लिंगों के कर्ता हैं। 'एकशेष' कर के स्त्रीलिंग को पुंलिंग में विलीन किया जाता है, तब कहते हैं—''लड़के पतंग उड़ा रहे हैं'' और समझ लिया जाता है (समझने को बाध्य किया जाता है) कि इसमें लड़कियाँ भी आ गयीं। पर उपर्युक्त ''रजनी, तुम या मैं भाषण करूँगी'' में एकशेष नहीं है। यानी ऐसा नहीं है कि अन्य, मध्यम व उत्तम पुरुष की क्रियाओं में से प्रथम दो का विलीनीकरण अन्तिम में हुआ है। नहीं। 'उत्तम पुरुष' की क्रिया का स्वभाव ही है कि वह सबको समेट सकती है। इस प्रकार, स्पष्ट है कि 'पुरुष' का लक्ष्यार्थ लेकर भी चलने पर 'उत्तम' व 'मध्यम' पुरुषों का कोई स्थिर अर्थ नहीं है; बल्कि प्रयोगानुसार 'पुरुष' तय होता है। फिर भी जब किसी कर्ता के अकेले प्रयोग की स्थिति होती है, तो स्पष्ट हो जाता है कि जाऊँगा/जाऊँगी, जाओगे/जाओगी, जाएगा/जाएगी जैसी क्रियाएँ क्रमश: मैं, तुम, वह/यह (या किसी संज्ञा) के लिए ही आयी हैं। इसी आधार पर हम 'मैं-हम' का ही सबसे मजबूत सम्बन्ध 'उत्तम पुरुष' की क्रिया से मान सकते हैं। इसी तरह, 'तू-तुम' का 'मध्यम पुरुष' की क्रिया से तथा 'यह-वह' आदि का 'अन्य पुरुष' की क्रिया से मान सकते हैं। यही आधार है हमारे निम्न वर्गीकरण का।

सर्वनाम के तीन प्रकार—

(क) उत्तम पुरुषान्वयी सर्वनाम—*मैं-हम*
(ख) मध्यम पुरुषान्वयी सर्वनाम—*तू-तुम* } दोनों 'निश्चयवाचक' हैं।

(ग) अन्य (प्रथम) पुरुषान्वयी सर्वनाम—

'यह' } दोनों निश्चयवाचक
'वह'

'कोई' } अनिश्चयवाचक

'कौन' } प्रश्नवाचक
'क्या'

'जो...सो' } सम्बन्धवाचक

'जो' और 'सो' जोड़े में ही आते हैं। ये सम्बन्धवाचक हैं। सम्बन्ध द्विमुखी होता है, इसलिए अकेले किसी को सम्बन्धवाचक न कहेंगे। 'जो' आकांक्षा को जगानेवाला है, तो 'सो' उसकी पूर्ति करनेवाला। (कभी 'सो' की जगह 'वह' से भी काम चला लेते हैं।) जैसे—

"*जो* अधिक बच्चों को पैदा करने पर मजबूर होती है, *सो (वह)* कैरियर, व्यक्तित्व व सेहत भी गँवाते जाती है।"

हिन्दी में कुल ये ही सर्वनाम हैं। 'निजवाचक सर्वनाम' जैसी कोई चीज है ही नहीं। 'आप', 'अपने' या 'अपना' सर्वनाम नहीं हैं, पर 'क्या' सर्वनाम है। *'आप' सर्वनाम नहीं है,* चाहे—(i) निजवाचक अर्थ में आए या

(ii) मध्यम या अन्य पुरुष के आदरार्थ में आए।

प्रथम अर्थ में तो 'आप' अव्यय है—निजवाचक अव्यय। इसका रूपान्तर नहीं होता। जैसे—"सुचित्रा सेन आप ही फिल्मी दुनिया में उभर गयीं।", "जो पर्यावरण में जहर घोलता है, वह आप ही अपनी कब्र खोदता है।', "जूडो-कराटे की अभ्यस्त लड़कियाँ आप ही सड़कछाप आशिकों या बलात्कारियों को पटखनी दे सकती हैं।"—इनमें 'आप' स्वयं/खुद के अर्थवाला अव्यय है।

द्वितीय अर्थ में 'आप' हुजूर/श्रीमान्-श्रीमती (श्री) आदि की तरह एक विशेषणात्मक प्रातिपदिक है, जिसका मध्यम पुरुष के आदरार्थ में इतना प्रयोग होने लगा कि यह अकेले भी चलने लगा। जैसे—"*आप टाइप बहुत अच्छा करती हैं।*"—इसमें 'आप' महोदया की तरह आया है। इसे लोग सर्वनाम समझते हैं और वह भी मध्यम पुरुष का। ये दोनों बातें सही नहीं हैं। चूँकि इसका रूप संज्ञावत् चलता है (आपने, आपको...), अतः यह सर्वनाम नहीं। फिर, इसके साथ, अन्य पुरुष की क्रिया लगती है (बहुवचन तो आदरार्थ के कारण है)—उपर्युक्त 'करती हैं' अन्य पुरुष बहुवचन क्रिया है। 'मध्यम पुरुष बहुवचन' की क्रिया 'करती हो' नहीं लगती। इसलिए यह 'आप' अन्यपुरुषान्वयी है। वैसे भी सर्वनामेतर सारे नाम अन्यपुरुषान्वयी ही हैं। 'आप' आदरार्थक होने से सिर्फ बहुवचन में मान्य है। इसका प्रातिपदिक रूप अपरिवर्तित रहता है, जैसे 'पानी' आदि का। उसमें सीधे परसर्ग

लग जाता है।

'अपने' भी निजवाचक अव्यय 'आप' के अर्थ का एक स्वतन्त्र अव्यय है। यह भी 'आप' की तरह स्वयं, खुद, अपने-आप आदि अव्ययों के अर्थ में है। 'अपने' में कभी-कभी परसर्ग लग सकता है; पर उस स्थिति में यह 'नामपद' कहलाएगा। जैसे—

"आंग-सान-सू-की ने *अपने को* मानव-मुक्ति की लड़ाई में समर्पित कर दिया है।"—'अपने' यहाँ संज्ञा है। परन्तु, "अपनी हालत पर चिन्तन करने वाला **अपने** मुक्ति पा जाता है।"—यहाँ 'अपने' अव्यय है।

'अपना' तो षष्ठ्यर्थ, विशेषणात्मक प्रातिपदिक है; जो स्वतन्त्र रूप से विकसित है। इसका अर्थ—'स्व-जन' होता है। इसका रूप 'लड़का' की तरह चलता है। स्त्रीलिंग 'अपनी' इसी से व्युत्पन्न है। 'विभक्ति-वचन' के असर से (यानी रूपायन) से 'अपने' भी बन जाता है। जैसे—"*अपना* उद्देश्य नहीं भूलनेवाला ही सफल होता है।", "*अनमेल* और *बाल-विवाह की शिकार लक्ष्मीबाई अपनी वैवाहिक विडम्बना को जीवनभर झेलती रहीं।*" "*अपने लोगों के दोष क्या नज़रअन्दाज कर दोगे?*"

'कुछ' भी सर्वनाम नहीं है, क्योंकि शेष नाम शब्दों की तरह ही इसका रूप चलता है—कुछ ने, कुछ को आदि। यह विशेषणात्मक प्रातिपदिक है। जैसे—"*कुछ* लोग जो ज्यादा जानकर इन्सानियत के परे हो जाते हैं, उन परमहंसों से क्या प्रयोजन?" ('कुछ' विशेषण है)। 'कुछ' संज्ञावत् भी प्रयुक्त होता है—"*कुछ* बोलीं—हमें विवाह नहीं, कैरियर की चिन्ता है।"

एक वितर्क उठ सकता है कि 'कुछ' यहाँ सम्यक् ज्ञाति नहीं करा रहा है, सबको या बहुतों का संकेतक है, तो क्यों न इसे *सर्वनाम* मान लें? इसका उत्तर है कि विशेषणात्मक प्रातिपदिक भी तो सबका अर्थ देता ही है। 'कुछ' क्या, 'अपना', 'हमारे', 'बहुत' आदि सभी विशेषणों से यही बात सिद्ध होती है। जैसे—"*अपना* ही जब दगा दे, तो फिर कौन बचाए?" "*बहुत* गये, पर लौटे एक भी नहीं।" दूसरी बात, वैयाकरणिक वर्ग के निर्धारण में हमने अर्थ को नहीं, रूप को कसौटी बनाया है। इसी से 'कुछ' सर्वनाम नहीं विशेषण है।

'क्या' सर्वनाम है; क्योंकि शेष नाम शब्दों की तरह इसका रूप चलता है। इसे बहुत से लोग अव्यय के खाते में डाल देते हैं, क्योंकि उन्हें रूप चलता नहीं लगता। इसका तिर्यक् रूप (दूसरी विभक्ति का रूप) 'कौन' की तरह चलकर 'किस' होता है। यह क्षुद्रचेतन या अचेतन के लिए प्रश्नवाचक सर्वनाम है; कौन बृहत् चेतन के लिए प्रश्नवाचक सर्वनाम है। 'क्या' का तिर्यक् रूप सिर्फ उसके

सार्वनामिक विशेषण बनने की स्थिति में ही प्राय: दिखता है। जैसे—''*किस* कपड़े में नारी सहूलियत महसूस करती है—सभ्यता में इसका ख्याल नहीं रखा गया।'' '*क्या*' का रूप 'किस' यहाँ विशेषणात्मक प्रयोग की स्थिति में है। यदि शुद्ध सर्वनाम की तरह प्रयोग करना चाहें, तो ''*किस* में नारी सहूलियत महसूस करती है...'' भी चलेगा।[6] हाँ ''वह *किस कलम* से लिखता है'' की जगह शुद्ध सर्वनाम स्तर पर ''वह किस(...) से लिखता है'' नहीं होगा। ऐसी स्थिति की बहुलांशता देखकर ही '*क्या*' के रूप न चलने का भ्रम पैदा हुआ।

'*वे*' और '*ये*' का पीछे प्रस्तुत सूची में अलग से उल्लेख नहीं किया गया, क्योंकि ये क्रमश: 'वह' और 'यह' के 'पहली विभक्ति' बहुवचन रूप हैं। 'कोई', 'कौन', 'जो...सो' की पहली वि. के दोनों वचनों में एक समान रूप होते हैं।

'*मैं-हम*' एवं '*तू-तुम*' का अलग-अलग उल्लेख इसलिए हुआ, क्योंकि ज्यादा सम्भावना है कि 'मैं' और 'हम' के अलग-अलग प्रातिपादिक हैं। इसी प्रकार 'तू' व 'तुम' के अलग-अलग प्रातिपदिक हैं। संस्कृत में भी 'अहम्-वयम्' तथा 'त्वम्-यूयम्' एक ही प्रातिपादिक के रूप नहीं लगते।[7] 'मैं' प्रातिपदिक से 'हम' तथा 'तू' से 'तुम' रूप चला है—यह किसी ध्वनिशास्त्रीय नियम से सिद्ध नहीं हो सकता।

एक विचार से हिन्दी के 'मध्यम' व 'उत्तम' पुरुषान्वयी सर्वनाम 'तुम' और 'हम' एकवचन में है।[8] डॉ. अनन्त चौधरी ने तो यहाँ तक कहा कि 'हम', 'ये' 'वे' 'तुम' आदरसूचक रूप हैं, बस। हैं ये दोनों एकवचन में ही। उनका प्रतिपादन है कि पुरुषवाचक सर्वनामों के सामान्य एवं आदरसूचक दो रूप हैं।[9] परन्तु, यह प्रतिपादन व्याकरणिक व्यवस्था के संगत नहीं। व्याकरण की व्यवस्था है कि क्रिया, विशेषणात्मक व सम्बन्धसूचक तत्त्वों के बहुवचन रूप से अन्वित प्रातिपदिकज पद (नामपद) को बहुवचन ही माना जाएगा। 'ये', 'वे', 'हम', 'तुम' बहुवचन में हैं, तभी तो बहुवचनात्मक विशेष्य के लिए ये आते हैं तथा क्रियारूप भी बहुवचन का लेते हैं। जैसे—

(i) ''हम/ये/वे लड़कियाँ पायलट बनने का प्रशिक्षण ले रही हैं।''

(ii) ''तुम लड़के पढ़-लिखकर क्या बनोगे?''

(iii) ''मैं बच्ची वीरों की धरती की हूँ।'', ''मुझ बच्ची को कमजोर न समझो।''

(iv) ''तू/वह/यह बच्चा भला क्या कर सकता है?'', ''तुझ/उस/इस बच्चे की पीठ ठोंकी।''

वाक्य (iii) व (iv) में एकवचनात्मक विशेष्य के लिए एकवचन मैं, तू, यह, वह के रूप प्रयुक्त हुए हैं इनसे संलग्न क्रिया भी एकवचनात्मक ही है। इनसे

सिद्ध है कि हिन्दी में 'वह, यह, तू, 'मैं' एकवचन में तथा 'ये, वे, 'तुम, हम' बहुवचन में हैं। अब रही आदरार्थक प्रयोग की, तो यही कहना ठीक रहेगा कि आदर देने के लिए बहुवचनात्मक सर्वनाम, ये और वे तथा तुम का अथवा बहुवचन की क्रिया का प्रयोग होता है; भले अर्थ स्तर पर नामपद एकवाची हो। 'हम' का एक व्यक्ति भी विशेष अन्दाज में भले प्रयोग कर दे (हम जा रहे हैं) पर 'हम' का आदरवाची प्रयोग होने की बात तो ग्राह्य नहीं है। 'हम' का एक वचन के रूप में प्रयोग शिष्ट भाषा में तो कभी कभार होता है, पर 'तुम' का एक ही व्यक्ति के लिए प्रयोग रूढ़ होता जा रहा है। 'तू' शायद ही कोई बोलता है। 'हम-तुम' को एकवचन मानकर प्रयुक्त करने वाले बहुवचन में 'हम लोग', 'तुम लोग' का प्रयोग करते हैं। परन्तु; लोग लगाने से बना प्रयोग वस्तुतः विशेषण विशेष्य हो जाता है—'हम', 'तुम' विशेषण 'लोग' विशेष्य। व्याकरण रूपपरक है, अतः एक के लिए भी बहुवचनात्मक ये, वे, तुम, हम आने लगें तो भी इन्हें एकवचन नहीं बहुवचन ही माना जाए। ये बहुवचन हैं ही।

विशेषण

नाम शब्दों की उपश्रेणी है विशेषण। ''**नाम शब्द जब वाक्यस्थ किसी अन्य (नाम-नामेतर) शब्द के अर्थ को विशेषित एवं उसकी व्याप्ति को मर्यादित करते हैं, तो रूप-रचना में अपने स्वतन्त्र प्रयोग की अपेक्षा कुछ विलक्षणता दिखलाते हैं। उस स्थिति में उन्हें नाम शब्दों की उपश्रेणी 'विशेषण' कहा जाता है।**'' जैसे—

(i) *छोटी* बच्ची को खेलने का हक दो, मत छीनो। (विशेषण)
छोटी को खेलने का हक दो, मत छीनो। (संज्ञा)

(ii) *मुझ* बच्चे को चाँद-सितारे छूने दो। (विशेषण)
मुझे (मुझ को) चाँद सितारे छूने दो॥ (सर्वनाम)

वाक्य-युग्म (i) में स्वतन्त्र प्रयोग (संज्ञा) में रूप है 'छोटी को', पर 'बच्ची' का विशेषक बनने पर उसका रूप 'छोटी' होता है। (ii) में 'मैं' सर्वनाम के स्वतन्त्र प्रयोग की दशा में रूप 'मुझे' या 'मुझको' होता है, जबकि 'बच्चा' का विशेषक बनने पर उसका रूप 'मुझ' रह जाता है, 'ए' या 'को' से वह रहित हो जाता है। इसी रचनागत भेद को लक्ष्य कर हिन्दी में (i) के प्रथम वाक्य का 'छोटी' शब्द तथा (ii) के प्रथम वाक्य का 'मुझ' शब्द 'विशेषण' की श्रेणी में डाला गया है। विशेषण चाहे वाक्यस्थ किसी शब्द का अर्थ विशेषित (व्याप्ति मर्यादित) करे, उसकी रूप-रचना की विचित्रता कायम रहती है, इसकी विस्तृत चर्चा हमने 'पद-वर्गीकरण' अध्याय में कर ली है। विशेषण जिस शब्द की विशेषता बतलाता है वह *विशेष्य* कहलाता है।

'सर्वनाम' भी शेष नामों से रूपान्तर में भिन्नता दिखलाता है, परन्तु वह स्वतन्त्र प्रयोग-दशा में ही वैसा करने लगता है। 'विशेषण' सिर्फ किसी शब्द का विशेषक बनकर रूपान्तर में भिन्नता दिखलाता है। जैसे—

(i) *विद्यासागर* को आज कौन स्त्री याद करती है? (संज्ञा)

(ii) *उन्होंने* नारी-शिक्षण के प्रसार एवं विधवा समस्या मिटाने हेतु अपना जीवन होम कर दिया। (सर्वनाम)

(iii) *उन* तपस्वी ने महिलाओं के लिए क्या नहीं किया? (विशेषण)

वाक्य (ii) में 'वे' सर्वनाम का रूपान्तर स्वतन्त्र प्रयोग-दशा में ही बाकी नामों ('विद्यासागर' आदि) से भिन्न ('उन्होंने') हुआ है।

स्पष्ट है कि निरपेक्ष रूप से किसी नाम शब्द को विशेषण नहीं कहा जा सकता, प्रयोग देखकर उसी के सापेक्ष उसे 'विशेषण' कहा जा सकता है। फिर भी कुछ खास शब्द 'विशेषण' के नाम से ही जो सूचीबद्ध होते हैं, उसका कारण यही है कि भाषा के समस्त प्रयोगों में उनकी विशेषणता ही अधिक दिखलाई देती है। वे शब्द सही में स्वतन्त्र प्रयोग क्षमता बहुत कम रखते हैं और कुछ तो *बिलकुल* नहीं। उपर्युक्त परिभाषा में जो *'स्वतन्त्र प्रयोग' की अपेक्षा, विशेषणावस्था में रूपान्तर की विलक्षणता'* वाली शर्त है, वह देखकर लगता है कि हर नाम शब्द का स्वतन्त्र प्रयोग *'प्राथमिक'* है, *'विशेषणात्मक'* प्रयोग द्वितीयक। पर यह पूरा सही नहीं। जिन्हें 'गुणवाचक' व 'संख्यावाचक' विशेषण कहा जाता रहा है (यानी, अधिकतर विशेषण), उनके साथ तो 'विशेषणात्मक' प्रयोग की स्थिति ही प्राथमिक है। रूपान्तर में हुई विलक्षणता की जाँच करने के लिए हम जब उनका स्वतन्त्र प्रयोग करके देखते हैं तो हमें ज्ञात होता है कि विशेषणात्मक स्थिति में उन्हें रूपगत क्या वैशिष्ट्य प्राप्त हो गया है। 'कुछ', 'बहुत', 'लाल' (रंग), 'पतला' आदि विशेषणों को देखकर हम समझ सकते हैं—

"*कुछ* लोग जीवन भर इन्सान को लिंग, जात, वर्ग, धर्म, क्षेत्र आदि में विभक्त करते अपने को बर्बाद करते रहते हैं।" (विशेषण)

"*कुछ*...अपने को बर्बाद करते रहते हैं।"—स्पष्टतः 'कुछ' का पहले वाक्य में प्रयोग ही प्राथमिक है। उसका दूसरे वाक्य में *स्वतन्त्र* प्रयोग गढ़ा हुआ है। गढ़ना जरूरी था, ताकि पहले वाक्य में 'कुछ' का विशेषणत्व परिभाषित हो सके। इस प्रकार हम कह सकते हैं कि 'कुछ' आदि अधिकतर विशेषण शब्द चूँकि *'प्रकार्य'* के स्तर पर *विशेषणता* अधिक रखते हैं, स्वतन्त्र प्रयुक्ति (संज्ञात्व कम); इसीलिए इन्हें विशेषण कह दिया जाता है। केवल 'सार्वनामिक विशेषण' हैं जिनमें स्वतन्त्र प्रयोग की स्थिति 'प्राथमिक' होती है और *विशेषणात्मक* स्थिति 'द्वितीयक'। जैसे—"*तुझ* नारी को जंजीरों के अलावा कुछ भी खोने का डर नहीं; इसलिए

उठो, संघर्ष करो।" इस वाक्य में जो 'तुझ' का विशेषणात्मक प्रयोग 'नारी' के लिए हुआ है; वह द्वितीयक प्रयोग है। *'तुझ'* सर्वनाम-रूप है। इसका स्वतन्त्र प्रयोग ही प्राथमिक है। जैसे—

"*तुझ* को कुछ खोना नहीं है।"

रूपायनकारी तत्त्व वचन-कारक हैं, विशेषण के सन्दर्भ में लिंग की भूमिका रूपायन में हो जाती है। विशेष्य के लिंग-वचन ही विशेषण पर आरोपित होते हैं; साथ ही विशेष्य का कारकत्व भी विशेषण पर आरोपित होता है (भले सीधे रूप में अपना अंश कभी न भी छोड़े)। सवाल उठता है कि 'एक' 'लाल', 'आप', 'कुछ', आदि शब्दों की गणना विशेषण में क्यों होती है, जब कि इन पर रूपान्तरकारी तत्त्वों का असर पड़ता नहीं दिखता? मान लिया कि कारक का प्रभाव इन पर पड़ता है, यानी ये परसर्ग धारण कर सकते हैं; पर 'अब', 'तब' आदि अव्यय भी तो परसर्ग ग्रहण कर लेते हैं। जिस प्रकार 'परसर्ग' ग्रहण करते समय ही 'अब', 'तब' नाम हो जाते हैं, बाकी समय तो वे अव्यय हैं ही; उसी प्रकार 'लाल', 'आप', 'कुछ', आदि को अव्यय ही क्यों न मानें? यदि कोई कहे कि सत्त्वार्थवाची होने से ये नामवर्गीय माने जाएँगे, तो क्या कोटि-निर्धारण अर्थजन्य है, रूपजन्य नहीं? फिर, कई अव्यय (संस्कृत में 'नक्तम्', 'दिवा' या हिन्दी में 'यहाँ', 'वहाँ' आदि) भी तो सत्त्वार्थवाची हैं; फिर भी अरूपान्तरशीलता की शर्त पर ही वे 'अव्यय' कहलाते हैं। 'आप' में कोई विकृति न होने के कारण यह बतलाया जा सकता है कि वह बहुवचन में खुद है; अतः वचन-वश रूपान्तर का सवाल नहीं उठता। पर, 'श्रीमान्' भी बहुवचन अर्थ लेकर भी रूपान्तर में 'श्रीमानों (ने)' होता है तब, 'आप' के विशेषणत्व की क्या व्याख्या होगी? 'लाल', 'कुछ' आदि के विशेषणत्व का क्या स्पष्टीकरण होगा?

इसका उत्तर यही हो सकता है कि 'आप', 'लाल', 'कुछ' आदि शब्द भाषा के समस्त प्रयोगों को देखते हुए (विकारशील) नाम वर्गीय शब्दों के विशेषक बनकर ही प्रायः आते हैं तथा परसर्ग-संयोग की उनकी सम्भावना भी सतत विद्यमान है। 'अब', 'तब' आदि भाषा के पूरे प्रयोग में 'अव्यय' का आचरण ही अधिक करते हैं, इसी से अव्ययवर्गीय माने गये हैं। 'लाल' आदि शुद्ध विभक्तिवश रूपान्तर नहीं दिखाते (वैसे—'लाल' का हो सकता है—*'लालों'* ने कहा, जैसे कि 'कालों' ने कहा। हालाँकि अप्रचलित है), तो भी इतना तो माना ही जाएगा कि ये अपने विशेष्य के लिंग-वचन को ग्रहण करने के प्रति सदा उत्सुक रहते हैं। अब, अपनी 'प्रकृति' की विशेषता के कारण, ग्रहणोपरान्त भी रूपाकार यथावत बनाये रखें—यह अलग बात है। ['पानी' तो स्पष्टतः संज्ञा है, पर वह भी वचनकृत या शुद्ध-विभक्ति कृत रूपान्तर कहाँ करता है?] अतः, 'एक'

'आप', 'लाल', 'कुछ' आदि को (रूपान्तरशील वर्ग) विशेषण में रखने का तर्क स्पष्ट है—भाषा के समस्त प्रयोगों को देखते हुए, इनका मुख्य प्रकार्य (रूपान्तरशील) नाम वर्गीय शब्दों की विशेषता बतलाना सिद्ध होता है। रूपान्तरण वाले नाम वर्ग में परिगणित होने के कारण ही 'विशेषण' को वहाँ भी रूपान्तरित ही मान लिया जाता है, जहाँ प्रयोग में रूपाकृति तनिक नहीं बदलती। तब, माना जाता है कि रूपायन तो हुआ, पर रूप-विकार प्रसंग (स्थानीय) तौर पर नहीं हो पाया।

'विशेषण' वाक्यस्थ प्राय: हर वर्ग के शब्द को विशेषित कर सकता है (केवल 'विस्मयादिबोधक अव्यय' को छोड़कर; क्योंकि वह वाक्य-संरचना से बाहर होता है)। वह जब 'क्रिया' या 'अव्यय' का विशेषक बनता है तो क्या उस स्थिति में उसे अव्यय कहा जाएगा? कारण कि तब वह अव्ययवत् आचरण करने लगता है। इसी से जुड़ा एक दूसरा प्रश्न है कि कुछ 'अव्यय' शब्द भी क्रिया को विशेषित करते हैं [जैसे—"श्यामली *सदा* मुस्कुराती है"], तब क्या उन्हें 'विशेषण' कह सकते हैं, 'क्रिया-विशेषण' नाम देकर? इन दोनों सवालों का जवाब नकारात्मक होगा। कहा जा सकता है कि चूँकि नामवर्गीय शब्द ही, सम्पूर्ण भाषा-प्रयुक्ति में विशेषणावस्था में अधिक आते हैं; इसी से 'विशेषण' शब्द नामवर्ग के ही शब्दों को (जो विशेषक बनते हैं) देना उचित है। इसी से, यदि कोई नामवर्गीय शब्द किसी समय विशेषणावस्था में अव्ययवत् दिखे, तो भी उसे 'अव्यय' नहीं, 'विशेषण' ही मानेंगे। कई बार नामवर्गीय शब्द की विशेषता बतलाते हुए भी विशेषण रूपान्तरित नहीं होता तो क्या तब उसे 'अव्यय' मान लिया जाता है? (जैसे—सुन्दर लड़की, सुन्दर लड़का, सुन्दर लड़कियाँ, सुन्दर लड़के)। नहीं न! क्रिया की विशेषता बतलानेवाले अव्यय भी 'विशेषण' वर्ग में नहीं आकर 'अव्यय' वर्ग में ही रहेंगे, क्योंकि 'विशेषण' अर्थ से नहीं 'रूप' से होता है। "चित्रलेखा *हमेशा* सोचती है" (क्रियान्वयी अव्यय, जो विशेषण बना हुआ है क्रिया का) तथा "चित्रलेखा *अच्छा* सोचती है" (क्रिया-विशेषण) में आये 'हमेशा' व 'अच्छा' अर्थ या प्रकार्य के स्तर पर समान हैं, दोनों क्रिया के अर्थ को विशेषित कर रहे हैं, पर 'हमेशा' दूसरे प्रसंग में भी अरूपान्तरशील है, पर 'अच्छा' नहीं। "वे *अच्छे* लग रहे थे" में रूपान्तर स्पष्ट है। इसी से 'हमेशा' अव्यय है, 'अच्छा' विशेषण।

विशेषण की रूपगत विलक्षणता

रूपगत विलक्षणता का मुख्य अर्थ स्वतन्त्र प्रयोग की अपेक्षा विशेषणावस्था में आये नामपद की रूपगत विलक्षणता है। पर, गौण अर्थ विशेषणावस्था के विशेष्य से रूपगत अन्तर है। 'विशेषण' अपने स्वतन्त्र प्रयोग (यानी संज्ञा, सर्वनाम के रूप में प्रयोग) की अपेक्षा अथवा अपने विशेष्य की अपेक्षा रूप-रचना-सम्बन्धी विलक्षणता

के दर्शन कराता है; पर यह बात अक्सर सपरसर्गीय प्रयोग में ही घटित होती है। संज्ञा जब विशेषणावस्था में आती है, तो सर्वनामों की विशेषणावस्था से अधिक रूप-वैलक्षण्य दिखलाती है। जैसे—

"*सेनावालियाँ* कैसी होती हैं?" (संज्ञा)

"*सेनावाली* महिलाएँ कितनी दबंग होती हैं।" (विशेषण)

"*वीरों* को जयमाल चढ़ाओ।" (संज्ञा)

"*वीर* जवानों को जयमाल चढ़ाओ।" (विशेषण)

संज्ञा ['सेनावालियाँ' व 'वीरों'] के विशेषणीभूत रूपान्तर कुछ अधिक होते हैं, यह बात हम 'सर्वनाम' के निम्न विशेषणीभूत प्रयोग से समझ लें—

"मुझको क्यों सताते हो?" (सर्वनाम), "मुझ गरीब को क्यों सताते हो?" (विशेषण)

समग्रत:, 'विशेषण' की रूपगत विलक्षणताएँ निम्न बिन्दुओं पर केन्द्रित हैं—

1. नाम शब्दों का भेदक लक्षण है—परसर्ग संयोजन की क्षमता। पर, विशेषणावस्था में आते ही नाम शब्द प्रत्यक्षत: परसर्ग-रहित दिखता है। (यद्यपि विशेष्य के साथ लगे परसर्ग से उसका परम्परागत सम्बन्ध बना रहता है, किन्तु प्रत्यक्ष नहीं।) जैसे—

   "*परिचारिका* ने मुझे चेताया था।" (संज्ञा)

   "*परिचारिका* युवती ने मुझे चेताया था।" (विशेषण)

   "*तुझ को* पढ़ाने के लिए मैं कोई कसर न छोड़ूँगा।" (सर्वनाम)

   "*तुझ* लड़की को पढ़ाने के लिए मैं कोई कसर न छोड़ूँगा" (विशेषण)

2. विशेषणावस्था में आने पर, नाम शब्द में शुद्ध विभक्ति का रूप भी कुछ विलक्षण होता है। यह आकारान्त पुंलिंग संज्ञा में ज्यादा मुखर होता है। जैसे—"*बहुतों* ने विवाह में जाति बन्धन तोड़ा है।" (संज्ञा)

   "*बहुत* व्यक्तियों ने विवाह में जाति-बन्धन तोड़ा है।" (विशेषण)

   "*विधवाओं* को पुनर्विवाह से ज्यादा स्वावलम्बन की जरूरत होती है।" (संज्ञा)

   "*विधवा* स्त्रियों को पुनर्विवाह से ज्यादा स्वावलम्बन की जरूरत होती है।" (विशेषण)

   अच्छों से अच्छाई फैलती है। (संज्ञा)

   अच्छे व्यक्तियों से अच्छाई फैलती है। (विशेषण)

   गर्भवतियों की पीड़ा के प्रति समाज असंवेदनशील है। (संज्ञा)

   गर्भवती स्त्रियों की पीड़ा के प्रति समाज असंवेदनशील है। (विशेषण)

इन वाक्य-युग्मों में विशेषणावस्था में आये नाम-शब्दों के वैभक्तिक रूप

'बहुत', 'विधवा', 'अच्छे', 'गर्भवती' हैं, जो उनके स्वतन्त्र प्रयोगावस्था के वैभक्तिक रूपों क्रमशः 'बहुतों', 'विधवाओं', 'अच्छों' व 'गर्भवतियों' से भिन्न हैं।

सर्वनाम शब्दों का वैभक्तिक रूप विशेषणावस्था में कुछ अलग नहीं होता। जैसे—"*हम* में आज भी स्त्री को सुख की एक चीज मानने का कुसंस्कार भरा हुआ है।" (संज्ञा)

"*हम* मर्दों में आज भी स्त्री को सुख की एक चीज मानने का कुसंस्कार भरा हुआ है।" (विशेषण)

3. सर्वनाम के लिए [संस्कृत की द्वितीया विभक्ति के अर्थ में] हिन्दी में 'को' परसर्ग के विकल्प में एक संश्लिष्ट '*-ए*' परसर्ग भी है ('इसको' के विकल्प में 'इस+ए > इसे' चलता है)। परन्तु, सर्वनाम जब विशेषणावस्था में आता है तो वह '*-ए*' परसर्ग का विकल्प खो देता है। उसे सिर्फ 'को' परसर्ग की सुविधा ही मिल पाती है (यानी, सिर्फ 'को' परसर्ग ही उसके विशेष्य में जुड़ सकता है)। जैसे—

"*मुझे, मुझ को* रोती-कलपती छोड़ तू कौन-सा धर्म कमा रहा है?" (सर्वनाम)

"*मुझ* अभागी *को* रोती-कलपती छोड तू कौन-सा धर्म कमा रहा है?" (विशेषण)

कुछ यही हाल सर्वनाम में जुड़नेवाले '*-रे*' परसर्ग एवं सम्बन्धार्थक '*-र*' प्रत्यय का है।

"*मेरे* बस एक लड़की है, पर मुझे लड़के की कोई ख्वाहिश नहीं है।" (सर्वनाम, परसर्ग 'रे')

"*मुझ* धन्नासेठ के बस एक लड़की है, पर मुझे लड़के की कोई ख्वाहिश नहीं है।" (विशेषण, परसर्ग 'के')

हमारी क्या हस्ती? (सर्वनाम, '-री' प्रत्यय)

हम दीवानों *की* क्या हस्ती? (विशेषण, '-की' प्रत्यय)

अर्थात्, '-रे' परसर्ग या '-र' सम्बन्धप्रत्यय का अधिकार, विशेषणावस्था में आने पर, सर्वनाम खो देता है। उसे तब 'के' परसर्ग व '-क' सम्बन्ध- प्रत्यय का अधिकार मिल जाता है जो सामान्य स्थिति में नहीं था। इस नये अधिकार की व्याख्या यह भी की जा सकती है कि विशेषणावस्था में 'परसर्ग' से सर्वनाम प्रत्यक्षतः रहित हो गया और वह 'परसर्ग' उसके विशेष्य में जुड़ गया। चूँकि विशेष्य संज्ञा है और 'रे' परसर्ग (या '-र' प्रत्यय) सिर्फ सर्वनाम हेतु है, अतः उसकी जगह 'के परसर्ग (या '-क' प्रत्यय) को आना पड़ा।

4. क्रिया या अव्यय की विशेषता बतालाने के लिए प्रयुक्त होने पर नाम शब्द अव्ययवत् आचरण करने लगते हैं। यानी, अरूपान्तरशील हो जाते हैं। यह विलक्षणता कितनी बड़ी है, उनके स्वतन्त्र प्रयोग की अपेक्षा! जैसे—

"इन लड़कों में *अच्छों* के ही सफल होने की सम्भावना है।" (संज्ञा)
"लड़कियों में *अच्छी* आगे बैठती हैं।" (संज्ञा)
"धोती को *अच्छा* बनाओ।" (क्रियाविशेषण)
"धर्मशीला *अच्छा* तैरती है।" (क्रियाविशेषण)
"जहाज मेरे *अच्छा* ऊपर था।" (सम्बन्धसूचक विशेषण)

विशेषण की आर्थिक भूमिका

'विशेषण' अपने 'विशेष्य' (यानी, वाक्यस्थ किसी वर्ग के शब्द) के साधारण अर्थ को विशेषित करके उसकी व्याप्ति को कुछ सीमित कर देता है। 'विशेषता बतलाने' या 'व्याप्ति-मर्यादन' का मतलब है—विशेष्य को उसके अनेक सम्भव अर्थों में से किसी खास अर्थ के साथ बाँध देना। जैसे—*बुद्धिमती* लड़की, *निर्वासिता* सीता, *वृहत्तर* भारत, *महान्* कृति, *मूक* पशु आदि। 'लड़की' जातिवाचक है, उसका अर्थ समूची जाति को समेट रहा है। पर, उसमें 'बुद्धिमती' लगने से उस अर्थ की व्याप्ति सीमित हो गयी—'समस्त जाति' से सिकुड़कर अर्थ हो गया उसका एक खास भाग (बुद्धि से युक्त लड़कियाँ)।[10] इसी प्रकार, सीता के व्यक्तित्व या जीवन के अनेक पक्ष हैं। 'निर्वासिता' शब्द उनमें से एक का अर्थ दे रहा है—'राम द्वारा अन्याय के तहत जंगल में *उसका* छुड़वा दिया जाना'। इस प्रकार अर्थ-व्याप्ति को सीमित कर रहा है विशेषण 'निर्वासिता'। देशवाची 'भारत' शब्द के अनेक अर्थ, अनेक संकल्पनाएँ हो सकती हैं, पर 'वृहत्तर' लग जाने से हमें उसके एक खास अर्थ—भौगोलिक विस्तार या सांस्कृतिक प्रसार—का ही बोध होता है। 'महान् कृति' का भी यही हाल है। इसी तरह, 'मूक पशु'। 'पशु' कहने से उसके अनेकानेक सहज गुणों-स्थितियों का बोध होता, पर 'मूक' शब्द से उसकी वाक्-शक्ति से हीनता पर हमारा ध्यान खींच लिया गया। 'विशेषण' के लिए आंग्ल संकल्पना Adjective है। इस शब्द का अर्थ है, जो Noun के अर्थ में कुछ वृद्धि करे। 'वृद्धि करना' का क्या अर्थ? विशेषण तो अर्थ-सीमित करता है। अवश्य इसका अर्थ 'विशिष्टता की सूचना देना' है।

विशेषण 'गुण' को नहीं, 'गुण' के आश्रय को कहता है; चाहे वह आश्रय मूर्त हो या अमूर्त (भाव)। मुख्यतः 'गुणी' (गुण-धारक) का वाचन करते हुए, गौण रूप से वह 'गुण' का भी वाचन तो करता ही है। भाववाचक संज्ञा मुख्यतः

'गुण' को कहती है।[11] महाभाष्यकार ने प्रतिपत्ति दी है कि 'विशेषण-विशेष्य भाव' जहाँ भी रहता है, वहाँ दोनों परस्पर विशेषित होते हैं।[12] जैसे—'उजली दीवार' में विशेषण 'उजली' और विशेष्य 'दीवार' एक दूसरे को विशेषित करते हैं (व्याप्ति-मर्यादन करते हैं)। 'दीवार' अनेक रंगों की हो सकती है; पर 'उजली' से स्पष्ट हुआ कि उजले रंग की ही दीवार ग्राह्य है। इसी तरह 'उजली' भी अनेक चीजें हो सकती हैं, पर 'दीवार' से स्पष्ट है कि अन्य चीजें नहीं, दीवार ही ग्राह्य है।

'विशेषण' व 'विशेष्य' को क्रमशः **भेदक** व **भेद्य** भी कहते हैं—[13] ''भेद्यं विशेष्यमित्याहुर्भेदकं तु विशेषणम्।'' वस्तुतः 'विशेषण' भेदन (विभेदन) या व्यावर्तन ही तो करता है—'विशेष्य' के सम्भाव्य शेष तमाम अर्थों से विच्छिन्न (भेदित) करते हुए अर्थ (पक्ष) विशेष के साथ उसे बाँध देता है अथवा जातिवाचक विशेष्य को, उस जाति के शेष प्रकार के सदस्यों से अलग करते हुए, एक खास प्रकार के सदस्यों का वाचक बना देता है। जैसे—'*इंजीनियर* लड़की', '*डॉक्टर* पुरुष', *स्त्रीविरोधी* पर्व, *हिंसक* प्रचार आदि।

व्यधिकरण विशेषण : 'व्यधिकरण' का मतलब है 'अधिकरण' (=कारक विभक्त-चिह्न) में अन्तर रहना। यानी, जब विशेषण का विभक्ति-चिह्न विशेष्य से अलग हो तो उसे व्यधिकरण विशेषण कहते हैं। क्या यह सम्भव है? संस्कृत व्याकरण में तो विशेषण व विशेष्य में एक ही विभक्ति की स्थिति देखकर विशेषण नामक अलग भेद तक नहीं किया गया। हिन्दी में विभक्ति-परसर्ग तो समान लगते हैं, पर 'विशेषण' का रूप अलग बनता है, जैसे—'अच्छा लड़का' का रूप 'अच्छे लड़के ने' बना, [जबकि 'विभक्ति दूसरी, परसर्ग ने' समान रूप से लगा है]। इसी रूपगत भेद पर 'विशेषण' नामक उपभेद खड़ा हुआ। समानाधिकरण होना ही विशेषण के साथ विहित है, परन्तु '*तेरी* *कन्या*', '*राजेश्वरी का* लड़का', '*उल्हास की* किताब', '*पल्लवी का* बाइक' आदि में प्रयुक्त इटैलिक अंशों को व्यधिकरण विशेषण कहा जाता है। कहा जा सकता है कि जो *पद-रूप* में विशेषण का काम करते दिखें, पर शब्द (प्रकृति) के स्तर जिनमें विशेषणत्व का कोई संस्कार नहीं बचता, वे ही '*व्यधिकरण विशेषण*' कहलाते हैं। उपर्युक्त 'तेरी', 'राजेश्वरी का', 'उल्हास की', 'पल्लवी का' व्यधिकरण विशेषण हैं। इनकी घटक प्रकृति 'तू', 'राजेश्वरी', 'उल्हास', 'पल्लवी' में विशेषणत्व का संस्कार शेष नहीं रहता। इस प्रतिपादन में भी अड़चनें हैं। पहली यह कि क्या 'तेरी', 'पल्लवी का' आदि पद हैं? ये भी तो एक तरह से प्रकृति ही कहे जा सकते हैं जैसे 'भारतीय' आदि। दोनों तद्धितान्त प्रकृति हैं। '*तेरे/पल्लवी का* बाइक ने बड़ा काम किया' आदि प्रयोगों में भले वे पद तो हैं। 'तेरा' या 'पल्लवी के' का अधिकरण (विभक्ति-चिह्न) तो वही है जो 'बाइक' का है—'*तेरा/पल्लवी का बाइक खो गया।*'' से स्पष्ट

है कि दोनों पहली विभक्ति में हैं। रही बात 'तेरा' या 'पल्लवी का' की मूल प्रकृति में विशेषणता के संस्कार न रहने की, तो यह तो सभी विशेषणों का हाल है। जैसे—"दहेज-*लोभी* दूल्हे की दुल्हन और उसके साथ सखियों ने अच्छी मरम्मत की।"

"*मुझ* किसान से कम्प्यूटर का क्या रिश्ता?"

इन वाक्यों में आगत विशेषण पद 'दहेज लोभी' व 'मुझ' को शब्द या प्रकृति स्तर पर उतारकर देखें तो क्या इन में विशेषणत्व शेष रहता है। सार्वनामिक विशेषण 'मुझ' की प्रकृति 'मैं' में क्या विशेषण का संस्कार रहा है। रहा तो वह पद-विच्छिन्न/प्रयोग-विच्छिन्न 'दहेज लोभी' में भी नहीं। कारण, प्रयोग के आधार पर विशेषण की परिभाषा स्थिर है। प्रयोग-निरपेक्ष कोई 'वर्ग' बन ही नहीं सकता। यानी, 'तेरा बाइक' आदि के विशेषण व्यधिकरण नहीं समानाधिकरण ही हैं। हिन्दी में इस तरह के प्रयोगों की यदि कुछ विलक्षणता दिखलाना चाहें तो हम यही कह सकते हैं कि 'पल्लवी का', 'तेरी' आदि विशेषण प्रयोग-निरपेक्ष होकर शब्द-स्तर पर अपना ये रूप पूर्णतः खो देते हैं; परन्तु 'दहेज लोभी', 'भारतीय' आदि शेष विशेषण प्रयोग-निरपेक्ष रहकर भी शब्द स्तर पर इसी रूप में वर्तमान रहते हैं जिससे कि अगले किसी विशेषणात्मक प्रयोग में पुनः इस्तेमाल किये जा सकें। इस अन्तर को लक्ष्य कर यदि हम 'तेरी', 'पल्लवी का' आदि सम्बन्धार्थक शब्दों को विशेषण का कोई आन्तरिक भेद विशेष बताएँ तो हर्ज नहीं है। पर, नाम 'व्यधिकरण' रखना ठीक नहीं होगा। इसके साथ ध्यातव्य है कि यह भेद भी हम 'व्युत्पत्ति' को लक्ष्य करके सोच रहे हैं, शुद्ध प्रयोग को लक्ष्य कर नहीं। अन्तर यही है कि 'पल्लवी का' आदि भाषा में प्रयोग के बाद व्युत्पन्न हो रहे हैं—यही खासियत है बाकी व्युत्पत्तियों से। इसी से इस 'व्युत्पत्ति' को 'प्रयोग' [रूपायन] का गौण अंग मान सकते हैं।

विशेषण का वर्गीकरण

हिन्दी वैयाकरणों ने अर्थ के आधार पर 'गुणवाचक', 'सार्वनामिक' व 'संख्यावाचक' (और किसी-किसी ने 'परिमाण-वाचक' भी संख्यावाचक से अलग) नामक भेद किये हैं। परन्तु, एक तो अर्थाधारित वर्गीकरण व्याकरण के अनुकूल नहीं है ('दर्शन' के अनुकूल है) और दूसरी बात यह है कि अर्थपरक भेद करने में भी संगति नहीं बरती गयी है। 'परिमाण' 'संख्या' से भिन्न गुण है; पर 'गुण' में 'परिमाण' व 'संख्या' दोनों आ जाते हैं। ऐसी स्थिति में दो ही भेद हुए—'गुणवाचक' एवं 'सार्वनामिक'। ['तर्कसंग्रह' के अनुसार गुण के चौबीस भेद हैं।] फिर 'सार्वनामिक' तो व्युत्पत्ति के अनुसार भेद हुआ। वह विशेषण जो मूल में तो सर्वनाम है, परन्तु

विशेषण का कार्य कर रहा है। जैसे—'*वह* मजदूरन', '*जो* आदमी', '*मुझ* बच्चे को', '*ऐसी* टाइपिस्ट (लड़की)', '*कितना* दूध' '*तुम-सा* आदमी', '*इसकी* गर्लफ्रेंड', '*उसका* ब्वायफ्रेंड' अदि में इटेलिक अंश। प्रथम तीन मूल (शुद्ध) सार्वनामिक विशेषण हैं, बाकी यौगिक (मिश्रित)। यदि व्युत्पत्याश्रित नाम 'सार्वनामिक' हटाकर हम अर्थ-आधारित नाम 'सर्वनामार्थक' दें [और कहें कि "*वह* मजदूरन" का '*वह*' इसका उदाहरण है], तो 'क्रियार्थक विशेषण' [जैसे '*स्काईड्राइविंग करनेवाली* लड़की', '*नहाता* लड़का', '*कम्प्यूटर सीखता* युवक'], 'संज्ञार्थक विशेषण' [जैसे—'*अग्नि* मिसाइल', '*होरी* किसान'] आदि को कहाँ रखेंगे? क्या ये तीनों विशेषण भी अन्तत: 'गुण-वाचक' ही नहीं हैं? विशेषण-मात्र 'गुण'वाचक ही होता है। यदि पीछे का प्रतिपादन देखकर और सही कहें तो 'गुणधारी' या 'गुणी' का वाचक होता है।

अर्थाधारित विचार के इस लफड़े में न पड़कर हमें शुद्ध वैयाकरणिक विभाजन की ओर बढ़ना होगा। विशेषण रूप-रचना सम्बन्धी बारीकियों को पकड़ने का कार्य हिन्दी-व्याकरण में प्राय: नहीं हो सका है। वैसे बहुत ज्यादा अन्तर इस सन्दर्भ में है भी नहीं। थोड़ा-सा ही अन्तर है—जो 'संज्ञा' व 'सर्वनाम' की विशेषणावस्था में नजर आता है। (पीछे वर्णित है।)। 'सवा' को छोड़कर आकारान्त पुं. संस्कृतभव विशेषणों की रूप-रचना शेष से कुछ भिन्न होती है। 'संख्यावाचक' नाम से चर्चित रहे विशेषणों में 'क्रमवाचकों' (पहला, दूसरा आदि), 'आवृत्तिबोधकों' (दुगुना, दूना, इक्का, दुक्का), 'सारा' आदि कुछ 'अनिश्चित संख्यावाचकों' तथा 'थोड़ा' आदि 'परिमाणवाचकों' का रूपान्तर शेष विशेषणों से कुछ भिन्न है। पुंलिंग प्रत्यय 'आ' वाली बात सर्वत्र है। 'गणनावाचक संख्या शब्द' (जिनमें 'शून्य' भी आता है) के रूपान्तर (रूपायन) में आकृति-परिवर्तन नहीं होता। इन्हीं कुछ विभिन्नताओं को देख-परखकर कुछ लक्षण या वर्ग स्थिर किये जा सकते हैं, जो व्याकरणोपयोगी होंगे। परन्तु, ऐसा स्थिरीकरण करना अभी बाकी है। फिलहाल हम 'प्रयोग' के ही एक हिस्से या पक्ष की बात करें। वह है वाक्य में प्रयोग-स्थान। इस आधार पर विशेषण के वर्गीकरण के प्रयत्न हुए हैं। विशेषण प्रयोग-भेद से कहीं उद्देश्य के अंग होते हैं, कहीं विधेय के—इस आधार पर हम इसके दो भेद कर सकते हैं—(क) विशेष्य-पूर्ववर्ती [उद्देश्य-रूप विशेषण] (ख) विशेष्य-परवर्ती [विधेय-रूप विशेषण][14] उदाहरणों से समझें—

(i) *लाइब्रेरियन युवती* *समय पर ऑफिस पहुँचती है।*
उद्देश्य विधेय

(ii) *दयानन्द सरस्वती* *समाज-सुधारक* *थे।*
उद्देश्य विधेय

(iii) *सोमेश्वर के पिता* *ईमानदार* *हैं।*

उद्देश्य विधेय

(iv) *पर्यटक* *महिलाएँ* *संकट से उबर गयीं।*

उद्देश्य विधेय

(v) *रेखा की जीन्स* *नीली* *है।*

उद्देश्य विधेय

(vi) *भँवरीबाई* *आज तक* *अन्याय-पीड़ित* *हैं।*

उद्देश्य विधेय

इन वाक्यों में बॉक्स में घिरे शब्द विशेषण हैं। (i) व (iv) में विशेषण प्रथम कोटि का है, शेष में द्वितीय कोटि का।

हम जानते हैं, विशेषण वाक्यस्थ प्रायः हर वर्ग के शब्द को विशेषित कर सकता है। 'विशेष्य' के वर्ग-नाम के अनुसार विशेषण के निम्नलिखित प्रकार कहे जा सकते हैं—

(क) संज्ञा-विशेषण—*सुकंठ* गायिका। *उचित* कथन। *पंचायत-प्रमुख* महिला। *हम* बच्चे। स्त्रीमात्र *पीड़ित* है। जानकी *जीनियस* है। सुरेश *अध्यापक* है। सुगन्धा *चित्रकार रही है।*

(ख) सर्वनाम-विशेषण—यह *अच्छा* है। मैं *आलसी* हूँ। हम *खिलाड़ी* रही हैं। [विशेषण जब सर्वनाम को विशेषित करता है तो पीछे आता है।]

(ग) विशेषण-विशेषण [प्रविशेषण]—ऋषि *भयंकर* क्रोधी था। ऐन फ्रैंक *गहन* चिन्तक थीं। किरण बेदी *बड़ी* कर्मठ जेलर थीं। राजा राममोहन राय सती-प्रथा के *महान् उन्मूलनकर्ता हुए।*

(घ) प्रविशेषण-विशेषण—'दिव्या' उपन्यास का *एक* अच्छा समाजशास्त्रीय पाठ होना चाहिए। 'गीता' में *बड़े* गहरे सामाजिक अन्तर्विरोध हैं। दुनिया में *बहुत* ज्यादा प्रताड़ित रहे हैं हम शूद्र। स्त्री ही मार्क्स की *सबसे* बड़ी सर्वहारा प्राणी कही जा सकती है।

(ङ) क्रिया-विशेषण—कमलेश खाना *अच्छा* पकाता है। शिवानी कार *तेज* चलाती है। खुशबू मार्केटिंग *सोत्साह* करती है। दिनकर अद्‌भुत *लिखते थे।* ['वह बहुत खाता है' में 'बहुत' खाद्य पदार्थ का विशेषण है, जो यहाँ लुप्त है। वैसे इसे क्रिया का विशेषण मानने में कोई बाधा नहीं।]

(च) क्रिया-विशेषण-विशेषण—तसलीमा का साहित्य स्त्रियों के खिलाफ

किये गये षड्यन्त्रों का पर्दाफाश *बहुत* तेज कर रहा है। निराला भावों में *बहुत* गहरे डूब जाते थे। लता मंगेशकर *सहज* सुन्दर गाती हैं।

(छ) सम्बन्धसूचक विशेषण—गुंडे छात्रा को परेशान करते रहे, जबकि पुलिस उसके *ठीक* सामने थी। पक्षी मुझसे थोड़ा ऊपर था।

(ज) क्रियान्वयी अव्यय-विशेषण—दौड़ प्रतियोगिता में पी.टी. उषा ने सबको *बहुत* पीछे छोड़ दिया। कथित सवर्ण अब सिर नोच रहे हैं कि ओह! दलित *इतना* पास आ गये हैं।

सन्दर्भिका

1. दीमशित्स ने भ्रमवश इसे 'तुमर्थ' (Infinitive) कह दिया है। ['हिन्दी-व्याकरण', पृ. 66 एवं 149] वस्तुत: 'तुमर्थ' तुमुन्-प्रत्ययान्त यानी निमित्त वाचक को कहते हैं, जिसे Infinitive भी कह सकते हैं। जैसे—'पठितुम्' 'पढ़ने को'। पर ये क्रियार्थक संज्ञाएँ तो 'ल्युट् प्रत्ययान्त' होती हैं संस्कृत में। इन्हें 'ल्युडर्थ' कहा जा सकता है।
2. 'हिन्दी-व्याकरण' (—पं. कामताप्रसाद गुरु, पृष्ठ-64)
3. 'प्रथम हिन्दी व्याकरण' में भारतेन्दु ने सर्वनाम की जगह 'संज्ञा-प्रतिनिधि' शब्द दिया था। स्पष्ट ही यह अपूर्ण शब्द है।
4. आचार्य हजारी प्रसाद द्विवेदी ने Pronoun की जगह 'प्रतिनाम' शब्द का प्रयोग सुझाया है। ('व्याकरण पर व्याख्यान', ह.प्र. द्विवेदी ग्रन्थावली, खंड-7)
5. 'हिन्दी शब्दानुशासन', पृष्ठ 232
6. डॉ. रामदेव त्रिपाठी ने प्रतिपादित किया था कि 'क्या' के (शुद्ध सर्वनाम के स्तर पर) तिर्यक् रूप यानी सपरसर्ग प्रयोग की स्थिति ही नहीं है, सिर्फ विशेषणात्मक अवस्था में क्या का 'किस' रूप चलता है। यह ठीक नहीं है, हमने देखा। ('हिन्दी भाषानुशासन', 'सर्वनाम')
7. 'हिन्दी शब्दानुशासन'
8. मगही आदि लोकभाषाओं में 'हम' एकवचन ही है। मगही में—''हम जाइत ही।'' बहुवचन में 'नी' जुड़कर 'हमनी' बनता है—'हमनी जाइत ही।' मध्यम पुरुषान्वयी सर्वनाम 'तू' और 'तोहनी' है मगही में। एक विश्लेषण से संस्कृत 'अहम्' (एकवचन) से 'हम' तथा 'त्वम्' (एकवचन) से 'तुम' बना है; इसलिए एकवचन ही हैं 'हम', 'तुम'। पर, यह तो कोई बात न हुई। चाहे जिस प्रक्रिया से कोई शब्द विकसित होकर आया हो, परन्तु हिन्दी में फिलहाल उसकी क्या स्थिति है—यह महत्त्वपूर्ण है। हिन्दी में 'हम', 'तुम' बहुवचन हैं।
9. 'हिन्दी-व्याकरण का इतिहास', पृष्ठ 784-786
10. ''विशेषण का मुख्य उपयोग ही है, जातिवाचक शब्द के अर्थ क्षेत्र को सीमित करना।' ('हिन्दी भाषानुशासन', पृ. 205)
11. 'हिन्दी भाषानुशासन', पृष्ठ-261 तथा 213
12. 'महाभाष्य' (सूत्र 2-1-57 का भाष्य)
13. पं. किशोरीदास वाजपेयी ने 'भेदक' और 'विशेषण' को अलग-अलग माना है। उन्होंने

'भेदक' को 'विशेषण कल्प' (एक तरह का विशेषण) कहा है। उन्होंने '*व्यधिकरण विशेषण*' को '*भेदक*' कहा और इस विषय पर हिन्दी-व्याकरण में पहली बार स्पष्टीकरण दिया। पं. कामताप्रसाद गुरु षष्ठ्यन्त विशेषण को 'भेदक' कहते हैं। वाजपेयी ने भी 'तेरी कन्या', 'मोहन का पुत्र' आदि में प्रयुक्त षष्ठ्यर्थ प्रयोग 'तेरी', 'मोहन का' आदि (जो उनके मत से 'व्यधिकरण' विशेषण हैं) को 'भेदक' नाम दिया तथा कहा कि 'विशेषण' जहाँ विशेषता बतलाता है, वहाँ 'भेदक' सम्बन्ध बतलाता है (—स्व-स्वामी भाव, जन्य-जनक सम्बन्ध आदि)। 'भेदक' के षष्ठ्यन्त होने का तथ्य वे प्रतिपादित करते हैं—"षष्ठ्युत्पत्तिस्तु भेदकात्।" साथ ही एक अन्य भेद की तरफ संकेत करते हुए वे कहते हैं—"लाल कपड़ा में लाल रंग कपड़ा में ओत-प्रोत है, 'टेढ़ी लकड़ी' में टेढ़ापन लकड़ी में व्याप्त है; परन्तु 'तेरा लड़का' पृथक चीज है; तू अलग लड़का अलग।" ['हिन्दी शब्दानुशासन'] वाजपेयी जी के इस तर्क पर विचार करें तो स्पष्ट है कि जैसे टेढ़ापन लकड़ी में व्याप्त है, वैसे ही 'तेरापन' (त्वदीय का भाव) लड़के में। जैसे 'तू' और 'लड़का' अलग-अलग हैं, उसी प्रकार टेढ़ापन और लकड़ी भी। 'टेढ़ी लकड़ी' में भी टेढ़ापन का लकड़ी से सम्बन्ध मात्र बताया जा रहा है। समग्रत: यही माना ठीक है कि 'भेदक' व 'भेद्य' विशेषण व विशेष्य के ही नामान्तर मात्र हैं।

14. 'हिन्दी कौमुदी' (पृ. 128-129) में पं. अम्बिकाप्रसाद वाजपेयी के इस विवेचन में इसका बीज मिलता है। वे कहते हैं कि विशेषण का द्विधा प्रयोग होता है—(i) गुणद्योतक (विशेष्य के पूर्व विशेषण का आना) (ii) विधेयद्योतक (कर्म के गुणदोष बताना), जैसे—मैंने किताब *पूरी* कर दी। पं. कामताप्रसाद गुरु ने 'विशेष्य-पूर्ववर्ती विशेषण' को 'विशेष्य विशेषण' तथा 'विशेष्यपरवर्ती' को 'विधेय विशेषण' कहा। हिन्दी व्याकरण में '*विधेय* विशेषण' की संकल्पना पं. किशोरीदास वाजपेयी ने पेश की। गुरु जी ने यह शब्द उन्हीं से लिया। परन्तु, शब्द सही नहीं। 'विधेय' तो क्रिया होती है और 'क्रिया विशेषण' अलग तत्त्व है। कहना चाहिए 'विधेय-रूप विशेषण'। इसी प्रकार गुरु जी का 'विशेष्य-विशेषण' कहना भ्रामक है। विशेष्य-विशेषण तो सभी हैं। कहना चाहिए विशेष्यपूर्ववर्ती या उद्देश्यरूप विशेषण।

अध्याय-9

क्रिया-विमर्श

क्रिया किसी भाषा के व्याकरण का केन्द्रीय शब्द-भेद है। रूप-प्रक्रिया तथा अर्थ-व्यंजनाओं को देखते हुए सबसे विशाल और जटिल शब्द-भेद यही है। यहीं पर किसी भाषा का वैशिष्ट्य सर्वाधिक परिलक्षित होता है। साथ ही, क्रिया बहुत विकसनशील कोटि है। अन्यभाषीय जनों को किसी भाषा में सर्वाधिक उलझाव क्रिया-प्रसंग में ही महसूस होता है। वर्णन और विश्लेषण को लेकर भाषाशास्त्रियों के मध्य सर्वाधिक मतभेद इसी क्षेत्र में दृग्गोचर होते हैं। क्रिया ही वह पद है जिससे वाक्यस्थ सारे पद (शब्द) प्रत्यक्ष या परम्परा से अन्वित होते हैं—प्रत्यक्ष अन्वय ही कारकत्व है।

यास्क ने क्रियापद को 'आख्यात' कहा है। सामान्यतः 'क्रिया' से 'होने' या 'करने' का भाव समझा जाता है। सचमुच, 'होना' (भू और अस्/to be) और 'करना' (कृ/to do)—ये ही दो मूल क्रियाएँ हैं। 'कृ' की महिमा अपार है। न केवल इसने 'क्रिया' शब्द बनाया, बल्कि 'व्याकरण' (वि+आ+कृ+ल्युट्) का भी रचयिता यही है। 'कारक' भी 'कृ' से ही बना है। इसी अन्वय के कारण 'कारक' विभिन्न नाम धर कर भी 'कृ' धातु को धारण किये हुए है—कर्ता, कर्म, करण, अधिकरण। 'कृ' में वह ताकत है कि अन्य क्रियाओं को पीछे धकेलकर समापिका क्रिया के पद पर आसीन हो जाए।[1] जैसे—''बाला क्रीडति (बच्ची खेलती है)'' की जगह ''बाला क्रीडनं करोति'' (बच्ची क्रीड़ा करती है) हो सकता है। अस्तु! 'क्रिया पद' का मूल तात्पर्य 'करने' से, 'होने' से है; यानी किसी 'चेष्टा' या 'विधान' से है।

''क्रिया वाक्य-प्रयुक्त उस पद को कहते हैं, जो किसी वस्तु (सत्त्व) की चेष्टादि का आख्यान करे, यानी उसमें कुछ 'करने' या 'होने' जैसी किसी प्रक्रिया का अख्यान करे।'' वस्तु का तात्पर्य स्थूल या सूक्ष्म (भावरूप) सभी प्रकारों से है। क्रियेतर शब्द जहाँ किसी 'सत्त्व (द्रव्य)' एवं 'भाव' (क्रिया) को नामोद्दिष्ट करते हैं, वहीं क्रिया का कार्य है उनके आधार पर कुछ 'विधान' करना—

'करने' या 'होने' जैसी प्रक्रिया से साध्यता को प्रकट करना। जैसा कि 'पद-वर्गीकरण' में प्रतिपादित है, क्रियापद के लिए विधेयता या साध्यता की शर्त है। 'सिद्ध' (प्राय: कृदन्त या नामवाची) भी साध्यावस्था में आने पर 'क्रिया' बन जाता है। जैसे—'तैरना' सिद्ध (कृदन्त, भाववाचक संज्ञा) पद है; पर यह साध्यावस्था में ढल जाये, यानी 'तैर रहा है', 'तैरेगी', 'तैरता था', 'तैरे' 'तैरो' आदि, तो ये क्रिया पद कहलाएँगे। या ''तू तैरना'' में 'तैरना' साध्य है। इसी तरह नामवाची शब्द 'हाथ' है, इससे भी क्रिया बन सकती है। जैसे—''विधायिका में महिलाओं का जो पचास प्रतिशत प्राकृतिक अधिकार है, उसे कितनी सहजता से पुरुष *हथियाये* हुए हैं।''—'हथियाये हुए हैं' क्रियापद है।

क्रिया में चेष्टा की शर्त लगी हुई है। इसी से 'करना', 'करनेवाला', 'करनेवाली', 'पढ़ना', 'पढ़नेवाली', 'पढ़ाई', 'पढ़ाकू' आदि में क्रियार्थक अंश रहने के बावजूद, ये क्रिया नहीं हैं। कारण, इनमें कोई चेष्टा/प्रक्रिया नहीं है; ये स्थिरीभूत (सिद्ध) रूप हैं। इन सिद्धरूपों से काल, वृत्ति, पक्ष, वाच्य आदि अर्थ अथवा वचन-पुरुष आदि की संलग्नता नहीं होने से ये क्रियापद नहीं हैं। क्रियापद के लिए ये बातें जरूरी हैं। जहाँ स्पष्टत: चेष्टा (प्रक्रिया) न भी दिखती हो, अस्तित्व मात्र की प्रतीति हो (जैसे—'है' में), वहाँ भी सूक्ष्मता से विचारने पर चेष्टा (प्रक्रिया) की झलक मिलती है। जैसे—''धरती शून्य में है।''—इसमें क्रिया 'है' उद्देश्य 'धरती' की स्थिति (सत्ता) की रक्षा की चेष्टा को कह रही है। कोई भी क्रिया 'चेष्टा' से रहित नहीं होती। इस प्रकार, व्यापार-प्रधानता के कारण तार्किक दृष्टि से 'क्रिया' का अलगाव बाकी पदों से दिखता है; परन्तु केवल अर्थ-भेद से 'क्रिया' का अलग वर्ग न बनता, यदि वह व्याकरणिक 'प्रकार्य' व 'रूप' का भेद भी न दिखलाती। क्रिया ही नामपद को कारक बनाती है तथा उसे 'ने', 'को' आदि परसर्गों से संयुक्त करती है। क्रिया विधान करती है, इसी से वाक्य में 'विधेय' वही होती है।

धातु—क्रियापद का संघटन जिस मूल शब्द (प्रकृति) से होता है, उसे 'धातु' कहते हैं। यानी, क्रिया=धातु-रूप। 'धातु' का व्युत्पत्त्यर्थ है क्रिया के सभी रूपों को धारण करनेवाला मूल अथवा सभी पदों का धारणकर्ता। ['धातु' शब्द क्रिया-मूल के अर्थ में पुंलिंग होता है—यह ध्यातव्य है।] उदाहरणार्थ, यदि 'गाया, गाएगी, गाता है, गाते थे' आदि क्रिया पद हैं, तो इनका मूल 'गा' धातु है। हिन्दी के सारे धातु स्वरान्त हैं। 'पढ़', 'खा', 'चल' आदि सब स्वरान्त हैं। क्रियापद का शब्दकोशीय अंश है 'धातु', जिसका अर्थ वस्तुजगत् से सिद्ध होता है। धातु से अर्थ-सम्बन्धी दो संकेत प्राप्त होते हैं—(i) फल और (ii) व्यापार। वाक्यस्थ शेष समस्त शब्दों [पदों] का अन्वय 'धातु' [क्रिया] के साथ होता है—किसी का धातु के फलांश से, तो किसी का व्यापारांश से।

पंडित किशोरीदास वाजपेयी ने 'धातु' की एक श्रेणी 'उपधातु' की संकल्पना प्रस्तुत की है।[2] वे 'प्रेरणार्थक' व 'कर्मकर्तृक' क्रियाओं की प्रकृति को 'उपधातु' नाम देते हैं, जिनका विकास वे मूलधातुओं से ही मानते हैं। 'उपधातु' के उदाहरण—

''शालिनी विभु को *पढ़ा रही है*'', ''वह विभु से किताब *पढ़वा रही है।*''—में आये प्रेरणार्थक क्रियापद 'पढ़ा रही है' व 'पढ़वा रही है' के मूल 'पढ़ा' व 'पढ़वा' ही उपधातु हैं। इसी तरह ''चावल *पक रहा है*'' में कर्मकर्तृक क्रियापद का मूल 'पक' भी उपधातु है। वाजपेयी जी की यह उपलब्धि है कि 'उपधातु' नामक श्रेणी को उन्होंने रेखांकित किया।

क्रिया का नाम—किसी क्रिया को जब नामांकित करना चाहें तो 'धातु+ना' (कृत प्रत्यय) करके कहते हैं। अँग्रेजी में 'धातु-पूर्व 'to' लगाने से [to read, to write] तथा संस्कृत में 'धातु+ल्युट् करने से [जैसे—गम्+ल्युट्' (अन)=गमनम्] क्रिया का नाम बनता है। हिन्दी में, 'गा'+ना='गाना'। 'गाना', 'पहनना', 'रोना', आदि क्रिया नहीं हैं; बल्कि क्रियाओं के नाम हैं, इसलिए नामवर्गीय हैं, क्रिया के संज्ञात्मक रूप [क्रियार्थक संज्ञा]। अर्थात् ये प्रातिपदिक हैं। इनके कारकीय रूप चलते हैं। [पीछे सब विवेचित हो चुका है।] इनमें तद्धित प्रत्यय भी जुड़ता है, जिससे नया प्रातिपदिक बनता है। जैसे—जाना+वाला=जानेवाला।

सिद्ध और साध्य—'गाना' आदि प्रातिपदिक हैं, तो इनसे 'काल-पक्ष-प्रकार-वाच्य-पुरुष-वचनादि-रहित', क्रियार्थ-मात्र प्रकट होता है और इस स्थिति में ये उद्देश्य-रूप में वाक्य-प्रयुक्त हो सकते हैं। इसे ही 'सिद्ध' क्रिया कहते हैं। इन्हीं को जब विधेय-रूप में प्रयुक्त करने लगें, तो इनसे काल-पुरुष-वचन-वाच्यादि अर्थ भी प्रकट होने लगते हैं, तब इन्हें 'साध्य क्रिया' कहते हैं। जैसे—'रफी को *गाना*' है। तू भी *गाना*।' यानी, उद्देश्य-रूप में आयी क्रिया (जिससे उसका क्रियात्व तत्काल दब जाता है) को 'सिद्ध' एवं विधेय रूप में आयी क्रिया को 'साध्य' कहते हैं। ऐसा विवेचन परम्परागत है। जब क्रिया की परिभाषा हम 'विधेय' रूप में निश्चित कर चुके हैं तो यह 'उद्देश्य रूप क्रिया' क्या लफड़ा है? उद्देश्यीभूत क्रिया 'गाना', 'पढ़ना' आदि तो स्पष्टतः नाम वर्गीय हैं; क्रिया कहाँ? कथित 'साध्य क्रिया' को ही तो हम क्रिया कहते हैं—'रफी को *गाना* है', 'आशा *गाएगी*'—में इसी का तो प्रयोग है। क्रिया की सभी व्याकरणिक कोटियाँ तो इसी से जुड़ी हैं। यही क्रिया है ही। फिर भी 'सिद्ध' और 'साध्य' का विवेचन चलता रहा है। संस्कृत में प्रायः तिङन्त क्रिया ही 'साध्य' होती थी, 'कृदन्त' तो उद्देश्यीभूत/सिद्ध रह जाता था। बाद में कृदन्तों के प्रयोग से भी 'साध्य/विधेय' की रचना होने लगी—''रजनीबाला काशीं *गता/गतवती*' जैसे प्रयोग होने लगे।

इनमें 'गता', 'गतवती' जैसे 'कृदन्त' भी 'साध्य क्रिया' या पूर्ण 'क्रिया' का दर्जा पा चुके हैं। अब यह आग्रह काफी पुराना पड़ चुका है कि 'तिङन्त'=साध्य और 'कृदन्त'=सिद्ध माना जाये।[30] संस्कृत में भी, कृदन्त भी 'साध्य' बना है तथा 'तिङन्त' भी सिद्ध (उद्देश्यीभूत) हुआ है [जैसे—'पचति भवति' यानी 'पाक: भवति']। सही में कहना चाहिए सिद्ध=सत्त्वभूत, साध्य=व्यापारीभूत। '*क्रिया*' सदा साध्य ही होती है और उसकी एक ही परिभाषा होगी—पहले से चाहे 'सिद्ध' दिखे या 'साध्य'; पर यदि वाक्य में वह विधेय बनकर आता है तो उसे 'साध्य' यानी 'क्रिया' कहेंगे। उद्देश्य बनकर आता है तो 'सिद्ध' कहेंगे। "तुम बेटी को *पढ़ाना*, न कि उससे खाना *बनवाना।*" में 'पढ़ाना' या 'बनवाना' पदांश अंश साध्य/विधेय यानी '*क्रिया*' हैं। पर, उद्देश्यीभूत होने पर इनका क्रियात्व दब जाता है और 'प्रातिपदिक' मुखर हो जाता है। "बेटी को *पढ़ाना* पुनीत कार्य है और उससे केवल *खाना बनवाना* घटिया काम।—इटैलिक अंश 'सिद्ध' हैं, उद्देश्यीभूत और नामवर्गीय हैं। सही बात तो यह है कि न अपने-आप में कोई 'सिद्ध' होता है न साध्य; प्रयोग से ही पता चलता है कि कौन 'सिद्ध' (उद्देश्यीभूत/नाम) है, कौन 'साध्य' (विधेय रूप/क्रिया)।

मुख्य और सहायक क्रिया—क्रिया पद तिङन्त होते हैं, यानी क्रियापद=धातु+तिङ् विभक्ति। लेकिन, हिन्दी में 'तिङ्' विभक्तियाँ इतनी कम संख्या में हैं कि क्रियारूप रचना के लिए यहाँ मुख्यत: कृदन्तों की शरण लेनी पड़ती है। प्रातिपदिकों की कई संश्लिष्ट विभक्तियों के घिसकर लुप्त हो जाने से उनकी जगह, जिस तरह कई स्वतन्त्र सहायक प्रातिपदिकों (परसर्गादि अव्ययों) का ही प्रयोग होता है, उसी तरह क्रियाओं की अधिकतर विभक्तियों (तिङ्) के घिस कर विलुप्त हो जाने से अब उनकी जगह सहायक धातुओं [के रूपों] का प्रयोग होता है।

विधान या साध्यता में प्राधान्य के अर्थपरक दृष्टिकोण से क्रिया के दो प्रकार हैं—

(क) मुख्य या प्रधान—विधेय या विधेयांश, जो कोई स्वतन्त्र विधान करे, वह मुख्य क्रिया है। जैसे—(काश!) आनन्द शतरंज *खेलता*। स्त्री पैदा नहीं *होती*, बल्कि *बनायी जाती है*। सुब्बुलक्ष्मी शास्त्रीय संगीत की मणि *थीं*। सुन्दरलाल बहुगुणा का प्रकृति-रक्षक कार्यक्रम *चलता रहे*। इज़ाडोरा डंकन की प्रतिभा को पुरुष बुद्धिजीवी *सह न सके*। बेनीपुरी जैसा मानवीय समता का चिन्तक अब कहाँ *है? यदि इसी तरह* प्रतीकात्मक सम्मान से नारी को छला जाता रहा, तो उसकी स्थिति *सुधर* चुकी।

इन वाक्यों में इटैलिक में आये अंश मुख्य क्रिया या क्रियांश हैं।

(ख) सहायक या गौण—प्रधान क्रियांश की अर्थ-दिशा भर का निर्धारण करनेवाला क्रियांश सहायक कहलाता है।

हिन्दी में कृदन्तज 'था', 'थे', 'थी', 'थीं' तथा तिङन्तज 'है', 'हैं', 'हूँ', 'हो', 'हों' [जिनमें 'ह' व 'हो' दो धातु माने जा सकते हैं—प्रथम तीन में 'ह', बाकी में 'हो'] सहायक क्रिया के रूप में खूब चलते हैं। वैसे अन्य धातुओं के कृदन्तज व तिङन्तज रूप भी सहायक क्रियावत् चलते हैं। जैसे—"किरण देसाई बुकर पुरस्कार जीत *चुकीं*।", "द्रौपदी की देह पाँच पांडवों ने बाँट *ली*।", "शासन बदलने से दलित जातियों में आत्मविश्वास आ *गया*।" इन वाक्यों में इटैलिक अंश तथा उपर्युक्त 'मुख्य' क्रिया-विवेचन में आये वाक्यों के चुकी, सके, रहे आदि 'सहायक' क्रिया (क्रियांश) हैं।

कुछ वैयाकरण 'ह'/'हो' के रूप व स्थितिवाचक 'था/थे/थी/थीं' को ही 'सहायक क्रिया' कहते हैं, शेष (रह, ले, दे, आ, जा आदि के) रूपों को 'रंजक' नाम देते हैं, क्योंकि उनके मत से वे 'संयुक्त क्रिया' के गठन में मुख्य क्रियांश के साथ आकर अर्थ चमत्कार (रंजन) का कार्य करते हैं।[5] हमारा विचार है कि 'रंजन' का कार्य करने से 'सहायक' के पद से किसी क्रिया (धातु) को खारिज कैसे कर सकते हैं? तब तो सहायता और भी मजबूत हो गयी। बहुत कहेंगे (और कहना सही भी है) तो, यह कि 'सहायक धातु (क्रिया)' *अर्थ* परक दृष्टि से दो तरह के होंगे—

(i) सहायक मात्र (शुद्ध सत्तार्थक) और (ii) रंजक (शक्ति-व्यंजक)। परन्तु, यह निश्चित नहीं है कि कोई धातु सत्तार्थक ही होगा, कोई रंजक ही। प्रयोगानुसार यह तय होगा। जैसे—'हो' कभी रंजन भी कर देता है—"प्रियंका पढ़ती *होती* है।" तो कहीं कर, रह, चुक भी सहायक-मात्र या क्रियानिष्पादक मात्र होते हैं। जैसे—"गोविन्द ने माँ को नमन *किया*। उषा सो *रही* है। वन्दिता जा *चुकी*" इनमें क्रिया-निष्पादक मात्र हैं—कर, रह, चुक। 'वह सोता *रहा*' में 'रह' सहायक मात्र है। अब यह निर्धारण करना बड़ा मुश्किल है कि कहाँ रंजन (अर्थ-मिश्रण) हो रहा है, कहाँ सहायता-मात्र? यह अर्थ-विलास का क्षेत्र है और अर्थ तो बोद्धा-वक्ता प्रसंग सापेक्ष है। जब यही विवादित है तो '*संयुक्त क्रिया*' कहाँ है, कहाँ नहीं—यह तो विवादित रहेगा ही, क्योंकि '*संयुक्त क्रिया*' तब तक नहीं मानी जा सकती, जब तक 'मुख्य धातु+रंजक धातु' के एकार्थीभवन (समास प्रक्रिया) से क्रिया पद न बना हो। जैसे—"वह पढ़ना चाहता है।" में 'पढ़+चाह' से अर्थ सम्पृक्ति हुई है, अतः संयुक्त क्रिया है यहाँ। [इन ऊहापोहों को क्रिया-रूपायन में सविस्तार रखा जाएगा।]

संस्कृत में 'सहायक क्रिया' के रूप में नामीकृत नहीं हुए हैं—अस्, भू, कृ—के रूप। पर 'स्थितोऽस्मि' जैसे प्रयोगों में '*अस्मि*' सहायक क्रिया ही है।

प्रत्येक सहायक क्रिया 'मुख्य' तथा प्रत्येक मुख्य क्रिया 'सहायक' होने की क्षमता रखती है। सही बात तो यह है कि अपने-आप में न कोई मुख्य है, न सहायक। सब प्रयोगानुसार निर्धारित होता है। जैसे—

"विज्ञापनों के दबाव में लड़कियाँ स्वयं को गोरा *बनाने* लगीं।"

"महेश को नींद *लग* गयी।" (इन वाक्यों में से प्रथम में 'लग' धातु 'सहायक' तथा दूसरे में 'मुख्य' क्रियांश को घटित करता है।

फिर भी, भाषा में जो किसी धातु को मुख्य, किसी को सहायक कहा गया, वह अधिकतर प्रयोग को देखकर ही कहा गया।

हिन्दी में क्रिया-रचना 'प्रकार्यबोधक नाम+धातु-रूप' से भी होता है, तो उस समय धातु-रूप (क्रिया) अकेला है तो 'मुख्य' ही होता है। जैसे—"उसे शर्म *आयी*।"

क्रिया (धातु) का वर्गीकरण—'धातु' की वाक्य-प्रयुक्ति के बाद ही यह निश्चय होता है कि किसके साथ 'कर्म' का संयोग सम्भव है, किस के साथ नहीं। इस आधार पर धातु या क्रिया के दो प्रकार होते हैं—(i) सकर्मक (ii) अकर्मक।

सकर्मक—जिस क्रिया (धातु-रूप) के साथ कर्म का संयोग (प्रकट या परोक्ष रूप से) बना हुआ है, उसे सकर्मक क्रिया तथा उसके धातु को 'सकर्मक धातु' कहते हैं। जैसे—"*बुधनी धान काटती है।*" "*रजनीश ने प्रवचन किया।*, "मैडम क्यूरी ने रेडियम *खोजा*।", "कालिन्दी रोज अखबार *पढ़ती* है।", "कितनी महिलाएँ घरेलू काम-काज के चलते टी.वी. *देख* पाती हैं?"—इन वाक्यों में 'काट', 'कर', 'खोज', 'पढ़', 'देख' धातुओं के प्रयोग हैं। ये सकर्मक हैं। यदि वाक्य में कर्म का प्रयोग न भी हो, अध्याहृति की स्थिति हो; तो भी क्रिया (धातु) को सकर्मक ही कहेंगे। जैसे—"बुलाकी ने *खाया*।" [स्पष्टतः कर्म 'खाद्य पदार्थ' आदि अध्याहृत है।] इसी तरह, "मैं *देख* रहा हूँ।" में भी कर्म अध्याहृत है।

सकर्मक धातु के 'फल' का आश्रय 'व्यापार' के आश्रय (कर्ता) से भिन्न, यानी 'कर्म' होता है। 'व्यापार' का आश्रय तो सदा कर्ता ही होता है। "कालिन्दी रोज अखबार पढ़ती है।" में धातु 'पढ़' का 'व्यापार' पक्ष तो कर्ता 'कालिन्दी' से जुड़ा है; पर उसका फल (प्रभाव) पड़ता है 'अखबार' पर।

अकर्मक—जिस 'धातु-रूप' यानी क्रिया के साथ [प्रकट या अध्याहृत रूप से] किसी कर्म का कोई संयोग न हो,उसे अकर्मक क्रिया तथा उसके धातु को 'अकर्मक धातु' कहते हैं। जैसे—

"बुजुर्ग इन्द्रों की सभाओं में कितनी कमसिन अप्सराएँ *नाचती* हैं।"

"कोलम्बस का जहाज अमेरिका की ओर *बढ़ा*।"

"औरत किसी मर्द से इसलिए नहीं *हार* जाती कि वह दुर्बल है, बल्कि इसलिए कि वह औरत है।"

"जन्म से कोई बड़ा-छोटा नहीं होता—यह जानने के बाद अब करोड़ों दलित *जग* गये हैं और वे अपनी पैदाइश पर *शरमाते* नहीं।"

"सुषमा सिंह निशानेबाजी में काफी ऊपर *हो* गयीं।"

"दिव्या की पैंट-कमीज *खो गयी*।"

इन वाक्यों में क्रियापदों के धातु 'नाच', 'बढ़ा', 'शरमा', 'हो', 'खो' अकर्मक हैं। (अन्तिम वाक्य में 'पैंट-कमीज' ही कर्ता है; जिसकी क्रिया 'खो गयी' है। कर्म नहीं है। अतः अकर्मक है 'खो' धातु।)

अकर्मक धातुओं में 'फल' का आश्रय भी कर्ता ही होता है; 'व्यापार' का तो है ही। "दिव्या की पैंट-कमीज *खो* गयी"—'खो' धातु का व्यापार 'पैंट-कमीज' का है तथा उसका 'फल' भी उसी पर पड़ता है। इसी से यह अकर्मक है।

प्रेरणार्थक एवं कर्मकर्तृक—अकर्मक 'धातु' भी प्रेरणार्थक रूप में व्युत्पन्न होकर 'सकर्मक' बन जाता है तथा 'कर्मकर्तृक' रूप में सकर्मक धातु भी जब ढलता है तो 'अकर्मक' हो जाता है। जैसे—सकर्मक 'पढ़' से प्रेरणा में 'पढ़ा' व 'पढ़वा' धातु जिस प्रकार बनता है, उसी प्रकार अकर्मक 'बढ़' से 'बढ़ा' व 'बढ़वा' भी बनता है। अब ये दोनों सकर्मक हो गये। उदाहरणस्वरूप,

"रांगेय राघव ने अपनी पत्नी को पढ़ा-लिखाकर आगे *बढ़ाया*।"

"नौकरी का झांसा देकर जनजातीय लड़कियों को देह-मंडी की ओर *बढ़ाया*।"

'कर्मकर्तृक' धातु का विस्तृत विवेचन 'रूपायन' में होगा, पर यहाँ संक्षेप में इतना कह दें, किसी सकर्मक धातु का वह व्युत्पन्न रूप कर्मकर्तृक धातु है, जिसमें कर्म-संलग्नता की सम्भावना खत्म हो जाए, क्योंकि पूर्व 'कर्म' ही उसका कर्ता बन चुका होता है। जैसे—'पका' धातु सकर्मक है, उससे व्युत्पन्न 'पक' अकर्मक धातु है, यह 'कर्म-कर्तृक' भी कहलाता है। प्रयोग देखें—"स्कूल छोड़कर कामायनी अब केवल भात *पका* रही है।" (सकर्मक धातु), "भात *पक* रहा है।" (अकर्मक)। 'पका' धातु का कर्म (भात),'पक' धातु का कर्ता बन गया है। पूववर्ती स्थिति का संस्कार है कि '*भात*' (जो दूसरे वाक्य का पूर्ण कर्ता है), उसे 'कर्मकर्ता' कहते हैं। यद्यपि 'रूपायन' नामक अध्याय में इस बात पर विस्तृत प्रकाश डालेंगे, पर इतना समझ लें कि सकर्मक धातुओं में कुछ 'द्विकर्मक' भी कहलाते हैं, क्योंकि उनके दो 'कर्म' विवेचित होते हैं। जैसे—"राजेश ज्योति को रोटी खिलाता है।"—यहाँ, खिला धातु का 'मुख्य कर्म' 'रोटी' तथा गौण कर्म 'ज्योति' है। राजेश कर्ता है। ऐसा कहा जाता है। पर, असलियत यह है कि कर्म रोटी ही है। 'ज्योति' अन्य कारक है, जिसके कारकत्व की अविवक्षा से कर्म की भूमिका में दिख रहा है।

सही बात तो यह है कि अपने आप में कोई धातु न सकर्मक है, न अकर्मक है। प्रयोग के अनुसार ही तय होता है कि 'सकर्मक' या 'अकर्मक' कौन है? जैसे—"कैलाश पढ़ा करता है"—में 'पढ़' अकर्मक है; परन्तु, "गीता खेल *खेलती* है" में 'खेल' धातु सकर्मक है। रूढ़ बात यह है कि 'पढ़' सकर्मक, 'खेल' अकर्मक है, पर यहाँ उलटा हो गया। इस प्रकार की उभयविधता की स्थिति कुछ ही धातुओं के साथ घटित हो पाती है। अधिकतर धातुओं के साथ जो 'सकर्मक' या 'अकर्मक' का लेबल चिपकाया गया है, वह भाषा के समूचे प्रयोगों को देखकर ही। हिन्दी के गत्यर्थक धातुओं की स्थिति 'सकर्मक' व 'अकर्मक' के बीच झूलती रहती है अथवा यों कहें कि विवेचन की संदिग्धता इनके साथ बनी हुई है। अर्थ के आधार पर कभी ये सकर्मक भी लग जाते हैं, पर 'ने' चिह्न की असंलग्नता की निश्चितता से इन्हें सकर्मक कहने का उत्साह ठंडा पड़ जाता है।

"नन्दिता दास 58 वें 'कान फिल्म महोत्सव' की ज्यूरी सदस्य के रूप में फ्रांस पहुँचीं।" इस वाक्य में 'पहुँच' क्रिया का प्राप्य 'फ्रांस' है। वह 'कर्म' नहीं तो क्या है? क्रिया के व्यापार का आधार (देश, काल) तो है नहीं और बाकी कारकों का सवाल नहीं। इस प्रकार 'पहुँच' धातु के सकर्मक होने की सम्भावना बनती है, लेकिन भूतकाल में इसके प्रसंग में कर्ता में 'ने' लगने की कोई सम्भावना नहीं (जो सकर्मकता की अनिवार्य शर्त है); इसलिए खुले मन से इसे सकर्मक भी नहीं कह सकते।

वर्गीकरण की व्याकरणिक व्याख्या—'सकर्मक', 'अकर्मक' के उपरिचर्चित विभाजन की अर्थपरक मीमांसा खूब हुई है। इससे यह भ्रम न हो जाना चाहिए कि यह वर्गीकरण अव्याकरणिक है। बिलकुल शत-प्रतिशत रूपपरक व्याख्या इसकी हो सकती है। कहा जा सकता है कि "रूपात्मक अभिलक्षणों की दृष्टि से क्रिया की दो स्पष्ट कोटियाँ दिखलाई पड़ती हैं—एक उन क्रियाओं की जो अपने कर्ता में 'ने' परसर्ग विहित कर सकती हैं और दूसरी उन क्रियाओं की जो ऐसा नहीं कर सकतीं। प्रथम कोटि को सकर्मक और दूसरी कोटि को अकर्मक कहते रहे हैं। इन्हें तकनीकी नाम क्रमशः 'ने वर्गीय' व 'तदितर' क्रिया दे सकते हैं।"

सकर्मक क्रियाएँ अपने कर्ता में 'ने' चिह्न (परसर्ग) का विधान केवल अपने भूतकालिक रूपों (में से अधिकतर) के प्रसंग में करती हैं। जैसे—"दारोगा *ने* दलित को जिन्दा जलाया।" "मंजुला *ने* कॉल सेंटर की नौकरी *कर* ली।", "पुजारी *ने* ही मूर्ति *चुरायी होगी*।" "रहमान *ने* ड्राइवरी *सीखी* है।", "ज्योतिषी ने जनता को *ठग* लिया था।" अकर्मक क्रियाएँ किसी काल में—'ने' का विधान नहीं करतीं। जैसे—"छात्राओं को संगठित देखकर गुंडे लड़के *भागे* ।", "अलेक्जेंडर रोज सागर में *नहाता* है।" "कुमुदिनी पहाड़ पर *चढ़ेगी*।", "एयरमार्शल पद्मावती

वंद्योपाध्याय कठोर अध्यवसाय के बल पर ही सफल *हुई थीं*।''

बक, बोल, भूल आदि सकर्मक धातुओं के साथ 'ने' नहीं लगता तथा नहा, थूक, खाँस, छींक आदि अकर्मक धातुओं के साथ भी 'ने' लगता है। यह अपवादात्मक स्थिति है। पूर्णताबोधक सहायक क्रिया के साथ चुका/चुकी/चुके का योग हो जाने पर सकर्मक कृदन्त के सन्दर्भ में भी 'ने' का प्रयोग नहीं होता। जैसे—''बेगम नूरजहाँ साम्राज्य फैला चुकी थीं।''

अपूर्ण सकर्मक-अकर्मक क्रियाएँ—कभी-कभी क्रिया अपूर्ण या साकांक्ष रह जाती है, जिस से वाक्य का भाव अपूर्ण रह जाता है। तब 'कर्ता' या 'कर्म' से क्रिया का आशय पूरा नहीं निकल रहा होता है। उस स्थिति में आकांक्षा की पूर्ति के लिए एक पूरक पद आकर विधेय (क्रिया) की सहायता करता है। सकर्मक क्रिया के साथ आया ऐसा पद कर्म का समानाधिकरण होता है; अकर्मक क्रिया के साथ आया ऐसा पद कर्ता का समानाधिकरण होता है। प्रथम स्थिति में धातु 'अपूर्ण सकर्मक' तथा पूरक 'कर्मपूरक' कहलाता है और द्वितीय स्थिति में धातु 'अपूर्ण अकर्मक' तथा पूरक 'कर्तृपूरक' कहलाता है। उदाहरण—सारा जीवन, जिस घर के लिए समर्पित रही, उसी से उसे धक्का दे दिया गया। तब टूट कर वह बोली—''मैंने बेगाने को *दोस्त समझा था*। पत्थर को भगवान् *समझा था* और *हत्यारे* को दयावान् *समझा था*। अन्त में, मेरा पति ही *दगाबाज निकला*।'' इस वाक्य-समूह में दोस्त, भगवान, दयावान् 'कर्मपूरक' तथा 'दगाबाज' कर्तृपूरक है। 'समझ' धातु अपूर्ण सकर्मक तथा 'निकल' धातु अपूर्ण अकर्मक है।

'व्युत्पत्ति' की दृष्टि से धातु का विचार—व्युत्पत्ति की दृष्टि से कुछ धातु (i) मूल होते हैं, तो कुछ (ii) यौगिक (व्युत्पन्न)। 'यौगिक धातु' चार तरह के होते हैं—(क) प्रेरणार्थक, (ख) कर्मकर्तृक, (ग) नामधातु, (घ) स्वार्थिक। 'प्रेरणार्थक' में धातु के दो रूप होते हैं—प्रथम प्रेरणा, द्वितीय प्रेरणा [प्रेरणाद्वयार्थक]। प्रेरणार्थक के विपरीत 'कर्मकर्तृक' में प्रेरणांश का त्याग हो जाता है। 'नामधातु' नाम+प्रत्यय की प्रक्रिया से व्युत्पन्न होता है। इसके लिए किसी धातु में दो प्रत्ययों में से एक लगता है—शून्य प्रत्यय, 'आ' प्रत्यय। जैसे—'डर'+0='डर'; हाथ+आ=हथिया; झूठ+आ=झुठला, खटखट+आ=खटखटा आदि। जैसा कि पीछे कहा गया है ['पद वर्गीकरण' में] कि किसी पदार्थ की ध्वनि के सूचक कल्पित अर्थहीन प्रातिपदिकों से *अनुकरणवाचक* नामधातु बनता है। प्रातिपदिक 'खटखटा' धातु इसी तरह बना है। 'नामधातु' पहले शिष्टभाषा में बिरले ही थे, पर लोक-स्वीकृति से ये बढ़ते जा रहे हैं। कवि+आ=कविया ('वह कविया गया') जैसे हल्के अर्थों में भी नाम धातु बन रहा है। विदेशी/परभाषीय प्रातिपदिकों से भी हिन्दी धड़ल्ले से *नामधातु* बना लेती है (जैसे, शरम+आ='शरमा'); इस प्रकार भाषा के मूलधनों में से एक क्रिया (धातु) में कुछ आयात जैसी स्थिति पैदा हो जाती है। 'स्वार्थिक' धातु वे

व्युत्पन्न धातु हैं जो विकृत होकर भी मूलधातु का ही अर्थ रखते हैं। जैसे—'कूद'+'क' (स्वार्थिक प्रत्यय)=कुदक, लह+क=लहक, दह+क=दहक आदि, कहने को तो 'स्वार्थिक' हैं, पर असलियत में व्युत्पन्न धातु सर्वांशत: वही अर्थ नहीं देता, जो मूलधातु देता था—कुछ अलग दिशा जरूर होती है। संस्कृत में 'प्रातिपदिक+'क' (स्वार्थिक)' का विधान था (जैसे—'बाल+क'=बालक); हिन्दी ने 'क' की स्थिति 'धातु' में विकसित कर ली। जैसा कि इसी अध्याय में पीछे कहा गया है—अकर्मक धातु भी प्रेरणार्थक व्युत्पत्ति के बाद सकर्मक बन जाता है। यहाँ इतना जोड़ लें कि सकर्मक धातु प्रेरणार्थक व्युत्पत्ति के बाद 'द्विकर्मक' बन जाता है। [यद्यपि 'द्विकर्मकता' एक कहने भर की बात है, असलियत में नहीं है। 'रूपायन' में सविस्तार चर्चा होगी।]। 'कर्मकर्तृक धातु' या 'कर्मकर्त्रर्थक धातु' की व्युत्पत्ति केवल 'सकर्मक धातु' से होती है। वह अकर्मक होता है। उदाहरण से स्पष्ट करें।

	मूल धातु	प्रेरणार्थक धातु प्रथम प्रेरणा	प्रेरणार्थक धातु द्वितीय प्रेरणा	कर्मकर्त्यर्थक धातु
(i)	काट	कटा	कटवा	कट
(ii)	बाँध	बँधा	बँधवा	बँध
(iii)	सी	सिला	सिलवा	सिल
(iv)	तैर	तैरा	तैरवा	---

परन्तु, 'तैर' का 'तिर' होना 'कर्मकर्त्यर्थक' का उदाहरण नहीं है। 'तिर' धातु सिर्फ प्रयत्न के अभाव की सूचना देता है—यह कर्मकर्ता के लिए नहीं आता। वैसे भी कर्मकर्तृक सकर्मक धातु से बनने वाला धातु है, जबकि 'तैर' अकर्मक है। जैसे—"आरती शाह इंग्लिश चैनल में *तैरती थीं*।", "मनु की नौका प्रलय-सागर में *तिर* रही थी।" प्रथम वाक्य में 'तैर' मूलधातु है। दूसरे में उसका प्रयत्नाभाव रूप 'तिर'। यदि वाक्य का कर्ता व्यक्ति को रखें, तो अच्छी तरह स्पष्ट हो जाएगा कि यह धातु 'कर्मकर्तृक' नहीं है। जैसे—"पता नहीं, बेहोशी में मैं बाढ़ में कितनी देर तिरती रही।"—'मैं' पूर्ण कर्ता है 'तिर' निष्प्रयास बहाव के अर्थवाला अलग धातु।

हिन्दी में 'संयुक्त क्रिया' तो होती है, पर उसकी मूल प्रकृति 'संयुक्त धातु' की कल्पना अभी व्यर्थ है। संयुक्त क्रिया तथाकथित 'संयुक्तधातु' से नहीं बनती, बल्कि अलग प्रकार से बनती है। जैसे—'ले चलता है' संयुक्त क्रिया 'ले-चल' से नहीं, बल्कि 'ले' (अव्यय प्रातिपदिक, शून्य प्रत्ययान्त, पूर्वकालिक अर्थ में)+'चलता है' से बना है। [वैसे 'संयुक्त क्रिया' की रचना का विचार 'मुख्य क्रिया+रंजक

धातु' के एकार्थीभवन (समास-प्रक्रिया) के रूप में किया जा सकता है, जैसा कि इसी अध्याय में पीछे किया गया है।] [विशेष विवरण 'क्रिया-रूपायन' में मिलेगा।]

आत्मनेपदी-परस्मैपदी क्रिया (धातु)

संस्कृत धातु क्रिया-फल के भोक्ता के लिहाज से दो वर्गों में बँटे थे—आत्मनेपदी, परस्मैपदी। यानी, कर्ता जब खुद भोक्ता हो तो धातु आत्मनेपदी होता है। अन्यथा परस्मैपदी। पीछे सकर्मक धातु (क्रिया) के फल-पक्ष के कर्म से अन्वित होने की बात हमने कही थी। यहाँ दूसरा तात्पर्य है। कर्ता जो क्रिया सम्पादित कर रहा है वह कर्म पर तो असर (फल) डालेगा ही [यदि क्रिया सकर्मक हो], पर उस क्रिया का प्रयोजन जब कर्ता से ही जुड़ा हो यानी कर्ता अपने लिए ही वह क्रिया करता है, तो वह 'आत्मनेपदी' कहलाती है। अन्यथा, परस्मैपदी। इस तर्क पर संस्कृत में धातु दो वर्गों में बँटे थे। वह बँटवारा उनकी रूप-रचना में भी लक्षित होता था। यानी, आत्मनेपदी का रूप अलग तरीके से, परस्मैपदी का अलग तरीके से।

हिन्दी में धातुओं का इस प्रकार विभाजन नहीं हुआ है, न रूप-रचना के स्तर पर ही ऐसा कुछ भेद दिखता है। किन्तु, डॉ. काशीराम शर्मा हिन्दी में भी ऐसी स्थिति मानते हैं। वे 'पढ़' को आत्मनेपदी, 'पढ़ा' को परस्मैपदी तथा 'पढ़वा' को प्रेरणार्थक कहते हैं। यहाँ, शर्मा जी ने 'प्रथम प्रेरणार्थक' को परस्मैपदी मानकर हिन्दी व संस्कृत व्याकरणों की व्यवस्था को अनावश्यक तोड़ा है। संस्कृत में मूलधातु के स्तर पर से ही आत्मनेपदी व परस्मैपदी का बँटवारा होने लगता था और फिर हर आत्मनेपदी या परस्मैपदी का प्रेरणार्थक रूप बनता था, जिसे अलग धातु माना जाता रहा। काशीराम जी का कथन अग्राह्य है।[7]

हिन्दी में अर्थ के स्तर पर देखें तो 'भेज', 'मार' जैसे धातुओं का फल कर्ता को छोड़ अन्य पर जाता है तथा 'खा', 'पढ़' जैसे धातुओं का फल खुद कर्ता पर जाता है। तो, क्या प्रथम को हिन्दी परस्मैपदी तथा द्वितीय को आत्मनेपदी कह सकती है? हमारा मत है कि नहीं। व्याकरण अर्थ मात्र से नहीं चल सकता। जब तक इन धातुओं की रूप-रचना में अन्तर नहीं होता, इन्हें ऐसी कोटियों में नहीं बाँट सकते। दोनों का रूपान्तर हिन्दी में समान ही है। जैसे—

''बहुत से घरों के पुरुष अपनी पत्नियों को बात-बात पर *मारते* हैं।''

''हमारे देश के आम लोग ज्ञान-विज्ञान न पढ़कर सिर्फ मजहबी किताबें *पढ़ते* हैं।''

'मार' व 'पढ़' के रूप जब समान हैं तो उनका कोटीकरण कैसे कर सकते हैं? हिन्दी में मूल धातु या यौगिक धातु के स्तर पर ऐसा कोई वर्गीकरण नहीं हो सकता। संस्कृत में रूपगत अन्तर था, इसलिए भेद था, यद्यपि अर्थ-स्तर पर

वहाँ परस्मैपदी-आत्मनेपदी की पूर्व निर्धारित परिभाषा सदा कायम न रह सकी। (जैसे—'कृ' आदि कुछ धातु उभयपदी भी थे—करिष्यामि, करिष्ये—दोनों रूप रहे। सवाल है एक धातु की ऐसी स्थिति कैसे होगी कि दो अलग-अलग व्यक्तियों पर फल जाये?) हिन्दी में परस्मैपदी-आत्मनेपदी की संकल्पना ढूँढ़ने चलेंगे, तो धातु (मूल, यौगिक) के स्तर पर तो नहीं, पर 'संयुक्त क्रिया' के स्तर पर कुछ नजर आएगी। रूपात्मक स्तर पर देखें तो संयुक्त क्रिया की रचना में यदि 'ले' धातु सहायक तौर पर आता है, तो वह क्रिया आत्मनेपदी होती है और यदि 'दे' धातु सहायक तौर पर आता है तो वह क्रिया परस्मैपदी होती है।[8] जैसे—

"(हमने) औरतों को पाँव की जूती *समझ लिया* और जब बोरियत महसूस हुई तो उन्हें घर से *निकाल दिया*! इसी से सोचिए कि हम कितने सभ्य हुए हैं!"

"सत्य बोलने के जुर्म में सुकरात को ज़हर *पिला दिया*।"

"सत्ता को ठुकराते हुए इंग्लैंड के सम्राट् ने अपनी नर्तकी प्रेयसी से विवाह *कर लिया*।" उक्त '*समझ लिया*' क्रिया का फल 'हम' पर और 'निकाल दिया' का फल 'औरतों' पर पड़ता है, जो क्रमशः 'कर्ता' व 'कर्म' (अन्य) हैं। इसी से ये क्रियाएँ क्रमशः आत्मनेपदी व परस्मैपदी हैं। इसी प्रकार समझना चाहिए। पर, ध्यातव्य है कि हर जगह 'दे' नहीं चल सकता यानी परस्मैपदी क्रिया हर जगह नहीं बन सकती। जैसे—"उसने खा लिया" तो ठीक है, पर "उसने *खा दिया*" नहीं होगा।

सन्दर्भिका

1. 'चित्तवृत्त' (—ब्रह्मदत्त चतुर्वेदी)
2. 'हिन्दी शब्दानुशासन', 'उत्तरार्द्ध' का द्वितीय अध्याय।
3. पंडित किशोरीदास वाजपेयी इसी आग्रह के शिकार हैं। संस्कृत 'गतः' आदि को हर स्थिति में 'सिद्ध' ही ठहराने की कोशिश वे करते हैं। साथ में कुछ विचित्र प्रतिपादन करते हैं—"हिन्दी ने 'सिद्ध' और 'साध्य' को एक विशेष अर्थ दिया है।...जब क्रिया की निष्पत्ति निश्चित या असंदिग्ध होती है, तो हिन्दी में सिद्ध क्रिया—कृदन्त क्रिया। 'राम जाता है', 'गोविन्द पढ़ता है' आदि में क्रिया निश्चित है। इसलिए 'सिद्ध' रूप, कृदन्त रूप—'जाता'-'जाती', 'पढ़ता-पढ़ती' आदि। 'है' तिङन्त यों काल-सूचनार्थ सहायक भर है और इससे क्रिया की निश्चिति और भी स्पष्ट हो जाती है।...भूतकाल की तथा वर्तमान की क्रिया 'सिद्ध'। उसका हिन्दी में प्रयोग 'कृदन्त'। परन्तु जिसकी निष्पत्ति निश्चित न हो, उसका 'सिद्ध' रूप में प्रयोग न होगा।...भविष्यत् तो सदा ही अनिश्चित है। और आज्ञा, विधि, आशीर्वाद, निमन्त्रण आदि की क्रियाएँ भी भविष्यत की ही हैं, इसलिए 'साध्य' यानी 'तिङन्त' रूप चलते हैं।" ('हिन्दी शब्दानुशासन', पृष्ठ-403-404)। सिद्ध के लिए 'निश्चितता' वाली वाजपेयी जी की शर्त मान लें, तो "महिषी शायद *पढ़ती है*" या "मनोज शायद ही स्कूल जाता है" जैसे वाक्यों में कृदन्त (पढ़ती, जाता) प्रयुक्त नहीं होने चाहिए थे। 'शायद

कहाँ है कि 'कृदन्त' रूप हुआ? 'सिद्ध' व 'साध्य' को 'निश्चय' व 'अनिश्चय' से जोड़ना अतार्किक है।

4. ''यावत् सिद्धमसिद्धं वा साध्यत्वेनाभिधीयते।
आश्रित क्रमरूपत्वात् तत् क्रियेत्यभिधीयते॥''
['वाक्यपदीयम्', तृतीयकांड, क्रियासमुद्देश, श्लोक-1]
अर्थात् पहले से ही सिद्ध हो या असिद्ध; यदि वह आन्तरिक क्रमात्मकता के साथ साध्य-रूप से प्रकट की जाती है, तो 'क्रिया' ही कहलाती है।

5. दीमशित्स के 'हिन्दी व्याकरण' में

6. पं. कामताप्रसाद गुरु ने 'पढ़ सका' आदि संयुक्त क्रियाओं की प्रकृति के रूप में 'पढ़-सक' आदि 'संयुक्त धातुओं' की कल्पना की। ('हिन्दी व्याकरण', पृ. 116)। उनके पूर्व पं. रामावतार शर्मा ने भी 'खा-जा' आदि को 'समस्त धातु' माना है। 'पढ़ सका' 'संयुक्त क्रिया', ('सक' से निष्पन्न) 'सका' में, 'पढ़' धातु के पूर्वकालिक अव्यय रूप (जो शून्य प्रत्ययान्त है) के योग से बनी है।

7. ''जब वाक्य में वर्णित मुख्य क्रिया के कर्ता के रूप में वर्ण्य व्यक्ति स्वयं होता है, तो आख्यात आत्मनेपद होता है...जब वाक्य में वर्णित मुख्य क्रिया का कर्ता तो कोई और हो और वाक्य द्वारा वर्ण्य कर्ता कोई दूसरा और, तब आख्यात को परस्मैपद कहा जाता है।'' ('हिन्दी-व्याकरण मीमांसा', पृष्ठ-254)
यह प्रतिपादन कर के डॉ. काशीराम शर्मा एक उदाहरण देते हैं—''मोहन पुस्तक पढ़ रहा है।''—इसमें मुख्य क्रिया ('पढ़ रहा है') को वर्ण्य कर्ता ('मोहन') ही सम्पन्न कर रहा है, अत: यह क्रिया आत्मनेपदी है। ऐसा वे कहते हैं। फिर, ''मोहन श्याम को पढ़ाता है'' का उदाहरण रख वे कहते हैं कि मुख्य क्रिया 'पढ़ने' की है, जिसका वास्तविक कर्ता 'श्याम' है, पर वर्ण्य कर्ता 'मोहन' है, जो अपने से भिन्न व्यक्ति 'श्याम' को क्रिया-सम्पादन में सहयोग कर रहा है। इसी से यहाँ क्रिया परस्मैपदी है। डॉ. शर्मा के इस प्रतिपादन में त्रुटि है। दूसरे वाक्य में क्रिया 'पढ़ाने' की है, न कि 'पढ़ने' की; जिसका वास्तविक कर्ता मोहन है और वही वाक्य में वर्ण्य है। तब तो पढ़ाने की क्रिया उनके उपर्युक्त कथन से आत्मनेपदी ही हुई। सच बात तो यह है कि प्रथम प्रेरणार्थक क्रिया को परस्मैपदी का पर्याय ठहराने की उनकी कोशिश ही व्याकरण की सुस्थापित व्यवस्था के विरुद्ध है।

8. 'लोकभाषा का व्याकरण' (—वात्स्यायन धर्मनाथ शास्त्री)

अध्याय-10

अव्यय-विमर्श

'अव्यय' नामक वर्ग बनाने के पीछे मूल कारण वैसे शब्दों की अरूपान्तरशीलता है, न कि सत्त्वार्थहीनता। वैसे तो ये सत्त्वार्थ (द्रव्यार्थ) से रहित होते हैं, परन्तु कुछ सत्त्वार्थक शब्द भी अरूपान्तरशील होने से 'अव्यय' कहलाये। पीछे ['पद-वर्गीकरण' में] कहा जा चुका है कि इनका भेदक लक्षण है, कारक बनने [परसर्ग-योजन] की क्षमता से विहीनता और 'रूपायन' [पदत्व सिद्धि] के दौरान इनका अविकृत रह जाना। 'रूपायन' [यानी विभक्ति जुड़ने] के फलस्वरूप अविकृति की शर्त है; 'व्युत्पादन'—जन्य अविकृति की शर्त नहीं। व्युत्पादन-प्रसंग में अव्यय शब्दों से भी अन्य शब्द बनते देखे गये हैं (जैसे—निरन्तर+ता=निरन्तरता, ऊपर+ई=ऊपरी, यथातथा > याथातथ्य, अधुना > आधुनिक, बहिर् > बाह्य आदि); उससे हुए आकृति परिवर्तन की बात यहाँ नहीं हो रही। इसी तरह व्युत्पादक तत्त्व 'लिंग' कृत परिवर्तन-अपरिवर्तन को भी यहाँ कसौटी नहीं बनाया जा सकता।[1] सिर्फ रूपायक तत्त्व 'कारक' और 'वचन' कृत विकार-अविकार ही कसौटी बन सकता है।[2] तब स्पष्ट कहा जा सकता है कि अव्यय वह है, जो 'कारक' व 'वचन'—यानी प्रातिपदिक विभक्ति लगने से भी विकृत न हो।

संस्कृत-व्याकरण के अनुशासन [कि "अपद का प्रयोग नहीं हो सकता"] के कारण ही 'अव्यय' के बारे में व्यवस्था दी गयी कि उसमें भी विभक्ति लगती है, वह भी पद बनता है; पर उस प्रक्रिया में वह विकृत नहीं होता, क्योंकि विभक्ति लगकर लुप्त हो जाती है। संस्कृत में व्यवस्था दी गयी कि अव्यय प्रथमा विभक्त्यन्त पद हैं, अलिंग हैं, अतः प्रकृति-सिद्ध नपुंसक लिंग उनके साथ हो गया है। हिन्दी मे चूँकि नपुंसक लिंग नहीं है, अतः यहाँ पुंलिंग को वह दर्जा मिल गया। हिन्दी के अव्यय 'पहली विभक्त्यन्त पुंलिंग' माने जा सकते हैं। संस्कृत में प्रथमान्त (हिन्दी में पहली विभक्त्यन्त) होकर वह "प्रातिपदिकार्थ....मात्रे प्रथमा" के सूत्रानुसार प्रातिपदिकार्थ मात्र को प्रकट करता है।[3]

संस्कृत अव्यय भी हिन्दी में खूब चलते हैं [तथा, तथापि, प्रत्युत, सदैव, कदा-यदा, आदि अनगिनत हैं], परन्तु जहाँ हिन्दी ने अपना विकसित किया हुआ

अव्यय स्थिर कर लिया, वहाँ प्राय: अन्य भाषा का कोई अव्यय नहीं आता।[4] ही, भी, तो, जब, कब, यहाँ, वहाँ आदि स्थिरीभूत हिन्दी अव्ययों की जगह कोई देशी-विदेशी पर्याय कहाँ आता है? भाषा के मूलधनों में से एक 'अव्यय' का भी यदा-कदा आयात हो जाता है; यह ध्यातव्य है। हिन्दी भाषा में 'हिंग्लिश' के असर से कभी-कभी स्थिरीभूत किये जा चुके अपने अव्ययों की जगह, उसका पर्याय भी चल जाता है। जैसे—"सिमरन *डेली* (प्रतिदिन) मॉर्निंग वाक को जाती है।", "मधुमिता भाषण के लिए, *ऑलरेडी* (सदैव) प्रिपेयर रहती है।", "सुरजीत ट्रेन आने के *बिफोर* (पहले) स्टेशन पहुँचा।", "आराधना ने प्रेक्षागृह में जस्ट (तुरत) इन किया है।"

'अव्यय' का प्रयोग वाक्य में 'सहायक शब्द' के रूप में होता है, जिससे उन्हें पूर्णपद के बजाय 'उपपद' कहा जा सकता है। ये प्राय: 'रिक्त' (जो अर्थहीन हो, सिर्फ पादपूरणार्थ प्रयुक्त होते हैं) माने जाते हैं, यद्यपि सदैव यह बात घटती नहीं। ये वाक्य के न उद्देश्य भाग के हिस्से माने जाते हैं, न विधेय भाग के; बस दोनों से ये अतिरिक्त रहकर उनकी सहायता करते हैं। ['विस्मयादि बोधक अव्यय' तो वाक्य-संरचना से बाहर होने के कारण ऐसी सहायता भी नहीं कर पाता है।][5] क्रिया तो सदा विधेय होती है। संज्ञा व सर्वनाम तो उद्देश्य होते हैं। विशेषण प्रयोग-भेद से कहीं उद्देश्य होता है, कहीं विधेय। पर, अव्यय न उद्देश्य है, न विधेय। 'अर्थ' एवं 'रचना' की दृष्टि से बस परोपकार (अन्य पदों का उपकार) करना ही इनका स्वभाव है।

'अव्यय' शब्द पाणिनि की देन है, जिसके द्वारा उन्होंने पद-विभाग के 'उपसर्ग' व 'निपात' को एक में समेट लिया। साथ ही, कई ऐसे अरूपान्तरशील शब्दों को भी समेट लिया, जो न 'उपसर्ग' में आते थे, न 'निपात' में। संस्कृत में 'अव्यय' के अन्तर्गत निपात, स्वरादि, अव्ययीभाव समस्त पद, कुछ तद्धितान्त तथा कुछ कृत्-प्रत्ययान्त भी आते हैं। पुन:, बिना, शनै:, स्वयं, प्रात:, अलम्, मिथ्या आदि स्वरादि में गणित हैं। 'उपसर्ग' का समाहार निपात में तथा 'निपात' का अव्यय में किया गया। '*निपात*' के अन्तर्गत 'चादि', 'प्रादि' और 'गति' को व्यवस्थित किया गया। च, एवं, वा, अथ, आदि योजक; न, हि, तु आदि के साथ धिक्, हा, अहो, हे, अरे भी चादि कहे गये हैं। 'प्रादि' [प्र, परा, प्रति आदि] के दो प्रकार के इस्तेमाल में से एक को उपसर्ग कहा गया; शेष को 'प्रादि' ही कहा गया। 'धातु' के साथ सम्बद्ध होने की स्थिति में ही बीस प्रादि 'उपसर्ग' कहलाते थे। बाइस की प्रस्तुत सूची में 'दुर-दुस्' एवं 'निर्-निस्' को दो-दो नहीं, एक-एक गिना जाएगा, क्योंकि ये परस्पर विकार हैं।) और अन्य शब्दों से अन्वित होने पर 'प्रादि' ही। कुछ खास क्रियाओं से जुड़ने पर ये ही 'गति' कहलाते थे तथा 'गति' में और भी अव्यय परिगणित थे। हिन्दी में हमने 'उपसर्ग' की स्थिति नहीं मानी है, पर उन प्रादियों

के साथ कई अन्य शब्दों को 'व्युत्पादक अव्यय' में समेटा है। बाकी, कुछ *तद्धितान्त* (जैसे—सर्वथा, भस्मसात्, पुत्रवत्, कन्यावत् आदि); कुछ कृदन्त तथा 'अव्ययीभाव समस्त पद' (जैसे—हाथोंहाथ, प्रतिदिन, आजन्म आदि) यहाँ भी अव्यय हैं। ऐसे *कृदन्तों में*—(i) पूर्वकालिक क्रियार्थक *कृदन्त* (जैसे —पढ़, पढ़ के, पढ़ कर, पढ़ कर के); (ii) प्रयोजनवाचक (भविष्यार्थक) कृदन्त (जैसे—*पढ़ने* गयी, *खेलने गया*); (iii) वर्तमानकालिक कृदन्त (जैसे—वह *पढ़ने* जाता/जाती है।); (iv) भूतकालिक कृदन्त (जैसे—उसको *गये* एक घंटा हुआ।) आदि हैं, जो 'अव्यय' बने चलते हैं। ये सभी (कृदन्त, तद्धितान्त तथा अव्ययीभाव समस्त पद) व्युत्पन्न अव्यय हैं। स्थानीय तौर पर भी कुछ शब्द अव्ययवत् आचरण करने लगते हैं; पर भाषा के समस्त प्रयोग को देख, उन्हें *'अव्यय'* नहीं कहा जाता। परन्तु 'यहाँ', 'वहाँ', 'अब' आदि अव्यय परसर्ग-संयोग से नामवर्गीय आचरण करने लगते हैं तो उन्हें स्थानीय स्तर पर 'नाम' ही कहते हैं। फिर भी अक्सर जो कहा जाता है कि 'यहाँ', 'वहाँ' आदि अव्यय हैं तो भाषा के समस्त प्रयोग वाला तर्क ही यहाँ है। हम देखते हैं कि 'यहाँ', 'वहाँ' आदि नामवत् (परसर्ग-संयोग) आचरण बहुत कम कर पाते हैं; दूसरी बात, परसर्ग संयोग के बाद भी अपने प्रातिपदिकरूप को अक्षुण्ण ही रखते हैं। इसी से ये 'अव्यय' कहलाते हैं। ये बातें 'पद-वर्गीकरण' में स्पष्ट हो चुकी हैं।

'अव्यय' के भेदोपभेद और उनका जरूरी स्पष्टीकरण 'पद-वर्गीकरण' में हम कर चुके हैं। 'अनन्वयी अव्यय' (विस्मयादिबोधक), 'व्युत्पादक अव्यय' (कथित उपसर्ग), 'क्रियान्वयी अव्यय' (Adverb के तुल्य), 'योजक' तथा 'सम्बन्धसूचक अव्यय' (जिनमें 'परसर्ग' तथा 'शेष सम्बन्धसूचक' हैं) की आवश्यक परिभाषाएँ वहाँ हम दे चुके हैं। यहाँ उनकी संक्षिप्त पुनः उद्धृति करते हुए शेष सम्बद्ध बातें की जाएँगी। हाँ, 'व्युत्पादक' अव्यय की जरूरी बातें वहीं हो चुकी हैं—अतः यहाँ उसकी चर्चा न होगी।

सम्बन्धसूचक अव्यय—वाक्य के किसी प्रातिपदिकज पद या प्रातिपदिक को अन्य किसी पद [प्रातिपदिकज या धातुज (क्रिया) पद] से सम्बन्धित करनेवाला अव्यय 'सम्बन्धसूचक' कहलाता है। असली 'सम्बन्धसूचक अव्यय' तो वही हो सकता है जो इस प्रकार के सम्बन्ध साधित करने के अलावा कोई स्वतन्त्र (वस्तुपरक) अर्थ न रखता हो, यानी 'रिक्त' हो। मगर, शुद्ध सम्बन्धसूचकों की संख्या हिन्दी में बहुत कम है। परसर्गों और कुछ थोड़े से अव्ययों (बिना, बगैर, भर, पश्चात्, सिवा, अलावा, प्रति[6], तक, द्वारा आदि) के अलावा कोई सम्बन्धसूचक नहीं है। शेष जो जमावड़ा है, वह अन्य वर्गीय शब्दों (संज्ञा, क्रिया, विशेषण या क्रियान्वयी अव्यय) का 'स्थानीय तौर पर सम्बन्धसूचक-वत् प्रयोग' मात्र है। बहुत से संज्ञा शब्द, आगे की विभक्ति/परसर्ग के लोप के कारण, पहले 'क्रियान्वयी अव्यय'

बन जाते हैं और इसी के साथ वे अपने पहले 'के' या 'से' परसर्ग का सहारा लेकर, 'सम्बन्धसूचक अव्यय' का कार्य करने लगते हैं—उत्तरवर्ती संज्ञा, विशेषण, क्रिया के साथ पूर्ववर्ती संज्ञा-सर्वनाम के सम्बन्ध को स्पष्टतर करते हैं। जैसे—

"घर में महिला-श्रम को मुफ्त और बाहर सस्ता बनाकर रखा गया है जिसके *कारण* अधिकतर स्त्रियाँ निर्धन और परजीवी बनी हुई हैं।", "बच्चे और स्त्रियाँ कुपोषण के *कारण* शिथिल हैं।"

इन वाक्यों में 'कारण' संज्ञा है जो आगे आनेवाले 'से' परसर्ग की विलुप्ति के बाद, सम्बन्धसूचक बन गया है।

कभी 'क्रियान्वयी अव्यय' भी अपना कार्य करते हुए सम्बन्धसूचकता रखता है। जैसे—"पेड़ के *ऊपर* रानी चढ़ी हुई है।", "उसे *भीतर* बुलाओ।", "अनमेल विवाह करनेवाले को समाज से *बाहर* निकाल दो।"

बहुत से 'संज्ञा-विशेषण' भी क्रिया-विशेषण या क्रियान्वयी अव्यय बनकर, सम्बन्धसूचक का कार्य करने लगते हैं। जैसे—"उत्पादन के साधनों पर औरतों का हक पुरुषों के *तुल्य* होना चाहिए।" (संज्ञा विशेषण)

"औरतें कब पुरुषों के *तुल्य* बनेंगी।" (क्रियान्वयी अव्यय बनकर सम्बन्ध-सूचक कार्य कर रहा है 'तुल्य')

हिन्दी में सहित, रहित, पूर्वक, पर्यन्त आदि भी किन्हीं मतों से सम्बन्धसूचक स्वीकार कर लिए जाते हैं; पर सत्य कुछ दूसरा है। 'सहित', 'रहित' तो कृदन्त विशेषण मात्र हैं। जैसे—"लिंग-भेद-*रहित* समाज हमारे संविधान का एक लक्ष्य है।", "वर्ण-व्यवस्था का *मूल-सहित* अन्त करना होगा।" 'पूर्वक' तो 'पूर्व' शब्दान्त बहुव्रीहि का अन्तिम टुकड़ा है। जैसे—'विधिपूर्वक', यानी विधि हो पूर्व में जिसके। 'पर्यन्त' भी इसी तरह बहुव्रीहि का अन्त्य भाग है। समग्रतः वास्तविक सम्बन्धसूचकों की संख्या सीमित है।

'वाक्यगत व्याकरणिक सम्बन्ध' मुख्यत: दो प्रकार के होते हैं—

(क) प्रातिपदिक का धातु (क्रिया) से [=कारकत्व]

(ख) प्रातिपदिक का प्रातिपदिक से [=शेष सम्बन्ध/स्वस्वामिभावादि सम्बन्ध]

'(क)' वाला सम्बन्ध छह भागों (=कारकों) में विभक्त होता है, पर '(ख)' वाले सम्बन्ध का वर्गीकरण नहीं किया गया है। (क) को व्यक्त करने के लिए संस्कृत में तीन साधन रहे हैं—

(i) द्वितीया से सप्तमी तक 6 कारक-विभक्तियाँ, (ii) द्वितीयादि विभक्ति+उपपद (कुछ अव्यय प्रातिपदिक व नाम) तथा (iii) द्वितीया विभक्ति+कर्मप्रवचनीय। (ii) व (iii) का उपयोग मुख्यत: (ख) वाले सम्बन्ध के व्यक्तीकरण के लिए होता है। पर, गौणतः वचन सहित सारे प्रातिपदिकार्थों को प्रकाशित करने के लिए भी होता है। (iii) सारे कारकों के लिए भी प्रयुक्त हो सकता है। वैसे (ख) के प्रकाशन

का मुख्यतम साधन 'षष्ठी विभक्ति' है। (ii) व (iii) गौण साधन है। '(क)' के लिए 'तिङ्' विभक्तियाँ भी आ सकती हैं, पर केवल कर्तृत्व, कर्मत्व के लिए; वह भी तब जब वे कारक-विभक्ति से उक्त न हों। 'उपपदों' के एक भाग 'कर्मप्रवचनीय' हैं। इन्हीं उपपदों के वंशज हिन्दी 'परसर्ग' हैं।[7]

हिन्दी में उक्त बातों को समझें। हिन्दी में 'तिङन्त' क्रियापद प्रायः न के बराबर हैं, इसलिए यहाँ 'कृदन्त+सहायक क्रिया' [या 'नाम+सहायक क्रिया'] से क्रिया-रचना होती है। तब, यहाँ एक खास प्रकार का सम्बन्ध और लक्षित होता है— (ग) क्रिया-घटक का क्रियाघटक से। जैसे—"रामेश पढ़ता रहता है" में 'ता' कृत् प्रत्यय 'पढ़' धातु को 'रह' धातु से जोड़ता है। ये धातु समकालिक, समानकर्तृक इससे होते हैं। इस प्रकार हिन्दी में चार प्रकार के 'व्याकरणिक सम्बन्ध' हैं—(1) *प्रातिपदिक का क्रिया* से। जैसे—रीता ने आम खाया। (इसमें 'ने' परसर्ग सम्बन्ध बनाता है।) (2) *प्रातिपदिक का प्रातिपदिक से।* जैसे—कुर्सी *के लिए* लकड़ी है। सोने *का* हार खो गया। (सम्बन्ध-प्रकाशक है—कथित जटिल परसर्ग 'के लिए' व तद्धित प्रत्यय 'का')

(3) *क्रिया का प्रातिपदिक से।* जैसे—तरन्नुम ने गिटार *बजाया*। सुलक्षणा पंडित गीत *गाती* हैं। (इन वाक्यों में क्रमशः 'आ' व 'ती' कृत् प्रत्यय हैं, जो 'बजाया' व 'गाती' क्रिया (घटक) का सम्बन्ध कर्म 'गिटार' व कर्ता 'सुलक्षणा पण्डित' से प्रकट कर रहे हैं। "आतंकवाद अब खत्म *हो*"—में 'ओ' तिङ् विभक्ति है, जो क्रिया को 'आतंकवाद' (जो कर्ता है) से सम्बद्ध कर रहा है।)"

(4) *क्रिया-घटक का क्रिया घटक* से। 'कृत्' प्रत्यय से यह सधता है।

कहा जाता है कि ये सम्बन्ध 'तद्धित प्रत्यय' व 'समास' से भी सधते हैं (जैसे—'*भारतीय जन; वन्य विहार* ' में तद्धित प्रत्यय हैं। 'धरती-पुत्री' में समास 'धरती' व 'पुत्री' को सम्बद्ध कर रहा है); परन्तु ये तो 'व्युत्पादन' में आते हैं। ये वाक्यस्थ शब्दों का सम्बन्ध कहाँ जोड़ते हैं। हाँ 'सोने का हार' का मामला थोड़ा भिन्न है। वह वाक्यान्तर्गत व्युत्पादन सी क्रिया से बना है।[8] यह पूर्व-व्युत्पन्न नहीं है, जैसा कि 'धरतीपुत्री'। इसी तरह 'पठनीय पुस्तक' में 'कृत् प्रत्यय' द्वारा साधित सम्बन्ध भी व्याकरणिक नहीं, बल्कि 'व्युत्पादन' के अन्तर्गत है।

इन्हीं सम्बन्धों को साधने के लिए कृत्, तद्धित प्रत्ययों के साथ 'सम्बन्ध सूचक अव्यय' आते हैं। (सम्बन्धसूचकों में शेष सम्बन्धसूचक 'प्रातिपदिक' से 'प्रातिपदिक' का सम्बन्ध साधते हुए, मुख्यतः कारकेतर अर्थ से और कभी-कभी कारकार्थ से भी सम्बद्ध होते हैं। 'परसर्ग' तो कारकार्थक ही होते हैं।)

हिन्दी ने 'सम्बन्धसूचक' नामक शब्द-भेद बहुत कठिनाई से खड़ा किया है, पर हिन्दी के विशेष गठन को देखते हुए यह करना जरूरी था। विभक्ति और

प्रत्यय से भिन्न 'सम्बन्धसूचक' नामक जो शब्द-भेद खड़ा किया गया (जिसमें 'परसर्ग' भी है), तो वह इसलिए कि इसके बिना भाषिक व्यवस्था की समुचित व्याख्या न हो पाती। प्रत्यय व विभक्ति से भिन्न, सम्बन्धकारी कर्मप्रवचनीय, उपपद आदि संस्कृत में भी थे; पर वहाँ यह भेद नहीं बनाया गया था। हिन्दी ने 'विभक्ति' से अलग 'परसर्ग' नामक तत्त्व विकसित कर लिया था, इस कारण के साथ अन्य व्याख्यात्मक संगतियों के लिए उसने इस शब्द-वर्ग का निर्धारण किया।

परसर्ग की विभेदकता, विभक्ति/प्रत्यय से

(1) 'विभक्ति' व 'प्रत्यय' सम्बद्ध शब्द से दूर या विश्लिष्ट नहीं रह सकते। 'परसर्ग' विश्लिष्ट तो रहता ही है, दूर भी रह सकता है। जैसे—

"*बेटे* ही *को* एवरेस्ट तक ठेला *जाता* है; बेटियाँ तो अपने दम पर उभर *आती* हैं।"

"महिला-स्वास्थ्य को प्रजनन-*स्वास्थ्य* ही *से* जोड़ देना कितनी अधूरी *सोच* है!"

"*यहूदियों* को अमानुषिक अत्याचार से *हिटलर* ही *ने* तो *मारा* था।"

"मैं *जाऊँ*, तो कोई फालतू बातें *करे* ही नहीं!"

इनमें 'बेटे' का परसर्ग 'को' विश्लिष्ट ही नहीं 'ही' से व्यवहित भी है। इसी प्रकार का व्यवधान 'प्रजनन-स्वास्थ्य ही से', 'हिटलर ही ने' में भी है। पर 'बेटे' में 'ए' विभक्ति, 'यहूदियों' में 'ओं' विभक्ति, 'जाऊँ' में 'ऊँ' एवं 'करे' में 'ए' विभक्ति संश्लिष्ट है। 'मारा' का 'आ' तथा 'जाती/जाता' का 'ती/ता' प्रत्यय भी संश्लिष्ट है। 'को' के विकल्प में 'ए' और षष्ठ्यर्थक—'रे' परसर्ग संश्लिष्ट है यह अपवाद है। फिर यदि 'का' को तद्धित प्रत्यय मानें, तो यह विश्लिष्ट प्रयुक्त होता है; यह भी अपवाद है।

(2) प्रातिपदिक विभक्तियाँ सभी नाम शब्दों, अव्ययों में लग सकती हैं। परसर्ग उसके दूसरी विभक्त्यन्त केवल (तिर्यक्) रूप के साथ लग सकता है। जैसे—

"*नेल्सन मंडेला* रंगभेद के खिलाफ लड़ते रहे।"

"*स्त्री* बुर्के में घुटती गयी।", "*स्त्रियाँ* घर के बचे-खुचे *खाने पर* गुजारा करती रहीं।"

"सरकारी *नीतियों ने* किसानों को मौत की सेज पर सुला दिया है।"

'नेल्सन मंडेला', 'स्त्री', 'स्त्रियाँ' परसर्ग हीन हैं, प्रथम दो में पहली विभक्ति एकवचन ('0' विभक्ति) लगी है, अन्तिम में पहली विभक्ति बहुवचन

('आँ') लगी है। 'खाने पर', 'नीतियों ने' या 'सेज पर' में परसर्गों का प्रयोग क्रमशः 'खाना' के दूसरी वि. एकवचनान्त रूप 'खाने', 'नीति' के दूसरी वि. बहुवचनान्त रूप 'नीतियों' तथा 'सेज' के साथ हुआ है।

(3) परसर्ग तभी लगता है, जब प्रातिपदिक विभक्ति के सिद्ध पद में अर्थ सम्बन्धी अपूर्णता रह जाए यानी अपूर्ण पदत्व रहे; अन्यथा परसर्ग नहीं लगता। विभक्ति तो सदा लगी ही रहती है। प्रातिपदिक विभक्ति से 'पद' की पूर्णसिद्धि केवल पहली वि. (ऋजु वि.) में होती है। हिन्दी में कर्ता और कर्म ही प्रातिपदिक विभक्ति मात्र से काम चला सकते हैं, शेष कारकों के लिए परसर्ग चाहिए ही चाहिए। जैसे—"महिलाएँ अपना वोट बैंक बनाएँ, तभी उनकी स्थिति सुधरे।"

"सावित्री हॉकी खेलती है।" "समीना को बाप ने ही बेच डाला।"

"जातियों पर प्रहार करो, तभी इन्सानियत जागेगी।"

"घोड़े से गिरकर वह जख्मी है।"

'महिलाएँ', 'स्थिति', 'सावित्री', 'इन्सानियत', 'वह'—ये सभी कर्ता और कर्म 'हॉकी' पहली वि. में हैं। इनका पदत्व पूर्ण है, अतः परसर्ग नहीं लगा। 'समीना को', 'बाप ने', 'जातियों पर', 'घोड़े से'—इनमें परसर्ग इसलिए लगा कि केवल 'समीना', 'बाप', 'जातियों', 'घोड़े' से पदत्व पूरा नहीं हो रहा था।

(4) परसर्ग-प्रयोग से मूल शब्द में विकार नहीं आता, विभक्ति से आता है। जैसे—"मुक्ति हेतु नारी को संघर्ष करना चाहिए, डरना नहीं चाहिए; *उसे* बेड़ियों के अलावा क्या खोने का डर है?" इस वाक्य में 'नारी' में 'को' परसर्ग तथा 'वह' में विभक्ति लगने के बाद 'ए' परसर्ग आया है। परसर्ग ने मूल शब्द में विकार नहीं लाया है; विभक्ति ने लाया है। 'नारी' में तो 'ए' विभक्ति जन्य विकार नहीं हो पाया। (प्रातिपदिक की विशेषता से), पर 'वह' का 'उस' विकार हुआ, तब 'ए' परसर्ग लगा। 'ए' ने विकार नहीं किया, वह तो महज सन्धि हो गयी कि उस+ए=उसे हो गया। एक अन्य उदाहरण से समझें। "*पोते* ने दादी की सेवा पढ़ाई छोड़कर की"—में 'पोता' को 'ने' परसर्ग ने नहीं, दूसरी वि. (एकवचन) 'ए' ने विकृत किया है।

(5) वाक्य में जब कारक-विशेष के रूप में कई शब्द (प्रातिपदिक) आ रहे हैं तो विभक्ति तो हर शब्द के साथ लगी होती है, परसर्ग केवल अन्तिम के साथ लगा होता है। वहीं से परसर्ग हर शब्द के साथ अपने जुड़ाव का अहसास कराता है। जैसे—

"जावेद, नलिनी और उस लड़के ने एक साथ स्केटिंग किया।"

'जावेद', 'नलिनी', 'उस लड़के' तीनों में 'दूसरी विभक्ति (एकवचन) 'ए' लगी है, जिससे प्रथम दो तो विभक्ति-लोप से अविकृत रहे, पर अन्तिम

में जबर्दस्त विकार आया—'वह' का 'उस' एवं 'लड़का' का 'लड़के' हो गया। तब, 'ने' परसर्ग सिर्फ अन्तिम में जुड़ा है। विशेषण-विशेष्य भाव हो तो सिर्फ विशेष्य के साथ परसर्ग आएगा, जबकि विभक्ति दोनों के साथ। जैसे—"नाटे लड़के ने कुश्ती जीत ली।" में 'नाटा' विशेषण एवं 'लड़का' विशेष्य दोनों के साथ 'दूसरी विभक्ति (एकवचन)' 'ए' लगी है; पर परसर्ग 'ने' सिर्फ विशेष्य (लड़का) के साथ है।

(6) परसर्ग लिंग, पुरुष, वचन से अप्रभावित एकरूप रहते हैं। प्रातिपदिक व धातु विभक्ति के साथ यह बात नहीं। प्रातिपदिक विभक्तियाँ कहने को तो हर लिंग के लिए समान हैं, पर एक ही विभक्ति के विकार हर शब्द में अलग-अलग दिखते हैं। जैसे—लड़का+ए=लड़के, लता+ए=लता—दूसरी वि. एकवचन 'ए' विभक्ति का विकार लिंग-प्रभावित है। 'तिङ्' विभक्ति तो पुरुष सापेक्ष भी होती है।—'रोशनी *जाए*'। तुम *जाओ*। मैं *जाऊँ*।—से स्पष्ट है। वचन-सापेक्षता तो प्रातिपदिक व धातु दोनों की विभक्तियों में होती है। प्रत्यय भी लिंग-वचनानुसार रूप बदलते हैं। जैसे 'जाता, जाते, जाती,' में क्रमशः ता, ते, ती प्रत्यय हुए।

इस प्रकार (i) व्यापार-भेद, (ii) रूप-भेद और (iii) अर्थ-भेद के कारण 'परसर्ग' की सत्ता विभक्ति व प्रत्यय से अलग मान्य हैं। ये वचनहीन हैं, जो असली अव्ययता का सूचक है। ये स्वतन्त्र सार्थक नहीं हैं तो क्या? 'ओर', 'भर', 'ही', 'भी', आदि क्या स्वतन्त्र सार्थक हैं, फिर भी अव्यय शब्द का दर्जा पाये हुए हैं? असली सम्बन्धसूचक अव्यय तो वे ही हैं, जो *'रिक्त'* हैं।[9] 'परसर्ग' को हमने सम्बन्धसूचकों का उपवर्ग बनाकर सही किया है। *'शेष सम्बन्धसूचकों' से 'परसर्ग' का अन्तर स्पष्ट है—*

(i) परसर्ग कुछ अपवादों को छोड़कर प्रातिपदिकों से अव्यवहित-अनन्तर प्रयुक्त होते हैं, परन्तु—'रे'/'से'/'के' परसर्गों का सहारा लिये बिना 'शेष सम्बन्धसूचक' प्रायः प्रयुक्त ही नहीं होते, यानी प्रातिपदिकों से ये सदा व्यवहित ही आते हैं। ये इन परसर्गों को अपने पूर्व रखकर आते हैं। किन्तु यदि पूर्वकालिक कृदन्त अव्यय प्रातिपदिक हो तो 'बिना' आदि कुछ शेष सम्बन्धसूचक बिना परसर्ग लिए अव्यवहित भी आ जाते हैं। जैसे—"यह कितनी मूढ़ क्रूरता है कि *जन्म को* श्रम-विभाजन का आधार बनाया जाए तथा इस *आधार पर* औरत का काम मर्द से अलग कर दिया जाए अथवा किसी खास *समूह को* मैला *ढोने पर* मजबूर किया जाए!"—इस वाक्य में इटैलिक अंशों को देखकर समझ सकते हैं कि परसर्ग प्रातिपदिक से लगे आते हैं। "पढ़े *बिना* पूछ नहीं होती।"
"पुरुष *के बिना* नारी का जीवन दूभर बताने वालों को यह क्यों नहीं

दिखता कि व्यवहार में नारी के बिना ही पुरुष का जीवन दूभर हुआ जाता है? तभी तो विवाह *के लिए* पुरुष की छटपटाहट अधिक देखने में आती है। नारी को विवाह से पराधीनता *के अलावा* मिलता क्या है? जेल के समान ससुराल, जेलर *के समान* सास-ससुर और सारी प्रतिभा, चाहत, यहाँ तक कि कपड़े पहनने की आजादी का भी क़त्ल—इन *के सिवा* स्त्री को क्या मिलता है विवाह से? अतः, इस मसले *के ऊपर* पुनर्विचार होना चाहिए।''—प्रस्तुत वाक्य-समूह में 'के बिना', 'के ऊपर', 'के लिए', 'के समान', 'के सिवा' में हम देख रहे हैं कि 'के' परसर्ग के साथ ही बिना, ऊपर, लिए, समान, अलावा, सिवा इन शेष सम्बन्धसूचकों का प्रयोग है।

यदि कहीं-कहीं 'कृष्ण-बिना राधा', 'नौकरी-बिना नारी' आदि प्रयोग दिखते हैं, तो ये समस्त-प्रयोग हैं। पर, 'देर तक', 'रात भर' आदि भी क्या 'समस्त' हैं? नहीं। 'तक' 'भर' आदि कुछ सम्बन्धसूचक तो परसर्ग लेते ही नहीं। (इनकी व्याख्या आगे 'पुनश्च' में है।)

(ii) परसर्ग सदा प्रातिपदिक के बाद ही आते हैं। शेष सम्बन्धसूचक कभी पहले भी आ जाते हैं। जैसे—*बिना* पढ़ाई के क्या जीना!''

(iii) परसर्ग प्रातिपदिक की पदत्व-सिद्धि में घटक बनते हैं (यानी, प्रातिपदिक+विभक्ति+परसर्ग=पद); पर 'शेष सम्बन्धसूचकों' से यह कार्य नहीं होता। यानी, परसर्ग वही भूमिका निभाने हेतु आता है, जो संस्कृत में विभक्ति निभाती थी। पर, शेष सम्बन्धसूचक के साथ यह बात नहीं। (वैसे परसर्ग के बिना भी कभी पदत्व सिद्धि केवल विभक्ति से हो जाती है। जैसे—*''राजेन्द्र* जाता है।'')

(iv) 'परसर्ग' सदा कारकत्व-सम्बन्ध के लिए आता है; 'शेष सम्बन्ध सूचक' प्रायः कारकेतर अर्थों में आता है। कभी-कभी कारकार्थक भी हो जाता है 'शेष सम्बन्धसूचक', पर यहाँ भी वह प्रातिपदिक का अन्य प्रातिपदिक से ही सम्बन्ध बताता है। जैसे—''भास्वती छत के ऊपर है।'' 'ऊपर', 'भास्वती' व 'छत' को सम्बद्ध कर रहा है। 'तेरे बिना भी क्या जीवन होगा?' यहाँ 'बिना' का अकारकीय प्रयोग है। ऐसा ही प्रयोग प्रायः होता है 'शेष सम्बन्धसूचक' का।

इस प्रकार, उपयोग की दृष्टि से प्रायः समान होकर भी 'प्रकार्य' व 'रूप' के भेद से 'शेष सम्बन्धसूचकों' से 'परसर्ग' अलग हैं। भाषा-विकास के इतिहास में जाने पर (असली) शेष सम्बन्धसूचकों और परसर्गों की उत्पत्ति के स्रोत समान ही नज़र आते हैं। जैसे—'उपरि' से 'ऊपर' और 'पर' दोनों विकसे हैं; 'मध्ये' से 'मध्य', 'में' दोनों विकसे हैं।

भाषा के आरम्भकाल में विभक्ति नहीं होती। बहुत हुआ तो स्वतन्त्र सम्बन्धसूचक शब्द होते हैं। वे ही घिसते-घिसते प्रत्यय बनकर साथ आये नाम शब्द के साथ संलग्न होके 'विभक्ति' का दर्जा पाते हैं। फिर, बाद में विभक्तियों से भी कुछ खास अभिप्रेत अर्थ नहीं निकल पाता तो कुछ अव्ययों को विभक्ति के अनन्तर रखा जाता है। संस्कृत में भी यह हुआ। जैसे—'कूपस्य उपरि' (कुएँ के ऊपर) रखा गया, क्योंकि 'कूपे' से यह सूक्ष्म आशय नहीं निकल रहा था। 'उपरि' की तरह ही 'कृते', 'तः', 'हेतोः' 'मध्ये', 'कारणात्' आदि भी लगते रहे। इन्हीं अव्ययों के घिसने से हिन्दी परसर्गों का विकास हुआ है। हिन्दी में चूँकि प्रातिपदिक वैभक्तिक रूपों की संख्या काफी कम हो गयी, अतः अर्थ की अपूर्णता या साकांक्षता बनी रही। इसी की पूर्ति के लिए या कारकत्व प्रदान करने के लिए परसर्गों की प्रायः अनिवार्यता हो गयी। संस्कृत में उक्त स्वतन्त्र अव्ययों का प्रयोग ऐच्छिक था; हिन्दी में (उनसे विकसे) परसर्गों का प्रयोग अनिवार्य सा हो गया।

हिन्दी के परसर्ग—ने, को/-ए, से, के/-रे, में, पर—ये ही हिन्दी में परसर्ग हैं। इनमें 'से' दो हैं—(i) करणार्थक 'से' (ii) अपादानार्थक 'से' तथा 'को' तीन हैं—(i) सम्प्रदानार्थक 'को', (ii) कर्मार्थक 'को' और (iii) षष्ठ्यर्थक 'को' जो खड़ी बोली के पूर्वी-प्रयोगों में दिखता है। (जैसे—"बहू *को* बच्चा होने वाला है, इसलिए उसके खान-पान, दवा, सेवा-टहल का पूरा ख्याल करो।") खड़ी बोली के पश्चिमी या मानक प्रयोग में 'को' नहीं, 'के' आता है—"बहू के बच्चा होने वाला है...") हाँ, कर्ता हेतु 'को' आता है—"हामिद को ईदगाह जाना है।" संश्लिष्ट '-ए' परसर्ग 'को' की जगह विकल्प से (तीनों अर्थों में) सर्वनामों के लिए आता है। जैसे—

"उसे/उन्हें/तुझे/तुम्हें/मुझे/हमें कपड़े क्यों देते हो?" (सम्प्रदान)

"उसे/उन्हें/तुझे/तुम्हें/मुझे/हमें मत मारो।" (कर्म)

"उसे/उन्हें/तुझे/तुम्हें/मुझे/हमें एक सन्तान है, लड़की; तो भी असन्तोष नहीं है।" (षष्ठ्यर्थक)

संश्लिष्ट '-रे' परसर्ग केवल मैं, हम, तुम, तू के लिए षष्ठ्यर्थक 'के' की जगह अनिवार्यतः (विकल्प में नहीं) आता है। जैसे—"मेरे/तेरे एक लड़की भर है; फिर भी खुशी से मैंने/तूने नसबन्दी करा ली है।"

'के लिए' कोई परसर्ग नहीं है; 'शेष सम्बन्धसूचक' 'लिए' का 'के' परसर्ग के सहारे से हुआ प्रयोग मात्र है। यही मैं, तू के प्रसंग में '-रे लिए' बन जाता है, क्योंकि '-रे' परसर्ग का सहारा लेता है। (जैसे—"शमा स्कूटर *के लिए* बेचैन है।", "*तेरे लिए* साड़ी नहीं, सलवार सूट या पैंट-शर्ट सुविधाजनक होगा।", "आलम ऑफिस के साथ घरेलू काम *के लिए* भी समर्पित है।" "गुरमीत ने

शोभना *के लिए* कम्प्यूटर खरीदा।''—इनमें प्रयुक्त 'के लिए' और '-रे लिए' से बात स्पष्ट है कि 'लिए' ही 'शेष सम्बन्धसूचक' है; न कि 'के लिए' परसर्ग।) 'के लिए' उसी प्रकार है, जिस प्रकार 'के हेतु', 'के निमित्त' आदि।

शेष सम्बन्धसूचक—''वाक्य में मुख्यतः 'शेष सम्बन्ध' (कारकेतर सम्बन्ध) की रचना करने के लिए आने वाले अव्यय हैं ये। प्रातिपदिक का अन्य प्रातिपदिक से सम्बन्ध बनाते हुए मुख्यतः कारकेतर अर्थ को साधते हैं, पर यदा-कदा उसी सम्बन्ध के द्वारा कारकार्थ को भी व्यक्त कर देते हैं।''

इनकी तुलना अँग्रेजी 'Preposition' तथा संस्कृत 'उपपद' व 'कर्मप्रवचनीय' से की जा सकती है। (वैसे, उपपद में अव्ययेतर नाम शब्द भी आते हैं।) ये पूर्णतः *'रिक्त'* (वस्त्वर्थ हीन) होते हैं तथा सिर्फ सम्बन्ध-प्रकाशन की क्षमता रखते हैं। कहीं पूर्णतः 'रिक्त' न दिख रहे हों, तो स्पष्टतः वे मूल या असली 'शेषसम्बन्धसूचक' नहीं होते, बल्कि 'स्थानीय प्रयोग' में आये अन्य वर्गीय शब्द होते हैं। हिन्दी में इनकी संख्या अत्यल्प है। 'बिना', 'बगैर', 'सिवा', 'अलावा', 'द्वारा', 'भर', 'पश्चात्', 'प्रति' आदि ही कुछ उदाहण प्राप्त हैं। शेष जितने उदाहरण कहे जाते हैं, वे अन्य वर्गीय शब्द हैं जो अपने बाद के परसर्ग के लोप से 'स्थानीय शेषसम्बन्धसूचक' बने होते हैं। जैसे—'आप के *कारण* (से)', 'प्रवीण के *साथ* (में)', 'हरीतिमा के आगे (में/से)', 'तेरे *चलते*,' 'मोहिनी के *निमित्त* (से)' आदि। इन उदाहरणों में 'चलते' को छोड़कर सभी नाम हैं। 'चलते' तो 'चलना' कृदन्त प्रातिपदिक के रूप 'चलने से' के 'से' की लुप्ति से बना रूप है। उसी तरह उपर्युक्त '(के) लिए' का 'लिए' भी 'लेने से', 'लेने को' आदि रूपों की परसर्ग-लुप्ति से बना कहा जा सकता है। फिर भी 'कारण', 'साथ' आदि से इनका अन्तर यह है कि इनका 'चलने (से)', 'लिए (से)' आदि रूप चलना सम्भव न था; जबकि 'कारण' (से) आदि रूप चलना सम्भव था। इसी से हमें मानना होगा कि 'लिए' 'चलते', भी वास्तविक 'शेषसम्बन्धसूचक' हैं, भले व्युत्पन्न सही। 'ओर', 'तरफ', 'बदौलत', 'मार्फत', 'अपेक्षा', 'निस्बत', 'भाँति', 'मानन्द', 'जगह' के पूर्व 'के' परसर्ग नहीं, बल्कि 'की' स्त्रीवाची प्रत्यय जुड़ता है। जैसे—''बच्चियों को फ्रॉक-सलवार *की अपेक्षा* शर्ट-हाफपैंट पहनाना ठीक रहता है।''

''अभी भी तमिलनाडु में दुकानों पर दलितों को स्टील-शीशे के गिलास *की जगह,* उपयोग-बाद फेंक दिये जानेवाले प्लास्टिक के गिलास दिये जाते हैं।''

''देविका रानी को पहला दादा साहेब फाल्के पुरस्कार किसी *की मार्फत* नहीं, उनकी मेहनत व प्रतिभा *की बदौलत* मिला।

''देश में हर घंटे दर्जन भर महिलाओं का बलात्कार! किस वहशीपन *की तरफ* हम जा रहे हैं?''

''ग्लोबल वार्मिंग की विकरालता से स्पष्ट है कि हम विनाश *की*

ओर जा रहे हैं।''

''स्त्री भी पुरुष *की तरह* कर्म-भोग व त्याग की अधिकारी है।''

इन वाक्यों में प्रयुक्त इटैलिक 'अपेक्षा' आदि शब्द विशुद्ध रूप से संज्ञा हैं, तभी तो लिंग की धारणा संलग्न है। (इनका लिंग भी अपना है, किसी की छाया नहीं।) अतः, ये '*स्थानीय* शेषसम्बन्धसूचक' भी नहीं है। 'की' पूर्ववर्त्ती शब्द से संयुक्त होकर वाक्यान्तर्गत ही व्युत्पादन सा कार्य कर रहा है—'पुरुष की' आदि की स्थिति विशेषणात्मक हो गयी है।

पुनश्च—'भर', 'तक', आदि कुछ 'शेष सम्बन्धसूचक' अपने पहले बिना परसर्ग रखे ही आते हैं। 'तक' कभी अपने सम्बद्ध प्रातिपदिक को विकृत करता दिखा है। जैसे—'रात भर' 'देर तक', 'किनारे तक', आदि। इसमें 'किनारा' को 'किनारे' बना देता है 'तक'; पर हर जगह यह बात नहीं। बिना परसर्ग के प्रयुज्य ऐसे शेष सम्बन्ध- सूचकों को सूचीबद्ध करना चाहिए तथा उन्हें एक उपश्रेणी में रखना चाहिए। पं. कामताप्रसाद गुरु ने 'परसर्ग के पीछे आनेवाले' सम्बन्धसूचकों को 'सम्बद्ध' श्रेणी में रखा था [जैसे—धन के बिना] और (परसर्ग-हीन) 'किनारे *तक*' आदि को संज्ञा ('किनारा') में हुई विकृति को लक्ष्य कर 'अनुबद्ध' श्रेणी में रखा।[10] परन्तु, उन्होंने 'सखियों-सहित' जैसे 'समस्त प्रयोग' को भी 'अनुबद्ध' श्रेणी में ही मान लिया। 'सखियों के सहित' ही समास द्वारा 'सखियों-सहित' हो गया है, वे यह न देख सके। साथ ही,उन्हें यह ख्याल भी न रहा कि 'सहित' कृदन्त विशेषण मात्र है, न कि सम्बन्धसूचक। एक जरूरी बात और। 'ऊपर' आदि ढेर सारे सम्बन्धसूचक हैं, जिनकी स्थिति पर विवाद होता रहता है कि ये सम्बन्धसूचक हैं कि क्रियान्वयी अव्यय। 'छत के ऊपर' में तो साफ सम्बन्धसूचक है, पर ''वह ऊपर उठ रहा है'' में क्रियान्वयी अव्यय। सही में किस वर्ग में होगा—सन्देह बना रहता है।

क्रियान्वयी अव्यय—क्रिया की विशेषता बतलानेवाले नामवर्गीय शब्दों (विशेषणों) को, हिन्दी-व्याकरण के चले आ रहे 'क्रिया विशेषण' नामक वर्ग से निकालने के बाद, उसमें जो *अव्यय* शब्द बच जाते हैं, उन्हीं के लिए 'क्रियान्वयी अव्यय' का वर्ग खड़ा किया गया है। ''राहुल के दोस्त अच्छा खेलते हैं।'', ''सैरन्ध्री *अच्छा* खेलती है।'', ''दिनेश सुन्दर गाता है।''—इनमें '*अच्छा*' व '*सुन्दर*' नामवर्गीय शब्द क्रिया के विशेषण हैं, पर अव्यय नहीं हैं। 'क्रियान्वयी अव्यय' कभी-कभी क्रिया की विशेषता भी बताते हैं जैसे—''ज्योत्स्ना *झट* चल पड़ी।'', ''मनोहर *अचानक* चौंक पड़ा।'' पर अव्यय होने से वे नामवर्गीय 'क्रिया-विशेषण' से अलग हैं। वैसे संक्षेप में कहा जाए तो 'क्रियान्वयिता' और 'अव्ययत्व'—ये ही उसकी मूल पहचानें हैं। जैसे—''अब मैं भी चुनाव लड़ूँगी।'' में 'अब' क्रियान्वयी अव्यय है, पर पहले इसे 'क्रिया विशेषण' कहा जाता था। पर, सवाल

है कि इससे क्रिया की विशेषता क्या ध्वनित होती है? यदि होती भी है, तो वह *'क्रिया-विशेषण'* न कहलाएगा, क्योंकि वह तो नामवर्गीय होता है; 'अब' तो अव्यय-वर्गीय है। इस तरह के ही शब्दों को हमने 'क्रियान्वयी अव्यय' की श्रेणी दी है।

ये, सम्बन्धसूचकों की तरह न प्रातिपदिकों व धातुओं का सम्बन्ध बतलाते हैं, न योजकों की तरह एकाधिक पदों/वाक्यों को जोड़ते ही हैं, बल्कि एक स्वतन्त्र अर्थ को प्रकट करते हुए सीधे क्रियान्वित रहते हैं, जैसा कि कारक पद क्रियान्वित रहता है। पर, ये अव्यय हैं, इनमें कारकत्व नहीं हो सकता; इसी से उनकी अपेक्षा अलग श्रेणी है इनकी। ये क्रिया या पूरे वाक्य को विविध अर्थ-छटाएँ देते हैं। इनकी एक पहचान और है—मौलिक रूप से वचनहीनता। ये कालवाचक [कल, तुरन्त, झट, उपरान्त, फौरन, सदा, अब, प्रायः आदि], स्थानवाचक [परे, जहाँ, कहाँ, ऊपर आदि], दिशावाचक [इधर, किधर आदि], रीतिवाचक [धीरे, बस, बिलकुल, शायद, हाँ, जी, जरूर, न, मत, ही, भी क्यों आदि] आदि होते हैं। 'निपात' नाम से चर्चित हाँ, मत, न, क्यों, जी, ही, भी आदि भी 'क्रियान्वयी' वर्ग में आते हैं। इन्हें 'निपात' कहना एक सुपरिचित पारिभाषिक शब्द के साथ खिलवाड़ है। यदि इनमें कुछ विशेषता नज़र आ रही है, तो अलग नाम से श्रेणीकरण हो सकता है, पर 'निपात' नाम से नहीं।

'क्रियान्वयी अव्यय' का सीधा अन्वय क्रिया से हो जाता है—यही पहचान है। यदि ऐसा न हो तो 'क्रियान्वयी अव्यय' अमान्य है। जैसे—पूर्वोक्त 'छत के ऊपर' वह गया। इसमें 'छत' से 'वह' का सम्बन्ध स्थापित कह रहा है 'ऊपर'। अतः 'शेष सम्बन्धसूचक' है। पर, ''वह ऊपर को जा रहा है'' में 'ऊपर' नामपद है। फिर, ''वह ऊपर उठेगा' में 'उठ' धातु को विशेष अर्थ-छटा प्रदान करते हुए 'ऊपर' सीधे क्रियान्वित है (और कारकता से भी हीन है); अतः यह 'क्रियान्वयी अव्यय' है।

'जब...तब (तो)' या 'यदि...तो' जैसे नित्यसम्बन्धी जोड़े 'क्रियान्वयी' के साथ कुछ क्रिया-विशेषण की भी भूमिका निभाते हैं और साथ में 'योजक अव्यय' का भी काम करते हैं। जैसे—

''*जब* हमारी बहनें-बेटियाँ मन से कपड़े तक नहीं पहन सकती हैं और न सड़कों-पार्कों में टहल सकती हैं, *तब* कैसे कहते हो कि देश स्वतन्त्र है?''

''*यदि* औरत को सशक्त करना है *तो* माँ बनने को उन्हें मजबूर करना छोड़ो।''

'आमने-सामने', 'आस-पास' आदि को पं. कामताप्रसाद गुरु ने 'संयुक्त क्रिया विशेषण' कहा था [हम 'क्रियान्वयी अव्यय' कहें], क्योंकि उनके मत से ये दो 'क्रिया विशेषणों' के संयोग हैं।[11] पर, असलियत है कि इन में दूसरा

शब्द ही कथित क्रियाविशेषण है, पहला तो अर्थहीन सहचर शब्द है।

योजक अव्यय—जो अव्यय एकाधिक वाक्यों, वाक्यांशों या पदों को जोड़ने का काम करते हैं, वे योजक कहलाते हैं। जैसे—

''जातिवाद *और* लिंगभेद हमारे समाज के परम्परागत कोढ़ हैं।'', ''सीता *या* राम आते हैं।''

''कौन जीतेगा? पुरुष टीम *कि* महिला टीम?'', ''सुरेन्द्र *अथवा* सुलेखा जाएगी।

''स्त्री सुविधार्थ बाल छोटे रखती है *तो* 'परकटी' कही जाती है; *परन्तु* पुरुष ऐसा करते हुए भी आज तक परकटा नहीं कहलाया। क्यों?''

''रोटी के लिए आदिकाल से औरत अपना जिस्म गिरवी रखती रही है, *लेकिन* हमारी महान् संस्कृति के कानों पर जूँ तक न रेंगी।''

''इधर सती-प्रथा को दण्डनीय अपराध बनाया गया *और* उधर सती मन्दिर के उत्सव में भीड़ बढ़ती जा रही है।''

''*चूँकि* सामाजिक-आर्थिक संरचना विषम है, *इसलिए* कमजोर समूहों के लिए आरक्षण की नीति लगायी गयी, *जो* वोट की गन्दी राजनीति का हथियार बनकर रह गयी है।''

''गाँवों से ज्यादा अन्धविश्वास शहरों में कहा जा सकता है, *क्योंकि* गाँवों में कौड़ी के भाव भी जिसे नहीं पूछा जाता, वही ज्योतिषी शहरों में लखपति हो जाता है।''

''वाणी कठोर अध्यवसाय में लगी हुई है, *ताकि* यू.पी.एस.सी. परीक्षा में उत्तीर्ण हो जाए।''

''अमर ने कितने ग्रन्थ पढ़े, *तो* भी उसे इन्सान-इन्सान की समता का ज्ञान न मिला।''

इन वाक्यों को देखें—'और', 'या', 'कि', 'अथवा', 'परन्तु', 'तो', 'लेकिन', 'चूँकि...इसलिए', 'क्योंकि', 'ताकि', 'तो भी' आदि कहीं दो पदों को जोड़ रहे हैं, कहीं दो मुख्यवाक्यों को, तो कहीं एक मुख्य वाक्य को आश्रित वाक्यों से जोड़ रहे हैं। ये ही योजक हैं।

कुछ सम्बन्धवाचक-नित्यसम्बन्धी विशेषण, क्रियान्वयी अव्यय एवं सर्वनाम भी योजक का कार्य कर लेते हैं। (उपर्युक्त 'यदि' वैसा ही क्रियान्वयी अव्यय है, जिसका जोड़ा 'तो' है।) जैसे—

''*जैसा* करोगे, *वैसा* भरोगे।'' (विशेषण)

''*जब* पुलिस व सेना में आधी महिलाएँ होंगी, *तभी* महिलाओं को निर्भयता महसूस होगी।'' (क्रियान्वयी अव्यय)

''*जो* भागकर गयी थी बहू बनने के लिए; *वह* शहर में लौट आयी, पर

वेश्या बनकर। यह कथा 'दिव्या' की ही नहीं, बल्कि हर लड़की की हो सकती है।''(सर्वनाम)

'योजक' जोड़ने का कार्य करता है; सम्बन्धसूचक 'सम्बन्ध बतलाने/बनाने' का। ये दोनों अलग बातें हैं। 'जोड़ना' अपेक्षाकृत बाह्य संरचना सापेक्ष है, 'सम्बन्ध बताना/ बनाना' अपेक्षाकृत आन्तर संरचना-सापेक्ष।

योजकों का व्याकरणिक वर्गीकरण करें तो दो श्रेणियाँ बनती हैं—

(क) सजातीय योजक

(ख) विजातीय योजक

तुल्यजातीय या परस्पर स्वतन्त्र खंडों (पदों, वाक्यांशों, वाक्यों) को जोड़ने वाले को 'सजातीय' तथा एक मुख्य वाक्य के साथ एक या अनेक गौण/आश्रित वाक्यों को जोड़ने वाले को 'विजातीय' योजक कहते हैं। 'कि', 'क्योंकि', 'जो कि', 'ताकि', 'अर्थात्' आदि विजातीय योजक हैं। और, एवं, या, वा, अथवा, पर, परन्तु, किन्तु, लेकिन, अतः, इसलिए आदि सजातीय योजक। वैसे इतना सीधा बँटवारा भी नहीं किया जा सकता। प्रयोगानुसार निर्धारित होगा कि कौन 'सजातीय' योजक है, कौन 'विजातीय'? जैसे—

''मैंने पूछा—रसेन्द्र जाएगा *कि* खलीक?'' (सजातीय योजक)

''यह बात भूलने की नहीं है, बल्कि गम्भीर विचार करने की है *कि* जिस आसानी से लड़के बस्ता उठाकर स्कूल चल पड़ते हैं, उस आसानी से लड़कियाँ नहीं।'' (विजातीय योजक है 'कि')

अनन्वयी (विस्मयादिबोधक) अव्यय—ये वाक्य की व्याकरणिक संरचना से बाहर, एक-दो शब्द में स्वतन्त्र वाक्यवत् स्थित होते हैं, जिनसे कोई घटना/व्यापार/वस्तु मूलक अर्थ नहीं निकलता; बस कोई मनोभाव द्योतित/ध्वनित होता है। ये मनोभाव के नाम नहीं होते, बस उसके द्योतक शब्द होते हैं। जैसे—'वाह!' शब्द किसी भाव का नाम नहीं है, वरन उत्साह-शाबासी के मिश्रित मनोभाव को ध्वनित करता है बस। (मनोभाव का नाम तो भाववाचक संज्ञा होती है।) अपने निकटस्थ या आगे पीछे के वाक्य से इन अव्ययों का उसी प्रकार सम्बन्ध होता है, जिस प्रकार किसी वाक्य का अपने पड़ोसी वाक्य से सम्बन्ध होता है। ये उन पड़ोसियों पर अपने ध्वन्यर्थ को डालकर उन्हें भी द्योतित करते हैं। वस्तुतः इनका इस्तेमाल ही इसलिए होता है कि किसी खास भाव के वाक्य का अर्थ ये उच्चस्तर पर ध्वनित करें या अपने अर्थ की कौंध में उस वाक्य को भी भासित करें।

इन मनोभावों में से एक 'विस्मय' को मुख्यता देते हुए, इस प्रकार के अव्ययों के समूह को 'विस्मयादि बोधक' कह दिया गया है। यदि इन्हें 'मनोभावद्योतक' कहा जाए तो व्युत्पत्यर्थ सही हो जाएगा। पर पारिभाषिक शब्द तो संकेतक भर

होते हैं, इस तर्क पर 'विस्मयादिबोधक' नाम गलत नहीं है। यह तकनीकी शब्द हो गया, 'आदि' लगने से।

'सम्बोधन बोधक' अव्यय इसी के हिस्से हैं—हे! हो! अरे! अरी! ओ! आदि। 'अरे' व 'अरी' में लिंग-सापेक्षता है, पर इनकी अव्ययता निर्बाध है। कारण अव्ययता की शर्त रूपायन-जन्य विकार से हीनता है। इनका तो 'रूपायन' क्या होगा? फिर भी ''अपदं न प्रयुंजीत'' की मर्यादा के रक्षार्थ माना जा सकता है कि रूपायन हुआ, पर विकृति नहीं आयी। व्युत्पत्ति की दृष्टि से ये दो तरह के प्राप्त हैं—(1) रूढ़— हे! रे! हा! उफ़! आदि। (2) यौगिक और संयुक्त—धन्य! बेशक! जय! अस्तु! हे राम! ओह गॉड! बाप रे बाप! आदि। (2) के अन्तर्गत अन्य शब्द भी स्थानीय तौर पर विस्मयादि बोधक बनकर आते हैं, उदाहरण प्रायः उन्हीं के हैं। ''हाय राम! आत्मा की बात करने वाले भारतीय इतने क्रूर व संकीर्ण कि बच्ची को गर्भ में ही मार डालते हैं!''—'हाय राम!' संयुक्त रूप है।

सन्दर्भिका

1. विस्मयादिबोधक अव्यय 'रे', 'अरे' लिंग-सापेक्ष परिवर्तित होते हैं—'री', 'अरी'।
2. 'कातन्त्र रूपमाला' में आयी 'अव्यय' की यह परिभाषा संशोधनीय है—

   ''सदृशं त्रिषु लिंगेषु सर्वासु च विभक्तिषु।
   वचनेषु च सर्वेषु यन्नव्येति तदव्ययम्॥''

   इस परिभाषा से 'लिंग' को निकाल कर कहना होगा—जो विभक्ति (कारक) व वचन से अविकृत रह जाए, वही अव्यय है। 'हिन्दी भाषानुशासन' के 625 वें पृष्ठ पर, डॉ. रामदेव त्रिपाठी ने 'वचनों में एकरूपता' को ही अव्यय का पूर्ण लक्षण माना, क्योंकि 'प्रातिपदिक विभक्ति' कृत परिवर्तन भी वे अव्यय में लक्षित करते हैं। जैसे—संस्कृत में अव्ययीभाव समासपद तृतीया, पंचमी, सप्तमी विभक्ति के कारण रूपान्तरित हुए हैं—अपदिशेन, अपदिशात्, अपदिशे। हिन्दी में भी वे 'किधर को', 'किधर से' आदि विभक्ति-कृत परिवर्तन के उदाहरण के रूप में पेश करते हैं। यहाँ हमारा स्पष्ट मत है कि ये विभक्ति नहीं, परसर्ग-योजन के उदाहरण हैं और परसर्ग-योजन के पश्चात् भी 'किधर' में कोई परिवर्तन न होना अव्ययत्व ही है। वैसे परसर्ग लगते ही 'किधर' तत्काल नाम बन गया, अव्यय रहा कहाँ?
3. डॉ. रामदेव त्रिपाठी ने उक्त प्रसंग में ही यह जानकारी दी कि संस्कृत के कुछ अव्यय द्वितीयादि विभक्ति-प्रतिरूपक हैं (जैसे—मन्दं, शनैः, चिराय, बलात्, चिरस्य, रात्रौ आदि) अथवा सही में अन्य विभक्त्यन्त (जैसे—पार्श्वे, दूरे आदि) अथवा कुछ अन्य विभक्त्यर्थों के प्रत्यय से व्युत्पन्न (जैसे—अधिकरणात्मक त्र, दा आदि से कुत्र, कदा आदि) होते हैं। फिर भी सिद्धान्ततः सब को 'प्रथमा विभक्त्यन्त पद' ही माना जाता है। ये अव्यय अपने उसी स्वरूप में अलग-अलग विभक्तियों के अर्थ अन्तर्भुक्त किए रहते हैं। जैसे—'कुतः' पंचमी विभक्ति का अर्थ लिए हुए है, तो कुत्र या कदा सप्तमी विभक्ति का। इसी से तदर्थ बोधक विभक्ति के लगाए बिना, अपने प्रथमान्त सिद्ध पद-रूप ['प्रातिपदिकार्थ-मात्रे' प्रथमा विभक्ति में सिद्ध पद-रूप] में ही अव्यय तत्-तत्

विभक्त्यर्थ देते हैं; जिससे वे 'रिक्त' से आगे बढ़कर सार्थक हो जाते हैं।

4. 'हिन्दी शब्दानुशासन', पृ. 252
5. 'विस्मयादिबोधक' द्वारा की गयी सहायता खास प्रकार की है, जिसका स्पष्टीकरण 'पद-वर्गीकण' में हुआ है।
6. 'प्रति' व्युत्पादक अव्यय होकर भी कभी सम्बन्धसूचक कार्य करता है। एक और 'प्रति' (संज्ञा) भी है। जैसे—किताब की कितनी *प्रतियाँ* छपेंगी?
7. इनका स्पष्टीकरण 'रूपायन' में मिलेगा। 'भाषा शब्द और उसकी संस्कृति 'पुस्तक में (पृ. 108) डॉ. अम्बाप्रसाद 'सुमन' ने लिखा है कि 'परसर्ग' शब्द का प्रथम बार प्रयोग डॉ. बाबूराम सक्सेना ने 'पोस्ट पोजीशन' के अर्थ में किया है।
8. 'पद-वर्गीकरण' में 'अव्यय-पद' देखें।
9. इन बातों के कारण, हम डॉ. रामदेव त्रिपाठी की निम्न प्रतिपत्ति को स्वीकारने की स्थिति में कतई नहीं हैं—''तद्धित और कृत् प्रत्ययों की भाँति ही प्रातिपदिक और धातु से किये गये विभक्ति-प्रत्यय भी सम्बन्धवाचक होते हुए भी प्रातिपदिक नहीं, इसलिए उनकी गिनती सम्बन्ध-वाचकों में नहीं की जाती।...अव्यय भी सभी प्रकृति, प्रातिपदिक ही हैं। प्रत्यय इनसे भिन्न जाति के शब्द हैं। 'का', 'को' आदि यद्यपि मूलतः प्रातिपदिकों से ही विकसित हैं, किन्तु हिन्दी में अब ये प्रत्ययवत् माने जा चुके हैं।'' ('हिन्दी भाषानुशासन', पृष्ठ-642) ध्यातव्य है कि त्रिपाठी जी 'परसर्ग' की जगह 'विभक्ति-प्रत्यय' शब्द प्रयुक्त कर रहे हैं।
10. 'हिन्दी-व्याकरण', पृष्ठ 133-134
11. 'हिन्दी-व्याकरण'
12. गुरु जी ''कृष्ण और बलराम गये'' में 'और' को दो पदों का नहीं, दो सिकुड़े वाक्यों (''कृष्ण गये'' और ''बलराम गये'') का योजक बताते हैं। पर, यह प्रतिपादन भ्रान्त है। तब तो ''कृष्ण-बलराम गये'' के द्वन्द्व समास 'कृष्ण-बलराम' को भी न मानकर उक्त दो सिकुड़े वाक्यों का जोड़ बताया जा सकता है। तब, 'समास' की धारणा ही व्यर्थ हो गयी।
13. गुरु जी ने भ्रमित होकर इन्हें सम्बोधन कारक की विभक्तियाँ कह दिया था। (हिन्दी-व्याकरण, पृ. 187)

अध्याय-11

व्युत्पादन

व्युत्पादन व्याकरण का वह अंग है, जिसमें व्युत्पन्न या यौगिक शब्दों का प्रकृति-प्रत्यय-परक रहस्य उद्घाटित करते हुए, उनकी बनावट समझाई जाती है। वैयाकरण उनकी बनावट समझाने के लिए, उन्हें ऐसे घटकों में वियोजित करना चाहता है, जो भाषा-प्रवाह में कहीं न कहीं सार्थक शब्द के रूप में प्रयुक्त देखे जाते हैं, अथवा उनके अर्थ को नवाकार देने के लिए साँचे का काम करते पाये जाते हैं।

हिन्दी-व्याकरण के महान् व्यवस्थापक पंडित कामताप्रसाद गुरु ने व्याकरण के इस अंग को 'व्युत्पत्ति' कहा था। पुरानी भाषा में इसे 'निरुक्ति' या 'निर्वचन' कहा गया है। मूलतः यह 'व्याकरण' का विषय न होकर अलग शास्त्र (सम्प्रदाय) 'निरुक्त' का विवेच्य है; पर कई कारणों से अब यह 'व्याकरण' का अंगीभूत हो चुका है। चूँकि धीरे-धीरे 'निरुक्त'-सम्प्रदाय विरल होता गया, इसी से उसका विवेच्य विषय व्याकरण के ही जिम्मे आ गया। पर, इससे गहरा कारण भी है, जिससे यह व्याकरणांग बना। शब्दों की व्युत्पत्ति समझ लेने पर उनकी रूप-रचना (रूपायन) को भी समझना आसान होता है; क्योंकि व्युत्पत्ति का कुछ-न-कुछ असर 'रूपायन' पर पड़ता है। (जैसे—'बुढ़ापा' व 'स्नेहलता' दोनों आकारान्त होकर भी अलग-अलग रूप-रचना रखते हैं, तो उसका कारण इनकी लिंगगत स्थिति में अन्तर होना है। 'राजा' और 'लड़का' का लिंग समान है, और दोनों आकारान्त भी है, पर वे अलग रूपायन रखते हैं, तो कारण है इनका उद्गम/स्रोत का भिन्न-भिन्न होना। ये दोनों उदाहरण व्युत्पत्ति-क्षेत्र के हैं।) दूसरी बात, व्याकरण के व्युत्पत्ति-विचार से व्यावहारिक क्षेत्र में भी लाभ पहुँचता है। उसकी मदद से, उसके विवेचित ढंग पर ही, समाज की नितसम्भूत आवश्यकताओं के अनुसार नये-नये शब्द गढ़े जाते हैं अथवा अवचेतन में स्वतः गठित होते रहते हैं। किसी शब्द के प्रत्यय की पहचान के बाद भी लिंग की सूचना मिलती है, जिससे रूप-रचना करने में सहायता होती है। इन लाभों या उपयोगों के लिहाज से 'व्युत्पादन' का व्याकरण का अंग बनना तय था। फिर भी, यह सतत ध्यातव्य

है कि यह व्याकरण का गौण अंग है। मुख्य अंग है—भाषा-प्रयुक्त पदों-वाक्यों की प्रयोग-रीति का विश्लेषण एवं उनका वर्गीकरण; उन प्रयोगों में निहित किसी नियम का अनुसन्धान करना और इन सब के जरिये भाषा-व्यवस्था को एक तर्कसंगत व्याख्या में प्रस्तुत करना—यानी, 'वर्गीकरण' व 'रूपायन' ही असली व्याकरण हैं।

हम जानते हैं कि भाषा में शब्द (प्रकृति) नहीं पद चलते हैं। जैसा कि पूर्वविवेचित है, भाषा में चलते एक जैसे कुछ पदों को देखकर वैयाकरण उनकी चलनरीति को समझने-समझाने के लिए, उनमें एक सामान्य शब्द-तत्त्व कल्पित करता है, जिसे 'प्रकृति' (शब्द) कहते हैं। पर, यह कल्पना निराधार नहीं होती, बल्कि उन एक जैसे पदों में ध्वनि-स्तर पर उसकी प्राप्ति किसी न किसी रूप में होती है। जैसे—सम्पादिकया, सम्पादिका:, सम्पादिके, सम्पादिकान्, सम्पादिकासु, सम्पादिकानाम्—आदि एक समान दृश्यमान पदों में सर्वनिष्ठ (कॉमन) शब्द तत्त्व 'सम्पादिका' की कल्पना कर उसे इन पदों का मूल या 'प्रकृति' कहा गया, जिसे हम 'शब्द' कहते हैं। फिर इन पदों में जो 'सम्पादिका' के अलावा ध्वनि/वर्ण-अंश हैं, उन्हें विवेचित करने के लिए 'विभक्ति' नामक तत्त्व की कल्पना की गयी और हर पद को 'प्रकृति + विभक्ति' के रूप में समझाया गया। हिन्दी के पदों को लेकर समझते हैं। कामवाली, कामवालियों (ने), (हे!) कामवालियो!, कामवाली (ने), कामवालियों (पर) आदि पद वाक्य-प्रयुक्त दिखे, तो एक सर्वनिष्ठ शब्द तत्त्व 'कामवाली' निकाला गया। यही प्रकृति (शब्द) है। *'विभक्ति' (व परसर्ग)* की भी विवेचना हुई तो हर 'पद' 'प्रकृति+विभक्ति' के रूप में पाया गया। प्रकृतियों में कई ऐसी भी पायी गयीं, जिनका विश्लेषण करने पर कुछ और सरल या मूल प्रकृतियों की प्राप्ति सम्भव हुई। तभी, उन प्रकृतियों यानी शब्दों को यौगिक (व्युत्पन्न) मानकर विश्लेषित किया जाने लगा। यानी, 'व्युत्पादन' की शुरुआत हो गयी यौगिक प्रकृतियों (शब्दों) को विश्लेषित करने पर जब उनका संघटन एकाधिक सरल प्रकृतियों (यानी, प्रकृति + प्रकृति...) के रूप में पहचान लिया गया, तब तो कोई समस्या नहीं आयी; परन्तु कोई-कोई ऐसी यौगिक प्रकृतियाँ भी मिलीं जिनकी घटक एक 'सरल प्रकृति/ (मूल/रूढ़ शब्द)' की पहचान कर लेने पर भी उनमें कुछ शब्दांश बचा रह गया। तब उन बचे शब्दांशों के विवेचनार्थ 'प्रत्यय' तत्त्व की कल्पना की गयी। अर्थात्, 'यौगिक प्रकृति=सरल प्रकृति+प्रत्यय' समझाया गया। (पूर्वोक्त, 'प्रकृति+प्रकृति...' के रूप में यौगिक प्रकृति के संघटन की भी अलग नाम से व्याख्या हुई 'समास'।) 'प्रकृति' को अर्थ का आधार माना गया और प्रत्यय उसके अर्थ-व्यापार को स्पष्ट करने या उसके अर्थ को नये साँचे में ढालकर परिवर्तित करने वाला तत्त्व माना गया। ('बाल+क=बालक में प्रत्यय 'क' उसी अर्थ को स्पष्ट करता है; जो 'बाल' में है। पर, बूढ़ा+आपा=बुढ़ापा

में प्रत्यय अर्थ बदल देता है।) यानी, जो एक प्रकृति से दूसरी प्रकृति बना दे, वह 'प्रत्यय'। हमने समझाने के लिए जो शब्द लिया था 'काम वाली', वह यौगिक शब्द है, उसे 'काम+वाली' से व्युत्पन्न ठहराते हैं।—'काम' मूल या रूढ़ प्रकृति (शब्द) है, 'वाली' प्रत्यय। अब 'काम' को नहीं तोड़ा जा सकता यह मूल है, जो बस रूढ़ है—खास अर्थ में प्रसिद्ध होकर परम्परा से चल रहा शब्द।

एक विचार से 'प्रकृति' ही नहीं प्रत्यय भी सार्थक है [—यानी, वह भी मूल शब्द है। वैसे 'रूढ़ प्रकृति' व 'प्रत्यय' को आज 'रूपिम' कहते भी हैं।][1] क्योंकि ऐसा न होता तो प्रत्यय मूल प्रकृति का अर्थ परिवर्तित कैसे करता? तर्क सही है। पर, प्रत्यय की सार्थकता का स्तर प्रकृति से अलग तरह का है, जो उपर्युक्त है। अर्थ का मुख्याधार होने से 'प्रकृति' को ही आमतौर पर 'शब्द' कहा गया; प्रत्यय को 'शब्दांश'।

हम जान चुके हैं किसी भाषा में शब्द (प्रकृति) दो तरह के होते हैं—

(क) रूढ़ (अव्युत्पन्न) (ख) यौगिक (व्युत्पन्न)

'यौगिक' वे शब्द हैं, जिनके निर्मायक घटकों को भाषा में प्रचलित अन्य सार्थक शब्दों (व शब्दांशों) के रूप में पहचान लिया गया है। ('शब्दांशों' का प्रयोग सरल/मूल प्रकृति के बाद बचे अंशों यानी प्रत्ययों के लिए किया गया है जो सार्थक प्रकृतियों के अर्थ को नवाकार देते हुए अपनी सार्थकता सिद्ध करते हैं।) यदि किसी शब्द के वियोजित अंशों को, भाषा में प्रचलित किन्हीं सार्थक शब्दों (व शब्दांशों) के रूप में न पहचाना जा सका हो, तो वह शब्द 'रूढ़' कहलाता है। इससे स्पष्ट हुआ कि 'कोई शब्द रूढ़ है या यौगिक?'—यह हमारी जानकारी या जड़मूल खोजने के हमारे प्रयास की सफलता के सापेक्ष परिभाषित है।[2] व्याकरण ने सिर्फ यौगिक शब्दों में व्युत्पादन दिखलाने का जिम्मा लिया है (यद्यपि अंशतः यह भी व्याकरण-बाह्य विषय ही है)। पर, रूढ़ शब्दों के जड़ मूल का पता लगाने की कोशिश व्याकरण-बाह्य चीज है। हाँ, भाषाविज्ञान यह कर सकता है। 'भाषाविज्ञान' के पूर्वस्रोतों में से एक (लगभग मूल) स्रोत 'निरुक्त' के आधार पर यास्कपूर्व जो 'नैरुक्त सम्प्रदाय' था, वह सभी शब्दों को 'व्युत्पन्न' मानता था (वहाँ भी धातु से व्युत्पन्न)। इसलिए, उसका निर्देश था कि हर शब्द की व्युत्पत्ति का पता लगाना चाहिए तथा दुरूह से दुरूह शब्द को भी छोड़ना नहीं चाहिए बल्कि अनुमान से या कल्पना से, जैसे भी हो, उसकी प्रकृति-परक व्युत्पत्ति कर देनी चाहिए। परन्तु, वैयाकरण व्युत्पत्ति के लिए इतने अतिवादी आग्रह से ग्रस्त नहीं होता। वह 'अव्युत्पन्न' यानी 'रूढ़' शब्दों की भी सत्ता मानता है। आधुनिक भाषाविज्ञान तो ध्वनि-परिवर्तन या शब्द-विकास की ऐतिहासिक स्थिति के लिहाज से हर (यौगिक या रूढ़) शब्द को समझता-समझाता है; परन्तु 'निरुक्त' प्रकृति-

प्रत्यय कल्पना के द्वारा हर शब्द को समझता-समझाता रहा। इस प्रयास में उसे रूढ़ शब्दों के लिए कई कोरी काल्पनिक व्युत्पत्तियाँ भी करनी पड़ीं।[3] 'व्याकरण' ने निरुक्त के विषय ('व्युत्पत्ति') को ग्रहण कर भी, रूढ़ शब्दों की व्युत्पत्ति के द्रविड़ प्राणायाम से स्वयं को दूर रखा और सिर्फ यौगिक शब्दों की 'वैज्ञानिक व्युत्पत्ति' दिखलाने का कार्य किया। 'वैज्ञानिक व्युत्पत्ति' से हमारा आशय उस व्युत्पत्ति से है, जो ध्वनि-परिवर्तन की वास्तविक स्थिति को ध्यान में रखकर किया जाए। जैसे—'धारक' 'धृ' धातु में 'अक' प्रत्यय लगने से बना, ऐसा समझाना वैज्ञानिक व्युत्पत्ति है; कारण कि 'धृ' का ध्वनि-परिवर्तन 'धार' हो सकता है। वास्तविक ध्वनि-परिवर्तन के लिहाज से ही 'प्रत्यय' व 'प्रकृति' कल्पना करना 'वैज्ञानिक व्युत्पत्ति' है। परन्तु, 'पति'+'नुक' (प्रत्यय) से 'पत्नी' को सिद्ध करना वैज्ञानिक व्युत्पत्ति नहीं है,[4] इसलिए 'प्रत्यय' कल्पना भी यहाँ व्यर्थ है। प्रत्यय-कल्पना तभी उचित है जब कथित मूल शब्द से कथित व्युत्पन्न शब्द तक की यात्रा ध्वनि-परिवर्तन के किसी (वास्तविक या सम्भाव्य) नियम/प्रवृत्ति के रास्ते हुई दिखे। भाषाविज्ञान प्रत्यय-प्रकृति की कल्पना नहीं करता, बल्कि वह सीधे ध्वनि-परिवर्तन/शब्द-विकास के जरिये शब्द के जड़-मूल को स्पष्ट करता है। 'व्याकरण' भाषा-परिवर्तन को तत्काल स्थिरीभूत मानकर, शब्दों में प्रकृति-प्रत्यय की कल्पना कर उनकी 'व्युत्पत्ति' दिखा देता है।

व्युत्पत्ति करते समय, 'प्रत्यय' का निर्धारण सावधानी से करना चाहिए। 'प्रकृति' का निश्चय करने के बाद, बचा शब्दांश यदि कई अन्य शब्दों में भी प्राप्त हो, तभी उसे प्रत्यय-विशेष के रूप में मान्यता देनी चाहिए। सिर्फ एक शब्द के लिए प्रत्यय-कल्पना व्यर्थ है। ऐसी स्थिति में व्युत्पत्ति दिखलाने की अपेक्षा, उसे अव्युत्पन्न (रूढ़) मान लेना चाहिए और उसके ऐतिहासिक विकास या उसे क्षेत्रीय (देशज) दिखलाने का दरवाजा खुला छोड़ देना चाहिए। ('व्युत्पत्ति' यथासम्भव ऐतिहासिक और 'प्रकृति-प्रत्यय' कल्पना ध्वनि-शास्त्रीय नियमों के सापेक्ष होना चाहिए।) जैसे—'आत्मनः' शब्द के 'नः' से पं. किशरीदास वाजपेयी ने सम्बन्ध-प्रत्यय 'न' का विकास बताया, जो कि 'अपना' शब्द में प्राप्त है।[6] सवाल है, केवल एक शब्द 'अपना' के लिए 'न' प्रत्यय की कल्पना करना क्या जरूरी था? उसे सीधे-सीधे 'आत्मनः' का विकास दिखलाया जा सकता था। इसी तरह, पं. कामताप्रसाद गुरु ने 'दिवाली' में 'आली' प्रत्यय माना तथा 'छिलका' शब्द में 'छील' धातु+'का' प्रत्यय की प्रक्रिया बतलायी। केवल एक-एक शब्द के लिए 'आली' तथा 'का' प्रत्यय! 'छिलका' देखकर वैयाकरण ने यदि सार्थक शब्द के रूप में 'प्रकृति' का अनुमान लगा लिया—'छील', तो भी बचा अंश 'का' को उसे तब तक प्रत्यय नहीं ठहराना है, जब तक और ऐसे ही शब्दों में उसकी प्राप्ति

न हो। यदि ऐसा नहीं है, तो उसे व्युत्पत्ति का धन्धा छोड़कर यह सम्भावना खुली छोड़ देनी चाहिए कि 'छिलका' रूढ़ शब्द है—संस्कृत 'शल्क' से विकसित। किन्तु यह कहने का मतलब यह नहीं है कि वैयाकरण का काम शब्द-विकास दिखाने में लग जाना है। वैसे ढेर सारे हिन्दी शब्द संस्कृत, अपभ्रंशादि के शब्दों के ध्वनि-परिवर्तन के कारण विकसित हो सकते हैं; परन्तु हिन्दी में एक प्रकार के अन्त्यांश वाले ऐसे शब्दों की एक लड़ी बन जाती है (और भाव की दृष्टि से भी वे एक ही कोटि में हों), तो वैयाकरण ऐसे शब्दों की विकास-कथा को नज़रअन्दाज कर, प्रत्यय-कल्पना कर सकता है। जैसे—भले '*पछतावा*' संस्कृत '*पश्चात्ताप*' से, '*बहनोई*' संस्कृत '*भगिनीपति*' से, '*बिछौना*' संस्कृत '*विच्छादन*' से, '*कसौटी*' संस्कृत '*कषपटी*' से अथवा 'कहानी' संस्कृत '*कथानिका*' से विकसित हुआ प्रतीत हो; परन्तु वैयाकरण चाहे तो इनमें क्रमशः 'आवा', 'ओई', 'औना', 'औटी' व 'ना+ई' प्रत्ययों की कल्पना कर सकता है। शर्त यही है कि इन प्रत्ययों की प्राप्ति अन्य शब्दों में भी दिखे अथवा इनसे नये शब्दों की रचना की सम्भावना बने। प्रत्यय-कल्पना कोई जरूरी नहीं कि संस्कृत के अन्धानुकरण पर हो। वह हिन्दी भाषा में स्वतन्त्रता से भी हो सकती है। बस, प्रत्यय-निश्चय की शर्त का कड़ाई से पालन होना चाहिए। **'प्रत्यय'-निर्धारण करने या प्रत्ययता की कसौटी है**—(i) स्वतन्त्र-प्रयोग क्षमता का अभाव तथा (ii) एक साथ कई शब्दों में प्राप्ति अथवा नवीन शब्द-निर्माण की क्षमता।[7] यानी, एक प्रकृति को अन्य प्रकृति में बदलने की क्षमता।

पाणिनि-मत से 'मात्र' तद्धित प्रत्यय है और कात्यायन-मत से 'गुण ग्राम' का 'ग्राम' भी प्रत्यय है। परन्तु, हिन्दी में ये स्वतन्त्र प्रयुक्त होते हैं, अतः प्रत्यय नहीं माने जा सकते। हिन्दी जो 'सहस्र मात्र' आदि समास बना लेती है, उसे संस्कृत में हम नहीं पा सकते क्योंकि वहाँ मात्र प्रत्यय है। संस्कृत में 'ध्यानपूर्वक' आदि समस्त पद हैं—'ध्यान हो पूर्व में जिसके' (बहुव्रीहि)। पर, हिन्दी में 'पूर्वक' स्वतन्त्र प्रयुक्त नहीं होता और इसकी स्थिति प्रत्ययवत् ही है।[8] इस प्रसंग में अमरकोशकार का ध्यान आता है, जिन्होंने कई ऐसे यौगिक प्रातिपदिक गिनाये हैं, जो केवल समास के उत्तरखंड के रूप में प्रयुक्त हैं—निभ, संकाश, प्रतीकाश आदि। हिन्दी में भी ऐसे ढेर सारे शब्द/शब्दांश हैं, जो प्रत्यवत् प्रयुक्त होते हैं। जैसे—'आस्पद', 'तः' 'गम', 'ज', 'आढ्य', 'कर' 'कार', 'कालीन', 'ग', 'घ्न', 'जीवी', 'द', 'दायक', 'धर', 'धार', 'स्थ', 'ज्ञ', आदि।[9] ये भी समास के उत्तरखंड के रूप में आते हैं, पर स्वतन्त्र प्रयुक्त नहीं होते। इनके साथ 'पूर्वक' को भी **'प्रत्ययाभास'** कह सकते हैं। [इनसे बने समस्त पदों को '*नित्यसमास*' कह सकते हैं।]

प्रत्यय निर्धारित करते समय भी ध्यान रखना चाहिए कि एक ही प्रत्यय

जब अनेक अर्थों में आए, तो उसे एक ही प्रत्यय नहीं मानेंगे। प्रकार्य-भेद से कोटि-भेद होगा। (''*सोना* को *सोना* है'' में एक ही शब्द 'सोना' है, पर पहला संज्ञा, दूसरा क्रिया-घटक। इसी तरह प्रत्यय-निर्धारण में भी सोचना है।)

इस तरह कभी एक ही शब्द में दो प्रकार की प्रकृतियाँ तय की जा सकती हैं, तब प्रत्यय की जाति भी बदल सकती है। जैसे—'शिक्षक' शब्द को 'शिक्षा' से भी सिद्ध कर सकते हैं, 'शिक्ष्' धातु से भी। दोनों की प्रत्यय-कोटि क्रमश: 'तद्धित' व 'कृत्' होगी। प्रथम व्युत्पत्ति का अर्थ 'शिक्षाशास्त्र' का जानकार होगा; द्वितीय का अर्थ होगा सिखानेवाला।

भाषान्तर से आगत शब्दों की मूलभाषागत व्युत्पादन-रीति की चर्चा भी हिन्दी व्याकरण में अक्सर जरूरी हो जाती है; क्योंकि शब्द-निर्माण में उनकी उस रीति का प्रचलन कभी-कभी दिख जाता है। हिन्दी के संस्कृतागत शब्दों की 'व्युत्पत्ति' दिखलाना तो खैर निहायत जरूरी है क्योंकि नये पारिभाषिक शब्द तो लगभग शत-प्रतिशत उसी पर बनते हैं तथा और भी प्रचलित शब्द बनते हैं। साथ ही, अन्य भाषागत शब्दों की मूलभाषागत व्युत्पत्ति का भी हिन्दी में उपयोग दिख जाता है। जैसे—फ़ारसी प्रत्यय 'वार' व 'दार' का खूब इस्तेमाल हिन्दी-व्युत्पत्ति में हो रहा है। जैसे—भाषावार, प्रान्तवार, तिथिवार, देनदार, रसदार, बटनदार आदि। भाषान्तरीय शब्दों की मूलभाषागत प्रकृति-प्रत्यय-स्थिति की चर्चा इसलिए भी आवश्यक हो जाती है कि उन शब्दों के लिंग-निर्णय में सहारा मिलता है, जब उनके प्रत्यय चिह्नित कर लिए जाते हैं। इस व्युत्पत्ति-चर्चा की जरूरत समझते हुए यह भी ध्यातव्य है कि संस्कृत कृदन्तों की व्युत्पत्ति 'संस्कृत धातुओं' से प्रत्यय जोड़कर जो दिखाया जाता है, उनमें से सिर्फ 'प्रत्यय' को हिन्दी अपने नये शब्द-निर्माण के लिए चुन लेती है। कारण 'शास्' 'लिख्' आदि धातु हिन्दी के किस काम के? 'शासन' में से 'ल्युट्' (अन) प्रत्यय लेकर हिन्दी ताड़न, झाड़न आदि शब्द बना सकती है; पर 'शास्' धातु उसके किस काम का? हिन्दी व्युत्पत्ति में 'शास्' आदि की क्या भूमिका? पर चर्चा जरूरी है, क्योंकि तभी हिन्दी विद् जरूरत पड़ने पर पारिभाषिक शब्द बनाने हेतु, संस्कृत-लोक में जाकर एक नया शब्द व्युत्पादित करेगा। फिर हिन्दी में उसे ले आएगा। मतलब, 'लेखक' आदि के तर्ज पर संस्कृतधातुओं से ही नये शब्द बनेंगे, वे ही पारिभाषिक बनेंगे। ऐसा ही सम्बन्ध है हिन्दी का संस्कृत से। हम कर क्या सकते हैं?

हिन्दी में 'व्युत्पत्ति' का विचार करते हुए, कुछ लोग व्युत्पत्ति का अर्थ-विस्तार कर देते हैं। उनके मत से हिन्दी शब्द-भंडार के बढ़ने के जितने रास्ते हैं, सब 'व्युत्पत्ति' के अन्तर्गत ही विवेच्य हैं।[10] वे प्रत्यय-उपसर्ग एवं समासप्रक्रिया से व्युत्पत्ति के अलावा 'आदान' (आयात) को भी व्युत्पत्ति का ही अंग मानते हैं। यहाँ तक कि 'संक्षेप समुच्चयन' (abbreviation) [जैसे—शुक्ल दिवस > सुदी;

दक्षेस; जनवादी महिला संगठन > जमस; बहुजन समाज पार्टी > बसपा ; जनवादी लेखक संघ > जलेस आदि] को भी 'व्युत्पत्ति' के अन्तर्गत ही गिनते हैं। दूसरी भाषा के शब्दों के नमूने लेकर अपनी भाषा के रूपिम रखकर, जो प्रतिशब्द गढ़े जाते हैं (जैसे—News-paper > समाचार-पत्र; वातावरण, पर्यावरण, आदि); वे तो स्पष्टत: 'व्युत्पत्ति' ही हैं, पर अलग से नहीं, समास-प्रक्रिया में ही विवेच्य हैं। परन्तु, पुराने शब्दों का नये अर्थ में प्रयोग [जैसे—'जवान' का प्रयोग 'सैनिक' के लिए; 'क्रान्ति' (=लाँघना) का प्रयोग 'इन्कलाब' के लिए; 'किन्नर' का 'हिजड़ा' के लिए प्रयोग] या किसी शब्दवर्गीय शब्द का अन्यवर्गीय संक्रमण (Conversion) को 'व्युत्पत्ति' का अंग नहीं माना जा सकता।[11] इसी प्रकार, कुछ लोगों द्वारा 'सन्धि' को 'व्युत्पत्ति' की ही एक प्रक्रिया बतलाया जाना भी अमान्य है।[12] जैसा कि 'सन्धि-चर्चा' में विस्तार से बतलाया गया कि सन्धि ध्वनि-सम्बन्धी अनायास घटी घटना है, जो भाषा-प्रवाह में आयीं दो निरन्तरागत ध्वनियों के साहचर्य की विशिष्टता से घट जाती है। अब, यह घटना 'प्रकृति+प्रकृति' या 'प्रकृति+प्रत्यय' के प्रसंग में भी घट सकती है; न भी घट सकती है। घटने पर 'व्युत्पादन' में भी कुछ उपकारी बन जाती है यह। 'सुअवसर' में सन्धि नहीं घटी है, जबकि यह यौगिक (व्युत्पन्न) शब्द है। इसमें 'सु+अ' के बीच स्थिति भी बन रही थी, पर सन्धि न घटी। 'सहिष्णुताऽभिशाप' ('कुरुक्षेत्र'—दिनकर) जैसे प्रयोगों में सन्धि है, परन्तु यह कोई व्युत्पन्न शब्द नहीं है। स्पष्ट है कि 'सन्धि' कोई व्युत्पादक प्रक्रिया नहीं है। 'व्युत्पत्ति' का बस एक ही तात्पर्य है, जो हमने शुरु से ही स्पष्ट कर रखा है—'यौगिक शब्दों की रचना-प्रक्रिया (का उद्घाटन)।''[13]

'प्रत्यय' की ही इतनी देर से चर्चा होने से ये भ्रम नहीं हो जाना चाहिए कि व्युत्पत्ति की यही एक मात्र प्रक्रिया है। 'प्रकृति+प्रत्यय' की प्रक्रिया मुख्य व्युत्पत्ति-प्रक्रिया भले हो; पर 'प्रकृति+प्रकृति' (यानी, समास-प्रक्रिया) भी 'व्युत्पत्ति' का एक तरीका है। सच पूछिए तो यौगिकता चार प्रकार से हो सकती है—(i) प्रकृति+प्रत्यय, (ii) प्रकृति+प्रकृति, (iii) प्रत्यय+प्रकृति और (iv) प्रत्यय+प्रत्यय। इनमें से अन्तिम दो सिर्फ संस्कृत में प्राप्त हो सकते हैं—ऐसा कहा जाता है।[14] हिन्दी में तो प्रथम दो ही हैं। 'प्रकृति+प्रत्यय' की प्रक्रिया को सुविधार्थ 'प्रत्यय-प्रक्रिया' या 'प्रत्ययन' तथा 'प्रकृति+प्रकृति' की प्रक्रिया को 'समास-प्रक्रिया' कह सकते हैं।

'शब्द'/'प्रकृति' के दो प्रकार हैं—(i) प्रातिपदिक और (ii) धातु—जो पीछे भी कई बार चर्चित हुआ है। इस तरह से, 'प्रत्यय-प्रक्रिया' और 'समास-प्रक्रिया' के बहुरूप हो जाएँगे।

प्रत्ययन/प्रत्यय-प्रक्रिया [प्रकृति+प्रत्यय] के दो रूप होंगे—

(क) धातु + प्रत्यय

(ख) प्रातिपदिक + प्रत्यय

समास-प्रक्रिया [प्रकृति+प्रकृति] के चार रूप होंगे—

(क) प्रातिपदिक + प्रातिपदिक

(ख) प्रातिपदिक + धातु

(ग) धातु + धातु [समस्त धातु/संयुक्त धातु][15]

(घ) धातु + प्रातिपदिक

इनमें से (ग) व (घ) तो संस्कृत में भी प्राप्त नहीं हैं।[16]

(ख) सिर्फ संस्कृत में प्राप्त है—'उपसर्ग और धातु' के योग के रूप में। हिन्दी में 'उपसर्ग+धातु' की प्रक्रिया नहीं है; क्योंकि संस्कृत प्राप्त बीस *प्रादि* (प्र, परा, प्रति आदि) हिन्दी धातु से नहीं जुड़ते, हिन्दी में उपसर्ग शब्द नहीं चल सकता। हमने उन प्रादियों को 'व्युत्पादक अव्यय' में डाला है। इस प्रकार, हिन्दी में 'कथित उपसर्ग+धातु' की जगह 'प्रादि (व्युत्पादक अव्यय)+प्रातिपदिक' की प्रक्रिया है; जो स्पष्टतः 'प्रातिपदिक+प्रातिपदिक' की ही प्रक्रिया है। कारण, कथित उपसर्ग भी प्रातिपदिक ही मान्य है।

समग्रतः, व्युत्पत्ति की दो प्रक्रियाएँ हैं—(1) प्रत्यय-प्रक्रिया, (2) समास-प्रक्रिया। 'एकशेष' व 'पुनरुक्ति' समास की सजातीय प्रक्रियाएँ हैं।

(अ) 'प्रत्यय-प्रक्रिया' (प्रत्ययन)

यह तो स्पष्ट है कि 'प्रत्यय' व्युत्पादक शब्दांशों के लिए रूढ़ है; रूपायनकारी (पदत्वसाधक) शब्दांश तो 'विभक्ति' कहलाते हैं। 'प्रत्यय-प्रक्रिया' से व्युत्पादन सर्वाधिक होता है। प्रत्यय-प्रक्रिया के प्रथम प्रकार 'धातु+प्रत्यय' प्रक्रिया के अन्तर्गत हिन्दी में निम्नलिखित प्रत्ययों की प्रक्रियाएँ होती हैं—(i) कृत् प्रत्यय, (ii) स्वार्थिक प्रत्यय तथा (iii) सनादि प्रत्यय।

कृदन्त प्रक्रिया—इनमें प्रमुखतम है कृत् प्रत्ययों से संचालित '*कृदन्त-प्रक्रिया*'। धातु में जुड़कर उसे प्रातिपदिक बनानेवाले प्रत्यय 'कृत् प्रत्यय' कहलाते हैं। जैसे—*पढ़*+ता=पढ़ता, पढ़+ती=पढ़ती, खा+आ=खाया, बढ़+ना=बढ़ना, लड़+आकू=लड़ाकू, रख+वार=रखवार (=रखवाला), खेल+औना=खिलौना, बिछा+औना=बिछौना, घूम+अक्कड़=घुमक्कड़, खेल+आड़िन=खिलाड़िन, गा+वैया=गवैया, भाग +ओड़िन=भगोड़िन, पढ़+आकिन=पढ़ाकिन, लूट+एरा=लुटेरा, हँस+ई=हँसी, पिस+आई=पिसाई, खप+त=खपत, बढ़+ती=बढ़ती, भूल+आवा=भुलावा, चल+न=चलन, चुभ+न=चुभन, ढल+आन=ढलान, मिल+आवट=मिलावट, खुजला+आहट=खुजलाहट, दबा+व=दबाव, झाड़+न=झाड़न, घेर+आ=घेरा, बेल+ना=बेलना, कतर+नी=कतरनी, मथ+आनी=मथानी, छल+ई=छली, बढ़+इया=बढ़िया, घट+इया=घटिया, बिक+आऊ=बिकाऊ, ढल+वाँ=ढलवाँ, डरा+वना=डरावना, लुभा+वना=लुभावना।

इन उदाहरणों में कुछ कृत् प्रत्यय धातु को जातिवाचक संज्ञा, कुछ उसे भाववाचक (क्रियार्थक भी) संज्ञा तो कुछ विशेषण बनाते हैं। अव्ययात्मक प्रातिपदिक बनानेवाले कृत् प्रत्यय भी हैं। जैसे—पढ़+कर=पढ़कर, पढ़+ने=पढ़ने, पढ़+के=पढ़के पढ़+ते=पढ़ते, पढ़+ए=पढ़े प्रयोग से स्पष्ट होगा। "प्रभावती *पढ़कर* डॉक्टर बनेगी।", "राजुल *पढ़ने* गया।", "फुलिया को *पढ़ने* दो।", "उसे *पढ़ते* जाना है।", "*यामिनी* को *पढ़ते* जाना है।" "सुधाकर को *पढ़ते* तीन घंटे हुए।", "लड़की को *पढ़े* दस साल हो गये।", ["*पढ़े* को इज्जत दो"—में 'पढ़े' अव्यय नहीं, बल्कि विशेषण 'पढ़ा' का स्थानीय संज्ञा रूप है।]

हिन्दी में कृदन्त-प्रकरण बहुत ही महत्त्वपूर्ण है, क्योंकि क्रिया-साधन में इसकी अहम भूमिका यहाँ है। हिन्दी के अधिकतर क्रियापद 'कृदन्तों' के सहयोग से बनते हैं। कृदन्त समापिका क्रिया की भूमिका भी निभाते हैं। जैसे—

"सुधामयी ने नया टीशर्ट *पहना*।"

"कुतुबुद्दीन अब मदरसे में नहीं *पढ़ता*।"

असमापिका क्रिया-घटक बनकर अव्ययात्मक व विशेषण नामवाची दोनों कृदन्त आते हैं। जैसे—

"पक्षी जंगलों के कटने से *उड़ता थका-हारा* आया है।" (विशेषणात्मक कृदन्त)

"मीरा ने पितृसत्ता व राजसत्ता से लड़ाई जारी *रखी* थी।" (विशेषणात्मक कृदन्त)

"*सुनते* ही वह बोला।", "राजेन्द्र को *जाना* पड़ा।", "बेला *जाने* लगी।" (अव्ययात्मक कृदन्त)

"*पढ़कर* यदि चूल्हा ही फूँकना है, तो क्या लाभ पढ़ने का?" (अव्ययवाची कृदन्त, पूर्वकालिक)

"प्रीतिबाला बैंक में अपना खाता *खुलवा* आयीं।" (अव्ययवाची कृदन्त, पूर्वकालिक)

अन्तिम दो उदाहरणों के इटैलिक कृदन्त *पूर्वकालिक अव्यय* हैं। पूर्वकालिकता-बोधक प्रत्यय एक में 'कर' और दूसरे में '0' दिखता है। सही में दोनों में शून्य ही पूर्वकालिकता-बोधक प्रत्यय है—'पढ़+0=पढ़', 'खुलवा+0'=खुलवा। 'कर' तो स्वयं 'कर' धातु का शून्यप्रत्ययान्त पूर्वकालिक कृदन्त है, जो 'पढ़' की पूर्वकालिकता को अधिक स्पष्ट करने के लिए आया है। 'पढ़ *के*' होता तो स्पष्टत: 'के' को पूर्वकालिक कृत् प्रत्यय मान सकते हैं। '*कर के*' भी कभी जुड़ता है—"पढ़कर के"। पर, 'कर' या 'कर के' का अपना स्वतन्त्र प्रयोग भी है।—"सोमा काम *कर के* गयी।", "मारिया एक्टिंग *कर* आयी।" ये पूर्वकालिक कृदन्त 'पढ़', 'पढ़के', 'पढ़ कर के', 'पढ़ कर' सब अव्ययात्मक प्रातिपदिक हैं। इन्हें 'पूर्वकालिक

क्रिया' कहना सैद्धान्तिक तौर पर ठीक नहीं, क्योंकि ये क्रिया-घटक हैं, खुद क्रिया नहीं। (तथापि, सुविधार्थ इन्हें 'क्रिया' कह दिया जाता है।)"

कृदन्त दो तरह के होते हैं—(क) अविकारी और (ख) विकारी। अविकारी में पूर्वकालिक क्रियार्थक कृदन्त, प्रयोजन वाचक भविष्यार्थक कृदन्त, वर्तमानकालिक व भूतकालिक कृदन्त नामक चार रूप हैं, जिसकी चर्चा अव्यय विमर्श में हुई है। विकारी कृदन्त भी चार तरह के कह सकते हैं—क्रियार्थक संज्ञा, कर्तृवाचक संज्ञा (जैसे—चलनेवाला), वर्तमानकालिक कृदन्त (धातु+ता), भूतकालिक कृदन्त (धातु+आ)।

'खाया' आदि में पंडित किशोरदास वाजपेयी ने 'य' प्रत्यय की कल्पना कर अनावश्यक उलझन पैदा की है। वस्तुतः 'आ' प्रत्यय मानना चाहिए। खा+आ=ख+य्+आ=खाया। ऐसा इसलिए होता है, क्योंकि 'आ-आ' दो स्वरों का लगातार उच्चारण नहीं हो सकता, अतः 'य्' का आगम हुआ। 'आ' प्रत्यय मान लेने से सभी धातुओं 'पहन', 'पहुँच', 'निकल' आदि का भूतकालिक कृदन्त आसानी से विवेचित हो जाता है। 'पहन+आ=पहना' आदि। इस प्रत्यय का एक वचन स्त्रीलिंग रूप 'ई' (खा+ई=खायी) तथा बहुवचन में 'ईं' (खा+ईं=खायीं) हुआ। पुंलिंग बहुवचन में 'ए' है (खा+ए=खाये आदि हुए)।

स्वार्थिक प्रत्यय—धातु में लगकर किंचित् अर्थ-भेद वाला नया धातु बनानेवाला यह 'क' प्रत्यय है। नया धातु पूर्वधातु से ही मिलते-जुलते अर्थवाला होता है, इसी से 'स्वार्थिक' शब्द का प्रयोग है। जैसे—लुढ़+क=लुढ़क, बह+क=बहक, दह+क= दहक, कूद + क=कुदक, मर+क=मरक आदि।

[संस्कृत में 'स्वार्थिक प्रत्यय' 'क' सिर्फ प्रातिपदिक के लिए होता है, दूसरा प्रातिपदिक बनाने हेतु। 'बाल+क=बालक' उसका उदाहरण है।] हिन्दी के इस प्रत्यय को हम सनादि-प्रत्ययों के वर्ग में ही रख सकते हैं। वह वर्ग 'धातु' से 'धातु' बनानेवाले प्रत्ययों का है ही।

सनादि-प्रक्रिया—सनादि प्रत्ययों के वर्ग में इच्छार्थक 'सन्' आदि प्रत्यय हैं। संस्कृत में इस वर्ग में 'यङ' 'यङ्ग-लुक्', प्रेरणार्थक 'णिच्' तथा इच्छार्थक 'सन्' प्रत्यय हैं। ये सभी धातु में लगते हैं और नये धातु का निर्माण करते हैं। संस्कृत में, पा+सन्=पिपास (धातु), 'ज्वल्+यङ='जाज्वल्य' (धातु), ज्वल्+यङ्लुक्='जाज्वल' (धातु) इसके उदाहरण हैं। 'यङ' व 'यङ्लुक्' दोनों प्रत्यय बार-बार क्रिया होने के अर्थ में ही नया धातु बनाते हैं, पर प्रथम सिर्फ आत्मनेपदी रूप है, द्वितीय सिर्फ परस्मैपदी रूप। यही अन्तर है। हिन्दी में इन चारों प्रत्ययों में से सिर्फ *'णिच्'* प्रत्यय (प्रेरणार्थक) बचे हुए हैं। 'णिच्' प्रत्ययान्त शब्द (धातु) 'णिजन्त' कहलाते हैं तथा यह प्रक्रिया 'णिजन्त-प्रक्रिया' कहलाती है। उदाहरण—

मूलधातु 'पढ़' से प्रेरणार्थक प्रत्यय लगाते हैं। प्रथम प्रेरणा में 'आ' प्रत्यय है, दूसरी प्रेरणा में 'वा' प्रत्यय है, रूप क्रमशः पढ़ा, पढ़वा बने। (कहीं कहीं इनकी जगह क्रमशः 'ला' व 'ला/लवा' प्रत्यय होते हैं।) प्रेरणार्थक प्रत्यय किसी धातु को, अकर्मक रहने पर सकर्मक तथा सकर्मक रहने पर कथित द्विकर्मक बना देते हैं। इसी जाति में सकर्मक को अकर्मक बनानेवाले *'कर्मकर्त्रर्थक प्रत्यय'* भी होते हैं। ये प्रेरणांश को निकाल के, धातु को अकर्मक बना देते हैं।

मूलधातु	प्रथम प्रेरणार्थकधातु	द्वितीय प्रेरणार्थक धातु	कर्मकर्त्रर्थक धातु
छोड़	छुड़ा	छुड़वा	छुट
बिगड़	बिगाड़	बिगड़वा	बिगड़
रख	X	रखवा	रह
काट	X	कटवा	कट
बेच	X	बेचवा/बिकवा	बिक
सी	X	सिलवा	सिल
देख	दिखा	दिखवा	दिख

प्रयोग देखें—दर्जी कपड़ा *सी* रहा है। गोवर्धन कपड़े *सिलवा* रहा है। कपड़े *सिल* रहे हैं। बेटी भविष्य खराब करने के दोषी बाप पर *बिगड़* रही है। बाप बेटी को पढ़ने के लिए भी पैसे नहीं दे रहा, पर वही बेटे को ऐश के लिए पैसा देकर *बिगाड़* रहा है। बेटे को स्मगलर के यहाँ नौकरी लगाकर बाप उससे *बिगड़वा* रहा है। मेरा भविष्य *बिगड़* रहा है। पेट की आग इतनी दुर्दान्त है कि कितनी औरतें बेचारी जिस्म *बेच* रही हैं। समाज व सरकार कितनी जालिम है कि उनसे खुलेआम जिस्म *बिकवा* रही है। औरतों का जिस्म पेट की वेदी पर *बिक* रहा है। मैंने घरेलू जिम्मेदारी के लिए नौकरी *छोड़ दी*, पर अच्छा नहीं किया। सोमेश ने पत्नी की समाचारवाचिका की नौकरी *छुड़ा दी*। दो दिन घर में खाना बनाना पड़ा कि लेक्चरर पति ने डायरेक्टर से पैरवी कर के सम्पूर्णा की बैंक-मैनेजरी *छुड़वा दी*। बच्चे के लालन-पालन में लगी रहने से आशा की पढ़ाई छुट गयी।

'प्रत्यय-प्रक्रिया' के दूसरे प्रकार 'प्रातिपदिक+प्रत्यय-प्रक्रिया' के अन्तर्गत तीन प्रक्रियाएँ हैं—(i) तद्धित-प्रत्यय प्रक्रिया (तद्धितान्त प्रक्रिया), (ii) नामधातु-प्रत्यय-प्रक्रिया (नामधातु प्रक्रिया) और (iii) लिंग-प्रत्यय-प्रक्रिया (लिंगान्तर प्रक्रिया)।

तद्धितान्त-प्रक्रिया—प्रातिपदिक में लगकर उसे यौगिक प्रातिपदिक बनानेवाले प्रत्यय को 'तद्धित' प्रत्यय कहते हैं। इस तरह बने शब्द को तद्धितान्त तथा इस पूरी प्रक्रिया को 'तद्धितान्त प्रक्रिया' कहते हैं। जैसे—बहन+आपा=बहनापा, लड़का+पन=लड़कपन, भाषा+ई=भाषाई, स्त्री+त्व=स्त्रीत्व, पंडित+आऊ=पंडिताऊ, कम+तर=कमतर, श्रेष्ठ+तम=श्रेष्ठतम, साँप+एरा=सँपेरा, लाठी+ऐत=लठैत,

दूध+वाली=दूधवाली, गौ+वाला=ग्वाला, कलकत्ता+इया=कलकतिया, सोना+आरिन=सुनारिन, मीठा+आस=मिठास, मधुर+अ=माधुर्य, लाल+इमा= लालिमा, कुशल+ता=कुशलता, मोटा+आपा=मुटापा। अपना+आपा=अपनापा, मीठा+आई=मिठाई, चोर+ई=चोरी, झगड़ा+आलू=झगड़ालू, गन्दा+गी=गन्दगी, ठंडा+क=ठंडक, भाषा+वार=भाषावार, देन+दार= देनदार, लोटा+इया=लुटिया, कोठा+री=कोठरी, ढोल+क=ढोलक, मुख+ड़ा=मुखड़ा, दया+आलु=दयालु, रौब+ईली=रोबीली, पीछा+ली=पिछली, दूध+इया=दुधिया, स्थान+ईय=स्थानीय, गुण+वान्=गुणवान्, दया+वती=दयावती, तेज+स्विनी=तेजस्विनी, इतिहास+इक=ऐतिहासिक, मेधा+वन्ती=मेधावन्ती, बाजार+ऊ=बाजारू, दूध+आरू=दुधारू, रस+दार=रसदार, पढ़ना+वाली=पढ़नेवाली, नृत्य+अक=नर्तक, लकड़ी+हारा=लकड़हारा आदि।

संस्कृत-प्राप्त तद्धितप्रत्यय हिन्दी के 'संस्कृतागतेतर' शब्दों में भी खूब लगते हैं। (संस्कृत कृत् प्रत्यय तो संस्कृतधातुओं में ही संयोजन की प्रवृत्ति अक्सर रखते हैं।) उक्त तद्धित प्रत्ययों में 'तर', 'तम' संस्कृत-प्राप्त प्रत्यय हैं जो तुलनात्मक विशेषण की क्रमशः उत्तरावस्था और उत्तमावस्था के सूचक हैं। जैसे—विशेषण की 'मूलावस्था' में यदि 'सुन्दर' है, तो 'उत्तरावस्था' में 'सुन्दरतर', 'उत्तमावस्था' में 'सुन्दरतम' होगा। हिन्दी संस्कृत-प्राप्त तद्धित प्रत्ययों को कुछ रूपान्तरित करके भी लगाती है। जैसे-'आलु' प्रत्यय संस्कृत-प्राप्त है। इस रूप में तो 'दया', 'कृपा' आदि संस्कृतागत शब्दों में यह लगता ही है, पर इसे 'आलू' बनाकर हिन्दी इतर शब्दों में लगाती है। जैसे—'झगड़ा+आलू=झगड़ालू'। 'ईय' संस्कृत प्रत्यय हिन्दी ने लिया, पर केवल संस्कृतागत शब्दों केलिए सुरक्षित रखा। उसी का रूपान्तरण 'ई' कर लिया, जिसे तदितर शब्दों में (उसी भाव में) लगाती है। जैसे—शहर+ई=शहरी, देहात+ई=देहाती। संस्कृत में 'अनीय' (ईय) प्रत्यय 'कृत्' में भी था, जो विधि का सूचक था। जैसे—कृ+अनीय=करणीय। तद्धित 'ईय' तो सम्बन्ध-प्रदर्शक है। (अनीय से बने शब्द हिन्दी में चलते हैं, पर संस्कृत 'कृत्' प्रत्यय होने से हिन्दी उससे अपने धरातल पर शब्द नहीं बनाती।) पं. किशोरीदास वाजपेयी ने तद्धित 'वाला' को भ्रमवश 'तद्धित' व 'कृत्' दोनों ठहराया है। वे 'तांगेवाला' में 'वाला' को तद्धित तथा 'जानेवाला' में 'कृत्' कहते हैं। वस्तुतः जानेवाला में भी वाला 'तद्धित' ही है, क्योंकि 'जाना+वाला' में 'जाना' क्रियार्थक संज्ञा है, न कि धातु।

नामधातु-प्रत्यय प्रक्रिया—नाम प्रातिपदिक को धातु में परिवर्तित करनेवाले प्रत्यय 'नामधातु' प्रत्यय कहलाते हैं। इस तरह से व्युत्पन्न धातु 'नाम धातु' कहलाते हैं। 'नामधातु-प्रक्रिया' से बने कुछ धातुओं के उदाहरण प्रस्तुत हैं—हाथ+इया=हथिया, बात+इया=बतिया, शरम+आ=शरमा, लोभ+आ=लुभा, लाज+आ=लजा, रंग+0=रंग, दुख+0=दुख, फूल+0=फूल, बूढ़ा+आ=बुढ़ा, ऊपर+आ=उपरा, कबि+आ=कबिया।

नामधातुओं का प्रचलन क्षेत्रीयता या देशज प्रभाव से इधर काफी हुआ है।

'दुख+0=दुख' आदि उदाहरणों में पहला 'दुख' संज्ञा है, अन्तिम 'दुख' धातु। जैसे—"फोड़ा दुख रहा है।" इसी तरह 'फूल' संज्ञा से शून्य प्रत्ययान्त नामधातु 'फूल' बना। प्रयोग देखें—"आई.ए.एस.टॉप करने की खुशी में विभावरी *फूली* हुई है।" पुनरुक्ति से बने अनुकरण वाचक प्रातिपदिकों से भी नामधातु बनते हैं। जैसे—हिनहिन+आ= हिनाहिना, बड़बड़+आ=बड़बड़ा, खटखट+आ=खटखटा, फटफट+आ=फटफटा, सरसर+आ=सरसरा आदि। 'बड़बड़', 'खटखट' आदि वस्तुओं की ध्वनि मात्र के संकेतक संज्ञा प्रातिपदिक हैं।

लिंग-प्रत्यय प्रक्रिया—किसी प्रातिपदिक में लगकर उसे लिंगान्तरित प्रातिपदिक में ढालने वाले प्रत्यय *'लिंग प्रत्यय'* या *'लिंगान्तरकारी प्रत्यय'* कहते हैं। हम जानते हैं कि प्रातिपदिकों में अव्यय अलिंग तथा सर्वनाम उभयलिंगी होता है, तो स्पष्ट है कि सर्वनामेतर नाम या 'संज्ञा प्रातिपदिक' में ही लिंगान्तरण सम्भव है। जैसे—डॉक्टर+नी=डॉक्टरनी, मौसी+आ=मौसा आदि। लिंगान्तर करनेवाले प्रत्यय शब्द का वर्ग-उपवर्ग कुछ नहीं बदलते। इसी कारण से तद्धित प्रत्ययों से इन्हें अलग श्रेणी प्रदान की गयी है। कारण, तद्धित प्रत्यय उपवर्ग बदल सकते हैं। जैसे—'मानव+ता=मानवता' में जातिवाचक संज्ञा का रूपान्तरण भाववाचक में हुआ।

यहाँ लिंगान्तरकारी स्थितियों की चर्चा के साथ, उन कृत-तद्धित प्रत्ययों को भी एक नजर देख लेना अपेक्षित है, जिनसे शब्द के लिंग की सूचना हमें मिलती है। (लिंगान्तरकारी प्रत्ययों से लिंग-सूचना तो मिलती ही है।) यद्यपि *इस विषय का उचित स्थान 'व्याकरणिक कोटियाँ' का 'लिंग-विमर्श' ही है।* लिंग सूचक कुछ, संकेत तो बेहद स्पष्ट हैं। जैसे, संस्कृत शब्दों में 'त्र', 'ज', 'त', 'य', 'त्व', 'त्य', 'व', 'र्य' आदि से अन्त होने वाली संज्ञाएँ पुंलिंग होती हैं और 'ति', 'नि', 'ना' अन्त वाली संज्ञाएँ स्त्रीलिंग होती हैं। हिन्दी के संस्कृतागतेतर, कथित तद्भव शब्दों में 'ना', 'आव', 'पन', 'पा' अन्त वाली भाववाचक संज्ञाएँ; 'आन' अन्त वाले कृदन्त पुंलिंग होते हैं तथा 'न' अन्तवाली संज्ञाएँ (जिनका उपान्त्य वर्ण अकारान्त हो), 'न्त' अन्तवाली, 'ट', 'वट', 'हट' अन्तवाली भाववाचक संज्ञाएँ स्त्रीलिंग होती हैं। अकारान्त कृदन्त संज्ञाएँ भी स्त्रीलिंग होती हैं। मनुष्यवाची अक, आक, अक्कड़, आकू, ऐया प्रत्ययांत संज्ञाएँ पुंलिंग होती हैं। उर्दू (—अरबी-फारसी) की 'आब' से अन्त संज्ञा पुंलिंग, 'श' से अन्त स्त्रीलिंग होती है।

'लिंगान्तरकारी प्रत्यय' हिन्दी में द्विधा प्राप्त हैं—

(क) स्त्रीलिंग प्रत्यय (स्त्रीप्रत्यय)

(ख) पुंलिंग प्रत्यय (पुंप्रत्यय)

पुंलिंग संज्ञा शब्दों को स्त्रीलिंग बनानेवाले प्रत्यय 'स्त्रीप्रत्यय' हैं तथा स्त्रीलिंग संज्ञा शब्दों को पुंलिंग बनानेवाले प्रत्यय 'पुंप्रत्यय' हैं। संस्कृत में पुंप्रत्यय नहीं है, क्योंकि वहाँ मूलशब्द की जगह पुंलिंग बैठा हुआ है, जिसमें स्त्री-प्रत्यय

लगकर उसे स्त्रीलिंग बनाता है।[17] हिन्दी में *पुंप्रत्यय* का अनुसन्धान पं. अम्बिका प्रसाद वाजपेयी ने 'हिन्दी-कौमुदी' (पृष्ठ 18) में किया। बाद में पं. किशोरीदास वाजपेयी ने 'आ' पुंप्रत्यय (जिसे वे कभी-कभी 'पुंविभक्ति' भी कहते हैं) की जोरदार बात चलायी, (जिसका स्त्रीलिंग रूप वे 'ई' मानते हैं) जिसकी संयुक्ति 'आख्यातों' (कहना चाहिए, विशेषणीभूत या आख्यातार्थ कृदन्तों) में भी विहित की। 'आ' के प्रयोग उदाहरण वे 'कंडा', 'लहँगा', 'पंडा', 'करना', 'कड़वा' आदि में बताते हैं। वे जो कह रहे हैं उसका स्वर अलग है। पंडित अम्बिका प्रसाद वाजपेयी का प्रतिपादन अलग है। वे 'ओई', 'अ', 'औटा', 'आ' आदि कुछ 'पुंप्रत्यय' गिनाते हैं जो क्रमश: इन शब्दों में हैं—

बहनोई (बहन+ओई), रोट (रोटी+अ), सिलौटा (सिल+औटा), 'मौसा' (मौसी+आ)। दीमशित्स ने 'एऊ' (बहन+एऊ), 'औता (बहन+औता) भी गिनाये जिनसे 'बहनेऊ', 'बहनौता' आदि बने बताये।[18] पर, ये दोनों शिष्ट भाषा में नहीं हैं। 'औता' की जगह कुछ लोग 'औत' लिखते हैं—जेठौत, नन्दौत आदि शब्द उदाहरण देते हैं। पर, ये भी तो शिष्ट भाषा में नहीं हैं। 'ओई' से 'ननदोई' (ननद+ओई) भी है।

स्त्री प्रत्यय व पुंप्रत्यय के प्रसंग में हमें ऐतिहासिक विकास का तो ख्याल रखना ही चाहिए, पर व्यावहारिक स्थितियाँ भी देखनी होंगी। मौसी, फूफी, जीजी, बहन, ननद, आदि रिश्ते पूर्वसिद्ध हैं और मौसा, फूफा, जीजा, बहनोई, ननदोई आदि उन्हीं के आधार पर उत्तर सिद्ध हैं। इसी से 'मौसी' आदि से 'आ' प्रत्यय कर के 'मौसा' आदि की व्युत्पत्ति ही वैज्ञानिक है। 'मौसा+ई=मौसी' करना असंगत है। संस्कृत में भी 'मातृस्वसा+पति', 'पितृस्वसा+पति', 'भगिनी+पति' आदि की समास-प्रक्रिया में इसी पूर्वसिद्धता व उत्तरसिद्धता का तर्क काम कर रहा है। परन्तु, 'लड़का' व 'लड़की' में कोई पूर्व-उत्तर सिद्धता का तर्क काम कर रहा है। परन्तु 'लड़का+ई=लड़की' क्यों व्युत्पत्ति हो? भले ऐतिहासिकता कुछ कहे, पर प्राकृतिक तर्क तो यही है कि 'लड़की+आ=लड़का' व्युत्पत्ति करना भी उतना ही समीचीन है। 'चाचा' पूर्वसिद्ध है 'चाची' उत्तरसिद्ध; तब 'चाची+आ=चाचा' बताना अतार्किक है; 'पति' व 'पत्नी' दोनों सहसिद्ध हैं तो फिर 'पति' से 'पत्नी' की व्युत्पत्ति बताना कैसा?[19] यह तो वही स्थिति है कि अपने घर-गाँव की सुपरिचित लड़की (जैसे—'हेवन्ती') को उसके नाम से न बुलाकर उसे पति नाम (जैसे-मोहन) के आधार पर 'मोहन-बहू' बुलाना अथवा अपनी सहपाठिनी को 'बहन' न कहकर (उसके पति से भ्रातृत्व की कल्पना कर) 'भाभी' कहना! कितने फूहड़, स्त्रीविरोधी और अवैज्ञानिक हैं ये प्रयोग! फिर भी, स्त्री-प्रत्यय के विवेचित उदाहरण हम भी यहाँ प्रस्तुत कर दे रहे हैं। तर्क तो अपनी जगह रहेगा ही।

हिन्दी में *स्त्रीप्रत्यय* मुख्यतः संस्कृतागत दो प्रत्यय हैं—'ई' और 'आ'। शेष स्त्रीप्रत्यय इन्हीं के विकार हैं। सर्वाधिक प्रचलित प्रत्यय 'ई' है। इससे सखा+ई=सखी, घोड़ा+ई=घोड़ी, मुर्गा+ई=मुर्गी, देव+ई=देवी, पृथु+ई=पृथ्वी, प्यारा+ई=प्यारी, जाता+ई=जाती, युवा (युवत्)+ई=युवती, कवि (कवयिता)+ई=कवयित्री, विद्वान् (विद्वस्)+ई=विदुषी, प्रेयान् (प्रेयस्)+ई=प्रेयसी, स्वामी (स्वामिन्)+ई=स्वामिनी आदि व्युत्पन्न कहे गये हैं। 'ई' का ही विकार 'इनी' भी मान्य है—हाथी+इनी=हथिनी। 'इन' भी इसी का विकार है, ऐसा कहा गया है। ग्वाला > ग्वालिन, माली > मालिन आदि उसके उदाहरण हैं। 'नी' प्रत्यय से डॉक्टर > डॉक्टरनी, शेर > शेरनी, मास्टर > मास्टरनी, मोर > मोरनी आदि व्युत्पत्तियाँ कही गयी हैं। 'आनी' प्रत्यय से देवर > देवरानी, सेठ > सेठानी आदि बने कहे गये। 'आइन' प्रत्यय से पंडित > पंडिताइन, ठाकुर > ठकुराइन बने कहे गये। 'आ' प्रत्यय से व्युत्पत्ति के उदाहरण बालक > बालिका, अज > अजा, मूर्ख > मूर्खा, नायक > नायिका (य् का आगम), नाटक > नाटिका आदि कहे गये। 'बूढ़ा' से 'बुढ़िया' की व्युत्पत्ति भी 'आ' प्रत्यय से बतायी गयी है।

'लिंगगत अर्थ के अनुसार बने शब्द युग्मों पर विचार करते हुए हम पाते हैं कि हर युग्म के शब्द आपसी व्युत्पादन (या लिंगान्तरकारी प्रत्यय)के ही परिणाम नहीं होते, बल्कि कई—'पुरुष-स्त्री लिंग युग्म' के दोनों शब्द बिलकुल स्वतन्त्र शब्द होते हैं। जैसे—माँ-बाप। माता-पिता। पुरुष-स्त्री। मियाँ-बीवी। बैल-गाय। बेटी-दामाद। आदि। 'पति-पत्नी' की व्युत्पत्ति की व्याख्या संदिग्ध ही है क्योंकि, अनियमित परिवर्तन करना पड़ता है। इसी तरह श्वसुर > श्वश्रू, पंगु > पंगू, लोग > लुगाई आदि की व्युत्पत्ति भी समस्याग्रस्त है। हर संज्ञा शब्द के साथ लिंग-प्रत्यय जुड़ता भी नहीं। [व्यक्तिवाचक संज्ञा तो प्रायः वैसे भी इससे परहेज करती है।] कई शब्दों का लिंगान्तरण तो *समास-प्रक्रिया* से स्त्रीवाची/पुरुषवाची स्वतन्त्र शब्दों को उनके आगे या पीछे जोड़ने से होता है। जैसे—भ्राता > भ्रातृवधू/भातृजाया, मजदूर > औरत मजदूर, भगिनी > भगिनीपति, मातृस्वसा > मातृस्वसा पति, पितृव्य > पितृव्यपत्नी, डॉक्टर > लेडी (महिला) डॉक्टर, खिलाड़ी > महिला खिलाड़ी, वेश्या > पुरुष वेश्या, भेड़िया > मादा भेड़िया आदि। वैसे तर्कसंगत है कि मजदूर, खिलाड़ी, डॉक्टर आदि व्यावसायिक नामों तथा 'भेड़िया' आदि शब्दों को लिंग-निरपेक्ष मानकर चलें तथा स्त्री के लिए प्रयोग की स्थिति में आगे 'स्त्री' लगा दें; पुरुष के लिए प्रयोग की स्थिति में 'पुरुष'। जैसे—पुरुष खिलाड़ी, महिला खिलाड़ी; नरशिशु, मादाशिशु; नरपक्षी, मादापक्षी; पुरुष मजदूर, महिला मजदूर, पुरुष पुलिस, महिला पुलिस; पुरुष डॉक्टर, महिला डॉक्टर; नरभेड़िया, मादाभेड़िया; पुरुष राष्ट्रपति, महिला राष्ट्रपति इत्यादि। रही बात, 'वेश्या' के लिंगान्तरण 'पुरुष

वेश्या' की कथित असंगति की (क्योंकि लोग तर्क देंगे कि 'वेश्या' स्त्रीवाची शब्द है, वह ध्वनि कैसे बदलेगी 'पुरुष वेश्या' में?), तो यही कहना ठीक रहेगा कि जब पुंलिंग शब्दों से स्त्री का वाचन आसानी से हो जा रहा है (जैसे—महिला खिलाड़ी) तो स्त्रीलिंग से पुरुष का वाचन क्यों नहीं होगा? इस बारे में जो दुराग्रह है, वह पितृसत्तात्मक है।

कई धर्म या भाव ऐसे हैं जो 'प्राकृतिक' तौर पर पुरुष या स्त्री में से किसी एक में ही होते हैं। ऐसी स्थिति में उनके वाचक शब्दों का लिंगान्तरण नहीं हो सकता। जैसे—गर्भवती, रजस्वला, गाभिन, स्तनधरा आदि का पुंलिंग नहीं हो सकता; उसी तरह 'बाप/बापू' (शुक्राणु-दाता), शिश्नधर आदि का स्त्रीलिंग नहीं हो सकता। परन्तु, 'केशवती'/'सुकेशा', 'सुमुखी' आदि के निहित गुण स्त्री मात्र के नहीं हैं, अत: इनके पुंलिंग होंगे। ऊपर '*प्राकृतिक*' शब्द आया है। यदि 'सांस्कृतिक' भेदभाव के तहत कुछ धर्म स्त्री या पुरुष में प्रत्यारोपित कर दिये गये हैं, तो उनके बारे में यह नहीं कहा जा सकता कि इनका लिंगान्तरण नहीं हो सकता। जैसे—सती, विधवा, सधवा आदि। यदि 'सती' का पुंलिंग नहीं है तो कारण समाज की स्त्रीद्रोही संरचना है। यदि 'सधवा' का पुंलिंग नहीं है, तो भी कारण वही है। जरूरत नहीं पड़ी शब्द बनाने की; क्योंकि पुरुष के लिए पत्नी का होना कोई विशेष मानी न रखता होगा, जिससे 'पत्नीवान् पुरुष' के लिए कोई शब्द बने।

अब स्त्रीप्रत्यय से बने शब्दों के अर्थ-वैलक्षण्य को देखना रोचक होगा। स्त्रीप्रत्यय से सिद्ध शब्दों का एक ही स्तर का अर्थ नहीं होता कि वह उस पुंलिंग की मादा है, बल्कि ये अर्थ निकल सकते हैं[20]—

1. स्वयं उस जाति/प्रकृति की स्त्री—ब्राह्मण > ब्राह्मणी। घोड़ा> घोड़ी। शूद्र> शूद्रा।
2. उसकी पत्नी—मामा > मामी। भव (=शंकर) > भवानी। इन्द्र > इन्द्राणी।
3. उसकी बेटी—देवक > देवकी। केकय > केकयी। कुन्तीभोज (कुन्त) > कुन्ती।
4. उसकी बहन—साला > साली। राजकुमार > राजकुमारी।
5. अल्पता/न्यूनता (ऊनवाचक)—नद > नदी। घंटा > घंटी। डिब्बा > डिबिया। पुल > पुलिया।
6. महत्ता/विशालता—हिम > हिमानी। डोरा > डोरी। चक्का > चक्की। अरण्य > अरण्यानी॥
7. भाववाचकार्थ—गवाह > गवाही। सलाम > सलामी। मधुर > माधुरी।
8. स्वार्थ (निजी अर्थ)—त्रिफल > त्रिफला। त्रिलोक > त्रिलोकी।

9. अर्थान्तर—डाकू > डाकिनी। साँड़ (=बैल) > साँड़नी (ऊँटनी)। यवन > यवनानी (यवन-लिपि)।

10. मास-नाम की पूर्णिमा—श्रावण > श्रावणी। आषाढ़ > आषाढ़ी।

इस प्रकार के अलग-अलग अर्थों को प्रकट करने के लिए कुछ शब्दों के एक से अधिक रूपों में लिंगान्तरण उपलब्ध हैं। जैसे—आचार्या (=स्वयं आचार्य स्त्री), आचार्यानी (=आचार्य पत्नी)। शूद्रा (=शूद्रजातीया), शूद्री (=शूद्र-पत्नी)। सूर्या (सूर्य पत्नी देवी), सूरी (सूर्यपत्नी, मानवी)। साली (साले की बहन), सलहज (साले की पत्नी)। भगिनी, भावज॥ मास्टरनी (स्वयं मास्टर स्त्री), मास्टराइन (मास्टर-पत्नी)॥ कुछ शब्दों के एकाधिक रूपों में लिंगान्तरण प्राप्त हैं, पर सभी रूपों का एक ही अर्थ है। ऐसे कुछ शब्द हैं—चन्द्रमुखा-चन्द्रमुखी; दीर्घकेशा-दीर्घकेशी; *क्षत्रिया*-क्षत्रियाणी; उपाध्यायी-उपाध्याया (यानी, उपाध्याय-भूमिका में स्त्री)।

(आ) समास-प्रक्रिया

"भाषा-प्रयोग में आये कुछ पद अपने अर्थों में एक सम्पृक्तता बनाने की कोशिश करते पाये जाते हैं। इस क्रम में उनके पदत्वसाधक या परस्पर सम्बन्धकारी तत्त्व (विभक्ति-परसर्ग, प्रत्यय, सम्बन्धसूचक अव्यय या मध्यस्थ कुछ पद) अक्सर लुप्त हो जाते हैं। अर्थों की इस सम्पृक्ति में पदों की भी सम्पृक्ति हो जाती है और वहाँ एकपद बनने का प्रयास भी होता है। इसी प्रक्रिया को 'समास' कहते हैं।"

कुछ वाक्य लेकर अपनी बात आगे बढ़ाएँ।

(i) "*स्त्री को सशक्त करना* सिर्फ नारीवादी मुद्दा नहीं है, बल्कि *सामाजिक-आर्थिक संरचना* की विषमता को *समतल करने* का एकमात्र रास्ता है।"—इस वाक्य को सामासिक बनाने की कोशिश करने से, यानी अर्थ-सम्पृक्ति के प्रयास में यह रूप बनेगा—"*स्त्री सशक्तीकरण* सिर्फ नारीवादी मुद्दा नहीं है, बल्कि *समाजार्थिक संरचना* की विषमता के *समतलीकरण* का एकमात्र रास्ता है।"

(ii) "*शक्ति के अनुसार* तो हर कोई मेहनत करेगा, पर सवाल यह है कि *उदर की ज्वाला* से कब तक बचेंगे?"—इस 'व्यस्त प्रयोग' को 'समस्त' बनाने की कोशिश करते हैं—"*यथाशक्ति* तो हर कोई मेहनत करेगा, पर सवाल यह है कि '*उदर-ज्वाला* से कब तक बचेंगे?"

(iii) "कितनी ग्रामीण बालिकाओं का *विद्या के आलय* तक जाने का सौभाग्य होता है?"—इसे 'समस्त' प्रयोग में ढालने पर 'विद्या के आलय' की जगह *'विद्यालय'* हो जाता है।

(iv) ''*गिरीश और गिरिजा* मिलकर मानवों के अधिकार से जुड़ा एक संगठन सम्यक् रूप से चालित कर रहे हैं।''—''*गिरीश-गिरिजा* मिलकर एक *मानवाधिकार संगठन* संचालित कर रहे हैं।''

(v) ''*भाषणों की वर्षा के द्वारा* नेताजी अकाल से मर रही जनता को क्या जिलाएँगे!''

''*भाषण-वर्षा द्वारा* नेताजी अकाल से मर रही जनता को क्या जिलाएँगे!''

(vi) ''*उत्तरी भारत* में पितृसत्ता के संस्कार *लौह की शृंखला* सी *आमजनों की धारणा* को जकड़े हुए हैं।''—''*उत्तर भारत* में पितृसत्ता के संस्कार *लौह-शृंखला* सी *आमधारणा* को जकड़े हुए हैं।''

(vii) ''*अपने विवाह करने के हेतु* दबंग पुरुषों के द्वारा लड़कियों को जबरन उठा लाने की *क्रूर एवं घृणित* प्रथा *रामायण और महाभारत के काल* से आज के उत्तर आधुनिक काल तक, *बिना रोक-टोक* के जारी है।''—इसे समस्त बनाने के क्रम में इटैलिक अंशों की जगह '*अपने विवाह-हेतु*', '*दबंग पुरुषों द्वारा*', '*क्रूर-घृणित*', *रामायण-महाभारत काल*', '*बेरोकटोक*' को रख दिया जाता है।

इन उदाहृत वाक्यों में प्रथम वाक्य 'व्यस्त प्रयोग' का है और दूसरा वाक्य [प्रथम के इटैलिक अंशों की अर्थ-सम्पृक्ति के पश्चात् हुई पद-सम्पृक्ति के परिणाम के रूप] 'समस्त प्रयोग' का है। समास के प्रयास में (i) में 'स्त्री को सशक्त करना' के 'को' परसर्ग का लोप होता है तथा 'सशक्त करना' एक शब्द 'सशक्तीकरण' में बदल जाता है। 'सामाजिक-आर्थिक' में से पहले-पद का प्रत्यय लुप्त हो जाता है और बनता है नया पद 'समाजार्थिक'। 'समतल करने' की जगह एक पद 'समतलीकरण' हो जाता है। इसी तरह, किसी वाक्य के पदों के बीच का प्रत्ययवत् 'के', 'की' आदि लुप्त होता है; कहीं परसर्ग 'के' लुप्त होता है; तो कहीं मध्यस्थ पद 'और', 'एवं', 'के अधिकार से जुड़ा', 'जनों की', 'करने के' आदि ही लुप्त हो जाते हैं। 'उत्तरी भारत' के 'उत्तरी' का 'ई' प्रत्यय लुप्त होता है, तो 'सम्यक् रूप से' यानी 'सम्' व्युत्पादक अव्यय की 'चालित' से सम्पृक्ति होकर 'संचालित' पद बन जाता है। 'शक्ति के अनुसार' (यथा) से 'यथाशक्ति' बन जाता है। ये सब 'समास-प्रक्रिया' के घटने के उदाहरण हैं।

'समास' से बने पद को 'समस्त पद' कहते हैं। उपर्युक्त 'स्त्री-सशक्तीकरण', 'समाजार्थिक', 'समतलीकरण', 'यथाशक्ति', 'उदर-ज्वाला', 'विद्यालय' 'गिरीश-गिरिजा', 'मानवाधिकार', 'संचालित', 'भाषण-वर्षा द्वारा', 'उत्तर भारत', 'लौहशृंखला', 'आम-धारणा', 'विवाह हेतु', 'पुरुषों द्वारा', 'क्रूर-घृणित', 'रामायण-

महाभारत-काल', 'बेरोकटोक'—ये सभी समस्त पद हैं। 'समास' का अर्थ 'संक्षेप' है, जो 'व्यास' (विस्तार)का उल्टा है। समास में वाकई संक्षेपीकरण होता है। तीन क्रियाओं का घटना समास में सम्भव है—

(i) अनेक अर्थों का एक अर्थ में ढल जाना, यानी एकार्थीभवन। यह नित्य होता है।

(ii) अनेक पदों की सम्पृक्ति और एकपदीभवन का प्रयास। यह भी नित्य होता है। 'एकपदीभवन' यानी एक पद के रूप में ढल जाना, अक्सर होता है, पर '*अलुक्*' की स्थिति में नहीं होता। इसीलिए 'एकपदीभवन का प्रयास' लिखा गया।

(iii) समासार्थ विनियुक्त पदों में सन्धि। यह ऐच्छिक होता है, सर्वदा नहीं।

पदों के 'समस्त प्रयोग' वैसे तो भाषा-प्रयोग में ही घटते हैं और उनकी संपृक्ति या एकपदीभवन भी वहीं बनने और मिटने की चीज है। परन्तु, कई बार 'समस्त पद' की 'प्रकृति' (जो समस्त प्रकृति होती है) भाषा-प्रयोग से बाहर शब्दकोश तक चढ़ बैठती है और वहाँ सुरक्षित हो जाती है। यानी, इस तरह, समास क्रिया से कई व्युत्पन्न शब्द भी सत्तावान् रहते हैं। उपर्युक्त में से, 'समतलीकरण', 'यथाशक्ति', 'विद्यालय', 'मानवाधिकार', 'बेरोकटोक' ऐसे ही व्युत्पन्न शब्द हैं। ये यौगिक शब्द भाषा-प्रयोग में बने होते हैं, परन्तु सम्पृक्त अर्थ में रूढ़वत् होकर 'शब्दकोश' (मानसिक या लिखित कोश) तक में जाकर सुरक्षित हो चुके हैं। वहाँ से वे, उसी सम्पृक्त रूप में रूढ़ शब्द की तरह सीधे उतरकर भाषा-प्रयोग में आ जाते हैं—'पद' साधक तत्त्वों से युक्त होकर चल पड़ते हैं। पर 'उदर-ज्वाला', 'गिरिजा-गिरीश', 'रामायण-महाभारत-काल', 'विवाह हेतु' आदि कोई एकीकृत शब्द नहीं हैं, वरन् वाक्यान्तर्गत ही प्रयोग-मात्र के लिए सम्पृक्त हुए हैं।[21] शब्दकोश के अंगीभूत हो चुके समस्त शब्दों में भी कुछ तो ऐसे होते हैं, जो भाषा-प्रयोग में चाहने पर भी व्यस्त रूप में प्रयुक्त न हो सकेंगे। जैसे—'यथाशक्ति' को 'शक्ति के यथा' हम नहीं लिख सकते; 'जलचर' को 'जल में चर' नहीं लिख पाएँगे। जब भी इन्हें लिखेंगे, समस्त रूप में ही। इनमें जो समास घटित हुआ है वह ऐच्छिक नहीं अनिवार्य है। उसका नाम '**नित्य समास**' है। किन्तु, विद्यालय, गिरिजा-गिरीश व्यस्त रूप में भी (यानी, पृथक-पृथक, जैसे—विद्या का आलय, गिरिजा और गिरीश) प्रयुक्त किये जा सकते हैं। इनमें घटित समास वैकल्पिक है, अनिवार्य नहीं। इसी से इसे '**वैकल्पिक समास**' कहते हैं।

स्पष्ट है कि समास वाक्य-सन्दर्भ में घटित घटना है और वह पदों के बीच होता है। समास-प्रक्रिया से जो व्युत्पादन होता है वह वाक्यान्तर्गत, प्रयोग-सापेक्ष ही होता है। अतः 'प्रत्यय-प्रक्रिया' वाले व्युत्पादन से इसका भेद स्पष्ट है। वह

'प्रयोग' से बाहर की दुनिया में घटता है—यौगिक शब्द लोक में ही बन चुका होता है। हम सिर्फ, वहाँ से उसे लेकर वाक्य में रूपायित कर लेते हैं। (यद्यपि प्रक्रिया वाक्य से पद, तब शब्द की ओर जाती है। पर, विवेचन के सुविधार्थ हम उल्टा कह रहे हैं। अत:, सावधानी!) व्याकरण के 'व्युत्पादन' प्रकरण में समास-कृत व्युत्पादन की मात्रा कम है तो इसका कारण है कि सिर्फ वे ही समस्त शब्द वहाँ विवेच्य हो सकते हैं जो (वाक्य-प्रयुक्त समस्त पद की प्रकृति के रूप में) शब्दकोश तक जा चढ़े हैं। वहाँ स्थिर हो चुके हैं। शेष 'गिरीश-गिरिजा' आदि तो वैसे हैं ही नहीं, तो क्या निर्वचन? (व्युत्पादन?) इसका अर्थ हुआ कि पूरी समास-प्रक्रिया 'व्युत्पादन' का विवेच्य विषय नहीं है, 'रूपायन' के अन्तर्गत भी उसका प्रवेश है। फिर भी सुविधार्थ हम 'समास' को सम्पूर्णतया यहीं प्रस्तुत कर रहे हैं। ढंग से देखें तो यहाँ केवल उपर्युक्त 'स्त्री-सशक्तीकरण', 'मानवाधिकार' आदि कोशस्थ 'समस्त शब्दों' की यौगिकता का स्पष्टीकरण करना अपेक्षित था। अस्तु!

पीछे हमने 'प्रकृति+प्रकृति' की प्रक्रिया को समास-प्रक्रिया बतलाया था, वह इस परिस्थिति में संशोधित हो जाता है। वस्तुत: 'पद+पद' की प्रक्रिया है समास। फिर, यह भी तय है कि पदों में भी हिन्दी प्राय: 'सुबन्त+सुबन्त' का समास करती है। यदि इस प्रकार से बने 'समस्त पद' को प्रकृति-स्तर पर समझें तो कहेंगे कि हिन्दी में 'प्रातिपदिक+प्रातिपदिक' का ही समस्त रूप प्राप्त है। पर, संयुक्त क्रिया के रूप में हिन्दी में कभी 'सुबन्त+तिङन्त' का भी समास हो जाता है। जैसे—'गिर पड़े' (विधि) में 'गिर' अव्यय कृदन्त, 'पड़े' पड़ धातु का विधि में 'ए' विभक्ति से बना रूप है। पर, 'गिर पड़े' की प्रकृति के रूप में किसी 'गिर पड़' जैसे समस्त धातु की बात करना बेमानी है। समस्त धातु तो खैर संस्कृत में भी अप्राप्त है।[22] 'व्युत्पादक अव्यय' (कथित उपसर्ग) भी प्रातिपदिक ही मान्य है, अत: उसके साथ किसी अन्य पद की सम्पृक्ति भी समास ही है, और कुछ नहीं। वाक्यान्तर्गत ये व्युत्पादन सी क्रिया घटित करते हैं, इस तरह वह क्रिया समास-क्रिया ही है। उनसे बने समस्त रूप शब्दकोश तक जाकर स्थिर हो जाने पर वे 'व्युत्पादन' के विवेच्य हैं। वैसे प्रत्यय के धरातल पर भी (यानी वाक्य-प्रयोग के बाहर) व्युत्पादन (नव शब्दनिर्माण) में भी ये भूमिका रखते हैं। जैसे—अन्+अशन='अनशन' या इसी तरह 'अमर' आदि को हम 'व्युत्पादक अव्ययों' की प्रयोग-बाह्य व्युत्पत्ति-क्षमता का उदाहरण मान सकते हैं।

समास-विचार 'ग्रैमर'-परम्परा में नहीं होता था, जिसकी छाया से हिन्दी के आरम्भिक व्याकरण ग्रस्त रहे। पर, धीरे-धीरे संस्कृतज्ञों के हिन्दी-व्याकरण-रचना में उतरने से, 'समास-विचार' 'हिन्दी-व्याकरण' का भी अंग बना।[23]

'समास' की परिभाषा में सबसे जोर 'अर्थ-सम्पृक्ति' पर देना चाहिए, क्योंकि समास के पीछे कार्य करनेवाली मूल प्रवृत्ति वही है; वही नित्य है। पदों के सम्बन्धकारी तत्त्वों या पदत्व साधक तत्त्वों का लोप भी प्राय: घटित होता है, पर नित्य नहीं।

जैसे—'अलुक् समास' में नहीं होता। 'अलुक्' में—

(i) कभी विभक्ति का अलोप होता है,

(ii) कभी मध्यम पद/पदों का।

हाँ, लोप न होने पर भी 'पद-सम्पृक्ति' तो है ही; अलोप में भी कभी एकपदीभवन हुआ रहता है; जैसे—"युधिष्ठिरेण द्रौपदी द्यूत-प्रसंगे अपमानिता भूता"—में 'युधिष्ठिर' में 'युधि' (सप्तमी विभक्ति)+'स्थिर' का अलुक् समास है; जिसमें प्रथम पद की सप्तमी विभक्ति यथावत् रहती है तथापि, 'युधिष्ठिर' एकपदीभूत है। समास के लिए दो पदों का पास रहना भर पर्याप्त नहीं, उनकी 'अर्थ-सम्पृक्ति' चाहिए। दो जन पास-पास या साथ बैठे हों (जैसे—बस यात्रा की मजबूरी में एक ही सीट पर बैठना), पर उनके मन न मिलेंगे, तो क्या खाक एक इकाई बनेंगे? अर्थ मन की तरह है और देह की तरह है शब्द। विवाह यदि पुरुष व स्त्री रूप दो व्यक्तियों के मन मिलने का परिणाम न होगा, बल्कि अक्सर होनेवाला एक सामाजिक हादसा होगा; तो पति-पत्नी क्या कभी एक प्रेमल इकाई/जीवन-इकाई बन सकेंगे; भले देह से वे कितने भी निकट हों? मन का मेल दैहिक मेल की भी भूमिका बनाता है। इसी तरह, समास में अर्थसम्पृक्ति (अर्थों का एकत्वबोध) प्राय: शब्दस्तरीय एकत्व को साधता है, बीच के निशानों को मिटाकर। वे निशान न भी मिट पाये हों, तो भी एकात्मता तो बन ही जाती है दोनों के बीच। 'समास' अपने अर्थ (संक्षेप) के अनुसर 'अर्थ-सम्पृक्ति' और 'शब्द-सम्पृक्ति' (प्राय: एकपदीभवन भी) के जरिये संक्षेपीकरण का कार्य करता है। इसके प्रेरणा-रूप में 'श्रम की बचत' की अपेक्षा अभिव्यंजना की रमणीयता (का आनन्द) मुख्य है। जिस तरह स्वेच्छा से स्त्री-पुरुष का जोड़ा बनाना मुख्यत: 'प्रेममय साहचर्य' की प्रेरणा का परिणाम हो सकता है; न कि कुछ भौतिक जरूरतों की पूर्ति की कोशिश का; उसी प्रकार 'समास' के समस्यमान पदों के सम्बन्ध में भी उक्त बात समझ ली जाए। जैसे सर्वनाम अनावश्यक शब्द-आवृत्ति के दोष से; भद्देपन से भाषा-प्रयोग को बचाता है; उसी तरह समास भी भाषा-प्रयोग को भद्देपन से बचाता है। मूलत: भाषिक सौन्दर्य को साधने और गौणत: श्रम की बचत हेतु 'समास' का कुछ स्वत: तो कुछ सायास प्रयोग हम करते ही रहते हैं।

पदों के अर्थ में प्रकार-कृत परिवर्तन लानेवाली प्रक्रिया—'समास' से पदों के रूपाकार में जो अक्सर परिवर्तन होता है,[24] वह दो तरह से होता है—

(i) आपसी सम्बन्धकारी तत्त्वों का, मध्यस्थ पदों का लोप (विभक्त्यादि-लोप)। विभक्ति-लोप पूर्व, उत्तर दोनों पदों का होता है।

(ii) पदों की ही प्रकृति का स्वरूप-परिवर्तन। इसमें लोप व वर्णागम दोनों सम्भव है। यह पूर्वपद, उत्तरपद दोनों में होता है, जिससे पद का आकार कहीं छोटा होता है, कहीं बड़ा। इस प्रक्रिया में कहीं सन्धि-गत परिवर्तन भी होता है, जो संस्कृत में प्रायः अनिवार्य और हिन्दी में ऐच्छिक होता है। उदाहरण—काठ+पुतली=कठपुतली (वर्णलोप पूर्व पद में)

कुशल+पूर्व > कुशलपूर्वक (वर्णागम)

सह+मुद्रा > समुद्र (दोनों पदों में वर्णलोप)

सीता+अयन > सीतायन (दो वर्णों की जगह विकार रूप में एक वर्ण 'आ' की स्थिति)

दीन+नाथ > दीनानाथ (वर्णागम)

उत्तरी+भारत > उत्तरभारत (पूर्वपद में वर्णलोप)

महान्+आशय > महाशय (पूर्वपद में वर्णलोप)

समास में सन्धि घटित होने पर वर्ण-विकार भी हो सकता है ('सीतायन' में हुआ)। प्रत्यय की भाँति समास से भी बलाघात के स्थान-परिवर्तन में कहीं ह्रस्व का दीर्घ तो कहीं दीर्घ का ह्रस्व (वर्ण-लोप) हो सकता है। जैसे—'कठपुतली' में पूर्वपद में दीर्घ का ह्रस्व तथा 'दीनानाथ' में 'दीन' में ह्रस्व का दीर्घ (उसके 'अ' का 'आ') हो गया है। हिन्दी सरलता की दृष्टि से दोनों पदों में न्यूनतम परिवर्तन पसन्द करती है।

ऊपर जो कहा गया कि पद का आकार कहीं घटता है, कहीं बढ़ता है—वह अलग सन्दर्भ में है। अन्यथा समास (जो वाक्य-रचना के सन्दर्भ में घटित प्रक्रिया है) में तो पदों का आकार घटता ही है—बढ़ने का सवाल नहीं है। कारण, परिभाषा में ही विभक्त्यादि या सम्बन्धकारी तत्त्वों के लोप की बात है। जैसे—यदि हम 'दीन+नाथ=दीनानाथ' को समास-प्रक्रिया का उदाहरण समझें, तब तो वर्ण-वृद्धि दिखाई देगी। परन्तु, समास तो 'दीनों का नाथ' का हुआ है, क्योंकि वाक्य-प्रयुक्त अंश तो यही है। तब उसका 'दीनानाथ' बन जाना वृद्धि है या ह्रास? इसी तरह 'कुशल+पूर्व' में समास नहीं है, समास है—'कुशल हो पूर्व में जिसके वह' इतने अंश का। यही अंश तो वाक्य-प्रयुक्त है [—"जब तक अपनी देह पर अधिकार नहीं सुनिश्चित होगा, *नारी 'कुशल हो पूर्व में जिसके वह'* कहाँ से होगी?"]। इस अंश की जगह 'कुशलपूर्वक' हो जाना आकार-वृद्धि है? कतई नहीं।

'समास' में '*विभक्त्यादि लोप*' की चर्चा करते प्रायः उसका आशय पदों की बीच की विभक्ति (यानी प्रथम पद की विभक्ति) के लोप से लगाया जाता है परन्तु वास्तविकता ये है कि उत्तर पद के साथ जुड़ी विभक्ति भी समास-प्रक्रिया में लुप्त होती है। यह बात ज्यादा मुखर रूप से स्पष्ट होगी 'बहुव्रीहि' समास में। [हिन्दी में चूँकि 'परसर्ग' अधिक प्रभावी हैं, अतः उन्हीं के माध्यम से बात करना उचित है। सुविधार्थ हम संस्कृत की 'प्रथमा द्वितीयादि विभक्ति'— इन पारिभाषिक शब्दों का इस्तेमाल करेंगे। इसी से प्रेरणा लेकर परसर्गों को भी 'द्वितीयार्थक', 'तृतीयार्थक' आदि कहेंगे। संस्कृत में प्रथमा विभक्ति की जगह हिन्दी में 'पहली विभक्ति' है और 'द्वितीयादि' छह के लिए हिन्दी में 'द्वितीयार्थक मिश्रित विभक्ति' आदि छह विभक्तियाँ। *मिश्रित विभक्ति या शबल वि.* का निर्माण हिन्दी की 'दूसरी विभक्ति+परसर्ग' से होता है।[25]]

(i) "अब गाँव की भी महिलाएँ *एड्स से पीड़ित* होने लगी हैं।"—"अब ग्रामीण महिलाएँ भी *एड्स-पीड़ित* होने लगी हैं।"

(ii) "*एड्स से पीड़िताएँ जो हैं उन*को देखकर यह अनुमान लगाना मुश्किल नहीं होगा कि उनके पति *विवाह से इतर* यौन-सम्बन्ध बनाने में कितने सक्रिय हैं।"—"*एड्स-पीड़िताओं* को देखकर यह अनुमान लगाना मुश्किल नहीं होगा कि उनके पति *विवाहेतर* यौन सम्बन्ध बनाने में कितने सक्रिय हैं।"

प्रथम वाक्य-युग्म को देखें। 'एड्स से पीड़ित' में प्रथम पद 'एड्स' में 'तृतीयार्थक मिश्रित विभक्त' है तथा उत्तर पद 'पीड़ित' में पहली विभक्ति। हमें ऐसा लगता है कि सिर्फ प्रथम पद की विभक्ति लुप्त हुई है, तब 'एड्स-पीड़ित' बना है। जी नहीं। वाक्य युग्म (ii) का बहुव्रीहि समास देखने से बात स्पष्ट हो जाती है कि दूसरे पद की विभक्ति भी लुप्त होती है। 'एड्स से पीड़िताएँ जो हैं, उनको' में प्रथम पद 'एड्स' में तृतीयार्थक मिश्रित विभक्ति तथा अन्तिम पद 'पीड़िताएँ' में 'पहली विभक्ति' है। समस्त पद 'एड्स-पीड़िताओं को' के रूप में जो आता है, वह वस्तुतः समस्त पद 'एड्स-पीड़िताएँ' का 'दूसरी विभक्ति' का सपरसर्ग प्रयोग है। वस्तुतः सपरसर्ग विभक्ति ('ओं को') समस्त पद '*एड्स पीड़िताएँ*' के साथ लगी है, न कि उत्तर पद 'पीड़िताएँ' के साथ। उसके साथ तो जो पहली विभक्ति (एँ) थी वह तो समास-प्रक्रिया में लुप्त ही हो गयी है।

कुछ लोगों का विचार हो सकता है कि अपेक्षाकृत विश्लेषणात्मक प्रकृति के कारण हिन्दी, 'समास' को अनिवार्य नहीं रखती, जैसे 'सन्धि' अनिवार्य नहीं है।[26] यह बात ठीक नहीं है। 'समास' की संकल्पना ही अलग है। उन्हें कहना चाहिए कि हिन्दी में समास तो रहता ही है, पर भाषा की विश्लेषणात्मक

प्रकृति के कारण 'समस्त पद' का संश्लिष्ट रहना सदा अनिवार्य नहीं होता—एकपदीभवन सदा सम्भव नहीं होता। हिन्दी में समास की अल्पता समझना तो आज के युग में और सही नहीं है। आज सामाजिक-सांस्कृतिक-राजनीतिक हलचलों तथा स्वाधीनता, मानवाधिकार आदि की लड़ाइयों के कारण जब रोज नयी-नयी संस्थाएँ, संघ, संगठन बन रहे हैं, तो उनका नामकरण बिना सामासिक प्रक्रिया के क्या सम्भव है? जैसे—'बिहार लोक सेवा आयोग' को ही लें। मध्यगत परसर्गों, पदों आदि का कितना लोप करके यह 'एक पदीभूत' नाम बना है—'बिहार राज्य की लोकसेवाओं के लिए कर्मचारियों का चयन करनेवाला आयोग'। समास न होता तो कितनी परेशानी खड़ी होती नामकरण में। इसी तरह 'नर्मदा बचाओ आन्दोलन', 'भारतीय पतिता उद्धार सभा', 'जवाहर लाल नेहरू विश्वविद्यालय', 'बार गर्ल्स एसोशिएशन', 'दुर्बार महिला समिति', 'अखिल भारतीय बन्धुआ मुक्ति मोर्चा', 'घरेलू हिंसा से महिला की सुरक्षा अधिनियम', 'आदिवासी विप्लव महिला संघम्', 'स्त्री अधिकार संगठन', 'एस.एन.डी.टी. वीमेन्स युनिवर्सिटी', 'प्रगतिशील लेखक संघ', 'अन्तरराष्ट्रीय महिला वर्ष', 'अखिल भारतीय महिला परिषद्', 'जाति-पाँति तोड़क मंडल' (लाहौर), 'मुस्लिम महिला पर्सनल ला बोर्ड', 'महिला पुस्तक मेला', 'का सैंजुक कैथी' (मेघालय), 'भारतीय महिला फेडरेशन', 'वीरप्पा मोइली कमेटी', 'राष्ट्रीय परिवार स्वास्थ्य सर्वेक्षण', 'आजादी बचाओ संगठन', 'मानव संसाधन विकास मन्त्रालय' आदि तमाम व्यक्तिवाचक संज्ञा नाम समस्त पद हैं। यहाँ स्पष्ट होता है कि समास हिन्दी के लिए कितना महत्त्वपूर्ण हो गया है।

इसी क्रम में यदि हम आगे बढ़ें तो 'महिला एवं बाल-विकास मन्त्री श्रीमती रेणुका चौधरी' आदि प्रयोगों में भी समास है। इसमें 'मन्त्री' शब्द केवल 'बाल-विकास' से सम्बद्ध नहीं है, बल्कि 'महिला एवं बाल-विकास' से सम्बद्ध है। 'महिला एवं बाल' में द्वन्द्व के क्षेत्र में अलुक् की स्थिति है। यह एक इकाई की तरह है।[27] अब, इससे सर्वप्रथम 'विकास' शब्द षष्ठ्यर्थ सम्बन्ध बनाता है, यानी 'महिला' और 'बाल' दोनों का विकास—ऐसा अर्थ है। फिर विकास से षष्ठ्यर्थ सम्बन्ध बनाता है 'मन्त्री'। तब आगे है—'श्रीमती रेणुका चौधरी'। यह व्यक्ति-विशेष का नाम है, जिसका विशेषण है 'महिला एवं बाल विकास मन्त्री'। इस प्रकार यहाँ कर्मधारय की स्थिति बन जाती है। नाम में भी 'श्रीमती विशेषण है 'रेणुका चौधरी' का। फिर 'रेणुका' मूल नाम 'चौधरी' कुलनाम। हर व्यक्तिवाचक संज्ञा नाम (चाहे वह संघात्मक हो या एकात्मक), एक प्रकार का समास ही होता है। इस प्रकार उद्धृत सम्पूर्ण अंश 'महिला एवं बाल विकास मन्त्री श्रीमती रेणुका चौधरी' का पूरा विग्रह है— महिला

एवं बाल के विकास से सम्बद्ध मन्त्री श्रीमती रेणुका चौधरी।' यह पूरा पद '(अलुक्) द्वन्द्व गर्भित षष्ठी तत्पुरुषयुत कर्मधारय समास' का उदाहरण है। चूँकि 'कर्मधारय' तत्पुरुष का भेद है, अतः पूरा पद एक शब्द में 'तत्पुरुष समास' का उदाहरण है।[28] इसी तरह 'घरेलू हिंसा से महिला की सुरक्षा अधिनियम' के समास को भी समझ लेना होगा।

'साल दर साल' को पंडित कामताप्रसाद गुरु ने समास का उदाहरण माना है,[29] पर इसमें तो कोई वैसी स्थिति नहीं दिखती, जो समास की परिभाषा में बतायी गयी है। पर उन्होंने 'दम भरना' में समास का अभाव बतलाया, वह सही नहीं। उनके तर्क से चलें तो संयोग-दशा में कोई विकार न होने से और विभक्ति विकल्प से बनी रहने के कारण यह समास नहीं है। समास का मूल लक्षण विभक्ति-लोप या पदों में विकार नहीं, 'अर्थ-सम्पृक्ति' है। 'दम' और 'भरना' के अर्थ मिलकर एक विलक्षण अर्थ जो सृजित करते हैं, वह समास के सिवा कैसे होता? विभक्ति-लोप तो अनिवार्यतः 'नित्य समास' में होता है। जहाँ तक रही विकार की बात, तो जो कर्मधारय गुरु जी ने माना है, वह भी कहाँ विकृत हुआ है? 'पुरुषरत्न' में कहाँ विकार है? 'दम भरना' में 'दम' संज्ञा है और 'भरना' कृदन्त (क्रियार्थक भाववाचक संज्ञा)। यानी प्रातिपदिक+प्रातिपदिक का समास है।

'ऐसा', 'वैसा' आदि शब्द 'समस्त' यौगिक शब्द नहीं हैं। ऐसा=इस+सा, वैसा=उस+सा। दोनों में सर्वनाम रूप+'सा' का मेल है। 'सा' हिन्दी में प्रत्यय कोटि का ही है, इसी से यहाँ समास नहीं माना जाएगा। 'सा' अव्यय नहीं है, 'से' आदि वचनविकार जो हैं। अव्यय होता तो समास माना जा सकता था यह। यह नित्य समास नहीं, क्योंकि 'इस सा' 'उस सा' ऐसे स्वतन्त्र रूप में भी प्रयुज्य हैं।

समास में हिन्दी की पद्धति हर जगह संस्कृत की अन्धानुगामी नहीं है। हिन्दी ने अपनी स्वतन्त्र पद्धति अवश्य बनायी है [उपर्युक्त 'अलुक् द्वन्द्व' जैसे है] इसका ख्याल न रखने से कभी हम 'पिता-प्रेरणा', 'माता-वचन', 'नेता-प्रेरित' 'मातेश्वरी', 'विद्यार्थी-परिषद्', 'संसद्-सदस्य', 'प्रथमाध्याय', 'नारी-आश्रम', 'कांग्रेस-अध्यक्षा', 'राजा-मंडी' आदि के समास-विधान को अशुद्ध ठहराने लगते हैं, क्योंकि संस्कृत पद्धति पर क्रमशः 'पितृप्रेरणा', 'मातृवचन', 'नेतृप्रेरित', 'मात्रेश्वरी', 'विद्यार्थि-परिषद्', 'संसत्सदस्य', 'प्रथमोध्याय', 'नार्याश्रम', 'कांग्रेसाध्यक्षा', 'राजमंडी' ही बनेंगे। यदि हिन्दी संस्कृतागतेतर शब्दों में समास बनाते समय संस्कृत-पद्धति से कुछ विचलन करती है, तो यह उसकी उपलब्धि के रूप में देखा जाना चाहिए, न कि दोष के रूप में। यदि 'राजभवन' के तर्ज

पर 'राजमहल', 'राजगढ़' बनाते-बनाते वह 'राजा महा' बना डालता है, तो गलत क्या है? हाँ, संस्कृत पद्धति पर विकल्प से भी बनना गलत नहीं है; पर संस्कृतागत शब्दों के प्रसंग में वह ज्यादा संगत है।

संस्कृत की तुलना में हिन्दी की पद्धति की विशेषता यह है कि समास-प्रक्रिया के दौरान सरलता व स्पष्टता के लिए, वह घटक पदों में न्यूनतम परिवर्तन पसन्द करती है। जैसे—'टीकाकरण, 'बन्ध्याकरण', कन्या-उपेक्षा, 'मुक्ति-आदेश', 'महिला इंस्पेक्टर' आदि। दूसरी बात जो पहले भी एकाधिक बार कही गयी है, हिन्दी में समास में सन्धि होना अनिवार्य नहीं। 'विधवाश्रम' भी हो सकता है, 'विधवा-आश्रम' भी। संस्कृत में लम्बे से लम्बा समास-पद भी भले एक ही शिरोरेखा में लिखा जाए, पर हिन्दी वाचन व लेखन की स्पष्टता के लिए एक शिरोरेखा के बन्धन को नहीं मानती; बल्कि कभी-कभी योजक चिह्न [जिसे समास चिह्न भी कहते हैं] भी लगा देती है। जैसे—'रामलक्ष्मणभरतशत्रुघ्नाः'[30] की जगह हिन्दी 'राम-लक्ष्मण-भरत-शत्रुघ्न' लिखती है।[31]

समास के लिए प्रायः दो पद ही अपेक्षित हैं, परन्तु यदा-कदा बहुव्रीहि व तत्पुरुष दो से अधिक पदों से भी बन जाते हैं। जैसे—दलित-चेतना-रैली, हिन्दी साहित्येतिहास आदि। 'द्वन्द्व' समास के घटक पद तो असीमित होते हैं—दो से लेकर किसी संख्या तक। पर, 'अव्ययीभाव' सिर्फ दो पदों से बनता है।

विग्रह—समास के सन्दर्भ में विग्रह का तात्पर्य, सम्पृक्त अर्थ को विश्लेषण द्वारा स्पष्ट करने से है। इस प्रक्रिया में उलब्ध 'समस्त पद' के विश्लिष्ट रूप (व्यस्त रूप) को भी विग्रह कहते हैं।[32] जैसे—'नसबन्दी' समस्त पद है, जिसका विग्रह है ''शुक्र/डिम्बवाही नली (नस) को काटकर शुक्र/डिम्ब का रास्ता बन्द करनेवाला आपरेशन जो है, वह।'' यह बहुव्रीहि समास है।

'कन्या-भ्रूण-हत्या' समस्त पद है। इसका विग्रह है, 'कन्या की भ्रूणावस्था में (गर्भ में) हत्या'। यह तत्पुरुष समास है। विग्रह करना अधिकांशतः हमारी इच्छा पर निर्भर है, चाहे जैसे करें। विग्रह में से कुछ ऐसे होते हैं, जो समास का अर्थ स्पष्ट तो कर सकते हैं, पर उसी रूप में भाषा-प्रयोग में नहीं आ सकते और कुछ ऐसे विग्रह होते हैं जो उसी रूप में भाषा-प्रयोग में भी आ सकते हैं। एक समस्त पद लेते हैं—'सिंहसुता'—इसका विग्रह करते हैं तो प्रायः इस तरह के रूप देते हैं—(i) सिंह की सुता (ii) सिंह की सुता जो है, वह आदि। ये विग्रह सीधे इसी रूप में वाक्य में ढल सकते हैं, जैसे—''सिंह की सुता बनकर ही लड़की अपनी पढ़ाई पूरी कर सकती है, अन्यथा सड़कछाप गुंडे उसे तो कच्चे चबा डालेंगे।'', ''सिंह की सुता जो है, वह सियार से क्यों डरेगी?'' परन्तु, विग्रह का एक रूप यह भी हो सकता है कि 'सिंह सुता' के घटक पदों को स्पष्टतः अलग-अलग लिख दिया जाए और सिर्फ उनकी विभक्तियों को नामांकित कर

दिया जाए। इस तरह का विग्रह संस्कृत में सुविधाजनक होता है, हिन्दी में कठिन। जैसे—'सिंहसुता' को संस्कृत समस्त मानें, तो विग्रह—'सिंह+षष्ठी विभक्ति+सुता+प्रथमा विभक्ति'—होगा। स्पष्टतः इस प्रकार का विग्रह सीधे वाक्यांग नहीं बन सकता। हिन्दी में विग्रह—'सिंह-षष्ठ्यर्थ' 'का' 'प्रत्यय+सुता+पहली विभक्ति' है।[33]

समास के प्रकार

पाणिनीय परम्परा में अव्ययीभाव, तत्पुरुष, द्वन्द्व, बहुव्रीहि नामक चार समास भेद माने गये, जिनमें से तत्पुरुष का एक भेद 'कर्मधारय' तथा 'कर्मधारय' का एक भेद 'द्विगु' है। इस चतुर्धा वर्गीकरण का लक्ष्य-विशेष भी संस्कृत में ठीक से स्पष्ट नहीं हुआ और इन चारों के बावजूद कुछ समस्त पद इन से बाहर ही रह जाते थे।[34] पूर्वपद या उत्तर पद की प्रधानता-अप्रधानता वाली शर्त भी अकाट्य नहीं है। वैयाकरण इसे *'प्रायोवाद'* (प्रायः या बहुतायत से इस्तेमाल होने की स्थिति) मानकर चलते हैं। जैसे—"तत्पुरुष में उत्तरपद प्रधान होता है" यदि कहा गया, तो इसका अर्थ यह नहीं कि तत्पुरुष नित्य 'उत्तरपद प्रधान' होता है, अपितु *प्रायः* होता है।[35] स्वर व बलाघात से भी संस्कृत में अर्थान्तर होता रहा है और जब अर्थ बदला तो समास कैसे न बदलेगा? जैसे—

(i) 'इन्द्रशत्रु' में अन्त्य पद पर जोर देने पर विग्रह है 'इन्द्र का शत्रु', पूर्वपद पर जोर देने पर विग्रह है—'इन्द्र है शत्रु जिसका'। समास 'तत्पुरुष' से 'बहुव्रीहि' हो गया।

(ii) 'जानकीवल्लभ' के अन्त्यपद पर जोर देने से विग्रह 'जानकी का वल्लभ' हुआ; पूर्वपद पर जोर देने से विग्रह हुआ 'जानकी जिस की वल्लभा है'। यहाँ भी समास 'तत्पुरुष' से 'बहुव्रीहि' हुआ।

(iii) 'कालिदास' के भी क्रमशः अन्त्य व पूर्व पद पर जोर देने से विग्रह क्रमशः 'काली का दास' (तत्पुरुष) एवं 'काली जिस की दासी है' (बहुव्रीहि) होगा।

हिन्दी में तो सीधा रास्ता यही है कि प्रस्तुत प्रसंग में 'समस्तपद' का अर्थ देख लो, फिर तदनुसार विग्रह करके समास निर्धारित कर लो। यानी, कोई समस्तपद स्वयमेव किसी समास-कोटि में स्थित नहीं होता, बल्कि 'विग्रह' के अनुसार उस की कोटि तय होती है और विग्रह तय होता है, अभिप्रेत अर्थ का संधान कर अथवा 'वक्रोक्ति अलंकार' की तरह इष्ट अर्थ में हम कोई विग्रह कर सकते हैं। जैसे—'रामेश्वर' पद का विग्रह इन विधियों से हो सकता है—

(i) राम का ईश्वर (तत्पुरुष),

(ii) राम ही है ईश्वर (कर्मधारय)

(iii) राम है ईश्वर जिस का (अर्थात् शिव)--(बहुव्रीहि)। इसी तरह से 'कन्या रत्न' के इतने रूपों में विग्रह सम्भव हैं—(i) कन्या का रत्न (षष्ठी तत्पुरुष), (ii) कन्या द्वारा अर्जित रत्न (मध्यमपदलोपी तत्पुरुष), (iii) कन्या के लिए रत्न (चतुर्थी तत्पुरुष), (vi) कन्यारूपी रत्न (कर्मधारय), (v) कन्या ही है रत्न (कर्मधारण), (vi) कन्या है रत्न जिसका (बहुव्रीहि) एवं (vii) कन्या और रत्न (द्वन्द्व)। इस प्रकार, समास-कोटियों में सांकर्य (गड्डमड्ड) होते रहता है। फिर भी, किसी समस्त पद को किसी समास कोटि का उदाहरण मानने की चाल है और उसी आधार पर परीक्षाओं में प्रश्न पूछे जाते हैं कि अमुक पद में समास कौन-सा है? ऐसी चाल, उस समस्त पद के अधिकतर प्रयोगों में प्राप्त अर्थ को (यानी समास-कोटि) को लक्ष्य कर ही चली है। परीक्षा में बेहतर होगा कि वाक्य-प्रयुक्त समस्त पद देकर समास-निर्धारण को कहा जाए।

समास-वर्गीकरण का सबसे प्रचलित आधार 'पदों के अर्थों की सापेक्ष प्रधानता' ही है। उस आधार पर चार प्रमुख भेद हैं।--ये भेद मुख्यत: इस बात के संकेतक हैं कि समस्त पद का अर्थ किस पद में केन्द्रित है? समस्त पद के भीतर ही केन्द्रित है कि बाहर केन्द्रित है?

(i) पूर्व पदार्थ प्रधान, यानी *अव्ययीभाव*। जैसे—आजीवन, यथेच्छ, हाथोंहाथ आदि।

(ii) उत्तर पदार्थ प्रधान यानी *तत्पुरुष*। जैसे—भ्रूण-हत्या, खलनायक, कला-मर्मज्ञा आदि

(iii) उभय पदार्थ प्रधान, यानी *द्वन्द्व*। जैसे—बेटा-बेटी, लोटा-थाली, धुलाई-पुँछाई आदि।

(iv) अन्य पदार्थ प्रधान, यानी *बहुव्रीहि*। जैसे—'इज्जत-हत्या' (इज्जत बचाने के बहाने स्त्री की जो हत्या की जाती है, वह)

इन चारों प्रधानताओं का विचार 'संयुक्त क्रिया' (जो समास है) में भी कर सकते हैं। 'रूपायन' में वह प्रस्तुत किया जाएगा।

समस्यमान पदों की कोटि को लक्ष्य कर भी समास की कोटियाँ निर्धारित की जा सकती हैं। हिन्दी में प्राय: 'सुबन्त+सुबन्त' पदों का समास होता है और कभी-कभी (संयुक्त क्रिया के रूप में) 'सुबन्त+तिडन्त' का भी।[36] पर, इसका अर्थ यह नहीं कि (दूसरी कोटि की प्रकृति के स्तर पर) '*प्रातिपदिक*+धातु' का समस्त रूप सम्भव है। नहीं। हिन्दी में सिर्फ 'प्रातिपदिक+प्रातिपदिक' रूप में समस्त पद प्राप्त हैं [जो पहली क़ोटि के प्रकृति-स्तर पर हैं]। हिन्दी

में इसे विश्लेषित करने पर समास की इस प्रकार कुछ कोटियाँ बनती हैं—

(i) संज्ञा+संज्ञा—वीर+बाला=वीरबाला। रात+दिन=रात-दिन।

(ii) संज्ञा+विशेषण—निसर्ग+सुन्दर=निसर्ग सुन्दर

(iii) विशेषण+संज्ञा—स्वाधीन+चेतना=स्वाधीन चेतना।

(iv) अव्यय+अव्यय—सम्+प्रति=सम्प्रति।

(v) अव्यय+संज्ञा—उप+योग=उपयोग

(vi) अव्यय+विशेषण—अति+स्वाभिमानिनी=अतिस्वाभिमानिनी। गिरते+उठते=गिरते-उठते।

(vii) (कृदन्त) सुबन्त+तिङन्त—घूम+आये (विधि)=घूम आये।

(viii) विशेषण+विशेषण—श्याम+सुन्दर=श्यामसुन्दर। खाता+पीता=खाता-पीता।

(ix) सर्वनाम+सर्वनाम—हम+तुम=हम-तुम।

समास-प्रक्रिया में 'विभक्ति आदि' के लोप-अलोप की दृष्टि से दो स्थितियाँ बनती हैं—(क) लुक् समास (ख) अलुक् समास। प्रथम लोप तथा द्वितीय अलोप की स्थिति है। प्रथम सामान्य स्थिति है, द्वितीय यदा-कदा होनेवाली। 'लुक् समास' की भी तो अन्तवर्त्ती स्थितियाँ सम्भव हैं—(i) *विभक्त्यादि लोप*—जाति *पर* आधारित शोषण (जाति-आधारित शोषण), कला *की* मर्मज्ञा (कलामर्मज्ञा), सन्देश *को वहन* करनेवाली (सन्देश-वाहिका), अवकाश को प्राप्त (अवकाश-प्राप्त),—सूर्य *सी* मुख वाली (सूर्यमुखी) आदि। (ii) *मध्यम पद लोप*—"रामोला *और* श्वेतांक गये।"—(रामोला-श्वेतांक)। दही *में डुबोया गया* बड़ा (=दहीबड़ा) आदि।

'अलुक् समास' की भी दो अन्तवर्ती स्थितियाँ हैं—

(i) **विभक्त्यादि अलुक्**—इस प्रकार की स्थिति प्राय: तत्पुरुष और सप्तमी पूर्वपद बहुव्रीहि में आती है। जैसे—उपरिगामी, *कंठे काल*, आत्मनेपद, शाहेजहाँ, मनसिज, कर्तरिप्रयोग, युधिष्ठिर आदि। ऐसे समस्तशब्द हिन्दी की खास अपनी शब्दवाली के स्तर पर नहीं बनते। हिन्दी में 'मिश्रितविभक्तियों' (विभक्ति+परसर्ग) की स्थिति अधिक है। अत: उनके अलुक् की स्थिति में समास की संकल्पता ही बाधित होती है। ऐसे शब्द हिन्दी में या तो शुद्ध रूप से संस्कृत से या अन्य भाषाओं से आयातित होते हैं या उसी पद्धति पर हिन्दीवालों द्वारा बना लिये जाते हैं। जैसे--शाह-ए-जहाँ (शाहेजहाँ) की तरह 'शेरे बिहार' आदि बना लिये गये। स्पष्ट है, हिन्दी में विभक्त्यादि अलोप की स्थिति नहीं बन सकती। संस्कृत या परभाषीय विभक्त्यादि अलोप की बात ही यहाँ विवेचनीय है, क्योंकि उन्हीं के 'समस्त शब्द' हिन्दी में इसके उदाहरण हैं। 'चूहेमार' शब्द को अलुक् का उदाहरण मानना ठीक नहीं। 'चूहे को मारनेवाला' यदि

ऐसा अर्थ है तो केवल 'को' लुप्त क्यों हुआ? चूहे का 'ए' भी लुप्त होता, तब सामान्य (लुक्) समास होता। सही में 'चूहामार' शब्द होगा।

(ii) **मध्यस्थ पद अलुक्**—द्वन्द्व समास में हिन्दी ने इसका विकास किया है। जैसे—'जाति और ज़ेंडर सम्बन्धी चर्चा' में 'जाति और जेंडर' समस्त पद हैं। अलुक् है यहाँ, 'और' की लुप्ति नहीं हुई ('विभक्त्यादि' व 'मध्यमपद' में परिगणित तत्त्वों की स्पष्टता इस अध्याय के अन्तिम हिस्से में है।)

समस्यमान पदों के अधिकरण (आधार) या बोध्य के आधार पर समास की दो कोटियाँ बन सकती हैं—(क) समानाधिकरण समास और (ख) व्यधिकरण समास। घटक पदों का बोध्य या अभिप्रेत जब एक ही वस्तु हो, तो उनमें विभक्ति भी एक ही आती है। ऐसे पदों के मेल से बननेवाला समास ही 'समानाधिकरण समास' है। स्पष्ट है कि समानाधिकरण की विभक्ति-समता की स्थिति तभी सम्भव है, जब घटक पद प्रथमा या 'पहली' विभक्ति में हो। यह समास 'तत्पुरुष' व 'बहुव्रीहि' के क्षेत्र में ही घट सकता है। 'द्वन्द्व' में भी सभी पदों की विभक्ति समान होती है, पर बोध्य अलग-अलग ही होता है। 'व्यधिकरण समास' तब कहलाता है, जब समास के घटक पदों का बोध्य या आधार अलग-अलग हों। इसी से उन पदों की विभक्ति भी असमान रहती है। 'द्वन्द्व' में यह समास नहीं आता, क्योंकि वहाँ पदों का बोध्य अनेक होकर भी उनकी विभक्ति समान होती है। 'अव्ययीभाव' में तो प्राय: एक पद अव्यय होता है जिसका कोई वस्त्वात्मक अर्थ होता ही नहीं। अत: वहाँ समानाधिकरण-व्यधिकरण की बात करना ही व्यर्थ है। तत्पुरुष व बहुव्रीहि के क्षेत्र में ही 'व्यधिकरण' की स्थिति है। *'व्यधिकरण तत्पुरुष' में उत्तरपद सदा प्रथमा या 'पहली विभक्ति' में होता है। व्यधिकरण बहुब्रीहि' में पूर्वपद प्राय: 'प्रथमा' या 'पहली' विभक्ति में और उत्तर पद उनसे भिन्न विभक्ति में होता है। (हिन्दी में वह मिश्रित विभक्ति में होता है।)* जैसे—'लिंग पर आधारित भेदभाव' > 'लिंगाधारित भेदभाव' (तत्पुरुष व्यधिकरण)—इसमें पहले पद '*लिंग पर*' में सप्तम्यर्थ 'मिश्रित विभक्ति' है; दूसरे पद 'आधारित' में पहली विभक्ति। 'चन्द्र *मौलि पर* है जिसके' > 'चन्द्रमौलि' (बहुव्रीहि व्यधिकरण)—इसमें प्रथम पद 'चन्द्र' में पहली विभक्ति है, दूसरे पद 'मौलि पर' में सप्तम्यर्थ 'मिश्रित विभक्ति'। 'समानाधिकरण' समास के उदाहरण हैं—'वीर बाला' (तत्पुरुष समानाधिकरण)। 'वीर' का भी बोध्य वही है जो 'बाला' का, यानी लड़की। दोनों पदों में समानरूप से 'पहली विभक्ति' है। 'नीलगिरि' (बहुव्रीहि समानाधिकरण)। इसका विग्रह है—'*नीला* है जो *गिरि* वह'। 'नीला' व 'गिरि' दोनों का बोध्य

पर्वत-विशेष है। दोनों पदों में 'पहली विभक्ति' ही है।

समास होने की अनिवार्यता-ऐच्छिकता के आधार पर दो समास कोटियों की बात पहले की जा चुकी है—(i) ऐच्छिक समास (ii) नित्य समास। सभी बहुव्रीहि तथा द्वन्द्व 'ऐच्छिक समास' हैं। कर्मधारय का भेद 'नञ्', सभी अव्ययीभाव तथा उपपद आदि कुछ तत्पुरुष भेद 'नित्य समास' हैं।

अब थोड़ा इस आधार पर विचार कर लें कि 'समस्त पद' की जाति (कोटि) के आधार पर समासों की स्थिति क्या है—

'अव्ययीभाव समास' के समस्त पद अव्यय होते हैं, वहाँ भी अधिकतर 'क्रियान्वयी अव्यय' जो अक्सर क्रिया की भी विशेषता बताते हैं। जैसे—'दिनोंदिन' अव्ययीभाव समस्त पद 'क्रिया' की विशेषता भी बताता है।

''गुजरात दंगों के कुतुबुद्दीन अन्सारी की हाथ जोड़कर गिड़गिड़ाती तस्वीर हमें आगाह कर रही है कि साम्प्रदायिक हिंसा का दैत्य *दिनोंदिन* बढ़ रहा है।''

''भारत भले अपने विकास-दर पर इतरा ले, पर उसे नहीं भूलना चाहिए कि बीस करोड़ से ज़्यादा लोग ऐसे हैं जिन्हें या तो *भरपेट* भोजन नहीं मिलता या वे कुपोषित हैं।''—इसमें 'भरपेट' अव्ययीभाव है, जो अव्यय बना हुआ है।

'बहुव्रीहि' से निष्पन्न पद अन्यपदार्थवाची होने से विशेषण होते हैं। इस कारण कभी वे क्रिया-विशेषण भी बन जाते हैं। 'तत्पुरुष' समास के 'समस्त पद' संज्ञा, विशेषण दोनों प्रकृतियों के हो सकते हैं। जब वे विशेषण होते हैं तो क्रिया विशेषण बनने की क्षमता भी रखते हैं। 'द्वन्द्व समस्त पद' तो संज्ञा, सर्वनाम, विशेषण, क्रियान्वयी अव्यय हो सकते हैं। जैसे—'माँ-बाप', 'हम-तुम', 'अच्छा-बुरा', 'यहाँ-वहाँ' आदि। हिन्दी में 'संयुक्त क्रिया' के रूप में समस्त पद के क्रिया वर्गीय होने की स्थिति भी सतत मौजूद है। जैसे—''सावित्री बाई फुले की राह पर आम लड़कियाँ *चल पड़ें*।''—इसमें 'चल पड़ें' 'समस्त पद' क्रियात्मक है, कृदन्त अव्यय *'चल'+'पड़ें' (तिङन्त)* का मेल। पर, ''वह *खाता-पीता* है'' में 'खाता-पीता' द्वन्द्व पद विशेषणीभूत है। यह पहले भी बताया जा चुका है कि हिन्दी में समस्त क्रिया पद हैं, पर उनकी प्रकृति 'समस्तधातु' के रूप में प्राप्त नहीं है।

इस तरह 'समस्त पद' की जाति के अनुसार समास की कोटियाँ चार हुईं—

(i) समस्त पद संज्ञा,

(ii) समस्त पद विशेषण,

(iii) समस्त पद (क्रियान्वयी) अव्यय एवं

(iv) समस्त पद क्रिया वाली कोटियाँ।[37]

'कर्मधारय' और 'बहुव्रीहि' में सांकर्य रहने से इनके भेद-प्रभेद में भी बहुत समानता रहती है। 'कर्मधारय' (समानाधिकरण तत्पुरुष) के जिस-जिस प्रकार के भेद हैं, लगभग उस उस प्रकार के ही भेद 'समानाधिकरण बहुव्रीही' के हैं। जैसे दोनों में 'विभक्ति आदि लोपी' व 'मध्यमपद लोपी' भेद हैं। फिर दोनों में 'विभक्त्यादि लोपी' के अन्तर्गत 'सादृश्यवाचक (उपमावाचक)', 'विशेष्य-विशेषणमय (वैशिष्ट्यवाचक)' हैं। फिर दोनों में 'संख्यापूर्वपद' (द्विगु), 'प्रादि' व 'निषेधार्थक (नञ्)' नामक उपभेद 'विशेष्य विशेषणमय' के हैं। बात वस्तुतः वही है कि सन्दर्भगत अर्थ या विग्रह के अनुसार एक ही समस्त पद कभी 'समानाधिकरण तत्पुरुष' कहा जा सकता है, कभी 'समानाधिकरण बहुव्रीहि।' जैसे—'सप्तसिंधु' को यदि 'सात सिन्धुओं' (नदियों) के समूह के रूप में विगृहीत करें तो समास कर्मधारय का संख्यापूर्वपद (द्विगु) हुआ। यदि उसे 'सात सिन्धुओं के समूह वाला (प्रदेश) जो है, वह' के रूप में विगृहीत कर खास अर्थ ग्रहण करें, तो समास 'बहुव्रीहि' हुआ।

इसी प्रकार, 'कर्मधारय' के वैशिष्ट्यवाचक (विशेष्य-विशेषणमय) के एक भेद 'विशेषणोभय पद' का कोई उदाहरण (जैसे—अच्छी-बुरी, मृदु-मन्द, खाता-पीता, खट्टा-मीठा आदि) को हम प्रसंगवश इतरेतर द्वन्द्व भी समझ सकते हैं। यदि इनका 'बोध्य' एक ही वस्तु हो, तब तो 'विशेषणोभय पद कर्मधारय' है और 'बोध्य' अलग-अलग वस्तुएँ हैं, तब 'द्वन्द्व' का 'इतरेतर' भेद है। जैसे—"*अच्छी-बुरी* स्थिति के लिए हम तैयार हैं।" (विशेषणोभय पद कर्मधारय)

"*अच्छी-बुरी* दोनों तरह की फसलें हुई हैं।" (द्वन्द्व, इतरेतर)

'समास' के वर्गीकरण के उक्त लगभग सारे आधारों का मिश्रित उपयोग कर अक्सर समासभेदों की विस्तृत व जटिल रूपरेखा प्रस्तुत की जाती है। इनमें से कुछ आधार वैयाकरणिक होते हैं, कुछ अवैयाकरणिक (जैसे—अर्थमात्र का आधार)। समस्त पद के प्रकार्य (यानी, वह वाक्य में किस भूमिका में आ रहा है, स्वतन्त्र कर्तृत्व आदि लेकर या विशेषक बनकर या क्रियान्वित होकर या खुद क्रिया या क्रियाघटक बनकर आदि) को आधार बनाने पर वर्गीकरण पूर्ण व्याकरणिक होता है और व्युत्पत्ति यानी घटक पदों की जाति पर ध्यान देने से अर्द्धव्याकरणिक। 'लुक्' और 'अलुक्' तो सही में समासान्तर्गत घटित स्थितियाँ हैं—जो व्याकरणिक ही हैं। आगे जो वृक्ष-आरेख प्रस्तुत किया जा रहा है, वह भेद-प्रभेदों के जंगल में से अपेक्षाकृत ऊँचे व उपयोगी तरुओं को चुनकर प्रस्तुत किया गया है—

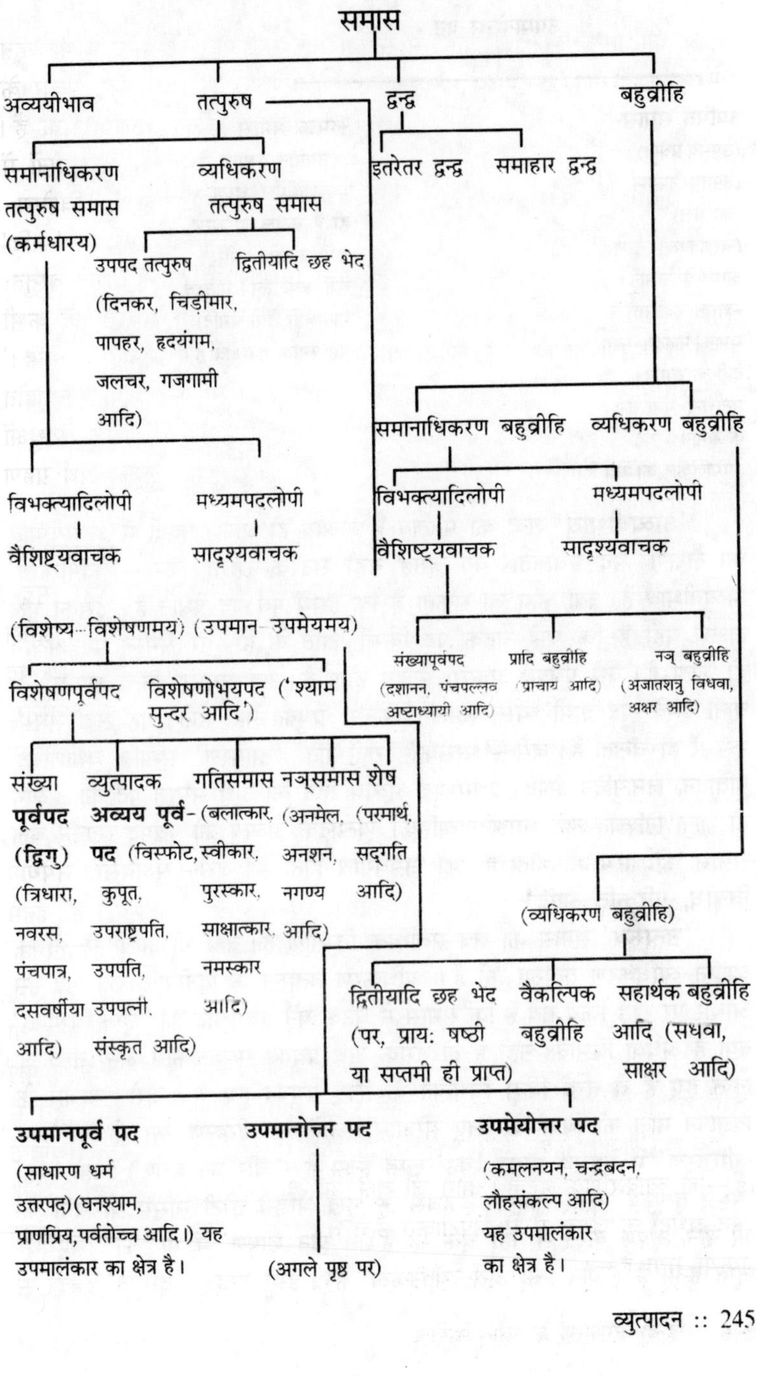
समास
अव्ययीभाव
तत्पुरुष
द्वन्द्व
बहुव्रीहि
समानाधिकरण तत्पुरुष समास (कर्मधारय)
व्यधिकरण तत्पुरुष समास
इतरेतर द्वन्द्व
समाहार द्वन्द्व
उपपद तत्पुरुष (दिनकर, चिड़ीमार, पापहर, हृदयंगम, जलचर, गजगामी आदि)
द्वितीयादि छह भेद
समानाधिकरण बहुव्रीहि
व्यधिकरण बहुव्रीहि
विभक्त्यादिलोपी
मध्यमपदलोपी
वैशिष्ट्यवाचक
सादृश्यवाचक
(विशेष्य-विशेषणमय)
(उपमान-उपमेयमय)
विभक्त्यादिलोपी
मध्यमपदलोपी
वैशिष्ट्यवाचक
सादृश्यवाचक
संख्यापूर्वपद (दशानन, पंचपल्लव अष्टाध्यायी आदि)
प्रादि बहुव्रीहि (प्राचार्य आदि)
नञ् बहुव्रीहि (अजातशत्रु विधवा, अक्षर आदि)
विशेषणपूर्वपद
विशेषणोभयपद ('श्याम सुन्दर आदि')
संख्या पूर्वपद (द्विगु) (त्रिधारा, नवरस, पंचपात्र, दसवर्षीया आदि)
व्युत्पादक अव्यय पूर्व-पद (कुपूत, उपराष्ट्रपति, उपपति, उपपत्नी, संस्कृत आदि)
गतिसमास (बलात्कार, (विस्फोट, स्वीकार, पुरस्कार, साक्षात्कार, नमस्कार आदि)
नञ्समास (अनमेल, अनशन, नगण्य आदि)
शेष (परमार्थ, सद्गति आदि)
(व्यधिकरण बहुव्रीहि)
द्वितीयादि छह भेद (पर, प्रायः षष्ठी या सप्तमी ही प्राप्त)
वैकल्पिक बहुव्रीहि
सहार्थक बहुव्रीहि आदि (सधवा, साक्षर आदि)
उपमानपूर्व पद (साधारण धर्म उत्तरपद) (घनश्याम, प्राणप्रिय, पर्वतोच्च आदि।) यह उपमालंकार का क्षेत्र है।
उपमानोत्तर पद
उपमेयोत्तर पद (कमलनयन, चन्द्रबदन, लौहसंकल्प आदि) यह उपमालंकार का क्षेत्र है।

(अगले पृष्ठ पर)

उपमानोत्तर पद

उपमित समास

(उपमेय प्रधान)
(उपमेय+उपमान
का मेल)
(चरणकमल=चरण
कमल के समान।
स्त्रीरत्न=स्त्री रत्न के
समान। मातृदेव=माता
देवी के समान।
मुखचन्द्र=मुख चन्द्र
के समान।) यह
उपमालंकार का क्षेत्र है।

रूपक समास

(उपमान प्रधान)
(चरणकमल=चरण
ही हैं कमल या चरण
रूपी कमल। स्त्रीरत्न=
स्त्री-रूपी रत्न। मातृदेव=
मातारूपी देवी आदि)
यह रूपक का क्षेत्र है।

'**अव्ययीभाव**' शब्द का मतलब है अव्यय हो जाना। हिन्दी में अव्ययीभाव का लक्षण 'पद-प्रधानता' की जगह यही सटीक रहेगा। जैसे—'कानोंकान' अव्ययीभाव है, क्या कहा जा सकता है कि इसमें पूर्व पद प्रधान है? इसका मूल लक्षण यही है कि चाहे घटक पद किसी जाति के हों, पर समस्त पद अव्यय हो जाता है। वैसे पूर्वपद अक्सर अव्यय होता है। यह समास 'नित्य समास' है, यानी इसके पद कभी व्यस्त (अलग-अलग) प्रयुक्त नहीं होते। यह सदा समस्त रूप में ही चलता है। जैसे—'भरसक', 'रातों-रात', 'आमरण', सम्प्रति, यथाशक्ति, प्रतिदिन, दिनानुदिन आदि। प्रथम पद अव्यय रहने का अर्थ समस्त पद का अव्यय हो जाना निश्चित नहीं समझना चाहिए। व्युत्पादक अव्यय को पूर्वपद रखकर बना समास कर्मधारय भी होता है, जो नामवर्गीय होता है। जैसे—सुअवसर, सुमेधा, विबोध, परिकृति आदि।

'**तत्पुरुष**' समास का क्षेत्र सर्वाधिक विस्तीर्ण है। वहाँ भी आधी से अधिक व्याप्ति व्यधिकरण तत्पुरुष की हैं। व्यधिकरण तत्पुरुष के द्वितीयादि छह भेद इस आधार पर खड़े किये गये है कि समास में घटक बने प्रथम पद की 'लुप्त विभक्ति' क्या है अथवा विभक्ति नहीं है तो उसके अर्थ प्रयुक्त सम्बन्धकारी अन्य तत्त्व जो लुप्त हुए हैं वे तत्त्व किस विभक्ति के लिए प्रयुक्त हुए थे? जैसे—बाजार के विज्ञापन माल की बिक्री के लिए सरेआम स्त्रियों का *चीरहरण* कर रहे हैं।"—'चीरहरण' में षष्ठयर्थ प्रत्यय 'का' लुप्त हुआ है ('चीर का हरण'); अतः यहाँ 'षष्ठी तत्पुरुष' कहा जाएगा। "हवस के भूखे भेड़िये छोटी मासूम बच्चियों का भी *यौन-शोषण* करने से नहीं चूक रहे हैं।" 'यौन-शोषण' में भी 'का' (षष्ठ्यर्थ) लुप्त हुआ है ('यौन' का अर्थ 'यौनिकता' है)। इसी तरह, 'दूरागत' (=दूर से

आगत) में पंचमी-अर्थक 'से' परसर्ग की विलुप्ति है, अतः पंचमी तत्पुरुष है। 'राष्ट्रनायिका' (राष्ट्र *की* नायिका), 'कन्या-रत्न (कन्याओं में रत्न)', 'प्रसव पीड़ा' (प्रसव की पीड़ा), 'नगरवधू' (नगर के लिए वधू), 'परिवार-नियोजन' (परिवार का नियोजन), गृहदासी (गृह की दासी), सर्वाहारी (सबको आहार बनानेवाला), 'घुड़सवार' (घोड़े पर सवार), बुद्धिबला (बुद्धि से बली स्त्री), रेडियो-उद्घोषिका (रेडियो के लिए उद्घोषिका), देवदत्त (देव को/के लिए दत्त) पुस्तक-रसिका (पुस्तक की रसिका), जाति-आधारित (जाति पर आधारित), देह-व्यापार (देह का व्यापार), नारी-मुक्ति (नारी के लिए मुक्ति), मदान्ध (मद से अन्ध) आदि ढेर सारे उदाहरण अलग-अलग विभक्तियों के अर्थ विलुप्त सम्बन्धकारी तत्त्वों के हैं, तदनुसार समास का नामकरण, द्वितीया तत्पुरुष, तृतीया तत्पुरुष आदि होगा।

हिन्दी में शुद्ध 'चतुर्थी तत्पुरुष' का क्षेत्र अतिसीमित है। अक्सर कई षष्ठी तत्पुरुष चतुर्थी बनकर आ जाते हैं, जैसे नगरवधू, रेडियो-उद्घोषिका, नारी-मुक्ति आदि। (उपर्युक्त देवदत्त शुद्ध 'चतुर्थी' तत्पुरुष है।) सम्प्रदान चतुर्थी के उदाहरण तो और भी कम हैं। जो 'षष्ठी तत्पुरुष' चतुर्थी का आभास देते हैं, वे भी 'तादर्थ्य चतुर्थी' का आभास देते हैं, सम्प्रदान चतुर्थी का नहीं। 'षष्ठी तत्पुरुष' की स्थिति हिन्दी में बहुत है।

हिन्दी में अक्सर नयेपन के उत्साह में 'द्वितीया', 'तृतीया' आदि तत्पुरुष की जगह क्रमशः 'कर्म', 'करण' आदि शब्दों का प्रयोग होता है। तर्क दिया जाता है कि हिन्दी में प्रथमादि विभक्तियाँ कहाँ हैं! फिर शब्द क्यों ढोएँ? सर्वप्रथम तो इस पर यही कहना है कि जो लोग ऐसा कह रहे हैं, वे आंग्लधारानुसार 'विभक्ति' और 'कारक' का पार्थक्य भूल गये हैं। इसका विशेष स्पष्टीकरण 'रूपायन' में किया जाएगा; पर यहाँ इतना समझ लें कि दोनों बिलकुल अलग संकल्पनाएँ हैं। फिर एक कारक के लिए कई विभक्तियाँ और एक विभक्ति कई कारकों में आती है। जैसे—एक ही तृतीया विभक्ति बुद्धिगम्य, प्रभुदत्त, रोगजर्जर, तत्सम, प्रकृतिभीरु आदि सबमें है, पर इन सबमें आयी तृतीया का रूप समान नहीं। इनमें क्रमशः करणतृतीया, कर्तृतृतीया, हेतु तृतीया, उपपद तृतीया, प्रकृत्यादि तृतीया है। क्या इन सबको करण तत्पुरुष कहना सही रहेगा? कर्ता में 'ने' के अलावा 'को', 'के', 'से' परसर्ग भी आता है। तब कहीं 'को' का प्रयोग समास के प्रथम पद में है तो उसे कर्मतत्पुरुष घोषित करनेवाले क्या इतना विचार करते हैं? सही तो यही होगा कि 'द्वितीया तत्पुरुष', 'तृतीया तत्पुरुष' आदि को हिन्दी में पारिभाषिक शब्द के तौर पर चलने दिया जाए। पारिभाषिक शब्द व्युत्पत्त्यर्थपरक से ज्यादा तकनीकी शब्द होते हैं। भाषा-विश्लेषणार्थ ये खूब उपयोगी होते हैं। 'द्वितीया तत्पुरुष' आदि हिन्दी में उसे कहा जाये, जिसकी रचना में घटक बने पदों के बीच की (प्रथम पद की) द्वितीयार्थक 'हिन्दी विभक्ति+परसर्ग' आदि का लोप हुआ

है। इसी तरह बाकी समझ लेना चाहिए।

'आज्ञानुसार' शब्द को पं. किशोरीदास वाजपेयी ने समास नहीं माना है और कहा है कि 'अनुसार' सम्बन्ध-सूचक है, इसलिए 'आज्ञा-अनुसार' में बिना विभक्ति के ही काम चलता है। वे तो 'आप की आज्ञानुसार' लिखना पसन्द करते हैं, क्योंकि आज्ञा के स्त्रीलिंग होने का निर्वाह करना उन्हें पर्याप्त लगता है, क्योंकि 'अनुसार' अलग है उनके मत से। पर, वाजपेयी का यह विचार भ्रान्त है। 'आज्ञानुसार' तत्पुरुष समास है। समास के अभाव में संज्ञा व सम्बन्धसूचक के बीच कोई परसर्ग (जिसे वाजपेयी 'विभक्ति' कहते हैं) अवश्य रहेगा। फिर वाजपेयी का यह तर्क भी समझ से बाहर है कि 'अनुसार' अव्यय है, लिंगहीन है, इसलिए तत्पुरुष समास नहीं हो सकता 'आज्ञानुसार'। यह कहाँ का विधान है कि तत्पुरुष का उत्तर पद सिर्फ संज्ञा ही रहेगा? तत्पुरुष का उत्तर पद सहजता से अव्यय भी हो सकता है। 'सर्वोपरि', 'तदुपरि', 'तत्पश्चात्', 'तदनु' आदि क्या तत्पुरुष नहीं हैं? ये षष्ठी तत्पुरुष हैं। अत: 'आज्ञानुसार' में आज्ञा को पृथक समझकर 'आप की आज्ञानुसार' लिखना गलत है। समस्त पद बन जाने पर वह इकाई हो जाता है। फिर उसके अनुसार बाह्य पद का अन्वय होगा। भले ''आपकी *आज्ञा के अनुसार*'' से 'आज्ञानुसार' बना हो, पर अब आपकी नहीं चलेगा। 'आज्ञानुसार' के लिंगानुसार 'आपके आज्ञानुसार' होगा। डॉ. रामदेव त्रिपाठी के मत से तो 'अनुसार' को संज्ञा न मानना भी गलत है, क्योंकि संस्कृत में व्युत्पन्न ('अनु+सृ+घञ्=अनुसार:') यह भाववाची संज्ञा भी है। वे 'अनुसार' को 'प्रादितत्पुरुष समस्त पद' मानने का भी विकल्प देते हैं, यद्यपि उनके मत से वह 'अव्ययीभाव समस्त पद' है। इस सन्दर्भ में वे 'आज्ञानुसार' को 'बहुव्रीहि' मानने का भी विकल्प सुझाते हैं—''आज्ञा का अनुसार है जिस क्रिया में, वह आज्ञानुसार''—यहाँ 'अनुसार' शब्द 'अनुसरण' की तरह भाववाचक संज्ञा है। 'आज्ञानुसार' बहुब्रीहि समास होकर क्रियाविशेषण का कार्य वाक्य में कर सकता है। वे कहते हैं कि यदि आज्ञानुसार को अव्ययीभाव समास ही मानें तो भी अव्यय में अलिंगता के कारण पुंलिंग प्रयोग वैध हुआ।[31] डॉ. त्रिपाठी की सारी बातें तर्कनिष्ठ हैं। पर अन्तिम बात संशोधनीय हो जाती है। वस्तुत: अव्ययत्व के कारण आपके पुंलिंग प्रयोग नहीं हुआ है 'आज्ञानुसार' के साथ। कोई अव्यय अपनी लिंगगत छाया किसी शब्द पर नहीं डाल सकता, क्योंकि अव्यय लिंगहीन है। इस प्रयोग को 'आज्ञानुसार' को तत्पुरुष मानकर ही समझा जा सकता है। शुचीभाव, अव्ययीभाव, वशीकरण, फलीभूत, तत्पुरुष, कर्मधारय भी सब के सब तत्पुरुष समास ही हैं। 'द्विगु' और 'बहुव्रीहि' शब्द बहुव्रीहि समास माने जा सकते हैं। द्विगु (=दो गायों वाला) को द्विगु समास भी मान सकते हैं। 'द्वन्द्व' शब्द समस्त है ही नहीं।

'उपपद तत्पुरुष' उन समासों का नाम है, जिनके उत्तर पद के रूप में 'कृदन्त' (जो कर्तृवाचक का संक्षिप्तीकरण होता है) का प्रयोग, शब्द/पद-विशेष (उपपद)

के पूर्व-पद रहने की स्थिति में ही होता है। इन समासों के अन्त्य खंड (कृदन्त) का एकाकी प्रयोग कभी नहीं होता। इससे यह नित्य समास है। उदाहरण—'चिड़ीमार', 'दिनकर', 'ग्रन्थकार', 'जेबकतरा', 'पापहर', 'जलचर', 'हृदयहारी' आदि। इनमें आये 'मार', 'कर' 'हर', 'कार', 'कतरा', 'चर' आदि की स्थिति, पीछे हमने प्रत्ययवत् मानकर इन्हें 'प्रत्ययाभास' कहा है। तटस्थ, जलद, उरग, कृतघ्न, नृप/ नृपाल आदि भी ऐसे ही उपपद तत्पुरुष हैं। ऐसा समास अक्सर संस्कृत-पद्धति पर ही बनता है। वे कृदन्त प्राय: सभी संस्कृत के हैं जो उत्तर पद बने हैं, 'मार' व 'कतरा' को छोड़कर।

'कर्मधारय समास' की हिन्दी में स्थिति कुछ लोगों को सन्देहास्पद लगती है। वे तर्क देते हैं कि संस्कृत में तो 'नीलम् कमलम्' > 'नीलकमलम्' या 'नीलेन कमलेन' > 'नीलकमलेन' है। अत:, 'नीलम्' व 'नीलेन' के विभक्ति-लोप से समास बनना समझ में आता है। परन्तु, हिन्दी में 'श्याम सुन्दर', 'भला मानुस' आदि में क्या समास लग रहा है? व्यस्त प्रयोग भी वही, जो समस्त प्रयोग है। ऐसा कहने वाले भूल जाते हैं कि समास मूलत: 'अर्थ-संपृक्ति' से जुड़ी अवधारणा है, जिसे वाक्य-स्तर पर विचारना चाहिए। ठीक है कि वैसे ही लेने पर 'श्याम सुन्दर' में कोई विभक्ति आदि लोप नहीं नजर आ रहा है, जिससे समास की धारणा संदिग्ध बतलाते हैं लोग। पर, समास के लिए 'विभक्त्यादि लोप' सर्वत्र अनिवार्य कहाँ है? वाक्य स्तर पर देखने पर क्या इनमें समास नजर नहीं आता?—

(i) "*श्याम-सुन्दर* बालक से क्या पूछते हो?" (ii) "*चन्द्र के समान मुखवाला* होने से काम नहीं चलने का; दिमाग में जो भुस भरा रहे!"—प्रथम वाक्य का 'श्याम-सुन्दर' समस्त करने पर वही रहता है 'श्यामसुन्दर'। पर, 'अर्थ-सम्पृक्ति' की दशा में वह वाक्य में इकाई बन गया है। अब जो भी व्याकरणिक व्यवहार होगा उसे एक पद मानकर जैसे— "*श्यामसुन्दरों* को देखो।"—वचन-परिवर्तन या विभक्ति संयोग इकाई के अन्त में हुआ है। इसी से समास तो है ही यह। वाक्य (ii) में तो समास की धारणा और स्पष्ट है। 'चन्द्र के समान मुखवाला' इतना अंश समस्त होकर 'चन्द्रमुख' हो गया तो क्या यह समास न हुआ? यह मध्यस्थ पदों के लोप का उदाहरण है तो 'मध्यमपदलोपी कर्मधारय' हुआ। प्रथम उदाहरण *'विशेषणोभय पद कर्मधारय'* का हुआ। कुछ लोग कहेंगे 'नीलकमल' समस्त पद को सीधे संस्कृतागत मान लेना ठीक है, क्योंकि हिन्दी में *'नीला+कमल'*='नीलाकमल' ही होगा, न कि 'नीलकमल'। परन्तु 'नील गाय' के बारे में वे क्या कहेंगे? 'नीली गाय' हिन्दी में होता है, तो 'नीलगाय' होना क्या दरसाता है? (यह संस्कृतपद भी तो नहीं। 'नील गौ' होता वहाँ।) इस प्रकार, कर्मधारय समास की स्थिति हिन्दी में भी है। (i) "लोलुप निगाहों को सेंकने का साधन बनती स्त्री, कितने समय तक यूँ ही *चन्द्रमुखी* बनी रहेगी? अब, उनके

लिए उसे *सूर्यमुखी* और *ज्वालामुखी* बनना होगा।''

इसमें *इटैलिक* पदों में कर्मधारय समास ही तो है। एक और उदाहरण देखें।

(ii) ''*गुलबदन* बनी रहोगी, तो इसी तरह कच्चे चबाते रहेंगे ये स्त्रीमांस के *गिद्ध-सौदागर*! जूडो-कराटे से *पुष्ट-बदन* बनो और *कमलकरों* को चाकू-पिस्तौल-करों में बदलो! औरतो! उठो! जागो! देखो! तुम्हारी *पावन-मुक्ति* का संग्राम शुरू हो चुका है। तुम्हें क्या खोने का डर है, बेड़ियों के अलावा तेरे पास है ही क्या? नारियो! तुम्हारा अतीत क्या है, जो है वह है भविष्य!''

इनमें इटैलिक पद भी सभी 'समस्त' हैं—कर्मधारय समास के उदाहरण। 'चाकू-पिस्तौल-करों' में मध्यमपदलोप है ('चाकू-पिस्तौल से युक्त करों'), पर वे तीन पद हैं, जिनका अधिकरण (आधार) असमान है। 'चाकू-पिस्तौल' में द्वन्द्व है, फिर इस इकाई का 'करों' से योग है। इस समास को क्या नाम दें? समानाधिकरण तत्पुरुष नहीं है तथा 'व्यधिकरण' (चाहे तत्पुरुष का हो या बहुव्रीहि का) में भी 'मध्यमपदलोपी' नामक भेद मानना होगा, अन्यथा ये उदाहरण अविवेचित रह जाएँगे। यह उदाहरण विग्रह के अनुसार 'तत्पुरुष' या 'बहुव्रीहि' किसी में जा सकता है। जैसे—

(i) 'चाकू एवं पिस्तौल से युक्त करों' (में)—तत्पुरुष (व्यधिकरण, मध्यमपदलोपी)

(ii) 'चाकू एवं पिस्तौल हैं जिन करों में' (उनमें)—बहुव्रीहि (व्यधिकरण, मध्यमपदलोपी)

ये दोनों विग्रह सीधे इसी रूप में वाक्य-प्रयुक्ति की क्षमता रखनेवाली कोटि के हैं। 'यौनदासी' शब्द भी इसी तरह का मध्यमपदलोपी समास है। विग्रह है—यौन प्रसंग में दासी। इसकी समास कोटि भी उपर्युक्त तरह से ही तय होगी।

'प्रादि' तत्पुरुष को हमने 'व्युत्पादक अव्यय पूर्वपद' का नाम देकर उसके स्वरूप को भी विस्तार दे दिया। इसमें सिर्फ बीस प्रादि (परा, प्र आदि) नहीं बल्कि उनके साथ और भी व्युत्पादक अव्यय 'कु', का, (क), बे, बिला, ला आदि को भी रखा गया है। ये ही पूर्वपद बनकर उत्तरपद को विशेषित करते समास बनाते हैं। जैसे—लावारिस, उप प्रधानमन्त्री, कुपूत (कपूत), बेसहारा आदि।

'नञ् समास' निषेध या अभाव के अर्थ में 'न' के पूर्वपद बनने और उसके द्वारा उत्तरपद को विशेषित करने से सिद्ध होता है। व्यंजन-पूर्व 'न' का विकार 'अ' भी हो जाता है तथा स्वर के पूर्व विकार 'अन्' रूप में होता है। जैसे—अनापत्ति, नगण्य, नास्ति, अनशन, अजित्। 'नालायक' आदि को देखकर लगता है कि 'ना' रूप भी होता है। फिर, 'अन्' व्यंजन-पूर्व भी लगते दिखा है—'*अनमेल* विवाह'। यह विचलन हिन्दी के कथित तद्भव व परभाषीय शब्दों के

उत्तर पद बनने पर दिखता है। 'निषेध' में भिन्नता, अभाव, विरोध, अयोग्यता आदि अर्थ आते हैं। इनके उदाहरण क्रमशः, अनब्याहा, अयोग्यता, अनमेल, अन्याय, अविचार आदि हैं। बे, बिला आदि के योग की स्थिति में 'नञ्' समास की मान्यता नहीं है।

'द्विगु' संख्यापूर्वपद कर्मधारय है। संख्यात्मक शब्द उत्तर पद का वैशिष्ट्य बोधक होता है। जैसे—दोराहा, चौमासा, पंचायत, नवश्लोकी, त्रिभुवन आदि। द्विगु का एक भेद 'समाहार द्विगु' भी है। उसमें समूह की प्रधानता वाला अर्थ निकलता है। जैसे—'तीन भुवनों का समाहार' > त्रिभवन। दोराहों का समाहार > दोराहा। ये समाहार द्विगु के उदाहरण हैं, यदि ऐसा विग्रह करें। पर, विग्रह बदल दें, तो *'समाहार द्वन्द्व'* के उदाहरण बनते इन्हें देर नहीं लगती। जैसे—'तीन' तथा 'भुवनों' का समाहार > त्रिभुवन। यह 'समाहार द्वन्द्व' हो गया। (यद्यपि यह अर्थ (अभिप्राय) असंगत ही रहता है।)।

तत्पुरुष के 'समानाधिकरण' वर्ग के 'वैशिष्ट्यवाचक' भेदों के अन्तर्गत ये समास (व्युत्पादक अव्ययपूर्वपद, नञ्, द्विगु) आते हैं। *'सादृश्यवाचक'* समानधिकरण तत्पुरुष *सदा मध्यमपदलोपी होते हैं। कारण, सादृश्यवाचक पदों का लोप होता है, तभी समास बनता है।* यह बात गाँठ बाँध लेनी चाहिए। अबतक वैयाकरण इसे विभक्त्यादिलोपी वर्ग में गिनते रहे। पता नहीं, क्या तर्क थे उनके। ''स्त्री का काम *कोकिल के समान कंठ वाली* होने से न चलेगा, उसे अपने अस्तित्व का उद्घोष करने लिए *सिंह के समान गर्जना* करनी होगी।''—इस वाक्य के इटैलिक अंश को समस्त करने से *'कोकिल- कंठी'* और *'सिंहगर्जना'* समस्त पद बने। ये मध्यमपदों ('के समान') की विलुप्ति से बने हैं। अतः, स्पष्टतः 'मध्यमपदलोपी' हैं।

अब, 'तत्पुरुष' नाम पर थोड़ा विचार कर लें। यह 'पुरुष' से युक्त है, अतः स्पष्ट रूप से पुंलिंग है। (यह समस्त पद ['तत् पुरुष'] कर्मधारय तत्पुरुष का उदाहरण है।) इस पारिभाषिक शब्द के चुनाव में भी वही लैंगिक पूर्वग्रह कार्य करता दिख रहा हैं, जो 'पुरुष' नामक कोटि के नामकरण में दिखा है। अस्तु! तत्पुरुष के क्षेत्र में लिंगगत व्युत्पत्ति भी चलती है। उसका सविस्तार विवेचन हमने 'प्रत्यय-प्रक्रिया' में कर दिया है।

'बहुव्रीहि समास' सच पूछो तो 'अनेक शब्दों के लिए एक शब्द' की तरह है। इसके घटक पदों में से किसी में समास का अर्थ केन्द्रित नहीं होता, बल्कि वे परस्पर विशेषण-विशेष्य या उपमान-उपमेय का भाव रखते हुए भी, अपनी परिधि से बाहर (अन्यार्थ) का संकेत करते हैं। यदि हम ऊपरी संरचना पर ही ध्यान दें, तो 'बहुव्रीहि' व 'कर्मधारय' में कोई भेद दृष्टिगत न होगा, परन्तु 'कर्मधारय' का अर्थ अन्तःकेन्द्रित (यानी समासगत पदों में ही केन्द्रित' होता है।

परन्तु 'बहुव्रीहि' का अर्थ बाह्यकेन्द्रित 'यानी समासगत पदों से बाहर कहीं अन्यत्र केन्द्रित) होता है[40]। परन्तु, यह सब निर्भर करता है, हमारी प्रतीति पर। हम अपने 'अभिप्राय' को सायास परिवर्तित कर लें, तो तदनुरूप विग्रह करना होगा। उससे समास के अर्थ का केन्द्रकन 'अन्तः' से 'बाह्य' या 'बाह्य' से 'अन्तः' होते क्या देर लगेगी? अपने आप में 'अन्तः' या 'बाह्य' केन्द्रिकता नहीं होती। सब कुछ बोध्य के सापेक्ष है। जैसे—

दशानन—(i) दश आनन—कर्मधारय [अर्थ-केन्द्रण आनन में, जिसे विशेषित कर रहा है, यानी सीमित कर रहा है 'दश']।

(ii) दश आनन हों, जिसके [यानी, रावण]—बहुव्रीहि—[अर्थ-केन्द्रण 'दश' व 'आनन' से बाहर है।]।

'बहुव्रीहि' की अन्यार्थकता लक्षणा शब्द शक्ति के क्षेत्र में विलास करती है। सामाजिक-सांस्कृतिक आदि सन्दर्भों में वह स्थिरीकृत सी होती है। 'दिलफेंक', 'मनचला', 'राष्ट्रपिता', 'स्वर-कोकिला', 'मल्लिका-ए-तरन्नुम', 'लौहपुरुष', 'उड़नपरी' 'आदि समस्त शब्द विग्रह करने से बहुव्रीहि ठहराये जा सकते हैं। जैसे—'वह जो दिल फेंकने (हर कहीं दिल लगा बैठने) में माहिर हो', 'या बेताब हो' (दिलफेंक), 'वह जिसका मन चलायमान रहता हो' (मनचला), 'लौह के समान दृढ़ता है जिसमें वह पुरुष जो है, अर्थात् सरदार पटेल' (लौहपुरुष), 'वह जो तरन्नुम की मलिका है, यानी नूरजहाँ' (मलिका-ए-तरन्नुम) आदि। परन्तु, ये सारे विग्रह इतने निर्भ्रान्त नहीं हैं कि बहुव्रीहि मानना ही होगा। आगे यह बात स्पष्ट करेंगे।

'बहुव्रीहि समस्त पद' अन्यार्थ होने से विशेषण बन जाता है और इस कारण इसमें सर्वलिंगता (यानी विशेष्यानुसार लिंग-ग्रहण) की प्रवृत्ति होती है।

'व्यधिकरण बहुव्रीहि' के भी द्वितीयादि छह भेद होते हैं, जैसे *'व्यधिकरण तत्पुरुष'* के पीछे कहे गये हैं। परन्तु, व्यधिकरण तत्पुरुष के द्वितीयादि छह भेद जहाँ घटक प्रथम पद की विभक्ति या तदर्थ सम्बन्धकारी तत्त्व के आधार पर खड़े होते हैं, वहीं व्यधिकरण बहुव्रीहि' के द्वितीयादि छह भेद इस आधार पर खड़े होते हैं कि 'समस्त बहुव्रीहि पद' का बोध्य/विशेष्य (यानी, अन्य पदार्थ) जिस सर्वनाम से निर्दिष्ट किया जाता है; वह किस विभक्ति (तदर्थ सम्बन्धकारी तत्त्व) से संयुक्त है? जैसे—

(क) विवाह-पद्धति की यह अमानवीयता देखो कि वस्तुओं की तरह *कन्या का दान* करने की प्रथा मौजूद है। पिता तो कई बार बेटी को *वाणी (वाक्) से दान* द्वारा ही किसी पुरुष-विशेष की झोली में डाल देते हैं, मानों वे इन्सान नहीं

भेड़-बकरी हों।—इस वाक्य के इटैलिक अंशों को समस्त करते हैं तो 'कन्यादान' व 'वाक्‌दान' (वाग्‌दान) समस्तपद बनते हैं। प्रथम में, पूर्वपद (कन्या) की 'लुप्त विभक्ति आदि' षष्ठ्यर्थ 'का' है; अत: यह षष्ठी तत्पुरुष है। दूसरे में पद (वाक्‌) की 'लुप्त विभक्त्यादि (यहाँ, परसर्ग) तृतीयार्थक 'से' है, अत: यह 'तृतीया तत्पुरुष' है। अब, एक अन्य वाक्य देखें—

(ख) मिथकीय स्वरूप में *चन्द्र है मौलि पर जिसके*, उसको हिन्दू 'शंकर' कहते हैं।—इटैलिक अंश को समस्त करने पर 'चन्द्रमौलि' होगा। बोध्य (शंकर) का निर्देश सर्वनाम के षष्ठ्यर्थ रूप से है। अत: षष्ठी बहुव्रीहि है यहाँ। पीछे आये पद 'दिलफेंक', 'राष्ट्रपिता', 'स्वर कोकिला', 'उड़नपरी', मलिका-ए-तरन्नुम के साथ 'सौन्दर्य-प्रतियोगिता', 'कन्यादान', 'प्रेम-विवाह', 'सहजीवन', 'जीवनसाथी', 'सामाजिक न्याय', 'लिंग न्याय' (ज़ेंडर जस्टिस), 'घर जमाई' आदि को बहुव्रीहिवत् विग्रह करने की कोशिश करने पर हम परेशानी में पड़ जाएँगे, क्योंकि बोध्य (अन्य पदार्थ) का संकेतक सर्वनाम 'पहली' विभक्ति में हो जाएगा। जैसे—(i) सौन्दर्य पर आधारित प्रतियोगिता है '*जो* 'या' सौन्दर्य की प्रतियोगिता है, जो', (ii) 'लिंग पर आधारित न्याय है, जो या 'लिंग-भेद को मिटानेवाला' न्याय है, जो' आदि। तब क्या ये 'प्रथमा बहुव्रीहि' हैं? इस प्रकार का भेद है ही नहीं। सही बात है कि विग्रह ही जबरन किये गये हैं। सीधे-सीधे तत्पुरुष (षष्ठ्यर्थ तत्पुरुष या मध्यमपदलोपी तत्पुरुष) को बलपूर्वक बहुव्रीहि बनाने की कोशिश है। वस्तुत: अन्यपदार्थ का संकेतक सर्वनाम सदा 'पहली' या 'प्रथमा' से इतर विभक्ति में ही होता है। इसी से समझा जाए कि 'आतंकवाद', 'जातिवाद', 'ज़ेंडरवाद', 'नस्लवाद', 'पितृसत्ता' आदि मध्यमपदलोपी या षष्ठी तत्पुरुष सिद्ध किये जा सकते हैं, बहुव्रीहि नहीं। लेकिन, 'आतंकवादी', 'जातिवादी', 'ज़ेंडरवादी', 'नस्लवादी', 'पितृसत्तात्मक' को बहुव्रीहि ठहराया जा सकता है। वाक्य-प्रयोग से बात स्पष्ट करें।

"ओबामा का राष्ट्रपति बनना यदि *रंगभेदी, नस्लवादी* मानकिसता पर तमाचा कहा जा रहा है, तो हिलेरी का उस पद के चुनाव हेतु नामजद तक न होना क्या 'पुरुष नायक' के प्रति अमेरिका की मोहग्रस्तता का सबूत नहीं है?"—इस वाक्य में आये 'रंगभेदी, नस्लवादी' पद समस्त पद हैं, इनका व्यस्त रूप होता—(i) रंग (शरीर की चमड़ी के रंग) पर (आधारित) भेद (करने की प्रवृत्ति है जिसकी) या रंग पर भेद है जिसमें (ii) नस्ल पर आधारित वाद है जिसका।"

इस प्रकार, 'रंगभेदी' षष्ठी या सप्तमी बहुव्रीहि है और 'नस्लवादी' षष्ठी बहुव्रीहि है।

'**द्वन्द्व समास**' में एकाधिक घटकों का समस्तरीय संयोग 'और' के अर्थ में होता है। समस्त पद का अर्थ उन्हीं घटकों (पदों) में केन्द्रित रहता है। द्वन्द्व समास

के घटक बननेवाले पद संज्ञा, विशेषण, सर्वनाम, क्रियान्वयी अव्यय भी हो सकते हैं। जैसे—

''काफी है पहली सन्तान। *बेटा-बेटी* एक समान॥''—इसमें संज्ञावर्गीय 'बेटा-बेटी' 'और' के अर्थ में समस्त हैं। '*बेटा और बेटी*' का '*बेटा-बेटी*' हुआ है। दोनों पद समान महत्त्व के हैं।

'द्वन्द्व' के दो भेद हैं—

(i) इतरेतर द्वन्द्व —'इतर+इतर' यानी दूसरे-दूसरे। अर्थात् पृथक्-पृथक् अस्तित्व रखते हुए एकाधिक पद जब संयोग करते हैं, तो इतरेतर द्वन्द्व बनता है। उसमें हर पद की पृथक्-पृथक् प्रधानता होती है। जैसे—''*माँ-बाप* को दुखी करना ठीक नहीं।'', ''*हम-तुम* दोनों जब मिल जाएँगे, एक नया इतिहास बनाएँगे।'', ''*चराचर* जगत् में एक ही सत्य है।'', ''*उठते-बैठते* पूरी रात बीत गयी।''—इन वाक्यों में आये पद इतरेतर 'द्वन्द्व समस्त पद' हैं। अनेक-प्रधानता के कारण, (यह समास यदि सत्त्वार्थक पदों का हो, तो) समस्त पद सदा बहुवचन में सिद्ध होते हैं। राजुला-मालुशाही, लैला-मजनूँ, सुख-दुख, लड़का-लड़की, मेरा-तेरा, दन्तोष्ठ, लाल-पीला, रात-दिन, सुनते-देखते, सभी इसी तरह के समास के उदाहरण हैं। हिन्दी में षष्ठी तत्पुरुष से भी ज्यादा इतरेतर द्वन्द्व के प्रयोग होते हैं।

(ii) समाहार द्वन्द्व—इसमें 'और' के अर्थ में मिले पदों की प्रधानता पर तो कोई आँच नहीं आती, पर वास्तविक प्रधानता किसी खास पद में न रहकर उन पदों से बने समूह में हो जाती है। (जाहिर है कि उस समूह में उस जैसे और पद हो सकते हैं।) जैसे—

''सपना *जीन्स-टॉप* पहनकर ऑफिस जाती है।''

''*दाल-रोटी* का इन्तजाम कितनों के पास है, जब दुनिया में छियानवे करोड़ से ज्यादा भुखमरी के कगार पर हैं।''

''मेरा *घूमना-फिरना* ससुराल वालों की आँखों में गड़ता है। सवाल है कि क्या मैंने स्त्री-योनि में जन्म कब्र में दुबके रहने की खातिर लिया है?''

''किशोर और कमला ने *गिरते-सँभलते* आखिरकार घुड़सवारी सीख ही ली।''

''मन्दसौर की लालबाई ने कितनी *डाँट-फटकार* झेली, परन्तु सिर पर मैला ढोने को तैयार न हुई। आखिरकार उसने पूरे गाँव की दलित स्त्रियों को इस वहशी और घृणित रोजगार की मजबूरी से मुक्ति दिला ही दी।''

इन वाक्यों में आये, रेखांकित समस्त पद समाहार द्वन्द्व के उदाहरण हैं। जैसे—पहले वाक्य को लें। सपना के 'जीन्स-टॉप' पहनने का यहाँ अर्थ केवल जीन्स, टॉप पहनने से नहीं, बल्कि तैयारी के क्रम में जो पूरे पहनावे होते हैं (जिसमें

जूता भी है), उनसे है। इसी तरह बाकी की भी स्थिति है। 'दाल रोटी' का तात्पर्य 'भोजन' है, तो 'घूमना-फिरना' का तात्पर्य घर से बाहर निकलकर किये जानेवाले जरूरी मनोरंजक कामों के समूह से है। 'गिरते-सँभलते' में घुड़सवारी के क्रम में हुई सारी घटनाएँ, कठिनाइयाँ आ गयीं, तो 'डाँट-फटकार' में सकल अपमानकारी व्यवहार की व्यंजना है। यदि काव्यशास्त्रीय शैली में विचार करें तो मुख्य अर्थ (प्रस्तुत घटकपदों का अर्थ) को सुरक्षित रखते हुए, अन्य किसी महत्तर अर्थ की ओर संकेत करने से '**व्यंजना**' का यह क्षेत्र है। ('बहुव्रीहि' **लक्षणा** का क्षेत्र है।) वैसे सच तो यह है कि प्रसंगानुसार 'इतरेतर' द्वन्द्व, 'समाहार' द्वन्द्व में संकरण होता रहता है। जैसे—'इतरेतर' का उदाहरण 'उठते-बैठते' समाहार भी माना जा सकता है।

समाहार द्वन्द्व समस्त पद प्रायः पुंलिंग में सिद्ध होता है। (ऊपर 'डाँट-फटकार' स्त्रीलिंग है)। उसका सदा एकवचन होना तो अनिवार्य ही है।

कुछ वैयाकरण द्वन्द्व में '*और*' की जगह 'या' के अर्थ में भी पदों का योग मानते हैं। इस आधार पर वे '*वैकल्पिक*' द्वन्द्व का एक भेद मानते हैं। जैसे—
"*पाँच-दस* दिन में दीप्ति नवल की फ़िल्म रिलीज हो जाएगी।"

"*जनवरी-फरवरी* में बाल-विवाह के विरुद्ध एक व्यापक जनान्दोलन छेड़ना है।"

"*पूर्वोत्तर* भारत के निवासियों की संस्कृति को भारतीय संस्कृति में क्यों नहीं गिनते? सिर्फ *रामायण और महाभारत* के नाम पर भारत को एक करने की बातें करते हो?"

इटैलिक पदों को वे 'वैकल्पिक द्वन्द्व' कहते हैं। पर, यह सही नहीं है। इस अर्थ में, विकल्प की अवस्था में बहुव्रीहि तो मान सकते हैं, पर द्वन्द्व नहीं। उक्त पदों को देखने पर स्पष्ट हो जाएगा। 'पाँच-सात' का मतलब 'पाँच या सात' नहीं, पाँच या सात की समीपी कोई संख्या है। जनवरी-फरवरी का मतलब जनवरी या फरवरी नहीं, बल्कि जनवरी या फरवरी के समीपस्थ समय से है। 'पूर्वोत्तर' का मतलब स्पष्टतः 'पूर्व' या 'उत्तर' नहीं (पूर्व और उत्तर भी नहीं), बल्कि 'पूर्व और उत्तर का बीच' है। स्पष्ट रूप से ये प्रयोग अन्यपदार्थ प्रधानता के हैं, अतः बहुव्रीहि है यहाँ। इस भेद को हमने *वैकल्पिक बहुव्रीहि* के नाम से स्वीकारा है।

'द्वन्द्व' क्षेत्र में 'अलुक्' की भी स्थिति होती है, जैसा पूर्वचर्चित है। जैसे—'आयात और निर्यात' सम्बन्धी कानून। इसमें उद्धरणचिह्न वाला अंश अलुक् द्वन्द्व समस्त पद है। 'और' का लोप न होने से यह नाम पड़ा। इसी तरह—सुबह-

ओ-शाम > सुबहोशाम, दरोदरवाजा आदि भी अलुक् द्वन्द्व हैं। ये 'और', 'ओ' आदि मध्यस्थ पद हैं, अतः मध्यमपदलोपी अलुक् द्वन्द्व हुआ। 'या' के भाव से द्वन्द्व की स्थिति यदि हो सकती है तो सिर्फ 'अलुक्' में। जैसे—"कुपोषण या प्रसवमौत सम्बन्धी बातों से सरकार को बड़ी चिन्ता है।"—इसमें *'कुपोषण या प्रसव'* में अलुक् वैकल्पिक द्वन्द्व की स्थिति मान्य है।

'**द्वन्द्वः सामासिकस्य च**'—ऐसा कहकर ('गीता' में) श्रीकृष्ण ने 'द्वन्द्व' समास की महत्ता संकेतित की है। सच पूछो तो समास का प्रस्थान-बिन्दु 'द्वन्द्व' (अनेकता) है। समास अर्थों या पदों के द्वन्द्व (अनेकता) को सम्पृक्त करने की क्रिया है—यानी, 'द्वन्द्व' से 'द्वन्द्वातीत' होने का प्रयास। यह 'सामासिकता' संस्कृति का मूल तत्त्व है। पर, सामासिक होने की प्रक्रिया में व्यक्ति को अपना व्यक्तित्व खोना पड़ता है, या किसी अन्य व्यक्ति में विलीन होना पड़ता है। सामासिकता के लिए जरूरी विलीनीकरण का यह रास्ता यदि सबके समान रूप से विलयन से बने, तब तो उसे *'सहयोग'* कहते हैं; वह वरेण्य है। किन्तु, *"मुझमें समा जा इस तरह तन-प्राण का जो तौर है। इतना न कोई कह सके, मैं और हूँ तू और है"* की ग्रासी प्रवृत्ति के तहत, किसी व्यक्ति में अन्य को विलुप्त होना पड़े या अन्य के अर्थ शहीद होना पड़े, तो इसे सहयोग नहीं *'अधिग्रहण'* कहेंगे। [हमारी विवाह-व्यवस्था इसी विसंगति पर खड़ी रही है—एक पुरुष के व्यक्तित्व में एक (या एकाधिक) नारी के व्यक्तित्व का सम्पूर्णतया विसर्जन होते आया है।] क्या इससे कहीं खूबसूरत सामासिकता वह नहीं होगी, जो व्यक्तियों के व्यक्तित्व को भी समान तल पर ही सुरक्षित रखते हुए, उनकी 'सम्पृक्ति' का भी विधान-आख्यान हो? (यही तो लोकतन्त्र का मर्म है।) समासों में 'द्वन्द्व' समास इसी तरह की घटना है। सभी पदों का व्यक्तित्व सुरक्षित रखते हुए, सामासिकता का विधान। शायद यही वह तत्त्व है, जिससे गीताकार ने श्रीकृष्ण-मुख से उसकी महत्ता घोषित की। "द्वन्द्वः सामासिकस्य च"—(गीता, 10/33)—हे अर्जुन! मैं समासों में द्वन्द्व समास हूँ।

अब तक हमने जो समास-विवेचन किया उसमें योजक ('और' 'या'), विशेषणार्थक के समान तथा, ही, लिए आदि अव्ययों को भी 'मध्यस्थ पद' के अन्तर्गत माना है तथा इनके लोपालोप की स्थिति को मध्यपदलोप, अलुक् कहा है। 'विभक्त्यादि लोप' में शुद्ध विभक्ति व परसर्गों के साथ षष्ठ्यर्थ 'का/की/के' (-रा/-री/-रे) तथा प्रत्यय का लोप रखा है। यह विवेचन पहले से प्रचलित धारा से कुछ अलग है। पहले से चली आयी धारा में 'दहीबड़ा' के विगृहीत रूप में आये ['दही में *डुबोया* हुआ बड़ा' के] 'में डुबोया हुआ' को मध्यपद मानते रहे हैं। शेष यानी उपर्युक्त [और, सा, ही, लिए आदि] को 'विभक्त्यादि' में गिनते रहे हैं। हमारे सामने भी सवाल है कि क्या करना चाहिए? यदि 'का'

को व्याकरणिक अंश 'विभक्तयादि' में गिनते हैं तो 'सा, सी, से' ने क्या अपराध किया है (जबकि ये प्रत्यय कोटि में ही हैं) कि अलग मान लिए जाएँ! स्पष्ट है कि ये भी *'विभक्त्यादि'* में हैं। अब यदि 'चन्द्रमुख' को 'चन्द्र के समान/तुल्य मुख' विग्रह करें तो 'के समान/तुल्य' मध्यम पद लोप मानेंगे। पर विग्रह बदल दें—'चन्द्र-सा मुख' तो 'विभक्त्यादि' लोप मानेंगे। 'चतुर्थी तत्पुरुष' के जितने उदाहरण हम देखते हैं, उनमें से अधिकतर 'के लिए', 'के निमित्त' वाले हैं। इनके लोप की स्थिति में बने उन समासों को भी मध्यमपद लोपी मानना होगा। तब, स्पष्ट है कि (i) 'विभक्त्यादि' में शुद्ध विभक्ति, परसर्ग, षष्ठ्यर्थ का/के/की [रा/रे/री] प्रत्यय, तुलना में तृतीयार्थक प्रत्यय—'सा-से/-सी' हैं।

(ii) *'मध्यमपद'* में योजक ('और'/या), ही, लिए आदि अव्ययों के साथ तमाम स्वतन्त्र सार्थक या सहायक पद (जैसे—'के समान' आदि) परिगणित हैं, जो समास के घटक पदों के मध्य में (वाक्य-प्रयोग के दौरान) स्थित होते हैं।

'एक शेष' और 'पुनरुक्ति'

ये समास की जाति की क्रियाएँ हैं। इनसे भी यौगिक शब्द व्युत्पादित होते हैं। 'एकशेष' 'द्वन्द्व' के क्षेत्र में, उसी का अपवाद बनकर आता है और 'पुनरुक्ति' कर्मधारयवत् कार्य करती है। 'एक शेष' व 'पुनरुक्ति' दोनों परस्पर विपरीत प्रक्रियाएँ हैं।

वाक्य में प्रयुक्त एकाधिक अव्यवहित शब्दों में से बाकी को लुप्त कर देना और केवल एक को बचा लेना *'एकशेष'* है। तब अवशिष्ट शब्द से ही विलुप्त (या अवशिष्ट में ही विलीन हुए) दूसरे शब्दों का भी अर्थ बोधित हुआ समझ लिया जाता है। जैसे—

(i) "बच्चों और बच्चियों के फुटबॉल मैच में किसकी जीत हुई?"—"बच्चों के फुटबॉल मैच में किसकी जीत हुई?"—यहाँ दोनों लिंगों में से एक (पुंलिंग) का ग्रहण हुआ। रूप रहा—'बच्चों के'।
"गाय और बैल चर रहे हैं।"—"गायें चर रही हैं।" —दोनों लिंगों में से 'पुंलिंग' लुप्त हो गया और स्त्रीलिंग 'गाय' का ग्रहण हुआ। वचन की रक्षा हुई। वह बहुवचन ही बना रहा, तदनुरूप 'गायें' रूप हो गया।

(ii) "लड़की, लड़की और लड़कियाँ बस-ड्राइवरी कर रही थीं।"—"लड़कियाँ बस-ड्राइवरी कर रही थीं।"—यहाँ अनेक वचनों में से एक ही यानी 'बहुवचन' रह गया।

(iii) "माता च पिता च > पितरौ।"

"भ्राता च भगिनी च > भ्रातरौ।"—ये संस्कृत में उदाहरण हैं। यहाँ भी लिंग के क्षेत्र में एकशेष हुआ है। हिन्दी में एकदम भिन्न रूप शब्दों में 'एकशेष',

इन्सानों के अर्थ में नहीं होता। मानवेतर में हो सकता है, जैसे 'गाय और बैल > गाय' होता है। 'बच्चा-बच्ची' एकदम भिन्न रूप नहीं, प्रत्यय की भिन्नता भर है। अतः उनमें एकशेष हो गया।

(iv) कुछ लोगों के मत से पुरुष क्षेत्र में भी 'एकशेष' होता है। जैसे—"वे, माधवी और तुम जाते हो।"—इस की जगह "तुम (लोग) जाते हो।"

"गुंजा, तुम और हम जाती हैं।"—इसकी जगह "हम जाती हैं।"

इन उदाहरणों में वे पुरुष का एकशेष मानते हैं। प्रथम वाक्य में 'मध्यम पुरुष' के द्वारा 'अन्य पुरुष' का लोप करके एकशेष मानते हैं और दूसरे उदाहरण में 'उत्तम पुरुष' के द्वारा बाकी पुरुषों का लोप कर के एकशेष मानते हैं। पर, यह बात वे कहते हुए ध्यान में रखते हैं कि वे, गुंजा, माधवी अन्य पुरुष हैं, तुम मध्यम पुरुष, हम उत्तम पुरुष। लेकिन, 'सर्वनाम' और 'व्याकरणिक कोटियों' का विचार करते हमने जाना है कि क्रिया रूप ही 'पुरुष' है। उक्त वाक्यों में से प्रथम में 'जाते हो' मध्यम पुरुष क्रिया है, उससे अन्वित जितने कर्ता ['वे, माधवी और तुम'] हैं, सब इस वाक्य में मध्यम पुरुष हैं। इसी तरह दूसरे वाक्य में उत्तम पुरुष क्रिया ('जाती हैं') से अन्वित जितने कर्ता [गुंजा, तुम, हम] हैं, सभी इस प्रसंग में उत्तम पुरुष हैं। यदि वे यह कहें कि 'वे' और 'माधवी' का लोप होकर 'तुम' शेष रह गया है, तब तो ठीक है। पर, वे कहें कि यह पुरुष सम्बन्धी एकशेष है तो गलत है। पुरुष सम्बन्धी एकशेष तब कहते जब जाता है, जाते हो, जाते हैं में से उत्तम पुरुष क्रिया 'जाते हैं' शेष रहता।

'एकशेष' की प्रक्रिया में तो अलग-अलग पदों का व्यक्तित्व ही नहीं लुप्त होता, बल्कि पद ही लुप्त हो जाते हैं। पीछे 'द्वन्द्व समास की महत्ता' के सन्दर्भ में व्यक्त विचारों से इसे देखें तो यह 'अधिग्रहण' से भी आगे की चीज है—"एक व्यक्ति द्वारा दूसरों को मार कर लाश गायब कर देने की तरह" अन्यायकारी। लिंग के क्षेत्र में एकशेष (जिसका रूप प्रायः पुंलिंग की स्थिति में स्त्रीलिंग की विलुप्ति है) का हाल देखकर हम यह कहने को विवश हो जाते हैं। [विशेष विचार 'स्त्रीविमर्श की दृष्टि में हिन्दी-व्याकरण की सृष्टि' नामक अध्याय में प्रस्तुत होगा।]

'**पुनरुक्ति**' का तात्पर्य, किसी शब्द के अर्थ पर बल देने के लिए, उसी को या उसके पर्यायवाची, प्रतिरूप (चाहे वह निरर्थक ही क्यों न हो) को उस शब्द के आगे-पीछे अव्यवहित प्रयुक्त करने से है। जैसे—"आज *गली-गली*, *घर-घर* में लड़कियों का 'इन्कलाब ज़िन्दाबाद' होना चाहिए।"—'गली' के साथ 'गली' और 'घर' के साथ 'घर' का प्रयोग इन शब्दों के अर्थ पर बल देने के लिए होता है। सही अर्थ में तो *'पुनरुक्ति'* यही है। पुनरुक्ति के दो बार होने

की स्थिति '**द्विरुक्ति**' कहलाती है। यहाँ 'द्विरुक्ति' ही है। परन्तु, *'पुनरुक्ति'* की उक्त परिभाषा में हमने व्यापक, अर्थ में उसे लिया है। उसके अनुसार, '**पर्याय-पुनरुक्ति**' (अर्थ की द्विरुक्ति) और '**सहचर शब्द**' भी *'पुनरुक्ति'* के ही रूप हैं। काम-काज, नन्ही-मुन्नी, बाल-बच्चा, लाल-सुर्ख, तन-बदन आदि *'पर्याय-पुनरुक्ति'* के उदाहरण हैं। जब अर्थ पर अधिक बल देना हो तब पर्यायवाची को साथ लगाते हैं, न कि उसी शब्द को। यही महत्त्व है *'पर्याय पुनरुक्ति'* का। 'सहचर शब्द' की कई स्थितियाँ होती हैं—

(i) पहला शब्द सार्थक, दूसरा निरर्थक—लोटा-वोटा, धूम-धाम, घर-वर, हाई-फाई, भगवान्-वगवान्, हम-वम, गलत-सलत, सुन्दर-मुन्दर, मार-धाड़, देख-भाल, आधा-सुधा आदि।

(ii) पहला निरर्थक, दूसरा सार्थक—आमने-सामने, अदला-बदला, अड़ोस-पड़ोस, आस-पास, लर-लोटा, मर-मैदान, बर-बाजार आदि।

(iii) दोनों निरर्थक (पर, समूह सार्थक)—ऊट पटांग, चिल्ल-पों, ऊबड़-खाबड़, अनाप-शनाप, अंट-संट, ऊल-जलूल, आयँ-बायँ।
[दोनों सार्थक (—चोर-चाईं, जमीन-जायदाद, सन्त-महन्त) होने पर तो सीधे 'द्वन्द्व समास' हो जाएँगे।]

'**अनुकरणवाचक द्विरुक्ति**' भी पुनरुक्ति में ही परिगण्य है। ये शब्द वस्तु-विशेष से निकली ध्वनि को ही द्विरुक्त करके किये गये उच्चारण-मात्र हैं। इनका कोई वस्तुपरक अर्थ नहीं होता। 'खट्', 'म्याऊँ', 'फट्' आदि का अर्थ बस 'खट्' आदि ध्वनि ही है। इनसे द्विरुक्तिवश बने शब्द खटखट, फटफट, तड़-तड़, सट-सट, हिन-हिन, सर-सर, आदि *प्रातिपदिक* में ही परिगणित हैं। इनसे 'आ' जोड़कर नामधातु बनता है—खटखटा, फटफटा आदि। *इन अनुकरणवाचक यौगिक प्रातिपदिकों के प्रथम शब्द के अन्त को दीर्घ कर देने से (यानी प्रत्यय योग से) नया प्रातिपदिक बन जाता है*—खटाखट, फटाफट, तड़ातड़, सटासट, सरासर आदि। ये सार्थक हो जाते हैं। इस विषय को प्रत्यय-प्रकरण के 'तद्धित' में रखना चाहिए।

वास्तविक पुनरुक्त शब्द पूर्वोक्त शब्द के अर्थ पर बल देने के लिए ही आते हैं। सहचर शब्द अपने साथी के अर्थ-क्षेत्र का थोड़ा विकास करने के लिए आते हैं। ऐसा करते हुए वे कुछ *समाहार द्वन्द्व* सा भी आचरण करते हैं—पार्श्ववर्ती अर्थों का भी अपने में किंचित् समाहार करते हुए। जैसे—'मार-धाड़'। शुद्ध पुनरुक्ति कर्मधारय सा आचरण करती है (समानाधिकरण—समान बोध्य दोनों का होता है।)'' जैसे—वह *खा-खा* के अघा गया *अच्छे-अच्छे* विद्यार्थी फेल हो गये। '*धीरे-धीरे*' बच्ची सँभल ही जाएगी, पर वह समाज कितना पिशाच है जिसने

नवजात को गटर में फेंक दिया था। *कुछ-कुछ* मुझे भी भूख लग रही है। *गर्म-गर्म* रोटियाँ मर्दों को खिलाते औरतों का भविष्य स्वाहा हो गया है।

'पुनरुक्त' शब्द-युग्म (या गुच्छ) एकपदीभूत माने जाते हैं। जैसे—'द्वन्द्व समास' 'रात-दिन', वैसे ही 'रात-रात' है। वैसे ही 'अदला-बदला', 'आयँ-बायँ' भी एकपदीभूत हैं। शुद्ध पुनरुक्त शब्द (जिसमें अनुकरणवाचक भी हैं), क्रियात्मक शब्दों (खा-खा, पी-पी आदि) को छोड़कर, *तद्धित प्रत्यय* भी लेते हैं तथा फिर समास भी बनाते हैं। प्रत्यय का योग, ऊपर 'खटखट' से 'खटाखट' में हमने देखा ही है। वाह-वाह+ई > वाहवाही, गर्म-गर्म > गर्मागर्म; दिन-दिन > दैनन्दिन, मुँह-मुँह > मुहाँमुँही, एकैक > एकैकशः, पुनः पुनः > पौनः पुन्य, बात-बात > बाता-बाती, लात-लात >लाता-लाती, एक एक> एकाएक आदि भी प्रत्यय-योग के उदाहरण हैं। समास भी बनता है, जैसे—जन-जन-वंदित, घर-घर-आया आदि। परस्पर, अन्योय, दिनोंदिन, रातोंरात, हाथोंहाथ, कानों-कान आदि पुनरुक्ति में मान्य नहीं हैं। ये 'दिन+दिन' आदि से बने समस्त पद हैं; सभी अव्ययीभाव हैं। इनमें 'ओ' या 'ओं' विकरण आ गया है। पुनरुक्ति इसलिए इन्हें नहीं मान सकते क्योंकि दिन-दिन, रात-रात आदि के सामान्य अर्थ की अपेक्षा इनका विलक्षण अर्थान्तर हो चुका है। जैसे—'हाथो-हाथ' का अर्थ है—एक हाथ से दूसरे हाथ, फिर तीसरे, चौथे...आदि क्रम से हस्तान्तरण। यह बात 'हाथ-हाथ' में कहाँ है! 'पुनरुक्ति' तो पूर्वोक्त शब्द के अर्थ को ही केवल मजबूती देती है। फिर, बीच में परसर्ग 'का'; अथवा न, ही, दर, ब आदि के व्यवधान के साथ आये एक ही पद की आवृत्ति को भी पुनरुक्ति नहीं कहेंगे। परिभाषा में हमने 'अव्यवहित' शब्द रखा है। यानी, कुछ-न-कुछ, यहाँ का वहाँ, वहाँ ही का यहाँ, दिन पर दिन, कोई-न-कोई, साल-दर-साल, दिन-ब-दिन आदि पुनरुक्ति नहीं है। 'दिनोंदिन' भी 'ओं' के व्यवधान के कारण पुनरुक्ति नहीं। 'फटफट' पुनरुक्ति है, पर फटाफट उससे प्रत्यय लगने पर बना नया शब्द।

कभी 'हर/प्रत्येक' के अर्थ में आयी, एक ही शब्द की आवृत्ति भी दिखती है। जैसे—"*लड़की लड़की* में अन्तर है। सभी गोबरयुग में ही नहीं जीतीं। कुछ एवरेस्ट या चाँद पर भी पहुँचती हैं।" "*लड़के लड़के* में फर्क है। कोई चाँद पर जाता है, तो कोई दूसरों को स्वर्गवासी बना देता है।"—इनमें आये 'लड़की लड़की', 'लड़के लड़के' वस्तुतः 'लड़की और लड़की', 'लड़के और लड़के' का समस्त रूप है। पुनरुक्ति नहीं है, क्योंकि यहाँ एक शब्द के अर्थ पर बल देने के लिए दूसरा नहीं आया, बल्कि दोनों शब्द अलग-अलग बोध्य रखते हैं। ये उदाहरण 'द्वन्द्व समास' के अन्तर्गत माने जा सकते हैं। पुनरुक्ति से बने सभी शब्द 'प्रातिपदिक' ही होते हैं। ('खा-खा' भी कृदन्त अव्यय प्रातिपदिक है।)

हिन्दी में अन्य भाषाओं के जो समस्त शब्द आये हैं, उनकी मूलभाषा-स्थित समासमूलक व्युत्पत्ति को यहाँ भी रखने की तभी जरूरत पड़ेगी, जब उसी पद्धति पर हिन्दी नये शब्द भी व्युत्पन्न करेगी। हम देखते हैं कि संस्कृतागत समस्त शब्दों का समास-विवेचन हिन्दी के लिए इस दृष्टि से उपादेय तो है ही, बल्कि विदेशी स्रोतों में भी कुछ हद तक यह जरूरी है। जैसे—'सुबहो-शाम', 'सुबहे-बनारस', 'शेरे-हिन्द' आदि का गठन हिन्दी ने परभाषीय समास पद्धति पर किया है।

'व्युत्पादन' ['व्युत्पत्ति'] के इस लम्बे अध्याय के समापन के पूर्व एक बार पुनः समझ लें कि—

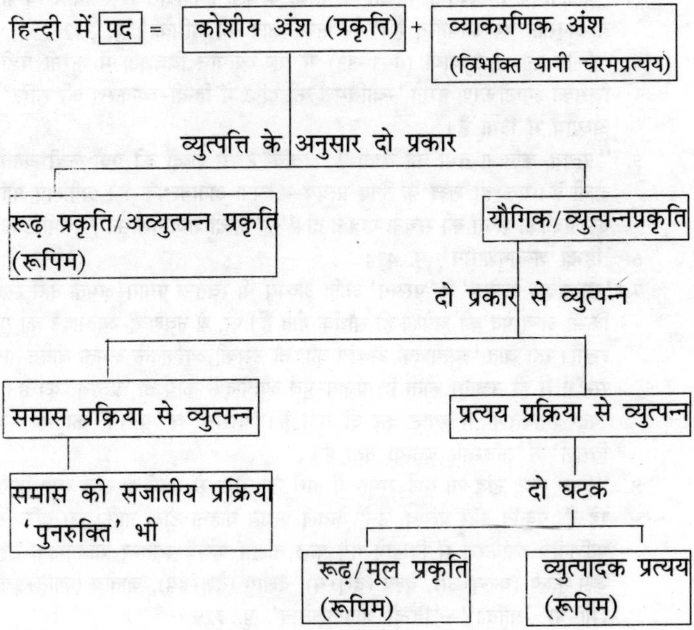

प्रत्यय-प्रक्रिया से व्युत्पन्न प्रकृति के चार प्रकार हैं : (क) प्रातिपदिकज प्रातिपदिक—ये दो प्रकार से होते हैं—(i) लिंगप्रत्ययान्त एवं (ii) तद्धितान्त, (ख) नामज धातु (नामधातु), (ग) धातुज प्रातिपदिक (कृदन्त), (घ) धातुजधातु (यौगिक धातु, सनादिप्रत्ययान्त)।

समास व पुनरुक्ति प्रक्रिया से बनी यौगिक प्रकृति सिर्फ प्रातिपदिक होती है। 'कृदन्त + तिडन्त' का समास 'संयुक्त क्रिया' में है तो, पर उसकी प्रकृति नहीं खोजी जा सकती।

सन्दर्भिका

1. देखें, 'पद-विचार' की सन्दर्भिका-संख्या '3'
2. "जिस शब्द की व्युत्पत्ति शिष्ट जन-प्रसिद्ध है, वह 'यौगिक' और जिसकी व्युत्पत्ति बहुत सोचने पर भी विद्वत्समाज के सामने नहीं, वह 'रूढ़' शब्द है। जब इसकी व्युत्पत्ति मालूम हो जाएगी तब यह भी हमारे लिए 'यौगिक' हो जाएगा।"—'हिन्दी शब्दानुशासन', पृष्ठ-264

   "पहले के वैज्ञानिक दार्शनिक जिन्हें मूल तत्त्व मानते थे,उन्हें आज के वैज्ञानिकों ने यौगिक तत्त्व प्रमाणित कर दिया है। यह क्रम अब भी जारी है।"—'हिन्दी भाषानुशासन', पृष्ठ-734
3. "काल्पनिक निरुक्तियों के बारे में यास्क ने बड़ी ईमानदारी से स्वीकार किया है कि ये अनुमान पर आधारित हैं।"—'भाषाविज्ञान की भूमिका', पृ. 312
4. पाणिनि को अष्टाध्यायी (4-1-33) में यह व्युत्पत्ति विवशता में करनी पड़ी होगी, जिसका स्पष्टीकरण हमने 'स्त्रीविमर्श की दृष्टि में हिन्दी-व्याकरण की सृष्टि' नामक अध्याय में दिया है।
5. "प्रत्यय-कल्पना तभी की जाती है, जबकि उससे शब्दों की एक लड़ी बनती चली जाती है। एक ही शब्द के लिए प्रत्यय-कल्पना अनावश्यक है। इसीलिए पाणिनि ने ऐसे एकाकी शब्दों की सूचना मात्र दे दी।"—'हिन्दी शब्दानुशासन', पूर्वपीठिका, पृ.38
6. 'हिन्दी शब्दानुशासन', पृ. 424
7. 'व्युत्पादक अव्यय' व 'परसर्ग' आदि अव्यय भी स्वतन्त्र प्रयोग-क्षमता नहीं रखते तथा किसी अन्य पद की अपेक्षा ही सार्थक होते हैं। पर, ये नवशब्द-व्युत्पादन का गुण नहीं रखते। रही बात 'व्युत्पादक अव्यय की, तो उसकी व्युत्पादक क्षमता वाक्य-प्रयोग के सन्दर्भ में ही उजागर होती है; प्रयोग-पूर्व व्युत्पादक कार्य तो 'प्रत्यय' का है। ये बातें 'पद-वर्गीकरण' में स्पष्ट कर दी गयी हैं। 'परसर्ग' व 'प्रत्यय' का भेद 'अव्यय-विमर्श' में सविस्तार बताया गया है।
8. "जिस शब्द खंड या वर्ण-समूह में अर्थ की दृष्टि से स्वयं दो खंड स्पष्ट दिखाई पड़ रहे हैं, प्रकृति और प्रत्यय; उन्हें केवल प्रत्यय कहना ठीक नहीं। इस दृष्टि से स्वयं पाणिनीय व्याकरण में दिखाये गये कुछ तद्धित प्रत्यय स्वतन्त्र प्रातिपदिक ठहरते हैं, जैसे कल्प (कल्प्+अ), देश्य (देश्+य), देशीय (देश्+ईय), जातीय (जाति+ईय), मात्र (मा+त्र)...आदि।"—'हिन्दी भाषानुशासन', पृ. 729
9. पंडित कामताप्रसाद गुरु ने तो इस सूची में हीन, शूर, शून्य, शील, रूप, रहित, अनुसार, उत्तर, नगर, पुर, गढ़, गाँव, कोट, बाड़ा आदि को भी रखा था, जिन के व्यस्त प्रयोग 'समस्त प्रयोग' से कम नहीं हैं।
10. "शब्द भंडार में वृद्धि के दो प्रमुख मार्ग हैं—शब्द-निर्माण तथा दूसरे भाषाओं के शब्दों का स्वीकरण। हिन्दी की शब्द-सम्पदा में वृद्धि में शब्दनिर्माण ही मुख्य साधन है।" ('हिन्दी व्याकरण', पृष्ठ-482)—दीमशित्स
11. दीमशित्स ने 'हिन्दी-व्याकरण' में आधुनिक हिन्दी में 'शब्द नर्माण' की पाँच-विधियों का उल्लेख किया है—
    (क) रूप प्रक्रियात्मक—इसमें पूर्व, पर, मध्य प्रत्ययों की चर्चा है। 'पूर्वप्रत्यय' कथित उपसर्गों को कहा गया।

(ख) रूपप्रक्रियात्मक-वाक्यात्मक—इसमें समास, संक्रमण एवं अनुप्रास [जैसे—दौड़ना से दौड़ादौड़ी] की चर्चा है।

(ग) वाक्यात्मक—इसमें 'द्वन्द्व समास' की चर्चा है।

(घ) शब्दगत वाक्यात्मक—इसमें प्रकार्यगत क्रियाविशेषणों के बनने की बात कहते हैं, जिनके उदाहरण वे 'दिन को', 'एक बार' आदि देते हैं।

(ङ) शब्दगत-आर्थी—इसमें पुराने शब्दों के नये अर्थ में प्रयोग की बात कहते हैं।

12. लक्ष्मीनारायण शर्मा ने यौगिक शब्दों की पाँच प्रक्रियाएँ बतायीं, जिनमें से एक 'सन्धि' को माना ('हिन्दी का संरचनात्मक व्याकरण')। पंडित रामावतार शर्मा भी 'शब्द-निर्वचन' के ही प्रसंग में सन्धि की चर्चा करते हैं। ('हिन्दी व्याकरण सार' में)

13. संस्कृत में यौगिकता की रचना-प्रक्रिया *'वृत्ति'* नामक प्रक्रिया से सम्बद्ध है। ''परार्थाभिधानं वृत्तिः।''—दूसरे के अर्थ का अभिधान करनेवाली प्रक्रिया 'वृत्ति' है। संस्कृत में पाँच वृत्तियाँ हैं। इन पाँचों में एकार्थीभवन है—यानी, अनके शब्दों का अर्थ एकीभूत होकर एक ही शब्द से अभिहित होता है। ''वृत्ति-प्रक्रिया से अनेक पृथक्-पृथक् शब्द का अर्थ एक में संघीभूत होकर एक शब्द, एक अर्थ बन जाते हैं।''—डॉ. रामदेव त्रिपाठी ['भाषाविज्ञान की भारतीय परम्परा और पाणिनि' से]
पाँच वृत्तियाँ ये हैं—
(i) कृत् प्रत्यय : जैसे—'पाठिका' में 'वाली' अर्थ कृत् प्रत्यय प्रकट कर रहा है।
(ii) तद्धित प्रत्यय : जैसे—'माथुर' में 'आगत' अर्थ तद्धित प्रत्यय प्रकट कर रहा है।
(iii) समास : जैसे—'विद्योत्तमा' में सप्तमी विभक्ति (विद्या में उत्तमा)का अर्थ समास से प्रकट हो रहा है।
(iv) एकशेष : जैसे—'पितरौ' में दो शब्दों (माता-पिता) का अर्थ समाहित है।
(v) यौगिक धातुकारी प्रत्यय (नामधातु, सनादि प्रत्यय) : जैसे—'पुत्रीयति' में तीन शब्दों 'पुत्र पुत्री इव आचरति' का अर्थ नामधातु प्रत्यय 'क्यच्' (य) से प्रकट हो रहा है।

14. 'हिन्दी भाषानुशासन' (डॉ. रामदेव त्रिपाठी)

15. इसकी अनुपलब्धता पर प्रकाश डाला गया है—'रूपायन' के अन्तर्गत 'संयुक्तक्रिया' में।

16. 'धातु+प्रातिपदिक' की प्राप्ति संस्कृत में व्युत्पत्ति में तो नहीं, पर वाक्य-प्रयोग में देखी गयी है, जब उपसर्ग क्रिया के पश्चात् आकर वह अन्वित हुआ है।

17. 'नपुंसक प्रत्यय' वहाँ नामीकृत तो नहीं हुआ है, पर उसकी स्थिति संस्कृत में दिखती है। जैसे—'गम्' में कृत् प्रत्यय 'शतृ' लगा तो बना—'गच्छन्' (पुंलिंग)। उसमें स्त्री प्रत्यय 'ई' लगा तो बना—'गच्छन्ती'। ठीक है, पर नपुंसक रूप 'गच्छन्तम्' आखिर बिना प्रत्यय के कैसे बन गया? अवश्य प्रत्यय है। विवेचना की जरूरत है।

18. 'हिन्दी-व्याकरण'—दीमशित्स

19. विस्तार से चर्चा 'स्त्रीविमर्श की दृष्टि में हिन्दी-व्याकरण की सृष्टि' अध्याय में है।

20. इन अर्थों एवं उदाहरणों के संग्रह में डॉ. कान्तिचन्द्र मिश्र के शोधप्रबन्ध 'खड़ी बोली की व्याकरण-रचना के क्रमिक विकास का अध्ययन' (1968, आगरा वि. वि.) से मदद मिली है। एतदर्थ आभार!

21. पर 'द्यावापृथिवी' तो संस्कृत में 'कोश' तक जा पहुँचा है, जबकि द्वन्द्व समस्त पद है।

22. संस्कृत में 'खादत-मोदता' जैसा तिङन्त-गुच्छ तो है, पर इसकी कोई प्रकृति 'समस्त धातु' के रूप में नहीं खोजी जा सकती।

23. शुरु में पाणिनि का अनुकरण न कर, 'सारस्वत' आदि के षड्विध समास को मान्यता मिली। 'कर्मधारय' व 'द्विगु' को तत्पुरुष के समकक्ष स्थान मिला, जबकि ये पाणिनि की परम्परा में तत्पुरुष के अन्तर्गत ही माने गये हैं। गुरुजी और पं. किशोरीदास वाजपेयी ने पाणिनीय परम्परा का ही पालन किया है।
24. डॉ. रामदेव त्रिपाठी का कहना है कि व्युत्पन्न समस्त पद में पूर्व पद समूह की अपेक्षा दो परिवर्तन आते हैं—(i) शब्दाकृति में मात्राकृत न्यूनाधिकता, (ii) अर्थ में प्रकार-कृत न्यूनाधिकता। ('हिन्दी भाषानुशासन', पृ. 735)
25. इस विषय का सविस्तार प्रतिपादन 'रूपायन' में हुआ है।
26. ''हिन्दी की अपनी प्रकृति में समास नहीं है, 'घुड़चढ़ी' और 'धरपकड़' को समास कहा जाए, तो बात दूसरी है।''-डॉ. वागीश शुक्ल ('छन्द छन्द पर कुंकुम' से, पृ. xiv)
27. अलुक् की स्थिति द्वन्द्व के क्षेत्र में भी दिखलाने वाले प्रथम हिन्दी वैयाकरण डॉ. रामदेव त्रिपाठी हैं। उन्होंने हिन्दी की इस खास प्रवृत्ति को पहचाना है।
28. यह विश्लेषण डॉ. रामदेव त्रिपाठी के प्रतिपादन से प्रेरित है। एतदर्थ उनके प्रति विनम्र आभार!
29. 'हिन्दी व्याकरण'
30. 'हिन्दी व्याकरण मीमांसा' में डॉ. काशीराम शर्मा की अभ्युक्ति है कि समास की कल्पना वस्तुतः 'रामलक्ष्मणभरतशत्रुघ्नाः' जैसे प्रयोगों को समझाने के लिए ही की गयी है, क्योंकि 'सुप्' विभक्ति सिर्फ अन्त्य पद में आने से शंका खड़ी होती है कि बाकी पदों का अन्वय कैसे है? इसी तरह हिन्दी में, 'स्त्री और दलित उत्थान' जैसे प्रयोगों में 'उत्थान' शब्द का स्त्री से भी अन्वय सिद्ध करने के लिए 'स्त्री और दलित' को एक समस्त इकाई मानना ही होगा। समास की संकल्पना इसी तरह हुई है।
31. 'नागरी लिपि और हिन्दी वर्तनी' पुस्तक में डॉ. अनन्त चौधरी का प्रस्ताव है कि जिनकी सामासिकता मूलतः उनके संश्लिष्ट रूप या अखंडता पर निभर करती है, वे एक शिरोरेखा में होंगे। जैसे—(i) विकारी संश्लिष्ट सामाजिक शब्दवाले—'कनकटा', 'भिखमंगा' आदि। (ii) अविकारी संश्लिष्ट सामासिक शब्दवाले—'मीनाबाजार', 'मोतीचूर' आदि।
32. ''विग्रह में अवान्तर कारक-विभक्तियाँ और विभक्तियों के स्थानापन्न सम्बन्धसूचक अव्यय, या कुछ अतिरिक्त शब्द भी प्रयुक्त होते हैं, समास में वे हट जाते हैं।''—'हिन्दी भाषानुशासन' पृष्ठ. 735
33. डॉ. रामदेव त्रिपाठी ने वाक्यांग बनने में अक्षम विग्रह को 'अलौकिक' तथा सक्षम विग्रह को 'लौकिक' कहा है। ('हिन्दी भाषानुशासन', पृष्ठ. 735)
34. ''समझने-समझाने के लिए समास को चार श्रेणियों में विभक्त किया गया है—1. अव्ययीभाव, 2. तत्पुरुष, 3. बहुव्रीहि और 4. द्वन्द्व। कर्मधारय समास तत्पुरुष का ही एक प्रकार-भेद है और 'कर्मधारय' का भेद 'द्विगु' है। परन्तु समास का विषय इतना व्यापक है कि इन व्यापक भेदों से बाहर कुछ और समास रह ही जाते है और स्वयं पाणिनि ने 'सहसुपा' सूत्र से ऐसे समासों का विधान किया है जो कि पूर्वोक्त श्रेणियों में नहीं आते। इसीलिए संस्कृत के वैयाकरणों ने कहा है कि—'समासश्चतुर्विध इति तु प्रायोवादः'—समास चार प्रकार के होते हैं,यह 'प्रायोवाद' है। प्रायः—बहुतायत से—जो समास होते हैं, वे चार श्रेणियों में आ गये हैं।''—'हिन्दी शब्दानुशासन', पृ. 306-307

35. डॉ. रामदेव त्रिपाठी ने 'हिन्दी भाषानुशासन' में (पृ. 770-771) इस प्रायोवाद का खुलासा किया है। जैसे—अव्ययीभाव 'उन्मत्तगंगम्', 'तिष्ठद्', आदि में तो है, पर पूर्वपदप्रधान नहीं, अन्यपदप्रधान है तथा 'शाकप्रति', 'अक्षपरि', 'द्विमुनि' आदि में उत्तरपदप्रधान है वह। इसी तरह, 'सप्तशती', 'त्रैमासिक' आदि में तत्पुरुष अन्त्यपदप्रधान है, पुरुषसिंह, पूर्वाह्न आदि में पूर्वपदप्रधान है वह। वहीं कृताकृत, कृष्णसारंग में वह उभयपदप्रधान है। 'द्वित्र' में बहुव्रीहि है, किन्तु प्रधानता अन्यपद की नहीं, उभयपद की लगती है। दन्तोष्ठ, पाणिपाद में द्वन्द्व है; परन्तु प्रधानता उभय पदार्थ की नहीं, अन्यपदार्थ (समुदाय) की है।
त्रिपाठी जी ने कुछ ऐसे शब्द भी गिनाये जो उक्त चारों में नहीं आते। जैसे—'भूतपूर्व'। इसमें प्रधानता पूर्वपद की है पर यह अव्ययीभाव नहीं है। इसी तरह परोक्ष, यदृच्छा, सहयोग, सहमत, किंकर्त्तव्यविमूढ़ भी त्रिपाठी जी के अनुसार चारों समासों से बाहर हैं।

36. डॉ. रामदेव त्रिपाठी ने 'हिन्दी भाषानुशासन' में समस्यमान पदों के वर्ग के आधार पर 'सुबन्त+सुबन्त', 'सुबन्त+तिडन्त', 'सुबन्त+धातु' 'तिडन्त+तिडन्त, तिडन्त+सुबन्त तथा 'अव्यय+अव्यय' के रूप में वर्ग किये और कहा कि हिन्दी में सिर्फ पहला व अन्तिम हैं। पहली बात कि अन्तिम को प्रथम में ही शामिल कर सकते हैं क्योंकि 'अव्यय' को भी सुबन्त का दर्जा मिला है। दूसरी बात, हिन्दी में संयुक्त क्रिया रूप में दूसरा भी प्राप्त है, जैसे—''सारिका *आ जाए* तो मैं उसे कार की चाबी दे दूँ'' में 'आ जाए' क्या है? सुबन्त+तिडन्त ही तो। 'आ' कृदन्त अव्यय है 'जाए' तिडन्त।

37. 'हिन्दी संरचना का शैक्षिक स्वरूप' में (73-75 पृष्ठों पर) डॉ. रामकमल पांडेय ने समास का वर्गीकरण संरचनात्मक अवयवों की दृष्टि से करते, दो मुख्य वर्ग बनाये—
(क) दो शीर्ष रूपों का संयोग—जैसे—'माँ-बाप'। समानवर्गीय संरचक, समयोग।
(ख) एक विशेषक+एक शीर्ष का संयोग—जैसे—'नीलकमल'। भिन्न वर्गीय संरचक, विषमयोग।
फिर डॉ. पांडेय ने समासगत रूपों के आन्तरिक सम्बन्ध के आधार पर समास के तीन वर्ग बनाये—(क) समानाधिकरण—समयोगी—द्वन्द्व। (ख) व्यधिकरण—संयोगी—बहुव्रीहि। (ग) परिसीमकीय—सहभागी। इसके तीन उपवर्ग—(i) आधृत—तत्पुरुष, (ii) गुणबोधी—कर्मधारय, (iii) सीमकीय—अव्ययीभाव।
'समानाधिकरण' व 'व्यधिकरण' शब्दप्रयोग पांडेय जी ने प्रचलित अर्थ से हटकर किया है। समानाधिकरण उस समास को माना है जिसके सभी घटक अर्थदृष्टि से महत्त्वपूर्ण होते हैं तथा उनमें विकल्प का एवं निश्चित सम्बन्ध होता है। 'व्यधिकरण' वे उसे मानते हैं, जिसके घटक अर्थ की दृष्टि से अमहत्त्वपूर्ण होते हैं, क्योंकि वे अन्यार्थ संकेत करते हैं। 'परिसीमकीय' में वे उन समासों की स्थिति मानते हैं जिनका एक घटक मुख्य होता है, दूसरा अर्थ देने में सहभागी। उसे उन्होंने परिसीमित व परिसीमक का सम्बन्ध कहा है। यदि यह बात है तो 'अव्ययीभाव' समस्त पद 'कानोंकान', 'रातोंरात' में वे किसे मुख्य (परिसीमित), किसे सहभागी (परिसीमक) कहेंगे? स्पष्ट है कि उनका विवेचन संशोधनीय है।

38. हिन्दी शब्दानुशासन, पृ. 313
39. हिन्दी भाषानुशासन
40. 'हिन्दी संरचना का शैक्षिक स्वरूप', पृष्ठ. 76

अध्याय–12

रूपायन

'रूपायन' कहते हैं 'प्रकृति' (शब्द) के वाक्य में प्रयुक्त होने और इस प्रकार उसका रूप चलने को। अर्थात्, प्रकृति (शब्द) के 'पद' के रूप में ढलने की प्रक्रिया का नाम रूपायन है। इस विषय का विवेचन व्याकरण के जिस प्रभाग में होता है, उसे भी रूपायन कह सकते हैं। वस्तुतः रूपायन ही अपने–आप में सम्पूर्ण व्याकरण है।

भाषा की स्थिति उसकी प्रयुक्ति में है और प्रयुक्ति मूलतः वाक्यात्मक होती है, भले वाक्य कभी–कभी एकपदात्मक (या, एक अक्षरात्मक) ही क्यों न हो।[1] वाक्य का बनना तभी सम्भव है, जब प्रकृतियाँ (शब्द) 'कोश' वाली अपनी कूटस्थ (अविकारी–स्थिर) भूमिका को त्यागकर, 'पद' बनते और परस्पर गुँथते हैं—सम्बन्ध बनाते हैं। प्रकृतियों को इस नयी भूमिका में ढालने का कार्य 'व्याकरणिक कोटि' करती है। वह प्रकृतियों को पद बनाकर वाक्य में उन्हें आपसी सम्बन्ध में विनियुक्त करती है। इस प्रक्रिया में शब्द का रूपाकार बदलता है, क्योंकि उसमें सम्बन्धकारी व्याकरणिक अंश जुड़ते हैं। वे ही अंश विभक्ति कहलाते हैं। वाक्यार्थ प्रकृतियों (शब्दों) को (पद बनाकर) व्याकरणिक अन्विति में गूँथने की प्रक्रिया को ही 'रूपायन' कहते हैं, जिसके बिना भाषा–प्रयोग का अस्तित्व सम्भव नहीं।

प्रकृति का रूपाकार 'व्युत्पादन' से भी बदलता है, जिसकी साधक प्रत्यय व समास की प्रक्रियाएँ हैं। (लिंग नामक प्रातिपदिकार्थ दोनों प्रक्रियाओं के जरिये अपनी व्युत्पादक भूमिका निभाता है।) परन्तु, 'विभक्ति'–साधित 'रूपायन' से हुआ आकृति–परिवर्तन ही असली व्याकरणिक परिवर्तन है, जिसके मूल में दो प्रातिपदिकार्थ 'वचन' और 'कारक' हैं। ('लिंग' की भी भूमिका रूपायन में थोड़ी सी होती है, परन्तु विभक्तिकृत आकृति–परिवर्तन 'वचन' व 'कारक' का ही है, क्योंकि विभक्तियाँ उन्हीं के संकेतक हैं।) रूपायन–जन्य आकृति–परिवर्तन के आधार पर ही प्रकृतियों को 'विकारी' व 'अविकारी' कहा गया है [लिंगकृत (व्युत्पादक) परिवर्तन के आधार पर नहीं]। इस आकृति–परिवर्तन के लिए 'रूपान्तर' शब्द रूढ़ कर देना ठीक रहेगा, क्योंकि 'रूपायन' से शब्द–साम्य बना हुआ है।[2] 'व्युत्पादन'–जन्य परिवर्तन के लिए *'विकार'* शब्द[3] चल सकता है तब, उक्त 'विकारी' व 'अविकारी' शब्द–वर्गों के

लिए 'रूपान्तरशील' व 'अरूपान्तरशील' शब्द ठीक रहेगा। अस्तु!

विभक्तियाँ प्रकृति के दोनों भेदों 'प्रातिपदिक' व 'धातु' के साथ जुड़कर उन्हें 'पद' बनाती हैं। इस तरह, विभक्ति के दो प्रकार हो गये—(i) प्रातिपदिक-विभक्ति [संस्कृत नाम 'सुप्'] और (ii) धातु-विभक्ति [संस्कृत नाम 'तिङ्']। 'प्रातिपदिक विभक्ति' को 'नाम विभक्ति' व 'कारक विभक्ति' भी कह दिया जाता है, पर ये शब्द अव्याप्ति दोष से ग्रस्त हैं। 'नाम विभक्ति' इसलिए गलत है कि 'अव्यय' के लिए भी इसी विभक्ति की व्यवस्था है और 'कारक-विभक्ति' इसलिए गलत है क्योंकि 'वचन' भी उसी से प्रकट होता है। 'धातु विभक्ति' को 'क्रिया-विभक्ति' भी कह लेने से कोई इस प्रकार का हर्ज नहीं है। 'विभक्ति' नाम का व्युत्पत्यर्थ भी निकाला जा सकता है और वह यह कि प्रकृति के सम्भाव्य व्याकरणिक अर्थ के आयामों में से किसी/किन्हीं खास में उसे लगाकर शेष आयामों से प्रकृति को अलग (विभक्त) कर देनेवाला तत्त्व।[4] आमतौर पर प्रातिपदिक विभक्ति (सुप्) को ही '*विभक्ति*' कहने का चलन देखा जाता है, जो स्पष्टत: अपूर्ण है। क्योंकि 'विभक्ति' की परिभाषा है—"प्रकृति में संलग्न होकर, उसे वचन-कारकादि, काल-वाच्यपक्ष-पुरुषादि से सम्बद्ध अर्थों में विनियुक्त करते हुए, वाक्य-प्रयोगार्ह रूप (पद) देनेवाले व्याकरणिक अंश का नाम विभक्ति है, जो चरमप्रत्यय रूप हैं।" क्रिया की जनसभा यदि वाक्य है, तो उसमें जुड़ने के लिए शब्द द्वारा पहनी गयी पोशाक है विभक्ति। स्पष्टत: धातुओं के साथ भी विभक्तियाँ आती हैं जो धात्वर्थ (काल, वाच्य, पक्ष, प्रकार, पुरुष) को अभिव्यक्त करती हैं; तब सिर्फ प्रातिपदिकार्थ की अभिव्यक्ति हेतु आयी विभक्ति को ही विभक्ति कैसे कहा जा सकता है? धातु-विभक्तियों (तिङ्) या उनसे बने रूपों (तिङन्तों) को तीन वर्गों में बाँटकर हर वर्ग को 'पुरुष' नाम दिया गया है। क्रिया की गाड़ी अन्य, मध्यम व उत्तम पुरुष नामक तीन पटरियों पर दौड़ती है। हिन्दी के गठन में प्रातिपदिक व धातु दोनों की विभक्तियों की विरल प्राप्ति के कारण अभाव की पूर्ति हेतु कुछ नये तत्त्वों का विकास हुआ और कुछ स्वतन्त्र सहायक प्रातिपदिकों, कृदन्तों व सहायक-धातुओं का प्रयोग होता है। धातु-विभक्ति कभी-कभी अपने विभक्त्यर्थ (काल-वाच्य-वृत्ति-पुरुषादि) के अलावा कारकत्व को भी प्रकट कर रही होती है—(केवल कर्ता व कर्म या कर्तृस्थानीय को तब वह उक्त करती है, जब प्रातिपदिक विभक्ति उन्हें उक्त न कर रही होती है यानी जब कर्ता या कर्म प्रथमा में हो तब यह स्थिति आती है। इसी से प्रथमा या हिन्दी 'पहली' विभक्ति उक्त कहलाती है।

विभक्ति और प्रत्यय में अन्तर

1. विभक्ति शब्द का रूपायन करके उसे पद बनाती है। प्रत्यय उससे अन्य शब्द (यौगिक शब्द) का व्युत्पादन करता है।
2. 'विभक्ति' चरम प्रत्यय है, यानी उसके ऊपर और कोई व्याकरणिक अंश नहीं जुड़ सकता। 'प्रत्यय' चरम नहीं होता। एक प्रत्यय पर दूसरा प्रत्यय आसनी से जुड़ सकता है।

3. 'विभक्ति' से व्याकरणिक अर्थ की दिशा में निश्चयन होता है। प्रत्यय शब्दकोशीय अर्थ की दिशा में कुछ नवीन सृष्टि करता है।
4. वाक्यगत प्रातिपदिक व धातु का अन्वय करती है विभक्ति। प्रत्यय के पास यह क्षमता नहीं।
5. विभक्ति के रूप वचनानुसार अलग-अलग होते हैं। प्रत्यय के वचनानुसार अलग-अलग रूप नहीं आते हैं। जब प्रत्ययान्त शब्दों के रूप चलते हैं, तो उनमें वचनता आती है, वह विभक्ति के कारण। जैसे—खाना+वाला=खानेवाला। अब इसका पहली विभक्ति में रूप चलता है [—खानेवाला, खानेवाले], तब वचन बोध होता है विभक्ति के कारण।
6. 'विभक्ति' लिंगानुसार अलग-अलग नहीं होती, भले उसका 'प्रकृति' (शब्द) की विशेषता के कारण रूप अलग-अलग दिखाई दे। जैसे—राम+सु=रामः। लता+सु=लता। हिन्दी में 'लड़की' का 'दूसरी विभक्ति एकवचन रूप' लड़की, पर 'लड़का' का 'लड़के'—जबकि विभक्ति 'ए' है दोनों में।

'प्रत्यय' लिंगानुसार अलग-अलग होते दिखते हैं। जैसे—'वाला', वाली' दो प्रत्यय हो जाते हैं पुंलिंग व स्त्रीलिंग के भेद से। यद्यपि माना जा सकता है कि मूल प्रत्यय एक ही है, ये दो रूप तो उसी के लिंगगत विकार हैं। फिर भी प्रत्यय की लिंग-सापेक्षता स्पष्ट है क्योंकि कुछ प्रत्यय खास लिंग हेतु बने हैं। इनमें लिंग-प्रत्ययों के अलावा, कुछ तद्धित प्रत्यय भी हैं।

'रूपायन' के इस विस्तृत अध्याय को सुविधार्थ दो खंडों में बाँटकर विवेचित करना समीचीन होगा—

(अ) प्रादिपदिक रूपायन

(आ) धातु-रूपायन

प्रथम में 'प्रातिपदिक विभक्ति' (सुप्), 'वचन' और 'कारक' की विवेचना की जाएगी। द्वितीय में, क्रिया-रूपों की रचना के साथ धात्वर्थों—काल, वाच्य, पक्ष व प्रकार की विवेचना की जाएगी।

(अ) प्रातिपदिक रूपायन

वाक्य के अन्तर्गत आये शब्दों के परस्पर अन्वय पर ही वाक्य सत्तावान् रहता है। शब्दों के अन्वय के जरिये उनके अर्थ-तत्त्व भी अन्वित होते है। सबसे प्रधान अर्थ-तत्त्व 'धातु' में निहित होता है, जिससे संयुक्त होने की दिशा में शेष सारे अर्थ-तत्त्व उन्मुख रहते हैं। उनके धारक शब्द (प्रातिपदिक) 'धातु' से ही साक्षात् या परम्परा से, सम्बद्ध होते हैं। धातु के अर्थों में से किसी का 'फल' से सम्बन्ध होता है; किसी का 'व्यापार/

चेष्टा' से। 'धातु' और प्रातिपदिकों का सम्बन्ध उभयमुखी होता है। अर्थात्, 'प्रातिपदिक' ही 'धातु' से जुड़ने को उत्सुक नहीं होता, बल्कि 'धातु' भी प्रातिपदिक से जुड़ने को उत्सुक होता है। इस हेतु, दोनों अपने में विभक्तियों के सहारे रूपान्तर लाकर, 'पद' बनते हैं।

माना जाता है कि प्रातिपदिक का धातु से अन्वय ही कारकत्व है (जिसे दर्शनान्तर में *'आकांक्षा'* भी कहा गया)। लेकिन, 'साक्षात् अन्वय' को ही 'कारकत्व' कहा गया है, जो उचित ही है। किसी प्रातिपदिक के सहारे कोई प्रातिपदिक जब धातु से जुड़ा हो, तो इस परम्परित सम्बन्ध को *'कारकत्व का शेष'* कहकर, 'कारक' कहने से भी परहेज किया गया है।

इस प्रकार, वाक्यगत शब्दों के व्याकरणिक सम्बन्ध मुख्यतः दो प्रकार के हुए :

(क) *विशेष सम्बन्ध*—[कारकत्व]—प्रातिपदिक का धातु से साक्षात् सम्बन्ध।

(ख) *शेष सम्बन्ध*—[स्वस्वामिभावादि सम्बन्ध]—प्रातिपदिक का प्रातिपदिक से सम्बद्ध होकर, परम्परा से, धातु से सम्बन्ध। यह द्विधा विभाजन सम्बन्ध की प्रकार्यात्मक भिन्नता के आधार पर हुआ है। इसी तरह से, इन दोनों का भी प्रकार्यात्मक सापेक्षता के आधार पर विभाजन किया जा सकता है।

'विशेष सम्बन्ध' को छह प्रकारों में बाँटा गया—(i) कर्तृत्व, (ii) कर्मत्व, (iii) करणत्व, (iv) अधिकरणत्व, (v) सम्प्रदानत्व और (vi) अपादानत्व। 'शेष सम्बन्ध' का वर्गीकरण तो न किया गया है। यदि कोशिश करें तो कुछ इस तरह से वर्ग बनेंगे—(i) स्वस्वामिभाव सम्बन्ध, (ii) जन्य-जनक सम्बन्ध, (iii) अवयव-अवयवी सम्बन्ध, (iv) स्थान-स्थानी सम्बन्ध, (v) कार्य-कारण सम्बन्ध, (vi) तादर्थ्य सम्बन्ध आदि।

'विशेष सम्बन्ध' (कारकत्व) को व्यक्त करने के लिए संस्कृत में (i) द्वितीया से सप्तमी तक छह प्रातिपदिक विभक्तियाँ, (ii) तिङ् विभक्तियाँ तथा (iii) द्वितीया प्रातिपदिक विभक्ति+'कर्मप्रवचनीय'। *'शेष सम्बन्ध'* के प्रकटीकरण का साधन संस्कृत में (i) षष्ठी विभक्ति, (ii) द्वितीयादि विभक्ति+सम्बन्धसूचक अव्यय/उपपद। (उपपदों में प्रादि सहित कई अव्यय हैं। साथ ही अव्ययेतर भी हैं।)

'विशेष सम्बन्ध' हेतु विहित (i) व (ii) तथा *'शेष सम्बन्ध'* हेतु विहित (i) ही शुद्ध विभक्ति हैं, शेष तो *'मिश्रित विभिक्त या शबल विभक्ति'* कहला सकती हैं, जिनका प्रतिष्ठित नाम *'उपपद विभक्ति'* (जिनका एक अंश 'कर्मप्रवचनीय विभक्ति') है। दोनों सम्बन्धों के प्रमुखतम साधन (i) और (i) हैं। बाकी गौण साधन हैं। (यहाँ ध्यातव्य है कि शेष सम्बन्धों के अन्तर्गत परिगणित सम्बन्ध भी कई बार कारकत्व के अर्थ में जा सकते हैं, पर रूपगत स्तर पर वे षष्ठ्यर्थ प्रत्यय ही लिए हों तो शेष सम्बन्ध ही कहलाएँगे।

हिन्दी में शुद्ध विभक्तियाँ कम हैं और साथ ही उनके द्वारा सिद्ध पदों में आकांक्षा

सम्बन्धी अधूरापन रह जाता है, अतः प्रातिपदिक विभक्ति के साथ कुछ अन्य अव्यय सहायक बनकर अन्विति व पदत्व-सिद्धि में मददगार होते हैं तथा धातु-विभक्ति की और भी विरलता के कारण उनके स्थानापन्न प्रायः 'कृदन्त+तिङन्त' या 'कृदन्त' आते हैं। यानी, हिन्दी में उक्त सम्बन्धों की साधकता का मुख्य आधार ही 'मिश्रित विभिक्त' है, जबकि संस्कृत में उसकी स्थिति गौण या ऐच्छिक साधन की थी। हिन्दी में भी *'धातु विभक्ति'* तथा उनके स्थानापन्न *'कृदन्त'* या *'कृदन्त+तिङन्त'* आदि अपना मुख्यार्थ (काल, पक्ष, वाच्य प्रकार, पुरुष) प्रकट करते हुए, कभी-कभी 'कर्तृत्व' व 'कर्मत्व' को प्रकट करते हैं। ऐसा तब होता है जब प्रातिपदिक विभक्ति इस कार्य के प्रति उदासीन या विरत हो। उस समय यह होता है, जब *'पहली विभक्ति'* में 'कर्ता' या 'कर्म' हों [संस्कृत में 'प्रथमा विभक्ति' में हों]—तभी 'धातु-विभक्ति' या उसके *स्थानापन्न* कर्ता (कर्तृस्थानीय) या कर्म को *अभिहित/उक्त* करते हैं। इसी से 'पहली विभक्ति' (संस्कृत 'प्रथमा वि.') को *'उक्तविभक्ति'* कहते हैं, शेष प्रातिपदिक *विभक्तियाँ 'अनुक्त'* कहलाती हैं, क्योंकि *'धातु-विभक्ति'* या उसके स्थानापन्न उनमें आये कारक पदों को उक्त नहीं करते। कारण, उक्त कार्य तो प्रातिपदिक विभक्ति कर ही चुकी होती है। संस्कृत में 'प्रथमा विभक्ति' *उक्त* है; 'द्वितीया' से 'सप्तमी' तक *'अनुक्त'*। हिन्दी में *'पहली विभक्ति' उक्त है*, शेष अनुक्त। शेष यानी *'दूसरी'* विभक्ति। हिन्दी में प्रातिपदिक की विभक्तियों के तीन वर्ग हैं—

विभक्ति-वर्ग	एकवचन की विभक्ति	बहुवचन की विभक्ति
1. पहली विभक्ति	0 (शून्य)	ए, आँ [इनका एक मूल रूप कल्पित करना जरूरी है, जिसके ये विकार हैं।]
2. दूसरी विभक्ति	ए	ओं
3. सम्बोधन विभक्ति	ए	ओ

दूसरी विभक्ति से बने रूपों में अपूर्णता सी होती है जिसे 'परसर्ग' सहित सम्बन्धसूचक अव्यय आकर दूर करते हैं। जैसे—"अभिनेत्रियों...अभिनेताओं से कम पारिश्रमिक दिया जाता है, यानी लिंग-भेद का भीषण शिकार है सिने-संसार।"—यहाँ 'अभिनेत्री' शब्द के दूसरी बहुवचन में सिद्ध रूप 'अभिनेत्रियों' से भाव-प्रकाशन की कमी महसूस हो रही है, तब उसके बाद परसर्ग *'को'* आता है जिससे 'आकांक्षा' पूरी होती है। यदि 'को' यहाँ रहता, पर 'अभिनेताओं' के बाद 'से' नहीं रहता तो अधूरापन होता। वहाँ 'से' परसर्ग या 'के निस्बत' आदि शेष सम्बन्धसूचक रहने ही चाहिए।

प्रातिपदिक विभक्ति के पूरक बनकर 'सम्बन्ध सूचक' संस्कृत में भी आते

रहे। उनका प्रयोजन रहा है—

(i) भाव-प्रकाशन में कमी महसूस होने पर अपेक्षित अर्थ देना। जैसे—'कूपे' कहने से अपेक्षित अर्थ नहीं निकल रहा था तो 'कूपस्य उपरि' कहा गया या *'कूपस्य मध्ये'* कहा गया।

(ii) 'स्व स्वामिभावादि सम्बन्धों' में से प्रस्तुत प्रयोग में कौन-सा सम्बन्ध प्रकट हो रहा है—यह स्पष्ट करना। कारण, षष्ठी विभक्ति मात्र से यह विभेदन न हो रहा था। जैसे—'नारी-शिक्षाया: प्रभाव:' से 'कारण-कार्य सम्बन्ध' स्पष्ट नहीं हो रहा है; तब 'कारणात्' सम्बन्धसूचक लाया गया—''नारी-शिक्षायाः कारणात् प्रभाव:'।

(iii) 'कारकत्व सम्बन्ध' के भी अवान्तर भेद करना।
संस्कृत में 'द्वितीयादि विभक्ति+सम्बन्धसूचक अव्यय' [या प्रादि व अव्ययेतर] का 'कारकत्व'—प्रकाशनार्थ उपयोग वैकल्पिक था, विशेष प्रयोजन से था। किन्तु, हिन्दी में *'दूसरी विभक्ति+परसर्ग'* का प्रयोग अनिवार्य हो गया। कारण उपर्युक्त है।

हमने जाना कि संस्कृत की 'उक्त' *(प्रथमा)* विभक्ति या 'हिन्दी' की 'उक्त' (पहली) विभक्ति कारकत्व-रहित शेष प्रातिपदिकार्थों (मुख्यत: *वचन*) की प्रकाशिका हैं। संस्कृत की 'अनुक्त' द्वितीया से 'सप्तमी' तक की विभक्तियाँ दो प्रकार से उपयुक्त होती हैं—

(i) शुद्ध विभक्ति रूप में—तब वे मुख्यत: कारकत्व को और गौणत: 'वचन' सहित शेष प्रातिपदिकार्थों को प्रकाशित करती हैं। षष्ठी विभक्ति कारकेतर अर्थ के लिए मुख्यत: आती है, परन्तु वह कारकार्थक भी बनती है और तब प्राय: कर्ता व कर्म के लिए आती है।

(ii) मिश्रित (शबल) विभक्ति—'द्वितीयादि+उपपद' के रूप में यह मुख्यत: शेष सम्बन्ध को प्रकट करती है, पर उपपद के ही एक भेद 'कर्मप्रवचनीय (प्रादि रूप)' के साथ 'द्वितीया विभक्ति' सारे कारकों के लिए आने की क्षमता रखती है।

'उपपद' के अन्तर्गत 'कर्मप्रवचनीय (प्रादि रूप)' सहित कई अव्यय तथा अव्ययेतर भी आते हैं। 'उप' यानी सामीप्य, अर्थात् जिन पदों के सामीप्यवश (न कि कारकत्व के लिए) प्रातिपदिक विभक्ति आती है; वे *उपपद* कहलाते हैं। उपपदों में कुछ *'प्रादि'* भी हैं, जिनके योगमात्र से (प्राय: कर्म-हेतु विहित) द्वितीया विभक्ति आती है। इसी से उस प्रसंग में वे प्रादि 'कर्मप्रवचनीय' कहलाते हैं। हिन्दी में कर्मप्रवचनीयों की जगह 'परसर्ग' हैं, जिनके लिए 'दूसरी विभक्ति' है। संस्कृत में *मिश्रित विभक्ति* के इस तरह दो रूप हो गये—(1) कर्म-प्रवचनीय विभक्ति (द्वितीया विभक्ति+कर्म प्रवचनीय प्रादि) एवं (2) शेष उपपद विभक्ति (द्वितीयादि विभक्ति+उपपद)—प्राय:

इन्हीं को 'उपपद-विभवित' कह लिया जाता है, जब 'कर्मप्रवचनीय विभक्ति' का अलग से उल्लेख किया जाए। 'कर्मप्रवचनीय विभक्ति' यद्यपि सारे कारकत्व प्रकाशित करने की क्षमता रखती है[5] तथापि उसका आना पद विशेष ('प्रादि') की समीपता के कारण ही है, इसलिए वह भी 'उपपद विभक्ति' का ही अंग है। उक्त (2) सिर्फ 'शेष सम्बन्ध' के प्रकाशनार्थ उपयुक्त होती हैं।

हिन्दी में चूँकि 'पहली'-भिन्न 'दूसरी' विभक्ति ही है ['सम्बोधन विभक्ति' का तो यहाँ कोई मतलब नहीं], अतः 'उपपद' का संयोग होने पर 'दूसरी' ही आती है। हाँ, सीधे 'दूसरी विभक्ति' ही नहीं बल्कि 'सपरसर्ग दूसरी विभक्ति' (मिश्रित विभक्ति) उपपदों के लिए आती है। [उपपद बनकर शेष सम्बन्धसूचक आता है तो प्रायः के, से,-रे परसर्ग साथ में लेता है।] संस्कृत में 'कारकत्व'—प्रकाशन का मुख्य साधन शुद्ध विभक्ति है, गौण साधन, 'मिश्रित विभक्ति' (द्वितीयादि+उपपद)। परन्तु, हिन्दी में कारकत्व-प्रकाशन का एकमात्र साधन 'मिश्रित विभक्ति' ही है, जो दो रूपों में हो सकती है—

(1) दूसरी+परसर्ग,

(2) दूसरी+के/से/-रे परसर्ग+उपपद [हिन्दी में इसी को 'उपपद वि.' कहेंगे]

इनमें से (1) अनिवार्य स्थिति है, (2) ऐच्छिक या विशेष प्रयोजनानुसार। चूँकि 'पहली विभक्ति' कारक-विभक्ति नहीं है, बस शेष प्रातिपदिकार्थ (जिनमें 'वचन' मुख्य है) के लिए उपयुक्त होती है, इसलिए उक्त (1) जो मिश्रित विभक्ति है से ही *'कारक-विभक्ति'* का काम लिया जाता है। साथ में शेष सम्बन्ध के लिए भी इसका इस्तेमाल होता है। जैसे—"सिलिया के दो बीघा खेत और चार गायें हैं।", "तेरे कितने बच्चे हैं?", "दीपांकर के दो लड़कियाँ हैं।", "रामेश्वरी के एक बेटा हुआ तो उसे जी में जी आया, क्योंकि तीन बच्चियों के जनमाने के बाद भी वह बाँझ कही जा रही थी।"

संस्कृत प्रातिपदिक विभक्तियों का हिन्दी में प्रतिनिधित्व—

संस्कृत विभक्ति	तदर्थ प्रयुक्त हिन्दी विभक्ति	हिन्दी में प्रस्तावित नाम
1. प्रथमा	पहली विभक्ति (शुद्ध)	प्रथमार्थ विभक्ति (शुद्ध)
2. द्वितीया	(i) पहली विभक्ति (शुद्ध) (ii) दूसरी विभक्ति (शुद्ध)+ द्वितीयार्थक परसर्ग 'को'/'-ए'	द्वितीयार्थ शुद्ध विभक्ति द्वितीयार्थ विभक्ति (मिश्रित)
3. तृतीया	दूसरी विभक्ति (शुद्ध)+तृतीयार्थक परसर्ग 'ने'/'से'	तृतीयार्थ विभक्ति (मिश्रित)

4. चतुर्थी	दूसरी विभक्ति (शुद्ध)+चतुर्थ्यर्थक परसर्ग 'को'/-'ए'	चतुर्थ्यर्थक विभक्ति (मिश्रित)
5. पंचमी	दूसरी विभक्ति (शुद्ध)+पंचम्यर्थक परसर्ग 'से'	पंचम्यर्थक विभक्ति (मिश्रित)
6. षष्ठी	दूसरी विभक्ति (शुद्ध)+षष्ठ्यर्थक परसर्ग 'के'/-'रे', 'को/ए'	षष्ठ्यर्थक विभक्ति (मिश्रित)
7. सप्तमी	दूसरी विभक्ति (शुद्ध)+सप्तम्यर्थक परसर्ग 'में'/'पर'	सप्तम्यर्थक विभक्ति (मिश्रित)

हिन्दी में 'षष्ठ्यर्थक विभक्ति' (मिश्रित) संस्कृत 'षष्ठी विभक्ति' का पूरा प्रतिनिधित्व नहीं कर पाती। इसी से सम्बन्धार्थक या षष्ठ्यर्थक तद्धित प्रत्ययों (का/के/की, -रा/-रे/-री) का भी उपयोग विहित है।

उपपद विभक्ति[6]—उक्त के अलावा, द्वितीयादि के बाद जुड़े संस्कृत के उपपदों (जो भाव-प्रकाशन की अपेक्षित दिशा में जोड़े जाते थे) की ही तरह हिन्दी में भी उपर्युक्त मिश्रित विभक्तियों के बाद कुछ उपपद (जिनमें शेष सम्बन्धसूचक अव्यय भी हैं) भावप्रकाशन की अपेक्षित दिशा में जोड़े जाते हैं। इनका प्रयोग संस्कृत की तरह, हिन्दी में भी शेष सम्बन्धों की स्पष्टता या वर्गीकरण एवं विशेष सम्बन्धों के अवान्तर विभेदन के लिए होता है। जैसे—''कुएँ के *बीच* में रस्सी लटकाओ।''

''हमारे तथाकथित महात्माओं-ऋषियों में इतनी तमीज नहीं है कि वे नारियों के *लिए/वास्ते/हेतु* इन्सानियत की परिधि उपलब्ध करा सकें। तभी तो वे नारी को या तो नर्क-द्वार, वासना-कुंड आदि-मानते रहे अथवा उसके लिए देवी का दर्जा बनाते रहे। सत्यासत्य की ऐसी तमीज के *बिना* वे इन्सान न बनकर महात्मा ही रह गये।''

इन वाक्यों में 'बीच', 'लिए', 'बिना' आदि उपपदों के लिए 'षष्ठ्यर्थक मिश्रित विभक्ति' आयी है।

संस्कृत में 'किसके लिए विभक्ति प्रयुक्त हुई है?'—इस आधार पर एक ही विभक्ति के प्रसंगवश दो नाम हो जाते थे—(i) कारक-विभक्ति और (ii) उपपद विभक्ति (इनमें 'कर्म-प्रवचनीय विभक्ति' भी अंगीभूत है)। 'कारक' के लिए विभक्ति-प्रयोग हो तो 'कारक विभक्ति' और 'उपपद' मात्र के योग से जो विभक्ति-प्रयुक्त हो, उसे 'उपपद विभक्ति' कहते हैं। जैसा कि पूर्व कथित है, उपपद के एक प्रकार 'कर्मप्रवचनीय' के तुल्य हैं 'परसर्ग'; किन्तु पद-निर्मायक भूमिका से उनकी स्थिति विभक्तिवत मान ली गयी है। (उपरिचर्चित 'मिश्रित

विभक्ति' से यह स्पष्ट है।) अत:, 'परसर्ग' को '*उपपद*' या '*कर्म प्रवचनीय*' मानना अब ठीक नहीं। हिन्दी में उपर्युक्त 'मिश्रित विभक्ति' के बाद कुछ अन्य पद जो विशेषार्थ या इष्टभाव-प्रकाशनार्थ आएँ, तभी हिन्दी उन्हें 'उपपद' या 'कर्मप्रचनीय' कह सकती है और उस अर्थ में आयी 'मिश्रित विभक्ति' 'उपपद (या कर्मप्रवचनीय) विभक्ति' कहला सकती है। ध्यातव्य है कि ये विभक्तियाँ '*शेष सम्बन्ध*' ही साध सकती हैं, क्रियान्वय या विशेष सम्बन्ध (कारकत्व) की सिद्धि नहीं कर सकतीं। कुछ उदाहरणों से बात और स्पष्ट करें—

(i) स्त्री के स्पर्श के *बाद* जो सन्त अपवित्र हो जाते हैं उनसे पूछो कि उनका क्या स्त्री के *बिना* अस्तित्व सम्भव था? तब तो अपवित्रता के ही *अधीन* है जन्म ग्रहण करना। ऐसे जीवन-विरोधियों को हम पूज्य मानते हैं, तो यह हमारे *लिए* शर्म की बात है।—इस वाक्य में 'बाद' 'स्पर्श' से 'जो सन्त' का, 'बिना' 'स्त्री' को 'अस्तित्व' से 'अधीन' 'अपवित्रता' को 'जन्म' से तथा 'लिए' 'हम' से 'शर्म' को सम्बद्ध करता है; जिसके लिए साधक रूप में हर जगह 'षष्ठ्यर्थक विभक्ति' (मिश्रित) प्रयुक्त हुई है। इसी तरह नीचे के *इटैलिक* अंशों के सन्दर्भ में समझना चाहिए।

(ii) वे हमारा छुआ नहीं खाएँगे क्योंकि हम अछूत हैं, पर हमारी बहू-बेटियों के *प्रति* उनकी यौन-लोलुपता बनी रहती है। उनके *साथ* दुराचार करते, वह छुआछूत कहाँ चली जाती है?

(iii) टीवी और फ्रीज के *निकट* बैठे, तृप्त व सुरक्षित जनों के *लिए* यह समझना मुश्किल है कि छोटे-मोटे किसान व वनवासी लोग देश के *हित* विकास की चलीं परियोजनाओं के *खिलाफ* खड़े क्यों हो गये हैं? उन्हें यह सोचना चाहिए कि यह कैसा विकास है? किसके *वास्ते* विकास है? किसे बसाने के लिए इन निरीहों को उजाड़ा जा रहा है?

विभक्त्यर्थ—विभक्ति जिन अर्थों को अभिव्यक्त करती (या करने के लिए आती) है, उन्हें विभक्त्यर्थ कहते हैं। धातु-विभक्ति (तिङ्) के विभक्त्यर्थ—(i) मुख्यत: धात्वर्थ (काल-वाच्य-वृत्ति/पक्ष, प्रकार व पुरुष) तथा (ii) गौणत: कारकत्व (कर्तृत्व, कर्मत्व), उस स्थिति में जब प्रातिपदिक विभक्ति 'उक्त' ('पहली वि.') हो। '*प्रातिपदिक-विभक्त्यर्थ*' का विचार द्विधा कर सकते हैं—

(i) उक्त विभक्त्यर्थ (पहली विभक्ति का अर्थ)—कारकत्व-रहित प्रादिपदिकार्थ (विशेषत: *वचन*)

(ii) अनुक्त विभक्त्यर्थ (हिन्दी में द्वितीयार्थक मिश्रित वि. से सप्तम्यर्थक मिश्रित वि. का अर्थ)—दो हैं : (क) विशेष सम्बन्ध यानी कारकत्व, (ख) शेष सम्बन्ध (स्वस्वामिभावादि सम्बन्ध)।

इनमें से कई विभक्त्यर्थों का प्रकाशन तद्धितादि प्रत्ययों, समासों से भी होना सम्भव है,क्योंकि वे भी उक्त सम्बन्धों को साध लेते हैं। परन्तु 'रूपायन' में उनकी गणना नहीं होती।—'अमृता प्रीतम *का* लिखा' (कर्तृत्व), 'लता मंगेशकर *का* गाया' (कर्तृत्व), हमारा पकाया (खाना) (कर्तृत्व) आदि में आया 'का'/-रा (सम्बन्ध-षष्ठ्यर्थ प्रत्यय 'कर्तृत्व' को व्यक्त कर रहा है। चूँकि हिन्दी की 'षष्ठ्यर्थ मिश्रित विभक्ति' शेष सम्बन्धार्थ पर्याप्त नहीं, अतः 'का/-रा' प्रत्यय उस अर्थ में 'रूपायन' में विहित से हैं। पर, बाकी प्रत्यय नहीं। 'भारतीय कृति', 'शहरी जन' 'कॉलेज-बाला', 'प्रताड़ित इन्सान', 'यौनशोषित बच्ची', 'जातिगत टकराव', आदि प्रत्यय या समास के प्रयोग 'व्युत्पादन' की ही चीजें हैं।

परसर्ग—पुराने हिन्दी-वैयाकरण 'ने', 'को', 'से' आदि परसर्गों को ही विभक्ति कहते रहे। हिन्दी के मान्य वैयाकरणों में बहुतेरे इसी के शिकार रहे। चाहे आंग्ल-प्रभावित धारा के पंडित कामताप्रसाद गुरु हों, भारतीय धारा के पं. किशोरीदास वाजपेयी, डॉ. देवेन्द्रनाथ शर्मा या डॉ. रामदेव त्रिपाठी हों। किन्तु शताब्दी भर पूर्व ही पं. रामावतार शर्मा ने 'हिन्दी व्याकरण-सार' में शुद्ध *'विभक्ति'-तत्त्व* को खोज निकाला था तथा ने, को, से आदि (परसर्गों) को 'कारकार्थक अव्ययों' में गिना था। आचार्य हजारी प्रसाद द्विवेदी ने उस परम्परा का विकास किया—[तब तक ने, को, से आदि 'परसर्ग' कहलाने लगे थे]—यानी, 'विभक्ति' और 'परसर्ग' को अलग-अलग माना। फिर डॉ. दीमशित्स[7], डॉ. अनन्त चौधरी[8], डॉ. सुधा कालरा[9], डॉ. बदरीनाथ कपूर[10] आदि ने भी इस अलगाव की पुष्टि की। इस स्थिति में आज तो इसकी विभेदकता की परम्परा विकसित हो जानी चाहिए थी। पर, हुई नहीं।

'परसर्ग' के बारे में विस्तृत विचार 'पद-वर्गीकरण' व 'अव्यय-विमर्श' नामक अध्यायों के साथ, पीछे और इस अध्याय में भी जगह-जगह हुआ है। प्रातिपदिक 'विभक्ति' सुबन्त के साथ संश्लिष्टावस्था में संलग्न प्रत्यय है और 'परसर्ग' उसके (विभक्ति के) पश्चात् विश्लिष्ट रूप से लगा सम्बन्धसूचक अव्यय-विशेष, जो प्रायः 'विशेष सम्बन्ध' (कारकत्व) का साधक है—यह सब हम जान चुके हैं। यह भी हमें पता है कि विभक्त्यन्त रूप के साथ परसर्ग तभी लगता है जब 'धातु' से उसके सम्बन्ध की सिद्धि बाधित हो रही हो अथवा अर्थ/आकांक्षा की पूर्ति अधूरी रह गयी हो। ऐसा चूँकि हिन्दी के साथ अक्सर लगा हुआ है, इसलिए हिन्दी में 'परसर्ग'—प्रयोग अनिवार्य सा हो गया है। परसर्ग प्रातिपदिक का पद-निष्पादक है।

परसर्गों का विकास संस्कृत सुबन्तों के अन्त्यांशों से अथवा संस्कृत में इष्टभाव-प्रकाशनार्थ, विभक्तियों के बाद जुड़े कुछ स्वतन्त्र अव्यय/अव्ययेतर शब्दों के घिसने से हुआ है। जैसे—'बालकेन' आदि के 'एन' से 'ने' विकसित हुआ। 'अस्माकम्' के 'आकम्' से '-रा' फिर 'रे' बना। '(राधा-) कृत' आदि प्रयोगों के 'कृत' से

'का', फिर 'के' बना। 'कूपस्य उपरि' आदि के 'उपरि' से 'पर' हुआ। 'कूपस्य मध्ये' आदि के 'मध्ये' से 'में' हुआ। ऐसा विचार व्यक्त किया जाता है।

संस्कृत सुबन्तों के घिसने से उनकी संख्या हिन्दी तक आते-आते बहुत कम प्राप्त हुई। जो रूप मिले, वे घिसाव-दर-घिसाव के कारण अपने प्रातिपदिक के निकट पहुँच चुके थे। रूपों की कमी से एक ही रूप कई कारकीय या अन्य अर्थों में जब प्रयुक्त होता, अस्पष्टता आना स्वाभाविक था। उसी हेतु परसर्ग-प्रयोग जरूरी हो गया था। उत्तर कालीन संस्कृत से ही 'विभक्ति' के ऊपर [स्वतन्त्र सम्बन्धसूचकों सहित तमाम] उपपदों का प्रयोग चल पड़ा था, जो प्राकृत-अपभ्रंश तक चला आया। उनके भी विकसित रूप हैं हिन्दी 'परसर्ग'।[11] 'अव्यय-विचार में हम कह चुके हैं कि हिन्दी में कुल ये ही परसर्ग हैं—ने, को/-ए, से, के/-रे, में, पर। इनमें 'से' दो हैं-(i) करणार्थक 'से' और (ii) अपादानार्थक 'से'। 'को' तीन हैं—(i) सम्प्रदानार्थक 'को', (ii) कर्मार्थक 'को', (iii) षष्ठ्यर्थक 'को'। संश्लिष्ट '-ए' 'को' के विकल्प में सर्वनामों के लिए, तीनों अर्थों में आता है। संश्लिष्ट परसर्ग '-रे' केवल 'मैं', 'हम' व 'तू' तुम के लिए षष्ठ्यर्थक 'के' के लिए आता है, जो अनिवार्यतः है, न कि विकल्पतः। 'के लिए' कोई परसर्ग नहीं है। बस, शेष सम्बन्धसूचक 'लिए' की प्रयुक्त स्थिति है। 'के हेतु', 'के निमित्त', 'के वास्ते' की तरह ही है यह। यह 'लिए' तादर्थ्य बोधक कृदन्त अव्यय है, जो पूर्वकालिक कृदन्त अव्यय 'लिए' से भिन्नार्थक है। जैसे—स्त्री जनसंख्या-वृद्धि *के लिए* बाध्य की गयी है, जिससे कैरियर बनाने की उम्र में बेचारी अपना बेडोल पेट *लिये* साल-दर-साल पिछड़ती चली जाती है। सवाल है कि किसी पुरुष *के लिए* क्या यह 'स्वतन्त्रता' ठीक है, जिससे वह अपनी हवस या पुत्रेच्छा द्वारा नारी को गर्भवती बनाके, उसे एक अदना इन्सान तक के अधिकार से वंचित करनेवाली परिस्थितियों में डाल देता है? अनचाहे मातृत्व का अभिशाप *लिए* उसकी कंचनकाया शीघ्र ही सभ्यता के मुर्दा-खंडहरों में तब्दील हो जाती है।''

—इस वाक्य-गुच्छ में पहला व तीसरा 'लिए' तादर्थ्य है, दूसरा व चौथा 'लिए' पूर्वकालिक।

'अपने' का 'ने' कोई परसर्ग नहीं है। पंडित किशोरीदास वाजपेयी ने 'अपने' के 'ने' को परसर्ग माना था और उसकी उत्पत्ति 'आत्मनः' के 'नः' से बतलायी थी। उसी से उन्होंने 'न' प्रत्यय भी विकसित हुआ ठहराया, जिसके पुंलिंग व स्त्रीलिंग रूप 'ना/ने' व 'नी' माने। उसी प्रक्रिया से 'ने' परसर्ग को भी उन्होंने विकसित हुआ ठहराया। परन्तु, उचित यही होगा कि 'आत्मनः' से विकसित 'अपना' व 'अपने' के अन्त्याक्षर मात्र '*ना*' या '*ने*' को माना जाये। सिर्फ एक शब्द 'अपना' के लिए जिस प्रकार प्रत्यय-कल्पना 'ना' व्यर्थ है, उसी तरह 'ने' परसर्ग की कल्पना। वस्तुतः '*अपने*' स्ववाचक अव्यय है।

हमारा, तुम्हारा, तेरा, मेरा—इन चार शब्दों में प्राप्य होने से 'रा' प्रत्यय-रूप में मान्य है। इसी से विकसित '-रे' परसर्ग मान्य है। स्वतन्त्र शब्द *'कृत'* से विकसित 'का' प्रत्यय तथा 'के' परसर्ग रूप में मान्य हैं।

अपना, तेरा, राजा का—ये सब विशेषणीभूत प्रातिपदिक हैं, जो 'रूपायन' भी करते हैं। इसी कोटि का प्रयोग है *'लड़के का'* । इसमें 'लड़के' का 'ए', विभक्ति नहीं है, बल्कि 'का' प्रत्यय योग-वश हुआ विकार है। (इसे विभक्ति मान लेने पर 'विभक्ति' के बाद किसी प्रत्यय के न आने का सिद्धान्त खंडित होगा।)

परसर्गों का वर्गीकरण दो आधारों पर कर सकते हैं—

(क) संलग्नता के आधार पर—

(i) संश्लिष्ट—'-ए', '-रे'

(ii) विश्लिष्ट—'ने', 'को', 'से', 'के', 'में', 'पर'।

'कोई', 'क्या' सर्वनामों के सिवा बाकी सर्वनामों में ये दोनों लग सकते हैं। तदितर नामों में सिर्फ दूसरा लग सकता है। '-रे' सिर्फ 'तू', 'हम', 'तुम', 'मैं' के लिए लगता है।

(ख) अर्थ के आधार पर—इनमें भी दो आधार हैं :

(1) कारकत्व की दृष्टि से—(अ) कर्मवाचक—('को/-ए'); (आ) करणवाचक—('से'); (इ) सम्प्रदानवाचक—('को/-ए'); (ई) अपादानवाचक—('से'); (उ) अधिकरणवाचक—('में', 'पर'), (ऊ) कर्तृवाचक ('ने', 'से', 'को/-ऐ')

इस विभाजन में 'के' व '-रे' जो सम्बन्ध षष्ठ्यर्थक परसर्ग हैं, नहीं आ पाये, क्योंकि इनसे कारकत्व का साधन होना विवादित है। "तेरे/सुषमा के बच्ची हुई।" या "मेरे/राजा के एक गाय है" में स्थिति सम्बन्धमात्र है या कुछ अधिक? स्पष्ट नहीं है। [हाँ, षष्ठ्यर्थक 'को' में कारकत्व स्पष्ट है—"लक्ष्मीबाई बालचन्द्रन को 'कारक व्याकरण' लिखना है।"—में कर्तृत्व है।] इस लफड़े को मिटाने हेतु परसर्गों का संस्कृत विभक्त्यानुसार निम्न वर्गीकरण समीचीन होगा।

(2) संस्कृत विभक्तियों के प्रतिनिधित्व की दृष्टि से—

(i) द्वितीयार्थक—को, -ए

(ii) तृतीयार्थक—ने, से

(iii) चतुर्थ्यर्थक—को। (तादर्थ्य चतुर्थी के वास्ते 'के लिए' आदि परसर्ग की जगह आते हैं।)

(iv) पंचम्यर्थक—से

(v) षष्ठ्यर्थक—को, के, -रे। (इसके अर्थ में 'का/के/की', 'रा/रे/री' प्रत्यय भी विहित हैं।)

(vi) सप्तम्यर्थक—में, पर।

'प्रातिपदिक विभक्ति' योग से बनी रूपावली

पीछे हमने हिन्दी की विभक्तियों का उल्लेख किया है—(i) पहली विभक्ति—एकवचन में शून्य (0) है और बहुवचन में प्राप्त विभक्ति दो प्रकार के विकार लेती है—'ए', 'आँ'। 'आँ' स्त्रीलिंग शब्दों के लिए है; 'ए' पुंलिंग शब्दों के लिए है, पर यह स्त्रीलिंग शब्दों में भी (ँ) का आगम करके जुड़ता है। (ii) दूसरी विभक्ति—एकवचन में 'ए'; बहुवचन में 'ओं'। (iii) सम्बोधन विभक्ति—एकवचन में 'ए'; बहुवचन में 'ओ'।

ध्यातव्य है कि 'सम्बोधन विभक्ति' को 'दूसरी विभक्ति' से अलग मानने का कारण सिर्फ बहुवचन 'ओ' विभक्ति है। यदि समाज के एक शिष्ट वर्ग को छोड़ दें तो बाकी लोगों द्वारा 'ओं' ही प्रयुक्त होता है। [जैसे—हे बालिकाओं!] यदि इसी बहुसंख्या को प्रमाण मान लें तो 'सम्बोधन विभक्ति' का 'दूसरी' में अन्तर्भाव होने से हिन्दी में दो ही विभक्ति-वर्ग बच जाते हैं।

'पहली विभक्ति' के एकवचन में 'शून्य' की जगह किसी विभक्ति की कल्पना कर उसके लोप का विधान कर लेना ठीक रहेगा; क्योंकि 'शून्य' किसी विभक्ति का नाम नहीं हो सकता; बल्कि लोप-स्थिति का वाचक मात्र है। 'पहली विभक्ति' के बहुवब्वन में भी एक मूल विभक्ति की कल्पना कर लेना जरूरी है, ताकि उसी के विकार स्त्रीलिंगों में 'आँ', 'एँ' दिखाएँ और पुंलिंगों में 'ए'।

'प्रातिपदिक विभक्ति'-योग के नियम निम्न तरह से प्रस्तुत किये जा सकते हैं : (क) *'सर्वनाम'* शब्दों के रूपायन के सन्दर्भ में हिन्दी के सामने दो रास्ते हो सकते हैं—

(i) मैं-हम; तू-तुम का एक-एक प्रातिपदिक निश्चित कर लिया जाए; जैसे कि संस्कृत में 'अहम्-आवाम्-वयम्' आदि का 'अस्मद्' आदि तय कर लिया गया है। फिर उसकी रूपावली दोनों वचनों में पेश कर दी जाए।

(ii) 'मैं' व 'हम' को तथा 'तू' व 'तुम' को अलग-अलग प्रातिपदिक मानकर, इन चारों का निश्चित वचनों में रूप चलाया जाए।

दूसरा मार्ग ही संगत है, क्योंकि इससे प्रातिपदिक का आभास उसके रूपों से होगा। जैसे—मैं > मैं, मुझ, मुझको, मुझे आदि। उपर्युक्त (i) मानने से तो 'मैं' का रूप 'हम' होना अतार्किक ही लगेगा, जैसा कि संस्कृत में 'अस्मद्' आदि का 'अहम्' आदि लगता है।

अब, नियम की बात करें।

1. सर्वनामों में जब 'दूसरी विभक्ति बहुवचन' का '-ए' परसर्ग जुड़ता

है तो 'हँ' का आगम हो जाता है, विकरणवत्। 'हम' में चूँकि पहले से ही 'ह' है, इसलिए 'हँ' का 'ह' नहीं आता या हट जाता है; तब सिर्फ (ँ) आता है। सही में आगम केवल 'ह' का होता है; (ँ) तो 'न' या 'म' के प्रभाव से हुई अतिरिक्त अनुनासिकता है।

2. 'वह', 'यह', 'कौन', 'जो...सो' में 'दूसरी विभक्ति बहुवचन' 'ए' विभक्ति के योग से जो 'हँ' युक्त रूप (उन्हों, इन्हों, किन्हों, जिन्हों...तिन्हों) बनते हैं, वे केवल 'ने' परसर्ग के लिए उपयुक्त हैं। शेष परसर्गों के लिए जो सामान्य रूप विकल्प से बनता है उसमें 'हँ' नहीं आता—'उन', 'इन', 'किन', 'जिन...तिन'। [हाँ '-ए' परसर्ग के लिए बने रूपों में फिर 'हँ' आता है—'उन्हें', 'इन्हें', 'किन्हें', 'जिन्हें...तिन्हें']। बेहतर यही होगा कि 'दूसरी विभक्ति बहुवचन' में, (प्रयोग बाहुल्य को देखते हुए) 'उन' आदि रूपों को ही मुख्य तथा 'उन्हों' आदि को वैकल्पिक मानकर कोष्ठक में रखा जाए। जहाँ यह विकल्प उपलब्ध नहीं, सिर्फ एक रूप 'हँ' युक्त प्राप्त है, वहाँ तो कोई समस्या ही नहीं। जैसे—'किन' का 'किन्हीं' हर परसर्ग हेतु रूप है। दूसरी विभक्ति बहुवचन रूप, '-ए' परसर्ग हेतु; ['वह', 'यह', 'कौन', तथा 'जो...सो', 'तुम', 'हम' के लिए] 'हँ' युक्त ही आता है। विकल्प नहीं है यहाँ। कौन के रूप 'किन्होंने' की जगह प्रचलन 'किन ने' का ही है। 'सो' की जगह 'वह' प्राय: प्रचलन में है, उसी के सारे रूप प्रचलन में हैं। 'क्या' के सपरसर्ग प्रयोग की स्थिति सिर्फ विशेषणावस्था में आती है, उसी का संकेत सारिणी में *'किन (...) ने'* आदि से दिया गया है। (...) विशेष्य का संकेतक है, जिसके लिए 'किन' विशेषण रूप आया है। 'तू' और 'मैं' के 'ने' परसर्गरूप दूसरी विभक्ति रूपों तुझ, मुझ से जो बनते हैं, वे सिर्फ विशेषणावस्था में आते हैं। अन्यथा 'तू' व 'मैं' में सीधे 'ने' जुड़कर ही सामान्य दशा में रूप चलता है।

पुनश्च—फ़ारसी में 'ईन' (=यह) का बहुवचन 'ईन हा' (=ये) तथा 'आन' (=वह) का बहुवचन 'आन हा' (=वे) होता है।—('हिन्दी-फ़ारसी वार्तालाप पुस्तिका', केन्द्रीय हिन्दी निदेशालय) इस सन्दर्भ में, हिन्दी सर्वनाम के वैकल्पिक रूपों 'इन्हों', 'उन्हों' आदि में आये 'ह' का स्रोत कुछ लोग फ़ारसी प्रभाव के रूप में समझ सकते हैं। परन्तु, स्पष्ट होना चाहिए कि व्याकरण का कार्य उपलब्ध भाषा-संरचना की व्याख्या करना है, न कि शब्द के ऐतिहासिक विकास का सन्धान करना। उपर्युक्त (1)) व (2) में प्रस्तुत व्याख्या इसी लिहाज से है।

सर्वनाम शब्दों की रूपावली

	प्रातिपदिक	वैभक्तिक रूप				परसर्ग–युक्त रूप					
		पहली विभक्ति		दूसरी विभक्ति		'ने' परसर्ग युक्त रूप		'को' परसर्ग युक्त रूप		'ए' परसर्ग युक्त रूप	
	बहुवचन	एकवचन	बहुवचन	एकवचन	बहुवचन	दूसरी वि. एकवचन	दूसरी वि. बहुवचन	दूसरी वि. एकवचन	दूसरी वि. बहुवचन	दूसरी वि. एकवचन	दूसरी वि.
प्रथम या अन्य पुरुषवाची सर्वनाम	वह	वह	वे	उस	उन (उन्हों)	उस ने	(उन्हों ने) उन ने	उस को	उन को	उसे	उन्हें
	यह	यह	ये	इस	इन (इन्हों)	इस ने	(इन्हों ने) इन ने	इस को	इन को	इसे	इन्हें
	कौन	कौन	कौन	किस	किन (किन्हों)	किस ने	(किन्हों ने) किन ने	किस को	किन को	किसे	किन्हें
	क्या	क्या	क्या	किस	किन	किस (...) ने	किन (...) ने	किस (...) को	किन (...) को	—	—
	कोई	कोई	कोई	किसी	किन्हीं	किसी ने	किन्हीं ने	किसी को	किन्हीं को	—	—
	जो... ...सो	जो.. ...सो	जो.. ..सो	जिस... ...तिस	जिन... ...तिन (जिन्हों... ..तिन्हों)	जिस ने... तिस ने	जिन ने... तिन ने (जिन्हों ने... तिन्हों ने)	जिस को... ...तिस को	जिन को... ...तिन को	जिसे... ...तिसे	जिन्हें... तिन्हें
म. पु. सर्व.	तू	तू		तुझ		तू ने [तुझ(...) ने]		तुझ को		तुझे	
उ. पुरुषवाची सर्व.	तुम		तुम		तुम		तुम ने		तुम को		तुम्हें
	मैं	मैं		मुझ		मैं ने					

संज्ञा शब्दों की रूपावली

प्रातिपदिक (या पहली वि. एकवचन रूप)	पहली वि बहुवचन (विभक्ति-प्रत्यय ए/आँ)	दूसरी विभक्ति		सम्बोधन विभक्ति	
		एकवचन (विभक्ति-प्रत्यय 'ए')	बहुवचन (विभक्ति-प्रत्यय 'ओं')	एकवचन (विभक्ति-प्रत्यय 'ए')	बहुवचन (विभक्ति-प्रत्यय 'ओ')
पुं.					
1. बालक	बालक	बालक	बालकों	बालक!	बालको!
2. बरस	बरस	बरस	बरसों	बरस!	बरसो!
3. विद्वान्	विद्वान्	विद्वान्	विद्वानों!	विद्वान्!	विद्वानो!
4. राजा	राजा	राजा	राजाओं	राजा!	राजाओ!
5. लड़का	लड़के	लड़के	लड़कों	लड़के!	लड़को!
6. बाप दादा	बाप-दादा, बापदादे (विकल्प से)	बाप-दादा बाप-दादे! (विकल्प से)	बाप-दादाओं बाप-दादों (विकल्प से)	बाप-दादा!, बाप-दादे (विकल्प से)	बाप-दादाओ! बाप-दादो! (विकल्प से)
7. कवि	कवि	कवि	कवियों	कवि!	कवियो!
8. भाइ	भाई	भाई	भाइयों	भाई!	भाइयो!
9. साधु	साधु	साधु	साधुओं	साधु!	साधुओ!
10. भालू	भालू	भालू	भालुओं	भालू!	भालुओ!
11 दूबे	दूबे	दूबे	दूबे, दूबेओं (विकल्प से)	दूबे!	दूबे!, दुबेओ! (विकल्प से)
12. भादो	भादो	भादो	भादो	भादो!	भादो!
13. जौ	जौ	जौ	जौ, जौओं, (विकल्प से)	जौ!	जौ!, जौओ (विकल्प से)

प्रातिपदिक (या पहली वि. एकवचन रूप)	पहली वि. बहुवचन (विभक्ति-प्रत्यय ए/आँ)	दूसरी विभक्ति		सम्बोधन विभक्ति	
		एकवचन (विभक्ति-प्रत्यय 'ए')	बहुवचन (विभक्ति-प्रत्यय 'ओं')	एकवचन (विभक्ति-प्रत्यय 'ए')	बहुवचन (विभक्ति-प्रत्यय 'ओ')
स्त्री०					
1. औरत	औरतें	औरत	औरतों	औरत!	औरतो!
2. इन्द्रिय	इन्द्रियाँ	इन्द्रिय	इन्द्रियों	इन्द्रिय!	इन्द्रियो!
3. गाय	गायें	गाय	गायों	गाय!	गायो!
4. हवा	हवाएँ	हवा	हवाओं	हवा!	हवाओ!
5. चिड़िया	चिड़ियाँ, चिड़िएँ (अप्रचलित है)	चिड़िया, चिड़िये (अप्रयुक्त)	चिड़ियों	चिड़िया!	चिड़ियो!
6. अग्नि	अग्नियाँ	अग्नि	अग्नियों	अग्नि!	अग्नियो!
7. लड़की	लड़कियाँ	लड़की	लड़कियों	लड़की!	लड़कियो!
8. वस्तु	वस्तुएँ	वस्तु	वस्तुओं	वस्तु!	वस्तुओ!
9. बहू	बहुएँ	बहू	बहुओं	बहू!	बहुओ!
10. गौ	गौएँ	गौ	गौओं	गौ!	गौओ!

(ख) 'शेष नाम' शब्दों के लिए विभक्ति-योग के नियम इस प्रकार बतला सकते हैं—

1. पहली विभक्ति बहुवचन विभक्ति 'ए' जब स्त्रीलिंग शब्दों में जुड़ती है तो (ँ) का आगम हो जाता है। जैसे—बालिका+एँ=बालिकाएँ।
   'आँ' (पहली विभक्ति बहुवचन) केवल स्त्रीलिंग शब्दों में लग सकता है। जैसे—नदी+आँ=नदियाँ, नारी+आँ=नारियाँ।
   'उ/ऊ', 'औ' तथा 'अ/आ' से अन्त होनेवाले स्त्रीलिंग शब्दों के साथ 'ए' लगता है [अपवाद—इन्द्रिय > इन्द्रियाँ, चिड़िया > चिड़ियाँ] तथा 'इ/ई' के साथ 'आँ'।
2. दूसरी विभक्ति 'ए' पुंलिंग शब्दों में से कुछ ही में अपनी झलक दिखला पाता है, अन्यथा लुप्त ही रहता है। स्त्रीलिंग शब्दों में प्राय: लुप्त ही होता है।

3. दूसरी विभक्ति बहुवचन 'ओं' के जुड़ते समय भी 'ऊ/ई' कारान्त शब्द के अन्त्य ये वर्ण ह्रस्व हो जाते हैं तथा 'य्' का आगम हो जाता है, जो सामान्य नियम है। यह नियम (ह्रस्वता या 'य्' के आगम वाला) उपर्युक्त (1) में भी लगता है यानी 'इ/ई' अन्त शब्दों में ह्रस्वता व 'य्' का आगम सहज रूप से हो जाता है। जैसे—नारी+आँ=नारि+य्+आँ=नारियाँ। ऊकारान्त शब्द भी बहुवचन विभक्ति लगते ही ह्रस्व (उकारान्त) हो जाता है। जैसे—बहू+एँ=बहुएँ।

4. सम्बोधन-एकवचन विभक्ति 'ए' अधिकतर शब्दों में लुप्त रहता है। 'लड़के! पोते!' आदि कुछ गिने-चुने रूपों में ही यह दृश्यमान है। स्त्रीलिंग में तो यह लुप्त ही रहता है जो लोग 'सीता' आदि का सम्बोधन 'सीते!' आदि करते हैं, वह संस्कृत सुबन्त का इस्तेमाल करते हैं।

सम्बोधन बहुवचन विभक्ति 'ओ' के जुड़ने का नियम 'दूसरी विभक्ति' के 'ओं' के जुड़ने की तरह ही है, बस भेद इतना है कि (ँ) की स्थिति इसमें नहीं है।

विशेष—

(i) हिन्दी आकारान्त पुंलिंग शब्दों के दो वर्ग रूपमालानुसार होंगे—
(क) लड़का-वर्ग—संस्कृतागत से इतर शब्दों के रूप। जैसे—साला, पोता, लड़का आदि।
(ख) राजा-वर्ग—संस्कृतागत शब्दों जैसे 'दाता', 'पिता', 'राजा' आदि।
इस वर्ग में रिश्तामूलक कुछ संस्कृतोद्भूत शब्द मामा; चाचा, दादा आदि भी आते हैं।

(ii) बहुत से संस्कृत सम्बोधन रूप (सुबन्त) सीधे हिन्दी में चलते हैं। जैसे—'अम्ब!' 'भगवन्!,' 'सखे'!, 'राजन्!', 'देवि!', 'प्रिये!', 'प्रभो!', 'राधे!', 'मातः!', 'लते'! आदि।

(iii) संस्कृतागत हलन्त शब्द भी रूपायन में स्वरान्त शब्द की तरह ही आचरण करते हैं। जैसे—'विद्वान्' का रूप भी 'बालक' की तरह ही चलेगा।

(iv) "कई बरस गुजर गये" की जगह अक्सर "बरसों गुजर गये" कहा जाता है। दूसरे प्रयोग को यदि असाधु न माना गया, तो 'पहली विभक्ति बहुवचन' के अर्थ में 'ओं' विभक्ति सिर्फ एक शब्द के लिए मानी जाएगी। यह ठीक नहीं। परन्तु, "चन्दा भी देखा, तारे भी देखे, देखा सूरज *बरसों* " में ठीक है प्रयोग, क्योंकि 'तक' के अध्याहार का प्रसंग है। 'तक' के प्रसंग में 'दूसरी वि.' बहुवचन रूप 'बरसों' ही आएगा, जैसे 'का' या 'को' के प्रसंग में।

विशेषण रूपावली के सम्बन्ध में दो बातें—विशेषण के पास स्वतः लिंग व वचन नहीं होते, क्योंकि जो सीधे कारक बनते हैं, उन्हीं में इसकी सम्भावना है। विशेष्य के ही लिंग-वचन विशेषण पर आरोपित होते या हो सकते हैं। इसी से विशेषण के सन्दर्भ में लिंग भी रूपायनकारी कोटि (व्याकरणिक कोटि) है। यानी, विशेषण के रूपान्तर का कारण कई बार विशेष्य का 'वचन संश्लिष्ट कारकत्व' ही न होकर उसका लिंग-वचन-संश्लिष्ट कारकत्व भी हो जाता है। परन्तु 'आकारान्त संस्कृतभव (कथित तद्भव), पुंलिंग विशेषण ही इस नियम से रूपान्तरित होते हैं (वहाँ भी 'सवा' अपवाद है।)। संस्कृतागत 'मान्'/ 'मती' या यदा-कदा 'ई/ ईनी' प्रत्ययान्त कथित गुणवाचक विशेषणों के रूप संस्कृतानुसार भी बनते व चलते देखे गये हैं। यानी, दोनों लिंगों में विशेषण शब्दों को अलग-अलग प्रातिपदिक मान कर रूपावली चला सकते हैं। पर, असली बात है कि जरूरत ही नहीं लगती।

'गुणी'/ 'बुद्धिमान्' लड़का की तरह 'गुणी'/ 'बुद्धिमान्' लड़की भी चल रहा रूप है। 'सुन्दर लड़का' के साथ 'सुन्दर लड़की' भी चलने में हर्ज नहीं।

समग्रतः पुंलिंग आकारान्त संस्कृतभव शब्दों के सिवा किसी विशेषण की रूपावली नहीं बन सकती। '*छोटा* लड़का' विशेषण-विशेष्य है। इसकी रूपमाला है—छोटा लड़का (पहली एकवचन)—छोटे लड़के (पहली बहुवचन)— (हे) छोटे लड़के! (सम्बोधन एकवचन)—(हे) छोटे लड़को! (सम्बोधन बहुवचन)—छोटे लड़के (ने, को...) (दूसरी एकवचन)—छोटे लड़कों (ने को...) (दूसरी बहुवचन)— पर, संज्ञावत् होते ही रूपमाला अलग—छोटा, छोटे, छोटे! छोटो! छोटे, छोटों, यानी, विशेषणावस्था से दो रूप यहाँ अधिक हैं—'छोटों', 'छोटो'! विशेषणावस्था में दो ही थे—'छोटा', 'छोटे'।

षष्ठ्यर्थक परसर्ग तथा षष्ठ्यर्थक तद्धित प्रत्यय—षष्ठ्यर्थक परसर्गों में विश्लिष्ट '*के*', '*को*' तथा संश्लिष्ट '-रे' है। पंडित किशोरीदास वाजपेयी ने '-का,' ' रा' और '-ना' को 'विभक्ति' (कहना चाहिए था परसर्ग) श्रेणी से निष्कासित करके उन्हें (षष्ठ्यर्थ) सम्बन्धतद्धित प्रत्यय घोषित किया तथा के, -रे, -ने सम्बन्ध विभक्तियों (कहना चाहिए था षष्ठ्यर्थ 'परसर्ग') की खोज की। यह वाजपेयी जी की अपूर्व देन थी। उसमें संशोधनीय इतना है कि '-ना' प्रत्यय नहीं, तथा '-ने' परसर्ग नहीं। (पीछे विवेचित है।) इसके साथ, 'को' षष्ठ्यर्थ परसर्ग की स्वीकृति भी वाजपेयी के यहाँ नहीं है। जैसा कि पीछे कहा कि पूर्वी (बिहारी) हिन्दी में यह अधिकतर प्रयुक्त है, वैसे कर्ता-हेतु पश्चिमी प्रयोग (मानक प्रयोग) में भी 'को' आता है।

'को' को छोड़कर इन परसर्गों का विकास इन षष्ठ्यर्थ तद्धित प्रत्ययों से हुआ

है। परन्तु, ये सीधे क्रियान्वित हो जाने से क्रियान्वयी अव्यय सा आचरण करते हैं, अरूपान्तरशील होते हैं। इसी से *परसर्ग* रूप में मान्यता पा चुके हैं। पर 'के', '-रे' सम्बन्ध-प्रत्यय, 'का', '-रा' के बहुवचन (पुंलिंग) रूप हैं—इनके योग से प्रातिपदिक विशेषणीभूत होता है, अतः रूपान्तरशील भी होता है। जैसे—

"कर्णम मल्लेश्वरी *का* नाम भारोत्तोलन के क्षेत्र में अमर हो चुका है।" [षष्ठ्यर्थ तद्धित प्रत्यय]

"लोहिया *के* विचार जाति व ज़ेंडर से कुचले समूहों के लिए पाथेय हैं।" [षष्ठ्यर्थ तद्धित प्रत्यय]

"यह कितना बड़ा रंगभेद है कि साहित्य-कला, संस्कृति और वैवाहिक विज्ञापनों में लड़की की गोरी चमड़ी *की* माँग बनी हुई है।" [षष्ठ्यर्थ तद्धित प्रत्यय]

"पुलिन्द *के* दो घर हैं।", "रीति *के* दो पतूलनें हैं।", "सुहैल के एक बच्ची है।" [षष्ठ्यर्थ परसर्ग]

"धीरज *को* जाना होगा।", "सारंगा *को* कै हो गया।", "मुझ *को* खाना है।" [षष्ठ्यर्थ परसर्ग]

'षष्ठ्यर्थक परसर्ग' और 'षष्ठ्यर्थक तद्धित प्रत्यय' में निम्नलिखित प्रकार्य-भेद हैं—

(i) षष्ठ्यर्थक परसर्ग क्रियान्वित होता है। षष्ठ्यर्थक तद्धित प्रत्यय प्रातिपदिक को प्रातिपदिक से जोड़नेवाला होता है।

(ii) क्रियान्वयी होने से ये परसर्ग अव्यय होते हैं। षष्ठ्यर्थक प्रत्यय प्रातिपदिक को विशेषणीभूत करते हैं।

(iii) ये परसर्ग मुख्यतः शेष सम्बन्धार्थ उपयुक्त होकर भी किंचित् कारकता की भी व्यंजना करते हैं। 'को' तो कर्ता के लिए आ ही जाता है। षष्ठ्यर्थक तद्धित प्रत्यय एकमात्र 'शेष सम्बन्ध' (स्व-स्वामिभावादि सम्बन्ध) को साधते हैं। जैसे—"सुजीत *को* बुखार हुआ।" [कर्ता हेतु]

"कमला *की* बहन भी एस.पी. बन गयी।" ['कमला' का सम्बन्ध 'बहन' से। शेष सम्बन्ध]

"राष्ट्रपति अब्दुल कलाम *के* कोई सन्तान नहीं, पर देश के सारे बच्चे उन्हीं के तो हैं।" [स्वस्वामिभावादि शेष सम्बन्ध]

"पेरियार *को* जाति-विरोधी आन्दोलन करने थे।" [कर्ता हेतु]

(iv) जब अस्तित्व मात्र कहना हो अथवा नये की उत्पत्ति सूचित करनी हो, तब षष्ठ्यर्थ परसर्ग आता है। जैसे—

"अमृता शेरगिल *के* दर्जन भर तस्वीरें हैं।"

"रुचिरा *के (को)* बच्चा हुआ। वह अपनी एम.ए. की परीक्षा कैसे देगी?"

जब कोई वस्तु पहले से मौजूद हो और उसकी मौजूदगी की सूचना देना लक्ष्य

न हो, वरन उसके बारे में कुछ तथ्य-विशेष रखना लक्ष्य हो, तब षष्ठ्यर्थक प्रत्यय आता है। जैसे—"दशरथ माँझी *की* पत्नी को पहाड़ पार करने में तकलीफ होती थी। पति ने उस*की* परेशानी महसूस कर छेनी-हथौड़ी उठा ली। बाइस वर्षों *की मेहनत से* आखिरकार उसने गया के पास के पहाड़ में राह बना ही दी। *उसकी* यह निशानी हजारों ताजमहलों को मात करती है।"—इस वाक्य में 'की' जहाँ भी प्रयुक्त है, पूर्वविद्यमान वस्तु के सन्दर्भ में ही। 'की' से अन्वित पत्नी, मेहनत, परेशानी, निशानी—सब पूर्व सिद्ध हैं। इनके बारे में विशेष तथ्य रखने हेतु वाक्य-प्रयोग हुए हैं, न कि इनके अस्तित्व बतलाने हेतु; अन्यथा 'के' आता—"दशरथ माँझी के अच्छी पत्नी थी।" (अस्तित्वमात्र)। 'अच्छी पत्नी' पूर्वसिद्ध नहीं, बल्कि प्रयोग से उसकी सिद्धि हो रही है। [किन्तु इस वाक्य में 'दशरथ माँझी' का 'अच्छी पत्नी' से सामीप्य का शेष सम्बन्ध प्रकट करते हुए भी वाक्य कुछ अतिरिक्त भी व्यंजित कर रहा है। उपर्युक्त "रुचिरा के बच्चा हुआ" में वह 'अतिरिक्त' तो और मुखर है। वह कारकता की दिशा में है। इसी से हमने (iii) में 'कारकता की भी व्यंजना' की बात कही।] तादात्म्य व अभेद में भी षष्ठ्यर्थ विभक्ति आती है। जैसे—'रेत का घर', 'प्राची का सरोवर' आदि।

विशेष सम्बन्ध [कारकत्व] में विभक्तियों का विनियोग

(1) **कर्तृत्व**—(क) प्रथमार्थक विभक्ति (शुद्ध)—"*सुबोधिनी* ठेले पर सब्जी ढोती है। *गंगेश* सविता के लेख टाईप करेगा। *लड़का* खा चुका। *बच्ची* रो पड़ी।—कर्ता के उक्त होने पर यह विभक्ति आती है।

(ख) तृतीयार्थक विभक्ति (शबल/मिश्रित)—[दूसरी विभक्ति 'ए'/'ओं' + 'ने/से' परसर्ग]—जैसे—

"*सुचेता ने* असुविधा के कारण साड़ी छोड़ दी और पैंट-शर्ट पहन लिया।"

"*राकेश से* अब घर की सफाई हो जाती है।", "*विनोदिनी से* अब चूल्हा-चौका नहीं होता क्योंकि मीडिया की एंकरी से उसे समय नहीं मिलता।"

(ग) षष्ठ्यर्थक विभक्ति (मिश्रित)—दूसरी विभक्ति 'ए/*औं*' 'को' परसर्ग]—जैसे—

"*सावित्री बाई फुले को* दलित लड़के-लड़कियों की पाठशाला चलानी होती थी।"

"*विजय तेन्दुलकर को* नाटक लिखना था, जिसमें स्त्री-देह को क्रूरता से भोगनेवाली पुरुषवादी मनोवृत्ति उजागर करनी थी।"[12]

(2) **कर्मत्व**—(i) प्रथमार्थक विभक्ति (शुद्ध)—*सुलोचना* बुलायी गयी। *आम* तोड़ा गया।

(ii) द्वितीयार्थक विभक्ति (शुद्ध)—"पंडिता रमाबाई स्त्री-मुक्ति के *सिद्धान्त* गढ़ती रहीं।" "मैं *किताब* पढ़ गया।"

(iii) द्वितीयार्थक विभक्ति (मिश्रित)—[दूसरी विभक्ति+'को/-ए' परसर्ग] जैसे—"प्रमोद *निर्मला को* ड्राइविंग सिखाता है।" "अन्नपूर्णा ने *उसे* 'गीता' पढ़ायी।"

(iv) षष्ठ्यर्थक विभक्ति (मिश्रित)—[दूसरी विभक्ति+'के/को/-रे' परसर्ग] "धाबी *को (के)* कपड़ा दो।"—यहाँ धोबी सम्प्रदान या कर्म कुछ भी मान्य है। संस्कृत के "रजकस्य/रजकाय वस्त्रं देहि" का यह अनुवाद है। 'देने' की क्रिया को द्विकर्मक मान सकते हैं।

3. **करणत्व**—तृतीयार्थक विभक्ति (मिश्रित)—[दूसरी विभक्ति+से परसर्ग] जैसे—"*कुल्हाड़ी से* काटो।", "*लड़के से* आँगन बुहरवा लो।"

4. **अधिकरणत्व**—'सप्तम्यर्थक विभक्ति' (मिश्रित)—[दूसरी विभक्ति+'में/पर' परसर्ग]=यदि भीतर का भाव हो तो 'में' और ऊपर का भाव हो तो 'पर' होता है। जैसे—"*आजकल की लड़कियों में* स्वयं को साबित करने का जज्बा हिलोरें ले रहा है। वे माँ-बाप पर निर्भर न रहकर *अपने पैरों पर* खड़ा होने को बेताब हैं। वे *घर की चारदीवारी में* या भावी पति के प्यार के *सपनों में* अपने सुनहरे भविष्य को गुम नहीं करना चाहतीं।

5. **सम्प्रदानत्व**—चतुर्थ्यर्थक विभक्ति [मिश्रित]—(दूसरी विभक्ति+'को' परसर्ग या 'ए' परसर्ग)। जैसे—"*काम करनेवाली दाइयों को* दुत्कार दिया गया।", "*उसे* मिठाई दो।"

6. **अपादानत्व**—पंचम्यर्थक विभक्ति [मिश्रित]—(दूसरी विभक्ति+'से' परसर्ग) जैसे—"स्वाभिमानी व विवेकी लड़की विवाह के लिए खुद को *दिखाये जाने से* परहेज करेगी। विवाह बाद भी वह *करवा चौथ, तीज आदि से* दूर रहेगी। *विवाह-चिह्नों—सिन्दूर-मंगलसूत्र आदि से* मुक्त होगी। ये उचित ही तो हैं, क्योंकि पुरुष कौन सा विवाह-चिह्न रखता या कौन सा व्रत करता है?"

'को' परसर्ग की विलक्षण स्थिति—(i) 'को' जिस वस्तु के लिए आता है, उसकी पहले से ही उपस्थिति (पूर्वसिद्धि) का संकेत कर देता है; चाहे वह द्वितीयार्थक, चतुर्थ्यर्थक या षष्ठ्यर्थक हो अथवा किसी अर्थ में आये। यानी, वाक्य

की क्रिया द्वारा किसी वस्तु की सिद्धि य आविर्भाव किया जा रहा हो, तब वस्तु-नाम में 'को' न लग सकेगा। 'का/के/की' आदि षष्ठ्यर्थ प्रत्यय भी इस स्थिति में नहीं आ सकेंगे। बस, उपाय यही है कि *कर्म* (यदि कर्म ही हो तो) को 'को' रहित प्रयुक्त किया जाए। कुछ उदाहरणों से स्पष्ट करते हैं।

"महादेवी ने गीत रचे।"—(गीत का आविर्भाव हुआ। अतः 'को' रहित प्रयोग।)

"सुभद्रा कुमारी चौहान ने गीत को बनाया।"—(इसका मतलब है, गीत पहले से ही मौजूद है। उसका सिर्फ संस्कार किया गया, न कि आविर्भाव।)

"लड़की को जन्म दिया"—यह प्रयोग गलत है। 'लड़की' में 'को' लगते ही पूर्व-विद्यमान हुई लड़की। फिर उसका कैसा जन्म। सही रूप होगा—"लड़की पैदा की/जन्मायी।" "लड़की का जन्म हुआ" भी ठीक प्रयोग है, क्योंकि 'हुआ' के सापेक्ष 'लड़की का जन्म' पूर्वसिद्ध है।

(ii) पूर्व-उपस्थित वस्तु भी यदि अचेतन क्षुद्र चेतन या उपेक्षणीय (कर्म) हो तो 'को' प्रायः नहीं आता। जैसे—"अद्रियानुस ने किताब पढ़ी।", "प्राची कम्प्यूटर चलाती है।", "नीलेश शेर मारता है।" किन्तु, विशेष अर्थ देना हो या खास-खास भावों में आयी क्रिया के सन्दर्भ में 'को' लगता भी है। जैसे—"नीलेश शेर को मारता है।"—इस का भाव पहले के वाक्य से अलग है। पहले का अर्थ था—'वध', दूसरे का अर्थ है—'ताड़न'। इसी तरह—"शमशेर बिल्ली पकड़ता है।", 'रजिया तीर चलाती थी।'

सच पूछिए, तो इन उदाहरणों में भी नियम (i) की पूर्व सिद्धता वाली बात का आभास है। 'बिल्ली' व 'तीर' भी यहाँ क्रिया के पूर्व असिद्ध हैं, अतः 'को' नहीं लगा। पर, पूर्वसिद्ध दशा में 'को' लगेगा। जैसे—'शमशेर बिल्ली को पकड़ता है।"—हाँ, कुछ अर्थ की विलक्षणता आ गयी यहाँ।

(iii) 'सम्प्रदान' बिना 'को' के नहीं आता; कर्म आ सकता है। सम्प्रदान गौण कर्म है। जब वाक्य में मुख्य कर्म एवं गौण कर्म—दोनों प्रयुक्त हों तो 'को' गौण कर्म में लगता है, न कि मुख्य कर्म में। जैसे—

"आज शारदा ने *बच्ची को* जीभर कर *रसगुल्ले* खिलाये।"—'रसगुल्ले' मुख्य कर्म है।

(क) 'वचन-विमर्श'

प्रातिपदिक-विभक्ति से अभिव्यक्त होनेवाले मुख्य अर्थ 'वचन' व 'कारक' हैं, यानी ये ही दोनों कोटियाँ 'प्रातिपदिक-विभक्ति' को साधन बना के किसी प्रातिपदिक का रूपायन (पदत्व-सिद्धि) करती हैं। दोनों संश्लिष्ट होकर ही भाषा-प्रयोग में कार्यरत हैं।

हिन्दी-व्याकरण में प्रायः गलती से 'वचन' को संख्या-बोधक मात्र अथवा

संख्या का पर्याय ठहराया जाता है तथा एकवचन से बहुवचन बनाने के नियम भी बहुधा दिये जाते हैं। इसी के कारण 'वचन' की चर्चा 'कारक' से अलग होती रही है। पर ये सारी बातें असमीचीन हैं।

'वचन' रूपरचना का द्योतक है, संख्या मात्र का नहीं। जिस प्रकार 'कमीज' या 'सेना' को स्त्रीलिंग अथवा प्रशासन या कोट को पुलिंग कहने का मतलब यह नहीं कि ये किसी औरत के नाम हैं अथवा मर्द के नाम हैं, उसी प्रकार किसी को एकवचन या बहुवचन कहने से उसके लौकिक एकत्व या बहुत्व का बोध नहीं होता। जैसे—"आचार्या जी अष्टाध्यायी पढ़ाती हैं।"—इसमें कर्ता एक ही है, पर बहुवचन है (सम्मानार्थ)। "सेना परेड कर रही है।"—में 'सेना' समूहवाचक बहुत्व का वाचक है तथापि एकवचन में प्रयुक्त है। 'जल' संस्कृत में तीनों वचनों में है। 'दर्शन', 'प्राण' हिन्दी में सदा बहुवचनात्मक हैं। संस्कृत का ही नियम है कि समूहात्मक बहुत्व में एकवचन होता है—"जातौ एकवचनम्"। संस्कृत का 'दार' एक को व्यक्त करनेवाला होकर भी बहुवचन में प्रयुक्त है। बीस के ऊपर के संख्यावाचक संस्कृत शब्द सदा एकवचन-रूप हैं। 'वचन' वक्ता की विवक्षा के अधीन भी प्रयुक्त होता है। अभिव्यंजना-सम्बन्धी कई बारीकियाँ भी 'वचन'—प्रयोग से लायी जाती हैं। हिन्दी में तन्निष्ठ पद के आदर, प्रेम व अपमान आदि सामाजिक सन्दर्भों से वचन अनुशासित होते रहा है। जैसे—*"गुरु जी आये"* में आदर हेतु एकवचन की जगह बहुवचन आया; पर इसी तर्क पर आदरवाची बहुवचन में आनेवाले 'भगवान्' को अतिशय प्रेम/निकटता में 'तू' एकवचन से भी बोलते हैं—"तू कहाँ छिपा है भगवान् ?" इन सब सन्दर्भों के बाद, सबसे बड़ी बात है कि 'वचन' व्याकरणिक अवधारणा है। कोई शब्द अपने-आप में एकवचन या बहुवचन नहीं हो सकता, भाषा-प्रयोग देखकर ही वचन का निश्चय हो सकता है। पर, 'लिंग' हर शब्द का पूर्व-निर्धारित होता है। यही कारण है कि 'वचन' लिंग की तुलना में मजबूत व्याकरणिक कोटि है। यह ठीक है कि 'लिंग' की तरह वचन की संकल्पना भी भाषा में लोक से आयी, किन्तु 'व्याकरण' में आकर 'वचन' लौकिक एकत्व-बहुत्व वाले अर्थ से अधिकाधिक निरपेक्ष हो गया। हाँ, 'लिंग' जहाँ लौकिक लिंग (Sex) से प्रायः सम्पूर्णतया निरपेक्ष हो गया है; उतना निरपेक्ष नहीं हुआ है वचन। लिंग की तुलना में वचन अधिक व्यावहारिक और तार्किक है। वस्तुगत संख्याभेद से उसका सम्बन्ध अधिक सुसंगत है। फिर भी, भाषागत 'वचन' वस्तुगत 'वचन' से अलग होकर भाषिक रूप-रचना का बोधक भर रह गया है।

'वचन' कारक-संश्लिष्ट धारणा है। जबतक प्रातिपदिक की कारकीय अर्थ

में प्रयुक्ति नहीं होती, तबतक उसमें एकत्व-बहुत्व की खोज की बात भला कैसे उठ सकती है?[13] इसी से वचन का अपना अलग से कोई चिह्न नहीं हो सकता। आमतौर पर जिसे वचन-सूचक या बहुवचन-निर्मायक प्रत्यय बतलाया जाता है वह 'प्रथमा' या 'पहली' विभक्ति का चिह्न मात्र होता है।[14] प्रातिपदिक विभक्ति प्रातिपदिक में छिपे विविध व्याकरणिक अर्थों को प्रकाशित करने के लिए हर विभक्ति-वर्ग में संस्कृत में तीन एवं हिन्दी में दो रूप बनाती है। या, यों कहें कि संस्कृत में तीन वचनों (एकवचन, द्विवचन, बहुवचन) के सापेक्ष त्रिधा और हिन्दी में दोनों वचनों (एकवचन, बहुवचन) के सापेक्ष द्विधा विभक्तियाँ हर विभक्ति वर्ग में होती हैं। जैसा कि बार-बार कहा गया है, 'प्रथमा' या 'पहली' विभक्ति-वर्ग की विभक्तियाँ प्रातिपदिकार्थों में से मुख्यत: 'वचन' के प्रकाशनार्थ ही आती हैं (भले गौणत: 'लिंग', 'जाति' व 'व्यक्ति' को भी वे व्यक्त करें)। 'प्रथमेतर' या 'पहली-इतर' विभक्ति-वर्ग [हिन्दी में 'सम्बोधन विभक्ति वर्ग' को छोड़] की विभक्तियाँ मुख्यत: 'कारकत्व' और गौणत: शेष चारों प्रातिपदिकार्थों को प्रकट करती हैं, जिनमें 'वचन' मुख्य है।

कुछ भाषाओं में द्विवचन की भी स्थिति है, जैसे—संस्कृत, लिथुआनी। डॉ. रामविलास शर्मा के मत से द्विवचन मुंडा-परिवार की भाषाओं में था, जिससे संस्कृतादि में आया।[15] यदि दो पैरों के लिए 'पादा:' का प्रयोग होता तो संख्या का स्पष्टीकरण न हो पाता। ऐसी आत्मीय वस्तु के लिए भी हम प्रयोग में अस्पष्टता पाएँ, तो असहज लगता है। शायद इसी तरह की सोच से द्विवचन आविर्भूत हुआ। द्विवचन के लिए संस्कृत में सात विभक्तियों में तीन ही रूप प्राप्त होते हैं। जैसे-'वनलता' का द्विवचन में प्रयोग करने पर 'वनलते', 'वनलताभ्याम्' व 'वनलतयो:'—ये तीन ही रूप प्राप्त हैं। यह संकेत है कि संस्कृत ने भी द्विवचन को अनावश्यक बोझ समझकर छोड़ना शुरु कर दिया था। हिन्दी ने तो पूर्णत: त्याग दिया और सिर्फ 'एकवचन' व 'बहुवचन' को रखा।

वचन की धारणा कारकता वाले प्रातिपदिक से संलग्न है, जिसकी छाया विशेषण, सम्बन्ध-प्रत्यय (का/-रा), क्रिया आदि पर भी पड़ती है। लिंग की तुलना में वचन अधिक व्यापक कोटि है। वह संज्ञा, सर्वनाम, विशेषण, क्रिया सब में झलकती है, जबकि लिंग सर्वनाम में तो झलकता ही नहीं, बल्कि विशेषणों में भी अक्सर नहीं झलकता। क्रिया में से केवल 'कृदन्त क्रिया' में झलकता है। हाँ, 'वचन' अव्यय में बिल्कुल नहीं झलकता (और लिंग भी नहीं झलकता) तथा वचनहीनता ही अव्ययत्व की प्रामाणिक पहचान मानी जा सकती है।[17]

संज्ञाओं में पदार्थ, भाव, व्यक्ति, समूहात्मक व्यक्ति (जैसे-'आर्यसमाज')

के नाम सदा एकवचन में प्रयुक्त होते हैं; सिर्फ जातिवाचक संज्ञा ही बहुवचन में भी रूप ले सकती है। ऊपर जो "जातौ एकवचनम्" कहा गया, उसका तात्पर्य दूसरा है। जातिवाचक मेला, सभा आदि में बहुत से जनों का सम्मिलन होने पर भी ये शब्द एकवचन में चलते हैं ठीक; पर इनके बहुवचन रूप भी बनते हैं।— मेले, सभाएँ आदि। पर, वे अपने ही जैसे अनेक समूहों के वाचक हैं, न कि समूहान्तर्गत आये व्यक्तियों के बहुत्व के। प्राणियों (या अन्य भी) के समूह के संकेतक 'लोग', 'गण', 'जन', 'वृन्द' आदि को आज कल हिन्दी में बहुवचन में देखा जा रहा है। जैसे—"*छात्र-गण आये*", "*बालिका-वृन्द* कुश्तियों में भिड़ी हैं।" आदि।

(ख) कारक-विमर्श

हिन्दी-व्याकरण-यात्रा का एक लम्बा दौर 'कारक' व 'विभक्ति' को अभिन्न मानकर चला—एक का नामोल्लेख कर दूसरे को उसी में विलीन करते हुए। कर्तादि को 'प्रथमा आदि विभक्ति' तथा 'प्रथमादि विभक्ति' को 'कर्ता' आदि कहकर व्याख्यायित किया जाता रहा। कारक-विशेष का विभक्ति विशेष से अव्यतिरेकी, निश्चित सम्बन्ध होता, तो इस प्रकार का अभेदीकरण हो जाना स्वाभाविक भी था, परन्तु ऐसा बिल्कुल नहीं होने के बावजूद इस प्रकार की भ्रामक धारणा का हिन्दी-वैयाकरणों के मस्तिष्क में दृढ़ बन जाना आश्चर्य की बात है।[18]

'कारक' और 'विभक्ति' तो स्पष्टतः अलग-अलग चीजें हैं—

(i) 'कारक' क्रियान्वित प्रातिपदिक है, 'विभक्ति' उसमें संलग्न व्याकरणिक अंश।

(ii) एक विभक्ति अनेक कारकों में प्रयुक्त हो सकती है।

(iii) एक कारक में अनेक विभक्तियाँ विनियुक्त हो सकती हैं।

(iv) बिना परसर्ग के भी (जिसे वैयाकरणों ने विभक्ति कहा) कारक प्रयुक्त हो सकता है।

(v) विभक्ति केवल कारकों के अर्थ नहीं, कारकेतर सम्बन्धों में भी आ सकती है; आती ही है। अतः 'ने', 'से' आदि परसर्गों को कर्ता, करण आदि के चिह्न भी नहीं कहा जा सकता। फिर, 'कारक=विभक्ति'— इस अभेदीकरण की बात ही क्या?

'केस' यानी 'विकारक'—वास्तविकता यह है कि इस अभेदीकरण के मूल में अँग्रेजी ग्रैमर की 'केस' नामक अवधारणा है, जो आंग्ल-परम्परा के हिन्दी वैयाकरणों के माध्यम से 'हिन्दी-व्याकरण' पर आकर अमरबेल की तरह छा गयी है। इस का परिणाम यह हुआ है कि आज भले हम 'कारक=विभक्ति'

की भ्रान्ति से मुक्त हो चुके हैं, किन्तु इसके निशान हिन्दी-व्याकरण की पगडंडी पर आज भी *'अष्टधा कारक'* की धारणा के रूप में प्राय: दिख जाते हैं। अँग्रेजी के ग्रैमर में अर्थ-परक धारणा *'कारक'* की स्थिति नहीं हैं, बल्कि उसकी जगह 'केस' नामक अवधारणा है, जिसमें कारकत्व, कारकेतर (शेष) सम्बन्ध, सुबन्त-रूप आदि चीजें अपने अपरिपक्व रूप में, परस्पर गड्डमड्ड होकर समाहित हैं और उसके बाद 'केस' को लेकर जिस अर्थ पर जोर है, वह है वाक्य-प्रयुक्त नाम शब्दों के *रूपान्तर* वाला अर्थ।[19] 'केस' का पर्याय बनाकर 'कारक' को पेश करने के आग्रह के ही परिणाम-स्वरूप 'सम्बन्ध' (शेष सम्बन्ध) तथा 'सम्बोधन' को भी 'कारक' का दर्जा मिल गया।[20] इसी कारण 'नॉमिनेटिव (डायरेक्ट) केस' (साक्षात् संकेतित) के लिए 'कर्ता' शब्द चलने लगा; जबकि इस 'केस' की स्थिति में 'कर्ता' भी आता है, 'कर्म' भी—यानी, ये Subject बनते हैं। Subject का अर्थ 'कर्ता' नहीं है; बल्कि जो क्रिया को अपने लिंगवचनादि प्रदान करे, वह है Subject यानी उद्देश्य। परन्तु 'केस'='कारक' के भ्रम ने उद्देश्य (Subject)=कर्ता का भ्रम फैलाया। उसी ने कारक=विभक्ति के अभेदीकरण के लिए हिन्दी-व्याकरण को गुमराह किया। उसी भ्रान्ति में हिन्दी में आठ कारक ('कर्ता', 'कर्म', 'करण', 'सम्प्रदान', 'अपादान', 'सम्बन्ध', 'अधिकरण' व 'सम्बोधन') बना दिये गये, जिनके अँग्रेजी पर्याय माने गये—Nominative, Objective, Instrumental, Dative, Ablative, Genitive, Locative तथा Vocative।

अँग्रेजी की रूपपरक धारणा 'केस' के लिए 'कारक' सी सुप्रतिष्ठ अर्थपरक धारणा को विखंडित करने का विरोध होना चाहिए। आचार्य हजारी प्रसाद द्विवेदी ने 'केस' की धारणा के लिए हिन्दी शब्द 'विकारक' और 'प्रकारक' सुझाया है जिससे वह कारक के निकट भी हो जाएगा और अलग अर्थ भी दे सकेगा। 'केस' या 'विकारक' से उनका आशय 'कारक' या 'शेष सम्बन्ध' में अन्वित प्रातिपदिकों के रूप (सुबन्त) से है, जो उनके मत से हिन्दी में दो-तीन होते हैं।[21] यानी, किसी शब्द के सभी विकारकों की संख्या दो या तीन है। [जैसे—'लड़का' शब्द के विकारक 'लड़का, लड़के, लड़कों, लड़को!' हैं, जो तीन वर्गों में विन्यस्त हैं—पहली विभक्ति, दूसरी विभक्ति, सम्बोधन विभक्ति के विकारक]। 'विकारक' शब्द का अर्थ विकार उत्पन्न करनेवाला है। अर्थात् शब्द के रूप में हुए विकार को सूचित करनेवाला। हिन्दी-विकारकों के तीन वर्ग हैं—(i) सामान्य या ऋजु या प्रत्यक्ष विकारक (direct case), (ii) तिर्यक् विकारक (oblique case), (iii) सम्बोधन विकारक (vocative case)। इन में से प्रथम को 'उक्त विकारक' ['पहली विभक्ति' के विकारक]; दूसरे को 'अनुक्त' या 'परोक्ष' विकारक [दूसरी विभक्ति के विकारक] भी कह सकते हैं।[22] प्रथम रूप में आने पर कोई कारक 'उक्त' होता है [यानी, क्रिया-विभक्ति या क्रियाघटक कृदन्त

से अभिव्यक्त होता है] और द्वितीय रूप में आने पर कोई कारक *'अनुक्त'* होता है [यानी, तब उसे क्रिया-विभक्ति या क्रिया घटक कृदन्त अभिव्यक्त नहीं कर पाते; खुद कारक-विभक्ति उसे प्रकट करती है।]। हिन्दी में परसर्ग का संयोग अनुक्त विकारकों में ही होता है। जैसे—'लड़की' शब्द का एक अनुक्त विकारक 'लड़कियों' है उसी में ने, को आदि लगेगा, उक्त विकारक 'लड़कियाँ' में नहीं।[23]

'कारक' का वास्तविक अर्थ—हम जान चुके हैं कि क्रिया वाक्य का सबसे महत्त्वपूर्ण पद है, जिससे वाक्यस्थ शेष हर पद अन्वित होता है तथा क्रिया भी उन सभी से अन्वित होती है।

''क्रियान्वित प्रातिपदिक को *कारक* कहते हैं और अन्वय को *कारकत्व*—'क्रियान्वयित्वं कारकत्वं—क्रियान्वयन के प्रयास में कारक जो (वैभक्तिक) रूप धर के स्थित होता है, उसे *कारक-पद* कह सकते हैं और उस रूप के साधक संलग्न चरम प्रत्यय रूप व्याकरणिक अंश को *कारक-विभक्ति*।''

पीछे कहा गया, 'क्रियान्वय' दो तरह के होते हैं—

(क) प्रत्यक्ष अन्वय (विशेष सम्बन्ध) तथा

(ख) परम्परित अन्वय (शेष सम्बन्ध)—यानी किसी प्रत्यक्षान्वित पद के सहारे प्रातिपदिक का क्रिया से अन्वय।

'क्रियान्वय', चाहे प्रत्यक्ष हो या परम्परित—उसे दर्शान्तर में 'आकांक्षा' कहते हैं। इस अन्वय को **अधिकार** तब कहते हैं जब उस में [कारक x क्रिया] अन्वित पद परस्पर अनुवर्तित होते हैं—'रूप' और 'अर्थ' की दृष्टि से। यह अधिकार दो तरफा होता है, क्रिया का कारक पर और कारक का क्रिया पर। जैसे—

(i) ''पल्लवी +(कार+[चलाती+है])'',

(ii) ''पल्लवी ने x(कार x [चलायी+है])''

(iii) ''पल्लवी से x (कार x [चलायी x गयी])''—वाक्य (i) में पदों का योग धनात्मक है, वाक्य (ii) व (iii) में वह योग गुणात्मक है। (i) में 'पल्लवी' कर्ता है, जिसका अधिकार क्रिया 'चलाती है' पर है, इसके साथ क्रिया का भी अधिकार कर्ता पर है। (ii) व (iii) में कर्म 'कार' का अधिकार क्रिया पर है; साथ ही क्रिया का भी कर्म 'कार' पर। सिर्फ कर्ता व कर्म के साथ यह स्थिति आती है।

'प्रत्यक्ष अन्वय' या 'विशेष सम्बन्ध' में ही वस्तुतः 'कारकत्व' माना गया है; 'शेष सम्बन्ध' को तो 'कारकत्व' का 'शेष' या 'गौण कारकत्व' माना गया। अर्थात् ''**क्रिया से साक्षात् अन्वित प्रातिपदिक ही कारक है।**''[24] प्रत्यक्षान्वित प्रातिपदिक प्रकार्य की आपेक्षिकता से छह तरह के होते हैं—कर्ता, कर्म, करण, अधिकरण, सम्प्रदान और अपादान। ये ही वस्तुतः कारक हैं। इनमें भी प्रथम चार (जो 'कृ' धातु से निष्पन्न हैं) ही सबसे मूल कारक हैं। शेष दो (जो 'दा' धातु

से निष्पन्न हैं) में कारकत्व गौण ही है, किन्तु 'शेषसम्बन्ध' गत पद की अपेक्षा उनका क्रियान्वय अधिक प्रत्यक्ष है, इसी से वे भी 'कारक' माने गये।[25] किसी कार्य या क्रिया के निष्पादन हेतु इन चार की निहायत जरूरत रहती है—

(i) क्रिया का करनेवाला—कर्ता

(ii) जिस पर क्रिया के व्यापार का असर पड़े—कर्म

(iii) जिसकी सहायता से क्रिया सम्पादित की जाए—करण

(iv) वह देश-काल, जिसमें क्रिया हो—अधिकरण

इनके अलावा, बाकी किसी की जरूरत नहीं होती। 'सम्प्रदान' व 'अपादान' तो बस क्रमशः 'दान' व 'अलगाव' की क्रिया के सन्दर्भ में उपस्थित रहते हैं; पर उक्त चारों हर क्रिया में। अतः, असली कारक ये ही चार हैं। उदाहरण—

(i)	"श्यामलाल	छुरी से	कमरे में	फल काटता है।"
	(कर्ता)	(करण)	(अधिकरण)	(कर्म)

(ii) "घर से शौच के लिए निकली सीता को बलात्कार का शिकार बना के गुंडों ने चाकू से गोद डाला; फिर अँधेरे में ही उसे पेड़ से लटका कर फाँसी दे दी। हाय रे!" इसमें घर से (अपादान), शौच के लिए (सम्प्रदान, तादर्थ्य), सीता (कर्म), गुंडों ने (कर्ता), अंधेरे में (अधिकरण), उसे (कर्म), पेड़ से (करण) प्रयुक्त हैं।

प्रथम वाक्य में 'काटता है' क्रिया के सन्दर्भ में चारों कारक उपस्थित हैं। उनके बिना क्रिया होना असम्भव था। फल किस के लिए काट रहा है [सम्प्रदान] या फल किस बगीचे से आया था आदि [अपादान] के प्रश्न यहाँ निरर्थक हैं। इनके बिना भी कार्य हो जाता है काटने का। किन्तु, श्यामलाल, छुरी, कमरा व फल में से एक की भी अनुपस्थिति से 'काटना' क्रिया न हो सकेगी। चारों में से किसी के उपस्थित न होने की स्थिति में भी क्रिया होती है तो मानना चाहिए कि वह अनुपस्थिति वास्तविक नहीं, अध्याहृत है, बस। जैसे—"श्यामलाल कमरे में फल काटता है" में 'चाकू' अध्याहृत है (छिपा हुआ है)। दूसरे वाक्य में *अपादान* (घर) व सम्प्रदान (शौच) के बिना भी वाक्य सम्भव था। बाकी सब कुछ प्रथम वाक्य की तरह समझ ले सकते हैं।

क्रिया का प्रत्यक्षतम आधार या आश्रय कौन है? यदि क्रिया के *'व्यापार'* पक्ष की बात करें तो उसका आधार या आश्रय *'कर्ता'* है। *'कर्ता'* का आधार अधिकरण है। यदि क्रिया के 'फल' पक्ष की बात करें तो उसका आधार या आश्रय *'कर्म'* है। *'कर्म'* का आधार अधिकरण है। 'करण' कर्ता के 'मुख्य व्यापार' के अधीन घट रहे प्रमुखतम व्यापार का साधन=(साधकतम) है। इस प्रकार क्रिया से प्रत्यक्ष अन्वय सर्वाधिक कर्ता व कर्म का होता है, वहाँ भी कर्ता का सर्वाधिक है।

क्रिया एक व्यापार-परम्परा में गुँथी हुई होती है। मुख्य व्यापार की परिधि में पूर्वापर क्रम से कई अंगीभूत छोटे-छोटे व्यापार होते हैं। इन व्यापारों में से किसी न किसी व्यापार का स्वतन्त्र कर्तृत्व रखनेवाला (यानी, कर्ता) ही होता है प्रत्येक

कारक। फिर, अन्यान्य कारकों का वर्गीकरण या नामकरण मुख्य व्यापार की अपेक्षा है।[26] कारक-भेद तात्त्विक से अधिक विपक्षाधीन होता है। जैसे—"चन्दा कोचड़ आइसीआईसीआई बैंक के प्रमुख के पद पर तब बैठी हैं, जब वित्तीय संकट से बैंकिंग व्यवस्था अस्तव्यस्त हो गयी है।"—इस वाक्य में *'चन्दा कोचड़'* कर्ता, *'पद'* अधिकरण, *'वित्तीय संकट'* करण तथा *'बैंकिंग व्यवस्था'* कर्म है। इसमें चाहें तो 'वित्तीय संकट' को कर्ता बना सकते हैं, जैसे—"वित्तीय संकट बैंकिंग व्यवस्था को अस्तव्यस्त कर चुका है।"; चाहें तो 'पद' को कर्म बना सकते हैं, जैसे—"चन्दा कोचड़ ने...पद ग्रहण किया।" चाहें तो 'चन्दा कोचड़' को करण तथा बैंकिंग व्यवस्था को अधिकरण भी बना सकते हैं। जैसे—"चन्दा कोचड़ के द्वारा...प्रमुख का पद तब ग्रहण किया गया, जब वित्तीय संकट ने बैंकिंग व्यवस्था पर अस्तव्यस्तता ला दी है।"

'कारकों' को लेकर बलाबल विचार करें तो सबसे बली कर्ता कारक है और तत्पश्चात् कर्म। तदुपरि, 'करण' व 'अधिकरण' की स्थिति है। 'सम्प्रदान' और 'अपादान' का कारकत्व उनके बाद ही है। 'सम्बन्ध' तो कारक है ही नहीं। पाणिनि ने जिस क्रम में कारकों के लिए व्यवस्था दी है, उसके अनुसार ['अष्टाध्यायी' में प्रस्तुत] बलाबल का क्रम यों बन सकता है—अपादान (1-4-24) < सम्प्रदान (1-4-32) < करण (1-4-42) < अधिकरण (1-4-45) < कर्म (1-4-49) < कर्ता (1-4-54)। 'अपादान' के पूर्व हम 'शेष सम्बन्ध' का विधान कर सकते हैं।

'सम्बन्ध' (यानी शेष सम्बन्ध) को कारक न मानने के पीछे उसकी क्रियान्विति की प्रत्यक्षता का न होना है। क्रिया के क्षण में उसकी उपस्थिति भी नहीं होती। किन्तु, गौण अर्थ में इसमें भी कारकता मानी जा सकती है। जैसे—"शिवानी की बेटी मृणाल पांडे साहित्यकार ही निकलीं।"—यहाँ 'शिवानी' का क्रिया-निष्पत्ति में भले प्रत्यक्ष योग न कहा जाये, किन्तु किसी कोटि का योग तो स्वीकारना ही होगा। 'शिवानी' न हों, तो बेटी कैसे हो? 'शिवानी की तरह साहित्यकार निकलीं' इस भाव में 'शिवानी' का भी योगदान स्पष्ट है। इसी तरह "पाणिनि का शिष्य कभी पराजित न हो सकेगा।"—इसमें 'पाणिनि' शेष सम्बन्ध में है। पर, वाक्य का दारोमदार क्या पाणिनि पर भी नहीं है? इन्हीं सन्दर्भों में सम्बन्ध की भी गौण कारकता मान्य है।

किन्तु, 'सम्बोधन' तो किसी प्रकार 'कारक' नहीं हो सकता। वह क्रिया से क्या अन्वित होगा, अपितु वाक्य के किसी भी पद से अन्वित नहीं होता। वह तो वाक्य की संरचना से बाहर ही रहता है—आत्मपूर्ण, एक वाक्य जैसा। सम्बोधन की अपनी कोई विभक्ति भी नहीं होती। 'सम्बोधने प्रथमा' तो मजबूरी का नाम है। आखिर सात विभक्ति-रूपों में से कहीं तो 'सम्बोधन' को रहना ही है—कोई न कोई तो रहेगा ही रूप। इसलिए सामान्यार्थ में प्रथमा का विधान है।

हाँ,हिन्दी में सम्बोधन-विभक्ति (ए, ओ) को अलग व्यवस्थित मान सकते हैं। पर जैसा कि पूर्वकथित है, दूसरी विभक्ति में उसे समाहित मान सकते हैं। (i) "हे राम! इस दुनिया में तेरा नाम दूसरे समुदाय की औरतों को रौंदने के लिए इस्तेमाल होता है।" (ii) "ओ लड़की! आँखें नीची *न कर,* बल्कि सबकी आँखों में आँखें *डाल* और *बोल!* अपने अस्तित्व का दबाया-कुचला जाना क्यों सह रही है तू?" प्रथम वाक्य में सम्बोधन (हे राम!) सूचना-मात्र का अधिकारी है, परन्तु दूसरे वाक्य में लग रहा है कि सम्बोधन (ओ लड़की!) का क्रिया से अन्वय है। किन्तु, असलियत में ऐसा नहीं है। उसके बाद जो वाक्य है, उसके शुरू में ही 'तू' अध्याहृत है, उसी के लिए आगे की क्रियाएँ 'कर', 'डाल', 'बोल' है। वही अध्याहृत 'तू' कर्ता है। पंडित किशोरीदास वाजपेयी का यह कहना सही नहीं है कि 'सम्बोधन' कर्ता, कर्म आदि में भी गतार्थ हो सकता है, जैसे—"राम, जल्दी आओ" (कर्ता में), "राम, तुम्हें एक कहानी सुनाता हूँ" (गौण कर्म में)।[27] यहाँ वाजपेयी का प्रतिपादन इसलिए सही नहीं है कि प्रथम वाक्य में 'तू' अध्याहृत है, वही कर्ता है। दूसरे वाक्य में साफ है कि 'तुम्हें' में कर्मत्व है।

'कारक' को लेकर हिन्दी-व्याकरण में दो अतिवाद मिलते रहे हैं—

(क) रूपपरक अतिवाद—इसके तहत, वाक्यगत किसी प्रकार के सम्बन्ध [चाहे *विशेष सम्बन्ध* हो या *शेष सम्बन्ध*] को कारकत्व कहने की ही भूल नहीं की जाती, वरन् विभक्त्यन्त (सुबन्त)-मात्र को 'कारक' कह दिया जाता है। तब सुबन्तों की स्थितियाँ देखकर आठ तक कारक बना लिये जाते हैं। इसके पुरस्कर्ता पंडित कामताप्रसाद गुरु हैं। वे—"रामचन्द्र जी ने खारे जल के समुद्र पर बन्दरों से पुल बँधवा दिया है।"—में 'रामचन्द्र जी ने', 'समुद्र पर', 'पुल' आदि को कारक मानते हैं। इसी के अनुसार हर भाषा में कारक-संख्या अलग हो जाएगी, क्योंकि इस प्रकार के रूप अलग-अलग ही होंगे। पर, कारक अर्थपरक धारणा है—यह पूरी तरह भुला दिया गया है यहाँ। क्रियान्वित प्रातिपदिक को कारक कहते हैं तो इसका आशय लगता है कि उक्त 'रामचन्द्र जी', 'समुद्र' आदि ही कारक हैं। पर, असली आशय इन शब्दों में निहित कर्तृत्व अधिकरणत्व आदि से है। पर, इस धारणा में पदार्थ में नहीं, पद में ही कारकता मानी गयी।[28]

(ख) अर्थपरक अतिवाद—इसके अन्तर्गत पदार्थ में तो कारकता मानी गयी, किन्तु पदार्थ को लौकिक अर्थ तक खींच लिया गया है। चाहे प्रस्तुत वाक्य में रूप कुछ भी रहे, किन्तु लौकिक दृष्टि से जो सम्भव-असम्भव हो उसकी बात लाकर कारकत्व की व्याख्या या विभेदन किया जाता है। इसके पुरस्कर्ता पंडित किशोरीदास वाजपेयी हैं। वे *"कपड़े सिलते हैं"* में 'कपड़े' को कर्ता नहीं मानते। क्योंकि वे यह देखने में चूक गये कि प्रस्तुत वाक्य की संरचना में (यानी 'सिलते

हैं' क्रिया के द्वारा), किसका कर्तापन कहा जा रहा है?

वस्तुतः कारकत्व अर्थपरक अवधारणा है तो इसका अर्थ यह नहीं कि लौकिक अर्थ की ही बात होगी। व्याकरणिक अर्थ की बात ही यहाँ हो सकती है। व्याकरणिक अर्थ का नियामक वाक्य-संरचना है, अतः कारकत्व का निर्णय प्रस्तुत वाक्य की संरचना में होगा। बस! जैसे—"पतंग उड़ रही है" में 'पतंग' कर्ता है, शत-प्रतिशत कर्ता है। *'स्वतन्त्रः कर्ता'* की लौकिक धरातल पर व्याख्या करें तो 'पतंग' कर्ता नहीं हो सकती, क्योंकि 'पतंग' में स्वतन्त्रता नहीं, उसे कोई (इन्सान) उड़ाता है, तभी उड़ती है। किन्तु, इस प्रकार का विचार यहाँ नहीं होता। प्रस्तुत वाक्य में 'उड़ने' की क्रिया तो पतंग की है; लड़का/लड़की के लिए वह क्रिया 'उड़ाने' की हो जाएगी। 'उड़ती है' क्रिया का प्रत्यक्षाश्रय 'पतंग' ही है, अतः वही कर्ता है। "कंचनमाला पतंग उड़ा रही है।" में भले कर्ता 'कंचनमाला' है। कारण 'उड़ा रही है' क्रिया का आश्रय वही है। कर्ता की 'स्वतन्त्रता' का अर्थ पारमार्थिक स्वतन्त्रता से नहीं, बल्कि प्रस्तुत वाक्य-संरचना गत 'अपेक्षाकृत स्वतन्त्रता' से है। कर्ता के अलावा शेष पद अस्वतन्त्र हैं।

कोई क्रिया अपने अर्थ की छाया बदल कर मूल कर्ता को छोड़कर किसी अन्य कारक की क्रिया को कहने लगती है, तब वहाँ उस क्रिया का वह कारक ही कर्ता बन जाता है। यह वक्ता की विवक्षा (इच्छा) के अधीन है। विवक्षानुसार, 'कृ' धातु से सिद्ध मूल चारों कारक 'कर्ता' बनकर आ सकते हैं। परन्तु, इस प्रक्रिया में वाक्य की संरचना बदलती जाती है। यानी, कारकता का निश्चय वाक्य-संरचना के भीतर ही हो सकता है, न कि लोक-धरातल पर।

कारक-विभक्ति का रूप या वाक्य संरचना बदल रही है, तो कारकत्व में भी सूक्ष्मान्तर आता है अथवा 'धातु' की अर्थ-छाया में भेद होता ही है। एक संरचना से एक ही अर्थ-छाया निकल सकती है। खास कारकों से सम्बद्ध विभक्तियों के बदलाव से कारकता बदल जाती है। जैसे—

"स्वधा *कुएँ में* नहाती है।" (अधिकरण)

"स्वधा *कुएँ से* नहाती है।" (करण)

इसी तरह,"राजकुमार *गेंद* खेलता है।" (कर्म)

"राजकुमार *गेंद* से खेलता है।" (करण)

'वाक्य' कार्य-रूप होता है। कार्य के लिए सर्वाधिक आवश्यक है कार्य करनेवाला *(कर्ता)*। फिर, दूसरा छोर है *'कर्म'*। इन्हीं दो छोरों के बीच में सारे बाकी कारक अँट जाते हैं। हिन्दी वाक्य की आम संरचना *'कर्ता+कर्म+क्रिया'* है। *'कर्ता'* एवं *कर्म* के बीच ही शेष कारकों की आवश्यकतानुसार उपस्थिति इस क्रम में होती रहती है— *कर्ता*+अधिकरण+अपादान+सम्प्रदान+करण....+*कर्म*+क्रिया।

वाक्यगत 'विशेष सम्बन्ध' (कारकत्व) का रेखांकन

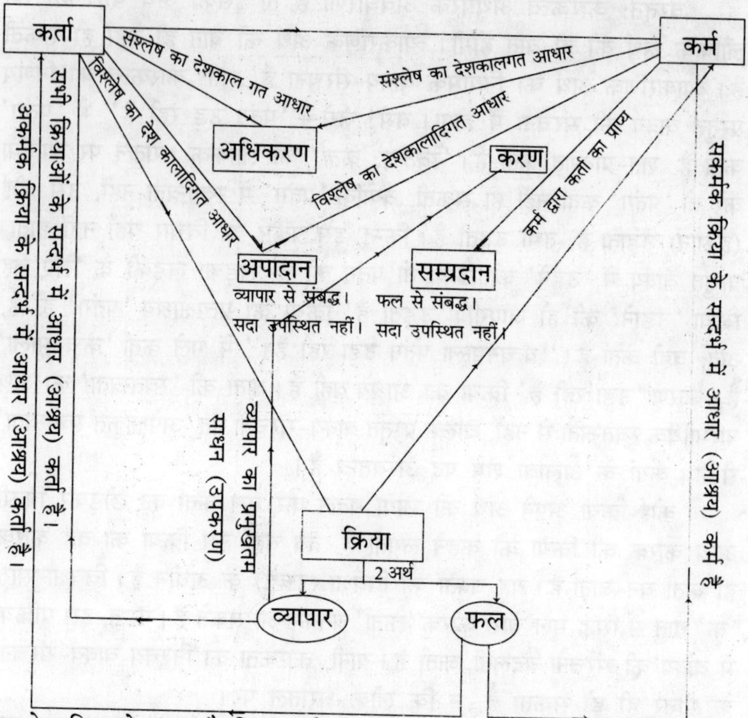

इस रेखाचित्र से स्पष्ट है कि 'कर्ता' का क्रिया द्वारा प्राप्य है 'कर्म' और 'कर्ता' का 'कर्म' द्वारा प्राप्य है 'सम्प्रदान'। *(एक बात यह भी ध्यातव्य है कि 'कर्म' वाक्य में एक ही हो सकता है, बाकी कारक एकाधिक संख्या में भी रह सकते हैं। द्विकर्मक धातु में दो कर्मों की स्थिति की बात बेमानी है। कारण, दूसरा कर्म 'अकथित कर्म' होता है, यानी अविवक्षावश अन्य कारकत्व दब जाता है, तब वह प्रतिभासित कर्म होता है तथाकथित दूसरा कर्म।)* क्रिया के साथ सीधा सम्बन्ध 'कर्ता', 'कर्म' व 'करण' का होता है। 'अधिकरण' क्रिया का सीधे आधार न होकर 'कर्ता' व 'कर्म' के माध्यम से आधार है, यानी परम्परा से आधार है। (फिर भी, क्रिया के साथ अधिकरण की सदा उपस्थिति बनी रहने से, वह मजबूत कारक है, अपेक्षाकृत 'अपादान' व 'सम्प्रदान' के। कारण, ये दोनों सदा उपस्थित नहीं रहते। क्रमशः अलगाव व दान अर्थ वाले क्रिया-विशेष के सन्दर्भ में ये उपस्थित रहते हैं। बस।) 'सम्प्रदान' की कर्म से जितनी निकटता है, उतनी अपादान की उससे (या कर्ता) से नहीं, क्योंकि, *'विश्लेष'* का वह आश्रय है, *संश्लेष* का आश्रय वह नहीं है। 'अधिकरण' संश्लेष का आश्रय होने से 'अपादान' की तुलना में

'कर्म' व 'कर्ता' के लिए अधिक निकट है। (यहाँ ध्यातव्य है कि 'संश्लेष' या 'विश्लेष' स्थूल ही नहीं, सूक्ष्म स्तर पर भी होता है।) 'अधिकरण' क्रिया के 'व्यापार' का, कर्ता के जरिये आश्रय है तथा वही क्रिया के 'फल' का, कर्म के जरिये आश्रय है।

'कर्ता' सर्वप्रमुख कारक है—तभी इसका नाम 'कारक' का सम्पूर्णतया पर्याय-रूप है। कृ+तृच्=कर्ता (करनेवाला); कृ+ण्वुल्=कारक (करनेवाला)। इसे 'स्वतन्त्र' कहा गया है, क्योंकि आत्मसाध्य क्रिया में अन्य कारकों का यह प्रयोजक है, लगानेवाला है, अतः सर्वापेक्षा स्वतन्त्र है। न कि सर्वशुद्ध अर्थ में स्वतन्त्र है। सर्वशुद्ध अर्थ में स्वतन्त्रता तो एकमात्र कल्पित तत्त्व चेतन (आत्मा) या चेतनतम (परमात्मा) के साथ है। 'कर्ता' की स्वतन्त्रता वाक्यगत सन्दर्भ में देखी जाती है। तब वाक्यस्थ क्रिया के सन्दर्भ में अचेतन को भी सर्वापेक्षा स्वतन्त्र रहने पर कर्ता कहना होगा। जैसे—"कपड़े कल से सिल रहे हैं" में 'सिल' धातु की क्रिया में कर्ता 'कपड़े' है। कुछ लोगों के मत से यहाँ विवेचित स्वतन्त्रता की स्थिति भी पूर्णतः तभी घटती है; जब वाक्यस्थ क्रिया प्रेरणाहीन हो। क्रिया के प्रेरणायुक्त रहने पर *प्रेरक* व *प्रेरित* दो कर्ता उभरते हैं और दोनों 'अपूर्ण स्वतन्त्रता' रखते हैं। इस दृष्टि से तीन तरह के कर्ता सम्भव हैं[29]—

(क) मुख्यकर्ता (स्वयं कार्य करनेवाला)—प्रेरणाहीन क्रिया का कर्ता ऐसा ही होता है। जैसे—"*पतंग* उड़ रही है।" "*भात* पक रहा है।" "भले *अछूत* ब्राह्मण नहीं बन सकता, पर *ब्राह्मण* तो अछूत बन सकता है। इसलिए, हे रधिया! तुझ से ब्याह करने से मुझे *कोई* नहीं रोक सकता।" इनमें भात, पतंग, अछूत, ब्राह्मण, कोई शब्द मुख्य कर्ता हैं।

(ख) प्रेरक कर्ता (प्रयोजक कर्ता), (ग) प्रेरित कर्ता (प्रयोज्य कर्ता)। उदाहरण देकर स्पष्ट करते हैं।

"पुरुषों ने औरतों के कन्धे पर बन्दूक रखकर इस्तेमाल किया है और उसके तहत उन्होंने अक्सर औरत को औरत से ही कुचलवाया है। फिर, इसी को "औरत ही औरत की दुश्मन होती है" कहकर प्रचारित कर उन्होंने नारी को नरक में भी चैन नहीं लेने दिया है। इस गढ़े गये झूठ के द्वारा उन्होंने नारियों को संगठित होने से रुकवाया है।"—इसमें 'कुचलवाया है' क्रिया का प्रेरक कर्ता 'उन्होंने' तथा प्रेरित कर्ता 'औरत से' में निहित है। इसी तरह 'रुकवाया है' में प्रेरक कर्ता 'उन्होंने' तथा प्रेरित कर्ता 'झूठ के द्वारा' में निहित है। किन्तु, एक अन्य तरीके से विचार करें तो प्रेरित कर्ता वस्तुतः वाक्यस्थ 'करण' की भूमिका ग्रहण करता है। तब, यह मानने का आधार नहीं बचता कि प्रेरक व प्रेरित कर्ता अलग-अलग होते हैं। कर्ता उक्त वाक्यों में बस एक है जो 'उन्होंने' में निहित है। तब, यही

कहना उचित है कि चाहे क्रिया प्रेरणार्थक हो या प्रेरणाहीन, कर्ता स्वतन्त्र ही होता है। यदि ऐसा न मानेंगे तो फिर हर करण को प्रेरित कर्ता मानकर कर्ता की स्वतन्त्रता आधी मानने का विधान करना होगा। उक्त स्थिति में जिसे प्रेरित कर्ता (प्रयोज्य कर्ता) कहा गया है, उसे प्रयोज्य कर्म या करण कहना चाहिए तथा 'प्रयोज्य' शब्द उसके एक प्रकार को नहीं, वरन् उक्त सन्दर्भ में कर्म, करण की विशेषता का सूचक मात्र (विशेषण) है।

'कर्ता' के अर्थगत सन्दर्भ को देखें तो अनुभवकर्ता भी कर्ता में ही शामिल है। जैसे—"*रसेन्द्र* को प्यास लगी।", "बेचारी *बहू* के/को बच्चा होना है तो कैसे करेगी वह परीक्षा की तैयारी?", "*मुझे* खतरा महसूस हुआ।", "*तुम को* क्रोध आ गया!", "*बच्चे* को दस्त आ रहे हैं।"—आदि में इटैलिक अंश कर्ता हैं।[30]

'**कर्म**' कर्ता के बाद का महत्त्वपूर्ण कारक है, तभी 'क्रिया' का पर्याय उसे कहा गया है। कर्म=क्रिया। क्रिया के सकर्मक होने पर उसके '*फल*' पक्ष का कर्मगामी होना तय है। इसी से कर्म की अक्सर परिभाषा दी जाती है कि कर्म वह है जिस पर क्रिया का *फल* पड़े। वस्तुतः यह अकर्मक क्रिया में सच नहीं है। अकर्मक क्रिया में *फल* कर्ता पर ही पड़ता है। 'कर्तुः ईप्सिततमम्' कहा गया है कर्म को, यानी कर्ता के लिए वह क्रिया-प्राप्य है। यदि 'ईप्सित' का शब्दार्थ 'इष्ट' (चाहा गया) ग्रहण करें, तो सम्भव नहीं है। कई क्रियाओं में 'कर्म' कर्ता का *अनीप्सित (अनिष्ट)* भी हो जाता है। जैसे—

"स्कूल के शैतान टीचर के द्वारा किये गये यौन-शोषण से कालिन्दी, मानिनी और सीमा *माँ* बन गयी हैं।"—यहाँ 'माँ' इष्ट नहीं, अनिष्ट है। उसी तरह जैसे "वह *जहर* खा गया।" में 'जहर' अनिष्ट है। "स्त्रियाँ गर्भधारण, प्रसव को मजबूर हैं, क्योंकि उन्हें अब तक अपनी देह पर *अधिकार* नहीं लेने दिया गया है।"—इस वाक्य का कर्म 'अधिकार' इष्ट है। स्पष्ट है कि लौकिक इष्टता व अनिष्टता का यहाँ कोई मतलब नहीं है, बल्कि 'कर्ता के इष्ट' का एकमात्र अर्थ प्रस्तुत वाक्य-संरचना में कर्ता का क्रिया-प्राप्य से लगाया जाना चाहिए।

"राम वन को गये"—वाक्य में पं. कामताप्रसाद गुरु 'वन' को अधिकरण मानते हैं,[31] शायद यह सोचकर कि 'go' (जा) अकर्मक धातु है। वस्तुतः, गत्यर्थक धातु की स्थिति हिन्दी में मध्यवर्ती है। कभी सकर्मक तो कभी अकर्मक है। यहाँ सकर्मक स्थिति है। 'गये' क्रिया का प्राप्य 'वन' है, अतः वही कर्म है। (अब कोई यह तर्क करे कि यहाँ 'ने' परसर्ग नहीं लगा, सकर्मक में तो लगता है? उस पर यही कहा जा सकता है कि यहाँ अपवाद है। जैसे—'बक', 'बोल', 'भूल', आदि सकर्मक धतुओं में 'ने' चिह्न नहीं लगता, अपवादस्वरूप।) अधिकरण तो उक्त वाक्य में वह रास्ता हो सकता है, जो आधार-रूप में है। या, "राम

वन में जा रहे हैं'' में वन आधार है, इसलिए अधिकरण है। इस सन्दर्भ में, पंडित किशोरीदास वाजपेयी ही सही हैं जो ''लड़की वृन्दावन गयी'' आदि में 'गयी' को सकर्मक क्रिया तथा 'वृन्दावन' को कर्म कहते हैं।[32]

'कर्ता' व 'कर्म' प्रबलतम कारक हैं। वाक्य का नेतृत्व ये ही करते हैं—कर्तृवाच्य में कर्ता तथा कर्मवाच्य में कर्म। जिस वाक्य में 'कर्ता' व 'कर्म' नेतृत्व नहीं कर पाते, क्रिया वहाँ स्वयं नेतृत्व करने लगती है(भाववाच्य में)।

'कर्ता' व 'कर्म' इतने प्रबल हैं कि वाक्यस्थ किसी कारक का क्षेत्र हथिया कर उन्हें 'कर्ता' व 'कर्म' पद तक पहुँचा देते हैं। जैसे—

(i) *लालमोहन* (घर में) *बटलोही* में *कलछी* से *चावल* पकाता है। (कर्तृवाच्य)
(कर्ता) (अधिकरण) (करण) (कर्म)
लालमोहन से......*चावल* पकाया जाता है। (कर्मवाच्य)
(कर्म)

(ii) *बटलोही चावल* पकाती है। (कर्तृवाच्य)
(कर्ता) (कर्म)
बटलोही के द्वारा *चावल* पकाया जाता है। (कर्मवाच्य)
(कर्ता) (कर्म)

(iii) *कलछी चावल* पकाती है। (कर्तृवाच्य)
(कर्ता) (कर्म) (कर्म-कर्तृवाच्य)
कलछी के द्वारा *चावल* पकाया जाता है। (कर्मवाच्य)

(iv) *चावल* पकता है। (कर्म-कर्तृवाच्य)
(कर्मकर्ता)

उपर्युक्त हर वाक्य-जोड़े के प्रथम वाक्य का प्रथम इटैलिक अंश और दूसरे वाक्य का एकमात्र इटैलिक अंश वाक्य का नेतृत्व करता है।

'कर्म' तो बिना 'कर्ता' बने ही वाक्य का नेतृत्व (कर्मवाच्य में) करने लगता है, किन्तु 'करण', 'अधिकरण' बिना 'कर्ता' पद पर पहुँचे वाक्य का नेतृत्व नहीं करते। 'कृ' धातु से सिद्ध चारों मूल कारकों में तीन (कर्ता, करण व अधिकरण) जिस सहजता से कर्ता बन सकते हैं, उसी सहजता से अपादान व सम्प्रदान नहीं। इसी तरह कर्म को भी करण तथा सम्प्रदान में कम ही अवसर मिलते हैं; किन्तु कर्ता द्वारा जिस प्रकार 'कर्म' कर्ता बना लिया जाता है, उसी प्रकार कर्म भी कर्ता को कर्म बना लेता है। जैसे—''सुकन्या सुजीत से (गणित) पढ़ती है।''

''सुजीत सुकन्या को (गणित) पढ़ाता है।''

—यहाँ प्रथम वाक्य का अपादान (सुजीत) दूसरे वाक्य में कर्ता बना है और कर्ता (सुकन्या) कर्म बन चुका है। अपादान के कर्ता बनने में क्रिया-रूप बदल

गया—'पढ़ती है' से प्रेरणार्थक 'पढ़ाता है' हो गया। यह रास्ता कठिनाई का है। (दूसरी बात, बहुत कम प्रसंगों में अपादान व सम्प्रदान के कर्ता बनने की स्थिति आती है।) किन्तु, 'बटलोही' वाले उक्त चार वाक्यों को देखने से स्पष्ट है कि *कर्म* के कर्ता बनने की (iv) की स्थिति छोड़कर बाकी में अधिकरण, करण सहजता से, उसी क्रिया रूप (पकाता/पकाती) में कर्ता बन सकते हैं। *'कर्म'* के कर्ता बनने की स्थिति में क्रिया एक नया रूप ग्रहण कर लेती है प्रेरणांश-त्याग का ('पका' से 'पक' धातु बन जाता है)। 'पढ़ाता है' रूप जो प्रेरणार्थक बनकर 'अपादान' को कर्ता बना देता है, वह स्थिति विरल स्थिति है। 'कर्म' के कर्ता बनने की स्थिति अक्सर सम्भव है (भले उसमें भी क्रिया का धातु बदल जाता है 'पका' > 'पक' रूप में।); जिसकी तुलना में 'अपादान' व 'सम्प्रदान' के कर्ता बनने का संयोग दुर्लभ है। इसलिए कह सकते हैं कि 'कृ' धातु से बने चारों कारक ('कर्म' भी) सहजता से कर्ता बन सकते हैं, पर उस सहजता से 'सम्प्रदान' व 'अपादान' नहीं। (इस विषय पर और प्रकाश आगे 'वाच्य' के विवेचन में मिलेगा।)

उपर्युक्त सन्दर्भ में जो बार-बार शेष कारक कर्मादि के कर्ता बनने की बात आयी है, वहाँ यह स्पष्ट समझ लेना चाहिए कि वह भाषा सिर्फ़ समझाने के ख़्याल से प्रयुक्त की गयी है। अन्यथा कहना तो यही उचित है कि ''बटलोही चावल पकाती है'' जैसे उदाहरणों में 'बटलोही' अधिकरण से कर्ता बनने की अपेक्षा शत-प्रतिशत कर्ता है ही अथवा ''चावल पकता है'' आदि में 'चावल' कर्म से कर्ता बनने की अपेक्षा शत-प्रतिशत कर्ता है ही। 'अमुक से कर्ता बना' की भाषा सिर्फ पूर्व वाक्य की स्थिति सोचकर कही जा रही है, बस।

पंडित किशोरीदास वाजपेयी ने प्रेरणार्थक क्रियाओं में द्विकर्मकता के साथ त्रिकर्मकता की स्थिति की भी चर्चा की है तथा कहा है कि असली कर्म तो सर्वत्र एक ही रहता है, बाकी तो नकली या गौण कर्म होते हैं।[33] इसके साथ उन्होंने यह दृढ़ता से कहा कि प्रेरणार्थक क्रियाएँ द्विकर्तृक भी होती हैं तथा कर्मकर्तृक क्रिया वस्तुतः अकर्तृक होती है।[34] *''माँ बच्चे को दूध पिलाती है''* में वे प्रथम दृष्टि से विचार करते 'दूध' को असली कर्म तथा 'बच्चा' को 'गौण कर्म' (गौणी लक्षणा से कर्म) मानते हैं। फिर दूसरे तरीके से विचार करते असली कर्ता 'बच्चा' को तथा गौण कर्ता 'माँ' को बताते हैं, क्योंकि उनके मत से पीने की क्रिया बच्चा करता है, माँ नहीं। फिर, प्रेरणा की भी प्रेरणा का उदाहरण देते हैं—*''माँ नौकर से बच्चे को दूध पिलवाती है''* और विश्लेषण करते हैं कि 'बच्चा' असली कर्ता यानी गौण कर्म है, 'नौकर' भी गौण कर्म है, 'माँ' प्रेरक कर्ता (गौणकर्ता) है और दूध मुख्य कर्म। इस प्रकार, 'दूध' के साथ दो गौण कर्म हैं, जिससे क्रिया 'त्रिकर्मक' भी है। वस्तुतः वाजपेयी का यह विश्लेषण कारक की धारणा में कोरा

अर्थवाद घुसा देने की भ्रान्ति पर टिका है। उक्त दोनों वाक्यों में 'बच्चे' को असली कर्ता कहने जाना कैसा? क्रिया 'पीता है' [पीती है] रहती तो बेशक बच्चा (दूध पीने के कारण) कर्ता होता, किन्तु क्रिया क्रमशः 'पिलाती है', 'पिलवाती है', यानी पिलाने व पिलवाने की है, जिसका कर्ता 'माँ' है। किसी एक पद (प्रकृति) को एक ही प्रयोग में दो अलग-अलग नाम देना (जैसे—'बच्चा' को असली कर्ता या गौण कर्म कहना) अव्याकरणिक है। दूसरी बात, "माँ नौकर से बच्चे को दूध पिलवाती है" में त्रिकर्मक की स्थिति कहना तो और फिजूल बात है। सही में 'द्विकर्मक' की भी स्थिति नहीं होती है। जहाँ भी द्विकर्मकता होती है, वहाँ असलियत यह है कि कथित दूसरा कर्म वस्तुतः कोई अन्य कारक होता है; सिर्फ अविवक्षावश वह तत्काल कर्मवत् बना दिया जाता है। उसे *'अकथित कर्म'* कहा जाता है। क्रिया में द्विकर्मता दो तरह की कही जाती है—(क) मौलिक (ख) क्रिया के प्रेरणार्थक बनने पर प्रयोज्य कर्ता भी प्रयोज्य कर्म बन जाता है। पर, कथित मौलिक द्विकर्मक क्रिया में भी एक ही कर्म रहता है, दूसरा अविवक्षित कर्म ही होता है, जिसे 'अकथित कर्म' कहा जाता है। हिन्दी में *'द्विकर्मक धातु'* यानी 'अकथित कर्म' की स्थिति लानेवाले धातु ही अत्यल्प हैं, तब त्रिकर्मक धातु की चर्चा तो वाहियात ही है। फिर, वाजपेयी जी द्वारा "कपड़े सिल रहे हैं" आदि को अकर्तृक कहना तो और गलत है। क्या कोई क्रिया कर्ता के बिना हो सकती है? "सिल रहे हैं" क्रिया का कर्ता 'कपड़े' ही तो है। वाजपेयी जी ऐसी क्रियाओं को 'कर्मकर्तृक' भी कहते हैं, क्योंकि कर्म ही कर्ता के रूप में आ जाता है।[35] यह बात ठीक है, किन्तु प्रस्तुत वाक्य में 'कपड़े' को 'कर्मकर्ता' कहना शिष्टाचार मात्र है, अन्यथा वह तो इस वाक्य में शत-प्रतिशत कर्ता है, कर्मत्व तो थोड़ा सा भी नहीं है। बस इस वाक्य के किसी पूर्वरूप (जैसे—"मंगला कपड़े सीती है") के सन्दर्भ में 'कपड़े' के कर्मत्व का ख्याल रखकर ऐसा कहा गया—'कर्मकर्ता'। परन्तु, वाजपेयी जी का यह कहना कि 'कर्मकर्तृक' का मतलब *'कर्मादिकर्तृक'* है, क्योंकि करण आदि भी कर्ता की तरह आ सकते हैं;[36] गलत है। वास्तविकता यह है कि 'कर्मकर्तृक' एक विलक्षण स्थिति है। कर्म के कर्ता बनने पर धातु-रूप में अन्तर पड़ जाता है। उस व्युत्पन्न धातु (जैसे—'सी' > 'सिल') को कर्मकर्तृक धातु नाम से गिनती कर सकते हैं, जैसे कि 'प्रेरणार्थक धातु' को अलग से गिनते हैं। कर्म के अलावा, शेष कारकों में कर्ता बनने पर धातु-रूप उक्त तरह से (सी > सिल) नहीं बदलता। इसी से कर्मकर्तृक की जगह कर्मादिकर्तृक नहीं कह सकते। वाजपेयी द्वारा "चिट्ठी भेजी गयी" जैसे प्रयोग को भी कर्मकर्तृक कहना अपलाप मात्र है, क्योंकि इनमें कर्ता की अनुपस्थिति मात्र है, न कि 'चिट्ठी' (कर्म) ही कर्ता बन चुका है। फिर, 'भेजी गयी' क्रिया का रूप कर्मकर्तृक वाला

कहाँ हुआ? अतः, सामान्य स्थिति ही है।

'कर्ता' व 'कर्म' उक्त (अभिहित) विकारक (केस) में भी रह सकते हैं, अनुक्त (अनभिहित) विकारक (केस) में भी। उनुक्त कर्ता के हिन्दी में दो प्रकार आचार्य हजारी प्रसाद द्विवेदी ने बतलाये हैं, जो मान्य है—(क) ऋजु अनुक्त[37] (ख) तिर्यक् अनुक्त। प्रथम, भूतकालिक सकर्मक क्रिया में 'ने' के साथ व्यवहत रूप है। जैसे—"*मैंने* रोटी खायी।", "*भूषिता* ने टी-शर्ट पहना।", "*अमिता* ने कलाई घड़ी खरीदी।", "*पोते* ने दादी की सेवा की।" द्वितीय, 'से', 'के द्वारा' आदि से बनता है, धातु को तब 'जा' सहायक धातु से संयुक्त रखा जाता है। यानी, कर्मवाच्य-भाववाच्य में कर्ता का रूप 'तिर्यक् अनुक्त' होता है। जैसे—"*पूर्ति* से अब मोबाइल फोन का खर्च जुट जाता है।", "*सारंगधर* के द्वारा अब पत्नी प्रताड़ित नहीं होती।", "*अभिलाषा* के द्वारा दहेज-पिशाचों की दुर्गति की गयी।", "*मुझ से* साड़ी-गहने नहीं पहने जाएँगे।", "*दिलावर खाँ* के द्वारा चार बीवियों की रस्म को करारा तमाचा लगाया गया।" स्पष्टतः आचार्य द्विवेदी का 'ऋजु' व 'तिर्यक्' प्रयोग-सन्दर्भ यहाँ भिन्न है; अन्यथा ऋजु रूप तो 'लड़का' आदि, तिर्यक् रूप 'लड़के' आदि हैं—यह तो पूर्व-विवेचित है ही।

अधिकरण—'कर्ता' व 'कर्म' के बाद का प्रबलतम कारण 'अधिकरण' को ही कहा जाएगा। 'करण' के बिना कई क्रियाओं की निष्पत्ति तो हो जाएगी, पर 'अधिकरण' के बिना सम्भव नहीं, क्योंकि कुछ तो देशकालादि आधार होना ही होना है (भले वह कहा जाए या अध्याहृत हो। फिर भी इसे 'करण' न कहा गया बल्कि 'करण' से 'अधि' (दूर) कहा गया है तो कारण यही है कि 'अधिकरण' क्रिया का सीधे आश्रय नहीं है, बल्कि 'कर्ता' व 'कर्म' के माध्यम से क्रिया का वह आश्रय है। 'करण' तो सीधे (प्रत्यक्षतः) क्रिया का साधन है—उसे 'साधकतम' कहा गया है। "यमुना फूट-फूट कर रोती रही" में करण कुछ भी नहीं है, परन्तु 'अधिकरण' (देशकाल) तो छिपा हुआ है ही।

'अधिकरण' भी 'करण' ही है यानी साधक ही है, परन्तु साधकतम नहीं है। वह आधारभूत है। वह सामने नहीं आता, जबकि सामने आता है 'करण'। इसी से वह 'साधकतम' है। तथापि 'करण' अधिकरण से गौण भूमिका में है।

'अधिकरण' कर्ता का भी आधार होता है, कर्म का भी। जैसे—

"स्त्री की *बीमारी* उसकी *देह* में नहीं, सामाजिक *संरचना* में निहित है।" (कर्ता है बीमारी, आधार दो हैं)

"*महिला सेना* में कब बनेगी *चीफ*?" (कर्म 'चीफ' व कर्ता 'महिला' दोनों का आधार है 'सेना'।)

"*घर* में *देवानन्द* झाड़ू लगाता है।" (कर्ता का आधार है घर)।

मुख्य या स्वतन्त्र व्यापार का कर्ता 'कर्ता' है, जबकि कर्ता के अधीन व्यापार का कर्ता (आश्रय) करण है।

'करण' व्यापार के साथ नित्य सम्बद्ध तथा अवशिष्ट कारकों में प्रमुखतम है। नित्य सम्बद्धता अथवा क्रिया की तत्क्षण सिद्धि में सहायक होने से वह 'साधकतम' कहा जाता है। जब कोई साधन व्यापार से नित्यसम्बद्ध न हो, तो वह 'करण' नहीं, 'हेतु' कहा गया है; पर हम उसे 'करण' या 'अपादान' में ही समाहित मानेंगे। जैसे—"सुभागी *कलम* से लिखती है" में 'कलम' लिखने की क्रिया से नित्यसम्बद्ध है, अतः वह करण है। परन्तु, "*प्रसव-पीड़ा* से भारत में प्रति लाख छह सौ औरतें मर जाती हैं, जिनमें अधिकतर वे बच्चियाँ होती हैं जो कम उम्र में ब्याह कर माँ बना दी जाती हैं।"—में 'प्रसव पीड़ा' हेतु है। विवक्षा से साधकतम होकर अधिकरण भी करण बन जाता है। जैसे—"वह कुएँ में नहाता है।" (अधिकरण) की जगह "वह कुएँ से नहाता है।" (करण)। 'करण' की 'अपादान' से भी निकटता है। जैसे उक्त उदाहरण में '*प्रसव पीड़ा*' हेतु है। वह करण भी मान्य है, अपादान भी। करण व अपादान के परसर्ग 'से' की समता भी है।

'सम्प्रदान' नामक कारक की परिभाषा अक्सर 'दान' की क्रिया के सन्दर्भ में खड़ी की जाती है (इस पुस्तक में पीछे एकाधिक बार यही मानकर विवेचन हुआ है), किन्तु पाणिनि की इस परिभाषा में तो 'दान' का कहीं उल्लेख नहीं है—"कर्मणा यमभिप्रैति स सम्प्रदानम्" (कर्म के द्वारा कर्ता जिसे चाहता है, वह सम्प्रदान है)[38] किन्तु, इसकी व्याख्या करते 'सिद्धान्त कौमुदीकार' ने 'दान' की शर्त लगायी—"दानस्य कर्मणा यमभिप्रैति स सम्प्रदान-संज्ञः स्यात्।"[39]—यानी, दानकर्म के द्वारा कर्ता जिसे सन्तुष्ट करना चाहता है, वह पदार्थ सम्प्रदान संज्ञक होता है। जैसे—"हम विवाह में *वर को* कन्या प्रदान करते हैं। कन्यादान की रस्म कितनी निर्घृण-स्त्री विरोधी वस्तु है।"यहाँ 'वर' दान क्रिया के कर्म कन्या के द्वारा कर्ता (हम) का अभिप्रेत है; अतः सम्प्रदान है। 'प्रदान' का गौण अर्थ ऋण पर उधार देना भी होता है। अतः, "धोबी को/के कपड़ा दो" में भी धोबी की सम्प्रदान संज्ञा है। 'वार्तिक'कार ने 'क्रियया यमभिप्रैति सोऽपि सम्प्रदानम्" कहा है। यानी, क्रिया के साथ जिसका सम्बन्ध करना इष्ट हो, वह भी सम्प्रदान है। जैसे—"रघुवीर सहाय *नारी* के लिए रोये, जिससे कई कविताएँ बन गयीं।" यहाँ 'रोये' क्रिया का अभीष्ट नारी है, सो सम्प्रदान है। 'सम्प्रदान' नामकरण चाहे जिस कारण हुआ हो, पर उसे पारिभाषिक शब्द मात्र मानकर, 'दान' के रूढ़िगत अर्थ से मुक्त कर देना चाहिए। पाणिनि की परिभाषा ही मान्य बनाकर उसमें वार्तिककार का संशोधन जोड़ देना चाहिए। यानी, 'कर्मणा' का मतलब 'क्रियया' भी लगाना

चाहिए। तब, कहना चाहिए "कर्म द्वारा और यदा-कदा क्रिया द्वारा भी, कर्ता का जो अभिप्रेत हो, उसे सम्प्रदान कहना चाहिए।" तब, '*दंगाइयों* को ही नहीं, *बलात्कारियों* को भी प्राणदंड देना चाहिए तथा *अनमेल विवाह करनेवालों* को जेल।", "*मोनिका* को मेहनत की कमाई पसन्द है।", "*जातिवाद* को एक-एक धक्का सभी देते जाएँ, तो ही भला हो।", "*तसलीमा नसरीन* को फ्रांस ने 'सीमोन द बोउवा पुरस्कार' दिया", "गुरु *शिष्य* को ज्ञान देता है।"—इन सब में इटैलिक अंश सम्प्रदान हैं। सम्प्रदान ईप्सित है, कर्म ईप्सिततम। यानी, कर्म से नीचे की वस्तु हो जाता है सम्प्रदान। 'सम्प्रदान' को 'ईप्सिततम' बनाकर 'कर्मत्व' भी दे सकते हैं। जैसे—

"मैं *तुम्हारे लिए* प्रेम करता हूँ।" (सम्प्रदान)

"मैं *तुम्हें* प्रेम करता हूँ।" (कर्म)—'*कर्म*' के रूप में प्रयुक्ति से कर्ता के निकट हो जाता है सम्प्रदान। करण भी अपेक्षाकृत दूर है, पर कर्म नजदीक है। जैसे—

"मैं *तुम से* प्रेम करता हूँ।" (करण)—में 'तुम' प्रेम करने का साधन है, प्राप्य नहीं। 'कर्म' को direct object तथा 'सम्प्रदान' को 'indirect object' अँग्रेजी ग्रैमर कहता है। सम्प्रदान को 'गौण कर्म' भी कहते हैं। 'सम्प्रदान' व 'कर्म' की सदृशता उनके परसर्ग ('को') की एकता में भी लक्षित है। संस्कृत के 'तादर्थ्य सम्बन्ध' की भी हम सम्प्रदान में ही गणना कर सकते हैं। यही उचित भी है। जैसे—"*सौन्दर्य* के लिए बाल बढ़ाना, गहनों-कपड़ों का बोझ उठाना तथा पाउडर-लिपिस्टिक पोतना मूर्खता है। सौन्दर्य वही है, जो स्वस्थ रख सके। *सुन्दरता बढ़ाने* के लिए मालिश, धूप-सेवन, कसरत, दौड़, जूडो-कराटे आदि करती रहो।"—यहाँ तादर्थ्य सम्बन्ध के लिए प्रयुक्त अंश सम्प्रदान ही माने जाएँगे। 'तादर्थ्य सम्बन्ध' की गणना 'शेष सम्बन्ध' में होती है, किन्तु तभी जब संस्कृत षष्ठी विभक्ति या हिन्दी षष्ठ्यर्थक विभक्ति ग्रहण करे। जैसे—"*पानी का* गिलास लाओ।"—"गिलास *पानी के लिए* है।" दोनों वाक्यों के रेखांकित अंश समान भाव में हैं, किन्तु प्रथम में ही 'पानी का' का तादर्थ्य सम्बन्ध शेष सम्बन्ध है। व्याकरण रूप को महत्त्व देता है, अर्थ को नहीं।

'**अपादान**' की परिभाषा है—"ध्रुवम् अपाये अपादानम्"—यानी, विश्लेष (अलगाव) या अपाय होने पर स्थिर वस्तु (ध्रुव) की अपादान संज्ञा है। विश्लेष सूक्ष्म स्तर का भी हो सकता है, स्थूल स्तर का भी; उसी तरह ध्रुव (स्थिर वस्तु) इन्द्रियग्राह्य भी हो सकता है, मनोग्राह्य भी। अलगाव जिसका होता है, वह तो कर्ता या कर्म है; किन्तु जिससे अलगाव होता है, उसी को प्रसंगगत सापेक्षता के तर्क पर स्थिर कहा जाता है, फलत: *अपादान* कहते हैं। "चलती गाड़ी से रचना को इसलिए कूदना पड़ा, क्योंकि उसकी सर्टिफिकेट-फाइल गिर गयी थी।"—

इसमें 'चलती गाड़ी' इसलिए अपादान है, क्योंकि कर्ता (रचना) के साथ गतिशील क्रिया के सन्दर्भ में वह स्थिरीभूत मानी जाएगी। पृथक् क्रियमाण पदार्थ के सापेक्ष स्थिर पदार्थ अपादान है। ध्रुवता पारमार्थिक नहीं, सापेक्षिक ही है।

"जातियों का सम्मेलन हो या जाति आधारित विवाह-परिचय सम्मेलन, *उस* से परहेज करना चाहिए।" इस वाक्य में विश्लेष (अलगाव) सूक्ष्म है। पर, "*पेड़* से राधाकान्त कूदा" में विश्लेष स्थूल है। "लड़की जितना *मौत* से डरती है, उससे थोड़ा ही कम *विवाह* से। इसी से पता चलता है कि हमारी विवाह-संस्था स्त्री के लिए कितनी त्रासद एवं घातक है।" इस वाक्य में भी डर *से* उत्पन्न विश्लेष है, जो सूक्ष्म है। अतः, 'मौत' व 'विवाह' अपादान हैं।

"विकास-नीति के बुलडोजर-तले रौंदे गये किसान, आदिवासी या झुग्गीवाले अब *'विकास' शब्द* से ही डरते हैं।"—यहाँ भी भय जन्य सूक्ष्म अलगाव है।

"धर्म एवं शिक्षा तक के ठेकेदार इतने कामकुंठित क्यों हो जाते हैं कि स्त्री को जीन्स, हाफ पैंट, टीशर्ट आदि *पहनावों* से बचाना चाहते हैं। यदि ये सब पहनना उन्हें अभद्रता लगता है, तो पुरुष को भी *इनसे* क्यों नहीं बचाते?"

"हमारे समाज का पूरा आयोजन लड़के-लड़कियों को आपस में *प्रेम करने* से रोकने के लिए खड़ा है।"

इन वाक्यों में भी इटैलिक अंश अपादान ही है।

'कर्ता' और शेष कारकों के परस्पर स्थानापन्न होने की प्रवृत्ति पर पीछे हमने विचार किया है। उससे कुछ अलग किस्म का भी कारक-संकरण घटित होता है, यह भी हम थोड़ा-बहुत जान चुके हैं। जैसे—'कर्म' कभी 'सम्प्रदान' बन जाता है, कभी 'सम्प्रदान' 'कर्म'। इनमें बस 'ईप्सित' व 'ईप्सिततम' का भेद है। इसी तरह 'करण' व 'अपादान' का भी सांकर्य है। 'करण' भी कभी 'कर्म' बन जाता हैं तथा 'कर्म' भी 'करण'। जैसे—सालवती *गेंद* खेलती है। (कर्म) सालवती *गेंद* से खेलती है। (करण)। 'अधिकरण' भी 'कर्म' बन सकता है। जैसे—"सीता *उपवन में* गयीं।" (अधिकरण) "सीता उपवन को गयीं।" (कर्म)। 'कर्ता' व 'कर्म' का परस्पर स्थानान्तरण तो विख्यात ही है।—"*शशिकान्त* खेलता है।" (कर्ता), सुलेखा *शशिकान्त* को खेलाती है।" (कर्म)। इसी प्रकार अन्यान्य कारक-सांकर्य भी हो सकते हैं। पर इतना ध्यातव्य है कि एक प्रयोग से धात्वर्थ की नाना छायाओं में से कोई एक छाया ही व्यक्त हो सकती है। प्रयोग बदलने से छाया भी बदल जाती है। यह समझना ठीक न होगा कि 'गेंद खेलती है' और 'गेंद से खेलती है' का शत-प्रतिशत समान अर्थ है। उसी तरह यह भेद है, जिस तरह "दूध-रोटी खाता है", "दूध से रोटी खाता है" एवं "दूध में रोटी खाता है" में अर्थ-छायाओं का भेद है।

अब, ऐसे दो प्रयोग सामने रख रहे हैं, जिनमें सभी कारक सम्बन्धों एवं

तदर्थ विभक्तियों (शुद्ध-विभक्ति, शुद्ध विभक्ति+परसर्गादि) को एकत्रित किया गया है। शेष-सम्बन्ध एवं सम्बोधन की भी उपलब्धि इनमें हुई है।

(क) हाय दोस्त! एक तरफ हम[1] ग्लोबल वार्मिंग की[9] भयंकरता से[7] डरे हुए तमाम देशों को[4] बातचीत के लिए[6] इकट्‌ठा करते रहें; पर दूसरी तरफ तीन फसलों वाली जमीन पर[8] बालू[3] फेंककर, फैक्ट्रियाँ[3] खड़ी कर जनसामान्य से[5] गुलामों की तरह श्रम[3] करवाएँ, ताकि दुनिया में[8] फेंकने हेतु[6] कुछ और कचरा[3] तैयार हो सके! क्या यही है हमारी आधुनिकता?

(ख) शाबास! आज की नारियों ने[2] पिछले तमाम युगों से[7] बढ़कर, अपनी देह व दिमाग से[5] उन्नति की[9] कई बुलन्दियाँ[3] छू कर विश्व को[4] चमत्कृत कर दिया है। स्त्री-शरीर पर[8] कब्जा जमाकर बहुकोणीय शोषण[3] करनेवाले पुरुष-तन्त्र का[9] पर्दाफाश करतीं—कर्म-भोग व त्याग में[8] ठीक पुरुष के समान हक[3] माँगतीं वे[1] घर-घर, गली-गली में[8] उठ खड़ी हुई हैं। सब से[7] बड़ी बात यह है कि वे[1] अब थोपे गये रिश्ते के लिए[6] नहीं, बल्कि स्वयं हेतु[6] लड़ना-जीना[3] और बस स्वत:प्रेरणा से[5] मानवता को[4] कुछ देना[3] सीख गयी हैं।

इन वाक्यों में दिये संकेतों के निम्नलिखित स्पष्टीकरण से हम परिदृश्य समझ सकते/सकती हैं।

	कारक व विभक्ति—	संकेत
1.	कर्ता (शुद्ध विभक्ति)—	(1)
2.	कर्ता (मिश्रित विभक्ति)—	(2)
3.	कर्म (शुद्ध विभक्ति)—	(3)
4.	कर्म (मिश्रित विभक्ति)—	(4)
5.	करण (") —	(5)
6.	सम्प्रदान (") —	(6)
7.	अपादान (") —	(7)
8.	अधिकरण (") —	(8)
	शेष सम्बन्ध व विभक्ति—	संकेत
9.	तादात्म्य सम्बन्ध—	(9)
10.	कर्मगामी सम्बन्ध—	(9)

पुनश्च—उक्त दसवें का भाव कारकत्व की दिशा में है, पर व्याकरण रूपपरक होता है, इसलिए हमने इसे भी शेष सम्बन्ध में रखा है। 'हेतु' संस्कृत में तृतीया (करण) व पंचमी (अपादान) में मान्य है, पर प्रचलित अर्थ में सम्प्रदानार्थक भी यह है। हमने यहाँ सम्प्रदान में ही रखा है।

(आ) धातु-रूपायन

धातु के रूपायन, यानी धातु में धातु-विभक्ति (तिङ्) के जुड़ने से क्रियापद की रचना होती है, जो वाक्य का केन्द्रीय तत्त्व है। क्रियापद के रूप में धातु के ढलने यानी रूपायन से धातु के व्याकरणिक अर्थ—काल, वाच्य, प्रकार (Mood), पक्ष (Aspect) आदि का बोध होता है। ये धातु-सम्बद्ध व्याकरणिक कोटियाँ हैं। ये कोटियाँ ही क्रिया-रूपायन की निमित्त बनती हैं तथा इस प्रक्रिया में उनमें व्याकरणिक अंश (तिङ्) जोड़ती हैं। (क्रियापद से इन कोटियों के सिवा क्रियेतर पदों की पुरुष, कारक, वचन, लिंग नामक व्याकरणिक कोटियाँ तथा फल व व्यापार नामक धात्वर्थ (जो लौकिक या शब्दकोशीय अर्थ हैं) भी व्यक्त होते हैं)।

हिन्दी के गठन में धातु-विभक्तियों के अल्प प्राप्त होने से रूपायन का कार्य अधिकतर, कृत्प्रत्ययों (कृदन्तों) व विभक्ति स्थानापन्न सहायक धातुओं के सहयोग से होता है।[40] संश्लिष्ट विभक्तियों के घिस जाने से उनका स्थान ता, आ, ना, गा आदि कृत्-प्रत्ययों तथा 'ह/हो' सहायक धातुओं के रूपों एवं संस्कृत कृदन्त के विकसित रूप था/थे/थी (जो सहायक धातुवत् प्रत्युक्त होते हैं) ने ले लिया है। अब, भविष्यत् में, विशेषतः विधि में[41] ही कुछ विभक्तियाँ या विभक्त्यन्त (तिङन्त) बच रही हैं। यानी, धातु की व्याकरणिक कोटियाँ मुख्यतः सहायक क्रियाओं व कृदन्तों से व्यक्त होती हैं।

समग्रतः, कहना होगा कि अधिकतर क्रियापद हिन्दी में कृदन्तज हैं। हिन्दी में निम्नरूपों में क्रियापद प्राप्त होते हैं—(i) कृदन्त (जैसे—सोयी। जाना।); (ii) कृदन्त+कृदन्त (सहायक क्रिया बनकर)—जैसे, जाता था। (iii) कृदन्त+तिङन्त (सहायक क्रिया बनकर), जैसे—गयी है, जा रहा है, गया होऊँ; (iv) शुद्ध तिङन्त—दो प्रकार के (क) तिङ् विभक्त्यन्त (पढ़+ऊँ=पढ़ूँ आदि) (ख) संस्कृत-तिङन्तों के विकास—अस्ति > है, स्थ > हो, सन्ति/स्मः > हैं, अस्मि > हूँ आदि। संस्कृत में भी कृदन्तज क्रिया पदों की चाल रही है, किन्तु वहाँ ये विकल्प से थे (क्योंकि तिङन्त क्रियाएँ ही पर्याप्त थीं। परन्तु, ''सा गम्यमाना अस्ति'' आदि में कृदन्त प्रयोग विकल्प से नहीं, विशेषार्थ में हैं।), किन्तु हिन्दी में ये अधिकतर अनिवार्य हो गये। दूसरी बात, हिन्दी ने संयुक्त क्रियापद (यानी, समस्त क्रियापद) को भी व्यापक पैमाने पर स्वीकारा। ऊपर के (ii) व (iii) के अलावा, कुछ 'नामपद+क्रियापद' (जैसे—बात करता है, पैदा हुई) के रूप में संयुक्त क्रियाओं के उदाहरण प्राप्त हैं। (परन्तु, (ii), (iii) में आये कृदन्त भी तो नाम हो सकते हैं; अव्यय भी हो सकते हैं)। 'संयुक्त क्रिया' मानने का आधार 'सहकारी क्रिया द्वारा मुख्य क्रिया में अर्थ-रंजकता उत्पन्न करना' है। अन्यथा, केवल अस्तित्वसूचक सहायक क्रिया से संयुक्त क्रिया नहीं मानी जाएगी। जैसे—'गया है' संयुक्त क्रिया नहीं है, पर 'आ गया' है।

संस्कृत में भी संयुक्त क्रियाएँ कुछ-कुछ जनमी थीं, परन्तु पाणिनि के दृढ़ विरोध ने उस बिरवे को उगने न दिया। उन्होंने दो क्रियाओं के योग से बननेवाली क्रिया को साफ एकीकृत पद-रूप में ढालने का निर्देश दिया।[42] जैसे—'प्रभ्रंशयांचकार' एक तिङन्त पद बनाया गया, जबकि यह 'प्रभ्रंशयां चकार' रूप में था।[43] कुल मिला-जुलाकर, हिन्दी क्रियापदों की रचना में मुख्यत: ये प्रवृत्तियाँ कार्य करती हैं—

1. तिङन्त की अपेक्षा कृदन्त की बहुलता,
2. संयुक्त क्रियाओं की भरमार एवं
3. तिङ् विभक्तियों में से अधिकतर के लोप से उनकी जगह सहायक धातुओं (है, हूँ आदि) का प्रयोग। उक्त (1) का ही यह असर है कि हिन्दी क्रियाओं की लिंग-वचन-सापेक्षता बढ़ गयी है।

'पुरुष' नाम शब्दों से जुड़ा अर्थ कहा जा सकता है, किन्तु वह धातु-रूपायन में ही भूमिका अदा करता है; न कि प्रातिपदिक-रूपायन में। 'पुरुष' की संकल्पना धातु-रूपावली (तिङन्त) के साथ ही संश्लिष्ट है यानी, तिङन्तों के तीन वर्ग ही तीन पुरुष हैं। कृदन्तों में पुरुष-सूचकता नहीं हो सकती। किन्तु, काल-सूचकता 'कृदन्त' व 'तिङन्त' दोनों में होती है।

हिन्दी में क्रिया जब किसी कारक को उक्त करती है, तब उसके लिंग-वचन क्रिया में आ जाते हैं। जब क्रिया किसी कारक को न कहकर स्वयं को कहती है, तो सदा अन्य पुरुष, एकवचन, पुंलिंग में होती है। यहाँ कहना या उक्त करना, रूप-स्तर पर क्रिया की प्रतिबद्धता को कहते हैं, जिसे 'प्रयोग' नाम दिया गया है। यह प्रतिबद्धता क्रिया के धात्वर्थ के स्तर पर रहे तो 'वाच्य' कहलाता है।

क्रिया पद के साथ काल, वाच्य, प्रकार, पक्ष, पुरुष आदि संकल्पनाएँ एक साथ संश्लिष्ट होती हैं। वाच्य (व प्रयोग) की तरह काल भी हर धातु-रूप के साथ सदा संश्लिष्ट होता है। हाँ, यह अलग बात है कि कभी 'काल' वाला अर्थ अधिक मुखर हो, कभी 'प्रकार' वाला। इस दृष्टि से हिन्दी में धातु-रूप (क्रियापद) के दो वर्ग बन सकते हैं—

(क) कालात्मक या काल-मुखर वर्ग—निश्चयात्मक/निर्देशक प्रकार (Mood) के क्रियापदों में यह बात होती है।

(ख) प्रकारात्मक (आज्ञादि-अर्थात्मक) या क्षीणकाल बोध वर्ग—शेष प्रकार (Mood) के क्रियापदों में यह बात होती है।

(संस्कृत के कुछ लकारों की स्थिति कालात्मक वर्ग के लिए, कुछ की स्थिति प्रकारात्मक वर्ग के लिए है।)किन्तु, कोई क्रियारूप निश्चित रूप से कालात्मक ही है या प्रकारात्मक ही है—ऐसा नहीं कह सकते। जैसे—''मैं अभी खेलूँगी'' साधारणत: 'कालात्मक' माना जाता है, पर कभी 'आज्ञार्थक प्रकार' में भी इसका

प्रयोग सम्भव है। इसी प्रकार, 'कालात्मक' में भी एक काल के धातु-रूप का अन्य काल में प्रयोग सम्भव है। यानी, काल-विशेष के सापेक्ष धातु-रूप वर्गीकृत नहीं किये जा सकते। बस, रूपात्मक वर्गीकरण हो सकता है। जैसे—संस्कृत में लकार है।

प्रकार, काल, पक्ष आदि केवल धातु-रूप/क्रियापद के सहारे जब स्पष्टत: व्यक्त नहीं हो पाते तो कभी-कभी विशेष नाम, अव्यय, क्रिया शब्दों की भी सहायता ली जाती है; तभी ये व्यक्त होते हैं। जैसे—"शायद वह गया।"—यहाँ सन्दिग्ध भूत का व्यक्तीकरण शायद से होता है। क्रियारूप तो भूतकाल (सामान्य) का ही अर्थ दे पाया था। अधिकांश प्रकारात्मक अर्थ किसी-न-किसी 'अव्यय' से और कभी-कभी तो प्रकरण से भी स्पष्ट होता है। वाच्य और पुरुष तो एकमात्र धातु-रूप से ही प्रकट होते हैं। (पुरुष का अर्थ तिङन्त या तिङन्त-निर्मित क्रियापद से ही व्यक्त होता है।)

काल—संस्कृत व्याकरण में काल अर्थ-परक धारणा है, जिसकी अभिव्यक्ति रूपरचनागत धारणा लकारों से होती है। किन्तु, हिन्दी व्याकरण में 'लकार' जैसी किसी संकल्पना का अभाव है तथा 'काल' को क्रिया पद-रचना का पर्याय भी बना दिया गया है। इसके बाद, 'काल' शब्द का द्विअर्थी प्रयोग भी हो रहा है—(i) अर्थपरक धारणा (समय-सूचकता) हेतु, और (ii) लकार की (रूपगत) धारणा हेतु। यह धाँधली है। इसी का परिणाम होता है, कभी-कभी यह कह दिया जाता है कि "आपका आदेश हुआ तो मैं अवश्य यह काम करूँगा" जैसे वाक्यों में समानार्थक भविष्यत्‌काल में भूतकाल की क्रिया होती है। यह उसी प्रकार की अव्यवस्था है जिस प्रकार "कर्ता का प्रयोग करण में हुआ" कहा जाता है क्योंकि 'कारक=विभक्ति' का समीकरण बना दिया जाता है।[44] काल को आर्थिक एवं लकार को रूपपरक धारणा बनाये रखने से ही भला होगा। क्रिया-रूपों के अर्थ में 'काल' को प्रयुक्त करने से न केवल परम्परानिष्ठ 'काल-धारणा' का खंडन होता है, अपितु रूपगत धारणा भी व्यवस्थित ढंग से व्याख्यायित नहीं हो पाती है। हिन्दी में अबतक 'लकार' जैसी संकल्पना नहीं उभर सकी है। यहाँ सूक्ष्मातिसूक्ष्म अर्थ की अभिव्यक्ति का जोर होने से एक ही धातु-रूप का विनियोग एकाधिक अर्थों (कालों, प्रकारों) में, संस्कृत की अपेक्षा अत्यधिक होते रहा है। विवक्षा के अधीन ऐसा होता है। इसी को पारिभाषिक स्तर पर, 'भूत में वर्तमानवत् प्रयोग' जैसा कह देने से गड़बड़ी होती है। वस्तुत: इसके लिए लकार जैसी रूपपरक चीज होनी चाहिए तथा फिर उसका अमुक-अमुक कालों व प्रकारों में विधान होना चाहिए। खैर! आज तक यह नहीं हो पाया, जिस से ऐसा कहने की बाध्यता बनी

रही कि अमुक काल का रूप अमुक काल में भी चलता है। निम्न परिस्थितियों में ऐसा होता है—

(क) **अति समीपता—**

(i) भविष्य की वर्तमान से समीपता—"कल सायना नेहवाल बैडमिंटन का फाइनल खेल रही है"—खेलना भविष्यत्कालीन होकर भी वक्ता की विवक्षा के अधीन वर्तमानवत् दिख रहा है, क्योंकि वह दिखाना चाह रहा है कि इतनी जल्दी यह कार्य होगा कि आप इसे भविष्य में मत मानिए। इसी तरह "जरा ठहरिए, मैं आ रहा हूँ।"

(ii) भविष्य की भूत से समीपता—उपर्युक्त परिस्थिति में ही अधिक शीघ्रता जतलाने के लिए "कल्पना चावला अन्तरिक्ष के लिए बस अभी उड़ीं, घबड़ाइए मत" या "लीजिए, आ ही गया" जैसे प्रयोग होते हैं। भविष्यार्थक प्रयोग में भूतवत् विधान कर वक्ता यह जतलाना चाहता है कि घटना इतनी जल्दी होने वाली है कि उसे आप पूरा हुआ मान लीजिए।

(iii) वर्तमान की भूत से समीपता—कभी कोई क्रिया घट रही है, तो उसकी पूर्णता के प्रति आश्वस्ति जगाने के लिए "लो, वह आ ही गया, अब मज़ा आएगा" जैसे प्रयोग होते हैं, जबकि सही में आने की क्रिया घटित ही हो रही है। इसी तरह, "स्त्री अब समझ ही गयी कि न वह पूर्वजन्म के कारण वर्तमान पीड़ा में पड़ी है,न अबला, बच्चे पैदा करने की मशीन भर या मर्द की दासी है; इसी से अब उसे कोई दबाएगा क्या?"

(iv) भूत की वर्तमान से समीपता—भूत की घटना को वर्तमान से निकट दिखाने हेतु कभी-कभी कहा जाता है कि "मैं अभी आ रहा हूँ", तो इसका अर्थ है मेरे आये बहुत देर नहीं हुई। इसी प्रकार "राकापति आ ही रहा है" जैसे प्रयोग भी इस अर्थ में होते हैं।

(ख) **प्रकार या कथन-शैली**—सम्भावनार्थक भविष्यत् में भी भूत व वर्तमान के प्रयोग होते हैं। जैसे—"यदि सहजीवन को थोड़ा-सा भी कानूनी सहारा मिला, तो परम्परागत विवाह की बोरियत में भी कमी आ जाएगी।", "अगर अरुंधती राय पुनः 'गॉड ऑफ स्माल थिंग्स' लिखती हैं तो क्या वही रूप रहेगा, जो है?" सन्देह में, भूत एवं वर्तमान में भी भविष्यत् के प्रयोग होते हैं। जैसे—"एक आम स्त्री के दैनिक जीवन का दो-तिहाई हिस्सा रसोईघर में स्वाहा होता होगा।" स्वभाव व प्रवृत्ति की सूचना देने के लिए भी 'करूँ', 'जाए'

आदि भविष्य या विधि के प्रयोग वर्तमान में होते हैं। जैसे—"हम नारियाँ घरेलू कामकाज की चक्की में पिसती रहें, पुरुषों के सुख के साधन बनती रहें, हर ज्ञान से दूर घर की हद में छह गज की साड़ी में लिपटी गुड़िया बनती रहें और पुरुष हमें 'देवी', 'सुन्दरी' आदि शब्दों से बहलाकर, हर तीन मिनट में एक स्त्री का बलात्कार करता रहे! क्या यही सब चलता रहेगा?"

(ग) **उद्धरण**—उद्धरण में तो कथन की मौलिकता की रक्षा करनी होती है, अतः एक काल में अन्य का रूप सहज ही आता है। जैसे—"कार्ल मार्क्स ने कहा था—मैं देख रहा हूँ कि दुनिया में एक महान् परिवर्तन का बीज पड़ चुका है।" वस्तुतः देखना क्रिया व्यतीत है, किन्तु उद्धरणवश उसे उक्त रूप ('देख रहा हूँ') में रखा गया।

(घ) **कथा-शैली**—पुराकथा के प्रकाशन में वक्ता अतीत प्रसंगों को वर्तमानकाल की तरह चित्रित करने की छूट ले लेता है। जैसे—"एक नगरी है चम्पा। वहाँ का सेठ सुवर्णनाभ! उसकी बेटी कनकवती सकल शास्त्रों की पंडिता है..." आदि। 'हितोपदेश' में भी अतीत काल का वर्तमान-सा प्रयोग दिखता है—"अस्ति गोदावरी तीरे विशालः शाल्मलितरुः तत्र...पक्षिणः निवसन्ति।" ऐसे प्रयोगों का कारण है, वक्ता के मानस-पटल पर वे प्रसंग वर्तमानकालिक जीवन्तता के साथ बने रहते हैं अथवा नाट्यमंच पर वे वर्तमान में ही घटते दिखाए जाते हैं।,

संस्कृत में 'पुरा' व 'स्म' के उपपद के रूप में आने पर अनद्यतन भूत के अर्थ में भी वर्तमान के प्रयोग की गुंजाइश है। जैसे—"पुरा वसन्ति बहवः छात्राः, परन्तु न एकाऽपि छात्रा गुरुकुले पठति स्म। अपाला-घोषा-लोपामुद्रानाम् वैदुष्यकारणम् केवलं तासाम् अतीव पठनेच्छा अस्ति, तत् न तु सामाजिकस्तरे स्त्रीशिक्षायाः व्यवस्था-संकेतः अस्ति।"

"सूरज उगता है" जैसे प्रयोग वर्तमान कालिक होकर भी त्रिकालार्थी हैं। काल-सामान्य में 'वर्तमान सामान्य' के प्रयोग का विधान है। इसी तरह, 'पिताओं-भाइयों द्वारा कन्याएँ विवाह की बलिवेदी पर चढ़ाई जाती हैं और तत्पश्चात् उनके बेखबर हो जाने के बाद वे घुट-घुट कर मर जाती हैं।"—जैसे वाक्य भी केवल वर्तमानार्थक नहीं हैं। एक दीर्घकालिक दुखद तथ्य है यह।

हिन्दी वैयाकरणों के बड़े वर्ग में 'काल' की समयसूचकता वाले अर्थ की उपेक्षा कर उसे क्रिया-रूप रचना के लिए रूढ़ कर दिया गया है। फिर, वहाँ भी 'संयुक्त क्रिया' से इतर क्रियारूपों के लिए 'काल' शब्द चलाया गया है। फिर, वहाँ भी सिर्फ निश्चयात्मक/निर्देशक प्रकार (Indicative mood) की क्रियारचना

के लिए 'काल' शब्द चलाया गया; न कि 'आज्ञार्थक' व 'सम्भावनार्थक' (संकेतार्थक) प्रकारों की क्रियाओं को भी 'काल' कहा गया। पंडित कामताप्रसाद गुरु ने क्रिया-रूपों की दो श्रेणियाँ मानी हैं—(क) काल और (ख) संयुक्त क्रिया। 'काल' के दो प्रकार उन्होंने माने—(i) साधारण काल (ii) संयुक्त काल। केवल प्रत्ययों के योग से निर्मित क्रिया रूपों को वे 'साधारण काल' तथा 'सहकारी क्रिया' के योग से निर्मित क्रिया रूपों को 'संयुक्त काल' का नाम देते हैं। जैसे—'गया', 'जाएगी', '(वह) जाती' आदि को वे 'साधारण काल' तथा 'चली होगी' जैसे रूपों को विशेषकाल मानते हैं। 'संयुक्त काल' को अलग करने का उनका आधार संयुक्त क्रियान्तर्गत आयी अर्थ-विलक्षणता है, जो वाक्यार्थ-सापेक्ष ही निश्चित हो सकता है। अन्यथा, 'संयुक्त काल' व 'संयुक्त क्रिया' में संरचनागत भेद क्या है? उन्होंने प्रकार, पक्ष व शुद्धकाल का मिश्रण कर काल के 16 रूप बनाये और उन्हें तीन वर्गों में बाँटा—(क) धातु से बने काल—सम्भाव्य भविष्यत्, सामान्य भविष्यत्, प्रत्यक्ष विधि, परोक्षविधि। (ख) वर्तमान कालिक कृदन्त से बने काल—सामान्य संकेतार्थ (हेतुहेतुमद्भूत काल), सामान्य वर्तमान, अपूर्णभूत, सम्भाव्य वर्तमान, सन्दिग्ध वर्तमान, अपूर्ण संकेतार्थ। (ग) भूतकालिक कृदन्त से बने काल—सामान्य भूत, आसन्नभूत (पूर्णवर्तमान), पूर्णभूत, सम्भाव्यभूत, सम्भाव्य भूत, पूर्ण संकेतार्थ। इनमें से (क) के चारों तथा (ख) व (ग) के प्रथम एक-एक, यानी कुल छह को 'साधारण काल' तथा शेष दस को 'संयुक्त काल' कहा।[45] इस प्रकार का विवेचन पर्याप्त विसंगत है। इससे अर्थगत धारणा तो खतरे में पड़ती ही है रूपगत धारणा भी खटाई में पड़ जाती है, क्योंकि 'काल' रूपगत माना जाकर भी सभी क्रियारूपों का पर्याय न बन सका है। हमारा विचार है कि क्रिया मात्र (चाहे वह असंयुक्त हो या संयुक्त) 'काल' से परे नहीं होती। सभी समापिका क्रियाएँ (यानी वास्तविक क्रियाएँ) कालबोध से युक्त हैं। भले कभी किसी में कालार्थ थोड़ा दबा हो या कभी मुखर हो (जिसकी पीछे चर्चा हो चुकी है), पर कालबोध सब में होता है। भले कभी किसी क्रिया में काल-विशेष का बोध न हो, पर काल-सामान्य का बोध तो होता ही है।

काल का शुद्ध अर्थ

''**काल क्रिया या धातुरूप से संकेतित वह अर्थ है, जो क्रिया-व्यापार के घटित होने का समय-विशेष सूचित करता है।**'' काल तीन हैं—भूत, वर्तमान एवं भविष्यत् और ये हर भाषा में समान ही होते हैं, भले इनकी पहचान में कभी भ्रान्ति हो जाये।

वस्तुतः भूत, भविष्यत् या वर्तमान की कल्पना किसी वाक्य की प्रस्तुति के क्षण के सापेक्ष खड़ी हुई है।[46] साधारणतः वक्ता जिस काल में बोलता है,

उसे वर्तमान काल कहते हैं, उसके पहले के काल को भूतकाल तथा बाद के काल को भविष्यत् काल कहते हैं। भाषा-प्रयोग या कथन का क्षण ही प्रतीति-बिन्दु हैं। उसी के सापेक्ष क्रिया (व्यापार) का समय-संकेतन काल है।

त्रिधा काल की स्थिति होने के बावजूद हिन्दी में जो इतने काल-भेदों का जमावड़ा लग गया है, वह अँग्रेजी ग्रैमर के Tense के बराबर 'काल' को तौलने का परिणाम है। 3 काल x 4 Aspect (पक्ष) से वहाँ 12 Tense बन गये हैं। उसी का अन्धानुकरण हिन्दी में हुआ है। यहाँ काल+पक्ष+प्रकार के मिश्रण से इससे अधिक काल-भेद आये दिन दिखते रहे हैं। ध्यातव्य है कि पूर्ण, अपूर्ण, सामान्य आदि भेद भूत, वर्तमान, भविष्यत् के नहीं हैं, अपितु 'पक्ष' के सूचक ये शब्द इन कालों में घटित होनेवाली क्रिया के विशेषण हैं। जैसे—'अपूर्ण वर्तमान' का अर्थ है, वर्तमान काल में अपूर्ण रह जानेवाली क्रिया। कोई यह भी कह सकता है कि 'भविष्यत्' का तो अभी आरम्भ भी नहीं हुआ है तो उसमें पूर्ण-अपूर्ण-तात्कालिक आदि की बात कैसे हो सकती है, तो ऐसा कहना 'काल' व 'पक्ष' का अन्तर न समझ पाने का नतीजा है। ''वह पढ़ चुकी होगी'' या ''सुरंजन जीत चुका होगा'' में भविष्यत् काल में घटनेवाली भावी क्रिया के पूर्णपक्ष की सूचना है, न कि भविष्यत् के पूर्ण हो जाने की सूचना। संकेतार्थक (सम्भावनार्थक) वर्तमान-भूत आदि भी इसी तरह इन कालों के भेद नहीं हैं, बल्कि संकेतार्थक प्रकार की क्रिया के इन कालों में प्रयोग की स्थितियाँ हैं।

संस्कृत में भूत व भविष्यत् के अद्यतन एवं अनद्यतन नामक भेद भी हैं। वहाँ 'अद्य' की अवधि गत आधी रात से भावी आधी रात (24 घंटों) तक के लिए होती है। उस आधार पर 'अद्यतन' नामक भेद खड़ा हुआ है। जो भूत या भविष्यत् इस अवधि के अन्तर्गत है वह 'अद्यतन', इससे बाहर है तो वह 'अनद्यतन' माना जाता है। जैसे—''अद्य वृष्टि: *भविता*'' (अद्यतन भविष्यत्) ''अवश्यमेव महिला विमुक्ता *भविष्यति* '' (अनद्यतन भविष्यत्)। हिन्दी में अद्यतन, अनद्यतन का ऐसा भेद नहीं है; तथापि 'पक्ष' व 'प्रकार' से जुड़े जितने सूक्ष्म धात्वर्थों की गुंजाइश हिन्दी में (यौगिक धातुओं व संयुक्त क्रियाओं की भूमि पर) है, उतनी संस्कृत में कतई नहीं है।

हिन्दी में भूतकाल के 'आसन्न' एवं वर्तमान काल के 'पूर्ण' नामक कथित भेद को लेकर सन्देह की स्थिति विद्यमान है।

''पुराने अन्धविश्वास के मलिन वस्त्र भी नये युग में विज्ञान-आधारित बाजारवाद की लॉण्ड्री में धुलकर चमकने *लगे हैं*।'' ''आज फिर से नारियों पर करवा चौथ करने का भूत सवार *हुआ है*।'' एवं ''दहेज प्रथा को बढ़ानेवाली भड़कीली शादियाँ भी लगातार बढ़ने *लगी हैं*।''—इन वाक्यों में आये क्रियापद

'लगे हैं', 'हुआ है', 'लगी हैं' को कभी 'वर्तमान' का माना जाता है, कभी 'भूत' का। एक वर्ग कहता है कि 'वर्तमान' में यह 'पूर्ण' का उदाहरण है, तो दूसरा वर्ग कहता है कि 'भूत' का ही उदाहरण मानना होगा, क्योंकि कथन-क्षण के सापेक्ष यह पूर्वघटित है। दूसरी बात, इसे 'पूर्ण वर्तमान' की जगह 'आसन्न भूत' मानने में ही उस व्याकरणिक नियम की रक्षा होगी कि 'ने' परसर्ग का विधान सकर्मक क्रियाओं के भूतकालिक प्रयोग में होता है। उक्त उदाहरण में क्रिया अकर्मक है। सकर्मक में हम देखें तो बात स्पष्ट हो—

"हमारे कुछ नेताओं ने मजहबी प्रतीकों को राजनैतिक रंग देकर अलगाव व फासीवाद को *बढ़ाया है*; चाहे वह 'खिलाफत' का मसला हो या 'गणेशोत्सव' का—परिणाम अच्छा नहीं *हुआ है*।"

'है' के जुड़े होने से इन क्रियाओं को कुछ लोग वर्तमान काल में खींचना चाहेंगे, क्योंकि उनके मत से काल का निश्चय मुख्य क्रियारूप भूतकालिक कृदन्त ('बढ़ाया', 'हुआ' आदि) से न होकर सहायक समापिकांश) क्रिया 'है' से होगा, जो वर्तमानकालिक है। किन्तु, हमें यहाँ स्पष्ट समझ लेना चाहिए कि क्रियारूप-विशेष (या लकार) एवं काल-विशेष का सम्बन्ध पूर्ण स्थिर न होकर, प्रायोवाद होता है; यानी, अधिकतर स्थिर होकर भी विचलन की स्थिति होती है। हमने पीछे ऐसे विचलनों पर सविस्तार प्रकाश डाला है। जैसे—'पढ़ना है' में 'है' के बावजूद यह भविष्यार्थक है। अतः 'है' का प्रयोग सदा वर्तमानार्थक ही नहीं होता—यह समझ लेना चाहिए।

पक्ष—पक्ष क्रिया या धातु-रूप के द्वारा संकेतित वह अर्थ है, जिससे काल-धरातल (काल-प्रसार में) पर घटनेवाली क्रिया के पूर्णता-अपूर्णतादि स्वरूप तथा क्रिया-संकेतित कारक (वस्तु) की स्थिति की सूचना मिलती हैं। व्यापार की अन्तरिम दशाओं व स्थितियों की बोधक कोटि है पक्ष। क्रिया की व्यापार-प्रक्रिया को दो दृष्टियों से देखा जा सकता है—(i) *पहली स्थिति*— पूरा व्यापार एक इकाई के रूप में आद्योपान्त प्रसरित हो। इसकी संकेतक क्रिया 'पूर्ण' पक्ष वाली कहलाती है। (ii) *दूसरी स्थिति*— व्यापार-विशेष के प्रारम्भ या वर्धमानत्व अथवा विघटन/समापन आदि में से किसी एक स्थिति की सूचना क्रिया से मिलती है, तो वह 'अपूर्ण' पक्षवाली कहलाती है।

'पक्ष' अँग्रेजी शब्द Aspect का अनुवाद है जिसे 'हिन्दी-व्याकरण' में 'वृत्ति' भी कहा जा रहा है[48], किन्तु वैसा न होता तो अच्छा था, क्योंकि संस्कृत-व्याकरण में 'वृत्ति' शब्द अन्यार्थक है।[49] हाँ, 'पक्ष' की चर्चा के कुछ संकेत संस्कृत में 'क्रियाव्यावृत्ति' नाम से अवश्य प्राप्त हैं। जैसे—

(i) अभ्यास वृत्ति—एक कर्तृक-तुल्यजातीय क्रिया का बार-बार घटना।

(ii) आभीक्ष्ण्य वृत्ति—क्रिया की आवृत्ति, भले विच्छेद हो। जैसे—"भुक्त्वा-भुक्त्वा व्रजति" (खा-खा कर जाता है/जाती है।)

(iii) नित्य—क्रिया का अविच्छेद्य। जैसे—"जीवति-जीवति" (जीता/जीती ही है)

(iv) क्रिया समभिहार—बार-बार या तीव्रता से होना। जैसे—'पापठ्यते' (बार-बार पढ़ता/पढ़ती है)। इसमें 'यङन्त' क्रिया पद आते हैं। 'यङ्-लुगन्त' भी आते हैं।

हिन्दी में क्रिया के नित्य/पौनःपुन्य, आरम्भद्योतक, पूर्ण, सातत्य, स्थित्यात्मक, अभ्यास, प्रगतिद्योतन आदि पक्ष होते हैं। "पृथ्वी घूमती है", "राका क्रिकेट खेलती है।", "रुक्मिणी सम्पादन करती है।", "पुनीत व्याख्यान देता है।" आदि नित्य या पौनः पुन्य पक्ष की क्रियाओं के उदाहरण हैं। आरम्भद्योतक पक्ष के उदाहरण हैं—"शर्मिला घरेलू हिंसा से त्रस्त होकर तलाक लेने जा रही है।", "सोमारू खेत जोतने जा रहा है।", "सुभद्रा रिक्शा चलाने जा रही है।", शाइस्ता बन्दूक चलाने लगी है।" आदि। 'पूर्ण' पक्ष के उदाहरण हैं—"सखूबाई ने नृत्य सीखा था/है।", "बिलकिस खातून ने अपने ऊपर थोपे गये बालविवाह को अस्वीकार कर दिया तथा उसके जिम्मेदार मौलवी व माँ को पुलिस से पकड़वा दिया।", "अन्नासाहब कर्वे ने स्त्री-शिक्षा के लिए एक अलग युनिवर्सिटी खोली।", "खूँटे से बाँधकर दलित युवक को पीटा तथा पानी माँगने पर पेशाब पिलाया।", "चलती ट्रेन में आदिवासी किशोरी का कुछ शैतानों ने बलात्कार किया।" आदि। 'सातत्य' पक्ष के उदाहरण हैं—"यौन-शिक्षा के लिए हमारा देश धीरे-धीरे तैयार हो रहा है।", "जैसे-जैसे नारी आत्मनिर्भर हो रही है, उस पर यौन-हिंसा भी बढ़ती जा रही है। लगता है खिसियानी बिल्ली रूपी पितृसत्ता खम्भा नोच रही है।", "गौतम बुद्ध जेतवन में उपदेश दे रहे थे।", "ललमुनिया जैसी कितनी अछूत स्त्रियाँ और रामधनी जैसे कितने अछूत पुरुष हजारों वर्षों से सवर्ण ताकतों के चौतरफा शोषण व घृणा के शिकार बनते रहे हैं।" 'स्थित्यात्मक' पक्ष के उदाहरण हैं—"शोभना भरतिया हिन्दुस्तान टाइम्स समूह की चेयरपर्सन हैं।", "राजेन्द्र यादव 'हंस' के सम्पादक हैं।", "दीपा मेहता जानी-मानी फिल्म निर्देशिका हैं।", "रोमिला थापर चोटी की इतिहासविद् हैं।", "रोजा लक्जमबर्ग प्रसिद्ध समाजवादी चिन्तक एवं जुझारू महिला कार्यकर्ता थीं।", 'अभ्यास' पक्ष के उदाहरण हैं—"शमशाद बेगम गाया करती थीं", "अनीता नायर लिखा करती हैं।", "अजीजन बाई 1857 के क्रान्तिकारियों की मदद किया करती थी।", "फूलन देवी अपने साथ की गयी ज्यादतियों का बदला लिया करती थी।", "कपिलदेव क्रिकेट खेला करते थे", "ज्योतिबा फुले पत्नी सावित्री बाई को नित्य पढ़ाया करते

थे।'' आदि। 'प्रगतिद्योतन' पक्ष के उदाहरण हैं—''भीड़ बढ़ती जा रही है।'', ''चार दिनों से कृष्णा सोबती लिखती चली आ रही हैं।'', ''सितारा देवी नृत्य करते जाती हैं।'', ''बाबा आमटे कुष्ठरोगियों की सेवा बिना थके करते चले आ रहे थे।'', ''एम.सी. मैरीकाम मुक्केबाजी की एआईबीए विश्व चैम्पियनशिप में लगातार चार बार से स्वर्णपदक जीतती चली आ रही हैं। भारत की महिलाओं के लिए यह कितने गर्व की बात है!'' अपूर्णपक्ष के दो सूक्ष्मभेद सम्भव हैं— (1) अपूर्ण मात्र/सातत्य—वह जाता है। 'गच्छति' सामान्य वर्तमान है, जिसके लिए 'सातत्य' ही चलता है। (2) तात्कालिक—सीता दूध पी रही है।

हिन्दी-व्याकरण में 'पक्ष' की प्रथम बार चर्चा डॉ. आर्येन्द्र शर्मा ने 'A Basic Grammar of Modern Hindi' (1958) में 'Aspect' नाम से की। उन्होंने मुख्यत: दो Aspect माने— (i) Terminate और (ii) Progressive[50]। इसके पहले लोग आमतौर पर 'पक्ष' को काल में ही समाहित समझकर उससे अनजाने बने रहे। कई वैयाकरण 'प्रकार'(Mood) को अलगा कर भी 'पक्ष' को न समझ सके और अधिकतर वैयाकरणों ने तो 'प्रकार' व 'पक्ष' को सम्मिश्रित कर 'कालों' की संख्या बढ़ाने का ही कार्य किया।

प्रकार (Mood)—'प्रकार' क्रिया या धातु-रूप से संकेतित होने वाला अर्थ-विशेष है जिसमें वक्ता उस क्रिया का प्रयोग अपनी कथन-भंगी की विशेषता से निर्धारित करता है। कथ्य के प्रति वक्ता की अभिवृत्ति या मानसिकता ही 'प्रकार' है।

क्रिया की रूप-रचना में आख्यान/कथन-प्रकार के भेद से भी अन्तर आता है। हिन्दी में 'प्रकार' चार होते हैं—ये चार अँग्रेजी में भी हैं। संस्कृत में इस दृष्टि से विभाजन नहीं है—किन्तु चारों प्रकारों में क्रियाएँ किसी न किसी रूप में प्राप्य हैं।

(क) निर्देशक/सूचनार्थक/निश्चयार्थक (indicative)—इसकी प्रत्यक्षत: चर्चा तो संस्कृत में नहीं है, किन्तु बाकी तीनों के शेष में यह स्वत: उपस्थित है। तीनों कालों के सामान्य रूप, पूर्ण-अपूर्ण भूत, अपूर्ण वर्तमान, आसन्न भूत आदि इसी अर्थ को व्यक्त करते हैं।

(ख) आज्ञार्थक (Imperetive)—संस्कृत में 'विधि', 'प्रैष' (प्रत्यक्ष विधि), प्रार्थना, इच्छा, आशंसा, सम्भावना, सन्देह, आशीष, आमन्त्रण, कामना आदि प्रकार गिनाये गये हैं, वे इसी में हैं। इन अर्थों के अलावा चेतावनी भी इसी के अन्तर्गत आती है। जैसे—वह चले। तू खा। सुखी रहो। चलिये आदि।

(ग) सम्भावनार्थ/संकेतार्थक/घटनान्तरापेक्षी (Subjunctive)—संस्कृत में हेतुहेतु- मद्‌भाव (कारण-कार्य भाव), क्रियातिपत्ति (क्रिया की असिद्धि)

अर्थों का प्रयोग इसी 'प्रकार' में विवेच्य है। जैसे—"सीता पढ़ती तो पास होती।", "वह जाएगी तो मैं नहीं जाऊँगा।" "मैं पढ़ता (काश!)" आदि।

(घ) निमित्तार्थक/प्रयोजनवाचक (Infinitive)—संस्कृत में 'क्रियार्थक क्रिया' का व्यवहार इसी में विवेच्य है।[51] जैसे—'खेलने को', 'जाने को' आदि।

प्रथम तीन प्रकार 'समापिका क्रिया' (finite verb) होते हैं और अन्तिम प्रकार 'असमापिका क्रिया' का है। दीमशित्स के शब्दों में इन दो प्रकार के क्रियारूपों को क्रमशः 'पुरुष-नियत रूप' व 'पुरुष-अनियत रूप' कहते हैं।[52] वस्तुतः समापिका क्रिया ही क्रिया है। वही विधेय बनती है। 'असमापिका क्रिया' तो क्रिया है भी नहीं। वह तो अव्ययात्मक कृदन्त है—खेल कर, खेलने को, खेलते-खेलते आदि। 'समापिका क्रिया' ही पुरुषवाची होती है।

उक्त प्रकारों की अभिव्यक्ति के लिए संस्कृत में कई लकार हैं। संस्कृत के दस-ग्यारह क्रिया-रूप भेदों (लकारों) में से कुछ 'कालात्मक अर्थप्रधान' हैं, कुछ 'प्रकारात्मक अर्थप्रधान'। क्रियापद इन्हीं दो रूपों में होते हैं। आज्ञा, सम्भावना विधि में लोट्, लिङ् (इस अर्थ में वेद में 'लेट्' लकार है) लकार हैं। ये काल-दृष्टि से भविष्यकालिक होते हैं। 'लिङ्' के दो भेद—'विधिलिङ्' व 'आशीर्लिङ्' हैं। 'हेतुहेतुमद्भाव', 'क्रियातिपत्ति', असम्भावना में 'लृङ्' लकार होता है, जो 'लङ्+लृट्' से बना है। इन अर्थों में 'लिङ्' का भी प्रयोग होता है। 'लृङ्', 'लिङ्' दोनों भूत/भविष्यत् के अद्यतन-अनद्यतन यानी इन चार काल-भेदों के लिए हो सकते हैं। 'लट्' वर्तमान सामान्य में विहित है; 'लुङ्' भूत सामान्य में विहित है; 'लङ्' भूत-अनद्यतन में विहित है। आज 'लङ्' ही 'लुङ्' के अर्थ में प्रयुक्त हो रहा है, यानी 'अभूत' की जगह 'अभवत्' जैसे रूप चलते हैं। 'लिट्' परोक्षभूत में ('बभूव' आदि) विहित होता है; 'लृट्' भविष्यत् सामान्य में ('भविष्यति' आदि) तथा 'लुट्' अनद्यतन भविष्यत् में विहित है।

संस्कृत-भाषियों की मनोवृत्ति में कालगत प्रकारों/अर्थों का सूक्ष्मातिसूक्ष्म भेद शायद उतना महत्त्वपूर्ण न था, तभी तो वर्तमान-भविष्य या भूत में सातत्य आदि कई अर्थों के लिए कोई 'लकार' नहीं बन सका है। हिन्दीभाषी समाज की मनोवृत्ति अपेक्षाकृत बहुत बारीक अर्थों की ओर ढरी है, जिससे कालगत क्रिया-रचना के इतने भेद (संयुक्त क्रिया के रूप में विशाल भंडार) विकसित हो गये हैं। उत्तरकालीन संस्कृत में भी कृदन्तों के सहयोग से सूक्ष्मार्थों की व्यंजना होने लगी थी। जैसे—'पठन् अस्ति', 'पठन्ती अस्ति'। इस प्रकार, हिन्दी व संस्कृत की धारणाओं में पर्याप्त भेद है। सभी लकारों का यथावत् अनुवाद हिन्दी में सम्भव नहीं है। 'पठति' आदि ('reads' आदि) लट् रूपों का अनुवाद 'पढ़ता/पढ़ती है' ठीक-ठीक नहीं

है। वस्तुतः हिन्दी में 'वर्तमान सामान्य' का वाचन करनेवाला कोई रूप ही नहीं है। 'पढ़ता/पढ़ती है' तो 'अपूर्ण वर्तमान' का रूप है, जिससे हम सामान्य वर्तमान का काम लेते हैं।

वाच्य—"वाच्य क्रिया/धातु-रूप से संकेतित होनेवाला वह अर्थ है, जो यह सूचित करता है कि वाक्य में क्रिया का अभिधेय (वाच्य) कर्ता है या कर्म है या वह स्व-वाचक है?" इसी आधार पर लक्षणा से, जिस क्रिया (या क्रिया के जिस रूप) का वाच्य क्रमशः कर्ता, कर्म, भाव (स्वयं क्रिया) रहता है; वह क्रमशः कर्तृवाच्य, कर्मवाच्य, भाववाच्य कहलाती है। इसी लक्षणा का और विस्तार करने पर, उस क्रिया से बने वाक्य के भी ये वाच्य कहे जाते हैं।

धातु+विभक्ति के रूप में घटित क्रिया के सन्दर्भ में दो तरह के वाच्य-विचार हो सकते हैं—

(i) क्रिया की विभक्ति या प्रत्यय या रूप का वाच्य, यानी 'इस स्तर पर क्रिया वाक्यस्थ पदों में किससे प्रतिबद्ध है' इस का विचार।

(ii) क्रिया के अर्थ (धात्वर्थ) का वाक्य, यानी 'क्रिया (धातु) अर्थस्तर पर वाक्यस्थ पदों कर्ता, कर्म आदि में से किसके प्रति बँधी हुई है अथवा किसके प्रयत्न को कह रही है?' इस का विचार। धातु कहीं कर्ता के प्रयत्न को कहता है कहीं कर्म के प्रयत्न को और कहीं इनसे अलग विशुद्ध प्रयत्न को कहता है। क्रिया जब कर्ता या कर्म के प्रयत्न को न कह पाती है तो अपने व्यापार या भाव गें ही केन्द्रित होकर रह जाती है।

उक्त (i) के लिए 'प्रयोग' या 'प्रधान' शब्द रूढ़ है। 'वाच्य' शब्द का प्रयोग (ii) के अर्थ में ही होता है। 'प्रयोग' व 'वाच्य' भिन्न-भिन्न व्याकरणिक संकल्पनाएँ हैं। 'प्रयोग' का आधार रूप-रचना है; 'वाच्य' का आधार वक्ता द्वारा दी गयी प्रधानता या अर्थ है। संस्कृत भाषा में ये दोनों एकनिष्ठ थीं। वहाँ क्रिया-विभक्ति/प्रत्यय के वाच्य *(प्रयोग)* एवं क्रिया/धातु के अर्थ के 'वाच्य'—दोनों एकगामी थे; साम्य था उनमें। जैसे—

"नादिरया '1857 एक सफरनामा' नाटकं अभिनीतम्।"—इस वाक्य में 'अभिनीतम्' का 'उक्त' प्रत्यय व नपुंसक लिंग कर्म (नाटकम्) के प्रति बद्ध है। क्रिया का अर्थ 'अभिनीत होना' भी उसी (कर्म) के प्रति बद्ध है। "सुषमा महाभारतं पठितवती" में क्रिया का रूप कर्ता के प्रति बँधा है और अर्थ 'पढ़ गयी' भी उसी से बँधा है। किन्तु, हिन्दी में आकर यह संगति टूट जाती है। यहाँ क्रिया के प्रत्यय/विभक्ति का वाच्य अलग होने लगा और क्रिया के अर्थ का वाच्य अलग होने लगा। जैसे—

(i) ''निठारी के आदमखोर पंढेर ने न जाने कितने बच्चे मार डाले।''

(ii) ''आदमखोर पंढेर से/के द्वारा कितने बच्चे मार डाले गये।''

प्रथम वाक्य में क्रिया 'मार डाले' का 'ए' प्रत्यय कर्म (बच्चे) को वाचित कर रहा है, पर क्रिया का अर्थ (मार डालना) कर्ता (पंढेर) के प्रयत्न को कह रहा है। दूसरे वाक्य में 'ए' प्रत्यय व धात्वर्थ (मार डाला जाना) दोनों का वाच्य 'कर्म' ही है। यानी, हिन्दी में 'वाच्य' व 'प्रयोग' की एकनिष्ठता हर समय न रह सकी है, बल्कि टूट चुकी है। इससे कुछ जगहों को छोड़कर दोनों की एकता नहीं रह गयी। संस्कृत में क्रिया रूप मात्र देख लेने से ही वाच्य का भी निश्चय हो जाता था, किन्तु हिन्दी में आधी स्थितियाँ ऐसी बन गयीं जिनमें ऐसा होना असम्भव हो चुका है। हिन्दी की वाच्य सम्बन्धी इस नवीन विकसित प्रवृत्ति को पहचान कर[53] ही पंडित कामताप्रसाद गुरु ने 'वाच्य' के समान्तर 'प्रयोग' नामक तत्त्व की कल्पना की। 'हिन्दी-व्याकरण' के प्रथम संस्करण (1921 ई.) में प्रस्तुत वाच्य-विचार पर पंडित किशोरीदास वाजपेयी की जोरदार आलोचनाओं[54] से गुरु जी को समयोचित सूझ मिली। उन्होंने 'प्रयोग' नामक तत्त्व की कल्पना कर विवेचन को सुसंगत बनाने की कोशिश की। परन्तु, उनके द्वारा वाच्य-विवेचन को उपलब्ध करायी गयी ठोस जमीन का महत्त्व ठीक से न आँका गया और वे आलोचनाओं के शिकार बने रहे[55] वस्तुतः वाजपेयी जी ही गलत थे जो 'वाच्य' व 'प्रयोग' की एकता का हिन्दी में भी दुराग्रह करते रहे। इस सन्दर्भ में डॉ. दीमशित्स सही हैं, जिन्होंने 'प्रयोग' व 'वाच्य' की भिन्नता को माना।

'वाच्य' में क्रिया के कोशीय अर्थ की प्रतिबद्धता विचारणीय है, अतः वाच्य अकेले व्याकरणिक कोटि नहीं है। 'प्रयोग' के साथ मिलित रूप में यह व्याकरणिक कोटि है। प्रयोक्ता/वक्ता की दृष्टि जिसे लक्ष्यीभूत कर के बोले, वही वाच्य होता है, यानी तब क्रिया उसी तरह से रखी जाती है जिससे उसकी अर्थगत प्रतिबद्धता उस लक्ष्यीभूत (कर्ता, कर्म या भाव) के प्रति हो। किन्तु, 'प्रकार' (Mood) भी या 'काल', 'पक्ष' भी तो इसी तरह वक्ता की विवक्षा के अधीन हैं। इसलिए, जितना व्याकरणिक कोटि वे हैं, उतना 'वाच्य' भी है।

वाक्य में क्रियापद प्रधान होता है। इसी से धातु-विभक्ति/प्रत्यय से उक्त हो रहा प्रातिपदिक (कारक) ही नेता माना जाता है; प्रातिपदिक-विभक्ति से उक्त हो रहा प्रातिपदिक (कारक) उसका अनुचर या उससे गौण माना जाता है। क्रिया अपने रूप व अर्थ से वस्तुतः कर्ता को या उसकी जगह बैठे (कर्तृस्थानीय) को उक्त करती है। चारो मूल कारकों में से शेष तीनों कर्तृस्थानीय बन सकते हैं। किन्तु, एक अन्तर है। कर्म कर्ता के वाक्य में रहते भी कर्तृस्थानीय बन सकता है, किन्तु करण, अधिकरण तभी कर्तृस्थानीय हो सकते हैं, जब वाक्य से कर्ता पूर्णतः तिरोहित

हो जाये। कर्ता जब विश्राम लेने की इच्छा करता है तो मंच पर रहकर भी एक कोने में पड़ा रहता है तथा खुद अप्रधान रहते हुए कर्म को ही सभापति बना देता है अथवा कर्ता को थका हुआ देखकर कर्म खुद सभापति बन बैठता है। किन्तु, करण व अधिकरण का कर्तृस्थानीय बनना उस तरह का है, जिस तरह प्रधानमन्त्री के विदेश जाने या मृत हो जाने पर विशेष मन्त्रियों में से कोई उस पद पर आ बैठे। यानी, तब करण व अधिकरण शत-प्रतिशत कर्ता बन ही जा सकते हैं, सिर्फ कर्तृस्थानीय नहीं रह जाते। किन्तु, कर्म बिना शत-प्रतिशत कर्ता बने भी कर्तृस्थानीय हो सकता है (कर्मवाच्य में) और वह शत-प्रतिशत कर्ता भी बन सकता है, जब वाक्य का कर्ता तिरोहित हो जाये (कर्म-कर्तृवाच्य में)। इस तरह 'कर्म' ही एक कारक है जो बिना शत-प्रतिशत कर्ता बने यानी बिना कर्ता के विलोप के ही कर्तृस्थानीय बनने की क्षमता रखता है। तब, कह सकते हैं कि कर्ता व कर्म ये दो ही कारक हैं, जो क्रिया के द्वारा उक्त-अनुक्त हो सकते हैं (क्योंकि करण, अधिकरण आदि तो अपना करणत्व, अधिकरणत्व आदि खोकर, 'कर्ता' बनकर ही, क्रिया से उक्त हो सकते हैं।)। किसी को उक्त न करने पर क्रिया स्वयं को उक्त करने लगती है।

संस्कृत से हिन्दी की वाच्य-स्थिति का अन्तर—संस्कृत में 'तिङ्विभक्ति लगाकर ही अधिकतर क्रियापद बनते हैं, साथ में कृत् प्रत्यय भी विकल्प से लगते हैं। 'तिङ्' विभक्ति की अल्पता से हिन्दी में कृत् प्रत्ययों का सहारा लेना लगभग अनिवार्य हो गया। इस स्थिति में हिन्दी को अपना 'वाच्य' प्रकट करने के लिए कई जगहों पर दायें-बायें होना पड़ा है। जैसे—

(क) सकर्मक धातु के भूतकाल में कर्तृवाच्य प्रकट करने में कठिनाई आयी— संस्कृत में भूतकाल के लिए 'तिङ्' के साथ 'क्त', 'क्तवतु' कृत् प्रत्यय भी विकल्प से थे। हिन्दी में भूतकाल में 'तिङ्' नहीं है, साथ ही 'कृत्' में भी 'क्तवतु' नहीं है, केवल 'क्त' है। 'क्तवतु' प्रत्यय सकर्मक-अकर्मक हर धातु से कर्ता को उक्त करता है, 'क्त' प्रत्यय कर्म को। संस्कृत में 'तिङ्' विभक्ति के साथ 'क्तवतु' कर्तृवाच्य में उपयुक्त होता है; 'क्त' कर्मवाच्य में। हिन्दी को लाचारी में 'क्त' से ही कर्तृवाच्य बनाना पड़ा; किन्तु कठिनाई हुई कि 'क्त' प्रत्यय कर्मगामी है। इस कारण हिन्दी के भूतकालिक सकर्मक क्रिया के कर्तृवाच्य में धातु-प्रत्यय ('क्त') कर्म को उक्त करने लगा। तब, कर्ता के कर्तृत्व को सूचित करने के लिए 'ने' लगाया गया। इस प्रकार 'वाच्य' व 'प्रयोग' में संगति टूट गयी। तब 'कर्मणि प्रयोग' में ही इस कर्तृवाच्य को मान्यता मिली। यह नयी श्रेणी हिन्दी में विकसित हुई। जैसे—

"नरगिस-राजकपूरौ 'आवारा' चलच्चित्रे भूमिकां कृतवन्तौ।" अर्थात्, नरगिस-

राजकपूर ने 'आवारा' चलचित्र में भूमिका की/निभायी।

इन वाक्यों में से पहला (संस्कृत) वाक्य कर्तृवाच्य-कर्तरि प्रयोग में है, परन्तु उसका हिन्दी-रूपान्तर करने पर वाक्य में वाच्य तो कर्तृवाच्य ही रहा, पर प्रयोग कर्मणि हो गया।

समर्थक क्रिया का कर्म व्यक्तिवाचक होने पर 'को' प्रयोग भी आवश्यक हुआ। 'को' के द्वारा कर्म उक्त होता है, 'ने' के द्वारा कर्ता उक्त। तब भूतकालिक 'क्त' प्रत्यय स्पष्टतः भाव को उक्त करता माना गया। वह कर्ता व कर्म के लिंगवचन से सदा अप्रभावित भी रहता है। इस तरह उसे 'भावे प्रयोग' माना गया। इस तरह कर्तृवाच्य की एक और श्रेणी विकसित हुई—'कर्तृवाच्य भावे प्रयोग' की। जैसे—

''झलकारी बाई ने लक्ष्मीबाई का रूप धर कर अँग्रेजों को खूब छकाया था।''

''श्याम बेनेगल ने सामाजिक फिल्मों के क्षेत्र में तमाम फिल्मकारों को पीछे छोड़ा।''

''ज्योतिबा फुले ने प्रथम कन्या पाठशाला खोलकर लड़कियों को खूब पढ़ाया।''

(ख) कर्मवाच्य बनाने में कठिनाई आयी—संस्कृत में कर्मवाच्य बनाने के लिए सभी कालों में 'तिङ्' प्रत्यय भी हैं और भूत-भविष्यत् में उनके विकल्प में 'कृत्' प्रत्यय ('क्त' आदि) भी हैं। हिन्दी में भूतकाल में तिङ् न रहने पर कठिनाई आयी, 'क्तवतु' भी भूतकाल में न रहा। 'क्त' प्रत्यय आया, पर वह तो कर्तृवाच्य में उपयुक्त हो गया। ऐसी स्थिति में हिन्दी ने कर्मवाच्य बनाने के लिए अँग्रेजी से प्रेरणा ली। अँग्रेजी में कर्मवाच्य बनाने के लिए धातु के भूतकालिक क्रियार्थक विशेषण कृदन्त (पास्ट पार्टिसिपल) में 'To be' (हो) का रूप जोड़कर प्रयुक्त करते हैं। इसी प्रकार, हिन्दी ने 'भूतकालिक क्त (आ) प्रत्ययान्त क्रियार्थक विशेषण कृदन्त+जा' के रूप से सहायता ली। 'क्त' (आ) प्रत्यय तो सकर्मक धातु से कर्म में होता ही है, 'जा' के रूप जोड़ देने से अब क्रिया भी कर्म के प्रयत्न को कहने लगी। इस प्रकार यह सम्पूर्ण रूप में कर्मवाच्य ('कर्मवाच्य कर्मणि प्रयोग') बन गया। जैसे—

''उषा खन्नया चलच्चित्र-संगीतम् उच्चारोहितम्।'' (कर्मवाच्य, कर्मणि प्रयोग)

''उषा खन्ना से/के द्वारा फिल्मी संगीत ऊँचाई पर पहुँचाया गया।'' (कर्मवाच्य)

आंग्ल-अनुकरण पर 'तब खान बहादुर और उनके साथी को पेश किया गया।'', ''खत को लाया गया'' जैसे प्रयोग हिन्दी में चलने लगे थे, जिन्हें आचार्य महावीर प्रसाद द्विवेदी नाजायज ठहरा चुके थे।[56] ऐसे प्रयोगों के बाहुल्य से यह दबाव बना कि इन्हें भी शुद्ध माना जाये; 'वाच्य में स्थान दिया जाए। तब, विचार

किया गया। इन वाक्यों में कर्म को कहने के लिए 'को' परसर्ग आया ही है, तब उसे दुबारा कहने के लिए 'क्त' (आ) क्यों आएगा? अत:, वह प्रत्यय भाव में है। बात ठीक भी है। वह कर्ता/कर्म के लिंग वचनादि से सदा अप्रभावित-सामान्य स्थिति में रहता है—पुंलिंग एकवचन में। इस तरह के वाक्यों को मान्यता देने से 'कर्मवाच्य में भावे प्रयोग' को मान्यता मिली। यह एक नयी श्रेणी है। जैसे—"किसान की बेटी क्रान्तिकारी जॉन ऑफ आर्क को जिन्दा जला दिया गया।"

"फुले और पेरियार के द्वारा स्त्री-पुरुष की बराबरी का दर्जा देनेवाली शादी को स्वीकारा गया।"

हिन्दी में छह वाच्य-श्रेणियाँ—पंडित कामताप्रसाद गुरु ने हिन्दी में छह वाच्य-श्रेणियाँ बतलायी थीं, वे उपहास का विषय रही थीं, किन्तु हमने ऊपर दिखाया है कि वे परिस्थिति-प्रेरित एवं साधार हैं। हिन्दी में वाच्य भले तीन ही प्रकार के हैं, किन्तु रचना की दृष्टि से वे छह श्रेणियों में विन्यस्त हैं। ये श्रेणियाँ कर्तृवाच्य में तीन, कर्मवाच्य में दो, भाववाच्य में एक हैं। 'कर्तृवाच्य' में कर्तरि, कर्मणि और भावे प्रयोग नामक तीन श्रेणियाँ होती हैं तथा 'कर्तृवाच्य'-सकर्मक व अकर्मक दोनों क्रियाओं से होता है। 'कर्मवाच्य' में दो श्रेणियाँ—'कर्मणि' व 'भावे' प्रयोग की होती हैं तथा 'कर्मवाच्य' सिर्फ सकर्मक क्रिया में होता है। 'भाववाच्य' की सिर्फ एक श्रेणी होती है—'भावे प्रयोग' तथा वह सिर्फ अकर्मक क्रिया में माना जाता है, किन्तु सकर्मक क्रिया का भी भाववाच्य सम्भव है यदि वाक्य में कर्म अनुपस्थित हो। कर्तृवाच्य की तीनों श्रेणियों में 'कर्ता' ही उद्देश्य होता है। कर्मवाच्य की दोनों श्रेणियों में कर्म ही उद्देश्य होता है। भाववाच्य में क्रिया उद्देश्यहीन होती है।[57] जब हम ऐसा कहते हैं तो 'उद्देश्य' (Subject) का अर्थ भी सिर्फ क्रिया के लिंगवचनादि के साथ संगति मिलानेवाले पद से नहीं, वरन् मूल अर्थ क्रिया के अर्थ (धात्वर्थ) की संगति पाने वाले पद से है। यानी, वक्ता के वक्तव्य के केन्द्रीय तत्त्व को उद्देश्य कहते हैं, जिसकी प्रधानता मन में रखकर वाक्य बोला जाता है।

हिन्दी में वाच्य की पहचान करने का सरल सूत्र है—कर्ता में शून्य या 'ने' परसर्ग जुड़ा हो या षष्ठ्यर्थ 'को'/-ए परसर्ग जुड़ा हो तो निश्चित रूप से वह प्रयोग 'कर्तृवाच्य' होगा। यदि कर्ता में 'से/के द्वारा' लगा हो, क्रिया 'जा' सहायक धातु से बनी हो तो कर्म की उपस्थित वाली सकर्मक क्रिया—की स्थिति में वाच्य *'कर्मवाच्य'* होता है और अनुपस्थित कर्मवाली सकर्मक क्रिया व अकर्मक क्रिया की स्थिति में वाच्य *'भाववाच्य'* होता है। इस रूपपरक सूत्र के अलावा, अर्थपरक सूत्र है कि क्रिया का धात्वर्थ कर्तृनिष्ठ होने पर 'कर्तृवाच्य'; कर्मनिष्ठ होने पर 'कर्मवाच्य' और न कर्तृनिष्ठ—न कर्मनिष्ठ होने पर 'भाववाच्य' होता है।

(i) **कर्तरि प्रधान कर्तृवाच्य**—पूर्णतया कर्तृवाच्य यही है। इसमें कर्ता ही उद्देश्य तथा 'प्रयोग' का लक्ष्यीभूत होता है, यानी क्रिया-प्रत्यय कर्ता को ही उक्त करता है। कर्ता इस श्रेणी में परसर्ग-रहित होता है, पर कर्म 'को' या 'ए' सहित हो सकता है। उदाहरण—सरोजा पढ़े/पढ़ेगी। वह जाएगा। शबाना आजमी फिल्म 'मंडी' की नायिका होंगी। विश्वामित्र व्याकरण पढ़ता है। सरोजिनी नायडू कांग्रेस-अध्यक्ष बनी थीं। स्टालिन के समय रूस में सत्तर-अस्सी लाख लोग भूख से मरे थे। तुम कैसे गिरे? रुद्रपुर उत्तरांचल की कृषककन्या नमृता चांडी विश्व की सर्वोपरि हवाईपट्टी तक उड़नेवाली पहली महिला पायलट हुईं। शीला यह बात समझी नहीं। आज यहाँ सुनीता कृष्णन आनेवाली हैं, जो देह-व्यापार की शिकार लड़कियों को मुक्त करा के व्यावसायिक शिक्षा देती हैं। वहाँ बालविवाह होना था, जो भँवरीबाई के प्रतिरोध से रुक गया। अधिकाधिक स्त्रियाँ प्रशासन व न्यायिक सेवाओं में जाएँ तभी भला होगा। पुरुष व नारी विलोम नहीं होते, बल्कि वे पूरक हैं।

इस वाच्य-श्रेणी का प्रयोग तीनों कालों में, विधि या सम्भावना में भी होता है, पर भूतकाल में सिर्फ अकर्मक क्रिया की यह वाच्य-श्रेणी होती है।

(ii) **कर्मणि प्रधान कर्तृवाच्य**—यह वाच्य सिर्फ भूत-भविष्यत् में सम्भव है। इसमें उद्देश्य तो कर्ता होता है, पर 'प्रयोग' कर्मणि होता है। कर्म 'को' रहित होता तथा व्यक्तिवाचक कर्म नहीं होता। कर्म सिर्फ अन्य पुरुष में होता है। कर्ता में 'ने' परसर्ग जुड़ता है, यदि क्रिया 'क्त' ('आ') प्रत्ययान्त हो और क्रिया के 'ना' प्रत्ययान्त होने पर षष्ठ्यर्थ 'को'/-'ए' परसर्ग जुड़ता है। मुख्य क्रिया भूतकृदन्त 'आ' प्रत्ययान्त या भविष्यार्थक 'ना' प्रत्ययान्त होती है और सदा सकर्मक क्रिया ही होती है। यदि क्रिया संयुक्त है तो अन्तिम खंड या मुख्य घटक अवश्य सकर्मक होता है। उदाहरण—

"वाहिदा प्रिज्म ने नौकरी के लिए नौ सेना का मेडिकल कोर चुना।"

"पवन करण ने 'स्त्री मेरे भीतर' पुस्तक लिखी तथा उन्होंने कविता का मुहावरा बदला।"

"बुर्का न पहनने, प्रेम करने, यहाँ तक कि टीवी देखने जैसी साधारण बात का दंड देते हुए पाकिस्तानी समाज ने 'कारोकारी' के तहत कितनी महिला-हत्याएँ कीं, अन्दाजा नहीं।"

"डोरिस लेसिंग ने साहित्य का नोबेल जीतकर इस प्रकार की महिलाओं की सूची में ग्यारहवाँ स्थान पाया।"

"मुझे आम खाना है।", "उसे रोटी खानी है।", मीरा नायर को 'सलाम बॉम्बे' फिल्म बनानी थी।", "झूलन गोस्वामी को क्रिकेट में कई रिकॉर्ड तोड़ने हैं।", "एक आम पुरुष को अपनी बहन, बेटी या पत्नी की महत्त्वाकांक्षाएँ, रुचियाँ अब कुचलनी नहीं होंगी।"

"वाल्मीकि को रामायण लिखनी थी, तो नारद ने उन्हें प्रारूप बताया था।"

(iii) **भाव-प्रधान कर्तृवाच्य**—इस वाच्य में क्रिया सकर्मक या अकर्मक दोनों हो सकती है, पर वह कर्ता या कर्म के बन्धन से मुक्त सदा 'पुंलिंग एकवचन' होती है। वह भूतकालिक 'क्त' (आ) प्रत्ययान्त या भविष्यत्कालीन 'ना' प्रत्यायान्त होती है, यानी यह वाच्य सिर्फ भूत, भविष्यत् में सम्भव है। सकर्मक क्रिया होने पर कर्म 'को'/-'ए' युक्त रहता है, पर कर्म अध्याहृत भी रह सकता है। यदि 'आ' प्रत्ययान्त क्रिया हो तो कर्ता में 'ने' परसर्ग तथा 'ना' प्रत्ययान्त क्रिया हो तो कर्ता में षष्ठ्यर्थक 'को/-ए' परसर्ग लगता है। उदाहरण—

"दुनिया की सारी महिलाओं को एक हो जाना चाहिए।", "मँगरू ने छींका/ खाँसा/थूका होगा।"

"ओशो रजनीश को जातिभेद और लिंगभेद पर और खुलकर बोलना चाहिए था।"

"वाराहमिहिर ने स्त्री-विरोधियों को जमकर कोसा और कहा है कि बताओ, स्त्रियों में ऐसे कौन से विशेष दोष हैं जो कि पुरुषों में नहीं हैं?"

"दुपहिया वाहनों पर स्त्री को दोनों तरफ पैर फैलाकर, बोल्ड ढंग से बैठना चाहिए।"

"किसने जन्म के आधार पर इन्सानों को अनन्त भेदों में बाँट दिया? किसने जन्म के पूर्व ही बच्चे को धर्म, जाति या राजनैतिक दल विशेष से जोड़ दिया? कौन था वह खुराफाती?"

"उदिता और इमरोज ने नृत्य द्वारा राधा-कृष्ण को साकार कर दिया।"

"महिला खिलाड़ियों या अभिनेत्रियों ने विवाह के बाद अपने कैरियर को नष्ट कर दिया है।"

"भगत सिंह ने समाजवादी दृष्टि से देश की अधिरचना को देखा था।"

"इस्माइल को कहाँ जाना है?", "मेल्टिना ने गीता को समाशास्त्रीय ढंग से पढ़ा है।"

(iv) **कर्मणि प्रधान कर्मवाच्य**—असली या पूर्ण कर्मवाच्य वही है, जिसमें 'कर्म' वाक्य का उद्देश्य भी होता है, 'प्रयोग' की भी प्रतिबद्धता उसी के प्रति होती है। क्रिया सकर्मक होती है। 'कर्म' 'को'-रहित, पर अवश्य प्रयुक्त होता है (क्योंकि उसकी अप्रयुक्ति में वाच्य भाववाच्य हो जाएगा)। 'कर्ता', 'से/के द्वारा' से संयुक्त होकर अत्यन्त हीनतर दशा (करणत्व-सी) में उतर आता है, अन्यथा वाक्य से अनुपस्थित भी रहता है। इस वाच्य की रचना 'भूतकालिक विशेषणीभूत कृदन्त+'जा' धातु के रूप' से होती है। 'ना' प्रत्ययान्त सहायक क्रिया से भी रचना हो सकती है, पर तभी जब भविष्यार्थ में 'को/वाला/वाली' प्रत्यय भी प्रयुक्त हो। वैसे 'को/वाला/वाली' न भी हों तो वाक्य बन सकता है। 'चाहिए'

वाला अर्थ होने पर तो ये प्रयुक्त नहीं ही होते। इस वाच्य-श्रेणी का हर काल एवं हर पक्ष में रूप बनता है। 'जा' सहायक धातु का रूप ही काल-सूचक होता है या 'ना' का भविष्यसूचक रूप होता है। उदाहरण—

"सन्तरे ढोये जाने (को/वाले) हैं।", "मुस्लिमों में भी बहुविवाह रुकना चाहिए।"

"लड़कियों के द्वारा जूडो-कराटे सीख लेने या पुलिस में नौकरी कर लेने से निश्चित ही उनके प्रति हिंसा का तांडव कम होगा।"

"कॉलेज-युनिवर्सिटियों में व्याख्याताओं के चयन में बड़े नामी विद्वानों द्वारा जो धाँधली की जाती है, उसका कुपरिणाम पूरी शिक्षा व्यवस्था के पतन के रूप में आनेवाली कई पीढ़ियों को भोगना पड़ता है।"

"बॉक्साइड के खदानों के लिए उड़ीसा के आदिवासियों के गाँव के गाँव रातों-रात उजाड़ दिये गये।"

"कबीलों की आपसी इज्जत का फैसला मुख्तारन बी को बलात्कृत करके किया गया।"

"सुनीता शर्मा को क्रिकेट का प्रशिक्षण देने के लिए द्रोणाचार्य पुरस्कार दिया जा चुका है।"

"परिवर्तन की चल रही व्यापक प्रक्रिया में आज लड़कियाँ ही नहीं उनकी माताएँ भी बदलाव से अछूती न रखी गयी हैं। उसी के द्वारा, वे भी असहज भारी-भरकम वस्त्रालंकरणों से मुक्त कर दी गयी हैं, जिस से छोटे-छोटे बालों और पैंट-शर्ट में वे आज चुस्त-दुरुस्त दिखाई पड़ रही हैं। परिवर्तन की इस गति से उनमें अपने होने का पूरा अहसास और कुछ कर गुजरने की ललक जगा दी गयी है। इसी से वे आज छह गजी लिपटन में सहमी-सिकुड़ी गुड़िया नहीं रहीं कि किसी के द्वारा बहला-फुसला ली जाएँ।"

"पुस्तकें पढ़ी जा सकीं।", "शास्त्रीजी आज पूजे जाते हैं/जाएँगे।", "हम से आम न खाया जाएगा।"

(v) **भावप्रधान कर्मवाच्य**—यह वाच्य भी हर काल और हर पक्ष में सम्भव है। इसगें एकमात्र सकर्मक क्रिया आती है जिसका कर्म अवश्य उपस्थित एवं 'को' या '-ए' परसर्ग से अनिवार्यत: अन्वित होता है। मुख्य क्रिया 'आ' कृत्प्रत्ययान्त होती है, जिसमें 'जा' सहायक धातु के रूप जुड़े होते हैं। क्रिया रूप कर्म या कर्ता के बन्धन को नहीं मानता; सदा पुंलिंग एकवचन होता है। कर्ता का प्रयोग वाक्य में शायद ही होता है। उदाहरण—

"प्रेम के हथियार के द्वारा भी सशक्त-स्वाधीन स्त्री का व्यक्तित्व छीनकर उसे काबू में रखा जाता रहा है। माँ-बहन आदि खोलों से उसे ढँककर भी व्यक्ति बनने की उसकी सम्भावना को कुचला जाता रहा है।"

"उसे चुनाव में खड़ा किया जाएगा/जाता है/जा रहा है/गया।"

"कितनी बदनसीब हैं वे बच्चियाँ जिन्हें वेश्यालयों में झोंक दिया जा रहा है। उनके सारे विकास-अवसर रोककर, पुरुष की वासनाग्नि में उन्हें स्वाहा किया जा रहा है; दमघोंटू-दड़बेनुमा मकानों की गन्दगी में ठेलकर उन्हें आये दिन एड्स का शिकार बनाया जा रहा है। रोती-कलपतीं, छछनतीं और जिन्दगी की भीख माँगतीं ऐसी करोड़ों अभागिनों की जमात खड़ी करके हमें सभ्यता और महानता का नाज है।"

"स्कूलों तक में दलित छात्र-छात्राओं को जातिसूचक नामों से बुलाकर अपमानित किया जाता है और वह भी ज्ञान के स्रोत अध्यापक द्वारा।"

"(धनियों के द्वारा) समाज में सिर्फ भेदभाव, शोषण और पर्यावरण-नाश को बढ़ाया गया है।"

"विज्ञान-विषय की इतनी पढ़ाई और विज्ञानोपलब्ध सुविधाओं का बेपनाह इस्तेमाल करते हुए भी अब तक (हमसे) तन्त्र-मन्त्र, कुंडली, भूत-ओझा, राशिफल, जात-पाँत को छोड़ा नहीं गया है।"

"स्तनपान से बच्चों को पर्याप्त पोषित नहीं किया जाता, फलतः वे असमय मौत की भेंट चढ़ जाते हैं।"

(vi) **भाववाच्य**—भाववाच्य सिर्फ भावे-प्रयोग में ही प्राप्त है। इसकी क्रिया-रचना भी कर्मवाच्य की तरह ही होती है—['मुख्य क्रिया का 'आ' प्रत्ययान्त रूप+'जा' के रूप'] किन्तु उससे इसका अन्तर यही है कि यह अकर्मक क्रिया में होता है अथवा सकर्मक में भी होता है तो कर्म उपस्थित नहीं रहता है। क्रिया का रूप सदा पुंलिंग एकवचन में होता है। प्रायः, यह विचार लोकप्रिय है कि हिन्दी में सिर्फ प्रार्थना व निषेध में भाववाच्य की सत्ता है[58], किन्तु सामान्य स्थितियों में भी भाववाच्य हो सकता है। उदाहरण—"अब पढ़ा जाएगा।", "कल आया जाए।", "हमसे आया न गया, तुमसे बुलाया न गया।"[59] "नये युग की लड़कियों से चुपचाप बैठा नहीं जाएगा; कुछ न कुछ कमा कर ही वे खाएँगी।", "पातिव्रत की जंजीर से आज भी मुक्त नहीं हुआ जाता।" "सरकार से अब क्या होगा, बेकसूर तो फाँसी पर चढ़ ही गये।", "दुर्गा भागवत से अभी क्या लिखा जाएगा? उनका 'व्यासपर्व' ही क्या कम है?", "अब गर्मियों में खूब नहाया जाता है।", "सलमान से अब नहीं खेला जाएगा।", "चित्रा से दौड़ा गया।"

देश-काल रूपी कर्म वाले सकर्मक धातुओं (जैसे-जा) से कर्मवाच्य नहीं बन पाता; उनसे भाववाच्य बनता है। जैसे—"पाँच कोस चला जाता है।", 'लड़कियों से आज हर कहीं आसानी से जाया जाता है, चाहे एवरेस्ट और चाँद ही क्यों

न हों।', "काशी पहुँचा गया।"

'कर्ता' की सबसे प्रबल स्थिति 'कर्तरि प्रधान कर्तृवाच्य' में है। उसके बाद 'ने' युक्त कर्मणि व भावे प्रयुक्त कर्तृवाच्य में उसकी स्थिति है। किन्तु, जब 'से/द्वारा' कर्ता में जुड़ जाता है, तो वह हीन से हीनतर दशा को प्राप्त करता है; 'कर्ता' से 'करण' वत् होकर। यही स्थिति 'कर्मवाच्य' व 'भाववाच्य' में होती है। उनमें तो कर्ता की उपस्थिति भी कई बार वांछनीय नहीं रह जाती।

कर्तृकर्मवाच्य—पीछे हमने कहा है कि 'कर्म' वाक्यस्थ कर्ता की जगह दो तरह से ले सकता है—

(i) कर्ता की उपस्थिति में ही उसकी जगह लेकर यानी 'कर्तृस्थानीय' बनकर। जैसे—"रोटी राम से पकायी जाती है।" कर्मवाच्य में यह स्थिति है।

(ii) कर्ता की विलुप्ति में कर्म ही शत-प्रतिशत कर्ता बन जाये तो, उस स्थिति में वह कर्मनिष्ठ क्रिया (यानी, 'फल' के रूप में घटित व्यापार) को प्रकट करता है। उस क्रिया का कर्ता बना (पूर्वक्रिया का) कर्म 'कर्मकर्ता' कहलाता है। इस स्थिति में धातु का भी नवरूप दिखता है। इस नये धातु के कर्तृवाच्यवत् रूप को 'कर्मकर्तृवाच्य' कहा जाता है। जैसे—

"शर्मिष्ठा चावल पकाती है।" (कर्तृवाच्य)—इसमें कर्ता 'शर्मिष्ठा' एवं कर्म 'चावल' है। इसमें 'चावल' को कर्तृस्थानानीय बनाने के (i) कोटि गत उपाय से, "चावल शर्मिष्ठा द्वारा पकाया जाता है" वाक्य बनता है। स्पष्ट है कि दोनों वाक्यों का धातु 'पका' ही है, जो कर्ता ('शर्मिष्ठा') को कहता है। किन्तु, यदि 'शर्मिष्ठा' पूरी तरह विलुप्त हो जाये और कर्म 'चावल' पूर्णतः कर्ता बन जाये, तो इस प्रक्रिया में 'धातु' 'पका' की जगह *'पक'* हो जाएगा तथा *'चावल'* उसी का कर्ता होगा। जैसे—"चावल पकता है।"—इसका रूप कर्तृवाच्यवत् है, पर इसे कर्मकर्तृवाच्य नामक श्रेणी इसलिए दी गयी है कि नया धातु बन जाता है, जो कर्म-निष्ठ व्यापार को ही कहता है। इसे 'कर्तृवाच्य' के अन्तर्गत ही विवेचित किया जा सकता है, नये धातु 'पक' का कर्तृवाच्य कहकर। यहाँ चावल तो पूर्णतः कर्ता बन गया, पर उसे 'कर्मकर्ता' कहना सिर्फ शिष्टाचार है, उसके पूर्वजन्म ("चावल पकाती है") का ख्याल कर ऐसा कहा गया है, बस।

करणादि कारकों के कर्ता बनने पर धातु बदलता नहीं, बिलकुल वही रहता है। जैसे—"तसले में चावल पकाता है।" > "तसला चावल पकाता है।"—दोनों जगह 'पका' धातु है। इसी से 'कर्मकर्तृक' विशिष्ट स्थिति है। उसे 'करणादिकर्तृक' के साथ मिलाकर कर्मादिकर्तृक कहना ठीक नहीं होगा। करणादि

कर्तृक स्थिति तो पूर्णतः कर्तृवाच्य ही है।

वाच्य-परिवर्तन—संरचना की दृष्टि से हर सकर्मक क्रियावान् कर्तृवाच्य का कर्मवाच्य में और हर अकर्मक क्रियावान् 'कर्तृवाच्य का भाववाच्य में परिवर्तन हो सकता है। (सकर्मक क्रियावान् कर्तृवाच्य का भी कर्म हटाकर भाववाच्य बनाया जा सकता है।) किन्तु, इस प्रकार के परिवर्तनों का महत्त्व तभी है जब भाषा में वैसे प्रयोग सहजोपलब्ध हों। इस परिवर्तन में उपयुक्त हुए 'जा' धातु के रूप कहीं सिर्फ वाच्य-परिवर्तक होते हैं, तो कहीं-कहीं मूलधातु के अर्थ में कुछ परिवर्तन-परिवर्द्धन भी कर देते हैं यानी शक्तिव्यंजना कर देते हैं। जैसे—

"राजुला यहाँ सोती है।" (कर्तृवाच्य)

(राजुला से) यहाँ सोया जाता है। (भाववाच्य)

दूसरे वाक्य में 'जा' धातु से कुछ प्रासंगिक अर्थ निकल रहे हैं। जैसे—(i) वहाँ नींद न आती थी, जबकि राजुला यहाँ सहजता से सो जाती है। (ii) वहाँ तो और काम किये जाते हैं, सोया यहीं जाता है।

हिन्दी-क्रिया-रचना (धातु-रूप)

साध्य-समापिका क्रिया, जिसे दीमशित्स 'पुरुष-नियत-रूप' कहते हैं, ही असली क्रिया है। हम पीछे ऐसा प्रतिपादन कर चुके हैं। इसे ही संस्कृत में 'आख्यात' कहा जाता है। हिन्दी में प्रयुक्त 'आख्यात' या धातु-रूप (क्रिया) निम्न प्रकार से रचे जाते हैं—

(क) एकात्मक और असंयुक्त—इसमें दो प्रकार से क्रिया-रचना होती है।—

(i) मूलधातुवत् भासित रूप, यानी शून्य 'तिङ्' विभक्ति प्रत्ययान्त रूप। यह विधि, भविष्यत्, आज्ञादि अर्थों में मध्यम पुरुषान्वयी सर्वनाम 'तू' के लिए प्रयुक्त होता है। जैसे—तू पढ़। तू जा।

(ii) धातु+'तिङ्' विभक्ति या कृत् प्रत्यय। इसके दो प्रकार—'कृदन्त' व 'तिङन्त' हैं।[60] सारे धातुओं से विधि-भविष्यत् प्रवर्तना या सम्भावना में ही कुछ 'तिङ् विभक्तियाँ' बची हैं। *'ह' धातु से ये ही विभक्तियाँ सामान्य वर्तमान में होती है; हाँ, मध्यम पुरुष एकवचन में थोड़ा-सा अन्तर है।*

(ख) अनेक खंडात्मक—इसमें 'कृदन्त+सहायक/रंजक धातु के रूप' से रचना होती है। इस के भी दो प्रकार हैं—

(i) असंयुक्त क्रिया—खाता था, जाना है, खायी होगी, मर जाएँ आदि।

(ii) संयुक्त क्रिया—असंग उठ *बैठा*। ताराबाई शिन्दे स्त्री-मुक्ति के

कितने सिद्धान्त *गढ़ गयीं*। कमलेश जैन सुप्रीम कोर्ट में वकालत *करने लगीं*। महादेव गोविन्द रणाडे खुद एक बच्ची से ब्याह कर अपने ही सिद्धान्तों की कब्र *खोद बैठे*।

हिन्दी तिङ् विभक्तियाँ—संस्कृत लकारों में से हिन्दी में केवल 'विधिलिङ्' अवशिष्ट है।

हिन्दी में इस अर्थ में उपलब्ध 'तिङ्' विभक्तियाँ निम्नलिखित हैं—

	एकवचन	बहुवचन
अन्य पुरुष	'ए'	एँ/इये
मध्यम पुरुष	'0' या 'ए'	ओ
उत्तम पुरुष	ऊँ	एँ

ये विभक्तियाँ हर धातु से 'विधि-भविष्यत्' में रूप बनाती हैं, परन्तु शुद्ध सत्तार्थक 'ह' धातु से 'वर्तमान सामान्य पक्ष' में रूप बनाती हैं। विभक्त्यन्त होने से ये रूप लिंग-निरपेक्ष होते हैं।

संस्कृत के 'भू' व 'अस्', 'दृश्' व 'पश्य्' के घालमेल (परस्पर आदेश) की तरह हिन्दी में भी 'ह' धातु और 'हो' धातु का घालमेल हो चुका है। (इसी तरह कहीं 'जा' धातु की जगह 'ग' धातु आदिष्ट हो जाता है।) संस्कृत 'अस्' शुद्ध सत्तार्थक धातु है, उसी का विकास 'ह' धातु है तथा संस्कृत 'भू' परिवर्तनशील सत्तार्थक धातु है।[61] अँग्रेजी में इनकी जगह क्रमशः (to) be तथा (to) become धातु हैं। शुद्ध सत्तार्थक 'ह' धातु की 'वर्तमान सामान्य' में रूपावली बनाते समय 'मध्यम पुरुष एकवचन' में केवल 'ए' विभक्ति मान्य है, 'शून्य' नहीं। 'ह' धातु की 'वर्तमान सामान्य' में रूपावली इस प्रकार है—

	एकवचन	बहुवचन
अन्य पुरुष	ह+ए=है	ह+एँ=हैं
मध्यम पुरुष	ह+ए=है	ह+ओ=हो
उत्तम पुरुष	ह+ऊँ=हूँ	ह+एँ=हैं

'हो' धातु की रूपावली निम्नलिखित है—यह 'विधि भविष्यत्' में प्रयुज्य है—

	एकवचन	बहुवचन
अन्य पुरुष	हो+ए=होए	हो+एँ=होएँ
मध्यम पुरुष	हो+0=हो/हो+ए=होए	हो+ओ=होओ
उत्तम पुरुष	हो+ऊँ=होऊँ	हो+एँ=होएँ

आज, एक 'होऊँ' तथा 'होओ' को छोड़कर, *एकवचन में 'हो' तथा बहुवचन में 'हों' ही चल रहा है।* 'होओ' की जगह भी 'हो' ही चलता है। अन्य पुरुष में आदरार्थक 'आप' आदि के लिए 'हो+इये=होइये' रूप भी विकल्प से चलता है। 'होऊँ' की जगह 'हूँ' रूप चल रहा है। इससे 'ह' व 'हो' धातु का घालमेल हो गया है। 'हो' रूप आज चार जगह चलता है—एक शुद्ध सत्तार्थक 'ह' धातु का मध्यम पुरुष बहुवचन में। तीन रूप, सत्ता परिवर्तनमूलक 'हो' धातु के 'हो' ही होते हैं—अन्य पुरुष एकवचन में तथा मध्यमपुरुष के दोनों वचनों में 'हो' रूप ही चलता है। इसी तरह 'हूँ' रूप भी 'ह' धातु तथा 'हो' धातु दोनों का हो जाता है। इससे झमेला बढ़ गया है जैसे "तुम सुखी हो" के दो अर्थ निकलने लगे—

(i) शुद्ध सत्तार्थक—तुम सुखी हो।

(ii) सत्तापरिवर्तनमूलक—तुम सुखी बन जाओ।

फिर, "तू सुखी हो" भी होने लगेगा। यानी 'तू' व 'तुम' की क्रिया का वचन भेद भी मिट जा रहा है। इसका समाधान तो यही है कि 'हो' का प्रयोग सिर्फ शुद्धसत्तार्थक ('ह' धातु) में हो, बाकी जगह 'होए', 'होओ' आदि। पर भाषा का चलन कैसे बदला जाए? यही समस्या है।

'पढ़' धातु की रूपावली 'विधि-भविष्यत्' या सम्भाव्य भविष्यत् में निम्नप्रकार से होती है—

	एकवचन	बहुवचन
अन्य पुरुष	पढ़+ए=पढ़े	पढ़+एँ=पढ़ें/पढ़+इये=पढ़िये
मध्यम पुरुष	पढ़+0=पढ़ पढ़+ए=पढ़े	पढ़+ओ=पढ़ो
उत्तम पुरुष	पढ़+ऊँ=पढ़ूँ	पढ़+एँ=पढ़ें

'पढ़िये' की तरह 'चाह' धातु से 'चाहिये' बनता है, जिसका अर्थ 'चाहें' होता है। इस 'चाहिये' का 'चाहिए' से अन्तर है। 'चाहिए' अव्ययात्मक कृदन्त

है, जो विधिवाची है, सभी पुरुषों में प्रयुक्त है—होना चाहिए, तुझे जाना चाहिए, मुझे चाहिए आदि।

'सामान्य भविष्यत्' का रूप बनाने के लिए उक्त 'विधि' तिङन्त रूपों में 'गा/गे/गी' कृत प्रत्यय जोड़ते हैं। जैसे—पढ़े+गा=पढ़ेगा, पढ़िये+गा=पढ़ियेगा; पढ़ें+गी=पढ़ेंगी, पढ़ो+गे=पढ़ोगे आदि। इस प्रकार, हिन्दी में विभक्ति की चरमप्रत्ययता कुछ बाधित हुई।

यहाँ ध्यातव्य है कि पुंलिंग रूप बनाने हेतु एकवचन में *'गा'* तथा बहुवचन में 'गे' प्रत्यय जुड़ता है। स्त्रीलिंग में रूप बनाने हेतु एकवचन एवं बहुवचन दोनों में 'गी' रूप ही जुड़ता है। आदरार्थक 'इये' विभक्ति के पश्चात् स्त्रीलिंग व पुंलिंग दोनों के लिए रूप 'गा' प्रत्यय से ही बनेगा। जैसे—

''सीता! आप पढ़ियेगा।''

''राकेश! आप पढ़ियेगा।''

मध्यम पुरुष का रूप, 'शून्य विभक्ति प्रत्ययान्त' (पढ़ आदि) से न बनाकर, उसके वैकल्पिक रूप 'ए' विभक्त्यन्त । ('पढ़े' आदि) से ही बनता है।

मध्यम पुरुष एकवचन में विधि रूप कृत 'ना' प्रत्यय से भी बनता है। जैसे—पढ़+ना=पढ़ना। तू पढ़ना!

परिवर्तनशील सत्तात्मक (स्थित्यात्मक) धातु 'हो' का 'सामान्य भविष्यत्' रूप उक्त नियम से निम्न प्रकार बनना चाहिए, किन्तु आम प्रचलन में जो रूप है वह कुछ अलग ही है।

	एकवचन		बहुवचन	
	विहित रूप	प्रचलित रूप	विहित रूप	प्रचलित रूप
अन्य पुरुष	होएगा	होगा	होएँगे	होंगे
मध्यम पुरुष	होएगा	होगा	होओगे	होगे
उत्तम पुरुष	होऊँगा	हूँगा	होएँगे	होंगे

'होएगा' आदि की जगह 'होगा' आदि ही आजकल चल रहा है, इससे भी सन्देह-स्थिति पैदा होती है। 'होगा' सन्दिग्ध भूत या वर्तमान के लिए प्रयुज्य है—''वह सुखी होगा'', यानी, ''वह सुखी रह रहा या रह चुका है शायद'' जैसा भाव है। ''वह सुखी बनेगा'' की अभिव्यक्ति ''वह सुखी होएगा'' से ही हो सकता है। इसीसे सत्ता परिवर्तनमूलक भाव (=बने) व्यक्त हो सकता है। सम्भाव्य वर्तमान का रूप भी 'हो' से बनता है—''(सम्भव है) मृदुला पुलिस ऑफिसर हो।'' सम्भाव्य भूत में भी 'हो' का प्रयोग होता है—''(सम्भव

है) समीना उत्तरीध्रुव पर पहुँच गयी हो।'' सम्भाव्य वर्तमान व भूत में अन्यपुरुष एकवचन तथा मध्यमपुरुष के दोनों वचनों में 'हो' से क्रियारूप आजकल बन रहा है तथा अन्य पुरुष व उत्तम पुरुष के बहुवचन में 'हों' से। पर उत्तम पुरुष एकवचन में 'हूँ' से रूप न बनकर 'होऊँ' से ही बनता है। ''(सम्भव है) मैं जा रही होऊँ।'' इस प्रकार किसी एक नियम पर क्रिया-रूप रह ही नहीं गया है। 'सम्भाव्य भविष्यत्' का रूप भी सत्तापरिवर्तनमूलक न बनाकर कभी 'हो' से ही बना देते हैं। ''(सम्भव है) वह सुखी होए'' की जगह ''वह सुखी हो'' जैसा रूप भी चल रहा है। 'शायद' जोड़कर सम्भाव्यता का अर्थ तो हर रूप में हो जाता है—''शायद वह जाती है/गयी है/जाएगी/गयी थी/जाती थी/जा रही है/जा रही थी/गयी हो/जाती हो/जाती होगी/गयी होगी/जाए।'' हाँ, 'हेतुहेतुमत्' और 'आज्ञा' में ऐसा नहीं होता। 'शायद जाओ' या ''शायद वर्षा होती तो धान होता'' जैसे प्रयोग न होंगे। 'होगा', 'हो' आदि रूपों को सहायक क्रियावत् जोड़कर बाकी धातुओं के सम्भाव्य सन्दिग्ध भूत-वर्तमान रूप बनते ही हैं।

समापिका-साध्य क्रिया/आख्यात-निर्मायक कृत् प्रत्यय—

(i) 'ता'—'शतृ (अन्)' का विकास। स्वभाव से यह वर्तमान कालिक होता है। यही स्त्रीलिंग में 'ती' रहता है। पुंलिंग बहुवचन में 'ते' होता है। जैसे—जा+ता=जाता, जा+ती=जाती।

(ii) 'आ'—'क्त' का विकास। स्वभाव से यह भूतकालिक होता है। स्त्रीलिंग में यह 'ई' होता है। बहुवचन पुंलिंग में यही 'ए' हो जाता है। जैसे—जा+आ=गया, जा+ई=गयी।

(iii) 'ना'—यह स्वभाव से भविष्यत्कालिक होता है। जैसे—जाता+ना=जाना। (तुम जाना।)

(iv) 'गा'—यह भी भविष्यत्कालिक ही है। यह प्रत्यय उक्त तीनों से विलक्षण है। यह धातु में न जुड़कर विधि तिङन्त रूप में जुड़ता है। जैसे—जाए+गा=जाएगा। इसी का स्त्रीलिंग रूप 'गी' है, पुंलिंग बहुवचन रूप 'गे' होता है। जाए+गी=जाएगी, जाएँ+गे=जाएँगे। यह प्रत्यय सिर्फ समापिका क्रिया बना सकता है, उसका घटक नहीं। उपर्युक्त तीनों प्रत्ययों से बने कृदन्त समापिका क्रिया के साथ उसके घटक भी बना सकते हैं। जैसे—

''रोजी पढ़ती।''

''रोजी पढ़ती है/थी।''

''सलीम ने पढ़ा।''

''सलीम ने पढ़ा है।''

"तू आना।"

"तुम्हें आना है।"

'ना' प्रत्ययान्त कृदन्त क्रियार्थक संज्ञा भी बन सकता है। जैसे—"पढ़ना ठीक होगा।" 'ना' कृदन्त का समापिका क्रिया के रूप में इस्तेमाल सिर्फ 'तू' व 'तुम' के लिए होता है, वह विधि-तिङन्तों के विकल्प में होता है। जैसे—"तू जा" की जगह "तू जाना"।

'जा' धातु का भूतकालिक 'आ' के योग में 'ग' आदेश हो जाता है। ये दोनों दो भिन्न धातु रहे होंगे, पर प्रयोग-विरलता एवं अर्थ-समता से इनका एकीकरण हो गया होगा। 'जा' का 'आ' के योग से 'जाया' रूप भी कुछ प्रसंगों में प्रयुक्त होता है। जैसे—"एयर होस्टेस बनके लड़कियाँ उड़ान पर *जाया* करती हैं, किन्तु उन्हें सोचना चाहिए कि वह रोजगार उनकी प्रतिभा पर आधारित है या पुरुष-मनोरंजन हेतु उनकी दैहिक नुमाइश पर?" एक विशेष बात है कि मुख्य धातु बनकर 'जा' आये तो कर्मवाच्य भाववाच्य में भूतकृदन्त रूप 'गया' नहीं, 'जाया' ही होता है। जैसे—

"नगिया मजदूरी पर जाती है।" (कर्तृवाच्य) > "नगिया से मजदूरी पर *जाया* जाता है।" (भाववाच्य)

'ह' व 'हो' धातु के तिङन्तरूप तथा कृदन्त 'था/थे/थी'—ये शुद्ध सत्तार्थक हैं। ये स्वतन्त्र रूप से भी प्रयुक्त होते हैं—समापिका क्रिया बनकर। फिर, ये किसी दूसरी मुख्य क्रिया के सहायक बनकर भी प्रयोग में आते हैं; तब वे उन-उन क्रियाओं की सत्ता-मात्र बनाते हैं।

हिन्दी में क्रियापदों की रचना अधिकतर 'कृदन्त+सहायक धातु के रूप' से होती है; यानी अनेक खंडमय होते हैं अधिकतर क्रियापद। इनमें प्रयुक्त 'सहायक धातु' दो प्रकार के होते हैं—

(i) सहायक मात्र

(ii) रंजक/शक्तिव्यंजक।

रंजक बनकर कोई धातु जब प्रयुक्त होता है तो अपने कोशीय अर्थ से विच्छिन्न होकर अपने पूर्ववर्ती घटक के अर्थ को ही विकसित (या सीमित) करता है। इसी से वह 'रंजक' कहलाता है। 'शक्ति' शब्द-अर्थ के सम्बन्ध को कहते हैं, उसी क्षेत्र में कुछ व्यंजना करने से 'शक्तिव्यंजक' कहलाते हैं।

आम परिभाषानुसार, सत्तार्थक 'ह', 'हो' धातु ही सहायक मात्र हैं। शेष आ,कर, उठ, चाह, चुक, जा, दे, रह, लग, ले, पा, सक, बन, बैठ, पड़, डाल, रख, निकल, आदि धातु शक्ति-व्यंजक या रंजक धातु हैं क्योंकि मुख्य धातु के अर्थ में ये कुछ अर्थछाया भी मिश्रित करते हैं। किन्तु, ऐसा निर्धारण करना आसान नहीं है।

एक दृष्टि से देखें तो 'कर' भी सत्तार्थक मात्र है। संस्कृत अस्, भू, कृ, के ही

हिन्दी रूप 'ह', 'हो', 'कर' हैं, जो 'क्रिया सामान्य' के वाचक हैं। शेष सभी मूल क्रियाएँ इनके कर्म की तरह प्रयुक्त हो सकती हैं; इस प्रकार ये 'सहायक मात्र' कहला सकती हैं। संस्कृत में तो इनके तिङन्त रूपों को सहायक क्रियावत् रखकर सरलीकरण की परम्परा रही भी है। जैसे—"सः खादति" > "सः खादनं/भोजनं करोति।"—'भोजनं करोति' में अर्थ-मिश्रण नहीं है, बल्कि 'कृ' की भूमिका शुद्ध सत्तार्थक है।

'हो' धातु भी कहीं-कहीं अर्थछाया का मिश्रण कर देता है। जैसे—"वह पढ़ता होता है।"

'रह', 'चुक' आदि भी कहीं-कहीं क्रिया-निष्पादक मात्र होता है। जैसे—"सुलेखा पढ़ रही है/पढ़ चुकी।" काल-गत ये रूप बिना इनके सहयोग के बन नहीं सकते। फिर भी ये सातत्य, पूर्ण आदि पक्षगत अर्थ देते हुए भी अर्थ-मिश्रणकारी हो जाते हैं, जबकि संस्कृत के भू, कृ, अस् के रूप तनिक भी अर्थ-मिश्रणकारी नहीं थे; शुद्ध सत्तार्थक थे।

हिन्दी में प्रक्रियाबोधक प्रातिपदिक योग से भी क्रियापद बनाये जाते हैं, तो सहायक मात्र बनकर ही 'कर' आते हैं, क्रियामात्र के ही निष्पादनार्थ ये आते हैं। प्रातिपदिक योग से क्रिया बनने की बात कोई नयी नहीं है, क्योंकि सभी अनेक खंडमय क्रियापद कृदन्त से ही बनते हैं और कृदन्त तो प्रातिपदिक ही हैं। 'वह कर चुकी' वाक्य के 'कर चुकी' में दो क्रियाओं का संयोग नहीं है, वरन 'कर' शून्य कृत् प्रत्ययान्त कृदन्त है, यानी प्रातिपदिक। उससे 'चुक' धातु का 'आ' प्रत्ययान्त (यहाँ 'ई') भूतकालिक कृदन्त रूप जुड़ा है, जो 'समापिका' क्रिया है।

कई प्रातिपदिक 'प्रक्रियाबोधक नाम' होते हैं, जिनसे किसी स्थिर सत्ता का बोध नहीं होता।[62] जैसे—'बहनापा', 'मोह' आदि में स्थिर सत्ता का बोध होता है, परन्तु, 'प्रणाम', 'छलांग', 'कृपा', 'दफन' आदि भाववाचक संज्ञाओं में वैसी स्थिर सत्ता बोधित नहीं होती; बल्कि इनमें प्रक्रियात्मकता स्पष्टगोचर होती है। डॉ. रामकमल पांडेय ने 'मोह' आदि को 'स्थूल/विस्तृत अवधिक' तथा 'कृपा' आदि को 'अल्प/सूक्ष्म अवधिक' कहा है।[63] द्वितीय के साथ 'कर', 'उठा', 'मार', 'पड़', 'हो', 'लग', 'बन', 'मचा' आदि ढेर सारे सहायक धातुओं के सहयोग से प्रक्रियाबोधक क्रियाओं का निर्माण होता है। उनमें मुख्यार्थ 'प्रक्रिया बोधक' नामों से ही निकलता है। जैसे—

"पाकिस्तान में मर्दवादी इज्जत की कसौटी पर खरा न उतरने के जुर्म में जाने कितनी महिलाएँ जिन्दा *दफन कर दी गयीं*।"

"यात्रियों ने मन्दिर की *परिक्रमा की*, काश! वे सद्गुणों की *परिक्रमा* करते।"

"लड़कियों के चहुँओर विकास के पीछे उनके आत्मविश्वास एवं महत्त्वाकांक्षा का जोर तो है ही, लेकिन माँ-बाप जो *सहयोग कर रहे हैं*, उसकी भी अहम भूमिका है, जो उनके सपनों को कुचलने की जगह उनमें नये सपने बो भी रहे हैं।"

इसी तरह, 'उधार लिया', 'नमस्ते किया', 'कष्ट उठाया', 'पक्की की', 'ठोस बनाया', 'कम हुई', 'अटपटी लगी' 'भस्म किया', 'मूर्ख हो गया' आदि भी प्रक्रियाबोधक क्रियापद ही हैं।

सब मिलाकर यही मानना ठीक है कि जब कोई धातु शुद्ध सत्तार्थक हो, तभी उसे *'सहायक धातु'* कहेंगे; यदि वह मूल धातु के अर्थ में कुछ मिश्रण करे तो उसे 'रंजक' या *'शक्ति-व्यंजक'* धातु कहेंगे। संस्कृत भू, कृ, अस् शुद्ध सत्तार्थक यानी *'सहायक मात्र (धातु)'* थे, पर इनके विकास 'हो', 'कर', 'ह' के बारे में ऐसी निश्चितता नहीं है। पर, इतना तो मानना ही होगा कि जहाँ भी रूपगत परिवर्तन हो, वहाँ अर्थगत परिवर्तन भी कुछ-न-कुछ होता है। ''वह खेलता है'' की जगह ''वह खेल करता है'' कर देने से अर्थ-छाया का अन्तर तो है ही। संस्कृत में भी ''सः क्रीडति'' की जगह ''सः क्रीडनम् करोति'' का अर्थ-छाया भेद तो था ही।

संयुक्त क्रिया—इस प्रकार किसे सहायक धातु कहें, किसे रंजक (शक्ति-व्यंजक), बड़ा विवादित प्रश्न है। यह तो प्रसंग या बोद्धा-वक्ता के सापेक्ष है कि कहाँ अर्थ-मिश्रण प्रतीत होगा, कहाँ नहीं। जब यही अनिश्चित है तो अब तक यह निश्चय करना भी कठिन है कि कौन-सी क्रिया संयुक्त है, कौन-सी नहीं। फिर भी कहा जाता है कि 'संयुक्त क्रिया' वह है (i) जो 'ह', 'हो' को छोड़कर शेष सहकारी धातुओं के सहयोग से बने। (ii) सहकारी धातु-रूप मूल/मुख्य धातु के अर्थ को किंचित् विलक्षणता से रंजित भी करे।

मुख्य कसौटी (ii) ही है। अर्थ-विलक्षणता का निश्चय सम्पूर्ण प्रसंग या वाक्यगत धरातल पर वक्ता के अभिप्राय व श्रोता/ग्रहीता की समझ पर आधारित है।[64] इसी से कह सकते हैं कि 'संयुक्त क्रिया' सम्पूर्णतया व्याकरणिक परिघटना नहीं है। संयुक्त क्रिया हिन्दी की खूबी है। इस क्षेत्र में हिन्दी की समृद्धि अत्यधिक है। इसी से हिन्दी सूक्ष्मातिसूक्ष्म भावों की व्यंजना में समर्थ है। यूरोपीय भाषाविदों के लिए यह एक विचित्र वस्तु रही है—इसी से इसके विवचेन में उन्होंने खूब विस्तार व गहराई का परिचय दिया है। इसके कई भेद-प्रभेद कर के उन्होंने रचनात्मक व आर्थिक विश्लेषण किया है।

'संयुक्त क्रिया' एक प्रकार का समास है—'कृदन्त+क्रिया' का समास। मुख्य धातु की कृदन्त रूप में स्थिति पहले होती है, इसलिए पूर्वपदप्रधानता है। पर द्वन्द्ववत् स्थिति भी रहती है। जैसे—''काश! वह पढ़ता-लिखता।'' फिर भी, सर्वत्र एक अर्थ-वैलक्षण्य होता है जो बहुव्रीहि का क्षेत्र है। 'संयुक्त क्रिया' कहीं मुहावरा बन गयी, तो पूर्णतः बहुव्रीहि का क्षेत्र हो जाती है। जैसे—'चल बसा/बसी'। फिर भी ऐसा विचार हो सकता है—

(i) पूर्वपद प्रधान—चल पड़ी, रो दिया।

(ii) उत्तरपद प्रधान—भाग आना, ले भागा।

(iii) उभयपद प्रधान—चलता-खाता है। रोती-हँसती है।

(iv) बहुव्रीहिवत् अन्य पद प्रधान—चल बसा।

फिर भी संयुक्त या समस्त क्रिया का समास प्रातिपदिकों के समास के चार प्रकारों से कुछ खास होता है, क्योंकि पूर्वपद प्रधान होकर भी 'अव्ययीभाव' नहीं कहा जा सकता आदि-आदि। दूसरी बात, 'संयुक्त क्रिया' के घटक व्यवहित भी रह सकते हैं। जैसे—"राइमा सोती *ही* रहती है।", "आखिरकार वह भाग *ही* आया।", "सुहैल ने शमाँ को मार *ही* डाला। अब, गाँववालों के चेतने का क्या फायदा?"

इन सन्दर्भों को देखकर, 'ले भागा' आदि संयुक्त क्रियाओं में 'ले-भागा' जैसे किसी 'संयुक्त धातु' की कल्पना करना उचित नहीं। 'ले' पूर्वकालिक अव्ययात्मक कृदन्त है, 'भागा' सहायक क्रिया। *'संयुक्त धातु'* जैसा तत्त्व नहीं होता।

'**क्रिया-संयोग**' से '**संयुक्त क्रिया**' का अन्तर है। एकाधिक क्रियाओं का अव्यवहित प्रयोग 'क्रिया-संयोग' है। जैसे—"अरविन्द पढ़कर गया।"—यहाँ एक के बाद एक क्रिया (वैसे 'पढ़कर' तो पूर्णकालिक अव्ययात्मक कृदन्त है) का प्रयोग है, दोनों का स्वतन्त्र अस्तित्व है। "अपराजिता खेलने गयी"—में 'खेलने गयी' को भी कभी क्रिया-संयोग कह लिया जाता है, पर 'खेलने' अव्ययात्मक कृदन्त अलग क्रियार्थ नहीं देता, बल्कि प्रयुक्त एक ही क्रिया का घटक बना है। 'संयुक्त क्रिया' की स्थिति वस्तुतः सामासिक (एकार्थीभवन) होती है। अर्थों के संकलन-गुणन आदि के द्वारा एक विशिष्टार्थ की सृष्टि वहाँ होती है। वहाँ क्रिया घटकों की स्वायत्तता नहीं रह जाती। 'क्रिया-संयोग' की तरह ही 'क्रिया द्विरुक्ति' होती है—"साहिल *जाता-जाता* कह गया।" वस्तुतः, 'जाता-जाता' शुद्ध क्रिया नहीं, वर्तमानकालिक कृदन्त है। उसी की द्विरुक्ति है। पूर्वकालिक व हेतुरूप कृदन्तों की भी द्विरुक्ति होती है, समानार्थक क्रियाओं की यानी कृदन्तों की भी पुनरुक्ति होती है। "रानी *चिल्ला-चिल्लाकर* हार गयी, पर उसे कोई बचाने न आया।" (पूर्वकालिक) "श्यामू *दौड़ते-दौड़ते* परेशान है।" (हेतु रूप)। "मुरुगन को रसोईघर *धोना-पोंछना* है।" (समानार्थक)।

संयुक्त क्रियाओं की रचना क्रियार्थक संज्ञा, वर्तमानकालिक कृदन्त, भूतकालिक कृदन्त, पूर्वकालिक कृदन्त, संज्ञा/विशेषण कृदन्त, पूर्ण-अपूर्ण क्रियार्थक कृदन्त आदि से होता है, साथ ही कुछ पुनरुक्ति से भी 'संयुक्त क्रियाएँ' बनती हैं। इनके उदाहरण क्रमशः हैं—जाना होगा, लिखता जाता है, चली गयी, खो गया, स्मरण हुआ, चलते नहीं बना/पढ़ा गया, पढ़-लिख गयी आदि। संज्ञा/विशेषण कृदन्त से बनी क्रिया पीछे 'प्रक्रिया बोधक' नाम से विवेचित हुई ही है।

हिन्दी में लकार की अवधारणा—संस्कृत का क्रिया-संसार विशाल तिडन्तमय

संसार था—ग्यारह लकारों में सम्पूर्ण भावों की अभिव्यक्ति के लिए रूपों की बहुलता थी। विकल्प में, सरलीकरण हेतु, कुछ 'कृदन्त+भू/अस्/कृ के तिङन्त' वाले रूप भी चलते थे। किन्तु पाणिनीय व्यवस्था तिङन्तमयी थी। कृदन्तमयी क्रियाओं से सरलीकरण तो होता ही है, सूक्ष्म अर्थों की गुंजाइश भी बनती है। हिन्दी में संयुक्त क्रियाओं के सन्दर्भ में हम यह समझते हैं। लेकिन, हिन्दी में तिङन्तों की अल्पता तथा कृदन्तों की बहुलता से एक अन्य किस्म की जटिलता भी होती है। हम यहाँ पर संस्कृत शब्द 'लकार' को हिन्दी तिङन्त रूपों के साथ कृदन्तज क्रियारूपों के लिए भी प्रयुक्त करना चाह रहे हैं। 'असंयुक्त क्रियारूपों' का श्रेणीकरण करके एक-एक श्रेणी को, हम चाहें, तो एक-एक लकार कह सकते हैं। (वैसे शुद्ध लकार तो हिन्दी में एक ही उतरा है—'विधिलिंङ्')। संयुक्त क्रियाओं में अर्थ-सम्मिश्रण/अर्थ-चमत्कार सहायक (रंजक) धातुओं से आता है। अर्थ-विचार व्याकरण का काम नहीं है। अतः, 'संयुक्तक्रिया' को क्रिया-रूपावली में हम नहीं रखें। जिस प्रकार 'वर्ण-विचार' में 'संयुक्त-वर्णों' को वर्णमाला में नहीं गिनते उसी प्रकार यहाँ भी है। संस्कृत में 'काल+प्रकार/अर्थ' के अनुसार तिङन्तों की रूपावली 'लकार' था, जो रूपपरक संकल्पना है। फिर, लकारों का कालों व प्रकारों में विनियोग था। उसी से प्रेरणाा लेकर हिन्दी में 'काल+प्रकार+पक्ष+वाच्य' निर्मित क्रियारूपों में से सिर्फ 'असंयुक्त' को लेकर हम हिन्दी की लकार-व्यवस्था बना सकते हैं।[65] संयुक्त क्रिया भी संरचनानुसार इन्हीं में अँट सकती है। इस कारण भी उसका सम्मिलन इस रूपावली में नहीं है।

आगे हम 'पढ़' धातु (सकर्मक) और इससे बने पढ़ा व पढ़वा प्रेरणार्थक धातुओं की रूपावली पेश कर रहे हैं। इस रूपावली में यह सन्देह बना रहता है कि कहीं संयुक्त क्रियापद तो इसमें नहीं आ गये। पर, कोशिश यही की गयी है कि उन से अलग रहकर, किसी धातु के 'काल+प्रकार+वाच्य' निर्मित रूप ही (जिन्हें हम 'लकार' कह रहे हैं) आ पाएँ। इन्हीं की साधना के लिए सहायक धातु ('जा', 'रह', 'हो', 'ह' आदि) का इस्तेमाल किया गया है, न कि किसी अर्थ-मिश्रणार्थ। फिर भी वाच्यांतरसाधक 'जा' के रूप कहीं शक्तिव्यंजक भी हो जा रहे हैं तो प्रसंगागत मान के क्षम्य हैं। निम्नलिखित सारिणी में लकार (1) में पढ़, पढ़ा, पढ़वा के रूप लिख रहे हैं, किन्तु आगे सिर्फ 'पढ़' के रूप लिख रहे हैं; क्योंकि इसी तरह पढ़ा/पढ़वा को भी बस रख देना है ('पढ़' की जगह), उसका रूप बन जाएगा। रूप अन्य पुरुष एकवचन का दे रहे हैं—पहले कर्तृवाच्य, फिर कर्मवाच्य में। फिर, उस रूप का प्रयुक्ति स्थल (काल, पक्ष, प्रकारादि) दे रहे हैं, जिसमें अधिकतर वह आता है। [कई धातुओं का प्रेरणाहीन या कर्मकर्तृक रूप भी बनता है, काट > कट आदि। पर,

इसे वाच्य विशेष मानना ठीक रहेगा, न कि नयी धातु–कल्पना करनी ठीक होगी।] 'पढ़' के इस रूप के आधार पर ही सभी धातुओं के रूप बनाये जा सकते हैं। अन्तर केवल अकर्मक धातुओं के सन्दर्भ में होगा। वह भी केवल यह कि कर्मवाच्य की जगह भाववाच्य लिखा जाएगा—रूप वही रहेगा।

लकार संख्या	कर्तृवाच्य रूप	कर्मवाच्य रूप	अधिकतर प्रयुक्ति स्थल (काल+पक्ष+प्रकार आदि)
1.	(तू) पढ़ पढ़ा पढ़वा	(तुझ से) पढ़ा जाए पढ़ाया जाए पढ़वाया जाए	भविष्यत्—विधि/सम्भावना (मध्यम पुरुष एकवचन 'तू' हेतु)
2.	(तू/तुम) पढ़ना	(तुझसे/तुमसे) पढ़ा जाए	भविष्यत्—विधि/सम्भावना (मध्यम पुरुष 'तू', 'तुम' हेतु)
3.	(वह) पढ़े	(उस से) पढ़ा जाए	भविष्यत्—विधि/सम्भावना अन्य पुरुष एकवचन)
4.	(आप) पढ़िये/पढ़ें	(आप से) पढ़ा जाए	भविष्यत्—विधि/सम्भावना (अन्य पुरुष बहुवचन 'आप' हेतु)
5.	पढ़ता/पढ़ती रहे	पढ़ा जाता रहे	भविष्यत्—विधि/सम्भावना (अन्य पुरुष एकवचन 'वह' हेतु)
6.	पढ़ेगा/पढ़ेगी	पढ़ा जाएगा	भविष्यत्—सामान्य अनिश्चित पक्ष
7.	पढ़ता रहेगा/ पढ़ती रहेगी	पढ़ा जाता रहेगा	भविष्यत्—सामान्य/सातत्य पक्ष या तात्कालिक पक्ष
8.	(यदि) पढ़ता/पढ़ती	(यदि) पढ़ा जाता	भूत/भविष्यत्—हेतुहेतुमत् प्रकार
9.	(यदि) पढ़ता/पढ़ती रहता/रहती होता/होती	(यदि) पढ़ा जाता रहता होता	भूत—हेतुहेतुमत् प्रकार
10.	(शायद) पढ़ता होता/ पढ़ती होती	(शायद) पढ़ा जाता होता	वर्तमान—सम्भावना प्रकार
11.	पढ़ता/पढ़ती है	पढ़ा जाता है	वर्तमान—सामान्य पक्ष (पर, है मूलतः अपूर्णपक्ष का)

लकार संख्या	कर्तृवाच्य रूप	कर्मवाच्य रूप	अधिकतर प्रयुक्ति स्थल (काल+पक्ष+प्रकार आदि)
12.	पढ़ रहा/रही है	पढ़ा जा रहा है	वर्तमान—तात्कालिक अपूर्ण पक्ष
13.	पढ़ता/पढ़ती रहता/ रहती है	पढ़ा जाता रहता है	वर्तमान—सातत्य, तात्कालिक पक्ष
14.	पढ़ चुकेगा/चुकेगी	पढ़ा जा चुकेगा	भविष्यत्—पूर्ण पक्ष
15.	पढ़ता/पढ़ती रह चुकेगा/चुकेगी	पढ़ा जाता रह चुकेगा	भविष्यत्—पूर्णापूर्ण (पूर्ण तात्कालिक पक्ष)
16.	पढ़ता होगा/ पढ़ती होगी	पढ़ा जाता होगा	वर्तमान—संदिग्ध पक्ष/ भविष्यत्-सातत्य अपूर्ण पक्ष।
17.	पढ़ता था/ पढ़ती थी	पढ़ा जाता था	भूत—अपूर्णपक्ष
18.	पढ़ रहा होगा/पढ़ रही होगी	पढ़ा जा रहा होगा	वर्तमान—सन्देह प्रकार, तात्कालिक पक्ष। भविष्यत्-तात्कालिक पक्ष
19.	(यदि) पढ़ता होता/ पढ़ती होती	पढ़ा जाता होता	भूत—हेतुहेतुमत् अपूर्ण पक्ष
20.	पढ़ता रहता था/ पढ़ती रहती थी	पढ़ा जाता रहता था	भूत—अपूर्ण सातत्य पक्ष
21.	पढ़ रहा था/ पढ़ रही थी	पढ़ा जा रहा था	भूत—अपूर्ण, सातत्य पक्ष
22.	पढ़ा/पढ़ी (कर्मप्रधान कर्तृवाच्य)	पढ़ा गया	भूत—सामान्य पक्ष
23.	पढ़ता रहा/ पढ़ती रही	पढ़ा जाता रहा	भूत—सातत्य, अपूर्ण पक्ष
24.	पढ़ा था/पढ़ी थी (कर्मप्रधान कर्तृ वाच्य)	पढ़ा गया था	भूत—पूर्णपक्ष
25.	पढ़ता रहा था/ पढ़ती रही थी	पढ़ा जाता रहा था	भूत—सातत्य, अपूर्ण पक्ष

लकार संख्या	कर्तृवाच्य रूप	कर्मवाच्य रूप	अधिकतर प्रयुक्ति स्थल (काल+पक्ष+प्रकार आदि)
26.	पढ़ा है/पढ़ी है (कर्मप्रधान कर्तृवाच्य)	पढ़ा गया है	भूत—आसन्न (नये मत से वर्तमान पूर्ण पक्ष, पर अमान्य है यह मत)
27.	पढ़ चुका/चुकी है	पढ़ा जा चुका है	भूत—आसन्न (नये मत से वर्तमान पूर्ण पक्ष, पर अमान्य है यह मत)
28.	पढ़ता आ रहा है/ पढ़ती आ रही है	पढ़ा जाता रहा है	वर्तमान—पूर्णापूर्ण (पूर्ण तात्कालिक) पक्ष
29.	पढ़ा हो/पढ़ी हो (कर्मप्रधान कर्तृवाच्य)	पढ़ा गया हो	भूत—सम्भाव्य प्रकार
30.	पढ़ा होगा/पढ़ी होगी (कर्मप्रधान कर्तृवाच्य)	पढ़ा गया होगा	भूत—संदिग्ध प्रकार
31.	(काश) पढ़ा होता/पढ़ी होती (कर्मप्रधान कर्तृवाच्य)	(काश) पढ़ा गया होता	भूत हेतुहेतुमत् पूर्ण पक्ष
32.	पढ़ना है/पढ़नी है (कर्मप्रधान कर्तृवाच्य)	पढ़ा जाना है	भविष्यत्—आसन्न आवश्यक प्रकार
33.	पढ़ना हो/पढ़नी हो (कर्मप्रधान कर्तृवाच्य)	पढ़ा जाना हो	भविष्यत्—सम्भावना प्रकार
34.	पढ़ना होता/पढ़नी होती (कर्मप्रधान कर्तृवाच्य)	पढ़ा जाना होता	भविष्यत्—हेतुहेतुमत् आवश्यक प्रकार
35.	पढ़ना होगा/पढ़नी होगी (कर्मप्रधान कर्तृवाच्य)	पढ़ा जाना होगा	भविष्यत्—साधारण, आवश्यक प्रकार
36.	पढ़ना था/पढ़नी थी (कर्मप्रधान कर्तृवाच्य)	पढ़ा जाना था	भूत—(भविष्यार्थक) अपूर्ण पक्ष
37.	पढ़ना चाहिए/पढ़नी चाहिए (कर्मप्रधान कर्तृवाच्य)	पढ़ा जाना चाहिए	भविष्यत्—औचित्यार्थक
38.	पढ़ना चाहिए था/पढ़नी चाहिए थी (कर्मप्रधान कर्तृवाच्य)	पढ़ा जाना चाहिए था	भूत—औचित्यार्थक

अर्थ की सूक्ष्मता की विवक्षा के तहत इतने ही नहीं, अन्य क्रियारूप भी बन सकते हैं। हम इन्हें चाहें दो धातुरूप वर्ग में भी रख सकते हैं—(1) 'ने' वर्ग—पढ़ा, पढ़ी थी, पढ़ा होगा आदि। (2) 'ने'-भिन्न वर्ग—पढ़ेगी, पढ़ा जाना था आदि। यह 'क्रिया' प्रकरण में बता चुके हैं। यह भी पीछे कहा गया कि धातु-रूपों में से कुछ 'काल-अमुखर रूप' होते हैं, कुछ 'काल-मुखर रूप'। 'काल मुखर रूप' को दो रूपात्मक वर्गों में रख सकते हैं—(1) 'गा' युक्त—भविष्यत् के कई रूप। (2) है/था/आ युक्त—वर्तमान, भूत के रूप। कई बार 'है' भविष्यार्थक भी होता है। उक्त तालिका से स्पष्ट है।

सन्दर्भिका

1. "मनुष्य वाक्यों में ही सोचता है और अपनी मानसिक प्रक्रिया को इच्छा और आवश्यकता के अनुसार वाक्य के रूप में ही अभिव्यक्त करता है।"—'हिन्दी वाक्य विन्यास'—डॉ. सुधा कालरा।
2. पंडित कामताप्रसाद गुरु ने इसी अर्थ में अपने परिच्छेद का नाम 'रूपान्तर' रखा है।
3. सन्धि-प्रक्रिया भी आकार-परिवर्तन करती है, पर वह व्याकरणिक घटना नहीं है। वह व्युत्पादन,रूपायन सब प्रसंगों में; पद व वाक्य के स्तरों पर कहीं भी घट सकती है। उसका हेतु है—वर्णविशेष की सन्निधि। उससे वर्ण-विकार, वर्णागम, वर्णलोप नामक परिवर्तन होते हैं।
4. डॉ. रामदेव त्रिपाठी ने 'वि+भक्ति =विशेष भक्ति' व्युत्पत्ति करते हुए कहा कि 'पद' के साथ सेवक की तरह लगी रहकर अर्थ का साधन करती है वह, इसी से 'विभक्ति' है। ('हिन्दी भाषानुशासन' से)। 'हिन्दी शब्दानुशासन' (पृष्ठ-124 में पं. किशोरीदास वाजपेयी विभक्ति का अन्वयार्थ संज्ञा व क्रिया शब्दों को कर्तृत्व-कर्मत्व या विधि आदि अर्थों में विभक्त करने वाला करते हैं।

   आचार्य देवेन्द्रनाथ शर्मा ने 'भाषाविज्ञान की भूमिका' में कहा कि "जिससे शब्द के अर्थ का विभाजन हो जाए, बँटवारा हो जाए अर्थात् यह मालूम हो जाये कि शब्द का कौन-सा अर्थ अभिमत है" (पृष्ठ-98) पुन: 'कारक' के सन्दर्भ में उन्होंने दुहराया कि 'कारक में लगनेवाले चिह्नों को विभक्ति कहते हैं, क्योंकि उनसे एक कारक दूसरे से विभक्त हो जाता है।" (पृष्ठ-247)

   डॉ. काशीराम शर्मा ने 'हिन्दी-व्याकरण-मीमांसा' में कहा कि प्रातिपदिकों/संज्ञादि के सिद्ध रूपों (सुबन्तों) के सात वर्गों में बँटने से 'विभक्ति' नाम है, यानी 21 सुबन्तों के 7 वर्गीकरण ही विभक्ति हैं। किन्तु, यह ग्राह्य नहीं है। कारण, 'विभक्ति' सिर्फ प्रातिपदिकों के लिए नहीं हैं। दूसरी बात, प्रथमादि विभक्ति वस्तुतः विभक्ति-वर्ग के नाम हैं। प्रातिपदिक विभक्तियाँ तो 21 'सुप्' हैं, जो चरम प्रत्ययता रखते हैं। विभक्ति से युक्त प्रकृति (=विभक्त्यन्त) 'पद' है।
5. "सभी प्रकार के सम्बन्धों को प्रकट करने की क्षमता संस्कृत-परम्परा से केवल षष्ठी व कर्म-प्रवचनीय द्वितीया विभक्ति में ही चली आ रही है।"—'हिन्दी भाषानुशासन' (पृष्ठ-396)

6. 'हिन्दी व्याकरण' में 'कारक विभक्ति' या 'उपपद विभक्ति' की संकल्पना का प्रथम बार उपयोग पं. किशोरीदास वाजपेयी ने किया तथा विभक्तियों के 'उक्त', 'अनुक्त' का हिन्दी में प्रथम विवेचन आचार्य हजारीप्रसाद द्विवेदी ने किया। 'संस्कृत में कारक शब्द का प्रयोग' व 'हिन्दी व्याकरण की समस्या' शीर्षक लेखों में द्विवेदी जी का यह विवेचन आया है। उन्होंने कारक प्रसंग में 'परसर्ग' व 'विभक्ति' के अलगाव का भी समर्थन किया है।
7. 'हिन्दी-व्याकरण की रूपरेखा' (1966 ई.), 'हिन्दी-व्याकरण' (1983 ई.)
8. 'हिन्दी व्याकरण का इतिहास' (1972 ई.)
9. 'हिन्दी वाक्य विन्यास' (1971 ई.), पृष्ठ-98
10. 'परिष्कृत हिन्दी-व्याकरण' (1978 ई.)
11. "वैदिक काल से ही विभक्ति लगाने की प्रथा थी जो लोक-भाषाओं में रह गयी और पाणिनीय व्यवस्था में समाप्त हो गयी। हिन्दी में वह व्याकरण रूप से जी रही है।...संस्कृत के परवर्त्ती ग्रन्थों में इस प्रकार की कुछ बातें हैं जहाँ विभक्ति प्रयोग के बाद भी लेखकों को भाव-प्रकाशन में कमी महसूस हुई है। उन्होंने अन्य अव्ययों का सहारा लेकर भाव प्रकट करने का प्रयास किया है। उदाहरण के लिए, हितोपदेश में 'कूपस्योपरि' जैसे प्रयोग मिलते हैं। लेखक जो कहना चाहता था, वह बात 'कूपे' इस सप्तम्यन्त पद से नहीं स्पष्ट होती थी तो उसने विभक्ति के बाद एक अवयव का योग किया। इसी प्रकार कृते, मध्ये, तः, हेतोः, कारणात् आदि अन्य पदों की सहायता आवश्यक जान पड़ी है। ये ही पद बाद में घिसकर परसर्ग का रूप ग्रहण करते हैं। इन्हें विभक्ति से भिन्न सहायक के रूप में अन्य नाम पाने का हक है।"—आचार्य हजारी प्रसाद द्विवेदी ('हिन्दी व्याकरण की समस्या')
12. संस्कृत-नियम था कि कर्ता के 'उक्त' होने पर 'प्रथमा', 'अनुक्त' होने पर—(i) यदि तिङ् विभक्ति हो तो तृतीया, (ii) यदि कृत् प्रत्यय हो तो षष्ठी तथा (iii) यदि 'कृत्य' प्रत्यय हो तो तृतीया व षष्ठी दोनों सम्भव था। जैसे—(i) सुस्मितया आम्रं खाद्यते। (ii) रामस्य गमनम् अस्ति (राम को जाना है)। (iii) इयं मया गतिरस्ति/मम गतिररिस्त। (मेरे द्वारा गति है यह/मेरी गति है यह।) 'कृत्य' कृत के अन्तर्गत कुछ खास प्रत्यय हैं जो भाव/कर्म में विहित है—जैसे 'क्तिन्'।
13. डॉ. देवेन्द्र नाथ शर्मा के इस कथन से कुछ ऐसा ही आभास मिलता है—"आरम्भ में एकवचन ही रहा होगा। कुछ भाषाओं के बहुवचन बनाने की पद्धति से इस कल्पना का समर्थन होता है, क्योंकि एकवचन में ही कुछ-न-कुछ जोड़कर बहुवचन बनाया जाता है...एकवचन के प्रयोग से जब लोगों को बहुत्व की अभिव्यंजना में कठिनाई हुई होगी तो उसी में कुछ जोड़कर बहुत्व व्यक्त किया गया होगा। बाद में उसी की उपादेयता सिद्ध हो जाने पर भाषा का अनिवार्य अंग मान लिया गया।"—'भाषाविज्ञान की भूमिका', पृष्ठ-244
14. इसी से पंडित रामावतार शर्मा ने 'विभक्ति' का कार्य वचन-बोध कराना भी माना था—"विभक्ति उन चिह्नों को कहते हैं जिनसे वचनों का बोध हो और जो दो शब्दों का परस्पर सम्बन्ध बतलावें।" ('हिन्दी व्याकरण सार') पं. किशोरीदास वाजपेयी ने भी कहा—"संख्या विभक्तियों से प्रकट होती है।" ('हिन्दी शब्दानुशासन', पृष्ठ 175)
15. "द्विवचन की कल्पना के पीछे युग्मों में दिखाई पड़नेवाली वस्तुओं का आधार रहा

होगा, ऐसा माना जाता है। आँख, कान, होंठ, हाथ, पैर आदि युग्म में ही हमेशा सामने आते हैं। प्राकृतिक वस्तुओं में भी अनेक ऐसी हैं जो युग्मता की भावना उत्पन्न करती हैं, जैसे—सूर्य-चन्द्र, दिन-रात; प्रातः-सायं आदि। इन्हीं से द्वित्व की धारणा को और उससे द्विवचन को, बल मिला होगा।''—'भाषाविज्ञान की भूमिका', पृष्ठ-244

16. वैदिक संस्कृत में युग्म रूप में सम्पूजित दो देवों को द्विवचन में ही रखा जाता रहा—'मित्र वरुणौ', 'अश्विनौ', 'इन्द्राग्नी', 'द्यावापृथिवी'। इसी तरह माता-पिता (पितरौ), पति-पत्नी (दम्पती) आदि भी द्विवचनात्मक प्रयुक्त होते रहे।

17. कुछ अव्यय-शब्द कारकता भी ग्रहण कर लेते हैं (जैसे—*अब से* जाना होगा) और लिंगगत भेद भी। (जैसे—अरे! रे! आदि का स्त्रीलिंग रूप भी प्राप्त है—अरी!री!) परन्तु, वचन-गत विकार उनमें नहीं होता।

18. पंडित कामताप्रसाद गुरु ने जो परिभाषा ('हिन्दी व्याकरण'; पृष्ठ 184) प्रस्तुत की है उसके अनुसार *'कारक'* का अर्थ विभक्त्यन्त ('सुबन्त-रूप') हो जाता है, जो कभी क्रियान्वित न भी होता है। फिर उन्हीं की बातों से *'विभक्ति'* 'विभक्त्यन्त' रूपों का पर्याय हो जाती है, जबकि वे परसर्गों को विभक्ति कहते हैं। फिर वे प्रथमा, द्वितीयादि नामों की जगह कर्ता, कर्म आदि का प्रयोग इस तर्क पर उचित मानते हैं कि प्रथमादि कल्पित नाम हैं, कर्तादि सार्थक शब्द। गुरु जी का यह कहना आपत्तिजनक है, क्योंकि प्रथमादि कल्पित नाम नहीं, बल्कि पाणिनि-पूर्व से ही निश्चित अर्थ में रूढ़ हैं। इस प्रकार ये भी सार्थक शब्द हैं। ऐसे ही प्रतिपादनों पर टिप्पणी करते आचार्य हजारीप्रसाद द्विवेदी कहते हैं—''कहते हैं, प्रथमा, द्वितीया आदि विभक्तियों के नाम काल्पनिक हैं, उनके बदले में कर्ता, कर्म आदि सार्थक शब्दों को ही ग्रहण करना चाहिए। परन्तु जब हिन्दी-व्याकरण में कहा जाता है कि यहाँ कर्ता का प्रयोग करण में होता है, तो सार्थकता की दलील न जाने कहाँ चली जाती है। कभी भी क्या सम्भव है कि (अर्थ-दृष्टि से) कर्ता करण हो जाए? कर्ता कर्ता है, क्रिया का प्रत्यक्ष भोक्ता और करण साधन है, क्रिया का परोक्ष सहायक।'' ('हिन्दी-व्याकरण की समस्या' से) द्विवेदी जी का इशारा शायद गुरुजी के निम्न प्रकार के कथन की ओर था—''कर्म वाच्य और भाववाच्य क्रियाओं में कर्ता को लिखने की आवश्यकता हो, तो उसे करण कारक में रखते हैं।'' ('हिन्दी व्याकरण'/पृष्ठ-219) इससे पता चलता है कि गुरु जी 'कारक' का तात्पर्य यहाँ 'से', 'के द्वारा' आदि को या इन से बने *रूपों* को समझ-समझा रहे हैं। अँग्रेजी में 'केस' (Case) के अर्थ में वे 'कारक' को ढाल दे रहे हैं। यही बहुत बड़ी गलती है।

19. नेसफील्ड ने Case की परिभाषा दी है—"The relation in which a Noun stands to some others word, or the change of form by which this relation is indicated, is called the case." [Idioms, Grammar and Synthesis for High Schools (English Grammar Book IV) J.C. Nesfield's] यानी, —

(i) वाक्य में 'नाउन' का अन्य शब्दों से *'सम्बन्ध'* अथवा

(ii) उस सम्बन्ध को दिखलाने वाले उसके *'रूपान्तर'* को 'केस' कहते हैं। किन्तु, आगे जो भी विवचेन Nesfield या अन्य जनों का है, उससे स्पष्ट है कि Case का तात्पर्य (i) न लगाकर, केवल (ii) लगाया गया है, यानी 'केस'=संज्ञा प्रातिपदिक का सुबन्त रूप। वैसे *'Noun'* में *'Pronoun'* को भी समाहित माना गया है। प्रायः अँग्रेजी ग्रैमरों

में तीन *केस* (कहना चाहिए *केस-वर्ग*) माने जाते हैं—Nominative, Objective, Possessive (Relative/पुराना नाम—genitive)। (नेसफील्ड ने पाँच माने हैं—Nominative, Vocative, Objective, Dative, Genitive)-पर, ये पाँच उक्त तीन में ही समाहित हैं।)

(i) *'Nominative Case*—'High School English Grammar & Composition' (by Wren & Martin) में कहा गया है कि "When a noun (or Pronoun) is used as the subject of a verb, it is said to be in the Nominative Case." (इसके अनुसार, 'केस' का तात्पर्य उस रूप से है जिसमें Noun या Pronoun रहता है।) Nominative Case के दो भेद हैं—(क) Nominative of Address/Vocative यानी सम्बोधन का केस) (ख) Nominative Absolute

(ii) *Objective Case* —जब Noun (या Pronoun) किसी verb या Preposition का Object हो तो उसे *'Objective Case'* कहा जाता है। इसके दो भेद हैं—

(क) Accusative Case —यदि वह Verb का direct object हो तो इस केस में कहा जाता है। यदि वह Preposition का object' हो, तो भी इसी केस में कहा जाता है।

(ख) Dative Case—(सम्प्रदान का केस)—यदि वह Verb का indirect object हो तो उसे 'Dative Case में' कहा जाता है।

(iii) Possessive case—स्वामित्वादि सम्बन्ध बतलाने के लिए Noun (Pronoun) जिस केस में रहता है, वह Possessive Case कहलाता है। प्राय: विशेषणात्मक बल रखने से यह Adjective Case भी कहलाता है।

जैसे—'I gave her a book.' में 'book' direct object है, इस से वह 'Accusative Case में' कहा गया। 'her' indirect object है, इस से वह 'dative Case' में कहा गया।

अँग्रेजी में 'कौन/क्या' का उत्तर Subject (Nominative) कहलाता है। उस में कर्ता, कर्म दोनों आ सकते हैं, इसी से Subject = कर्ता कहना गलत है। Subject=उद्देश्य, Predicate=विधेय। *'कर्ता'* व *'कर्म'* के लिए तो अँग्रेजी में यदि सही शब्द तलाशें तो क्रमश: *'doer'* व *'receiver'* होंगे। 'किसे', 'क्या' का उत्तर होता है 'object', जो तीन तरह का होता है—Verb का direct व indirect object तथा Preposition का Object। 'Whose' (किस का/किस की) का उत्तर 'Posessive Case' होता है। 'व्याकरण' के अपादान, अधिकरण व करण कारक अँग्रेजी में 'Objective Case' में ही व्यक्त होने से Object ही कहलाएँगे। इसी से 'Object' का अनुवाद *'कर्म'* करना भी गलत होगा।

20. हिन्दी में विभक्तियों (कहना चाहिए परसर्ग) के पुष्ट विवेचन, वर्गीकरण का प्राय: अभाव और कारक-चिह्नों के रूप में ही उनकी स्वीकृति पं. कामताप्रसाद गुरु जी को परम्परा में मिली थी और जो मौलिक मार्ग पं. रामावतार शर्मा द्वारा शुद्ध विभक्ति-तत्त्व खोजकर चलाया गया वह भी लोकप्रिय न होने के कारण गुरु जी से शायद अछूता रह गया। अत: किसी विभक्ति (परसर्ग) की सत्ता तब तक, गुरु जी को मानना उचित न लगा, जबतक उसका 'कारक' रूप में ग्रहण न किया जाए। (कारण, 'केस' की आंग्ल धारणा भी पीछे से दबाव डाल रही थी।) तब,उपपद विभक्तियाँ जो अन्य कारकों से मिलती थीं, उन्हें तो किसी न किसी कारक में समाहित कर लिया। परन्तु,

शेष सम्बन्धार्थ षष्ठी विभक्ति से मिलती-जुलती कोई 'कारक-विभक्ति' न होने के कारण किसी कारक-विशेष में उसका समाहन नहीं हो सकता था। दूसरी बात, षष्ठी विभक्ति सदा एक ही प्रकार के सम्बन्ध व्यक्त नहीं करता था। शेष (स्वस्वामिभावादि) सम्बन्धों की अनेकता के साथ सभी कारकीय सम्बन्धों को व्यक्त करने की ताकत उसमें थी। ऐसी परिस्थिति में गुरु जी आदि वैयाकरणों के लिए यह आवश्यक हो गया कि पूरी षष्ठी विभक्ति को भी किसी न किसी कारक का चिह्न सिद्ध करें। इसी से 'सम्बन्ध' नाम से एक स्वतन्त्र कारक की कल्पना करनी पड़ी। वैसे संस्कृत व्याकरण के इतिहास में भी इस सन्दर्भ में संशय रहा कि ऐसे किसी '*कारक*' को माना जाये कि नहीं? 'सम्बन्ध' व 'सम्बोधन' का अभाव खटका होगा, पर सात (डॉ. भोलाशंकर व्यास के मत से आठ, 'संस्कृत का भाषाशास्त्रीय अध्ययन' पुस्तक में) प्रातिपदिक विभक्तियों की विनियोजना कर उनकी पूर्ति कर सारे विवाद मिटा लिये गये थे। हिन्दी व्याकरण ने उसी पृष्ठभूमि के आधार पर अँग्रेजी वैयाकरणों के Case के दबाव वश आठ कारक माने। इसी कारण, 'कारक' की परिभाषा में इतनी तोड़-मरोड़ करनी पड़ी। गुरुजी ने कहा—''संज्ञा (या सर्वनाम) के जिस रूप से उसका सम्बन्ध वाक्य के किसी दूसरे शब्द के साथ प्रकाशित होता है, उस रूप को कारक कहते हैं।'' ('हिन्दी व्याकरण', पृ. 184) फिर, उन्होंने देखा होगा कि यह परिभाषा 'सम्बन्धसूचकों' की परिभाषा से मेल खाने लगी, तब उन्हें कहना पड़ा—''कुछ विशेष प्रकार के सम्बन्धों को ही कारक मानते हैं, औरों को नहीं।'' सम्बन्ध सूचकान्त अव्ययों की स्वतन्त्रता मान कर वे 'सम्बन्धसूचकान्त संज्ञा-सर्वनाम पद' को 'कारक' मानने से स्वयं को बचा पाये। इसी सन्दर्भ में सम्प्रदान के चिह्न के रूप में 'के लिए' को न मानने की उनकी नीति खड़ी हुई। 'के लिए' को इसलिए सम्प्रदान-विभक्ति (परसर्ग) उन्होंने नहीं माना, क्योंकि इसे मान लेने पर अन्य सम्बन्ध-सूचकों को कारक-चिह्न यानी सम्बन्ध-सूचकान्तों को कारक न मानने की उनकी परिभाषा खतरे में पड़ जाती।

21. ''केस पदों के विभिन्न रूपों को खोलता है। अब भी अँग्रेजी के सूटकेस आदि शब्दों में जीवित है। लैटिन में रूपों के खोलने के कारण यह 'केस' कहलाया।'', ''आप मजे में षष्ठी के सम्बन्ध-प्रत्यय और अधिकरण के निपातों को इस 'विकारक' के गले में बाँध सकते हैं।'' ('हिन्दी व्याकरण की समस्या'/—आचार्य हजारी प्रसाद द्विवेदी) द्विवेदी जी ने संस्कृत के द्विवचन में छह कारकों, सात विभक्तियों और तीन केसों (विकारकों) की बात कही है।

22. संस्कृत के प्रथमेतर विभक्त्यन्त रूपों को द्विवेदी जी ने 'अनुक्त विकारक' में रखा है। इसी के साथ हिन्दी तृतीया विभक्ति [कहना चाहिए था 'तृतीयार्थक विभक्ति'] में *अनुक्त* के दो भेद किये—

    (i) शुद्ध अनुक्त—'ने' सम्बद्ध। यह भूत, सकर्मक कृदन्त क्रिया का कर्ता बनता है। क्रिया कर्मानुकूल होती है।

    (ii) वाच्य अनुक्त—'से/द्वारा' सम्बद्ध। इस स्थिति में क्रिया के साथ 'जा' सहायक धातु का प्रयोग होता है।

    वे कहते हैं कि अँग्रेजी का Nominative या direct Case 'उक्त विकारक' है, जिसमें सम्बोधन भी अन्तर्भुक्त है। जब कर्ता 'ने'(या 'से') युक्त होता है, तब कर्म Nominative हो जाता है। अन्यथा, कर्ता ही Nominative होता है।

23. अँग्रेजी में 'क्रियासम्बद्ध प्रातिपदिक' (कारक) बने Noun-Pronoun की दो स्थितियाँ (रूप या case) हैं—

(क) Nominative Case–इस में कर्ता व कर्म आते हैं। सम्बोधन का भी केस यही है।

(ख) Objective Case—इसमें मुख्य कर्म, गौण कर्म (सम्प्रदान), करण, अपादान, अधिकरण तथा अनुक्त कर्ता रहता है। Preposition के object भी इसी केस में होते हैं।

'स्वस्वामि भावादि सम्बन्ध (शेष सम्बन्ध) का Case 'Possessive' है। किन्तु Preposition के प्रयोग द्वारा इसका भी काम Objective Case से चला ले सकते हैं। जैसे—अँग्रेजी में Personal Pronoun के तीन रूप बनते हैं—He, Him, His/She, Her, Her/Who, Whom, Whose आदि। ये तीन Case हैं। 'He' Nominative, 'Him' Objective तथा 'His' Possessive Case है। हम चाहें तो 'His' का काम 'Him' से भी चला सकते हैं, Preposition के सहारे। जैसे—'of him' से 'His' का काम चलता है। यानी, अँग्रेजी में objective case बहुत बलशाली है। वह तो संस्कृत की प्रथमेतर सभी विभक्तियों का प्रतिनिधित्व अकेले कर सकता है, जैसे—(i) द्वितीया—him/to him. (ii) तृतीया—with him/by him, (iii) चतुर्थी—for him, (iv) पंचमी—from him, (v) षष्ठी—of him [इसकी जगह Possessive case में 'his' चलता है] (vi) सप्तमी—In him/at him। 'प्रथमा विभक्ति' की जगह 'Nominative Case' है ही। समग्रत: अँग्रेजी में दो Case हैं कारक के—(Nominative, Objective) जिनमें तीसरा Case Possessive भी समाहित कर सकते हैं।

Nominative Case को Direct Case तथा Objective case को Oblique Case भी कहते हैं। संस्कृत प्रथमान्त व प्रथमेतर रूप से इनकी तुल्यता है। संस्कृत में भी *द्वितीयान्त रूप* मात्र को कर्मप्रवचनीयों (जो Preposition की जमात की तरह हैं) के सहारे द्वितीयादि सभी छह विभक्ति-रूपों में बदल सकते हैं। अँग्रेजी में नामों में से सिर्फ (Pronoun) की केस-गत रूपावली मौजूद है—She, her, her आदि। Noun की रूपावली नहीं है, Preposition के सहारे वह रूप बनता है। अँग्रेजी में परसर्ग का काम पूर्वसर्ग (Preposition) से चलता है।

24. ''कारक वे पद हैं, जिनका क्रिया के साथ योग होता है। ऐसे पद केवल छह प्रकार के हैं—कर्ता, कर्म, करण, सम्प्रदान, अपादान और अधिकरण।...संसार की किसी भी भाषा में छह कारक अवश्य रहेंगे, रूप उनके चाहे भिन्न हों।''—आचार्य हजारी प्रसाद द्विवेदी ('हिन्दी व्याकरण की समस्या')

''अर्थ संकेतित उन सांज्ञिक (संज्ञा, सर्वनाम, नामबन्ध) पदों को कारक कहते हैं, जो क्रिया की पूर्ण निष्पत्ति में सचेष्ट हों।''—डॉ. रामनरेश मिश्र 'हंस' ['करण कारक विवेक', पृ. 76]

25. ''क्रिया निष्पत्ति या क्रिया अन्विति में उसका हाथ न रहने से ही सम्बन्ध को कारक नहीं माना गया, किन्तु इस दृष्टि से सम्प्रदान और अपादान को भी कारक मानने में कठिनाई होती है, क्योंकि क्रिया-निष्पत्ति में न सम्प्रदान का हाथ होता है और न अपादान का।'' ('भाषाविज्ञान की भूमिका', पृष्ठ 246)

''छह कारकों में कर्ता, कर्म, करण तथा अधिकरण इन चारों शब्दों की निष्पत्ति कृ धातु से है, और स्वयं कारक भी कृ धातु से ही बना है। इससे यह व्यक्त होता है

कि इन चारों में ही सच्चा और पूरा कारकत्व है। सम्प्रदान तथा अपादान में कारकत्व अपूर्ण है, क्योंकि दान क्रिया में जिसे दान दिया जाता है, उसकी तथा अलगाव में जिससे कोई वस्तु अलग होती है उसकी कोई साक्षात् चेष्टा (योगदान) नहीं देखी जाती। इसीलिए इन दोनों शब्दों को कृ धातु से नहीं, दा धातु से सिद्ध किया गया है।'' ('हिन्दी भाषा का विकास', पृष्ठ 226)। इस दूसरे उद्धरण में 'सम्प्रदान', 'अपादान' की किसी साक्षात् चेष्टा के अभाव की बात की गयी, तो अधिकरण की भी तो और भी कभी कर्म की भी तो कोई प्रत्यक्ष चेष्टा नहीं दिखती। फिर क्यों पूर्ण कारकत्व इनमें मान्य हो। वस्तुत: 'सम्प्रदान' व 'अपादान' की अधूरी कारकता का तर्क दूसरा है और वह है—हर क्रिया में इनकी उपस्थिति न होकर क्रमश: सिर्फ दान व अलगाव की क्रिया में स्थिति है; जबकि बाकी चार सतत उपस्थित हैं।

26. आचार्य हजारी प्रसाद द्विवेदी ['संस्कृत में कारक शब्द का प्रयोग']
27. 'हिन्दी शब्दानुशासन', पृष्ठ 140
28. "Case is the form of a Noun (or Pronoun) which expresses its relation with some other word in the sentence (Sometimes the relation itself is called case)"—'A Basic Grammar of Modern Hindi' by Dr. Aryendra Sharma (page 34)। यहाँ *'केस'* कारक के अर्थ में नहीं 'विकारक' अर्थ में प्रयुक्त हुआ है। तभी तो कहा गया—"Hindi has only two cases (=forms of Noun) for indicating these and other grammatical relations —the direct and the oblique." ''एक रुपया दो'' में *एक रुपया* को direct form कहते हैं। 'लड़कियों को' obique form कहते हैं। (यद्यपि पुस्तक में दी गयी *'Glossary'* में Case=कारक/विभक्ति लिखा गया है।'')
29. यह प्रतिपादन डॉ. रामदेव त्रिपाठी के 'हिन्दी भाषानुशासन' (पृ. 405) में है।
30. ऐसे उदाहरणों में पंडित किशोरीदास वाजपेयी ने इटैलिक अंश को अधिकरण कहना पसन्द किया है। डॉ. अनन्त चौधरी ने कर्म कहा है, ''क्योंकि ये सब के सब क्रिया के फल के भोक्ता या आधार हैं, क्रिया के आधार नहीं।'' ('हिन्दी-व्याकरण का इतिहास', पृष्ठ, 593)। वे यह भी अतिवादी रुख अपनाते हैं कि ''प्राणिवाचक शब्द के साथ जहाँ कहीं भी 'को' आता है, वह कर्मकारक ही होता है।'' (सन्दर्भ-उपर्युक्त)। किन्तु, क्या ''सोमा को तैरना है'' में भी 'सोमा' कर्म ही है? वस्तुत: कर्ता है, परसर्ग षष्ठ्यर्थक 'को' लगा हुआ है। ''रागिनी को मिठाई रुचती है'' में भी क्या चौधरी जी सम्प्रदान न मानेंगे? वे तो 'को' को सम्प्रदान का चिह्न मानते ही नहीं, 'के लिए' को मानते हैं। 'के लिए' एक तो परसर्ग नहीं है, दूसरी बात, वह शुद्ध सम्प्रदानार्थक नहीं, 'तादर्थ्य चतुर्थी' के लिए है। उक्त उदाहरणों में वाजपेयी के अधिकरण मानने को चौधरी जी खंडित कर रहे हैं, पर और भी गलत रास्ता पकड़ रहे हैं—'को' चिह्न मात्र से कर्म है। उपर्युक्त 'क्रोध', 'दस्त' आदि कर्म हैं, न कि इटैलिक अंश। क्रिया यदि 'प्यास लगी', 'बच्चा होना है', 'क्रोध आ गया' आदि को मानें तो भी इटैलिक 'रसेन्द्र', 'बहू', 'तुम', ही कर्ता हैं। फिर, अनुभवकर्ता के तर्क पर चलें, तब तो स्पष्टत: कर्ता हैं।
31. 'हिन्दी-व्याकरण' (—गुरु)/ 'कारक' से
32. 'हिन्दी शब्दानुशासन' (—वाजपेयी)

33. 'हिन्दी शब्दानुशासन', पृष्ठ 468

34. ''प्रेरणा में असली कर्ता कर्म के रूप में आ जाता है, तो वह है कर्ता ही। इसीलिए वैसी क्रियाओं को हमने 'द्विकर्तृक' कहा है। यहाँ (मतलब, कर्मकर्तृक क्रिया में) कर्म का प्रयोग कर्ता की तरह होने पर भी वह (कर्म) वास्तविक कर्ता नहीं बन जाता। कर्म ही है। इसीलिए इन क्रियाओं को हम 'अकर्तृक' कहते हैं।''—'हिन्दी शब्दानुशासन', पृ. 470

35. 'हिन्दी शब्दानुशासन', पृष्ठ 470

36. 'हिन्दी शब्दानुशासन', पृष्ठ 470

37. 'संस्कृत में कारक शब्द का प्रयोग' (-ह. प्र. द्विवेदी)

38. अष्टाध्यायी (1-4-32)

39. 'वैयाकरण सिद्धान्त कौमुदी' (—भट्टोजि दीक्षित)/ 'कारक-प्रकरणम्'

40. ''जैसे प्रातिपदिकों की कई संश्लिष्ट विभक्तियों के घिस कर लुप्त हो जाने से अब उनकी जगह स्वतन्त्र सहायक प्रातिपदिकों (अव्ययों) का ही प्रयोग हो रहा है (तुझ में, तुम पर), वैसे ही क्रियाओं की अनेक (अधिकांश) विभक्तियों के घिस जाने से अब उनकी जगह सहायक धातुओं का प्रयोग चल रहा है, जैसे—'घर में पढ़ता है', 'शिक्षक से पढ़ता था'। प्रातिपदिक रूपों में भी अनेकत्र शुद्ध प्रातिपदिकों से नहीं, उनके किसी विभक्त्यन्त रूप से विशिष्ट विभक्तियाँ जुड़ती हैं, जैसे—मैं (मया, तृतीयान्त) ने, तुझ (तुभ्यम्, चतुर्थ्यन्त) से, मेरे (ममक, षष्ठ्यन्त) लिए; वैसे ही धातु-रूपों में भी अनेकत्र (अधिकतर) शुद्ध धातुओं से नहीं, उनके कृदन्त रूपों से, जैसे—पढ़ता (पढ़+ता) है, पढ़ा (पढ़+आ) है। जिस प्रकार अनेकत्र विभक्ति की अनुपस्थिति (लोप या शून्य विभक्ति) में भी प्रातिपदिक किसी न किसी सम्बन्ध को प्रकट करते हैं और पद कहे जाते हैं; जैसे 'राम भात खाता है' में राम, भात आदि। ठीक उसी प्रकार धातुओं में भी शून्य विभक्ति उनके किसी काल, पुरुष आदि को प्रकट कर उन्हें पद बना देती है; जैसे—(तू) खेल, खा, सो आदि। जिस प्रकार कारण, निमित्त, भीतर, ऊपर आदि प्रातिपदिक विभक्तियों के बदले में व्यवहृत हो रहे हैं, जैसे—भूख से, भूख के कारण; राम को—राम के लिए, राम के निमित्त; पेड़ पर, पेड़ के ऊपर; घर में, घर के भीतर; ठीक उसी प्रकार क्रिया रूपों में भी 'है', 'था' आदि स्वतन्त्र क्रियाएँ भी सहायक क्रियाएँ बनकर विभक्तिवत् व्यवहृत हो रही हैं।''

('हिन्दी भाषानुशासन', पृष्ठ 453)

41. ''आधुनिक साहित्यिक हिन्दी में तिङन्त क्रियाएँ प्राय: है ही नहीं। तिङन्त रूप में हैं, तो और कुछ विधि क्रियाएँ जी अवश्य रही हैं। कुछ दिन पहले तक ब्रजभाषा और अवधी में तिङन्त क्रियाएँ थोड़ा बहुत जी रही थीं, खड़ी बोली ने प्राय: सब धो-पोंछ कर साफ कर दिया। अब क्या वे फिर से जिलायी जा सकती हैं? जिलायी जा सकतीं तो भाषा की जटिलता कुछ कम होती, पर वैयाकरण इसमें कुछ नहीं कर सकता। वह इतिहास-विधाता को चुनौती नहीं दे सकता।'' ('हिन्दी व्याकरण की समस्या'/ 'भाषा, साहित्य और देश' पृ. 34)

42. ''हिन्दी में आज संयुक्त क्रियाओं का जंगल है, संस्कृत में नहीं था। कहाँ से आया यह जंगल? ऐसा लगता है कि पहले भी कुछ न कुछ संस्कृत में था मगर पाणिनि डट गये, उन्होंने उन्हें पनपने नहीं दिया।...जिस प्रकार हम हिन्दी तथा अन्य भाषाओं

में होना, करना आदि सहायक क्रियाओं के योग से क्रिया बनाते हैं, कुछ उसी प्रकार बभूव, आस, चकार आदि सहायक क्रिया-रूप संस्कृत में भी बनते थे। पर, पाणिनि को यह बात पसन्द न थी। उन्होंने दो क्रियाओं के योग से बनी हुई क्रिया को एक ही क्रिया मानने का विधान किया। इस प्रकार, 'प्रभ्रंशयांचकार' एक तिङन्त पद है। इन्हें संयुक्त क्रिया नहीं माना जाता। लगता है, अन्य व्याकरण-पद्धतियों में कालिदास के अनुकूल निर्देश था। तुम जाने वाले हो, जैसे प्रयोग भी कभी संस्कृत में थे, पर पाणिनि भगवान् ने ऐसे प्रयोगों में एक ही क्रिया-रूप बना दिया और गन्तासि, गन्तास्मि जैसे प्रयोगों को भविष्यकालिक एक ही रूप मान लिया। पुराणों में, महाभारत में, वाल्मीकि रामायण में ऐसे अनेक उदाहरण मिलेंगे, जिनमें 'गन्ता' और 'असि' अलग-अलग रूप प्रयुक्त हुए हैं। गन्ता+असि जैसी कृदन्त युक्त क्रिया के एक मान लेने से यह विशेषता आ गयी कि उनमें लिंग, वचन का विचार सम्भव नहीं होता। हालाँकि महाभारत और भागवत में लिंग, वचनगत विकारों का मिलना यह साबित करता है कि सर्वत्र पाणिनीय व्यवस्था लागू नहीं होती। ऐसे स्थलों को आर्ष प्रयोग मान लिया जाता है। प्रकारान्तर से उसे गलत कहकर, ऋषि-महिमा द्वारा उनकी गलतियों का मार्जन कर लिया जाता है। पाणिनीय व्यवस्था बाद में अनूद्य हो गयी पर लोकभाषाओं में पाणिनि का जोर नहीं था और ऐसे प्रयोग केवल जीवित ही नहीं रहे, अपना व्यापक प्रभाव फैलाकर नयी-नयी उद्भावनाओं को बढ़ावा देते रहे।''

—'व्याकरण पर व्याख्यान'/ हजारी प्रसाद द्विवेदी ग्रन्थावली, खंड-7, पृष्ठ-531

43. कालिदास ने लिखा—''प्रभ्रंशयां यो नहुषं चकार''। यानी एकपद तिङन्त को संयुक्त क्रियावत् लिखने की छूट ले ली। उनके पहले भी यह बात थी।

44. ''अर्थ-दृष्टि से भविष्य में भूतकाल कहना अनुचित होगा। परन्तु, परिभाषीय पद्धति में कहें कि समानार्थक भविष्य में लिट् तो बहुत गड़बड़ नहीं होगा। वस्तुतः व्याकरण में प्रयुक्त पारिभाषिक शब्द सदा अर्थ-निरपेक्ष होते हैं।''

('हिन्दी व्याकरण की समस्या'/आचार्य हजारी प्रसाद द्विवेदी)

45. ''हिन्दी व्याकरण'' (—पंडित कामताप्रसाद गुरु)/पृष्ठ—221, 223, 235

46. ''कोई क्रिया ही अखंड काल को तीन खंडों में बाँटने का माध्यम बनती है, किन्तु क्रिया के ही कारण विभक्ति काल क्रिया के ही रूपान्तर में बहुत बड़ा निमित्त बन जाता है...क्रिया की वर्तमानता, अतीतता और अनागतता सूचित करने के लिए ही तीन कालों की कल्पना की गयी है।''

—'हिन्दी भाषानुशासन', पृ. 454

47. पंडित कामताप्रसाद गुरु ने 'आसन्न भूतकाल' के बदले 'पूर्ण वर्तमान' काल नाम रखा है, क्योंकि उनके मत से इस काल से भूतकाल में आरम्भ होनेवाली क्रिया की पूर्णता वर्तमान में सूचित होती है। ('हिन्दी व्याकरण', पृष्ठ 224)

48. डॉ. देवेन्द्रनाथ शर्मा ने Aspect को 'प्रकार' तथा Mood को 'वृत्ति' कहा है। ('भाषाविज्ञान की भूमिका', पृष्ठ 246)। डॉ. रामदेव त्रिपाठी ने 'Mood' को 'प्रकार' कहा है। ('हिन्दी भाषानुशासन')। डॉ. दीमशित्स ने 'मूड' को 'प्रकार' तथा 'एस्पेक्ट' को 'पक्ष/विधि' कहा है। ('हिन्दी व्याकरण') डॉ. कान्तिचन्द मिश्र ने 'Mood' को 'अर्थ-प्रकृति' कहा ['खड़ी बोली की व्याकरण-रचना के क्रमिक विकास का अध्ययन'],

तो डॉ. रामकमल पाण्डेय ने 'वृत्ति' कहा। पण्डित कामता प्रसाद गुरु ने 'अर्थ' शब्द के प्रयोग 'Mood' के लिए कहा है। ('हिन्दी व्याकरण')

49. पीछे 'वृत्ति' पर प्रकाश डाला गया है—'व्युत्पादन' अध्याय की 13 वीं सन्दर्भिका में।
50. 'A Basic Grammar of Modern Hindi', पृ. 75-76
51. पंडित कामताप्रसाद गुरु ने निश्चयार्थ, सम्भावनार्थ, सन्देहार्थ, आज्ञार्थ व संकेतार्थ—ये पाँच 'प्रकार' बतलाये। इनका समाहार तीन में हो जाता है। सम्भावनार्थ, सन्देहार्थ व संकेतार्थ तीनों 'सम्भावार्थक प्रकार' (Subjunctive Mood) में समाहित हैं। डॉ. दीमशित्स ने निश्चयार्थक, आज्ञार्थक, सम्भावनार्थक एवं संकेतार्थक नामक चार प्रकार गिनाये। इनका भी तीन प्रकारों में समाहार हो जाता है। अन्तिम दो 'सम्भावनार्थक प्रकार' (Subjunctive mood) में परिगण्य हैं।
52. 'हिन्दी-व्याकरण' (-दीमशित्स)
53. ''वाच्य का लक्षण संस्कृत-व्याकरण के अनुसार क्रिया में केवल रूप के आधार पर किया गया है। संस्कृत में वाच्य का निर्णय केवल रूप पर हो सकता है। पर, हिन्दी में क्रिया के कई एक प्रयोग—जैसे, लड़के ने पाठ पढ़ा, रानी ने सहेलियों को बुलाया, लड़कों को गाड़ी पर बिठाया जाए—ऐसे हैं, जो रूप के अनुसार एक वाच्य में, अर्थ के अनुसार दूसरे वाच्य में आते हैं।''—'हिन्दी व्याकरण' (—गुरु), पृ-218
54. ''हिन्दी-व्याकरण में गुरु जी ने 'राम ने रोटी खायी' को कर्तृवाच्य लिखा था। जब मैंने वैसी क्रियाओं को कृदन्त बताकर कहा कि वे वैसी क्रियाएँ कर्मवाच्य हैं, तब अगले संस्करण में संशोधन ऐसा किया गया कि पहले से भी अधिक झमेला बढ़ गया। पहले 'क्रिया जब कर्ता के अनुसार हो, कर्ता के अनुसार उसके लिंग-वचन आदि हों, तो कर्तृवाच्य कहलाती है' यह लक्षण लिखकर भी 'राम ने रोटी खायी' को 'कर्तृवाच्य' बतलाया जाता था। 'हिन्दी-व्याकरण' के संशोधित संस्करण में यह प्रतिपादित हुआ—'राम ने रोटी खायी' कर्तृवाच्य कर्मणि प्रयोग...गुरु जी ने संशोधित संस्करण में 'कर्तृवाच्य' (अपना) रखा और 'कर्मणि प्रयोग' मेरा लिया।...'' (हिन्दी शब्दानुशासन, पृ. 225)
55. ''कर्तृवाच्य को ही कर्तरि प्रयोग कहते हैं और कर्मवाच्य को कर्मणि प्रयोग...क्रिया कर्म के अनुसार है और कर्तृवाच्य है? कर्मणि प्रयोग है और कर्तृवाच्य है, 'गुड़ नमक की तरह है और मीठा है', कहा जाये तो क्या समझा जाएगा?'' ('हिन्दी शब्दानुशासन'/पृ 225) वाजपेयी-मत से 'राम ने रोटी खायी' को कर्तृवाच्य का कर्मणि प्रयोग कहना उपहासास्पद है। यही नहीं, उन्होंने ऐसे उदाहरण को कर्तृवाच्य मानने वाले व्याकरण को व्याकरण तक मानने से इनकार किया। ('करण कारक विवेक'—(डॉ. रामनरेश मिश्र 'हंस') की 'अनुशंसा' से)
56. हिन्दी व्याकरण (—गुरु)
57. 'हिन्दी भाषानुशासन' में डॉ. रामदेव त्रिपाठी ने भाववाच्य में 'कर्ता' को उद्देश्य माना है। पर, इस प्रतिपादन में सन्देह है, क्योंकि भाववाच्य में कर्ता की उपस्थिति भी आवश्यक नहीं होती। जैसे—''यहाँ बैठा जाता है।''—इसमें कर्ता नहीं है तो उद्देश्य आखिर क्या है?
58. डॉ. रामदेव त्रिपाठी ने 'हिन्दी भाषानुशासन' में ऐसा विचार व्यक्त किया है। (पृ. 319)
59. 'देख कबीरा रोया' फिल्म का गीत।
60. ''विधि, आदेश, प्रार्थना, प्रश्न आदि की व्यंजना हिन्दी में तिडन्त क्रियाओं से होती है—

राम वेद पढ़े, आप ऐसा न करें, मैं जाऊँ? आदि। इन क्रियाओं पर कर्ता या कर्म के लिंग-भेद का कोई असर नहीं पड़ता—राम वेद पढ़े; ('हिन्दी शब्दानुशासन'), पृ. 412)

''पुरुष-प्रतीति केवल तिङन्त क्रियाओं से होती है। वचन-भेद कृदन्त क्रियाओं में भी होता है।'' (वही, पृ. 402) ''पुरुष प्रतीति तिङन्त से और लिंग-प्रतीति कृदन्त से।'' (वही)

61. पंडित किशोरीदास वाजपेयी ने भी सत्तार्थक धातु 'ह' तथा सम्भावना-शुभाशंसा के अर्थ में 'हो' धातु की कल्पना की है। ('हिन्दी शब्दानुशासन')
62. 'हिन्दी संरचना का शैक्षिक स्वरूप' (—डॉ. रामकमल पांडेय), पृष्ठ 97-98
63. ,, ,, ,, पृष्ठ 97
64. ''जहाँ कृदन्त की क्रिया मुख्य होती है और काल की क्रिया उस कृदन्त की विशेषता सूचित करती है, वहीं दोनों को संयुक्त कहते हैं। यह बात वाक्य के अर्थ पर अवलम्बित है, इसलिए संयुक्त क्रिया का निश्चय वाक्य के अर्थ से करना चाहिए।''—पं. कामताप्रसाद गुरु।
65. डॉ. बदरीनाथ कपूर ने भी क्रियारूपों को 'लकार' कहने की पेशकश की है। ('परिष्कृत हिन्दी व्याकरण', पृष्ठ-116, संस्करण-2001)

अध्याय-13

वाक्य-विचार

वाक्य ही मनुष्य की भाषिक अभिव्यक्ति की न्यूनतम सार्थक इकाई है, क्योंकि इन्सान वाक्यों में सोचता है और अपनी मानसिक प्रक्रिया को आवश्यकता व इच्छा के अनुसार 'वाक्य' के रूप में ही अभिव्यक्त करता है—चाहे वाक्य एक पद का ही क्यों न हो; चाहे वह अनेक पदों का हो या अनुच्छेद भर का। इसलिए, व्याकरण का व्यावहारिक प्रयोजन यदि भाषा का साधु प्रयोग सिखलाना कहा जाता है, तो उसका अर्थ होता है साधु वाक्य-रचना की विधि सिखलाना। व्याकरण का तात्त्विक लक्ष्य तो वाक्य-रचना के विश्लेषण द्वारा उस भाषा का स्वरूप स्पष्ट करना है ही।

प्राचीन 'स्फोट सिद्धान्त' एवं मीमांसकों के 'अन्विताभिधानवाद' तथा आधुनिक भाषाविज्ञान ने भी प्रमाणित कर दिया है कि भाषा मूलतः वाक्यात्मक ही होती है। भर्तृहरि ने स्पष्ट कहा कि जिस प्रकार वर्णों में अवयव नहीं होते, उसी प्रकार पदों में वर्ण या वाक्य में पद नहीं होते।[1] इसका तात्पर्य यह है कि 'वाक्य' की ही सत्ता वास्तविक है—पद या वर्ण की काल्पनिक। पीछे जो शब्द (प्रकृति) की तुलना में 'पद' की सत्ता वास्तविक बतलाई गयी है, वह भी अपनी जगह सही है। वस्तुतः भाषा में 'शब्द' तो प्रयुक्त ही नहीं होता, होता है 'पद' ही। पर, 'पद' भी पूर्ण अर्थवान् नहीं होता, बल्कि वाक्यस्थ अन्य पदों की आकांक्षा उसे रहती है। इसी से वाक्य की तुलना में 'पद' की सत्ता अधूरी है। इसी अधूरेपन को यहाँ 'काल्पनिक' नाम दिया गया। मूल इकाई तो वाक्य ही है, जिसकी रचना समझने-समझाने के लिए वैयाकरण उसे पदबन्धों या पदों में व्याकृत देखता है, फिर 'पदों' के आधार पर 'शब्द' (प्रकृति) की कल्पना करता है, प्रत्यय की कल्पना करता है। इस प्रक्रिया में अन्तिम तत्त्व के रूप में उसके हाथ आता है—'वर्ण' या 'ध्वनि'। यही है व्याकरण-प्रक्रिया। इससे प्रस्तुत हुए व्याकरण का स्वरूप कुछ ऐसा लगता है कि ध्वनि से वाक्य तक की यात्रा है व्याकरण, संश्लेषण या अन्विति के क्रमिक

विकास द्वारा। परन्तु, आधुनिक युग में कुछेक व्याकरणों का स्वरूप भी ऐसा होने लगा है कि 'वाक्य' से 'ध्वनि' तक की यात्रा लगती है व्याकरण, विश्लेषण के क्रमिक विकास द्वारा। ऐसे व्याकरण को 'वाक्यात्मक व्याकरण' कह सकते हैं।

'हिन्दी-व्याकरण' नाम से अब तक जो विवेचना होती रही है, वह प्रायः रूप (पद)-विचार है—'शब्द' व उसकी 'रूप'-प्रक्रिया का विचार। 'वाक्य' का स्थान गौण ही रहा है। परन्तु, आज 'संरचनात्मक भाषाविज्ञान' और उसकी अगली कड़ी 'रूपान्तरण प्रजनक व्याकरण' (-चाम्स्की) के प्रभाव से हिन्दी व्याकरण वाक्यात्मक बनने लगा है। हिन्दी व्याकरणेतिहास के नवशोधनकालीन वैयाकरण इसी वाक्यात्मक धारणा से संयुक्त रहे हैं। वाक्य-प्रकरण पर आज के देशी-विदेशी विद्वानों के कार्य पर्याप्त विशाल हो चले हैं, जो उनके श्रम के बेहतर प्रमाण हैं। अँग्रेजी वाक्य-साँचों के निर्धारण को ध्यान में रखते हुए हिन्दी के वाक्य-साँचों के निर्धारण का प्रयास 1970 ई. के आसपास प्रारम्भ हुआ, जिसके उद्देश्य यदि हिन्दी-शिक्षण से सम्बद्ध थे, तो शुद्ध भाषा-वैज्ञानिक भी थे।

वक्ता के मन में, विचार या भाव वाक्य के आकार में ही उठते हैं और इसी रूप में उनका सम्प्रेषण होता है, तब वे प्रायः पद-समूह के रूप में दृष्टिगोचर होते हैं। वैसे कभी एकपदात्मक (या एक अक्षरात्मक) भी होता है वह वाक्य; जैसा कई बार कहा जा चुका है। विचार 'वाक्य' से कम पर आकार ही नहीं लेता और वक्ता न वाक्य से कम कुछ बोलता है। किसी भाषा के शिक्षण प्रशिक्षण का मतलब वाक्य सीखने-सिखाने से है। वाक्य पूर्णतः मानसिक या मनोवैज्ञानिक तत्त्व है। मानव की विचार-प्रक्रिया एक आन्तरिक भाषा के समान है, जिसमें 'व्यक्त भाषा' के समान ही वाक्य परस्पर सम्बद्ध रहते हैं। यानी, हमारे चिन्तन और वार्तालाप का साधन वाक्यात्मक भाषा या वाक्य ही है।

वाक्य की परिभाषा—"वाक्य किसी घटना या विचार को प्रकट करने में समर्थ न्यूनतम भाषिक इकाई को कहते हैं, जो पद या परस्पर साकांक्ष (अन्वित) पद-समूह के रूप में दृश्यमान हो तथा जिसमें प्रकट या अध्याहृत एक आख्यात (=समापिका क्रिया) पद अवश्य रहे।" जैसे—"स्त्री को चीज, माध्यम, इज्जत का साधन, देवी या कुलटा मानने पर प्रतिबन्ध लगना चाहिए।" हमें पता है कि वाक्य-रचना का मूलाधार आन्तरिक भावना/विचार-प्रक्रिया ही है। मनःस्थ भाषा (सामाजिक भाषा या 'लाँग्') के उपादानों से, हमारे भाव/विचार के अनुरूप वाक्य स्वतः घटित होता है।[2] वाक्य का विश्लेषण करने पर हम उसे 'योग्यता-आकांक्षा आसत्ति' से युक्त पद-समूह के रूप में देखते हैं।[3]

'योग्यता' एक तरह से देखने पर व्याकरण-दृष्टि से सर्वाधिक आवश्यक तत्त्व है। ऐसा मानने का कारण यह है कि एकपदात्मक वाक्य में 'आकांक्षा' या 'आसत्ति' का सवाल ही नहीं उठता, पर 'योग्यता' तो उसमें भी रहती ही है। 'योग्यता' का

अर्थ द्विधा होता है—(i) वाक्यगत पदों का व्याकरणिक अन्वय सम्यक् रहना, (ii) उस अन्विति में एक सुसंगत अर्थ की प्रतीति होना। अर्थ (ii) तो एक पदात्मक स्तर पर घट सकता है। हाँ, तब सुसंगत अर्थ की प्रतीति वाक्यगत अन्विति में नहीं है, बल्कि उस एक पदात्मक वाक्य की अपने पड़ोसी वाक्यों के सन्दर्भ में है। "लड़का खेलेगी" या "मैंने पढ़ती हूँ" जैसे वाक्य (i) प्रकार की योग्यता से रहित हैं और "किताब खाती है" जैसे वाक्य (ii) प्रकार की योग्यता से रहित हैं। फिर भी व्याकरणिक स्तर पर विचारें तो "किताब खाती है" में व्याकरणिक त्रुटि नहीं है, अत: वाक्य यह भी है। अर्थगत असम्भाव्यता की बात तो सामाजिक अर्थविज्ञान के अन्तर्गत विवेचनीय है।

'आकांक्षा' का अर्थ है, वाक्यस्थ पदों की परस्पर उत्सुकता। यह उत्सुकता उनके अर्थ-सम्बन्धी अधूरेपन की देन है। आकांक्षा की नींव पर ही कारकों की भित्ति स्थित है।[4] आकांक्षा की पूर्ति या सिद्धि के लिए 'कारक' वाक्य-संरचना के अनिवार्य धारक के रूप में आते हैं। आकांक्षा की सिद्धि तब तक समुचित रूप से नहीं हो सकती, जबतक 'आसत्ति' न हो।

'आसत्ति' या 'निकटता' वाक्य के परस्पर साकांक्ष घटकों (पदों) का *देशगत* एवं *कालगत* सामीप्य है। देशगत आसत्ति उच्चारण एवं लेखन दोनों से होनी चाहिए। जैसे—

"कमर ने	*खिलता फूल*	*सूँघने हेतु*	*सरिता को*	*दिया।"*
(1)	(4)	(2)	(3)	(5)

—वाक्य में आसत्ति बाधित है। आसत्ति का तब पालन होता जब अंकों से निर्देशित उक्त अंश क्रमशः [1,2,3,4,5 रूप में] विन्यस्त रहते। भौगोलिक अन्तर कर के उच्चारण और लेखन करने से भी देशगत आसत्ति खंडित होती है। 'कालगत आसत्ति' का पालन न करने से भी वाक्य की सत्ता संदिग्ध होती है। 'कमर ने' आज कहें और 'सूँघने हेतु' कल; इसी तरह शेष अंश भी एक-एक दिन के अन्तर पर बोलें, तो भी वाक्य बनना सम्भव नहीं है।

'आसत्ति' को 'अन्वय' भी कहा जाता है, पर केवल 'आसत्ति' नहीं बल्कि परस्पर साकांक्ष पदों की क्रमबद्धता ही 'अन्वय' है। 'आसत्ति' का सरल अर्थ इस तरह 'पदक्रम' हुआ। संस्कृत भाषा में हर पद के प्रकट रूप से विभक्त्यन्त होने के कारण, 'आकांक्षा' के बाधित होने की स्थिति नहीं आती। अत:, वहाँ 'आसत्ति' की आवश्यकता स्थूलत: कम दिखती है। किन्तु, अर्थ-बोध बिना पद-अन्वय के न होगा—इसी सोच के तहत उसका प्रयास किया जाता है। हिन्दी संस्कृत की अपेक्षा वियोगात्मक भाषा है। इसमें हर पद का प्रकट विभक्त्यन्त रहना जरूरी तो नहीं है; बल्कि कई पद लुप्त-विभक्त्यन्त ही होते हैं। अत:, बिना 'आसत्ति' या 'पदक्रम' के हिन्दी वाक्यों में कई बार अर्थगत सन्देह की स्थिति हो जाती

है। जैसे—"बाघ हिरन मारता है।" की जगह "हिरन बाघ मारता है" लिखने से अर्थ बदल जाता है। किन्तु यदि हम "स्वराज पहाड़ पर बैठा है" की जगह "पहाड़ पर स्वराज बैठा है" लिखें तब विशेष बदलाव नहीं आता। यद्यपि बलाघात बदल जाता है। यानी, हिन्दी में कई बार पदों का पौर्वापर्य (आगे-पीछे आना) या क्रम अर्थान्तर तक कर देता है, जबकि कई बार सिर्फ बलाघात के स्तर का निर्धारक भर होता है। समग्रतः, हिन्दी में 'पदक्रम' या 'अन्वय' का महत्त्व संस्कृत से अधिक है।

वाक्य अखंड इकाई है, परन्तु लोक-व्यवहार या भाषा के स्पष्टीकरण के लिए उसे पदों के समूह के रूप में देखना पड़ता है। इसी कारण, पद से वाक्य की तरफ जानेवाला विश्लेषण 'रूप-विचार' (मार्फोलॉजी) की भी जरूरत है। यद्यपि भाषा-विश्लेषण के लिए वाक्य-विचार से पद-विचार की तरफ जाना ज्यादा सही है। 'अर्थ-विचार' यानी वाक्य की तरफ से 'पद' (रूप) तक पहुँचने वाला विश्लेषण 'सिण्टैक्स' (Syntax) कहलाता है।[5] भाषा-प्रशिक्षु के लिए मुख्य आवश्यकता उस भाषा के बीजवाक्यों की जानकारी, वाक्यांश-रचना और रूपान्तरण की प्रक्रिया को समझने की है। भाषा के समस्त सम्भव वाक्यों की सीमित नियमों से व्याख्या करते हुए उस व्याख्या को क्रमशः पद > शब्द >ध्वनि तक उतारने वाला व्याकरण ही हर दृष्टि से उपादेय है। यानी, पद-विचार से वाक्य-विचार और वाक्य-विचार से पद-विचार तक गतिमान, द्विमुखी प्रक्रिया वाला व्याकरण ही अधिक संगत है।

वाक्य के घटक—वाक्य की संरचना के लिए न्यूनतम दो संरचक या घटक अनिवार्य हैं। पहला है उद्देश्य (Subject), दूसरा है विधेय (Predicate)। आज का भाषाविज्ञान इन्हें क्रमशः संज्ञा पदबन्ध एवं क्रिया पदबन्ध कहता है। शेष वाक्यांग ऐच्छिक हैं, जो इन्हीं दो के विस्तारार्थ (विशेषणार्थ) प्रयुक्त होते हैं। हाँ, कभी ऐसा हो सकता है कि उद्देश्य और विधेय में से कोई एक ही प्रत्यक्ष हो और दूसरा अध्याहृत हो। जैसे—"जाओ!"—इस वाक्य में उद्देश्य अध्याहृत (छिपा) है। "कौन गया?" के उत्तरस्वरूप प्रयुक्त वाक्य "जानकी (गयी)।" में विधेय ('गयी') अध्याहृत है। ('संज्ञा पदबन्ध' की जगह प्रकार्य-दृष्टि से 'कारक पदबन्ध' कहा जाए तो बेहतर होगा। आगे स्पष्टीकरण होगा।)

वाक्य-संरचना की न्यूनतम या मूलभूत इकाई को 'बीजवाक्य' कहते हैं। उसमें अविस्तारित एक उद्देश्य और एक विधेय होते हैं। जैसे—"मिथाली राज खेलती हैं।"—यह एक बीज वाक्य है। उद्देश्य है—'मिथाली राज'; विधेय है 'खेलती हैं'। 'बीजवाक्य' वाक्य की छोटी-बड़ी किसी भी सम्भावना का बीज रूप होता है। इसी के विधिवत् विस्तार से अनेकशः आकार/प्रकार के वाक्य बन

सकते हैं। बीजवाक्य स्वभावतः ही सरल वाक्य होता है। उद्देश्य में 'कर्ता' व 'कर्म' आते हैं। 'कर्ता' कभी मूल होता है; कभी अन्य कारक कर्ता रूप में प्रयुक्त हुआ रहता है। फिर भी क्रिया (विधेय) को अपना लिंग-वचनादि प्रदान करने से वही उद्देश्य होता है। उक्त बीजवाक्य का विस्तार करते हैं—

मिथाली राज (उद्देश्य)	खेलती हैं।— (विधेय)	बीजवाक्य

विस्तार सहित—

(i)	मिथाली राज	क्रिकेट खेलती हैं।
(ii)	कप्तान मिथालीराज	अन्तरराष्ट्रीय स्पर्द्धाओं में क्रिकेट खेलती हैं।
(iii)	महिला टीम की कप्तान मिथालीराज	अन्तरराष्ट्रीय स्पर्द्धाओं में क्रिकेट खेलती हैं।
(iv)	भारतीय महिला टीम की कप्तान मिथालीराज	अन्तरराष्ट्रीय स्पर्द्धाओं के फायनल मैच में क्रिकेट खेलती हैं।

उद्देश्य और विधेय—जिस प्रकार पद=प्रकृति+प्रत्यय होता है, उसी प्रकार वाक्य=उद्देश्य+विधेय। विधान सर्वत्र 'प्रकृति' के लिए 'प्रत्यय' का तथा 'उद्देश्य' के लिए 'विधेय' का किया जाता है। 'उद्देश्य' सिद्ध होता है, 'विधेय' साध्य। इसी से, उद्देश्य वह होता है, जो पूर्व-ज्ञातप्राय हो और विधेय वह होता है जो पूर्व-अज्ञातप्राय हो। इस पर कोई वितर्क कर सकता है कि "कोई आनेवाला है" या "कोई आता है" जैसे वाक्यों में तो उद्देश्य ('कोई') ही अज्ञात लग रहा है, जबकि 'आना' क्रिया ही पूर्वज्ञात है। लेकिन, इसका समाधान यह होगा कि व्यक्ति-विशेष के रूप में भले उद्देश्य अज्ञात रहे, किन्तु गमन-कर्ता मानव-साधारण 'कोई' के रूप में वह अवश्य ज्ञात है। विधेय (क्रिया) आधेय है, इसलिए उसके आधार (उद्देश्य) को अवश्य पहले ज्ञात रहना चाहिए। उद्देश्य विषय-वस्तु का केन्द्र-बिन्दु अर्थात् वाक्य का नायक होता है।[6] अन्वय की दृष्टि से उसकी प्रधानता रहती है।[7] यदि हम समाज को एक वाक्य की तरह विवेचित करें तो विडम्बनामय चित्र उभरता है—पुरुष उद्देश्य की जगह विराजित है, नारी विधेय की जगह। विवक्षा-दृष्टि से विधेय की प्रधानता होती है, पर नारी ऐसा विधेय है जो विवक्षा दृष्टि से भी अप्रधान है, उद्देश्य पुरुष अन्वय-दृष्टि से प्रधान होने के साथ-साथ विवक्षा दृष्टि से भी प्रधान है। अस्तु! प्रातिपदिकज पद (सुबन्त) प्रायः उद्देश्य बनता है और धातुज पद (तिङन्त) प्रायः विधेय। संवर्द्धित स्थिति में 'विशेषक या विस्तारक सहित उद्देश्य' भी 'उद्देश्य' ही कहलाता है, विस्तारकसहित 'विधेय' विधेय ही। जैसे—'भारतीय महिला टीम

की कप्तान मिथाली राज' उद्देश्य है तथा 'अन्तरराष्ट्रीय स्पर्द्धाओं के फाइनल मैच में क्रिकेट खेलती हैं' विधेय है।

संरचनानुसार वाक्य प्रकार—संरचना के अनुसार वाक्य दो प्रकार के होते हैं—(क) एकात्मक या सरल वाक्य, (ख) अनेकात्मक या यौगिक वाक्य। (ख) के दो भेद हैं—मिश्रवाक्य और संयुक्त वाक्य।

जिस वाक्य में प्रत्यक्ष या परोक्ष एक ही उद्देश्य एवं एक ही विधेय (समापिका क्रिया) हो, उसे *'सरल वाक्य'* या 'एकात्मक वाक्य' कहते हैं। जैसे—

''नीलम धवन माइक्रोसॉफ्ट इंडिया की प्रबन्ध-निदेशक बनीं।''

''महिला-पत्रिकाएँ स्त्री-देह के प्रदर्शन कर के पुरुष मात्र के लिए सस्ते मनोरंजन का साधन बनी रहती हैं।''

''डायन के शक में महिला के हाथ खौलते तेल में डलवाये।''

''दहेज माँगने पर वधू की सहेलियों ने दूल्हे को बन्धक बनाया।''

जिसमें एकाधिक सरल वाक्य किसी संयोजक अव्यय से जुड़कर जब एकीकृत होते हैं तो उस वाक्य को यौगिक या अनेकात्मक वाक्य कहते हैं। यौगिक वाक्य का अंगीभूत हर वाक्य 'उपवाक्य' कहलाता है। उपवाक्यों में कभी एक *'मुख्य उपवाक्य'* होता है तथा शेष उपवाक्य उसी के आश्रित होते हैं; तो कभी सभी उपवाक्य मुख्यता में समान ही होते हैं और उनमें से कोई गौण नहीं होता। प्रथम स्थिति में *'यौगिक वाक्य'* को *मिश्रवाक्य* कहते हैं और दूसरी स्थिति में उसे *संयुक्त वाक्य* कहते हैं।

यौगिक वाक्य के अंगीभूत 'उपवाक्य' तथा 'सरल वाक्य' संरचना में भिन्न नहीं होते, पर उनमें अर्थ की भिन्नता है। उपवाक्य अर्थ की दृष्टि से कभी पूर्ण नहीं होते; बल्कि कभी तो वे पराश्रित तक होते हैं; जबकि सरल वाक्य अर्थ दृष्टि से सदा पूर्ण होते हैं।

जैसे—''तुम्हारी तराशी हुई मूर्ति उनका भगवान है, पर तुम्हें उस भगवान के द्वार छूने तक का हक उन्होंने नहीं दिया है।''—इस वाक्य में 'पर' से शुरू दूसरा उपवाक्य पहले उपवाक्य (''तुम्हारी तराशी...भगवान है'') से स्वतन्त्र नहीं है। दोनों उपवाक्य परस्पर आकांक्षा रखते हैं। कोई अपने आप में पूर्ण नहीं। यह संयुक्त वाक्य है।

''वैज्ञानिक सोच के विकास से ही मजहबी-सामन्ती व लिंगवादी मान्यताओं पर सवाल उठते हैं, जिससे लोकतन्त्र के उभरने का अवकाश बनता है।''—इस वाक्य में 'जिससे' से शुरू हुआ दूसरा उपवाक्य तो वस्तुतः प्रथम उपवाक्य (मुख्य उपवाक्य) ''वैज्ञानिक...उठते हैं'' पर ही आश्रित है। यह मिश्र वाक्य है।

इन दोनों में अंगीभूत उपवाक्यों की स्वतन्त्रता नहीं है, पर इस 'सरल वाक्य' की अर्थ-सम्बन्धी स्वतन्त्रता पर सवाल नहीं उठ सकता—"हर विभाग या हर क्षेत्र में आधी सीटों पर नारी का प्राकृतिक अधिकार है।"

'मिश्रवाक्य' के अवयवों में से एक प्रधान उपवाक्य होता है तथा शेष उपवाक्य उस पर आश्रित होकर गौण बने रहते हैं। गौण उपवाक्य *मुख्य उपवाक्य* का नहीं, बल्कि उसके किसी अवयव/पद का पोषक या सेवक होता है। 'गौण उपवाक्य' 'मुख्य उपवाक्य' से व्यधिकरण संयोजकों से जुड़े होते हैं। जैसे—"यदि तू कहता, तो वह जरूर जाता।" 'संयुक्त वाक्य' में सभी उपवाक्य प्रधान होते हैं, परस्पर पोष्य-पोषक होते हैं तथा समानाधिकरण संयोजकों से जुड़े होते हैं। जैसे—

"अन्धविश्वास सिर्फ पुरानी सामन्ती मान्यताओं के अवशेष नहीं हैं, बल्कि नयी पूँजीवादी-बाजार व्यवस्था के प्रोत्साहन भी हैं।"

'व्यधिकरण संयोजक', जिनसे मिश्र वाक्य के अवयवीभूत उपवाक्य जुड़े होते हैं, कई रूप में हो सकते हैं—

(i) कारणवाचक—'क्योंकि' आदि।

(ii) उद्देश्यवाचक—'कि', 'जो', 'ताकि' आदि।

(iii) संकेतवाचक—'जो...सो' आदि।

(iv) स्वरूपवाचक—'अर्थात्', 'यानी', 'कि' आदि।

'समानाधिकरण संयोजक', जिनसे संयुक्त वाक्य के अवयवीभूत उपवाक्य जुड़े होते हैं, भी कई रूपों में होते हैं—

(i) संयोगार्थक—और, तथा, एवं आदि।

(ii) वियोगार्थक—या, अथवा आदि।

(iii) विरोधार्थक—पर, किन्तु आदि।

(iv) विपरीतार्थक—प्रत्युत, बल्कि आदि।

(v) परिणामार्थक—इसलिए, अतएव, अतः आदि।

वैसे यौगिक वाक्य कभी बिना संयोजकों के, सिर्फ विरामचिह्नों (अल्प, अर्ध विराम) से भी जुड़ सकते हैं। 'सरल', 'मिश्र' एवं 'संयुक्त' वाक्य का स्पष्टीकरण एक रूपक से करते हैं। सरल वाक्य एक कमरे का मकान है। प्रवेशार्थ एक स्वतन्त्र द्वार, स्वतन्त्रता से खुलनेवाली खिड़कियाँ आदि उसमें हैं। 'मिश्रवाक्य' एक ऐसा फ्लैट है, जिसमें प्रवेशार्थ एक द्वार है, फिर कमरे के भीतर से दूसरे कमरों (शयन-कक्ष आदि) में प्रवेश होता है। प्रवेश-कक्ष पर ही बाकी कमरों की निर्भरता है क्योंकि उनका अलग से कोई प्रवेश द्वार नहीं है। बिना प्रवेश-कक्ष में घुसे उन तक पहुँचा नहीं जा सकता तथा प्रवेश-कक्ष

के बिना उनका अस्तित्व सम्भव नहीं। मिश्रवाक्य रूपी फ्लैट का हर कमरा (उपवाक्य) अपने आप में अपूर्ण ही है, चाहे वह मुख्य कक्ष (प्रवेश कक्ष) हो या अन्य कक्ष (शयन-कक्ष, स्नानगृह, शौचालय आदि)। मुख्य कक्ष 'मुख्य उपवाक्य' है। बाकी कक्ष 'आश्रित उपवाक्य'। 'संयुक्त वाक्य' की तुलना एक ऐसे भवन से की जा सकती है, जिसका हर कमरा अपना स्वतन्त्र प्रवेश द्वार रखता है, किन्तु परस्पर सम्बद्धता के बिना उनकी अपूर्णता है। कारण, उनमें से कोई शयनकक्ष है, कोई रसोईघर, कोई शौचालय तो कोई चित्रसारी (ड्राइंग रूप)। सबकी संयुक्ति में ही भवन की सत्ता है। हर कमरा (उपवाक्य) उसमें समान महत्त्वपूर्ण है—कोई मुख्य या गौण नहीं।

"अयोध्याकांड के समय मीडिया का एक हिस्सा शकुनि की भूमिका में आ गया था।"—यह वाक्य एक कमरे के मकान की तरह है, जिसमें एक प्रवेश द्वार (समापिका क्रिया) है। यही सरल वाक्य है।

"प्रजातन्त्र में वंशवाद व चाटुकार तन्त्र का प्रभाव बढ़ने से वह कुछ लोगों के लिए तो मजातन्त्र और अधिकतर लोगों के लिए सजातन्त्र बन चुका है, जो एक भयावह भविष्य का संकेत कर रहा है, जिसमें विक्षुब्धों की आहें लपटों के रूप धर कर राजव्यवस्था को भस्मसात् कर देंगी।"—इस वाक्य में प्रथम उपवाक्य (प्रवेश कक्ष) से एक द्वार अन्य कक्ष (उपवाक्य) को जाता है, फिर उससे भी एक अन्य द्वार एक अन्य कक्ष (उपवाक्य) को जाता है। इन तीनों में प्रथम उपवाक्य मुख्य है, शेष दो गौण। शेष दो में से पहला अन्तिम की तुलना में मुख्य है क्योंकि उसी पर अन्तिम उपवाक्य आश्रित है। पर, समग्रतः दोनों गौण हैं; प्रथम उपवाक्य (मुख्य उपवाक्य) पर आश्रित यह मिश्रवाक्य का उदाहरण है।

"हमारी सोच में आदर्श बहू वह है, जो पर्दा कर के प्राणवायु रोके, पढ़-लिखकर भी अपने ज्ञान को लज्जा के ताले में जकड़कर रखे, रसोई को मसालेदार बनाने में अपनी पूरी प्रतिभा लगाये, डाँट-मार का कभी प्रतिरोध न करे, पति के हर सुख का साधन बनी रहकर स्वयं कुछ न चाहे; जो बस साड़ी-सिन्दूर-तीज-त्यौहार में सन्तुष्ट—बैल की तरह खटती, पराश्रित जीवन को गर्व से ढोती, प्रेमचन्द की 'बड़े घर की बेटी' बनी रहे।"—यह लम्बा-सा वाक्य *मिश्रवाक्य* का ही उदाहरण है। प्रथम उपवाक्य से बाकी उपवाक्य 'जो' व्यधिकरण संयोजक या उसके स्थानापन्न अल्पविराम से जुड़े हुए हैं।

"यौन शिक्षा इसलिए जरूरी है ताकि हम स्वस्थ रहें और स्त्री-पुरुष के बीच सहज मानवीय रिश्ते बना सकें।"—भी मिश्रवाक्य ही है। 'और' संयोजक से भ्रमित नहीं होना चाहिए। मुख्य उपवाक्य "यौन...जरूरी है" से शेष उपवाक्य का सम्बन्ध 'ताकि' व्यधिकरण संयोजक से है। 'और' तो आश्रित दोनों उपवाक्यों

का अन्तर्वर्ती संयोजक है। वाक्य 'मिश्र' है या 'संयुक्त'—इसका निर्धारण उपवाक्यों की महत्त्व सम्बन्धी समानता व निर्भरता का आकलन कर के होता है।

"अन्तरजातीय विवाह से जाति-व्यवस्था हिलती जरूर है, किन्तु टूटती नहीं, तो इसका कारण है पितृसत्ता, जिसके तहत लड़की को लड़के की जाति में मिला लिया जाता है।"—यह संयुक्त वाक्य है। 'किन्तु' से शुरू वाक्यांश में तीन उपवाक्य हैं, जो प्रथम उपवाक्य "अन्तरजातीय...जरूर है" पर आश्रित नहीं हैं। हाँ, 'किन्तु' से शुरू हुए वाक्यांश के प्रथम उपवाक्य "किन्तु टूटती नहीं" पर शेष दो उपवाक्य आश्रित हैं।

"हम पुरुष-नारी जीन्स तो पहन लेते हैं, *पर* कमीज के भीतर का मैला धागा जनेऊ अथवा सिन्दूर-बिन्दी-चूड़ी या बालों का भार उतार फेंकने की हिम्मत नहीं कर पाते *तथा* झाड़-फूँक, कपाल व कुंडली के चक्कर काटते हुए, लोकतन्त्र की पूरी थीसिस घोंटकर भी जन्म के आधार पर भेदभाव करने से बाज नहीं आते, *बल्कि* जाति-विशेष या पुंलिंग को महत्त्व देनेवाले पर्व-त्यौहार, तीज, करवाचौथ आदि भी करते हैं; *इसलिए* कहा जा सकता है *कि* आइंस्टाइन-मार्क्स-फ्रायड आदि को पढ़कर भी हम आधुनिक नहीं बन पाये हैं।"—इस वाक्य में 'पर', 'तथा', 'बल्कि' एवं 'इसलिए' से जुड़े चार उपवाक्य समान दर्जे के हैं। अतः यह भी *'संयुक्त वाक्य'* है। अन्तिम उपवाक्य "इसलिए...पाये हैं" मे दो उपवाक्य हैं। उनमें पहला दूसरे की अपेक्षा मुख्य है। 'कि' संयोजक से जुड़े होने से अन्तिम उपवाक्य मिश्रवाक्य सा है; पर सम्पूर्ण सन्दर्भ में वह उक्त बड़े संयुक्त वाक्य का अंगीभूत एक उपवाक्य ही है।

आश्रित उपवाक्य—मिश्रवाक्य के अन्तर्गत आये आश्रित उपवाक्य, मुख्यवाक्य के किसी अवयय (पद) का पोषण करते हैं। उस के तहत, वे कभी संज्ञा या सर्वनाम वत् (कारक) कार्य करते हैं, तो कभी विशेषणवत् तो कभी क्रियान्वयी अव्ययवत्। इस आधार पर आश्रित-उपवाक्य के तीन प्रकार होते हैं—संज्ञा उपवाक्य, विशेषण उपवाक्य और क्रियान्वयी अव्यय उपवाक्य (जिसे आम धारणा 'क्रियाविशेषण उपवाक्य' कहती है।)

मुख्य उपवाक्य की क्रिया के कर्ता, कर्म अथवा कर्तृपूरक/कर्मपूरक बन सकने वाले संज्ञा-सर्वनाम के स्थान में जो उपवाक्य प्रयुक्त होते हैं; वे 'संज्ञा उपवाक्य' कहलाते हैं। सही में इन्हें *'नाम-उपवाक्य'* कहना चाहिए, क्योंकि ये संज्ञा व सर्वनाम दोनों की जगह आते हैं। पर 'नाम' में तो विशेषण भी आता है, इसलिए 'नाम उपवाक्य' कहने से विशेषण उपवाक्य इसी में समाहित हो जाएगा। अतः, 'नाम उपवाक्य' न कहकर इसे 'कारक उपवाक्य' कह सकते हैं। 'नाम उपवाक्य' के संयोजक प्रायः *'कि'* और *'जो'* होते हैं। जैसे—"कितनी गलती करते हैं, जो लड़कियों को ही घरेलू काम-काज का प्रशिक्षण देते हैं,

पर लड़कों को नहीं''—इसमें क्रिया ('गलती करते हैं') का कर्ता है ''जो...नहीं'' उपवाक्य।

''अधिसंख्य जनता को समझा दिया गया था कि तुम पूर्वजन्म के कर्मों का फल भोग रहे हो, जबकि उसकी बदहाली शोषणकारी समाजार्थिक व्यवस्था के कारण रही है।''—इसमें प्रथम (उपवाक्य की क्रिया) ('समझा दिया गया था') का 'कर्म' है—'कि' से शुरू हुआ उपवाक्य।

''घरेलू हिंसा कानून (2005) का लक्ष्य है कि घर-घर में हिंसा व शर्म के दो पाटों के बीच पिस रही स्त्री को अदालत का दरवाजा खटखटाने का हौसला मिले।''—इस वाक्य में प्रथम उपवाक्य के कर्म 'लक्ष्य' का पूरक बनकर आया है आश्रित उपवाक्य ''घर-घर...मिले।''

मुख्य उपवाक्य में आये कर्ता, कर्म या पूरक रूप में आये किसी नामपद को विशेषित करने वाला उपवाक्य *'विशेष उपवाक्य'* कहलाता है। जैसे—

''बलात्कार नारी की इज्जत लूटना नहीं है, जो उसके खिलाफ की गयी दैहिक हिंसा की क्रूरता से भरा है।'', ''यह वही आदमी है, जो कल बाजार में प्रेम-विवाह के खिलाफ फतवेबाजी कर रहा था।'', ''गोआ ही ठीक है, जिसने मुस्लिम पुरुषों के बहुविवाह को रोक कर नारियों का वस्तुकरण रोक दिया है।'', ''दुनिया में प्रेम के विकास की सम्भावना को उन्होंने मसल दिया है, जो विपरीत लिंग के प्रति सहज आकर्षण को पाप ठहराते रहे हैं।''

'विशेषण-उपवाक्य' 'जो' सर्वनाम के रूप से प्रारम्भ होता है। मुख्य उपवाक्य के अन्तर्गत संज्ञापद (कर्ता, कर्म या पूरक बना) हो, तो प्राय: वह सर्वनाम 'यह/वह' से विशेषित भी होता है। जैसे—यही एकलव्य है, जिसकी धनुर्विद्या छली गुरु ने अँगूठा कटवा कर छीन ली है।''

मुख्य उपवाक्य की क्रिया या क्रियान्वयी अव्यय से अन्वित या उसे विशेषित करनेवाला उपवाक्य *'क्रियान्वयी अव्यय उपवाक्य'* कहलाता है। ऐसे उपवाक्य स्थान, समय, कारण, प्रयोजन, रीति, स्थिति, शर्त (संकेत/हेतुहेतुमद्भाव), विरोध, परिणाम आदि सूचित करते हैं। इन अर्थों का भी आन्तरिक समाहार हो सकता है—'रीति' में कारण, शर्त, प्रयोजन आदि समाहनीय हैं। परन्तु, ये गिनाये गये अर्थ ही सारे अर्थ नहीं हैं, इसी से 'आदि' लगाया गया है। 'क्रियान्वयी अव्यय उपवाक्य' के उदाहरण निम्नलिखित हैं—

''यदि सहशिक्षा ईश्वर या प्रकृति को स्वीकार्य न होती, तो उसके द्वारा लड़के-लड़कियाँ एक ही घर में उत्पन्न न की जातीं।'' (शर्त)

''तू जहाँ-जहाँ जाएगा, मैं भी वहाँ-वहाँ जाऊँगी।'' (स्थान)

''जबतक 'सौन्दर्य' को स्त्री के एक मूल्य के रूप में व्याख्यायित करना हमारे कला-साहित्य या संस्कृति के ठेकेदार न छोड़ेंगे, तबतक नारी के वस्तुकरण

या दैहिक शोषण का सिलसिला खत्म न होगा।'' (समय)

''जिस तरह देश विकसित हो रहा है, उस तरह अभावग्रस्तों की स्थिति नहीं सुधर रही।'' (ढंग)

''चूँकि स्त्री को आज अस्तित्व की ही लड़ाई लड़नी पड़ रही है, इसलिए वह व्यक्तित्व की लड़ाई क्या लड़ेगी?'' (कारण)

''यद्यपि माँ बनने में स्त्री का सब कुछ चला जाता है—स्वास्थ्य, समय, कैरियर, फिर भी अपनी सन्तान पर भी उसका हक नहीं समझा जाता, जिसका परिचय 'बाप' से दिया जाता है।'' (स्थिति)

''जाति-आधारित वैवाहिक विज्ञापन, विवाह-परिचयसम्मेलन या राजनैतिक सभाएँ मत कीजिए, जिससे कि जातिवाद को फिर से हवा मिले।'' (प्रयोजन)

''भड़कीली शादियों का प्रचार बन्द करो ताकि फिजूलखर्ची के साथ कन्या को दान की वस्तु तथा वर को शहंशाह बनाना बन्द हो।'' (प्रयोजन)

पदबन्ध की संकल्पना—'पदबन्ध' की संकल्पना *अँग्रेजी* ग्रैमर के 'फ्रेज' की संकल्पना से प्रेरित होकर हिन्दी-व्याकरण में हुई है। भारतीय व्याकरणिक चिन्तन में 'पद' की और अधिक से अधिक 'समस्त पद' की संकल्पना रही है, जिनका अँग्रेजी ग्रैमरों में अभाव है। यद्यपि 'पदबन्ध' अँग्रेजी की देन है, पर हिन्दी-व्याकरण हेतु उपयोगी अवधारणा है। 'पदबन्ध' की तुलना 'समस्त पद' से की जा सकती है, यद्यपि दोनों भिन्नस्तरीय चीजें हैं। 'समस्त पद' में अर्थ-सम्पृक्ति के साथ कभी-कभी रूप-संपृक्ति भी हो जाती है, पदबन्ध में रूप-संपृक्ति नहीं होती। अर्थ-संपृक्ति भी उसमें समास की अपेक्षा विरल रहती है।

जब अनेक पद परस्पर सम्बद्ध होकर एक भाषिक इकाई की तरह किसी वाक्य के घटक बनते हैं, तो उस इकाई को पदबन्ध कहते हैं। ऐसे संगुफन से बना वह पद-समूह वाक्य के अन्तर्गत एक 'प्रकार्यात्मक कोश' की तरह होता है। हम कह सकते हैं कि वाक्य की संघटना पदबन्धों के समूह रूप में होती है। वाक्य में पदबन्ध ही प्रयुक्त होते हैं, हाँ कभी-कभी ऐसा हो सकता है कि वह पदबन्ध एकपदात्मक ही हो।[8] जैसे—

''तू जा''—इस वाक्य में दो पदबन्ध है—

(i) संज्ञा पदबन्ध 'तू' है, सिर्फ एक पद का।

(ii) क्रिया पदबन्ध 'जा' है। वह भी सिर्फ एक पद का है।

वाक्य-रचनार्थ न्यूनतम ये दो पदबन्ध होने ही चाहिए। इस वाक्य में दो प्रकार्यात्मक कोश हैं। हर कोश में 'पद' अकेले आया है। कभी ऐसा भी हो सकता है कि पद अकेले न आकर अपने विशेषकों-विस्तारकारी तत्त्वों के साथ आये। पर हर स्थिति में प्रकार्यात्मक कोश वही रहेगा—यानी, पदबन्ध वही रहेगा। यानी,

चाहे अकेले पद से बना हो या विस्तारक सहित किसी पद से; वह भाषिक इकाई या प्रकार्यात्मक कोश 'पदबन्ध' ही कहलाता है। जैसे—

"लड़की (1) बढ़ रही है। (2)"— (1) संज्ञा पदबन्ध है, (2) क्रिया पदबन्ध

"आज की लड़की (1) तेजी से बढ़ रही है। (2)"

"घरेलू घुटन से बाहर हुई आज की लड़की (1) जीवन के हर क्षेत्र में तेजी से आगे बढ़ रही है।" (2)

"घरेलू घुटन से बाहर हुई आज की हर शहरी-ग्रामीण लड़की (1) जीवन के हर क्षेत्र में मजबूत उपस्थिति दर्ज करते हुए बड़ी तेजी से आगे बढ़ रही है।" (2)

यहाँ, एक बात ध्यातव्य है कि 'संज्ञा-पदबन्ध' और 'क्रिया-पदबन्ध' का विस्तार करने हेतु 'विशेषण पदबन्ध', 'क्रियान्वयी अव्यय पदबन्ध' आदि भी आते हैं। जैसे उक्त दूसरे वाक्य में 'आज की' विशेषण पदबन्ध है, 'तेजी से' क्रियान्वयी अव्यय पदबन्ध है।

यहाँ यह भी ध्यातव्य है कि वाक्य-रचनार्थ न्यूनतम आवश्यक दो पदबन्धों में से प्रथम को 'संज्ञा पदबन्ध' न कहकर *'कारक पदबन्ध'* कहा *जाये तो ठीक रहेगा; क्योंकि वह उद्देश्यीभूत घटक कभी 'संज्ञा पदबन्ध' होता है, कभी 'सर्वनाम पदबन्ध'।*

प्रत्येक पदबन्ध में एक *मुख्य (शीर्ष)* पद होता है, जिस पर उसके अंगीभूत अन्य पद आश्रित रहते हैं। जैसे—"निरीह प्रजा की बेटियाँ क्या उनकी नयनतारा नहीं हुआ करतीं?"—इसमें 'निरीह प्रजा' पदबन्ध का शीर्ष 'प्रजा' है, जिस पर 'निरीह' टिका हुआ है। कभी-कभी आश्रय की एक परम्परा सी होती है, अर्थात् एक आश्रयी/शीर्ष अगले किसी पद का आश्रित होता है। जैसे—"आमतौर पर जिसे धर्म कहा जाता है वह कोई आध्यात्मिक लौ नहीं है, बल्कि अति शोषणकारी सामाजिक व्यवस्था है, जिसमें जन्म व धन के आधार पर अधिसंख्य लोगों को एक पायदान नीचे रखकर दूहा और छला-दला गया है।"—इस वाक्य में आये पदबन्ध 'अति शोषणकारी सामाजिक व्यवस्था' में 'व्यवस्था' शीर्ष/आश्रयी पद है, जिस पर शेष तीन पद आश्रित हैं। शेष तीन पदों में 'सामाजिक' पद पर 'अति' व 'शोषणकारी' टिके हुए हैं। 'शोषणकारी' पर 'अति' आश्रित है। 'एक पायदान नीचे' पदबन्ध में भी 'नीचे' शीर्षपद पर 'पायदान' और 'पायदान' पर 'एक' आश्रित है।

हमें जानना चाहिए कि 'पदबन्ध' के भीतर 'पदबन्धों' की स्थिति हो सकती है। पीछे के वाक्य "घरेलू घुटन...बढ़ रही है" में कहने को दो पदबन्ध हैं, पर हर पदबन्ध के अंगीभूत कुछ और पदबन्ध हैं। इसी तरह, "देश की विकास-

दर जैसे-जैसे बढ़ रही है, वैसे-वैसे भूख से मरनेवालों की संख्या भी बढ़ती जा रही है। क्या यह इस बात का संकेत नहीं है कि हमारा सारा विकास चन्द स्वार्थ-लोलुप अमीरजादों की झोली में सिमटा हुआ है?''—इस वाक्य में 'देश की विकास दर', 'जैसे-जैसे बढ़ रही है', 'भूख से मरने वालों की संख्या', 'हमारा सारा विकास', 'चन्द स्वार्थलोलुप अमीरजादों की झोली में' आदि विवेचनीय पदबन्ध हैं। इनमें से अन्तिम पर विचार करते हैं। यह संज्ञा पदबन्ध (कारक पदबन्ध) है। इसमें 'चन्द स्वार्थ-लोलुप अमीरजादों की' भी एक पदबन्ध है। फिर, इसमें भी, 'चन्द स्वार्थ-लोलुप' भी एक पदबन्ध है।

पदबन्ध का वर्गीकरण—पदबन्ध के शीर्षपद के वर्ग की दृष्टि से पाँच प्रकार के पदबन्ध होते हैं—(i) संज्ञा पदबन्ध, (ii) सर्वनाम पदबन्ध, (iii) विशेषण पदबन्ध, (iv) क्रिया पदबन्ध, (v) क्रियान्वयी अव्यय पदबन्ध। वस्तुत:,अव्यय के बाकी भेद प्राय: शीर्ष नहीं बनते, इसलिए 'अव्यय पदबन्ध' जैसा व्यापक नाम देना हमने उचित नहीं समझा। व्याकरणिक प्रकार्य की दृष्टि से पदबन्ध कभी कारक बनते हैं, कभी कारक (कर्ता, कर्म) के पूरक तो कभी क्रिया। इस आधार पर हम उन्हें कर्ता पदबन्ध, कर्म पदबन्ध, करण पदबन्ध, पूरक पदबन्ध, क्रिया पदबन्ध, क्रियान्वयी अव्यय पदबन्ध आदि भेद कह सकते हैं। शीर्ष पद के वर्ग की दृष्टि से नामीकृत कोई पदबन्ध प्रकार्य दृष्टि से कभी कर्ता, कर्म, पूरक या क्रिया पदबन्ध बन सकता है। जैसे—''*विवाहित लड़की* भी *बाप-माँ के परिवार का हिस्सा* वैसे ही है, जैसे विवाहित लड़का।'' इसमें 'विवाहित लड़की' और 'बाप-माँ के परिवार का हिस्सा' दोनों संज्ञा पदबन्ध हैं, पर प्रकार्य-दृष्टि से प्रथम 'कर्ता पदबन्ध' भी है तथा दूसरा 'कर्म' या (कर्म) पूरक पदबन्ध भी है।

''*हिन्दी का नया रूप हिंग्लिश* आज *ज्ञान-विज्ञान की शब्दावली के अभाव* को भी दूर कर रहा है तथा हिन्दी जनता को *रोजगार के विविध अवसरों* से भी जोड़ रहा है।''—इसमें *इटैलिक* तीनों अंश अर्थात् 'हिन्दी का नया रूप हिंग्लिश', 'ज्ञान-विज्ञान की शब्दावली के अभाव' और 'रोजगार के विविध अवसरों' संज्ञा पदबन्ध हैं, जो प्रकार्य दृष्टि से क्रमश: कर्ता, कर्म व करण पदबन्ध हैं।

प्रकार्य-दृष्टि से 'क्रिया पदबन्ध' की भूमिका में सिर्फ वही पदबन्ध आ सकता है, जो शीर्षपद के वर्ग की दृष्टि से भी 'क्रियापदबन्ध' हो। जैसे—''हमारी सभ्यता के हाथ जाने कितने बेगुनाहों के खून में सदा डू*बते रहे* हैं जिनमें सर्वाधिक संख्या स्त्रियों की है।''—इनमें प्रकार्य-दृष्टि से 'क्रिया पदबन्ध' '*सदा डूबते* रहे हैं' है, जो शीर्ष की दृष्टि से भी क्रिया पदबन्ध है।

अक्सर अव्ययात्मक शीर्ष के रहते भी किसी पदबन्ध को 'क्रिया पदबन्ध'

कहा जाता रहा है, जैसे—'खाना खाकर आराम करना चाहिए'—में *'खाना खाकर'* को क्रिया पदबन्ध में गिन लिया जाता है; जबकि यह 'क्रियान्वयी अव्यय पदबन्ध' है। इसी तरह, "भोग से गँधाती हई भाषा में मीडिया किसी महिला खिलाड़ी, अभिनेत्री आदि के विवरण छापते रहा है"—इस वाक्य में 'भोग से गँधाती हुई' विशेषण पदबन्ध है, न कि क्रियापदबन्ध। यदि पदबन्ध अनेक पदमय हों तो 'संज्ञा पदबन्ध' में 'संज्ञा पद' को छोड़कर जो शेष अवयव होते हैं, वे 'विशेषण पदबन्ध' होते हैं। जैसे—"नैनो कार की कम्पनी को अपने यहाँ बुलाने को हर मुख्यमन्त्री बेताब था, पर किसी को उन बेसहारा, बुरी तरह भुखमरी के शिकार किसानों की सुध आयी, जो नैनो के चक्के के नीचे दले गये हैं?"—इस वाक्य में 'बुरी तरह भुखमरी के शिकार किसानों' संज्ञा पदबन्ध है। इसमें 'किसानों' को हटा देने से बचा शेष अंश 'विशेषण पदबन्ध' है। आगे कुछ और उदाहरण देकर स्पष्ट किया जा रहा है कि कैसे शीर्षपद की दृष्टि से किसी एक वर्ग का पदबन्ध प्रकार्य-दृष्टि से कभी कर्ता-कर्मादि, कभी पूरक तो कभी क्रिया पदबन्ध बना होता है। (रेखांकित अंश पदबन्ध के उदाहरण हैं।) कारक पदबन्धों के अलावा *'शेषसम्बन्ध पदबन्ध'* भी प्रकार्यदृष्टि से एक भेद हो सकता है।

संज्ञा पदबन्ध—

(i) दो लड़के टहल रहे थे। (कर्ता पदबन्ध)

(ii) सुखदा और सुरंजन अपने चंचल बच्चे को पढ़ा रहे हैं। (कर्म पदबन्ध)

(iii) सुधा मूर्ति टेल्को में पहली महिला इंजीनियर हैं। (पूरक पदबन्ध)

(iv) *सारिका के हाथों* यह काम हुआ। ('स्थानीय अव्यय' बनकर 'सारिका के हाथों' यहाँ क्रियान्वयी अव्यय पदबन्ध है।)

(v) कोई महिला चाहे वह किसी बड़ी जेल की जेलर ही क्यों न हो, पर अपने घर में वह कैदी ही बनी रहती है। (पूरक पदबन्ध)

सर्वनाम पदबन्ध—

(i) अपने ज्ञान के गर्व से भरा वह किसी को कुछ नहीं समझता। (कर्ता पदबन्ध)

(ii) तुम बहादुर लड़की को यह शोभा नहीं देता कि पुलिस की नौकरी छोड़कर घरेलू बनो। (कर्ता पदबन्ध)

(iii) अब मैं उन शैतानों को छोड़नेवाला नहीं। (कर्म पदबन्ध)

विशेषण पदबन्ध—

(i) अच्छी तरह से पढ़ी-लिखी, आत्मनिर्भर लड़की की भी पढ़ाई या नौकरी छुड़वा कर उसे ब्याह की बेड़ी में जकड़ देना आज भी एक सहज-सांस्कृतिक घटना है। (शेष सम्बन्ध पदबन्ध)

(ii) राजधानी बहुत रमणीक स्थान है। (पूरक पदबन्ध)

(iii) घर में सफाई और रसोई करनेवाले मर्द कितने हैं, पर स्त्री-विमर्श पर भाषण देनेवालों की लम्बी कतार है। (कर्ता पदबन्ध)

क्रिया पदबन्ध—

सारे संयुक्त क्रियापद पदबन्ध ही होते हैं। जैसे—'सो गया है' में 'है' का शीर्ष 'गया' तथा सबका शीर्ष 'सो' है।

(i) हम कितने सभ्य हुए हैं, इसकी माप इस बात से होगी कि हमने स्त्री व पुरुष के बीच किस सीमा तक भेदभाव का अन्त किया है। (क्रिया पदबन्ध)

(ii) लड़का बहुत धीरे-धीरे चल रहा था। (क्रिया पदबन्ध)

(iii) तुम अब मत डरना। (क्रिया पदबन्ध)

क्रियान्वयी अव्यय पदबन्ध—

(i) सूरज उगने के कुछ बाद करन ने पौधा लगाया। (समयवाची क्रियान्वयी अव्यय पदबन्ध)

(ii) सुजाता भय से काँप कर सो गयी। (पूर्वकालिक रूप में क्रियान्वयी अव्यय पदबन्ध)

(iii) विवाह की प्रचलित रीति के चलते स्त्री सबसे अधिक विस्थापित है। (क्रियान्वयी अव्यय पदबन्ध)

(iv) किसी नयेपन के स्वागत का साहस न होना ही पुरानी पीढ़ी की कुंठाओं के पीछे काम करता है। (क्रियान्वयी अव्यय पदबन्ध)

मुहावरा और लोकोक्ति—'मुहावरे' भी एक प्रकार के पदबन्ध ही हैं—लाक्षणिक अर्थयुक्त, स्वयं में पूर्ण संरचना वाले। ये व्याकरणिक संरचना में एक पद की तरह आकर 'क्रियापदबन्ध' की रचना में गतार्थ होते हैं। शाब्दिक अर्थ से भिन्न लोकाभ्यास के रूप में, किसी सन्दर्भ-विशेष में रूढ़ होकर मुहावरे प्रयुक्त होते हैं। मुहावरे का नामकरण या नामोल्लेख 'करना', 'होना' आदि जोड़कर किया जाता है। जैसे—"बेटे ही नहीं बेटियाँ भी बुढ़ापे की लाठी हो सकती हैं, यदि आप उन्हें पढ़ा-लिखाकर आत्मनिर्भर बनाएँ और अनैच्छिक विवाह उन पर न लादें।"—इस वाक्य में आये मुहावरे का नामोल्लेख इस तरह से कर सकते हैं—"बुढ़ापे की लाठी होना।"

'लोकोक्ति' या 'कहावत' एक सम्पूर्ण अर्थगर्भित वाक्यवत् संरचना है, जिस में लोकजीवन के किसी सत्यानुभव की मार्मिक अभिव्यक्ति होती है। लोकोक्ति का प्रयोग लोग अपने कथन की पुष्टि के लिए करते हैं। वह अध्याहृति-युक्त एक वाक्य सा होता है। संस्कृत में इसी के तुल्य *'न्याय'* का चलन है। जैसे हिन्दी लोकोक्ति 'अन्धे के हाथ बटेर' के लिए संस्कृत में 'अन्ध चटक न्याय' चलता

है। अन्ध=अन्धा, चटक=बटेर। 'न्याय' दृष्टान्त के लिए चलनेवाला रूढ़ शब्द है। फिर भी 'न्याय' अपनी संरचना में एक वाक्यवत् नहीं होता कि सीधे-सीधे उसे भाषा में प्रयुक्त कर दिया जाये। जिस, तरह हम 'अन्धे के हाथ बटेर लगी' वाक्य में प्रयुक्त कर देते हैं उसी तरह 'अन्ध चटक न्याय' को प्रयुक्त नहीं करते। पूरा सन्दर्भ लिखकर हमें ऐसा कहना होगा कि "यह हुआ अन्धचटक न्याय" आदि।

संरचना में थोड़े से परिवर्तन के द्वारा 'लोकोक्ति' को मुहावरा बना सकते हैं। जैसे—'जल में रहकर मगर से बैर' लोकोक्ति है, पर 'जल में रहकर मगर से बैर करना' मुहावरा हुआ। इसका वाक्यगत प्रयोग इस तरह से होगा—"स्त्री घरेलू हिंसा झेलती हुई भी इस कारण विद्रोह नहीं कर पाती कि पुरुष-शासित समाजार्थिक तन्त्र में ही उसे जीना है। भला जल में रहकर कोई मगर से बैर कैसे करे?"

अध्याहार वाक्य—'अध्याहार' शब्द का अर्थ है—न्यूनपदता को पूरा करना (अधि+आ+हृ+घञ्)[9] यानी अप्रकट पदों को वाक्य में प्रकट करना। भाषा की प्रयुक्ति का सन्दर्भ सामाजिक होता है। समाज-चित्त में विराजमान 'मानसिक भाषा' (लाँग्) में स्वतः स्पष्ट कई चीजें हम अपने वाक्य-प्रयोग में न लाकर अध्याहार कर लेते हैं। इससे श्रम की बचत के साथ वाणी का संयम व गौरव भी बना रहता है। जैसे—'नमस्ते', इतना ही कहने पर स्पष्ट होता है कि "मैं नमस्ते कर रहा/रही हूँ।" अध्याहार का यह उदाहरण किसी अन्य वाक्य से निरपेक्ष है। परन्तु, कई बार अध्याहार वाक्यान्तर-सन्दर्भ में ही अस्तित्व रखता है। जैसे—(i) कौन जा रहा है, तुम या राजा (तुम जा रहे हो या राजा जा रहा है)? (ii) 'कहाँ जाती हो?' /—'पटना' (जाती हूँ)। / 'वहाँ क्या करती हो?'/—'पढ़ाई' (करती हूँ)। यहाँ, प्रथम वाक्य में 'जा रहे हो' व 'जा रहा है' का अध्याहार उसी वाक्य के अन्तर्गत उपवाक्य के सन्दर्भ में है। दूसरे वाक्य समूह में 'पटना' के बाद 'जाती हूँ' का अध्याहार उसके पूर्व के "कहाँ जाती हो?" के सन्दर्भ में है। इसी तरह, 'पढ़ाई' के बाद 'करती हूँ' का अध्याहार उसके पूर्ववर्त्ती वाक्य "वहाँ क्या करती हो?" के सन्दर्भ में है।

इस प्रकार दो तरह के अध्याहार हुए—

(क) *वाक्यान्तर-निरपेक्ष या रूढ़िवश अध्याहार*—ये सामाजिक, भाषा-व्यवस्था के आधार पर कार्य करते हैं। इस प्रकार के अध्याहृत वाक्य निम्न अर्थों में प्रयुक्त होते हैं—

(i) आज्ञादि—केवल क्रिया-प्रयोग। जैसे—पढ़, चलो, सोइये आदि।

(ii) प्रश्नोत्तर (वार्तालाप)—इसके अन्तर्गत संज्ञा, सर्वनाम, विशेषण, क्रिया किसी का प्रयोग कर के शेष अंशों का अध्याहार कर लिया

जा सकता है। जैसे—"क्या जाओगे?/हाँ (जाऊँगाँ)।", "कौन था?/रीता (थी)।" आदि।

(iii) अभिवादन/सम्बोधन/ध्यानाकर्षण या वार्तालाप प्रारम्भ व अन्त करते—नमस्ते, हैलो, कहिये, अरे आप!, धन्यवाद, श्याम! बहन जी! अच्छा!

(iv) विस्मयादिबोध—विस्मयादिबोधक अव्यय सही में एक अध्याहत वाक्य की तरह होते हैं। जैसे—'हाय!', 'वाह!'

(v) लोकोक्तियों में क्रिया-लोप—जैसे, ऊँट के मुँह में जीरा।

(ख) वाक्यान्तर-सापेक्ष या सन्दर्भगत अध्याहार—ऊपर जो 'पटना' जानेवाला उदाहण प्रस्तुत था, वह सन्दर्भगत अध्याहार का उदाहरण था। एक और उदाहरण लेते हैं।

"स्त्री की स्थिति आज कैसी है?"

"पिछले सभी युगों से अच्छी।" (है स्त्री की स्थिति)!

"कैसे (पिछले सभी युगों से अच्छी है स्त्री की स्थिति)?"

"आज इतनी बड़ी संख्या में हर तरह के क्षेत्र में व्यक्तित्व सम्पन्न स्त्रियाँ दिख रही हैं? क्या पहले ऐसा था?"

"नहीं (था ऐसा)।"

काव्य-प्रसंग 'अध्याहार' का उर्वर क्षेत्र है। चूँकि कविता या पद्य की भाषा का स्वभाव वाक्यात्मक नहीं बिम्बात्मक होता है, जिसमें भाषा अपनी संक्षिप्ति या घनत्व के साथ आती है, इसलिए वहाँ अध्याहार का उपर्युक्त से भी अधिक प्रयोग होता है। एक कवितांश है—

"हताश लोगों से बस एक सवाल—हिमालय ऊँचा या बछेन्द्री पाल?"—

यहाँ प्रथम पंक्ति में 'सवाल' के बाद 'है' का अध्याहार है। दूसरी पंक्ति में 'हिमालय ऊँचा' के बाद 'है' का तथा 'बछेन्द्री पाल' के बाद 'ऊँची हैं?' का अध्याहार है। कविता में अक्सर वाक्य के सम्बन्धकारी तत्त्वों का अध्याहार होता है। 'निराला' की 'राम की शक्तिपूजा' के प्रारम्भिक अंशों में क्रियापदों का गजब का अध्याहार है।

अर्थानुसार वाक्य-प्रकार—अर्थ-विवेचन व्याकरण का कार्य नहीं है, तथापि व्यावहारिकता से प्रेरित होकर वैयाकरण अक्सर अर्थानुसार वर्गीकरण कर देता है। अर्थ की दृष्टि से हम वाक्य का वर्गीकरण करने चलें तो असंख्य अर्थों से मुठभेड़ होती है। तब, प्रक्रिया-लाघव के लिए हमें *'आदि'* लगाकर काम चलाना होता है। जैसे—'इच्छादिबोधक' नाम देकर उसमें आज्ञात्मक, प्रार्थना-विनती-उपदेशात्मक, आशीर्वादात्मक आदि को भी समाहित मानना होता है। इसी तरह 'सन्देहादिबोधक'

नाम देकर उसी में 'संकेतात्मक' (क्रियातिपत्ति=क्रिया की असिद्धि का भाव), सम्भावनात्मक-अनुमानात्मक आदि भी रखने पड़ते हैं। समग्रत:, हम अर्थानुसार वाक्य के पाँच प्रकार कह सकते हैं—

(1) वर्णनात्मक/साधारण/निश्चयात्मक—सूर्य डूब रहा है। हेलिडे एक भाषाशास्त्री हैं। मुरारि ने गीत गाया। दीक्षा गायकवाड़ ने राष्ट्रमंडल खेल में भारोत्तोलन का स्वर्णपदक जीता।

(2) प्रश्नात्मक—इस्मत चुगताई किस भाषा की लेखिका हैं? कौन है जो आज की लड़कियों की हिम्मत को तोड़ सकता है? मक्का कहाँ है? यह कैसा धर्म है?

(3) इच्छादिबोधक—इच्छा, आज्ञा, प्रार्थना, उपदेश, आशीर्वाद आदि सूचित। जैसे—"भारत का उत्थान हो!", "तुम लड़ो मत", "हे ईश्वर! दया करो।" आदि।

(4) सन्देहादिबोधक—सन्देह, अनुमान, सम्भावना, क्रिया की असिद्धि आदि सूचित। जैसे—"(काश!) वह जाता।", "वहीदा ने अभिनय किया होगा।" आदि।

(5) विस्मयादिबोधक—मनोवेग सूचित। जैसे—"हाय! मैं अब कैसे पढ़ूँगी?", "अहा! गुरु जी आ गये।"

फिर, इन पाँचों के दो उपभेद मानने चाहिए—(क) विध्यात्मक (ख) निषेधात्मक। जैसे—प्रथम कोटि के वाक्य "सूर्य डूब रहा है" (विध्यात्मक) का निषेधात्मक रूप होगा—"सूर्य नहीं डूब रहा।" यह भी वर्णनात्मक ही है। इसी तरह हर कोटि के वाक्य के विध्यात्मक-निषेधात्मक दो पक्ष होते हैं।

कथन की प्रत्यक्षता-परोक्षता—अँग्रेजी के indirect speech की तरह तो हिन्दी के कथनों की रचना नहीं होती, पर हिन्दी में भी प्रत्यक्ष-अप्रत्यक्ष कथन होते हैं। दूसरे के कथन को उद्धृत करने के लिए हिन्दी भी दो प्रकार की शैलियाँ अपनाती है—

(i) प्रत्यक्ष कथन—इसमें अँग्रेजी के direct speech की ही तरह वक्ता के वक्तव्य को हू-बू-हू रख देते हैं। जैसे—

अमर्त्य सेन ने कहा है—"पुरानी ब्राह्मणवादी परम्परा में तो वेदों के अध्ययन को केवल उच्चवर्णीय पुरुषों की बपौती माना गया था। उस व्यवस्था में नारी-शिक्षा पुरुषवर्चस्व के लिए चुनौती बन सकती थी।"

अमर्त्यसेन ने कहा है—"पुरानी ब्राह्मणवादी परम्परा में तो वेदों के अध्ययन को केवल उच्चवर्णीय पुरुषों की बपौती माना गया था। उस

व्यवस्था में नारी-शिक्षा पुरुषवर्चस्व के लिए चुनौती बन सकती थी।"

(ii) अप्रत्यक्ष कथन—हिन्दी के अप्रत्यक्ष कथन की रचना कथन ("...") के पूर्व 'कि' लगा कर और उद्धरण चिह्न व निर्देशक (—)को हटाकर की जाती है। जैसे—सागर बोलता था—"मैं डॉक्टरी की परीक्षा में बैठूँगा।" (प्रत्यक्ष-कथन) इसका अप्रत्यक्ष कथन होगा—सागर बोलता था कि मैं डॉक्टरी की परीक्षा में बैठूँगा।

वाक्य-रचना हेतु विचार्य तत्त्व—वाक्य-रचनार्थ मुख्यत: दो तत्त्व विचारणीय हैं—(i) अन्वय और (ii) पद क्रम [शब्द-क्रम]। फिर, 'अन्वय' के ही अन्तर्गत *'अधिकार'* की चर्चा होती है।

वाक्य में मुख्य अन्वय तो उद्देश्य (कारक-पदबन्ध) और विधेय (क्रिया-पदबन्ध) का ही होता है। विधेय (क्रिया) को उद्देश्य प्रभावित करता है तो उद्देश्य को भी विधेय प्रभावित करता है। इस सम्बन्ध की व्याख्या वाच्य-प्रकरण में होती है। 'वाच्य' वस्तुत: 'वाक्य-विचार' के अन्तर्गत ही विवेच्य है। वह क्रिया के नायक (वाच्य) की सूचना देनेवाली कोटि है। पीछे हमने समझा है कि हिन्दी में 'क्रिया' का 'वाच्य' द्विधा होता है—(i) धात्वर्थ का वाच्य (ii) धातु-रूप का वाच्य। प्रथम को हिन्दी-व्याकरण 'वाच्य' कहता है; द्वितीय को 'प्रयोग' कहता है। इन दोनों के संयोग से हिन्दी में छह वाच्य-श्रेणियाँ हो गयी हैं।[10] 'कारक' क्रियान्वित सुबन्त पद है, अत: कारक का विचार भी वाक्य-विचार का ही अंग है। पदों की 'अन्विति' का विचार वैसे तो *वाक्य स्तरीय* होता है, परन्तु हम वाक्य के घटक *'पदबन्ध'* के स्तर पर भी इसका विचार कर सकते हैं। 'उद्देश्य' व 'विधेय' का अन्वय 'वाक्यस्तरीय' या *'अन्तर पदबन्धीय'* अन्वय है और दो पदों का आपसी अन्वय 'पदबन्ध-स्तरीय' या 'अन्त: पदबन्धीय' है। *कारक-प्रकरण में विवेचित 'कारक पद' का 'क्रिया पद' से अन्वय वस्तुत: 'कारक पदबन्ध' का 'क्रिया पदबन्ध' से वाक्य स्तरीय अन्वय है। 'शेष सम्बन्ध'* का अन्वय वस्तुत: पदबन्ध स्तरीय अन्वय है। जैसे—"*भक्तिकाल के सन्त कवि* कबीर ने जात-पाँत और तमाम धर्माडम्बरों की धज्जियाँ उड़ायीं, पर नारी-विरोधी विचारों को वे न मिटा सके; अपितु स्वयं उस से ग्रस्त रहे।"—इस वाक्य में 'भक्ति काल' एवं 'संत कवि' का अन्वय पदबन्ध ('भक्तिकाल के सन्त कवि') के स्तर पर है। किन्तु, 'कबीर' का अन्वय 'उड़ायीं' एवं 'वे' का अन्वय 'ग्रस्त रहे' क्रिया से वाक्य स्तरीय है। वस्तुत: केवल 'कबीर' का अन्वय नहीं है 'उड़ायीं' से; बल्कि 'भक्तिकाल के सन्त कवि कबीर'—इस संज्ञा पदबन्ध (कर्ता पदबन्ध) का अन्वय है।

'अधिकार' [या 'नियमन'] की चर्चा वाक्यस्तरीय अन्वय के प्रसंग में

ही होती है। जिस अन्वय के कारण एक पद दूसरे का (रूप या अर्थ स्तर पर) अनुवर्तक होता है, उसे *'अधिकार'* कहते हैं। ऐसी स्थिति सिर्फ 'कर्ता' एवं 'कर्म' कारक पदों के साथ है। बाकी कारक भी 'क्रिया' से अन्वित होते हैं, किन्तु 'अधिकार' नहीं होता। 'अधिकार' उभयमुखी होता है। यदि 'कर्ता/कर्म' का 'क्रिया' पर 'अधिकार' कहा जाता है तो 'क्रियापद' का भी कर्ता/कर्म पर अधिकार कहा जाएगा। जैसे—

"*यामिनी कृष्णमूर्ति* नृत्य *करती हैं।*" [कर्ता व क्रिया के बीच परस्पर अधिकार]

"*नृत्य* यामिनी कृष्णमूर्ति से *किया जाता है।*" [कर्म व क्रिया के बीच परस्पर अधिकार]

संस्कृत में 'विशेषण' विशेष्य के लिंग-वचन या विभक्ति का अनुसरण करता है। हिन्दी में आकारान्त विशेषणों को छोड़कर किसी के साथ यह बाध्यता नहीं है। यह अन्वय पदबन्ध स्तरीय है। विशेषणीभूत सर्वनाम (सार्वनामिक विशेषण) और विशेष्य (संज्ञा) का अन्वय भी इसी स्तर का है।

'संज्ञा' और उसके स्थान पर आये 'सर्वनाम' का अन्वय वाक्यान्तर-सापेक्ष है। जैसे—"सोज अच्छा लड़का है। *वह* जाता है।" मुख्य क्रिया के साथ रंजक/सहायक क्रिया का अन्वय 'क्रिया पदबन्ध' के स्तर पर ही होता है। जैसे—"आज नारी किसी कल्याणकारी नीति की कृपा पानेवाली निष्क्रिय पात्र नहीं बनी रहना चाहती। वह परिवर्तन की बहुआयामी प्रक्रिया में सक्रिय होकर तमाम नर-नारियों के भविष्य की नवसंसृष्टि में अपना योग देना चाहती हैं।"—इसमें 'बनी रहना चाहती' का अन्वय पदबन्ध-गत है।

वाक्यस्तरीय अन्वय में 'अनेक कर्तृक' व 'अनेककर्मक' क्रियाओं का भी विचार करना होता है।

वचन-सम्बन्धी अनेकता का तो समाधान आसान है—यदि 'और' के अर्थ में उनका जुड़ाव हो तो बहुवचन और 'या' के अर्थ में जुड़ाव हो, तो एकवचन या बहुवचन में से जो क्रिया के पास हो उसके अनुसार क्रिया का वचन होता है। जैसे—"सीता और राम कुश्ती कर रहे थे।", "सीता या गीता कुश्ती कर रही थी। "सीता या लड़के कुश्ती कर रहे थे।"

परन्तु, अनेक कर्ताओं/कर्मों में लिंग व पुरुष सम्बन्धी अनेकता हो तो क्रिया के रूप पर विचार करना थोड़ा पेचीदा मामला हो जाता है। पुरुष-सम्बन्धी अनेकता के प्रसंग में उलझन से बचने हेतु प्राय: उत्तम पुरुष, मध्यम पुरुष एवं अन्य पुरुष के क्रम में कर्ता/कर्म रख लिये जाते हैं, फिर क्रिया बहुवचन अन्य

पुरुष/उत्तम पुरुष की रख ली जाती है। वैसे कहना चाहिए—'उत्तम पुरुष बहुवचन' की ही रख ली जाती है (भले 'अन्य पुरुष बहुवचन' की क्रिया से उसकी समता है), क्योंकि उत्तम पुरुष सर्वाधिक बली है। जैसे—"मैं, तुम और रमेश खाना बनाएँगे।" वैसे इस क्रम का दृढ़ता से पालन करने का कोई स्पष्ट नियम नहीं है। नियम सिर्फ यह है कि एकाधिक पुरुषों की स्थिति में बली पुरुष की क्रिया होती है। यानी, 'उत्तम पुरुष' के साथ कोई एक या बाकी दोनों पुरुष हों तो क्रिया उत्तम पुरुष की होती है तथा मध्यम पुरुष के साथ अन्य पुरुष आये तो क्रिया मध्यम पुरुष की होती है। क्रम चाहे जो रहे—नियम यही है। जैसे—*"तुम और मैं चलेंगे।"*, *"तुम और वह खेलती हो।"*, *"वह और तुम खेलती हो।"* ऐसी जगहों पर, 'दोनो', 'तीनों' आदि का प्रयोग कर देने से अटपटापन दूर हो जाता है। जैसे—"तुम और मैं दोनों चलेंगे।" यदि इनका योग *'या'* के अर्थ में हो तो क्रिया अपने समीपी कर्ता/कर्म के पुरुष-वचनानुसार होती है। जैसे—*"तुम या मैं जाऊँगा।"*

लिंग-सम्बन्धी अनेकता में अक्सर क्रिया को पुंलिंग होते देखा गया है। कहीं विकल्प से स्त्रीलिंग भी होते देखा गया, तो वहीं ऐसा हुआ जहाँ स्त्रीलिंग कर्ता क्रिया के पास रहने के साथ वचन में बाकी से मजबूत या उनके समकक्ष रहा। जैसे—

"पुरुष एवं नारी जाते हैं, मिलकर काम करते हैं।"

"लड़के व लड़कियाँ अब स्वस्थ प्रतिस्पर्द्धा रखते हैं।"

"एक शिक्षक, चार चपरासी और एक छात्रा बस में सवार थे।"

"एक शिक्षक, चार चपरासी और बहुत सी छात्राएँ बस में सवार थे/थीं।"

"मुझसे तीन आम और दो रोटियाँ खायी गयीं।"—इस वाक्य को देखकर लगता है कि कर्मणि प्रयोग में क्रिया निकटतम कर्म का अनुसरण करती है। "शकीला से चार अखबार और एक पुस्तक पढ़ी गयी।" में भी इसी नियम का आभास है।

लिंग-सम्बन्धी अनेक कर्ता या कर्म आदि 'या' के अर्थ में जुड़े हों तो क्रिया अपने निकटतम कर्ता-कर्म का अनुसरण करती है। (कर्मणि प्रयोग में तो 'और' से जुड़े रहने पर भी क्रिया निकटतम कर्म का ही अनुसरण करती है।)। जैसे—"पुरुष या नारी जाती है।", "मुझसे, दो लड़के और एक लड़की नकल करते पकड़ी गयी।"

'पदक्रम' का अन्तिम नियम तो कुछ भी नहीं है, क्योंकि यह प्रसंग या विवक्षा के अनुसार दी गयी प्रधानता-अप्रधानता से सम्बद्ध है। यह लेखकीय शैली का क्षेत्र है। आमतौर पर 'कर्ता+कर्म+क्रिया' का क्रम हिन्दी में पाया जाता है। कर्ता व कर्म के बीच शेष कारक प्राय: 'अधिकरण + अपादान + सम्प्रदान

+ करण' के क्रम में बैठते हैं। इसी तरह विशेषण प्रायः विशेष्य के पूर्व आता है। (वैसे विधेय-रूप भी होता है विशेषण। जैसे—"हिटलर नस्लवादी था")। विस्मयादिबोधक/सम्बोधन पद तो किसी वाक्य के पहले या पीछे कहीं आ सकता है। समयसूचक शब्द (अव्यय) स्थान सूचक शब्द (अव्यय) के प्रायः पहले आता है। जैसे—"रात में सड़क पर टहलना खतरे से खाली नहीं है।", "अब हम कहाँ जाएँ?", "कल अस्पताल में नकली दवा देते डॉक्टर पकड़ा गया।", "पल्लवी आजकल टीवी एंकरिंग करने वहाँ जा रही है।"

शेष अन्वितियाँ, जो व्याकरणिक संरचना की अनिवार्यता हैं, उनकी चर्चा तो प्रसंगानुसार हो ही चुकी है। जैसे—'परसर्ग' कारक पद के बाद आएगा या 'शेषसम्बन्धसूचक अव्यय' 'के/रे' परसर्ग लेकर प्रायः पश्चात् प्रयुक्त होते हैं।

पीछे कहा गया है कि वाक्य-संरचना के लिए अनिवार्यतः दो घटक चाहिए—उद्देश्य+विधेय। शेष सभी ऐच्छिक होते हैं जो इन्हीं में से किसी का विस्तार करते हैं। उद्देश्य रूप में कर्तृवाच्य में कर्ता और कर्मवाच्य में कर्म आता है। 'कर्म' की स्थिति सकर्मक क्रिया की उपस्थिति में ही सम्भव है। इस तरह वाक्य-रचना के मुख्यतम अवयव 'कर्ता+क्रिया' (विधेय) हैं। इनके बिना वाक्य बनना सम्भव नहीं; यदि बन भी गया (अध्याहार रूप में) तो व्याकरणिक रचना की दृष्टि से अधूरापन आ जाता है। 'कर्ता' के पश्चात् 'कर्म' भी अनिवार्य घटक है, क्योंकि सकर्मक क्रिया में तो वह प्रकट या परोक्ष रूप से होता ही है। पर, वह उद्देश्य-रूप में तभी परिगणित होता है, जब वाक्य कर्मवाच्य का हो; अन्यथा कर्म विधेय के अन्तर्गत माना जाता है। कभी-कभी वाक्य में कर्ता-कर्म आदि के पूरक भी आते हैं, तब वे भी अनिवार्य घटक ही होते हैं। जैसे—

"चारुमित्रा ने सारंग को *दोस्त* बनाया।" (कर्म-पूरक)—यह विधेय का अंग है।

"हातिमताई *दयालु* था।" (कर्तृ-पूरक)—यह भी विधेय का अंग है।

इस प्रकार, कर्ता, कर्म, पूरक एवं विधेय—ये चार वाक्य के अनिवार्य घटक हैं। ऐच्छिक घटक हैं—शेष कारक, क्रियान्वयी अव्यय, शेष सम्बन्धकारी; जो उक्त चार का ही विस्तार करने आते हैं।

वाक्य-परिवर्तन—वाक्य का तीन प्रकार से परिर्वतन हो सकता है—संरचनात्मक, वाच्यगत एवं अर्थगत। इनमें वाच्यगत में 'संरचना+अर्थ' दोनों तरह की बातें हैं। सरल से मिश्र वाक्य, सरल से संयुक्त वाक्य, मिश्र से संयुक्त या संयुक्त से मिश्र आदि परिवर्तन संरचनात्मक हैं। विवरणात्मक से प्रश्नात्मक या विध्यात्मक से निषेधात्मक आदि परिवर्तन अर्थगत हैं। वाच्यगत परिवर्तन पर 'रूपायन' में प्रकाश डाल चुके हैं। वाक्य के परिवर्तन इन विधियों

से हो तो जाएँगे, पर उनका महत्त्व तभी है जब भाषा-प्रयुक्ति में वे अस्तित्ववान् हों।

वाक्य के विश्लेषण और संश्लेषण—व्याकरण की प्रक्रिया भाषा में प्रयुक्त वाक्यों के 'विश्लेषण' पर आधारित है। फिर, उसकी उलटी क्रिया है 'संश्लेषण'। दोनों से वाक्यगत शब्दों के सम्बन्ध का स्पष्टीकरण होता है।[11]

'वाक्य-विश्लेषण' को 'वाक्य-पृथक्करण', 'वाक्य-विग्रह' आदि भी कहते हैं[12] वाक्य के सभी संरचकों की पहचान करते हुए उनका उपवाक्य > वाक्यांश (पदबन्ध) > पद आदि स्तरों पर विश्लेषण करना,उनका पारस्परिक अन्वय समझाना एवं साथ-साथ उनके वर्ग का निश्चय करना 'वाक्य-विश्लेषण' का विषय है।

'सरल वाक्य' और 'यौगिक वाक्य' (मिश्र व संयुक्त वाक्य) का विश्लेषण करना एक ही जैसा कार्य है। यौगिक वाक्यों को सरल वाक्य रूप उपवाक्यों में बाँट कर विश्लेषित करते हैं। यहाँ सर्वप्रथम कुछ सरल वाक्यों का विश्लेषण करते हैं। ये हैं—

1. अश्लील साहित्य विशुद्ध रूप से नारी-विरोधी प्रचार है।
2. हर वित्तीय संकट और उस से सम्बद्ध छँटनी के दुष्परिणाम पुरुषों से ज्यादा महिलाओं को शिकार बनाते हैं।
3. दुनिया की अधिकतर गालियाँ स्त्री के यौनांग पर पुरुष द्वारा की गयी हिंसा के इर्द-गिर्द घूमती हैं।
4. संसार में तेजी से हो रहा जलवायु-परिवर्तन किसी भीषण भविष्य की सूचना दे रहा है।
5. राजनीति का चतुर बन्दर सम्प्रदाय-रूपी बिल्लियों को अक्सर अयोध्या, गोधरा, डेरा सच्चा सौदा *या* येरुसलम में लड़वा के अपनी रोटी का पुख्ता इन्तजाम करते रहा है।
6. एक सम्प्रदाय वाले दूसरे सम्प्रदाय की स्त्रियों को यौन-हिंसा की भीषण क्रूरताओं से गुजारते *या* बच्चों को आग में झोंकते हुए इसमें धार्मिक कार्य करने का भ्रम पालते हैं।
7. इस देश के अगणित ऋषि-मुनियों ने जनता में पुत्र मोह जगाकर कन्या भ्रूण-हत्या की पृष्ठभूमि तैयार की है।
8. हमारी आधुनिक विकास-नीतियाँ गरीब समूहों से प्रकृतिप्रदत्त संसाधन छीनकर कानून की ताकत से उसे चन्द अमीरों की झोली में डाल देती हैं।
9. सालवती से महान् दार्शनिक ग्रन्थ गीता अब पढ़ी जा रही है।

वाक्य-संख्या	उद्देश्य-खण्ड: उद्देश्य का विस्तार: विस्तार का विस्तार	उद्देश्य-खण्ड: उद्देश्य का विस्तार: मुख्य विस्तार	उद्देश्य-खण्ड: मुख्य उद्देश्य: कर्ता	उद्देश्य-खण्ड: मुख्य उद्देश्य: कर्म	विधेय-खण्ड: विधेय का विस्तार: अन्य कारकीय/कारकेतर पद: विस्तार	अन्य कारकीय/कारकेतर पद: मुख्य पद	क्रियान्वयी/अन्य अव्यय: विस्तार	क्रियान्वयी/अन्य अव्यय: मुख्य पद	कर्म-पूरक / कर्म: गौण कर्म: विस्तार	गौण कर्म: मुख्य पद	मुख्य कर्म: विस्तार	मुख्य कर्म: मुख्य पद	विधेय पूरक: विस्तार	विधेय पूरक: मुख्य पद	मुख्य विधेय: मुख्य क्रिया	मुख्य विधेय: सहायक या रंजक क्रिया	मुख्य विधेय: सहायक तिङन्त
1.		अश्लील	साहित्य		विशुद्ध	रूप से					नारी-विरोधी	प्रचार					है
2.	हर वित्तीय / और उससे सम्बद्ध	संकट / छँटनी के	दुष्परिणाम			पुरुषों से		ज्यादा				महिलाओं को		शिकार	बनाते		हैं
3.	दुनिया की	अधिकतर	गालियाँ		स्त्री के / पुरुष द्वारा की गयी	यौनांग पर / हिंसा के		इर्द-गिर्द							घूमती		हैं
4.	संसार में तेजी से	हो रहा	जलवायु-परिवर्तन		किसी भीषण	भविष्य की						सूचना			दे	रहा	है
5.	राजनीति का	चतुर	बन्दर		अपनी	अयोध्या, गोधरा, डेरा सच्चा सौदा या येरुशलम में / रोटी का		अक्सर / लड़वा के	सम्प्रदाय-रूपी	बिल्लियों को	पुख्ता	इन्तजाम			करते	रहा	है

वाक्य संख्या	उद्देश्य-खण्ड				विधेय-खण्ड												
	उद्देश्य का विस्तार		मुख्य उद्देश्य		विधेय का विस्तार										मुख्य विधेय		
	विस्तार का विस्तार	मुख्य विस्तार	कर्ता	कर्म	अन्य कारकीय/कारकेतर पद		क्रियाव्ययी/अन्य अव्यय		कर्म-पूरक / कर्म				विधेय पूरक		मुख्य क्रिया	सहायक या रंजक क्रिया	सहायक तिङन्त
									गौण कर्म		मुख्य कर्म						
					विस्तार	मुख्य पद	विस्तार	मुख्य पद	विस्तार	मुख्य पद	विस्तार	मुख्य पद	विस्तार	मुख्य पद			
6.		एक	सम्प्रदाय वाले		दूसरे यौन-हिंसा की भीषण धार्मिक कार्य	सम्प्रदाय की क्रूरताओं से आग में इस में करने का		गुजारते झोंकते हुए		स्त्रियों को बच्चों को		भ्रम			पालते		हैं
7.	इस देश के	अगणित	ऋषि-मुनियों ने			जनता में		जगा कर		पुत्र-मोह	कन्या-भ्रूण-हत्या की	पृष्ठभूमि		तैयार	की		है
8.	हमारी	आधुनिक	विकास-नीतियाँ		गरीब कानून की चन्द अमीरों की	समूहों से ताकत से झोली में		छीनकर	प्रकृति-प्रदत्त	संसाधन		उसे			डाल	देती	हैं
9.	महान् दार्शनिक	ग्रंथ		गीता		सालवती से (कर्त्ता)		अब							पढ़ी जा	रही	है

उक्त तालिका में उद्देश्य के विस्तार को और भी विश्लेषित कर सकते हैं— अलग-अलग पदों में विभक्त कर। फिर 'अन्य कारकीय/कारकेतर पद' के खाने में आये एकाधिक पद रूप अवयवों को भी और विश्लेषित कर सकते हैं। वाक्य संख्या (2) में आये 'और' को उद्देश्य खंड के अन्तर्गत 'संयोजक अव्यय' नाम से एक ख़ाना प्रदान कर सकते हैं तथा वाक्य-संख्या (5) व (6) में आये 'या' को 'विधेय खंड' के अन्तर्गत 'संयोजक अव्यय' का ख़ाना बनाकर रख सकते हैं। वैसे अव्यय तो सिद्धान्ततः न उद्देश्य के और न विधेय के अंग होते हैं, पर व्यावहारिक यही होगा कि वाक्य-विश्लेषण में उन्हें कहीं तो रखा जाये। सरल वाक्य के अध्याहृत पद (जो क्रियेतर पद ही होगा) की पहचान कर अलग खाने में लिख सकते हैं या उसे कोष्ठकस्थ रख सकते हैं।

मिश्र एवं संयुक्त वाक्यों के विश्लेषण के लिए निम्नलिखित प्रक्रियाएँ क्रमशः अपनानी होंगी—

(i) सभी सरल वाक्यों/उपवाक्यों की पहचान कर अलग-अलग लिख लेना।

(ii) अध्याहृत पद (जो क्रियापद होता है) को भी कोष्ठकस्थ लिख लेना।

(iii) प्रत्येक आश्रित उपवाक्य का आश्रयी उपवाक्य खोज लेना।

(iv) उपवाक्य के संयोजकों (अव्ययों) को अलग लिख लेना।

(v) प्रत्येक, आश्रित उपवाक्य की जाति तय कर लेना।

(vi) फिर सभी उपवाक्यों का सरल वाक्य की तरह विश्लेषण कर देना।

मिश्र वाक्य के निम्न उदाहरणों से बात आगे बढ़ाई जाए—

(क) देश की पहली महिला पुलिस सेवा-अधिकारी सुश्री किरण बेदी ने बताया है कि महिलाओं के विरुद्ध हिंसा रोकने के लिए सांस्कृतिक परिवर्तन की प्रक्रिया के साथ दृढ़ राजनैतिक इच्छाशक्ति का भी होना बहुत जरूरी है।

(ख) कम से कम सत्तर प्रतिशत भारतीय स्त्रियाँ आज भी ऐसी हैं, *जो* विवाह या पति के जरिये प्राप्त हुए जीवन की लद-दक, भौतिकवादी सुख-सुविधा, बनाव-सिंगार आदि को ही पति का प्यार या अपने अभिमान-अस्तित्व का स्रोत मानती हैं।

इन दोनों में क्रमशः 'कि' व 'जो' व्यधिकरण संयोजकों से आश्रयी व आश्रित उपवाक्य जुड़े हैं। (क) में आश्रित उपवाक्य 'नाम उपवाक्य' यानी 'कारक उपवाक्य' है। (ख) में आश्रित उपवाक्य 'विशेषण उपवाक्य' है। इतना जानने के बाद अब उपवाक्यों का सरल वाक्यों की तरह विश्लेषण कर देना है।

"चाणक्य का राष्ट्रीय आन्दोलन ऐतिहासिक महत्त्व का रहा, *लेकिन* स्त्रियों

को भी उसमें बराबरी के स्तर पर सहयोगी न बनाने से वह अधूरा ही रह गया।''— इस संयुक्त वाक्य के दोनों उपवाक्य समानाधिकरण 'लेकिन' से संयुक्त हैं, दोनों बराबरी के उपवाक्य हैं। इन का अलग-अलग सरल वाक्यवत् विश्लेषण कर देने से वाक्य-विश्लेषण हो जाएगा। वाक्य-विश्लेषण के बाद उसी के अंग स्वरूप हम वाक्य—प्रयुक्त पदों का अलग-अलग, कई पक्षों से व्याकरणिक स्वरूप बता सकते हैं, जो *पद-परिचय* कहलाता है।

'वाक्य-संश्लेषण' वाक्य-विश्लेषण की विपरीत प्रक्रिया है। हमारे मन में विचार या भाव सरल या लघुवाक्यों में आकार लेते हैं, पर भाषा की प्रयोग-क्षमता बढ़ते जाने से हम उनका संश्लेषण कर जटिल वाक्य बनाना सीखते जाते हैं। इसी दृष्टि से 'वाक्य-संश्लेषण' का प्रकरण व्याकरण के 'वाक्य-विचार' में रखा जाता है। वाक्य-संश्लेषण के द्वारा हम एकाधिक सरल वाक्यों को मिलाकर एक जटिल वाक्य बना सकते हैं। वह प्रतिफलित वाक्य 'सरल' भी हो सकता है, यौगिक भी। जैसे—(i) ज्ञान से पवित्र वस्तु इस धरती पर नहीं है। (ii) ज्ञान ही हमें अपने असली स्वरूप को बोध कराता है। (iii) ज्ञान पर हर पुरुष या नारी का समान अधिकार है।—इन तीन वाक्यों का संश्लिष्ट रूप यह है—''हमें अपने असली स्वरूप का बोध करानेवाले जिस ज्ञान से पवित्र वस्तु इस धरती पर नहीं है, उस पर हर पुरुष-नारी का समान अधिकार है।''—यह मिश्रवाक्य है।

विरामादि चिह्नों का मुख्य सम्बन्ध वाक्य-विचार से ही है, पर कुछ चिह्न (जैसे योजक-चिह्न) समस्त पद के स्तर पर हैं। दूसरी बात, ये चिह्न लिखित भाषा की चीज हैं। अतः, इनका विचार 'व्याकरण' के 'परिशिष्ट' का विषय है।

सन्दर्भिका

1. पदे न वर्णा विद्यन्ते वर्णेष्ववयवा न च।
   वाक्यात् पदानामत्यन्तं प्रविवेको न कश्चन॥ ('वाक्य पदीयम्', ब्रह्मकांड, 73)
2. ''भाषा की अभिव्यक्ति मात्र ध्वनियों, व्याकरणिक रचनाओं और अर्थ-तत्त्वों (भावों) का मिला-जुला रूप नहीं है। वाक्य के पीछे प्रायः एक सामाजिक व्याकरण भी छिपा रहता है, जो यह निर्देश देता है कि किस परिवेश या सन्दर्भ में किस वाक्य या अभिव्यक्ति का प्रयोग उपयुक्त है। इसके अलावा वाक्य में कभी वक्ता का निजी दृष्टिकोण, मन्तव्य या उसकी विशिष्ट अभिवृत्ति (attitude) भी निहित रहती है। इस सम्पूर्ण परिवेश में ही वाक्य सम्प्रेषणीय होता है। स्पष्ट है कि वाक्य की रचना पर कई प्रकार के प्रतिबन्ध हैं—संरचनात्मक, अर्थगत, सन्दर्भगत आदि।''—डॉ. सूरजभान सिंह ('हिन्दी का वाक्यात्मक व्याकरण' से)
3. ''वाक्यं स्याद्योग्यताकांक्षासत्तियुक्तपदोच्चयः''—विश्वनाथ
4. डॉ. रामनरेश मिश्र 'हंस' ['करण कारक विवेक' से]
5. ''आधुनिक भाषाशास्त्री रूप-विचार को अर्थ-विचार से पृथक मानते हैं। वे व्याकरणिक

तथ्यों को भीतर से (अर्थ वैशिष्ट्य की दृष्टि से) देखने का नाम सिण्टैक्स (वाक्य-विचार) देते हैं। बाहर से (या रूप-विचार) से देखने को मार्फोलोजी (रूपविज्ञान) कहते हैं।''

—आचार्य हजारी प्रसाद द्विवेदी ('संस्कृत में कारक शब्द का प्रयोग' लेख से)

6. ''जिस विषय-वस्तु के सम्प्रेषणार्थ किसी वाक्य का गठन किया जाता है, उद्देश्य वस्तुत: उस विषय-वस्तु का केन्द्र-बिन्दु होता है और इस तरह वाक्य में उद्देश्य की भूमिका नायक पद की होती है।''—पी.सी.जैन ('हिन्दी प्रयोग : एक शैक्षिक व्याकरण', पृष्ठ-22)
7. ''विवक्षा की दृष्टि से विधेय प्रधान होता है, परन्तु अन्वय की दृष्टि से उद्देश्य पर प्राय: प्रधानता रहती है। 'बेटी' कर्ता है, 'होती है' क्रिया है, 'बेटी होती है'। क्या होती है? 'पराये घर का धन होती है।' विधेय रूप से 'धन' का प्रयोग होने पर भी क्रिया का अन्वय बेटी (कर्ता) से है।''—'हिन्दी शब्दानुशासन'
8. ''किसी भी प्रकार्यात्मक कोश को भरनेवाली सबसे बड़ी इकाई पदबन्ध है, जिसमें अकेला एक पद भी हो सकता है और कई पदों का एक शीर्ष से अनुबद्ध गुच्छ भी हो सकता है।''—डॉ. रामकमल पांडेय ('हिन्दी संरचना का शैक्षिक स्वरूप, पृ. 22)
9. 'संस्कृत-हिन्दी कोश' (—वामन शिवराम आप्टे), पृष्ठ-29, मोतीलाल बनारसीदास संस्करण 1997
10. इसका विस्तृत विवेचन 'रूपायन' अध्याय में देखें।
11. ''वाक्य में शब्दों का परस्पर सम्बन्ध दो रीतियों से बतलाया जा सकता है—(1) शब्दों को उनके अर्थ और प्रयोग के अनुसार मिलाकर वाक्य बनाने से और (2) वाक्य के अवयवों को उनके अर्थ और प्रयोग के अनुसार अलग-अलग करने से। पहली रीति को वाक्य-रचना और दूसरी रीति को वाक्य-पृथक्करण कहते हैं।''—'हिन्दी व्याकरण' (—गुरु), पृष्ठ. 358)
12. ''किसी वाक्य के यथासम्भव सभी पदों, वाक्यांशों अथवा उपवाक्यों की जाति तथा परस्पर अन्वय के विश्लेषण अथवा उसकी प्रक्रिया को वाक्य-विश्लेषण कहते हैं।''—'हिन्दी भाषानुशासन', पृष्ठ-941

अध्याय–14

स्त्री–विमर्श की दृष्टि में हिन्दी–व्याकरण की सृष्टि

'अर्द्ध मात्रालाघवेन पुत्रोत्सवं मन्यन्ते वैयाकरणाः' ('परिभाषेन्दु शेखर', परिभाषा-122)—व्याकरण-जगत् में प्रसिद्ध इस सूत्र के पीछे एक पूरी सामाजिक मानसिकता झलकती है। इसका तात्पर्य है कि भाषा के व्याकरण को सूत्रबद्ध करते समय यदि वैयाकरण आधी मात्रा की भी बचत कर लेता है तो उसे पुत्र जनमने का सा आनन्द होता है। व्याकरण-निर्माण के ज्ञान-जन्य-सुख की उपमा के रूप में यदि बेटे के जन्म का आह्लाद विद्वद्-वर्ग को सूझता है, तो यह कोई संयोग नहीं, बल्कि उसके मन में बैठा वह गहरा लिंग-भेद है जो समाज से होते हुए भाषा में, फिर भाषा से उसके विवेचन ('व्याकरण') तक में प्रविष्ट हुआ है।

भाषा-व्याकरण में 'लिंग' नामक अवधारणा सदियों से समाज में चल रहे स्त्री-पुरुष मूलक विभेद-भावना का ही प्रतिनिधित्व नहीं करती, बल्कि (जैसा समाज में रहा है, वैसा ही) पुंलिंग का वर्चस्व भी स्त्रीलिंग पर दिखलाती है। यानी, पुंलिंग के सामने स्त्रीलिंग को दोयम दर्जे का सिद्ध मानकर 'लिंग' नामक अवधारणा खड़ी हुई है।

भाषा के अधिकतर प्रभावशाली, निर्णायक, शक्तिसूचक शब्द पुरुषवाची हैं। इसके साथ, भाषा में स्त्रीलिंग शब्दों की व्युत्पत्ति पुंलिंग शब्दों से करने की सहज सी प्रक्रिया रही है। यह प्रवृत्ति पुंलिंग शब्दों को मौलिक और स्त्रीलिंग शब्दों को उनसे व्युत्पन्न (यानी, अमौलिक) ठहराती है। यह 'बाइबिल' की विख्यात दन्तकथा[1] के अनुरूप है, जिसमें पुरुष के शरीर से स्त्री उत्पन्न हुई है। यह तो जीवविज्ञान के सिद्ध तथ्य को एकदम उलट के रख देना हुआ। स्त्री से जन्म लेने के बावजूद सन्तान पर पुरुष का हक मानना तो जारी है ही, बल्कि इससे भी बढ़कर प्रजनन-क्रिया में स्त्री की मुख्य भूमिका को भी नकार कर पुरुष को मुख्य (बीजदाता, किसान) तथा स्त्री को गौण (खेत भर) कहा गया है; आज तक एक आम सामाजिक सोच में यही मूर्खता काम कर रही है। इसी सामाजिक विडम्बना के परिप्रेक्ष्य में व्याकरण में 'लिंग' नाम का अध्याय बनकर खड़ा हुआ है।

भाषा की इस प्रकार की लिंग-भेदी प्रवृत्ति अधिक सभ्य जातियों की भाषाओं में अधिक स्पष्ट होती है तथा कम सभ्य या असभ्यप्राय जातियों की भाषाओं में कम स्पष्ट या अस्पष्ट। इसका सीधा सा कारण है कि स्त्री-पुरुष के बीच समता के सूत्र कथित असभ्य जातियों में ज्यादा हैं, क्योंकि स्त्री को दोयम दर्जे में डालनेवाली विचारधारा (पितृसत्ता) सभ्यताकृत/सांस्कृतिक है और वे जातियाँ प्रकृति के अधिक निकट हैं। इसी से स्त्री-पुरुष के बीच विभेद करने वाली मानसिकता से जनजातीय भाषाएँ कम ग्रस्त या मुक्तप्राय हैं। सभ्यता में बढ़ी-चढ़ी जातियों की भाषाओं में वाक्य-प्रयोग के घटकों में भी लिंग-भेद की छाया अधिक दिखती है; साथ ही पुंलिंग प्रयोग में ही स्त्रीलिंग को समाहित मानने की जबर्दस्ती भी खूब दिखाई देती है। फिर, यदि सभ्यता का विकास अधिक (वैज्ञानिक-लोकतान्त्रिक मूल्यों पर) हो जाने के कारण स्त्री-पुरुष के बीच का विभेद कम होते गया, तो तत्-तत् भाषा में लिंग-भेद की सूचनाएँ भी धीरे-धीरे खोती जाती हैं। यह बात हम 'हिन्दी' और 'अँग्रेजी' भाषाओं के सन्दर्भ में समझ सकते/सकती हैं। 'हिन्दी' में जहाँ लिंग-भेद बहुत मजबूत अवस्था में है, वहीं 'अँग्रेजी' में अब इसकी धुँधली छाया भर रह गयी है। यह बात थोड़ी देर में स्पष्ट की जाएगी।

भाषा का विवेचन कर के नियम निर्धारित करता है 'व्याकरण'। इसलिए, जबतक भाषा में लिंग-भेद का भाव बना रहेगा, व्याकरण के नियमों में भी झलकता रहेगा। अर्थात्, कहा जा सकता है कि व्याकरण का लिंगभेदी होना भाषिक समाज के लिंग-भेदी होने का परिणाम है। फिर भी, वैयाकरण पूरी तरह निर्दोष नहीं कहला सकता। कारण है, उसकी 'पुत्रोत्सव'वादी मानसिकता।

लिंग को लेकर व्याकरण-संसार में एक विचार व्याप्त रहा है कि बड़ा, स्वतन्त्र या कठोर के वाचक शब्द पुंलिंग श्रेणी में आते हैं तथा छोटा, पराधीन या नाजुक के वाचक शब्द स्त्रीलिंग श्रेणी में होते हैं। यद्यपि यह बात सदैव घटित नहीं हो सकी है, क्योंकि लिंग-धारणा के विकास का एक अपना जटिल इतिहास है। परन्तु, भाषा-विकास में उक्त तरह के कोटीकरण को मोटे तौर पर स्वीकृति प्राप्त है। वैयाकरण उसमें कुछ अपनी तरफ से मजबूती ला देते हैं, जब वे भाषा का व्याकरण लिखने बैठते हैं। इस विसंगति का एक प्रमुख आधार वैयाकरणों की पाँत में स्त्री की नगण्यता भी है, वैसे इक्की-दुक्की स्त्री वैयाकरण होकर भी क्या कर सकती है जबकि पितृसत्तात्मक सोच सर्वाच्छादी है? जब पंडित किशोरीदास वाजपेयी 'आत्मा' के स्त्रीलिंग और 'परमात्मा' के पुंलिंग होने का यह तर्क पेश करते हैं तो बात खुलकर सामने आ जाती है। उनका कथन है[2]—आत्मा तो ईश्वर के अधीन है, स्वतन्त्र नहीं है। परमात्मा स्वाधीन है, स्वतन्त्र है। स्वतन्त्रता की व्यंजना के लिए परमात्मा पुंलिंग में तथा पराधीनता के प्रदर्शन के लिए आत्मा

स्त्रीलिंग में है। स्पष्ट होता है कि स्त्री और पुरुष को लेकर गुणों या सामाजिक व्यवहार के कोटीकरण की लिंगभेदी-अलोकतान्त्रिक मानसिकता 'व्याकरण' जैसे तटस्थ विवेचन के दावेदार शास्त्र में किस प्रकार प्रविष्ट हुई है! सदियों पहले से ही निर्मित किये गये इस झूठ से वैयाकरण भी बुरी तरह ग्रस्त दिखता है कि स्त्री पुरुष के सामने हीन, नाजुक और गुलाम होती है। यानी, वैयाकरण अपने विवेचनात्मक दायित्व का लोकतान्त्रिक मूल्यों के अनुसार निर्वाह न कर पाने की स्थिति में, स्त्री को अबला बनानेवाली अन्तरराष्ट्रीय सांस्कृतिक परियोजना का (अनजाने में?) एक हिस्सा बन जाता है।

'लिंग' की अवधारणा का मजबूती से बने रहना (हिन्दी-) व्याकरण पर पुरुषवादी होने का आरोप लगने की पृष्ठभूमि बनाता है। इसका सबसे पहला और बड़ा प्रमाण तो यही है कि इस अर्थ में पाणिनि और 'साहित्यदर्पण'कार विश्वनाथ द्वारा प्रयुक्त 'व्यक्ति' शब्द को हटाकर (हिन्दी-)व्याकरण ने 'लिंग' शब्द को अपनाया। यदि भाषा में भी पुरुष और स्त्री की भेदकता दिखलाना जरूरी ही था, तो उसके लिए पारिभाषिक शब्द के रूप में पुरुष-यौनांग 'लिंग' को ही क्यों चुना गया? यह चुनाव क्या उसी प्रकार नहीं है जिस प्रकार 'नारी' के व्यक्तित्व की पहचान 'नर' से उसके सम्बन्ध का मोहताज हो, जबकि जीववैज्ञानिक आधार पर 'नर' की पहचान ही 'नारी' (के जननी होने के कारण उस) के मोहताज होनी चाहिए। नारी-यौनांग 'योनि' को पारिभाषिक शब्द क्या नहीं बनाया जा सकता था, जो व्यापकतर अर्थ रखता है; न सिर्फ जीवविज्ञान की दृष्टि से, अपितु भाषा के सांस्कृतिक अर्थविज्ञान की दृष्टि से भी? 'पुंलिंग' व 'स्त्रीलिंग' की जगह 'पुंयोनि' व 'स्त्रीयोनि' शब्द निश्चित रूप से सटीक होते। 'योनि' का अर्थ जाति-प्रजाति तक चला जाता है, जबकि 'लिंग' का अर्थ 'चिह्न' तक ही सिमट कर रह जाता है। पंडित किशोरीदास वाजपेयी ने अपने 'हिन्दी-शब्दानुशासन' में 'लिंग' की जगह पारिभाषिक शब्द के रूप में 'व्यक्ति' और 'जाति' शब्द का प्रयोग कर अवश्य तर्क-बुद्धि का परिचय दिया है; भले वे इस बात पर सदा कायम नहीं रह सके हैं। 'योनि' से भी आपत्ति थी तो व्याकरण कोई तीसरा शब्द भी चुन सकता था, जैसा अँग्रेजी का 'ज़ेंडर' शब्द है। हिन्दी-संस्कृत भाषाओं की दिक्कत यह भी है कि उनमें प्राकृतिक लिंग (sex) और सांस्कृतिक/व्याकरणिक लिंग (gender) के वाचन के लिए गिन-चुन कर एक ही शब्द है और वह है अभागा लिंग।

भाषा और उसके व्याकरण में लिंग-भेद या 'लिंग' अवधारणा के उपस्थित रहने का क्या अर्थ है? यानी, किस आधार पर कहा जा सकता है कि किसी भाषा में 'लिंग' की सत्ता है? लोक में स्त्री-पुरुष जातियों के वाचक शब्द भाषा

में तो रहते ही हैं—जैसे लड़का (boy), लड़की (girl) या पिता (father), माता (mother)। परन्तु, इनके रहने मात्र से भाषा में लिंग का अस्तित्व सिद्ध नहीं हो जाता। कारण कि इन दो प्रकार के अर्थों (पदार्थों) के वाचक शब्द उसी प्रकार माने जा सकते हैं, जिस प्रकार आदमी-घोड़ा; लड़की-शेरनी दो अलग-अलग स्वतन्त्र अर्थों के वाचक शब्द हैं। लड़का-लड़की जैसे शब्दों का अर्थ-भेद प्राकृतिक लिंग (sex)-गत अर्थ-भेद है और आदमी-घोड़ा जैसे शब्दों का अर्थ-भेद प्राकृतिक जाति [प्राणि-वर्ग]-गत अर्थ-भेद है। बस, इतना-सा अन्तर है। परन्तु, यह तो है लौकिक अर्थ का क्षेत्र ही। जबतक व्याकरणिक अर्थ (व्याकरणिक कोटि) के रूप में 'लिंग' (gender) की भूमिका न दिखाई दे, तबतक भाषा (व्याकरण) में 'लिंग' (gender) की सत्ता अमान्य है। यानी, लड़का-लड़की जैसे शब्दों का लिंग-गत अर्थ-भेद भाषा में इनके प्रयोग-भेद के रूप में ढलता दिखलाई पड़े, तभी माना जाएगा कि भाषा में 'लिंग' (gender) की सत्ता है। उदाहरण से बात स्पष्ट करें। अँग्रेजी में boy और girl को लेकर प्रयोग-सम्बन्धी (क्रिया, विशेषण या किसी सम्बन्ध सूचक) तत्त्व में कोई भेद नहीं दिखता—'Boy goes' है तो 'girl goes' ही है। क्रिया समान ही है दोनों के लिए। पर, हिन्दी में 'लड़का' के लिए 'जाता है' प्रयुक्त होता है, तो 'लड़की' के लिए 'जाती है'। हिन्दी में 'लड़का' व 'लड़की' को लेकर प्रयोग भेद है; क्योंकि हिन्दी भाषी समाज में 'लड़का' व 'लड़की' को लेकर व्यवहार-भेद गहरा है। संस्कृत के क्रियारूपों तिडन्तों में कोई लिंग भेद नहीं है—'राम: गच्छति' तो 'सीता गच्छति'। पर, इतना ही देखकर यह न समझ लेना चाहिए कि संस्कृत भाषा लिंगभेदी नहीं है। कृदन्त क्रियारूपों या विशेषणीभूत कृदन्तों का भी विशाल संसार है जो गहन लिंगभेद का शिकार है—'राम: गतवान्' तो 'सीता गतवती'। इसके अलावा, विशेषण और अन्य पुरुष के सारे सर्वनाम लिंग-भेद पर खड़े हैं। पितृसत्तात्मक-मनुवादी संस्कृति में ढली भाषा से लिंग भेद-हीन होने की उम्मीद भी कैसे की जाएगी? अँग्रेजी भाषा की मूल भाव-प्रकृति लिंगभेद को नहीं मानती, क्योंकि अँग्रेजी भाषी समाज में स्त्री-पुरुष-भेद अपेक्षाकृत हल्का हो चुका है। कहने के लिए तो अँग्रेजी भाषा में पुंलिंग (Masculine gender), स्त्रीलिंग (Feminine gender), नपुंसक (क्लीब) लिंग (Neuter gender) और उभय लिंग (Common gender) हैं, पर भाषिक प्रयोग में इनकी सत्ता प्राय: नहीं दिखती। अन्य पुरुष (Third Person) के तीन सर्वनाम (Pronoun) हैं—He, She, It—बस, इन्हीं से पता चलता है कि अँग्रेजी में पुंलिंग, स्त्रीलिंग व नपुसंक लिंग नामक कोई चीज भी है। फिर, इन सर्वनामों से बने सार्वनामिक विशेषण (His, Her, Its) आदि हैं, जिनसे भी 'ज़ेंडर' नामक तत्त्व की सूचना मिलती है। शेष कोई प्रमुख क्षेत्र है ही नहीं, जिस से पता चले कि अँग्रेजी भाषा पुरुष

व स्त्री में भेद करती है। फिर, चौथा बहुकथित Common gender तो सिर्फ कहने की बात है। उसका सूचक तो कोई सर्वनाम या सार्वनामिक विशेषण भी नहीं है, जिससे संकेत मिले कि अमुक शब्द Common gender में है। परन्तु, हिन्दी में जब हम यह कहते हैं कि 'वह जाती है', फिर 'वह जाता है' तो स्पष्ट होता है कि प्रथम वाक्य का कर्ता 'वह' स्त्रीलिंग है, दूसरे वाक्य का कर्ता 'वह' पुंलिंग है। यानी, रूप एक होने के बावजूद ये दोनों 'वह' अलग-अलग अर्थों (स्त्री व पुरुष) के वाचक हैं। व्याकरण रूप को महत्त्व देता है, इसलिए कहा जा सकता है कि हिन्दी के सारे सर्वनाम उभयलिंगी [Common gender] हैं—वह-वे, यह-ये, कौन, जो...सो (जिन...तिन), कोई, क्या, तू-तुम, मैं-हम। सभी एक ही रूप में दोनों लिंगों में प्रयुक्त होने की क्षमता रखते हैं अथवा स्त्रीलिंग और पुंलिंग दोनों अर्थों का वाचन हिन्दी सर्वनाम करते हैं। अँग्रेजी में उभयलिंग तो सिर्फ कहने भर को है। फिर, बाकी तीन लिंग भी अँग्रेजी में क्षीण अस्तित्व ही प्रायः रखते हैं, वह भी कुछ संस्कार (He, She, It) रूप में, जो पुराने युग का अवशेष मात्र है। परन्तु, हिन्दी भाषा (-व्याकरण) में तो लिंग-भेद बड़ी दृढ़ता से बैठा हुआ है।

भाषा में 'लिंग' का अस्तित्व मानने का एक और क्षेत्र है—'व्युत्पत्ति' या 'शब्द-निर्माण'। यद्यपि वह क्षेत्र 'व्याकरण'-बाह्य है। शब्द तो लोक के खेत में स्वतः आवश्यकतानुरूप पैदा होते रहते हें अथवा जरूरत के हिसाब से लोक के कारखाने में बनकर प्रयोग में चलते दिखते हैं। वैयाकरण का कार्य प्रयोग/व्यवहार में दिख रहे शब्दों की निर्माण-प्रक्रिया का विवेचन भर कर देना है; शब्द बनाना नहीं। व्याकरण शब्दों की व्युत्पत्ति का विवेचन भी अब जाकर करने लगा है। प्राचीन काल में तो उसके लिए अलग सम्प्रदाय (स्कूल) था, जिसका नाम 'निरुक्त' था। खैर! आज तो 'व्युत्पत्ति' सम्प्रदाय व्याकरण का अनिवार्य अंग सा बना हुआ है।

'व्युत्पत्ति' में देखा जाता है कि 'लिंग' की स्पष्ट भूमिका है। हिन्दी-संस्कृत में तो है ही, अँग्रेजी में भी है। कुछ खास प्रत्यय ['स्त्री-प्रत्यय'] कई भाषाओं में हैं, जो पुंलिंग शब्दों में लगकर स्त्रीलिंग शब्द व्युत्पन्न करते हैं—ऐसी व्यवस्था है, जिसका उल्लेख उन-उन भाषाओं के व्याकरणों में होता है। जैसे—लड़का+ई=लड़की। बाल+आ=बाला। God+ess=Godess. Hero+ine=Heroine. भाषा की यह व्यवस्था जिसका सन्धान व्याकरण ने किया है, स्त्रीलिंग को पुंलिंग के सामने कमतर आँकने की मानसिकता की देन है। क्या व्याकरण का यह दोष है अथवा लोक/भाषा में चल रही शब्द-निर्माण की प्रक्रिया की निर्दोष व्याख्या मात्र है? चाहे शब्द-निर्माण में लोक कितना भी स्वतन्त्र हो, पर उसकी प्रक्रिया को 'पुंलिंग शब्द+(स्त्री) प्रत्यय' के रूप में विवेचित करने और इस प्रकार पुंलिंग शब्दों को मूल और स्त्रीलिंग को व्युत्पन्न (गौण) बताने का दोष तो व्याकरण ने

ही अपने सिर पर लिया है। व्याकरण चाहे अपनी कितनी भी सीमा की सफाई दे, पर 'प्रकृति+प्रत्यय' कल्पना का ढंग तो थोड़ा-बहुत बदल ही सकता है जिससे स्त्रीलिंग शब्दों को द्वितीयक (व्युत्पन्न) ही मानने की रूढ़ि टूटे। पर, नहीं। संस्कृत-व्याकरण में तो स्त्रीप्रत्यय मात्र हैं, पुंलिंग-प्रत्यय नहीं। यानी, संस्कृत-व्याकरण में पुंलिंग की प्राथमिकता का कोई विकल्प नहीं सोचा गया है। हिन्दी व अँग्रेजी में भी कमोबेश यही स्थिति है, पर थोड़ा सा फर्क है। इसकी चर्चा आगे करेंगे। डॉ. राजेन्द्र प्रसाद सिंह की पुस्तक 'भाषा का समाजशास्त्र' में कहा गया है कि मुंडा भाषाओं में मूल शब्दों में पुरुषवाचक व स्त्रीवाचक अंशों/शब्दों को जोड़कर पुंलिंग व स्त्रीलिंग अर्थों की सूचना दी जाती है।[3] यदि ऐसा है तो निश्चय ही हिन्दी-अँग्रेजी-संस्कृत आदि से मुंडा भाषाओं की लिंगगत व्युत्पत्ति अधिक तर्कपूर्ण है; क्योंकि व्युत्पत्ति ऐसी है ही नहीं कि स्त्रीलिंग-पुंलिंग में से किसी की किसी पर सत्ता सिद्ध हो। इसका कारण यह बतलाया जा सकता है कि वे भाषाएँ अधिक प्राचीन हैं, इसलिए लिंग-भेद की अवधारणा उनमें धुँधली सी है, प्रारम्भिक अवस्था में है। भाषावैज्ञानिकों की मान्यता है कि पुंस्त्व व स्त्रीत्व का लिंग-भेद बाद की घटना है।

'व्युत्पत्ति' पर विचार करते हुए यह भी ध्यातव्य है कि बहुत से पुंलिंग व स्त्रीलिंग शब्द-युग्म एकदम स्वतन्त्र शब्द होते हैं। जैसे—पिता-माता, Father-Mother, पति-पत्नी, boy-girl आदि। यहाँ ध्वनि-परिवर्तन के किसी ऐसे नियम का सन्धान नहीं किया जा सकता जो 'पिता' शब्द से 'माता' को सिद्ध कर सके और इस प्रकार किसी ऐसे प्रत्यय की कल्पना नहीं की जा सकती जो 'पिता' में लगकर 'माता' शब्द की व्युत्पत्ति करता दिखे। ('माता' से 'पिता' की व्युत्पत्ति दिखलाने की कोशिश तो खैर वैयाकरण का पितृसत्तात्मक मन करेगा ही नहीं।) फिर भी वैयाकरण बाज कब आया है? हर शब्द की व्युत्पत्ति दिखलाने का प्रयत्न करता ही है। क्या इसलिए कि स्त्रीलिंग शब्द को स्वतन्त्र देखना वैयाकरण के पितृसत्तात्मक मस्तिष्क को अग्राह्य है, जो वह लिंगगत ऐसे शब्द-युग्मों में भी स्त्री-प्रत्यय जन्य व्युत्पत्ति की कथा गढ़ता है? पाणिनि ने 'पति' से 'पत्नी' की व्युत्पत्ति सिद्ध करने की जो व्याख्या दी, वह उनकी विवशता हो सकती है, वास्तविकता नहीं। 'पत्युर्नो यज्ञ संयोगे' (अष्टाध्यायी 4-1-33)—पति के यज्ञ-कर्म में सहयोग प्रदान करने से (पति+ङीप्/नुक्) 'पत्नी' की व्युत्पत्ति, स्त्री की निम्नतर सामाजिक स्थिति की आख्यात्री है। स्त्री का पत्नीत्व उसके स्वतन्त्र व्यक्तित्व की समाप्ति और 'पति' नामक मर्द-विशेष के सुख/कल्याण-साधन में उसके विलीनीकरण का पर्याय बना रहा है—यह त्रासद सच ही पाणिनि को 'पति' से 'पत्नी' शब्द की उक्त प्रकार से सिद्धि करने को विवश कर सका। इस पाणिनीय

व्युत्पत्ति की छाया में महाभाष्यकार द्वारा यह वितर्क उठाया गया कि जब शूद्र को वेदपाठ या यज्ञादिक का अधिकार ही नहीं है तो शूद्र पुरुष की ब्याहता को उसकी 'पत्नी' कैसे कहा जा सकता है? तब खुद उन्होंने समाधान दिया कि उपमान या लक्षणा से ऐसा कहा जा सकता है।[4] यानी 'यज्ञ-कार्य' में 'सहयोग' का लक्ष्यार्थ 'सहयोग' लेकर शूद्र पुरुष की स्त्री को उसकी 'पत्नी' कहा जा सकता है। इन सब पचड़ों में पड़ने की जगह यदि 'पति' व 'पत्नी' जैसे शब्द-युग्म को 'आदमी' व 'घोड़ा' जैसे अलग-अलग स्वतन्त्र शब्द मानकर चला जाता तो क्या गड़बड़ी होती? पुंलिंग की सत्ता कमजोर होती—यही न? (औरत स्वतन्त्र रह जाये, तो मर्दानगी किस काम की?) समग्रतः, वैयाकरण भी समाज में व्याप्त लिंगगत, जातिगत पूर्वग्रहों से स्वयं को बचा नहीं पाता।

प्रत्यय जोड़ने की जगह, लिंगगत व्युत्पत्ति का एक गौण क्षेत्र है—समास-प्रक्रिया द्वारा व्युत्पत्ति। जैसे—

खिलाड़ी > महिला खिलाड़ी; कोकिल >पुंस्कोकिल। Pea Cock > Pea-hen.
(पुं.) (स्त्री.) (स्त्री.) (पुं.) (पुं.) (स्त्री.)

यहाँ स्पष्ट है कि इस प्रकार की व्युत्पत्ति पुंलिंग से स्त्रीलिंग की ओर ही नहीं, बल्कि स्त्रीलिंग से पुंलिंग की ओर भी होती है। परन्तु, यह व्युत्पत्ति का गौण क्षेत्र है। मुख्य क्षेत्र है प्रत्यय द्वारा व्युत्पत्ति, जहाँ पुंलिंगवाद का ही राज्य है-'पुंलिंग (मूल शब्द)+स्त्री प्रत्यय = स्त्रीलिंग शब्द'—इस रूप में।

इतने विवेचन से स्पष्ट है कि यदि 'व्युत्पत्ति' को व्याकरण का अनिवार्य अंग माना जाये, तब तो अँग्रेजी भाषा में भी लिंग की सत्ता है क्योंकि उसमें लिंग की भूमिका व्युत्पत्ति में है। परन्तु, यदि केवल भाषा-प्रयोग (पदत्व और वाक्य-रचना) को व्याकरण का विवेच्य मानें तो अँग्रेजी भाषा में लिंग की सत्ता नहीं है क्योंकि वहाँ भाषा-प्रयोग में लिंग की कोई भूमिका नहीं है। हिन्दी भाषा तो दोनों दृष्टियों से 'लिंग' की सत्ता को स्वीकार किये बैठी है।

(हिन्दी) भाषा और उसके व्याकरण के पुरुषवादी होने के ढेर सारे संकेत मौजूद हैं। हम बिन्दुवार विचार करते हैं।

1. उपर्युक्त 'व्युत्पत्ति' नामक प्रकरण में स्त्रीलिंग की पुंलिंग के सामने हीनता प्रकट की गयी है। इसी सन्दर्भ में, जब जातिवाचक संज्ञाओं से भाववाचक संज्ञाएँ बनाते हैं तो किसी जातिवाची पुं. शब्द को ही मूलवत् मानकर आचरण करते हैं, भले उसका स्त्रीलिंग भी परम्परा में प्रतिष्ठित रहा हो। जैसे—'आचार्य' और 'आचार्या' दोनों शब्द मौजूद हैं, परन्तु हम (आचार्य-कर्म/गुण हो या आचार्या-कर्म/ गुण, दोनों के लिए) 'आचार्य+त्व > आचार्यत्व' शब्द ही बनाते हैं। इसी

प्रकार 'अध्यक्ष' व 'अध्यक्षा' दोनों के कर्म को 'अध्यक्षता' ही कहते हैं। जैसे—

पंडित नेहरू ने सभा की *अध्यक्षता* की।

इन्दिरा गाँधी ने सभा की *अध्यक्षता* की।

ऐसा हम भूलकर भी नहीं कहते कि 'इन्दिरा गाँधी ने सभा की *अध्यक्षाता* की।'

2. व्याकरण में 'एकशेष' की प्रक्रिया भी व्याख्यायित हुई है। लिंग के क्षेत्र में भी 'एकशेष' अपना काम करते रहा है। भाषा-प्रयोग में स्त्रीलिंग, पुंलिंग दोनों श्रेणियों के शब्द मौजूद रहने पर यदि 'एकशेष' करना चाहें तो हम प्रायः 'पुंलिंग' शब्द को रख लेते/लेती हैं और स्त्रीलिंग शब्द को उसी में समाहित मान लेते/लेती हैं। संस्कृत में 'माता च पिता च' की जगह 'पितरौ' शब्द रख दिया गया और 'मातृ-पितरौ' (माता-पिता) का अर्थ इसी से निकलने लगा। 'मातरौ' भी कहकर उसमें 'पिता' को समेटा जा सकता था, परन्तु वैसा नहीं किया जा सका। कारण यही हो सकता है कि भले 'मनुस्मृति' ने कहने के लिए "सौ आचार्यों के बराबर पिता का महत्त्व (है) तथा पिता से सौगुना माता का महत्त्व (है)" कहा है, पर मनुवादी परम्परा में यथार्थ तो यही है कि पुरुष के आगे स्त्री का मूल्य ही क्या है? 'एकशेष' की उक्त प्रक्रिया ने 'पिता' के बराबर भी 'माँ' को न रहने दिया और 'पिता' में ही 'माँ' को विलीन कर छोड़ा। कालिदास ने 'रघुवंशम्' में कहा—'जगतः पितरौ वन्दे पार्वती परमेश्वरौ' अर्थात् संसार के माँ-बाप पार्वती और परमेश्वर (शिव) की मैं वन्दना करता हूँ, तो उसी परम्परा में उनकी मानसिकता फिट हुई लगती है। ठीक है कि भाषा की संरचना सदियों की समाज-गति का परिणाम है, परन्तु असाधारण व्यक्ति उसमें अपनी तर्कबुद्धि से (लोकतान्त्रिक सुधारार्थ) कुछ विचलन तो ला ही सकते हैं। कुछ नहीं तो 'पितरौ' की जगह कालिदास 'मातृ-पितरौ' लिख सकते थे। उनका पक्षपात तो इसी से साफ हो जाता है कि पत्नी (पार्वती) का निर्विशेषण नाम भर लिखते हैं, पर पति (शिव) को सीधे 'परमेश्वर' बना डालते हैं।

'एक शेष' के ढेर सारे प्रयोग हम से होते हैं। समाज का मानसिक झुकाव जिधर होता है—दो लिंगों में से उसी एक का ग्रहण कर शेष को उसी में वह समाहित मान लेता है। संकेत स्पष्ट है कि पुरुष-वर्चस्व के इस समाज में प्रायः पुंलिंग रह जाता है और स्त्रीलिंग छूट जाता है। जैसे—'बच्चे और बच्चियाँ खेल रहे हैं।' हम ऐसा वाक्य प्रयोग करने में परेशानी का अनुभव करते/करती हैं (क्योंकि स्त्री को अलग से जगह देने में समाज ही नहीं सरकार भी परेशानी का अनुभव करती है और उसे पुरुष/पति के घर में ही ठूँस देती है, भले उसकी अलग से नौकरी हो।) हम 'एकशेष' में बोलते/बोलती हैं—'बच्चे खेल रहे हैं।' इसी प्रकार, 'पचास आदमी बैठ सकते हैं' का प्रयोग कर हम मानकर चलते/चलती हैं कि इसमें 'औरतें' भी आ गयीं। पर, 'औरतें बैठ सकती हैं'—इस प्रयोग में हम मानकर

चलते/चलती हैं कि इस में 'आदमी' नहीं आ पाते। (बेचारा पुरुष! औरत की जगह में बैठकर अपनी मर्दानगी को बट्टा लगाने से डरता है! औरत की कमाई खाना उसके पौरुष को कब रास आएगा? वह तो औरत को नौकरी से हटवा कर ही मूँछें टाइट रख सकता है, भले अपनी बेरोजगारी में उसे भी भूखा मार डाले।) अँग्रेजी में भी 'man' का प्रयोग कर 'Woman' को उसमें स्वतः समाहित मान लेते हैं/लेती हैं; परन्तु इसका उलटा कभी नहीं होता।

भाषा में कार्यरत यह पूरी प्रवृत्ति पितृसत्तात्मक सामाजिक संरचना के उस विराट् दोष की छाया है, जिसमें स्त्री को कहीं भी जगह न देने पर मौन सहमति है। हर जगह 'पुत्र' शब्द चला है, 'भाई' शब्द चला है, 'भाईचारा' शब्द चला है। लगता है 'बहन' रहती ही नहीं दुनिया में। 'हिन्दू-मुस्लिम-सिक्ख-ईसाई/सब आपस में भाई-भाई'—नारा कितना हिंसक रूप से अधूरा है! क्या यह उसी खंडित चेतना से नहीं निकला, जिससे गर्भ में। जन्म-बाद कन्याओं को साफ कर देने की खुराफाती सोच निकली? इसी तरह, अँग्रेजी में नियमावली के लिए 'Manual', प्रबन्ध करने के लिए 'Manage', अधिदेश के लिए 'Mandate', श्रम घण्टे के लिए 'Man-hour', साहसपूर्वक के लिए 'Manfully', कृत्रिम के लिए 'Man-made', ढंग के लिए 'Manner', चाल चलने के लिए 'Manoeuvre', हवेली के लिए 'Manor', श्रमशक्ति के लिए 'Man Power', निर्माण करने के लिए 'Manufacture', पांडुलिपि के लिए 'Manus cript', मानवता के लिए 'Man kind' तथा बुरी तरह पीटने के लिए 'Mangle' जैसे शब्दों का चलन क्या उसी सामाजिकता की प्रतिच्छाया नहीं है, जिसमें किसी महत्त्वपूर्ण कार्य में 'Woman' को स्थान नहीं दिया गया है, चाहे वह निर्माण हो, व्यवस्था हो, ताकत हो या ताकत-प्रदर्शन कर पीटना (घरेलू हिंसा?)।

हिन्दी भाषा में कहीं-कहीं 'एकशेष' की प्रक्रिया में पुंलिंग भी स्त्रीलिंग में विलीन होते दिखा है, पर गहराई से देखें तो वहाँ भी पितृसत्ता का स्वार्थ नजर आता है। 'गायें/बकरियाँ चर रही हैं'—इस प्रयोग में, पुंलिंग 'बैल/बकरे' भी आ जाते हैं, तो कारण यही है कि चूँकि समाज की स्वार्थबुद्धि 'गाय/बकरी' की तरफ ज्यादा ढरी रहती है, इसलिए उन्हें प्रमुखता मिलती है। कहावत भी है—'हे भगवान्! इन्सान को बेटा देना और जानवर को बेटी'। 'औरत के हक में' पुस्तक में तसलीमा नसरीन ने एक बँगला कहावत दी है कि "अभागे की गाय मरती है और भाग्यवान की बीवी।" मानव में स्त्री को पुरुष से हीन मानने की प्रवृत्ति पशु-जगत् में स्वार्थवश उलटी हो जा रही है। इस स्वार्थबुद्धि के अलावा, क्षुद्रचेतन की बात आने पर भी कभी स्त्री-लिंग में पुंलिंग का विलीनीकरण दिखता है। जैसे—'जुएँ रेंगती हैं' या 'कोयलें कूक रही हैं'। चूँकि इन क्षुद्रचेतनों में लिंग-

भेद से हमारे स्वार्थ में कोई अन्तर नहीं आता, इसलिए हमने यहाँ 'स्त्रीलिंग' को महत्त्व दे दिया, तो हमें कोई घाटा तो नहीं है।

3. पुंलिंग विशेषण से स्त्रीलिंग संज्ञा/सर्वनाम को भी विशेषित करने की प्रवृत्ति हिन्दी भाषा में दिखती है, परन्तु इसका विपरीत एकदम नहीं होता। जैसे—'सुन्दर' (पुं.) विशेषण लड़की के लिए भी चल जाता है, पर 'सुन्दरी' (स्त्री.) विशेषण 'लड़का' के लिए एकदम नहीं चलता। वैसे इस घटना को हिन्दी में कम हो रहे लिंग-भेद के रूप में भी विश्लेषित किया जा सकता है। संस्कृत भाषा विशेषणों में अनिवार्यतः लिंग-भेद रखती है, जिससे हिन्दी बहुत हद तक मुक्त हो चुकी है। हिन्दी में अकारान्त (पुं. ?) विशेषणों के स्त्रीलिंगी रूप की जरूरत नहीं पड़ती, पर संस्कृताभिमानी जन वहाँ भी हस्तक्षेप किये बिना नहीं मानते। 'बुद्धिमान् लड़की' को 'बुद्धिमती' बनाकर ही छोड़ते हैं। वैसे लिंग-भेद मिटना अच्छा ही है, पर उसके मिटने का रूप पुंलिंग को ही स्वीकार करके हो, यह प्रवृत्ति निश्चय ही स्त्री-विरोधी मानसिकता की देन है। यदि एक क्रिया रूप रखना ही है तो 'जाती है' जैसा रखकर भी हिन्दी काम चला सकती है, पर लिंग-भेद मिटाने का रास्ता 'जाता है' से ही होकर जाये—यह मर्दानापन ही कहा सकता है। यहाँ तर्क वह नहीं है कि स्त्री व पुरुष की पोशाक का लिंग-भेद मिट रहा है—पुरुष-पोशाकों की स्वीकृति में। कारण—पोशाक न पुरुष होती है, न स्त्री। वह सुविधाजनक या असुविधाजनक तो हो सकती है, परन्तु स्त्री व पुरुष में कैसे बँट सकती है? यह तो कोई मूढ़ ही कह सकता है कि ओढ़नी-सलवार या ब्लाउज साड़ी की जगह पैंट-शर्ट अपनाकर लिंग-भेद मिटाने की स्त्रियों की प्रवृत्ति में उनका मर्दानापन का शिकार बनना है। लिंग-भेद मिटने का रास्ता स्त्री व पुरुष दोनों को साड़ी जैसी असुविधाजनक पोशाक में अँटाकर नहीं खुल सकता। यही ठीक है। परन्तु, पोशाक का यह तर्क भाषा में नहीं चल सकता। 'जाता' व 'जाती' दोनों में से कोई भी न विशेष सुविधाजनक है, न असुविधाजनक। किसी एक को अपना कर लिंग-भेद मिटे तो आपत्ति की क्या बात है? परन्तु, असली बात मिटाने के तरीके के पीछे काम कर रही मानसिकता की है। बेटियों को दुलार में लोगों द्वारा 'बेटा' या 'पुत्तर' कह दिया जाना खुशी का नहीं, दुःख का विषय ही है। बेटी को बेटी रूप में ही स्वीकार करते हुए उस पर दुलार लुटाना या गर्व करना ही सही रास्ता है। एक अखबार में एक रोचक खबर पढ़ी कि लड़कियाँ अपने भीतर की हर हीनभावना को मिटाकर भाषा-प्रयोग के स्तर पर भी स्मार्ट बन रही हैं। अखबार ने दिल्ली की कुछ ऐसी होनहार नौकरी शुदा बालाओं की बदल रही भाषिक प्रवृत्ति पर निगाह करते हुए सूचना दी कि वे 'मैं जानता हूँ' जैसे प्रयोग ही अब धड़ल्ले से कर रही हैं। इस प्रवृत्ति को उनके द्वारा (सुविधाजनक) 'जीन्स' को अपना लेने की प्रवृत्ति से नहीं मिलाना चाहिए। यह बेटी के ऊपर

बेटे को तरजीह देने की सामाजिकता में ढलने का उदाहरण अधिक लगता है। वैसे लिंग-भेद चाहे जिस रास्ते से मिटे, सुखद ही है। घी दाल में गिरे या भात में, बात तो एक ही है!

4. हिन्दी भाषा में जहाँ कहीं लिंग की अनिश्चितता होती है, वहाँ सिर्फ पुंलिंग का प्रयोग किया जाता है। जैसे—'कौन आ रहा है?'/'कौन था?' परन्तु, इसकी जगह यदि 'कौन आ रही है?/कौन थी?' कहा जाता है, तो अर्थ ही बदल जाता है। तब, लिंग का अनश्चिय नहीं है। यह तो निश्चित हो चुका कि आनेवाले का लिंग स्त्री है, परन्तु सवाल इसलिए पूछा जा रहा है ताकि पता चले कि वह स्त्री आखिर है कौन? उसकी पहचान क्या है?

5. जहाँ कहीं लिंग-विशेष जानकर भी उसे प्रकट करना विवक्षित न हो, वहाँ पुंलिंग का प्रयोग होता है। जैसे—किसी पुरुष को ही नहीं, किसी स्त्री को भी आते देखकर कहा जा सकता है—'कोई आ रहा है।' इसकी जगह 'कोई आ रही है' नहीं चल सकता।

6. वाच्य-प्रकरण में जब क्रिया कर्ता या कर्म के प्रभाव से मुक्त हो जाती है (यानी कर्मवाच्य भावे प्रयोग और भाववाच्य हो) तब हिन्दी में वह पुंलिंग-एकवचन में होती है। जैसे—राम ने *खाया*। सीता ने *खाया*। राम ने साथियों को *बुलाया*। सीता ने सखियों को *बुलाया*। यहाँ अब *बैठा जाएगा*।

संस्कृत-व्याकरण का नियम है कि जहाँ लिंग-विशेष की विवक्षा न हो, वहाँ नपुंसक लिंग—एकवचन सहज रूप से होता है। यह स्थिति कहलाती है—'लिंग सर्वनाम'। यही बात संस्कृत भाववाच्य में रहती है। जैसे—रामेण गन्तव्यम्। (राम को जाना है।) सीतया गन्तव्यम्। (सीता को जाना है।) कुछ लोग यह वितर्क रख सकते/सकती हैं कि चूँकि हिन्दी में 'नपुंसक लिंग' नहीं है, इसलिए 'अलिंगता' या 'लिंग सामान्यता' या 'लिंग की अविवक्षा' अथवा भाववाच्य में हिन्दी 'पुंलिंग' का प्रयोग करती है। अतः, हिन्दी का पुंलिंग-प्रयोग पुरुषवादी नहीं, विवशता-जन्य है। परन्तु, यह कहनेवाले यह क्यों नहीं सोच पाते कि 'लिंग-सामान्यता' या 'लिंग-निरपेक्षता' का कार्य क्या स्त्रीलिंग नहीं कर सकता? फिर, संस्कृत में भी पुंलिंग व स्त्रीलिंग से इतर, जो लिंग कल्पित किया गया, वह 'न+पुंस' (यानी, जो पुरुष न हो) के रूप में क्यों कल्पित हुआ? पुरुष लिंग का अभाव बतलाते, उसे नकारते जो लिंग कल्पित किया गया ('नपुंसक लिंग'), वह एक प्रकार से पुरुष लिंग को महत्त्व प्रदान कर ही रहा है। तभी तो उसके अभाव को 'लिंग सामान्यता' के लिए उपयुक्त मान ले रहा है। समाज में सेक्स (प्राकृतिक लिंग) से निरपेक्ष जनों को 'नपुंसक' (यानी, जिनमें पुंस्त्व या मर्दानगी का अभाव हो) कहा जाता है। उनकी जनगणना अलग से नहीं की जाती, बल्कि पुरुष-वर्ग में ही उन्हें गिना जाता है। पुंलिंग का वर्चस्व यहाँ भी सिद्ध है। नालायकी के लिए

हम 'नपुसंक' शब्द का इस्तेमाल करते/करती हैं। जैसे—'यह सरकार नपुंसक हो गयी।' यानी, सरकार अब मर्द नहीं रह गयी। व्याकरण ने ऐसा पारिभाषिक शब्द क्यों नहीं बनाया जो पुंस्त्व या स्त्रीत्व के प्रति निरपेक्षता का संकेत करे? 'नपुंसक' की जगह 'नपुंस्त्री' या 'अलिंग' क्यों नहीं? या, 'स्त्रीतर' (जो स्त्रीलिंग न हो) ही क्यों न बन सका पारिभाषिक शब्द? स्पष्टत: व्याकरण की सोच पुरुषवादी है।

7. 'अव्यय' शब्दों के लिंगहीन होने की व्यवस्था व्याकरण देता है। अत:, उक्त तर्क पर हिन्दी-व्याकरण उन्हें पुंलिंग मानकर चलता है। संस्कृत व्याकरण उन्हें नपुंसक लिंग मानता है। क्रिया के विशेषण (क्रिया-विशेषण) भी स्थानीय आधार (यानी वचनहीन अलिंग रहनेवाली क्रिया का विशेषण होने से) पर अव्यय बन जाते हैं, अत: उन में भी अलिंगता आ जाती है। इससे हिन्दी-व्याकरण उन्हें पुंलिंग मानकर चलता है। जैसे—राम *अच्छा* करता है। सीता *अच्छा* करती है। दोनों स्थितियों में रूप 'अच्छा' ही है; 'अच्छी' नहीं। यही तो पुंलिंगवाद है।

8. सभी क्रियार्थक भाववाचक संज्ञाएँ हिन्दी में पुंलिंग होती हैं (संस्कृत में नपुंसक लिंग)। जैसे—'*पढ़ना* अच्छा होता है।' इसे '*पढ़ना*' अच्छी होती है नहीं लिख सकते। सबसे मूल बात तो यह है कि क्रियार्थक संज्ञाओं का निर्माण ही धातु+'ना' पुंप्रत्यय से होता है, 'नी' स्त्रीप्रत्यय से नहीं। 'ग्रन्थ *पढ़ना* चाहिए।' और 'पुस्तक *पढ़नी* चाहिए।' उदाहरणों में 'पढ़ना' और 'पढ़नी' (क्रियार्थक) संज्ञा नहीं हैं, बल्कि विशेषणात्मक स्थिति रखते हैं, जो यहाँ, क्रिया के घटक बने हैं। जब भी क्रियार्थक संज्ञा बनेगी तो रूप '*पढ़ना*' आदि (पुंलिंग-सिद्ध) ही होंगे; यह तय है।

9. समास के क्षेत्र में हिन्दी ने पुंलिंग की विजययात्रा ही जारी रखी है। द्वन्द्व समास से बने समस्त पद हिन्दी में पुंलिंग होते हैं। जैसे—*राजा-रानी* आये। स्त्रीलिंग होने की नौबत तभी आती है, जब 'द्वन्द्व समास' के सारे पद पहले से ही स्त्री. हों। जैसे—*सीता-गीता-रीता* गयीं। 'समाहार द्वन्द्व' तो प्राय: पुंलिंग एकवचन ही होता है (संस्कृत में नपुंसक लिंग, एकवचन होता है)। जैसे—कंकर-पत्थर, तन-बदन। 'दाल-रोटी' आदि स्त्रीलिंग हैं तो तभी जब इसके सभी पद पहले से ही स्त्रीलिंग हैं। तत्पुरुष समास में तो उत्तर पद प्रधान होता है, अत: वहाँ यदि उत्तर पद स्त्रीलिंग हो जाता है, तो समस्तपद के स्त्रीलिंग होने की मजबूरी है ही। अन्यथा समस्त पद पुंलिंग ही होता है। जैसे—'राजपुत्री' स्त्रीलिंग है, परन्तु 'यशोदानन्दन' पुंलिंग। समास की यह व्याख्या उसी सामाजिक विसंगति का प्रतिनिधित्व करती है, जिसके तहत किसी समूह में एक भी मर्द मौजूद हो तो वह पूरे समूह को अपना वशीभूत कर लेता है।

10. स्त्रीलिंग शब्द को पुंलिंग की तुलना में हीनतर समझा जाता है—इसका

एक और संकेत व्याकरण में है। ऊनवाचक अर्थ में स्त्रीप्रत्यय का प्रयोग स्वीकृत है। डिब्बा+या=डिबिया। 'डिब्बा' (पुं.) से 'डिबिया' (स्त्री.) की हीनता प्रसिद्ध है। [इस व्यवस्था में अपवाद बहुत कम हैं—'अरण्य' का स्त्री. 'अरण्यानी' अथवा 'डोरा' का स्त्री. 'डोरी' अपेक्षाकृत बृहत् अर्थ में है।]

इन रूपों में (हिन्दी-) व्याकरण में 'लिंग' नामक अवधारणा प्रतिष्ठित है, जो 'व्याकरण' जैसे शास्त्र (जो देश, सम्प्रदाय, नस्ल आदि के आधार पर शब्दों के बीच भेदभाव नहीं करता) में भी स्त्री व पुरुष के बीच भेदभाव खड़ा करती है। इतना ही नहीं; स्त्री को पुरुष के सामने तुच्छ भी ठहराती है। परन्तु, बात है कि व्याकरण का इस तरह से पुरुषवादी होना मूलतः भाषा के पुरुषवादी होने का कुपरिणाम है और वह भाषा स्पष्टतः पितृसत्तात्मक मानसिकता वाले समाज की उपज है; परन्तु गौणतः वैयाकरणों के भी पुरुषवादी होने का कुफल है व्याकरण का पुरुषवादी होना। जैसा कि पीछे भी कहा गया है। पंडित कामताप्रसाद गुरु ने 'हिन्दी-व्याकरण' के 'शब्द साधन' नामक खंड में 'लिंग' का विवेचन करते हुए कहा कि कुछ अर्थ जो केवल स्त्रियों में सम्भव हैं, उनके सूचक स्त्रीलिंग शब्दों के पुंलिंग जोड़े सम्भव नहीं हो सकते। उदाहरणरूप में उन्होंने जो शब्द पेश किये (सती, गाभिन, सौत, धाय आदि) वे विवेच्य हैं।[5] गुरु जी यहाँ पर स्त्री के प्राकृतिक धर्म (जैसे गर्भ-धारण) की ही पाँत में पितृसत्तात्मक संरचना द्वारा थोपे गये बोझों (धाय, सौत, सती आदि) को भी बैठा लेते हैं। अब सोचा जाए कि क्या 'धाय' की भूमिका सिर्फ स्त्री निभा सकती है? इस शब्द का पुंलिंग न होना भीषण अन्याय है, जिस पर गुरु जी जैसे मौलिक चिन्तक ने भी मुहर लगा दी है। इससे भी भीषण अन्याय तो स्त्री के धर्म के रूप में सतीत्व को उपस्थित करना है। (अक्सर समाज द्वारा थोपे गये) पति की गुलामी करने और उसकी चिता पर जल मरने (और अक्सर स्त्री को जबरन जला डालने) की क्रूरता को भी स्त्री का सहज धर्म (सतीत्व) मान लेना वैयाकरण की किस असंवेदनशीलता का प्रमाण है! ऐसे उदाहरण पेश कर वह क्या समाज के लिंग-अन्याय को मजबूती प्रदान नहीं करता? स्त्री को कमजोर, घरेलू, विद्या/प्रतिभा से दूर, देह-बोध/सौन्दर्य से ही ग्रस्त आदि हीनरूपों में उदाहरण बनाना आम है। गुरुजी ने विशेषण-चर्चा के दौरान 'पतिव्रता सीता' का भी उदाहरण दिया है।[6] क्या आवश्यकता है ऐसे उदाहरणों की, जो विवाह में स्त्री-पुरुष समता के लक्ष्य को करारा झटका देते रहें और स्त्री के व्यक्तित्व का गला घोंटते रहें? ऐसे उदाहरण तो स्त्री को पुनः 'करवा चौथ' की गुलाम, अन्धी गली में धकेलने की फ़िल्मी-बाजारी परियोजना का ही हिस्सा बनने को तैयार दिखते हैं। 'हिन्दी व्याकरण का इतिहास' के लेखक अनन्त चौधरी ने 'नागरी लिपि और हिन्दी वर्तनी' पुस्तक में किसी प्रसंग में एक

उदाहरण दिया है—'लड़की शराब पिये जा रही थी'।[7] क्या इसकी जगह 'लड़की भाषण दिये/किताब पढ़े/कुश्ती किये जा रही थी' जैसे उदाहरण लेखक को नहीं सूझ सके? इसी तरह पंडित किशोरीदास वाजपेयी ने 'वाक्य-विचार' (हिन्दी शब्दानुशासन) में उदाहरण दिया है—"बेटी पराये घर का धन होती है।"—ऐसे उदाहरण स्त्रीलिंग में जन्म लेने के प्राकृतिक संयोग का दंड लड़की को देने का औचित्य ठहरा देते हैं। एक ही साथ उसे वस्तु (धन) भी बना देते हैं और पराया भी ठहरा देते हैं।[8] भाषा और उसके व्याकरण से लिंग-भेद का अवसान किये बिना लिंग-भेद रहित समाज स्थापित करने की, ज़ेंडर-जस्टिस (लिंगाधारित न्याय) को सफल बनाने की लोकतान्त्रिक प्रतिबद्धता का लक्ष्य कैसे पूरा हो सकता है?

लिंग-व्यवस्था के पैरोकार चाहे लाख कहें कि अर्थ-अभिव्यंजना सम्बन्धी सुन्दरता-सूक्ष्मता आदि भेदों के लिए लिंग जरूरी है, उपयोगी है; परन्तु सत्य यही है कि लिंग नामक कोटि भाषिक संस्कृति में स्त्री व पुरुष भावों के बीच जितने सौन्दर्य या माधुर्य की रचना नहीं करती, उस से ज्यादा वह लिंग-भेद पैदा करती है। समाज ही केवल भाषा नहीं बनाता बल्कि भाषा भी समाज को बनाती है। भाषा ही वह स्पेस है जहाँ ज़ेंडरगत मिथ्या अस्मिताएँ गढ़ी जा सकती हैं। समाज के भेदभावों को (खासकर ज़ेंडर जनित भेदों को) स्वाभाविकता प्रदान करने में अहम भूमिका निभाती दिखती है भाषा। जब तक व्याकरण में लिंग-व्यवस्था रहेगी तब तक सामाजिक लिंग-भेद को भी वह विचारधारात्मक सहयोग देती रहेगी। एक रोचक विसंगति द्रष्टव्य है। 'महाभारत—अनुशासन पर्व' के उमा-महेश्वर संवाद में व्याकरणिक लिंग को मूढ़ सामाजिकता तक में घसीटा गया है। वहाँ पतिव्रता स्त्री को सीख दी गयी है कि पुंलिंग शब्दों के वाच्य पदार्थों (सूर्य, चन्द्र, वृक्ष आदि) तक से वह अपने को बचाये। सिर्फ एक ही पुंलिंग उसके मन में—जीवन में रहे—उसका पति। वाह! यह तो 'मानस' द्वारा निर्धारित नारी की उत्तम कोटि [जो स्वप्न में भी दूसरे पुरुषों को नहीं देखती] से भी एक बाँस आगे की बात है। स्त्री को (थोपे गये) पुरुष-विशेष के प्रति यौन-प्रतिबद्ध यानी 'पतिव्रता' बनाने की गुलामी-शिक्षा के इन मास्टरों से पूछा जाना चाहिए था कि जहाँ एक ही वस्तु के वाचक कई शब्द अलग-अलग लिंगों में हों, वहाँ स्त्री क्या करेगी? जैसे—संस्कृत में 'पुस्तक' नपुंसक लिंग है, 'ग्रन्थ' पुंलिंग है तो वहाँ स्त्री को क्या करना चाहिए ताकि उसके पातिव्रत्य पर आँच न आये? चलिए, यह समस्या भी दूर हुई, क्योंकि पातिव्रत्य के कल्पकों की दृष्टि में स्त्री विद्या की अधिकारिणी ही नहीं है। परन्तु, स्त्री खुद अपनी वैवाहिक स्थिति के वाचक संस्कृत शब्दों 'दार' (पुं.), 'पत्नी' (स्त्री.), 'कलत्र' (नपुं.) के प्रसंग में क्या करेगी? किसके साथ

रहेगी, किस से दूर? तीनों तो एक ही चीज हैं। क्या स्त्री तीनों के प्रति तटस्थ रहेगी? क्या खुद से तटस्थ रह सकती है वह? फिर, उसी की देह में 'योनि' स्त्री. है, पर 'भग' पुं.। स्त्री क्या करेगी उसका? दोनों एक ही अर्थ को कहते हैं। स्त्री अपने पुंलिंग 'केश' व 'स्तन' रखेगी या...? 'पतिव्रता' होना कितना कठिन हो गया! मूढ़ता की पराकाष्ठा हो गयी। व्याकरणिक लिंग-व्यवस्था ने यहाँ तक करामात दिखा दी है। इसी से 'व्याकरण' से लिंग-भेद का अन्त करना ही होगा।

व्याकरण से लिंग-भेद तो पूरी तरह तभी मिटेगा, जब भाषा से ही उसका अन्त हो जाएगा। परन्तु, वैसा होने में काफी देर है, क्योंकि भाषा ठीक तभी होगी, जब समाज ठीक हो जाए—स्त्री-पुरुष भेद-भाव की समाप्ति हो जाए। फिर, यह भी तो हो सकता है कि भाषा से लिंग-भेद मिट जाए, पर अवधारणा के स्तर पर 'व्याकरण' में लिंग (ज़ेंडर) मौजूद ही हो (जैसा कि अँग्रेजी में है) अथवा कुछ नहीं तो वैयाकरण के मन में कार्यरत पितृसत्तात्मक मूल्य, उदाहरण देते समय अपना काम करते रहें—स्त्री को हीन रूप में और पुरुष को दबंग रूप में पेश करते। इसलिए कहना होगा कि समाज या भाषा में सुधार चाहे देर से ही हो, किन्तु व्याकरण व वैयाकरण को तो अपने स्तर से ऐसे प्रयास शुरू कर देने चाहिए, जिससे लिंग-भेद व पुरुष-वर्चस्व की स्थितियाँ हतोत्साह होती जाएँ तथा स्त्री-सशक्तीकरण का सन्देश अँगड़ाई लेने लगे। ऐसा सन्देश भाषा से होते हुए देर-सबेर समाज तक भी पहुँचेगा! यद्यपि व्याकरण के पास ऐसे प्रयास करने का अवकाश (स्पेस) कम है, पर जो कुछ है, उसी से वह अपना कार्य करे।

स्त्रीलिंग को न्याय देने और व्याकरण को लिंग-निरपेक्ष बनाने के प्रयास का यह मतलब नहीं होगा कि व्याकरण में प्रयुक्त 'कारक', 'कर्ता', 'पुरुष', 'तत्पुरुष' आदि पारिभाषिक शब्दों को पुरुषवाची मानकर बदल डालें। पारिभाषिक शब्द चाहे जिस मानसिकता से बने हों (स्पष्टतः यहाँ पुरुषवादी मानसिकता तो है ही); पर आगे चलकर वे व्युत्पत्त्यर्थ-बन्धन से मुक्त होकर संकेतक/प्रतीक मात्र रह जाते हैं। वैसे ही व्याकरण के कुछ स्त्रीवाची पारिभाषिक शब्द 'वृत्ति', 'सन्धि', 'संज्ञा', 'क्रिया', 'व्युत्पत्ति', 'निरुक्ति' आदि भी हैं, जो अब व्युत्पत्त्यर्थ बन्धन से मुक्त होकर तकनीकी शब्द मात्र बन चुके हैं। इस स्थिति में 'रमेश' ही नहीं, 'राधा' को भी 'कर्त्री' ही कहना होगा (जिस प्रकार प्रतिभा पाटिल को 'राष्ट्रपति' या मायावती को 'मुख्यमन्त्री' ही कहते हैं)। 'राधा' को 'कत्री' या 'कारिका' न कह सकेंगे। इसी तर्क पर 'लिंग' शब्द को भी पारिभाषिक शब्द के रूप में स्वीकारा जा सकता है। पीछे इन शब्दों पर जो भी आपत्तियाँ उठाई गयी हैं वे सब लिंग-भेदी समाजशास्त्र को खँगालने के लिए हैं।

लिंग-भेद मिटाने के लिए 'व्याकरण' को सर्वप्रथम 'व्युत्पत्ति' क्षेत्र में सार्थक हस्तक्षेप करना होगा। यानी, उसे 'लड़का' से 'लड़की' की व्युत्पत्ति करने से बचना होगा, God से Godess की व्युत्पत्ति से बचना होगा और कहना होगा कि ये दोनों शब्द स्वतन्त्र मूल शब्द (प्रातिपदिक) हैं; कोई किसी पर आश्रित या किसी से व्युत्पन्न नहीं। दोनों के अपने-अपने कारकीय या वैभक्तिक रूप चलते हैं। तब उनमें चिपके लिंगगत अर्थ की छाया 'सुबन्त' रूप बनते समय पड़ती है—जैसे आकारान्त होने पर भी 'लड़का' (पुं.) और 'लता' (स्त्री.) का रूपायन लिंगार्थ-भेद से अलग-अलग हो रहा है। इस प्रकार, 'व्युत्पादन' से लिंग को खारिज करने के बाद भी 'रूपायन' में वह बना रहता है। वाक्य में विशेषण, क्रिया, सम्बन्धसूचक तत्त्वों में भी लिंग झलकता रहता है—'रूपायन' का ही असर है यह। वह तो तब तक न हटेगा जब तक भाषा-संरचना न बदले। इसके लिए भाषिक समाज की मनोवृत्ति बदलनी चाहिए। (लड़की यदि "मैं जाता हूँ" बोल रही है तो यह मनोवृत्ति बदलने का ही संकेत है। इसमें असंगति भी क्या है? "हम जाते हैं" से सर्वत्र पुरुष-स्त्री दोनों काम चला ही रहे हैं, चाहे उनकी संख्या एक हो या अनेक।)

यदि व्युत्पत्ति से लिंग को पूर्णतया खारिज करते हैं तो 'लड़का' या 'लड़की' आदि को रूपान्तरशील वर्ग का (विकारी) शब्द बतलाने हेतु परिभाषा में से यह बात हटानी होगी कि जिस शब्द में लिंग-वचन-कारक (विभक्ति) वश आकृति-परितर्वन हो, वह विकारी शब्द है। तब, कहना होगा कि जिस शब्द में 'वचन+कारक' कृत रूपान्तर हो सके, वह रूपान्तरशील शब्द है, अन्यथा वह है 'अव्यय' तब 'अव्यय' की परिभाषा से 'सदृशं त्रिषु लिंगेषु' (जो तीनों लिंगों में समान हो) अंश निकालना होगा। (हमने इस पुस्तक में पीछे ऐसी ही परिभाषाएँ ग्रहण की हैं।)[9] अव्यय की अरूपान्तरशीलता की व्याख्या उसके (प्रातिपदिक विभक्ति कृत) अरूपान्तर में होगी, न कि लिंगकृत अरूपान्तरशीलता में। इसी तरह क्रिया-पद की रूपान्तरशीलता उसके लिंगगत परिवर्तन में नहीं, बल्कि 'तिङ्' विभक्ति से या उसके स्थानापन्न कृदन्तों में वचनकृत रूपान्तर में व्याख्यायित होगी। 'व्युत्पादन' से लिंग को पूर्णतः अपदस्थ करने की बात क्रान्तिकारी होगी। क्या यह सम्भव है? ऐसा करने में कुछ उलझनें भी हैं। जैसे—कृदन्तों या तद्धितान्तों के पुंलिंग-स्त्रीलिंग दोनों रूपों (जैसे—जाता-जाती, बुद्धिमान-बुद्धिमती) को तब 'लड़का' व 'लड़की' की तरह ही दो स्वतन्त्र शब्द (प्रातिपदिक) मानना होगा। तब व्याख्या करनी मुश्किल होगी कि ये विशेषणात्मक रूप दो तरह के क्यों हैं? जब 'लड़का' व 'लड़की' एक ही स्तर के दो स्वतन्त्र शब्द हैं तो उनके ये विशेषणात्मक रूप अलग-अलग क्यों हैं? प्रातिपदिककारी व्युत्पादक प्रत्ययों (कृत्, तद्धित) को यदि हम लिंग-निरपेक्ष

मानकर चलें तो भी मानना होगा कि व्युत्पन्न प्रातिपदिकों में फिर 'लिंग-प्रत्यय' लगकर उन्हें स्त्रीलिंग व पुंलिंग प्रातिपदिकों में ढाल देते हैं। लिंग-प्रत्यय लिंग सापेक्ष ही तो हैं—स्त्रीप्रत्यय स्त्रीलिंगार्थ, पुंप्रत्यय पुंलिंगार्थ। इसका समाधान यदि यह करें कि जिस तरह कई तद्धित प्रत्यय खास 'अन्त' वाले खास शब्दों के साथ विहित हैं, उसी प्रकार ये लिंग-प्रत्यय खास लिंग के साथ विहित हैं। पर, यहाँ भी हमने 'लिंग' की व्युत्पादक भूमिका मान ही ली। समग्रत:, 'अव्यय' आदि की परिभाषाओं के लिए 'लिंग' की विकारी भूमिका दिखलाना आवश्यक न होकर भी उक्त सन्दर्भ में 'लिंग' की विकारी भूमिका दिखलाना आवश्यक है। तब, वैयाकरण को यह व्यवस्था देनी चाहिए कि 'लड़का' शब्द में 'ई' प्रत्यय लगने से 'लड़की' शब्द बना है, साथ ही 'लड़की' शब्द में 'आ' प्रत्यय लगने से 'लड़का' शब्द बना है। यानी, *'द्विमुखी व्युत्पत्ति प्रक्रिया'* है। अगर ऐसा कहना ऐतिहासिक न लगे, तो भी पुंलिंग की दादागिरी समाप्त करने के लिए यह व्यवस्था वरणीय है। आखिर व्याकरण की समग्र व्यवस्था पूर्णत: ऐतिहासिक सत्यों पर आधारित कहाँ है? वह व्याख्या की संगति या सुविधा के लिए बहुधा कल्पना पर भी आधारित होती है। फिर, लिंग सम्बन्धी व्युत्पत्ति की उक्त व्यवस्था पूरी तरह अनैतिहासिक भी कहाँ है? 'आ' पुंप्रत्यय का व्युत्पत्ति में प्रयोग पंडित किशोरीदास वाजपेयी ने भी किया है, भले वे 'द्विमुखी व्युत्पत्ति प्रक्रिया' में आस्थावान् न रहे हों। हिन्दी में 'पुंप्रत्यय' का ऐतिहासिक साक्ष्य सर्वप्रथम पंडित अम्बिकाप्रसाद वाजपेयी ने ('हिन्दी-कौमुदी' में) दिया—'बहन+ओई' से 'बहनोई' बनता है आदि। यह पुंप्रत्यय हिन्दी की अनन्य विशेषता है। अँग्रेजी में भी 'Widow+er' जैसी एक-दो व्युत्पत्तियाँ पुंप्रत्यय की हैं। संस्कृत भाषा ऐसे प्रत्यय से वंचित है। 'व्याकरण' द्वारा एकमात्र स्त्रीप्रत्यय की कल्पना किये रखना उसे पुरुषवादी बनाता है। हिन्दी-व्याकरण को स्त्रीप्रत्यय के समान्तर पुंप्रत्यय खोजने का काम जारी रखना चाहिए। इसी के साथ, लिंगगत व्युत्पत्ति में और व्यावहारिकताएँ भी देखनी होंगी। जैसा कि 'प्रत्यय-प्रक्रिया' में पीछे कहा गया कि जो रिश्ते पूर्व सिद्ध हैं (मौसी, फूफी, जीजी, बहन, ननद आदि) उनमें ही पुंप्रत्यय लगाकर पुंलिंग शब्द (मौसा, फूफा, जीजा, बहनोई, ननदोई आदि) बनाना उचित होगा; न कि इस का उलटा करना। 'चाचा' से 'चाची' की व्युत्पत्ति इसलिए वैज्ञानिक है क्योंकि 'चाची' उत्तर सिद्ध है। किन्तु, 'लड़का' व 'लड़की' अथवा 'पति' व 'पत्नी' में से कोई पूर्व या उत्तर नहीं बल्कि दोनों सहसिद्ध हैं। फिर प्रथम से द्वितीय की व्युत्पत्ति बतलाना कैसा? दोनों को या तो स्वतन्त्र मानिए या दोनों को परस्पर व्युत्पन्न मानिए (द्विमुखी व्युत्पत्ति प्रक्रिया से)। इसके साथ, सामासिक व्युत्पत्ति के क्षेत्र में भी हमें ऐसी व्यवस्था रखनी होगी कि पुंलिंग और स्त्रीलिंग की समता हो। जैसे—'खिलाड़ी',

'मजदूर', 'राष्ट्रपति', 'पुलिस' 'इंजीनियर' आदि व्यावसायिक/पदमूलक या 'भेड़िया' 'ह्वेल' आदि प्राणि वाचक नामों को लिंग-निरपेक्ष मानकर स्त्री के लिए प्रयोग की स्थिति में उसमें 'स्त्री' लगा देंगे, 'पुरुष' के लिए प्रयोग की स्थिति में 'पुरुष'। जैसे—पुरुष खिलाड़ी, महिला खिलाड़ी; नर भेड़िया, मादा भेड़िया आदि। 'वेश्या' के लिंगान्तरण 'पुरुष वेश्या' को भी असंगत नहीं मानना चाहिए। जब पुंलिंगवाची 'खिलाड़ी' आदि शब्दों से 'स्त्री' शब्द को समस्त करने से स्त्रीलिंग बन सकता है; तो स्त्रीवाची (वेश्या) शब्द में 'पुरुष' को समस्त करने से पुंलिंग शब्द क्यों नहीं बनेगा? इस बारे में जो असंगति लग रही हो, उसे पितृसत्तात्मक सोच का नतीजा मानना होगा।

व्याकरण की ढेर सारी पुस्तकों में विलोम या विपरीतार्थक शब्द समझाते हुए अक्सर पुंलिंग व स्त्रीलिंग शब्दों को परस्पर विलोम बता दिया जाता है। यह कितनी खतरनाक बात है! 'पुरुष' का विलोम 'स्त्री'—ऐसा पढ़ानेवाले बच्चों के मन में कैसा लिंग भेदी जहर भर रहे हैं! अपने अज्ञान में वे घरेलू कलह वह हिंसा का बीजारोपण कर रहे हैं। 'पुरुष' व 'स्त्री' को प्रकृति ने विलोम नहीं पूरक बनाया है। पूरकता सहयोगी होती है, विलोमता संघर्षी। वस्तुतः विलोम का क्षेत्र लिंगगत द्वैत नहीं, शेष गुणगत द्वैत है। 'स्त्री' व 'पुरुष' समान हैं—सृष्टि के लिए समान रूप से आवश्यक। उनमें विरोध भाव सांस्कृतिक गढ़न है, न कि नैसर्गिक। 'रात' और 'दिन' परस्पर विलोम हैं, 'अच्छाई' व 'बुराई' परस्पर विलोम हैं, पर 'स्त्री' व 'पुरुष' नहीं। इसी तरह 'ब्राह्मण' व 'शूद्र' तथा 'आर्य' व 'म्लेच्छ' को परस्पर विलोम मानना भी गलत है। व्याकरण की जो पुस्तक ऐसा लिखती है, वह नस्लवादी है। स्त्री व पुरुष का तो प्राकृतिक अस्तित्व भी है; किन्तु 'ब्राह्मण-शूद्र' या 'आर्य-नस्ल' तो पूर्णतया कल्पनाश्रित अवधारणाएँ हैं। इन सब की सावधानी बरतना वैयाकरण के लिए बहुत जरूरी है।

'लड़का' व 'लड़की' जैसे शब्द तो भाषा में रहेंगे ही, क्योंकि प्राकृतिक लिंग (Sex) के भेद की सूचना देनेवाले ये दो शब्द उसी प्रकार आवयक हैं, जिस प्रकार 'इन्सान' और 'चिड़िया' दो अलग-अलग शब्द जरूरी हैं, जो प्राकृतिक जाति की सूचना देते हैं। यहाँ सिर्फ 'प्राणी' कहकर काम नहीं चलाया जा सकता था। इसी तरह केवल 'लड़का' या केवल 'लड़की' कहकर दोनों का वाचन नहीं कराया जा सकता। परन्तु 'लड़का' व 'लड़की' को लेकर भाषा में लिंग (ज़ेंडर) का भेद नहीं खड़ा होना चाहिए। हो गया है, तो उसका यथाशीघ्र अन्त करना ही मूल ध्येय होना चाहिए। इस ज़ेंडरवाद ने व्याकरण के अन्तर्गत सारे शब्दों को (चाहे वे चेतन के वाचक हों या अचेतन के; सत्त्व के वाचक हों या भाव के) ही 'मर्द' व 'औरत' की खेमेबन्दी में बाँट रखा है (वहीं संस्कृत में 'मर्दानगी'-

रहित वर्ग भी है 'नपुंसक लिंग' नाम से)। फिर, इस करेले को नीम पर चढ़ा दिया गया—मर्द (पुंलिंग) को औरत (स्त्रीलिंग) पर वर्चस्व या ग्रासक व्यक्तित्व देकर। लिंग-व्यवस्था के इस अमानवीय चेहरे की प्लास्टिक सर्जरी के बिना समाज तक, परिवार तक लोकतन्त्र कैसे उतर सकता है? भाषा को सही किये बिना इन्सान को सही नहीं किया जा सकता। विनोबा का यह विचार बिलकुल जायज है कि भाषा में पुंवाची व स्त्रीवाची सारे शब्दों के लिए एक ही क्रियारूप, विशेषणरूप आदि होने चाहिए।[10] हर व्याकरणिक व्यवहार उनके प्रति समान होना चाहिए। परन्तु यह होगा कैसे? इसके लिए भाषा सुधारनी होगी, भाषा सुधारने हेतु भाषिक समाज की मनोवृत्ति सुधारनी होगी। मनोवृत्ति बिना सामाजिक-सांस्कृतिक क्रान्ति के, समता के विचारों के प्रसार के बिना कैसे सुधरेगी? समाज में स्त्री-सशक्तीकरण से, वास्तविक स्तर पर लिंग-भेद मिटने से या भाषिक आन्दोलन से ही बदलेगी भाषा। यानी, जो कुछ होगा, भाषिक समाज की तरफ से ही। परन्तु, वैयाकरण भी तो भाषिक समाज का ही नागरिक है। अपनी जिम्मेवारी समझते हुए उसी को पहल करनी चाहिए, जो कुछ ऊपर कहा गया है। उसके साथ एक कार्य उसे और करना होगा—लक्षणों के उदाहरण प्रस्तुत करते समय समाजशास्त्रीय सावधानी बरतना। वह लिंग-भेद (साथ ही जाति, मजहब, राष्ट्र, नस्ल आदि भेदों) की मानसिकता से मुक्त होकर उदाहरण दे। स्त्री पर थोपे गये पितृसत्तात्मक मूल्यों—पातिव्रत्य, सतीत्व, सामन्तवादी यौन नैतिकता, शर्म व हीनभावना तथा पैदा की गयीं मजबूरियों जैसे अशिक्षा, घरेलूकरण, परजीविता, यौन-दलन, प्रसव-बाध्यता, वेश्यावृत्ति, विधवा समस्या आदि से उसे मुक्त करने की मानसिकता से उदाहरण पेश किये जाएँ। स्त्री की वंचनाओं एवं पीड़ाओं के प्रति सहानुभूति दिखलाते और पुरुष के समक्ष उसकी बराबरी, प्रतिभा व ताकत को बतलाते उदाहरण बनने चाहिए। पढ़ती, खेलती, गाती, झूमती, नौकरी करती, विमान उड़ाती, कुश्ती करती या कम्पनी सँभालती स्त्री उदाहरण बने, न कि खाना पकाती या पति की सेवा करती। मनमाफिक दोस्ती बनाने या मनोवांछित वस्त्र पहनने तक को छछनती स्त्री उदाहरण बने, मातृत्व या देवी की झूठी गरिमा की चाशनी में लपेटी स्त्री नहीं। इसके साथ घरेलू काम-काज करते मर्द भी उदाहरण बनें, सिर्फ पैसा कमाते या आफिस सँभालते मर्द नहीं। ऐसा होगा तभी भाषा की विसंगति दूर होगी तथा वह सुषमा से भरपूर होगी। हर शब्द को जेंडर के खाँचे में बैठाना लिंगवादी राजनीति का हिस्सा है, जिसने शब्दब्रह्म की महिमा घटाने का अपराध किया है। यदि हम अपने को आध्यात्मिक कहते हैं तो इस पाप से तो हमें मुक्त रहना चाहिए।

सन्दर्भिका

1. प्रभु परमेश्वर ने कहा—"मनुष्य का अकेला रहना अच्छा नहीं। मैं उसके उपयुक्त एक सहायक बनाऊँगा।" अत: प्रभु परमेश्वर ने मिट्टी से पृथ्वी के समस्त पशु और आकाश के सब पक्षी गढ़े।...किन्तु मनुष्य के लिए उसके उपयुक्त सहायक नहीं मिला। अत: प्रभु परमेश्वर ने मनुष्य को गहरी नींद में सुला दिया। जब वह सो रहा था, तब उसकी पसलियों में से एक पसली निकाली और उस रिक्त स्थान को मांस से भर दिया। प्रभु परमेश्वर ने उस पसली से, जिसको उसने मनुष्य में से निकाला, स्त्री को बनाया और उसे मनुष्य के पास लाया। मनुष्य ने कहा, "अन्तत: यह मेरी ही अस्थियों की अस्थि है, मेरी देह की ही देह है; यह 'नारी' कहलाएगी; क्योंकि यह 'नर' से निकाली गयी है।" ['इब्रानी-अरामी बाइबिल्', जेनिसिस (उत्पत्तिखंड), 2/18-23]
2. 'हिन्दी शब्दानुशासन', पृष्ठ-182
3. 'भाषा का समाजशास्त्र'—(—डॉ. राजेन्द्र प्रसाद सिंह), पृष्ठ IX-X
4. "यज्ञ-संयोग इत्युच्यते, तत्र नेदं सिध्यति—इयमस्य पत्नी। क्व तर्हि स्यात्। पत्नी—संयाजा इति, यत्र यज्ञसंयोग:। नैष दोष:। पतिशब्दोयमैश्वर्यवाची। सर्वेण गृहस्थेन पंचमहायज्ञा निर्वर्त्या:। यच्चाद: सायं प्रातर्होम् चरु पुरोडाशान्निर्वपति तस्यासावीष्टे। एवमपि 'तुषजकस्य पत्नी' ति न सिध्यति। उपमानात् सिद्धं—पत्नीव पत्नी।" [—इति] 'महाभाष्य' पतंजलि

   "त्रैवर्णिकानामेव सभार्याणां यज्ञेऽधिकारो न तु शूद्रस्य। उपमानादिति। अग्निसाक्षिपूर्वक-पाणिग्रहणाश्रयादितिभाव:।"—'प्रदीप'—कैयट।

   "न तु शूद्रस्येति। विद्याया अभावात् तस्यैवाऽनधिकारे तद्भार्याया: सुतरामिति भाव: ननु पंचमहायज्ञेषु शूद्राणामप्यधिकारोऽस्तीति चेन्न, शूद्रस्येत्यस्याऽसच्छूद्रस्येत्यर्थात्। सच्छूद्राणामेव तेष्वधिकार इति प्रसिद्धं स्मृत्यादिषु। अग्नीति। अग्निसाक्षिक-पाणिग्रहणनिमित्त सादृश्यादित्यर्थ:। इदमुपलक्षणम्, येषां तदपि नास्ति, तेषां सादृश्यान्तरं बोध्यम्॥"—'उद्योत'—नागेश भट्ट।
5. हिन्दी-व्याकरण, पृष्ठ-171
6. हिन्दी-व्याकरण, पृष्ठ-88
7. 'नागरी लिपि और हिन्दी वर्तनी', पृष्ठ 402
8. स्त्रीविरोधी उदाहरण देने की परम्परा दीर्घ है। 'अष्टाध्यायी' के "कर्मणा यमभिप्रैति स सम्प्रदानम्" (1-4-32) के सन्दर्भ में वार्तिककार कात्यायन ने जो सूत्र दिया ("क्रियया यमभिप्रैति सोऽपि सम्प्रदानम्")। उसका उदाहरण दिया "पत्ये शेते" (पति के लिए सोती है)। यह कौन सा उदाहरण है भला? स्त्री के सारे व्यक्तित्व को नकार कर सिर्फ पुरुष की यौनदासी बना देनेवाली कोढ़-मानसिकता पर मुहर लगा देना—यह उदाहरण देकर।
9. देखिए इसी पुस्तक के 'अव्यय-विमर्श' की सन्दर्भिका—(2)
10. 'स्त्रीशक्ति' (सर्व सेवा संघ प्रकाशन, राजघाट, वाराणसी)

अध्याय–15

हिन्दी–व्याकरण–रचना में संस्कृत–व्याकरण–पद्धति के अनुप्रयोग का औचित्य

किसी भाषा का विश्लेषण तभी सम्यक् हो सकेगा जब विश्लेषण करते समय उस भाषा के स्वरूप–गठन में उपादान या निमित्त बने शेष भाषाओं/भाषाई प्रयोगों को भी उनके सहयोग–अनुपात में महत्त्व दिया जाए। हिन्दी के गठन में 'संस्कृत–पालि–प्राकृत–अपभ्रंश–अवहट्ट परम्परा' ही जमीनी महत्त्व रखती है। आंग्लादि परम्परा का योगदान (विशेषतः वाक्य–गठन में) भी है, पर थोड़ा–सा, तकरीबन दस प्रतिशत। इसी से, हम हिन्दी के स्वरूप–विश्लेषण में (या आज भी शब्द–रचना में) किसी बाहरी सहयोग की अपेक्षा करते हैं, तो संस्कृतादि परम्परा को सर्वाधिक महत्त्व देना होगा।[1] शेष दस प्रतिशत आंग्लादि परम्परा का सहयोग लेना भी उचित ही है। जहाँ–जहाँ हिन्दी ने संस्कृत की सहायता नहीं ली या लेना सम्भव न हुआ—वहाँ–वहाँ हिन्दी व्याकरण में आज भी शिथिलता बनी हुई है। इस प्रकार, हिन्दी भाषा का विश्लेषण संस्कृतादि परम्परा से 'तटस्थ' रहकर करना ठीक न होगा। हम मूल–छिन्न तटस्थता के नहीं, बल्कि मूल–संश्लिष्टता के कायल हैं, क्योंकि उसी में मौलिकता भी है और स्वस्थता भी।

हिन्दी भाषा की संरचना में विश्लेषणात्मकता या कई जगहों पर जो जटिलताएँ (जैसे—लिंग में, क्रिया–रचना में) हैं, उनकी सम्यक् अवगति के लिए हिन्दी भाषा को संस्कृतादि परम्परा से एक विकास–शृंखला में जोड़कर देखना होगा। फिर *'व्याकरण'* संस्कृतादि पद्धति की अपनी अवधारणा है; आंग्ल अवधारणा 'ग्रैमर' से उसका व्यतिरेक बहुत अधिक है—अतः 'हिन्दी–व्याकरण' बनाना हो तो ग्रैमरों की अपेक्षा संस्कृतादि व्याकरण हमारे लिए ज्यादा उपादेय होंगे। संस्कृत व्याकरण का ढाँचा स्थिर है तथा अपने–आप में वह ऐसा भाषा–दर्शन है, जो बहुधा भाषामात्र के लिए अनुप्रयुज्य हो सकता है। हिन्दी–व्याकरण उससे प्रेरणा लेकर स्वस्थता, पूर्णता एवं अपेक्षाकृत स्थिरता को प्राप्त कर सकता है। इतना महान साँचा रहते हम बार–बार भटकते रहें,

अन्य/विदेशी साँचों को जबरन हिन्दी पर लादते रहें, फिर उनके तय किये डब्बों में हिन्दी भाषा के उदाहरण चुन-चुनकर भरते रहें, उदाहरण न मिलें तो गढ़ते रहें— यह अवैज्ञानिक प्रवृत्ति किस काम की? हिन्दी के विकास-परिवेश व चिन्तन-परम्परा की समानता सर्वाधिक संस्कृतादि से है, अतएव उनके व्याकरण साँचे का (वहाँ भी विशेषकर पाणिनीय साँचे का) हिन्दी में परीक्षण करना चाहिए। इससे 'हिन्दी-व्याकरण' (और हिन्दी भाषा) के निम्न प्रयोजन सिद्ध हो सकते हैं—

1. हिन्दी-व्याकरण अपनी जमीन से जुड़कर स्वस्थ होगा।
2. संस्कृतादि व्याकरण का संवादी बनकर हिन्दी-व्याकरण का ढाँचा अपेक्षाकृत टिकाऊ होगा।
3. हिन्दी-व्याकरण में भी व्याकरण-प्रक्रिया, सिद्धान्तों व दर्शनों के सन्दर्भ में समृद्धि आएगी। संस्कृत-व्याकरण जिस तरह भाषा-दर्शन करते-करते जीवन-दर्शन तक हो छू लेता है, वैसा ही कुछ हिन्दी-व्याकरण में भी होगा।
4. हिन्दी का व्युत्पत्तिशास्त्र संस्कृत से जुड़ने पर समृद्ध होगा। (युगानुरूप नये पारिभाषिक शब्द बनाने में संस्कृत-पद्धति की उपादेयता बार-बार परीक्षित की जा चुकी है।)
5. एक विशाल, दीर्घकालव्यापी भाषाई सांस्कृतिक परिघटना या सांस्कृतिक स्मृति से हिन्दी भाषा और हिन्दी-व्याकरण जुड़ेंगे, तो हिन्दी भाषा-भाषी व भाषाचिन्तक का दृष्टिकोण विशद होगा; उनकी मानस-शक्ति बढ़ेगी। यद्यपि इस विशदता के लिए आधुनिक या विदेशी चिन्तनों की भी सतत आवश्यता है; पर अपनी जमीन से उखड़कर हम वह नहीं कर सकते हैं। हम किसी अन्य परम्परा को उधार लेने की जगह, युगायुगीन अपनी परम्परा का परिष्कार कर उसकी तिथिबाह्यता (आउट-ऑफ़-डेट नेस) से मुक्त होने का मार्ग चुनें, तो ही हमारे स्वास्थ्य के अनुकूल है।

हिन्दी-व्याकरण में संस्कृत-पद्धति के प्रयोग की परम्परा—हिन्दी-व्याकरणेतिहास के 'स्वावस्था' और 'परिष्कार' युगों के वैयाकरणों व भाषाचिन्तकों ने संस्कृतादि व्याकरण से अपनी भाषा-दृष्टि का विकास किया है, जिसका उपयोग कर 'हिन्दी-व्याकरण' को सही दिशा में गतिमान किया है। पंडित रामावतार शर्मा, पंडित अम्बिका प्रसाद वाजपेयी, पंडित किशोरीदास वाजपेयी, डॉ. देवेन्द्रनाथ शर्मा, डॉ. रामदेव त्रिपाठी, श्री निगमानन्द परमहंस, डॉ. विद्यानिवास मिश्र, आचार्य हजारी प्रसाद द्विवेदी, श्री वात्स्यायन धर्मनाथ शास्त्री, डॉ. बदरीनाथ कपूर, डॉ. काशीराम शर्मा आदि कुछ ऐसे ही हस्ताक्षर हैं। इनकी धारा ही हिन्दी-व्याकरण की जमीनी धारा है—स्वस्थ धारा है, जिसके प्रतिनिधि रूप में हम पंडित किशोरीदास वाजपेयी

को मान सकते हैं। पंडित कामताप्रसाद गुरु ने अँग्रेजी-पद्धति अपनाने के अपने मार्ग की सफाई देते हुए कहा था—अँग्रेजी से हिन्दी का "सम्बन्ध टूटना इष्ट होने पर भी शक्य नहीं"[2]। विचारणीय है कि क्या अँग्रेजी से हिन्दी का व्याकरणिक (या भाषाई) सम्बन्ध उससे भी गहरा है, जितना संस्कृतादि के साथ है? दूसरी बात, जिस-जिस भाषा से हमारी भाषा का सम्बन्ध ऐतिहासिक कारणों से बनता रहेगा, उस-उस की व्याकरणिक पद्धति हम अपनाते फिरेंगे, बिना अपनी पद्धति का विचार या विकास किये? अपनी जमीन पर मजबूती से खड़े हुए बिना दूसरों से हाथ भी नहीं मिलाया जा सकता। दो भाषाओं के सम्पर्क से शब्द-सम्पदा या शाब्दिक अभिव्यंजनाएँ जितनी पारस्परिक आदान-प्रदान में चलती हैं, उतनी व्याकरणिक संरचना या संकल्पनाएँ नहीं। इस बात का ख्याल भी हमें हिन्दी पर अंग्रेजी ग्रैमरीय साँचे को थोपने से पूर्व करना चाहिए। पर गुरु जी प्रचलन/रूढ़ि या अपनी सीमा वश ही 'हिन्दी-व्याकरण' को 'अष्टाध्यायी-महाभाष्य के मिश्रित रूप में लिखने' की अपनी इच्छा को स्थगित कर, अपने व्याकरण को अधिकांश में अँग्रेजी पद्धति पर व्यवस्थित करते गये। यहाँ तक कि 'कारकों' व 'कालों' को भी संस्कृत व्याकरण की शुद्ध अर्थपरकता की जगह, ग्रैमरों की रूपपरकता पर ['केस' व 'टेन्स' के आधार पर] व्याख्यायित करने को बाध्य हुए, यद्यपि वे अपने इस प्रयास में निहित असंगतियों से अनभिज्ञ न थे। संस्कृत-व्याकरण के तीन सोपान हैं—(1) व्याकरण-प्रक्रिया पक्ष, (2) सिद्धान्त/दर्शन पक्ष और (3) जीवन दर्शन/आध्यात्मिक दर्शन पक्ष। गुरुजी का 'हिन्दी-व्याकरण' युगीन आवश्यकता की पूर्ति के तहत हिन्दी-व्याकरणिक ढाँचे के स्थिरीकरण और हिन्दी के सकल प्रयोगों के समाहरण को अपना लक्ष्य बनाकर चला था। इसी के साथ उनके सामने जो भाषा उपस्थित थी, वह बेहद अस्थिर-तीव्र परिवर्तमान हिन्दी भाषा थी, जिसका मानकीकरण उनके व्याकरण के लिए एक चुनौतीपूर्ण प्रयोजन था।[3] इन्हीं व्यावहारिक लक्ष्यों को अहमियत देने के कारण गुरु जी का 'हिन्दी-व्याकरण' प्रक्रिया पक्ष की भी उस गम्भीरता का स्पर्श नहीं करता, जो उचित हो। अँग्रेजी ढाँचे की सरल, कामचलाऊ पद्धति अपना लेने के कारण उनसे इसकी विस्तृत प्रक्रिया भी सम्भव न हुई कि कौन-सा पद हिन्दी में किस प्रकार निष्पन्न होता है। प्रक्रिया की निष्पत्ति के लिए पाणिनि ने जो ढर्रा स्थिर किया है—उसी का साक्षात्कार अपने-आप में एक गहन उपलब्धि होगी। इसी तरह, महाभाष्यकार के विचारों का समझना, 'वाक्यपदीयम्' की उच्च दार्शनिक निष्पत्तियों को आयत्त करना हिन्दी वैयाकरणों के लिए जीवनव्यापी साधना हो सकती है। फिर, इस ढाँचे-ढर्रे को हिन्दी की प्रकृति के अनुरूप अद्यतन (अपडेट) कर के लागू करना किसी अन्य पाणिनि-पतंजलि-भर्तृहरि से ही सम्भव है और वह भी तभी, जब उनके समानधर्मा धीर-गम्भीर ग्राहक मौजूद हों; न कि भाषा की स्थिरता के प्रयोजनार्थ किसी व्याकरण की माँग करने वाली जल्दबाज जनता। गुरु जी इन बातों को बखूबी समझते थे, इसी से उन्होंने

अपने आदर्श की सीमाएँ स्वीकार की हैं और भारतीय ढाँचे को भावी भाषाविदों के लिए छोड़ दिया है।

हिन्दी-व्याकरण की भारतीय धारा के प्रतिनिधि पंडित किशोरीदास वाजपेयी ने संस्कृतादि-प्राप्त भाषा-दृष्टि का हिन्दी-व्याकरण के सन्दर्भ में दो स्तरों पर परीक्षण किया है—

(क) **पारिभाषिक शब्दों का सकल अर्थ-सन्दर्भ के साथ प्रयोग—** 'शब्दानुशासन', 'प्रातिपदिक', 'सुबन्त', 'तिङन्त', 'नाम', 'आख्यात', 'धातु', 'कारक', 'काल', 'अव्यय' आदि का प्रयोग वाजपेयी जी ने मूल अर्थ के साथ किया है। किन्तु, 'विभक्ति', 'उपसर्ग', 'पुरुष', 'भेदक-भेद्य', 'सिद्ध-साध्य क्रिया' आदि को किंचित् परिवर्तित अर्थ में अनुप्रयुक्त किया। इसके साथ, उसी पद्धति पर 'प्रविशेषण', 'विशेषण-कल्प' आदि शब्द गढ़कर प्रयुक्त किये।

(ख) **संस्कृतादि व्याकरण-दर्शन का अनुप्रयोग—**वाजपेयी जी ने उद्देश्य व विधेय के क्रम-निर्णय में,[4] संज्ञा और क्रिया के अर्थ-वैशिष्ट्य के संकेत में[5], मिश्रवाक्यों में उपवाक्यों के क्रम-निर्णय में[6], शब्दों की व्युत्पत्ति और प्रचलन के कारणों में भिन्नता का संकेत करने में[7], विशेषवाचक शब्द की विद्यमानता में सामान्यवाचक शब्द की निष्फलता में[8] तथा कर्तृस्थ-कर्मस्थ भाव की व्याख्या में[9] संस्कृतादि व्याकरण दृष्टि का विनिवेश किया है। इसके साथ पद-विभाग व परिभाषाओं में उन्होंने संस्कृतादि व्याकरण से हिन्दी-व्याकरण को उपकृत किया है। धातु,[10] अव्यय[11], व्यापार की सिद्ध-साध्य अवस्था[12], आख्यात[13], भेदक-भेद्य[14], उपपद विभक्ति, कारक[15] व उसके भेद, पद, व्याकरण, भाषा, सुबन्त, तिङन्त, नाम, विकरण आदि की परिभाषाएँ उन्होंने हिन्दी-व्याकरण में प्रस्तुत कर संस्कृतादि-परम्परा का विकास किया है।

वाजपेयी जी द्वारा निर्देशित मार्ग पर आगे भी कार्य हुआ है, जिनमें सर्वाधिक विस्तार डॉ. रामदेव त्रिपाठी के प्रयत्नों में दिखता है।[16] फिर, संस्कृत-व्याकरण साँचे को हिन्दी में परीक्षित करने का विशेष आग्रह डॉ. काशीराम शर्मा और डॉ. विद्यानिवास मिश्र में दिखाई दिया।[17] इस मार्ग को आचार्य हजारी प्रसाद द्विवेदी[18], डॉ. देवेन्द्रनाथ शर्मा की भी आशंसा-आशीष प्राप्त रहा है। समग्रतः, हिन्दी-व्याकरण को प्रेरणास्रोत के रूप में संस्कृतादि व्याकरण साँचे (विशेषकर पाणिनीय साँचे) से बेहतर साँचा नहीं मिलेगा।

संस्कृति-पद्धति के अनुप्रयोग का रूप

संस्कृतादि साँचे के अनुप्रयोग का यह अर्थ नहीं कि उसका यथावत् ग्रहण कर,

उसी में हिन्दी के उदाहरण भर-भर के हिन्दी-व्याकरण बना दें। ऐसा करना उचित भी नहीं है, शक्य भी नहीं है। कारण अपने विश्लेषणात्मक स्वरूप के कारण हिन्दी संश्लेषात्मक संस्कृत से पर्याप्त भिन्न हो चुकी है। जैसे—हिन्दी में पद-रचना (सुबन्त व तिङन्त) एकखंडमय संश्लिष्ट रूप में बहुत कम बच गयी है। पाणिनीय पद्धति में 'परसर्ग', 'संयुक्त क्रिया' आदि तत्त्व नहीं हैं जो हिन्दी की अनन्य विशेषताएँ हैं।[20] इसी तरह, वाच्य-प्रसंग में हिन्दी में 'वाच्य' व 'प्रयोग' की संगति टूटने से छह वाच्य-श्रेणियाँ हो गयी हैं। ऐसी ही ढेर सारी नवीनताएँ हिन्दी में विकसित हो चुकी हैं, जो संस्कृत में नहीं थीं। संस्कृत संहित रूप वाली विभक्ति-जटिल एवं व्युत्पत्ति प्रधान, रूपप्रक्रियाधिक्य वाली भाषा है, जिसकी तुलना में व्यवहित रूपवाली हिन्दी पूरा-पूरा नहीं बैठ सकती। हिन्दी में वाक्य की भूमिका कुछ अधिक महत्त्वपूर्ण होती है, जिसमें पदक्रम के निर्वाह की अनिवार्यता है। यहाँ पदक्रम ही कई बार पदत्व-सिद्धि के दौरान विनियुक्त विभक्तियों का काम चलाता है। इन कारणों से संस्कृत-व्याकरण का अगाध ज्ञान भी हिन्दी-व्याकरण की रचना हेतु पर्याप्त नहीं। हिन्दी के गठन में आंग्ल प्रवृत्तियाँ भी उपकारी हुई हैं। विशेषणों से लिंग-भेद का उठते जाना कदाचित् उन्हीं का प्रभाव है, पर सर्वाधिक भूमिका उनकी वाक्य-रचना में दिखती है। उसकी उपेक्षा कर या हिन्दी की विश्लेषणमयी संरचना को समझे बिना हिन्दी-व्याकरण नहीं बनाया जा सकता। संस्कृत से हम 'प्रेरणा' ले सकते हैं, 'अनुकरण' नहीं कर सकते। हिन्दी भाषी समाज का मिजाज भी संस्कृतभाषी समाज से पर्याप्त भिन्न और उसकी अपेक्षा लोकतन्त्रोन्मुख है। संस्कृत भाषा के विश्लेषण से प्रेरणा लेने का मतलब हिन्दी में संस्कृतभाषी-संस्कारों को सन्निविष्ट करना नहीं है। पितृसत्तात्मक सामन्ती फ्रेम में फिट बैठी भाषा के संस्कार हम नहीं ले सकते, उसके विश्लेषण की वैज्ञानिकता से हम भले प्रेरित हो सकते हैं। संस्कृत में व्युत्पत्ति-प्रसंग में पुंप्रत्यय नहीं हैं, सिर्फ स्त्रीप्रत्यय हैं; तो इसका अर्थ यह नहीं कि हिन्दी में भी वे न खोजे जाएँ। संस्कृत व्याकरणों में प्रयुक्त जातिवादी/अभिजात व स्त्रीविरोधी उदाहरणों से हम प्रेरित नहीं हो सकते। हमें बदले हुए युग की बदली हुई भाषा का आकलन करना है, तो महानतम व्याकरण साँचे (संस्कृत-व्याकरण साँचे) को तदनुरूप अद्यतन (अप-टु-डेट) करना होगा। परन्तु, यदि हम ऐसा मानते हैं कि भाषा पूर्णतः बदलती नहीं, विकसित भर होती है तो भाषा के परिवर्तित रूपों का विश्लेषण भी बहुत कुछ प्रारम्भिक रूपों के प्रकाश में करना एवं तब मूल नियमों का आश्रय लेना सम्भव है। आवश्यकता है कि अपने संस्कृत व हिन्दी के भाषाविद् मिल-बैठकर, संस्कृत साँचे या पाणिनीय साँचे को नवीन रूप प्रदान करें ताकि जनभारती हिन्दी के समग्रतः विश्लेषण के लिए वह उपयोगी बन सके; जिससे भाषा के तथ्यों, प्रयुक्तियों के श्रेणीकरण,

वर्गीकरण, लाघव आदि का कार्य सुसम्पादित किया जाए। वैसे तत्काल-प्राप्त साँचे से भी, थोड़ा दायें-बायें करके, हम हिन्दी भाषा की स्वायत्तता की रक्षा करते हुए उसका विश्लेषण प्रायः कर सकते हैं। इस पुस्तक में हमने वैसा किया भी है।

हमने पद-विचार में दिखलाया है कि किस प्रकार 'पद' की वही परिभाषा वियोगात्मक हिन्दी में भी लग सकती है, जो रूप-प्रक्रियामयी संस्कृत में थी। हमने देखा है कि हिन्दी में जहाँ निर्विभक्तिक पद या रूप दिखें, वहाँ विभक्ति-लोप या शून्य विभक्ति की कल्पना करके व्याख्या हो सकती है।[21] 'शुद्ध विभक्ति' [आँ, ओं, ए आदि] तथा 'मिश्रित/शबल-विभक्ति' [शुद्ध विभक्ति+परसर्ग] की कल्पना से प्रातिपदिकज (सुबन्त) पद की व्याख्या पूरी हो सकती है।[22] 'धातु' व 'प्रातिपदिक' जैसे तत्त्व हिन्दी-व्याकरण में भी रखकर विवेचन करना उपयुक्त है— हमने यह कार्य किया है। इनकी रूपमाला भी हमने बनाने की कोशिश की है।

पद-वर्गीकरण के यास्कीय ढाँचे ['नामाख्याते चोपसर्गनिपाते...'] या पाणिनीय ढाँचे ['सुबन्त' व 'तिङन्त'] को हम हिन्दी के अनुकूल बनाकर ग्रहण कर सकते हैं। पदों के अवान्तर भेद करने हेतु संस्कृत व्याकरण के रूपप्रक्रियात्मक (आकृतिमूलक) वर्गीकरण की पद्धति हिन्दी में पग-पग पर उपयोगी है। "अर्थ-भेद जब तक रूप-भेद तक न आ उतरे, तब तक कोटीकरण/वर्गीकरण सम्भव नहीं"—यह सिद्धान्त जो हमने पीछे स्थिर किया है, वह संस्कृत-व्याकरण से प्रेरित होकर ही।

संस्कृत-व्याकरण की तरह हिन्दी में 'सुबन्त', 'तिङन्त', 'कृदन्त', 'तद्धितान्त', 'णिजन्त' आदि धारणाएँ यथावत् लागू हो सकती हैं। इन पारिभाषिक शब्दों को तकनीकी शब्द के रूप में ग्रहण कर इन्हीं रूपों में हम प्रयुक्त कर सकते हैं। (पारिभाषिक शब्द व्युत्पत्त्यर्थ-निरपेक्ष होते हैं।) यही सही भी है, क्योंकि इससे हिन्दी व्याकरण का संस्कृतादि व्याकरणों से संवाद बना रहेगा।[23]

संस्कृत की 'सन्धि' और 'समास' की संकल्पना हिन्दी-व्याकरण के लिए बहूपयोगी है। हिन्दी सन्धि के नाम से किंचित् नवीन संकल्पना में वही उत्प्रेरक है। हिन्दी समास का वर्णन अधिकांशतः संस्कृताश्रयी है। उसी को और विकसित कर के, 'सूचना और प्रसारण मन्त्री' जैसे प्रयोगों को 'अलुक् द्वन्द्व' की कल्पना[24] कर औचित्य प्रदान कर सकते हैं।

छह कालों और चार अर्थ-प्रकारों (Mood) के लिए, 'विकरण' की भिन्नता के आधार पर निर्मित, दस-ग्यारह संस्कृत 'लकारों' में हिन्दी की क्रिया-रूप रचनाओं को तो नहीं समेटा जा सकता; किन्तु लकार-पद्धति से प्रेरणा लेकर हिन्दी भी कुछ वैसा ही वर्गीकरण अपने अनगिनत क्रियारूपों का कर सकती है। फिर, इन वर्गों के लिए 'लकार' को बतौर पारिभाषिक शब्द चला सकती है। फिर, यह विधान किया जा सकता है कि अमुक लकार-संख्या अमुक काल या प्रकार या

प्रसंग में प्रयुज्य है। हमने ऐसी कोशिश की है।[25] डॉ. विद्यानिवास मिश्र ने लाघव करते हुए—(i) 'ने' वर्ग (ii) 'ने'-इतर वर्ग तथा (iii) 'ने' सीमित वर्ग की जो बात कही है[26], वह भी विचारणीय है। उनके मत से पाणिनीय साँचे की *'द्वितात्मकता'* (Binary) का भी हिन्दी-व्याकरण में उपयोग लाभकारी है। जैसे—

- क्रिया का विभाजन
  - काल-निरपेक्ष [वह जाता। वह जाए। (यदि) वह गया।]
  - काल-सापेक्ष
    - भविष्यत्—'गा' युक्त। 'गा' के पूर्व धातु का सम्भावनाद्योतक रूप। 'वह जाएगा/जाएगी'
    - भविष्येतर—'है' या 'था' युक्त रूप। धातु के पूर्व धातु का कृदन्त रूप। 'वह जाता है/था', 'वह गया है/था'।]

- प्रातिपदिक
  - स्वयं कारक बननेवाले
  - कारक के विशेषण भर बननेवाले
    - विशेष्यानुसार लिंग वचन विभक्ति वाले।
    - तदितर।

- कारक
  - स्वतन्त्र (कर्ता)
  - तदितर (शेष कारक)
    - विकल्पद्योत्य—
      - कर्ता
      - कर्म
    - तदितर
      - दूर सम्बन्धी—
        - अत्यन्त विप्रकृष्ट (अपादान)
        - परम्परा-सम्बन्ध होने से विप्रकृष्ट (सम्प्रदान)
      - तदितर
        - करण
        - अधिकरण

- समास
  - द्वन्द्व
  - द्वन्द्वेतर
    - नियत लिंग (अव्ययीभाव)
    - अनियत लिंग—
      - विशेष्य
        - समानाधिकरण
          - संख्यापूर्व (द्विगु)
          - तदितर (कर्मधारय)
        - व्यधिकरण (तत्पुरुष)
      - विशेषण/बहुव्रीहि
        - समानाधिकरण
        - व्यधिकरण

इसी तरह डॉ. मिश्र ने 'काल' को भी 'भूत' व 'तदितर' (भूत-भिन्न) में बाँटा है। उनके द्वारा निर्देशित उक्त द्वितात्मक प्रणाली[27] विचारणीय है।

छह कारकों का विधान जो संस्कृत में है, वह तो भाषा मात्र के लिए उपयोगी है। 'कारक' अर्थ-परक संकल्पना है; इसलिए हर भाषा में उसकी संख्या समान होगी। भले किसी भाषा का व्याकरण 'कारक' को पहचानने और व्याख्यायित करने में असमर्थ रहा हो, पर छह कारकों की सत्ता तो हर भाषा में रहती ही है।

पाणिनीय साँचे में प्रत्ययों के द्वारा किसी कथन का विकल्प रचा जाता है। जैसे—'पांचाली' (पांचाल+ई) से 'पांचाल देश की कन्या (है वह)' का बोध हो रहा है।[28] उसकी प्रेरणा लेकर हिन्दी शब्द-व्युत्पादन का कोई साँचा बनाये तो डॉ. मिश्र के मत से हिन्दीतर भाषियों के लिए हिन्दी को सुबोध बनाने में सहायता मिलेगी। जैसे—'लौकिक' को 'लोक से सम्बद्ध' की जगह 'लोक में होने वाला' या 'लोक-व्यवहार का जानकार' या 'लोक को बेहतर माननेवाला' के लिए रखें तो भाषा की बनावट अच्छी तरह समझाई जाएगी। पाणिनीय अर्थ कोटियाँ भी उनके मत से बहुत कुछ संगत हैं, जिन्हें लेकर हिन्दी-भाषा में से उदाहरणों का समाकलन करना चाहिए। "देवदत्ताय मोदकं रोचते=देवदत्त को लड्डू अच्छा लगता है" उदाहरण देकर कहते हैं कि 'रुचना' और 'अच्छा लगना' दोनों समानार्थी हैं। इस प्रकार वर्णनात्मक विधान 'संस्कृत' व 'हिन्दी' में जहाँ-जहाँ समान हों, उन्हें ले लेना चाहिए।[29]

संस्कृत के पुराने वैयाकरणों ने 'हिरण्मय', 'पद्मावती' आदि सुखोच्चारित शब्दों को साधु मान लिया था, यद्यपि मूल रूप कुछ और थे। इस विकासवादी परम्परा का अनुसरण कर हम भी हिन्दी में 'स्त्रियोचित', व 'वर्चस्व' आदि को साधु मान सकते हैं।

संस्कृत की तरह 'परस्मैपदी' व 'आत्मनेपदी' धातुओं को हिन्दी में खोज सकते हैं; पर वे 'धातु' स्तर पर नहीं, धातुरूप-स्तर पर ही हो सकते हैं, वहाँ भी 'संयुक्त क्रिया' के सन्दर्भ में। मूलधातु के 'कृदन्त' में 'ले' धातु के रूप जोड़कर बनी संयुक्त क्रिया आत्मनेपदी होती है और 'दे' धातु के रूप जोड़कर बनी संयुक्त क्रिया परस्मैपदी।[30] जैसे—'खा लो' आत्मनेपदी है, तो 'कर दिया' परस्मैपदी। कई धातु ऐसे भी हैं जो दोनों प्रकार के रूपों में ढल सकते हैं, संस्कृत उभयपदी धातुओं की तरह। जैसे—कर दिया/लिया, पढ़ दिया/लिया आदि।

हिन्दी वाक्य-संरचना पर विचार करते हुए हमारे लिए संस्कृत-व्याकरण की जगह अँग्रेजी ग्रैमर ज्यादा उपादेय होगा। पदबन्ध, वाक्य-संश्लेषण, वाक्य-विश्लेषण, विरामादिचिह्न, 'अधिकार' (गवर्न्ड होना, Governed) आदि उसी की संकल्पनाएँ हैं, जो हिन्दी वाक्य-विचार में उपयुक्त हुई हैं। पर, वाक्य-प्रसंग में

विचार्य 'समास' व 'वाच्य' में संस्कृत व्याकरण हमारा सहायक हो सकता है। 'वाच्य' में तो खैर अँग्रेजी प्रभाव से हिन्दी की कुछ श्रेणियाँ विकसित हैं, जिनके विवेचन में संस्कृत-व्याकरण प्रर्याप्त नहीं है। कर्मवाच्य व भाववाच्य में ऐसी स्थिति है।

हिन्दी वर्ण-संख्या और वर्णमाला के निर्धारण में पाणिनीय पद्धति का 'वर्ण समाम्नाय' (माहेश्वर सूत्र) उपयोगी हो सकता है। आज जब क्ष, त्र, ज्ञ, श्र आदि संयुक्त वर्णों तथा विदेशी ध्वनियों ज़, फ़ आदि को भी हिन्दी-वर्णमाला में स्थान देने या न देने को लेकर सन्देहपूर्ण स्थिति चल रही है और बड़े से बड़ा विद्वान भी सही-सही वर्ण-संख्या बतलाने में खुद को अक्षम पाते हों, तब 'वर्ण समाम्नाय' या 'प्रत्याहार सूत्र' में निहित सिद्धान्तों को पकड़कर हिन्दी में भी हम सही वर्ण-संख्या तय कर सकते हैं। पाणिनि ने ध्वनियों (स्वनिमों) के लाघव की रीति बतलाकर हमें भी प्रेरित किया है। हिन्दी में 'लृ' हट गया है तथा 'ड़', 'ढ़' दो नये वर्ण विकसित हो चुके हैं। बाकी स्थितियाँ समान हैं। इसी के साथ हिन्दी 'प्रत्याहार सूत्रों' में प्रस्तुत वैज्ञानिक वर्णक्रम को ग्रहण कर अपनी सुविधा से नयी वर्णमाला बना सकती है। हमने 'वर्ण-विचार' में वैसा प्रयास किया भी है।

हिन्दी जैसी विश्लेषणात्मक भाषा के लिए पाणिनि की सूत्र-पद्धति पर व्याकरण बनाना न सम्भव है और न युग को देखते हुए जरूरी ही है—यह हम पीछे स्पष्ट कर चुके हैं। यहाँ हिन्दी संस्कृत की ही 'कौमुदी' पद्धति पर 'सूत्र+व्याख्या' शैली (जो प्रकरणों के अनुसार व्यवस्थित है) का वरण शिल्प (पैटर्न) के तौर पर कर सकती है।

और अन्त में विसर्जन—इस पुस्तक के लेखन द्वारा मेरा यह प्रयास रहा है कि हिन्दी भाषा की मौलिकता को दृष्टिपथ में रखते हुए, उसे एक तर्कसंगत सुस्थिर व्याकरण के साँचे में ढाला जाए, जिसके लिए हमने संस्कृत पद्धति को स्थान-स्थान पर परीक्षित किया है। *'हिन्दी की प्रकृति'* और *'संस्कृत व्याकरणपद्धति'* के बीच इस कारण पूरी पुस्तक में एक द्वन्द्वात्मक स्थिति रही है, जिससे 'हिन्दी-व्याकरण' का कुछ नया ढाँचा उभर कर आ सका है—ऐसा अपना विश्वास है। उस ढाँचे को हमने युगीन जीवनानुभवों व आधुनिक विमर्शों और ताजा भाषा-प्रयोगों से समृद्ध करने का प्रयास किया है ताकि व्याकरण का यह क्षितिज नवीन बन सके।

आज हिन्दी अधिकाधिक विकसित भूगोल एवं आधुनिक सभ्यता के नाना विकास-उपक्रमों व आयामों की भाषा हो रही है। ऐसे में आवश्यकता है कि हिन्दी के व्याकरण-निर्माण की एक महापरियोजना चले, जो उसके क्षेत्रीय-प्रादेशिक विस्तार और प्रमुख देशी-विदेशी भाषाओं के साथ हिन्दी का 'तुलनात्मक' और साथ ही 'ऐतिहासिक' (विकासात्मक) व्याकरण प्रस्तुत करे। वह परियोजना सिर्फ

प्रारम्भ न हो, बल्कि उसकी समुचित परिणति भी हो। गत सदी (ई.) के सातवें दशक के अन्तिम चरण में 'काशी हिन्दू विश्वविद्यालय' में आचार्य हजारी प्रसाद द्विवेदी के निर्देशन में चली व्याकरण-परियोजना की परिणति (ग्रन्थ) का जैसा आज तक कोई अता-पता नहीं[31] है, वैसा हाल उस परियोजना का न हो! पर, यह कार्य है काफी कठिन! अर्थ-साध्य, समय-साध्य के साथ सबसे बढ़कर यह विद्वत्साध्य है, जिसके लिए निदेशक के रूप में आचार्य हजारी प्रसाद द्विवेदी जैसा ही उर्वर मेधा का बहुअधीती, निष्ठावान् वैयाकरण होना चाहिए तथा उसके अधीन व्याकरण के अलग-अलग प्रकरण के अपने पारंगत भाषाविद् होने चाहिए। ये सब संयोग अभी दुर्लभ दिख रहे हैं, पर असम्भव नहीं हैं—'कालो ह्ययं निरवधिविर्पुला च पृथ्वी' (काल असीम है और धरा का विस्तार भी)। जब वह व्याकरण घटित होगा, तब पंडित कामताप्रसाद गुरु के शब्दों में ''हिन्दी भाषा के लिए वह दिन बड़े गौरव का होगा।'' ['हिन्दी व्याकरण' की 'भूमिका' से]

सन्दर्भिका

1. ''हमने संस्कृत के नियमों के अनुसार परसर्गों और विभक्तियों की स्थिति का निर्णय करने में ढिलाई की और आज भी इस विषय में अराजकता फैली हुई है...कहना नहीं होगा कि संस्कृत का सहारा हमारी भाषा के परिनिष्ठित रूप के लिए कितना महत्त्वपूर्ण रहा है। जान-अनजान से हम सदा संस्कृत के व्याकरण की सहायता से अपनी भाषा में व्यवहृत शब्दों का परिनिष्ठित रूप निधारित करते हैं।''—आचार्य हजारी प्रसाद द्विवेदी ('विचार और वितर्क' शीर्षक पुस्तक का लेख 'हिन्दी तथा अन्य भाषाएँ')
2. 'हिन्दी-व्याकरण'
3. ''पाणिनि और पतंजलि के सामने परिवर्तनशील वेगवती भाषा का प्रश्न नहीं था, हजारों वर्ष पूर्व पूर्णता-प्राप्त प्रौढ़ अमर भाषा के नियम निर्धारित करने का प्रश्न था। हिन्दी के व्याकरणकार को क्षण-क्षण परिवर्तमान गतिशील त्रुटि-विच्युतिमर्दिनी वेगवती भाषा के भीतर काम करनेवाले विषयों को ढूँढ़ निकालना है। आज जिसको हम शिष्ट सम्मत प्रयोग समझते हैं, वह कल भी वैसा ही रहेगा, इसका कोई भरोसा नहीं।''—आचार्य हजारी प्रसाद द्विवेदी/'भाषा, साहित्य और देश' से, पृष्ठ-35
4. हिन्दी शब्दानुशासन, पृष्ठ-333
5. हिन्दी शब्दानुशासन, पृष्ठ-175
6. हिन्दी शब्दानुशासन, पृष्ठ-385-386
7. हिन्दी शब्दानुशासन, पृष्ठ-272
8. हिन्दी शब्दानुशासन, पृष्ठ-326
9. हिन्दी शब्दानुशासन, पृष्ठ-138
10. हिन्दी शब्दानुशासन, पृष्ठ-388-389
11. हिन्दी शब्दानुशासन, पृष्ठ-177
12. हिन्दी शब्दानुशासन, पृष्ठ-403-405

13. हिन्दी शब्दानुशासन, पृष्ठ-175
14. हिन्दी शब्दानुशासन, पृष्ठ-229
15. हिन्दी शब्दानुशासन, पृष्ठ-136-140
16. 'भाषाविज्ञान की भारतीय परम्परा और पाणिनि', 'हिन्दी भाषानुशासन' तथा 'हिन्दी भाषाविज्ञान' नामक ग्रन्थों में।
17. डॉ. काशीराम शर्मा ने 'हिन्दी-व्याकरण-मीमांसा' में संस्कृतानुरूप 'व्याकरण' की संकल्पना को हिन्दी में विनिर्मित करने का आग्रह किया है। डॉ. विद्यानिवास मिश्र ने ऐसे आग्रह और उसके अनुरूप कुछ मार्ग-निर्देश करते जो लेख लिखे हैं, उनमें से एक 'पाणिनीय व्याकरण का साँचा हिन्दी के लिए कितना उपयुक्त?' शीर्षक से 'व्याकरण : सिद्धान्त और व्यवहार', (केन्द्रीय हिन्दी संस्थान, आगरा) में सम्मिलित है।
19. आचार्य द्विवेदी ने 'हिन्दी व्याकरण की समस्या', 'संस्कृत व्याकरण में कारक शब्द का प्रयोग' जैसे कुछ लेखों में इसकी स्वस्थ प्रस्तावना रखी है। ये दोनों लेख उनकी पुस्तक 'भाषा, साहित्य और देश' (प्रकाशक—भारतीय ज्ञानपीठ, दिल्ली) में सम्मिलित हैं।
20. ''पाणिनि की शास्त्रीय-व्यवस्था में परसर्ग या अनुसर्ग जैसा कोई पदार्थ नहीं है, इसलिए हिन्दी में ऐसा पदार्थ आना ही नहीं चाहिए, यह मैं मानने को तैयार नहीं हूँ। इसका अर्थ पाणिनि की अवमानना नहीं है, भाषा की विशेषता की स्वीकृति मात्र है।''—आचार्य हजारी प्रसाद द्विवेदी ('हिन्दी-व्याकरण की समस्या' लेख से)
21. प्रस्तुत पुस्तक के 'पद-विचार', 'रूपायन' आदि अध्यायों में देखें।
22. प्रस्तुत पुस्तक के 'रूपायन' के 'प्रातिपदिक रूपायन' में देखें।
23. संस्कृत का पारिभाषिक शब्द 'तुमर्थ' दीमशित्स ने अपनाया तो, परन्तु 'ल्युट्-अर्थ' में प्रयुक्त कर 'करना', 'जाना' आदि को 'तुमर्थ' कह दिया; जबकि 'करने को', 'करने' आदि तुमर्थ हैं (वह काम करने गया।)
24. 'अलुक् द्वन्द्व' की कल्पना डॉ. रामदेव त्रिपाठी ने ('हिन्दी भाषानुशासन') की है।
25. देखिये प्रस्तुत पुस्तक का 'धातु-रूपायन'।
26. 'पाणिनीय व्याकरण का साँचा हिन्दी के लिए कितना उपयुक्त?' लेख ('व्याकरण : सिद्धान्त और व्यवहार' पुस्तक से)
27. 'पाणिनीय व्याकरण का साँचा हिन्दी के लिए कितना उपयुक्त?' लेख ('व्याकरण : सिद्धान्त और व्यवहार' पुस्तक से)
28. डॉ. मिश्र उपर्युक्त लेख में इसे उक्ति-विकल्पन कहते हैं।
29. सन्दर्भ—उपर्युक्त लेख।
30. 'लोकभाषा का व्याकरण' में वात्स्यायन धर्मनाथ शास्त्री ने सर्वप्रथम ऐसा विचार किया।
31. 'सम्मेलन पत्रिका' (भाग 64/1-4 अंक), पृष्ठ 166 तथा 'करण कारक विवेक', पृष्ठ 47 के अनुसार यह सूचना है।

परिशिष्ट-1

कुछ पारिभाषिक शब्दों का स्पष्टीकरण

पद (रूप)—भाषा या वाक्य में प्रयुक्त न्यूनतम सार्थक इकाई पद (रूप) है। भाषा में 'शब्द' नहीं चलते; 'पद' चलते हैं। 'पद' की ही सत्ता वास्तविक है; उसके घटक रूप में शब्द या प्रकृति की कल्पना की जाती है। यानी, शब्द का वाक्य प्रयुक्त रूप 'पद' है।

प्रकृति (शब्द)—'पद' की संरचना का विश्लेषण कर उसके मूल के रूप में जो शाब्द तत्त्व कल्पित किया जाता है, वही प्रकृति या शब्द है। जैसे—''छात्राओं ने कमाल किया'' वाक्य में 'छात्राओं ने' पद है, तथा 'प्रकृति' (शब्द) है—'छात्रा'। 'किया' पद में *'कर'* प्रकृति है।

प्रातिपदिक—क्रियापदों के सिवा शेष पदों की 'प्रकृति' को प्रातिपदिक कहते हैं। उक्त 'छात्रा' प्रातिपदिक है।

धातु—क्रियापदों की प्रकृति को 'धातु' कहते हैं। उक्त 'कर' धातु है।

सुबन्त—प्रातिपदिक से घटित पद को सुबन्त कहते हैं। यानी, क्रियेतर पद ही सुबन्त हैं। सुबन्त=सुप्=अन्त। ऊपर का पद 'छात्राओं ने' सुबन्त है।

सुप्—प्रातिपदिक से जुड़नेवाली विभक्तियाँ 'सुप्' कहलाती हैं। यह नाम संस्कृत के 'सु', 'औ' 'जस्' आदि से लेकर 'सुप्' तक विद्यमान इक्कीस विभक्तियों को सामूहिक रूप से दिया गया है। हिन्दी में 'सु', 'औ' आदि नहीं हैं; पर प्रातिपदिक-विभक्तियों का उसी तर्ज पर 'सुप्' नाम हमने विहित माना है। 'सुप्' (प्रातिपदिक विभक्तियों) से अन्त होने वाले पद 'सुबन्त' हैं। 'छात्रा+ओं' में 'ओं' हिन्दी का 'सुप्' है। 'ने' उस पर जुड़ा परसर्ग है।

तिङन्त—धातु से 'तिङ्' (धातु-विभक्ति) लगने से घटित हुआ पद 'तिङन्त' कहलाता है। जैसे—''तुम जाओ'' में 'जाओ' तिङन्त पद है। तिङन्त=तिङ्+अन्त।

तिङ्—धातु से जुड़नेवाली विभक्तियाँ 'तिङ्' कहलाती हैं। यह नाम संस्कृत परस्मैपदी धातुओं हेतु विहित 'तिप्', 'तस्', 'झि' आदि नौ विभक्तियों से लेकर, आत्मनेपदी धातुओं के लिए विहित 'त', 'आताम्' आदि से होकर 'महिङ्' तक व्याप्त नौ विभक्तियों; यानी, 'तिप्' से 'महिङ्' तक कुल अठारह विभक्तियों को

सामूहिक रूप से दिया गया है। हिन्दी में 'तिप्' आदि नहीं लगते; पर उसी तर्ज पर धातु-विभक्तियों को हमने 'तिङ्' कहा है। 'जाओ' में 'जा' धातु में 'ओ' तिङ् विभक्ति है।

विभक्ति—प्रकृति (प्रातिपदिक, धातु) में लगकर उसे 'पद' (यानी वाक्य-प्रयोगार्ह रूप) बनानेवाले व्याकरणिक अंश विभक्ति हैं। उक्त 'तिङ्' व 'सुप्' द्विधा विभक्तियाँ होती हैं।

प्रत्यय—रूढ़ शब्द (प्रकृति) में जुड़कर उसे अन्य शब्द (प्रकृति) में बदल देने वाले शाब्दिक अंश को प्रत्यय कहते हैं। जैसे—'दया' शब्द में 'आलु' प्रत्यय लगा, जिससे 'दयालु' शब्द बना है।

कृत् प्रत्यय—धातु में जुड़कर उसे प्रातिपदिक बनानेवाला प्रत्यय 'कृत् है। जैसे—'जल' धातु में 'ई' प्रत्यय लगकर उससे 'जली' बनाता है या 'सो' धातु में 'ता' जुड़कर उससे 'सोता' बनाता है। 'ई' व 'ता' कृत् प्रत्यय हैं।

कृदन्त—कृत् प्रत्यय से व्युत्पन्न प्रातिपदिक कृदन्त कहलाते हैं। (कृत्+अन्त= कृदन्त)। उक्त 'जली' व 'सोता' कृदन्त हैं। कृदन्त शब्द विशेषण बनते हैं, या क्रिया के घटक भी बनते हैं।

तद्धित प्रत्यय—प्रातिपदिक में लगकर उससे अन्य प्रातिपदिक व्युत्पन्न करने वाला प्रत्यय 'तद्धित' प्रत्यय कहलाता है। जैसे—सोना+आर=सोनार; यहाँ 'आर' तद्धित प्रत्यय है।

तद्धितान्त—'तद्धित' प्रत्यय से व्युत्पन्न प्रातिपदिक 'तद्धितान्त' कहलाते हैं। उक्त 'सोनार' तद्धितान्त है।

नामधातु—'नाम' शब्दों से बना धातु 'नामधातु' है। ('नाम' संज्ञा-सर्वनाम-विशेषण को कहते हैं।) 'नाम' को 'धातु' बनानेवाला प्रत्यय 'नाम धातु प्रत्यय' कहलाता है। जैसे—'शरम' संज्ञा में 'आ' नामधातु-प्रत्यय जुड़ा तो 'शरमा' धातु बना। 'शरमा' नाम धातु है। इसका रूप 'शरमाओ' आदि चलेगा। यह तिङन्त रूप है। 'शरमा+ता'='शरमाता' आदि कृदन्त रूप भी बन सकते हैं।

लिंग-प्रत्यय—किसी प्रातिपदिक शब्द में (चाहे वह रूढ़ हो या यौगिक, कृदन्त हो या तद्धितान्त) में लगकर उसका लिंग-परिवर्तन करनेवाला प्रत्यय 'लिंग प्रत्यय' कहलाता है। जैसे—'गया'+ई=गयी, 'मौसी'+आ='मौसा' उदाहरणों में क्रमशः 'ई' 'आ' लिंग-प्रत्यय हैं।

सनादि-प्रत्यय—संस्कृत में 'सन्', 'यङ्', 'यङ्लुक्', 'णिच्' प्रत्ययों को सामूहिक रूप से 'सनादि' प्रत्यय कहते हैं। इस वर्ग में से सिर्फ 'णिच्' (प्रेरणार्थक प्रत्यय) है, जिसके समकक्ष हिन्दी में 'आ', 'वा' 'ला', 'लवा' आदि प्रत्यय बचे हुए हैं। जैसे—छोड़+आ=छुड़ा। द्वितीय प्रेरणा में छोड़+वा=छुड़वा।

रूढ़ (अव्युत्पन्न) शब्द—रूढ़ वे शब्द हैं, जिनके खंड, भाषा में प्रचलित अन्य सार्थक शब्द या शब्दांश के रूप में न पाये जा सके हों। जैसे—'सदी'। 'स' और 'दी' की सार्थकता नहीं है।

यौगिक (व्युत्पन्न) शब्द—यौगिक वे शब्द हैं, जिनके खंड, भाषा में प्रचलित अन्य सार्थक शब्दों या शब्दाशों के रूप में पहचाने जा चुके हों। जैसे—'सुलेख' के 'सु' व 'लेख' खंड सार्थक हैं।

व्युत्पादन (व्युत्पत्ति/निरुक्ति)—रूढ़ या सरल शब्दों (प्रकृतियों) में प्रत्यय या अन्य शब्दों के योग से नवीन शब्द बनना 'व्युत्पादन' कहलाता है। जैसे—पढ़+आई=पढ़ाई, प्रिय/प्रिया+आराधन=प्रियाराधन। इस विषय का विवेचन व्याकरण के जिस अंग में होता है, उसे भी 'व्युत्पादन' कहते हैं।

रूपायन—शब्द (प्रकृति) के वाक्य में प्रयुक्त होने और इस प्रकार उसका रूप चलने का नाम रूपायन है। यानी शब्द (प्रकृति) में विभक्ति के योग से उसके पद-रूप में ढलने की प्रक्रिया ही 'रूपायन' है। जैसे—'लड़का' शब्द है; इसका एक रूप बना 'लड़के को'। यही पद है, जो वाक्य-प्रयुक्त होता है। 'जा' शब्द है; इसका रूप बना—'जाओ'। यह भी पद है, जो वाक्य-प्रयुक्त होता है। 'लड़का' को 'लड़के को' या 'जा' को 'जाओ' बनानेवाली प्रक्रिया ही रूपायन है। इनका विवेचन व्याकरण के जिस अंग में होता है, उसे भी 'रूपायन' कहते हैं।

परसर्ग—प्रातिपदिक के रूपायन में सहायक होनेवाले अव्ययात्मक शब्द या शब्दांश 'ने', 'को', 'से' आदि परसर्ग कहलाते हैं। प्रातिपदिक से पद (सुबन्त) बनने की प्रक्रिया में कभी-कभी 'विभक्ति' मात्र से कार्य नहीं चल पाता, तब अनिवार्य सहायक बनकर आते हैं परसर्ग। उक्त 'लड़के को' में यही स्थिति है।

उपसर्ग—संस्कृत में धातु (क्रिया) के साथ अक्सर पूर्वअन्वित होकर नवीन अर्थ का सर्जन करने की चेष्टा करनेवाले अव्यय को उपसर्ग कहते हैं। हिन्दी में धातु (क्रिया) के साथ ऐसे किसी अन्वय की सम्भावना नहीं है, अतः यहाँ प्र, परा आदि को उपसर्ग कहना सही नहीं है। संस्कृत में 'जि' (जीतना) धातु में 'परा' जुड़कर 'पराजि' बनता है, जिसमें नया अर्थ—हारना बन गया है। (यहाँ 'परा' उपसर्ग है।) फिर उसका रूप 'पराजयति' आदि बनता है। हिन्दी में 'प्र', 'परा' आदि *'व्युत्पादक अव्ययों'* की श्रेणी में रखे जा सकते हैं। वे धातु (क्रिया) में नहीं, प्रातिपदिक में जुड़कर नया शब्द बनाते हैं जैसे—परा+मनोविज्ञान=परामनोविज्ञान।

आख्यात—समापिका क्रिया को आख्यात कहते हैं। जैसे—'सोहिनी *पढ़े*' में 'पढ़े' अथवा 'सुहैल *खाएगा*' में 'खाएगा' समापिका क्रिया है।

नाम—सत्त्व (द्रव्य) एवं भाव (क्रिया) को नामोद्दिष्ट करनेवाले तथा कारक बनने की योग्यता रखनेवाले शब्द 'नाम' कहलाते हैं। जैसे—सावित्री, वह, सुन्दरता, पढ़ना, काला आदि। संज्ञा, सर्वनाम व विशेषण शब्द 'नाम' कहलाते हैं।

अव्यय—जिन शब्दों का रूपायन होने पर, यानी उनमें वचन या कारक के कारण, कोई आकृति-परिवर्तन न हो, वे अव्यय कहलाते हैं। जैसे—'इसलिए', 'कि', 'और', 'बिना', 'आह!' आदि।

रूपान्तर—रूपायन-जन्य आकृति-परिवर्तन को रूपान्तर कहते हैं। जैसे—उक्त 'लड़का' का रूपायन होते समय आकृति-परिवर्तन हुआ, 'लड़के को' बना। यह आकृति-परिवर्तन 'रूपान्तर' है।

रूपान्तरशील-अरूपान्तरशील—जिन शब्दों का रूपान्तर हो सकता है, वे 'रूपान्तरशील' तथा जिनका 'रूपान्तर' नहीं हो सकता वे अरूपान्तरशील (अव्यय) कहलाते हैं। इन्हें पुरानी भाषा में 'विकारी' व 'अविकारी' कहा जाता है।

सहायक एवं रंजक क्रियांश—क्रियापदों की रचना में मुख्य क्रियांश का सहायक बनकर आया क्रियांश 'सहायक' कहलाता है। यदि वह मुख्य क्रियांश के अर्थ में कुछ विलक्षणता (रंजन) लाता है, तो वह केवल 'सहायक' न कहला कर 'रंजक' कहलाता है। सुविधार्थ, कभी 'क्रियांश' को 'क्रिया' भी कह लिया जाता है; इसी के तहत मुख्य क्रिया, सहायक क्रिया या रंजक क्रिया जैसे शब्द भी चलते हैं। सहायक क्रियांश दो तरह के होते हैं—(i) सहायक मात्र और (ii) रंजक (शक्तिव्यंजक)। ''वह खाती है'' में क्रियापद 'खाती है' का '*खाती*' मुख्य क्रियांश है तथा 'है' 'सहायक'। पर, ''वीणा गिर पड़ी'' में क्रियापद 'गिर पड़ी' में मुख्य क्रियांश 'गिर' के साथ जुड़ा 'पड़ी' सिर्फ सहायक नहीं बल्कि 'रंजक' है, क्योंकि 'गिर' के अर्थ में कुछ मिश्रण करता है।

इन क्रियाओं के घटक धातु क्रमशः मुख्यधातु, सहायकधातु व रंजकधातु कहलाते हैं।

संयुक्त क्रिया—रंजक धातु या क्रियांश से बनी अनेक खंडमय (एकाधिक शब्दात्मक) क्रिया ही संयुक्त क्रिया है। उक्त 'गिर पड़ी' सयुंक्त क्रिया है।

कर्तरि प्रयोग—वाक्यस्थ क्रिया के वचन-लिंग का कर्तानुसारी होना कर्तरि प्रयोग है। जैसे—''सुरेन्द्र जाएगा।''—इसमें 'कर्तरि प्रयोग' की स्थिति है।

कर्मणि प्रयोग—वाक्यस्थ क्रिया के वचन-लिंग का कर्मानुसार होना कर्मणि प्रयोग है। जैसे—''राजुला ने आम खाया''—इसमें 'कर्मणि प्रयोग' की स्थिति है।

भावे प्रयोग—वाक्यस्थ क्रिया के वचन-लिंग पर कर्ता या कर्म किसी का कोई असर न पड़ने की स्थिति 'भावे प्रयोग' है। जैसे—'सीता ने खाया', 'राम ने खाया', 'मुझसे चला गया'—आदि में 'भावे प्रयोग' की स्थिति है।

प्रातिपदिकार्थ—प्रातिपदिक से व्यक्त होने वाले अर्थ प्रातिपदिकार्थ हैं। ये पाँच हैं—व्यक्ति, जाति, लिंग, वचन, कारक। इनमें से अन्तिम तीन ही व्याकरणिक अर्थ हैं, बाकी दो लौकिक अर्थ हैं।

धात्वर्थ—धातु से व्यक्त होने वाले अर्थ—फल, व्यापार, काल, प्रकार (Mood), पक्ष (Aspect), वाच्य आदि धात्वर्थ हैं। इनमें प्रथम दो लौकिक अर्थ हैं, शेष व्याकरणिक।

भेदक और भेद्य—विशेष्य को उसके सम्भाव्य शेष अर्थों से विच्छिन्न (विभेदित) करते हुए किसी खास अर्थ में बाँध देने से विशेषण को 'भेदक' कहा जाता है। विशेष्य को भेद्य कहा जाता है।

एकशेष—वाक्य में प्रयुक्त एकाधिक अव्यवहित शब्दों में से एक को बचाकर बाकी शब्दों को लुप्त कर देना तथा अवशिष्ट (एक) शब्द से ही लुप्त हुए शब्दों का भी बोध करने की प्रवृत्ति को 'एकशेष' कहते हैं। जैसे—''बहुत से आदमी और औरतें वहाँ इकट्ठे हैं'' की जगह ''बहुत से आदमी वहाँ इकट्ठे हैं'' कहना एक शेष है। यह प्रक्रिया वचन व पुरुष के क्षेत्र में भी घटती है।

अध्याहार/अध्याहृत वाक्य—जब वाक्य के उद्देश्य या विधेय से सम्बद्ध किसी अंश का अप्रयोग होने पर भी रूढ़ि या सन्दर्भ वश वाक्य में उसका बोध हो जाता है,तो उसे अध्याहार तथा इस तरह से बने वाक्य को अध्याहृत वाक्य कहते हैं। जैसे—'सलाम (करता/करती हूँ)।' कहकर ही कोष्ठकस्थ अंश का भी बोध करा लिया जाता है। यह अध्याहार की घटना है तथा 'सलाम।' अध्याहृत वाक्य है।

पदबन्ध—वाक्य अनेक प्रकार्यात्मक कोशों से संघटित हुआ रहता है। हर कोश पदबन्ध कहलाता है। 'पदबन्ध' के अन्तर्गत अनेक (या कभी एक भी) पद रह सकते हैं। जैसे—'शकीला की माँ की बीमारी ठीक हो गयी।''—में 'शकीला की माँ' एक पदबन्ध है। ''वसु गया''—में 'वसु' और 'गया' भी एक-एक पद बन्ध हैं।

लकार—संस्कृत में क्रिया/धातु के कालगत (6) और प्रकार (Mood)-गत (4) अर्थों को व्यक्त करने के लिए क्रियारूपों (तिङन्तों) के अलग-अलग दस-ग्यारह सेट हैं। उनमें से हर सेट को लकार कहते हैं। जातिनाम लकार का कारण है—उनका व्यक्तिगत नाम 'ल' से ही रखा गया है—लट्, लिट्, लुट्, लृट्, लेट्, लोट्, लङ्, लिङ् (विधिलिङ्, आशीर्लिङ्), लुङ्, लृङ्। हिन्दी में तिङन्त रूप अत्यल्प होने से लकारों की अवधारणा नहीं है; पर हम चाहें तो हिन्दी क्रिया रचना के अलग-अलग सेटों को 'लकार' पारिभाषिक शब्द से अभिहित कर सकते हैं।

इन पारिभाषिक शब्दों के अलावा ढेर सारे शब्द (प्रेरणार्थक क्रिया, पुनरुक्ति, शुद्ध और मिश्रित विभक्ति काल, पक्ष, प्रकार, वाच्य, आत्मनेपदी, परस्मैपदी, वाक्य उपवाक्य, वर्ण, सन्धि, व्याकरणिक कोटि, वचन, पुरुष आदि) बच रहे हैं। प्रस्तुत पुस्तक में इनका सविस्तार स्पष्टीकरण हुआ है।

परिशिष्ट–2

वर्ण-विवेचिका सारिणी

(1) स्वर और अयोगवाह

परम्परागत भारतीय मत से विश्लेषण		स्वर									अयोगवाह				
		अस्पृष्ट या विवृत											← आन्तरिक प्रयत्न		
		संवार									संवार	विवार	स्वरतंत्री-स्थिति		बाह्य प्रयत्न-चर्चा
		घोष या नाद									घोष	अघोष	उस का परिणाम		
		अल्पप्राण									अल्पप्राण	महाप्राण	उच्चारण प्रयत्न में लगी वायु की मात्रा		
	मौलिकता की दृष्टि से वर्ग	वास्तविक स्वर							कल्पित स्वर		अपने आगे के व्यंजन के प्रभाव से (ं) अनुस्वार के पाँच				
		मूल स्वर					मिश्र स्वर								
							गुण	वृद्धि							
	उच्चारण काल/मात्रा	दीर्घ	दीर्घ	ह्रस्व	ह्रस्व	दीर्घ	दीर्घ	दीर्घ	ह्रस्व	दीर्घ					
जोन्स के मानस्वर-तोल पर आंतरिक प्रयत्न-विचार →	उच्चारण-समय मुख-विवर की स्थिति	विवृत	अर्द्ध विवृत	अर्द्ध विवृत	संवृत	संवृत	अर्द्ध संवृत	अर्द्ध विवृत (संवृतोन्मुख)			उच्चरित स्वरूप हिन्दी में प्राप्त हैं ↓		उच्चारणांग		
														स्थान	
उच्चारण-समय होठों की आकृति	उच्चारण में उठा हुआ जिह्वा-भाग												करण	नवीन मत से ↓	पारंपरिक भारतीय मत से ↓
अर्द्ध-वृत्ताकार	अग्र										कंठ्यीकृत अनुस्वार	विसर्ग (ः)	स्वर के उच्चारण में जिह्वा के अग्र, मध्य एवं पश्च भाग करण बनते हैं, जिनकी चर्चा सारिणी में बायीं तरफ है।	उरस् या स्वरयंत्रमुख	
	मध्य			अ										कोमल तालु	कण्ठ (नया नाम कोमल तालु)
	पश्च	आ													
अवृत्ताकार (प्रसृत)	अग्र				इ	ई	ए	ऐ			तालव्यीकृत अनुस्वार			कठोर तालु	तालु (नया नाम कठोर तालु)
	मध्य														
	पश्च														
									ऋ	ॠ	मूर्धन्यीकृत अनुस्वार				मूर्द्धा
									ऌ		दन्त्यीकृत अनुस्वार				दन्त
वृत्ताकार (वर्तुल)	अग्र										ओष्ठ्यीकृत अनुस्वार				ओष्ठ (यानी, ऊपरी होंठ)
	मध्य														
	पश्च		ऑ		उ	ऊ	ओ	औ							
															कण्ठ
स्रोत →		परम्पराप्राप्त	विदेशी	परम्पराप्राप्त											

ध्यातव्य → (i) 'ए-ऐ' चूँकि कण्ठ-तालव्य हैं, इसी से 'कण्ठ' व 'तालु' की सीमा रेखा पर सारिणी में अवस्थित हैं। इसी तरह, 'ओ-औ' और नवागत ध्वनि 'ऑ' कण्ठोष्ठ्य हैं, तो तदनुरूप स्थिति सारिणी में प्रदर्शित है।
(ii) 'ऋ-ॠ' तथा 'ऌ' की प्रयत्न-चर्चा नहीं हो सकती, क्योंकि ये वास्तविक स्वर नहीं हैं।

(2) अन्तःस्थ एवं व्यंजन

संकेत → अ० = अल्पप्राण। म० = महाप्राण। संवार = नाद = घोष। विवार = श्वास = अघोष।

							व्यंजन															
परम्परागत भारतीय मत से विवेचन ↳	नाम →		अन्तःस्थ (अर्द्धस्वर)				ऊष्म					स्पर्श										
प्रयत्न	आन्तरिक प्रयत्न		ईषत् स्पृष्ट (अल्पतम विवृत)				अल्पतम स्पृष्ट (नेम स्पृष्ट) या ईषद् विवृत					पूर्ण स्पृष्ट (अविवृत) परम्परागत वर्गीय व्यंजन (25)										
	बाह्य प्रयत्न: स्वर तंत्रियों की स्थिति व उस का परिणाम	स्थिति	← संवार →				विवार	संवार	संवार	विवार	विवार	विवार	विवार	संवार	संवार	विवार	विवार	संवार	संवार	संवार (नासिक्य)	संवार	संवार
		परिणाम	← घोष →				अघोष	घोष	घोष	अघोष	अघोष	अघोष	अघोष	घोष	घोष	अघोष	अघोष	घोष	घोष	घोष	घोष	घोष
	उच्चारण-प्रयत्न में लगी वायु की मात्रा या वेग		← अल्पप्राण →				म०	म०	अ०	म०	अ०	अ०	म०	अ०	म०	अ०	म०	अ०	म०	अ०	अ०	म०
नवीन मत से आन्तरिक प्रयत्न →			अर्द्धस्वर (सप्रवाह)		लुंठित	पार्श्विक	संघर्षी					← स्पर्श-संघर्षी →				← स्पर्शी →				स्पर्शी	उत्क्षिप्त	उत्क्षिप्त
← उच्चारणांग →			संघर्षहीन	[illegible]	प्रकंपी				← स्पर्श संघर्षी →													
स्थान: परम्परागत मत	नवीन मत से	करण																				
कण्ठ (नया नाम - कोमल तालु)	उरस (स्वरयंत्रमुख)	जिह्वामूल (जिह्वापश्च)						ह्														
	काकल (अलिजिह्व)	जिह्वामूल (जिह्वापश्च)							ग़्	ख़्	क़्											
	कोमल तालु	जिह्वामूल (जिह्वापश्च)														क्	ख्	ग्	घ्	ङ्		
तालु (नया नाम - कठोर तालु)	कठोर तालु	जिह्वाग्र	य्				श्					च्	छ्	ज्	झ्					ञ्		
मूर्द्धा		परिवेष्टित/प्रतिवेष्टित जिह्वाग्र					ष्									ट्	ठ्	ड्	ढ्	ण्	ड़्	ढ़्
	कठोर तालु से मूर्द्धा तक का क्षेत्र	जिह्वाग्र / जीभ की नोंक (जिह्वाग्र)			र्				ज़्													
दन्त (ऊपरी दन्त पंक्ति)	वर्त्स	जीभ की नोंक (जिह्वाग्र)				ल्	स्															
	ऊपरी दन्त मूल	" "														त्	थ्	द्	ध्	न्		
	ऊपरी दन्त	अधर (निचला होंठ)		व्						फ़्												
ओष्ठ (ऊपरी होंठ)	ऊपरी होंठ	अधर (निचला होंठ)	व्													प्	फ्	ब्	भ्	म्		
स्रोत			परम्परागत						विदेशी			परम्परागत										

परिशिष्ट–3

उपकारक ग्रन्थादि-सूची

संस्कृत-हिन्दी ग्रन्थ

1. अष्टाध्यायी सूत्रपाठः—पाणिनि/सम्पादक—ब्रह्मदत्त जिज्ञासु/रामलाल कपूर ट्रस्ट, सोनीपत (हरियाणा)/1988 ई.
2. आचार्य हजारी प्रसाद द्विवेदी ग्रन्थावली, खंड 7—राजकमल प्रकाशन प्रा. लि. दिल्ली/1999 ई.
3. आचार्य किशोरीदास वाजपेयी और हिन्दी भाषा-व्याकरण (1983 ई.)—डॉ. अम्बाप्रसाद 'सुमन'/कुसुम प्रकाशन, मुजफ्फरनगर (उ.प्र.)
4. इब्रानी-अरामी बाइबिल—भुवनवाणी ट्रस्ट, लखनऊ
5. करण-कारक-विवेक—डॉ. रामनरेश मिश्र 'हंस'/परमानन्द साहित्य सदन, कंचनामा, मखदूमपुर (जहानाबाद), बिहार/1975 ई.
6. कामताप्रसाद गुरु जन्मशती ग्रन्थ—नागरी प्रचारिणी सभा, काशी
7. कामताप्रसाद गुरु : जीवन-रेखाएँ और प्रतिनिधि रचनाएँ—मध्य प्रदेश शासन साहित्य परिषद्, भोपाल।
8. खड़ी बोली की व्याकरण-रचना के क्रमिक विकास का अध्ययन—डॉ. कान्तिचन्द मिश्र/आगरा विश्वविद्यालय से 1968 ई. में स्वीकृत शोध-प्रबन्ध।
9. चित्तवृत्त—ब्रह्मदत्त चतुर्वेदी/हिन्दी प्रचारक संस्थान, पिशाचमोचन, वाराणसी।
10. छन्द-छन्द पर कुंकम (प्रथम संस्करण)—डॉ. वागीश शुक्ल/प्रभात प्रकाशन, दिल्ली।
11. नागरी लिपि और हिन्दी वर्तनी—डॉ. अनन्त चौधरी/बिहार हिन्दी ग्रन्थ अकादमी, पटना।
12. परिष्कृत हिन्दी-व्याकरण (द्वितीय संस्करण)—डॉ. बदरीनाथ कपूर/प्रभात प्रकाशन, दिल्ली।
13. भारत के प्राचीन भाषा परिवार और हिन्दी, भाग 3 (1981 ई.)—डॉ.

रामविलास शर्मा
14. भाषा—ब्लूमफील्ड/अनुवादक, विश्वनाथ प्रसाद/मोतीलाल बनारसी दास, दिल्ली/1968 ई.
15. भारतीय भाषाशास्त्रीय चिन्तन की पीठिका (प्रथम संस्करण)—डॉ. विद्यानिवास मिश्र/बिहार राष्ट्रभाषा परिषद्, पटना।
16. भाषाविज्ञान (इग्नू कोर्स कोड MHD 7, पुस्तिका 1)
17. भाषाविज्ञान की भूमिका (1995 ई.)—डॉ. देवेन्द्रनाथ शर्मा/राधाकृष्ण प्रकाशन प्रा. लि., दिल्ली।)
18. भाषाविज्ञान की भारतीय परम्परा और पाणिनि (1977 ई.)—डॉ. रामदेव त्रिपाठी/बिहार राष्ट्रभाषा परिषद्, पटना।
19. भाषा, साहित्य और देश—आचार्य हजारी प्रसाद द्विवेदी/भारतीय ज्ञानपीठ, दिल्ली।
20. भारतीय भाषाविज्ञान (1999 ई.)—पंडित किशोरीदास वाजपेयी/वाणी प्रकाशन, दिल्ली।
21. भाषा विज्ञान का संक्षिप्त इतिहास—डॉ. उदयनारायण तिवारी/भारती भंडार, इलाहाबाद।
22. भाषा का समाजशास्त्र—डॉ. राजेन्द्र प्रसाद सिंह/राजकमल प्रकाशन प्रा. लि., दिल्ली।
23. मानक हिन्दी का ऐतिहासिक व्याकरण—डॉ. माताबदल जायसवाल/महामति प्रकाशन, इलाहाबाद।
24. मानक हिन्दी व्याकरण (पंचम संस्करण, 1988 ई.)—आचार्य रामचन्द्र वर्मा/चौखम्बा विद्याभवन, वाराणसी।
25. मराल—डॉ. कुबेरनाथ राय/भारतीय ज्ञानपीठ, दिल्ली।
26. राष्ट्रभाषा हिन्दी : समस्याएँ और समाधान (पंचम संस्करण, 1993 ई.)—डॉ. देवेन्द्रनाथ शर्मा/लोकभारती प्रकाशन, इलाहाबाद।
27. लोकभाषा का व्याकरण—वात्स्यायन धर्मनाथ शास्त्री/हिन्दी साहित्य सम्मेलन, प्रयाग।
28. वाक्यपदीयम्—भर्तृहरि/सम्पूर्णानन्द संस्कृत वि.वि. प्रकाशन, वाराणसी।
29. विश्व भाषा हिन्दी—आचार्य हजारी प्रसाद द्विवेदी/प्रभात प्रकाशन, दिल्ली।
30. वैयाकरण सिद्धान्त कौमुदी [—कारक प्रकरणम्]—भट्टोजि दीक्षित/व्याख्याता-तारिणीश झा/प्रकाशन केन्द्र, लखनऊ।
31. व्याकरण महाभाष्यम्—राष्ट्रीय संस्कृत संस्थानम्, दिल्ली।
32. व्याकरण : सिद्धान्त और व्यवहार (1983 ई.)—सम्पादक, कृष्ण कुमार

शर्मा+वशिनी शर्मा/केन्द्रीय हिन्दी संस्थान, आगरा।

33. व्याकरणिक कोटियों का विश्लेषणात्मक अध्ययन (1975 ई.)—डॉ. दीप्ति शर्मा/बिहार हिन्दी ग्रन्थ अकादमी, पटना।
34. व्यावहारिक हिन्दी व्याकरण और रचना (2002 ई.)—डॉ. हरेदव बाहरी/लोकभारती प्रकाशन, इलाहाबाद।
35. शिक्षा-संग्रह:—सम्पूर्णानन्द संस्कृत वि.वि. प्रकाशन, वाराणसी।
36. सरल शब्दानुशासन-(संवत् 2038)—पंडित किशोरीदास वाजपेयी/नागरी प्रचारिणी सभा, काशी।
37. संस्कृत व्याकरणशास्त्र का इतिहास—युधिष्ठिर मीमांसक/रामलाल कपूर ट्रस्ट, सोनीपत (हरियाणा)
38. संस्कृत हिन्दी कोश (1997 ई.)—वामन शिवराम आप्टे/मोतीलाल बनारसी दास, दिल्ली।
39. स्त्री शक्ति—विनोबा/सर्व सेवा संघ, राजघाट, वाराणसी।
40. हमारी वर्णमाला—वैदिक काल के भारतीय गड़रिये और उनका ज्ञान-विज्ञान—जगदीशाचार्य/1988 ई.
41. 'हिन्दी-व्याकरण' (संशोधित संस्करण, 1952 ई.)—पंडित कामताप्रसाद गुरु/नागरी प्रचारिणी सभा, वाराणसी।
42. 'हिन्दी-व्याकरण की रूपरेखा' (1966 ई.)—डॉ. जाल्मन दीमशित्स/राजकमल प्रकाशन, दिल्ली।
43. 'हिन्दी-व्याकरण' (1983 ई.)—डॉ. जाल्मन दीमशित्स/रादुगा प्रकाशन, मास्को।
44. 'हिन्दी शब्दानुशासन' (1976 ई.)—पंडित किशोरीदास वाजपेयी/नागरी प्रचारिणी सभा, वाराणसी।
45. 'हिन्दी-व्याकरण-सार' ['श्रीरामावतार शर्मा निबन्धावली' में सम्मिलित]—पंडित रामावतार शर्मा/बिहार राष्ट्रभाषा परिषद्, पटना।
46. 'हिन्दी-कौमुदी' (1919 ई.)—पंडित अम्बिकाप्रसाद वाजपेयी/प्रकाशक—प्रतापनारायण वाजपेयी, 30 चासा धोबापाड़ा स्ट्रीट, कलकत्ता।
47. 'हिन्दी भाषानुशासन' (1986 ई.)—डॉ. रामदेव त्रिपाठी/बिहार हिन्दी ग्रन्थ अकादमी, पटना।
48. 'हिन्दी भाषाविज्ञान' (1990 ई.)—डॉ. रामदेव त्रिपाठी/बिहार हिन्दी ग्रन्थ अकादमी, पटना।
49. 'हिन्दी भाषा का विकास' (1971 ई.)—डॉ. देवेन्द्रनाथ शर्मा+डॉ. रामदेव

त्रिपाठी/राधाकृष्ण प्रकाशन प्रा. लि. दिल्ली।

50. 'हिन्दी-व्याकरण' (1990 ई.)—सैमुअल हेनरी केलाग/हिन्दी साहित्य सम्मेलन, प्रयाग।
51. 'हिन्दी-निरुक्त' (तृतीय संस्करण, 1998 ई.)—पं. किशोरीदास वाजपेयी/वाणी प्रकाशन, दिल्ली।
52. 'हिन्दी संरचना का शैक्षिक स्वरूप' (1982 ई.)—डॉ. रामकमल पांडेय/विराट् प्रकाशन, गोपीगंज, वाराणसी।
53. 'हिन्दी-व्याकरण-मीमांसा' (1996 ई.)—डॉ. काशीराम शर्मा—राधाकृष्ण प्रकाशन प्रा. लि., दिल्ली।
54. 'हिन्दी-व्याकरण का इतिहास' (1972 ई.)—डॉ. अनन्त चौधरी/बिहार हिन्दी ग्रन्थ अकादमी, पटना।
55. 'हिन्दी व्याकरण का लघु इतिहास' (1979 ई.)—डॉ. रामनरेश मिश्र 'हंस'/परमानन्द साहित्य सदन, कंचनामा, मखदूमपुर (जहानाबाद), बिहार।
56. 'हिन्दी प्रयोग : एक शैक्षिक व्याकरण'—डॉ. पी. सी. जैन/वाणी प्रकाशन, दिल्ली।
57. 'हिन्दी की व्याकरणिक कोटियों का विश्लेषणात्मक अध्ययन'—डॉ. जयचन्द्र विद्यालंकार/ 'आगरा विश्वविद्यालय' द्वारा स्वीकृत शोध-प्रबन्ध।
58. 'हिन्दी वाक्य-विन्यास' (1971 ई.)—डॉ. सुधा कालरा/लोकभारती प्रकाशन, इलाहाबाद।
59. 'हिन्दी का वाक्यात्मक व्याकरण'—डॉ. सूरजभान सिंह
60. 'हिन्दी का संरचनात्मक व्याकरण'—डॉ. लक्ष्मीनारायण शर्मा/सत्साहित्य सदन, आगरा।
61. 'हिन्दी की लिंग-प्रक्रिया'—डॉ. वी.डी. हेगड़े/मेघ प्रकाशन, मैसूर।
62. 'हिन्दी भाषा का उद्गम और विकास'—डॉ. उदयनारायण तिवारी/लोकभारती प्रकाशन, इलाहाबाद।
63. 'हिन्दी का मौलिक व्याकरण'—निगमानन्द परमहंस/साहित्यागार, धामाणी मार्केट गली, चौड़ा रास्ता, जयपुर।

English books

64. A Basic Grammar of Modern Hindi (1994)—Dr. Aryendra Sharma/Kendriyiya Hindi Nideshalay, Delhi.
65. Golden English Grammar—Siddhanath Prasad/Bharati Bhawan,

Patna.

66. High School Grammar & Composition by Wren & Martine—S.Chand And Company Ltd., Delhi/2007
67. Idioms, Grammar And Synthesis for High Schools [English Grammar Book IV]—J.C. Nesfield's
68. Out line of Hindi Grammar—R.S. Mc Gregor/oxford University Press./1983.

पत्रिकाएँ

1. 'कथन' (त्रैमासिक)—अक्टूबर-दिसम्बर 2007, दिल्ली।
2. 'गवेषणा' (त्रैमासिक)—अंक 4/1967 ई.—केन्द्रीय हिन्दी संस्थान, आगरा।
3. 'गवेषणा' (त्रैमासिक)—अंक 46/1985 ई.—केन्द्रीय हिन्दी संस्थान, आगरा।
4. 'नागरी प्रचारिणी पत्रिका'—अंक 1-2/संवत् 2034—काशी।
5. 'भाषा' (विश्व हिन्दी सम्मेलन अंक)—केन्द्रीय हिन्दी निदेशालय, दिल्ली।
6. 'भाषा' (आचार्य रामचन्द्र वर्मा जन्मशताब्दी विशेषांक)—मार्च 1989 ई.—केन्द्रीय हिन्दी निदेशालय, दिल्ली।
7. 'भाषा', नवम्बर-दिसम्बर, 1993 ई.—केन्द्रीय हिन्दी निदेशालय, दिल्ली।
8. 'भाषा', जनवरी-फरवरी, 1992 ई.—केन्द्रीय हिन्दी निदेशालय, दिल्ली।
9. 'भाषा', मार्च-अप्रैल, 1992 ई.—केन्द्रीय हिन्दी निदेशालय, दिल्ली।
10. 'भाषा', जून, 1970 ई.—केन्द्रीय हिन्दी निदेशालय, दिल्ली।
11. 'भाषा', दिसम्बर, 1972 ई.—केन्द्रीय हिन्दी निदेशालय, दिल्ली।
12. 'सप्तसिन्धु', जून, 1975 ई.।
13. 'सम्मेलन पत्रिका' (जन्मशती विशेषांक), भाग 64/संख्या-1-4, शक 1899-2000/हिन्दी साहित्य सम्मेलन, प्रयाग।
14. 'हिन्दुस्तानी'— भाग 36/अंक 4, 1992 ई.—हिन्दुस्तानी एकेडमी, इलाहाबाद।

❑❑❑

णाणं

पयासयं

वीर नि.सं. 2470

ई.सन् 1944

भारतीय ज्ञानपीठ